BIOGRAPHIES

# The Intellectual Devotional

Revive Your Mind, Complete Your Education, and Acquaint Yourself with the World's Greatest Personalities

# 1日1ページ、読むだけで身につく世界の教養365【人物編】

デイヴィッド・S・キダー
ノア・D・オッペンハイム
David S. Kidder
Noah D. Oppenheim
パリジェン聖絵 訳

文響社

**THE INTELLECTUAL DEVOTIONAL BIOGRAPHIES**

Revive Your Mind, Complete Your Education, and Acquaint Yourself with the World's Greatest Personalities

By DAVID S. KIDDER & NOAH D. OPPENHEIM



Japanese translation rights arranged with TID Volumes, LLC

c/o David Black Literary Agency, Inc., New York through Tuttle-Mori Agency, Inc., Tokyo

**For Leigh Haber and Joy Tutela,**
**whose belief and brilliance made this book series a reality**

リー・ヘイバーとジョイ・テュテラへ
あなた方の信念と優れた能力により、このシリーズ作品は実現した

**Contributing Editors**

Alan Wirzbicki
James Downs

**編集協力**

アラン・ワーズビキ
ジェイムズ・ダウンズ

**本書の参考文献**

www.theintellectualdevotional.com

# Introduction
## はじめに

「1日1ページ、読むだけで身につく世界の教養365」シリーズは、さまざまな知識を楽しく学べる形で読者にお届けすることを目標としている。「人物編」である本書では、世界史に名を残した過去・現在の興味深い人々を選び、その「人となり」がどんなものだったのかを、短い伝記としてまとめることにした。

これまでの我々の世界は、類いまれな人々によって形作られた。帝国の勃興と衰退、宗教共同体の誕生と進化、天才による芸術作品、偉大な発見による科学の発展 —— いずれも、非凡な人々によって成されたことだ。

こういった人々は、我々とはどう違うのだろうか。その答えをこれからお読みいただきたい。本書では、優れた業績、発想、あるいはひどい裏切り行為によって、歴史に足跡を残した人々の興味深い物語をご紹介する。

本書で取り上げる365人は、以下のカテゴリに分類されている。

✦**月曜日** —— 指導者
大勢を動かしたカリスマ的な人物。

✦**火曜日** —— 哲学者・思想家
世界を新たな視点で見つめ、新しい思想を他者に広めようとした人物。

✦**水曜日** —— 革新者
斬新な考え方で、人類の偉大な進歩に貢献した人物。

✦**木曜日** —— 悪人
生前に悪者とされた人物、または歴史上悪者とされている人物。

✦**金曜日** —— 文筆家・芸術家
人間の想像の枠を広げた、創造的な人物。

✦**土曜日** —— 反逆者・改革者
因習を打破し、良くも悪くも既存の社会秩序を変革させた人物。

✦**日曜日** —— 伝道者・預言者
「偉大なる力」に関する認識を変えた、信仰における先見の明を持った人物。

本書を読み進めることで、知的好奇心が刺激され人生がより豊かなものになれば幸いである。

# 1 指導者 クフ

**古代エジプトのファラオであるクフ(前2609頃〜前2566頃)は、高くそびえ立つ石灰岩のモニュメントを墓として造り、自らの偉大さを示したいと構想した。そこで、死後の世界へ旅立つクフの魂を守り、23年に及んだその統治を世に知らしめるものとして、砂漠の中に巨大なピラミッドを建造させた。**

◆

クフの期待にたがわず、世界は彼を忘れていない。壮大な「ギザの大ピラミッド」は、クフのピラミッドとして誰もが知るところだ。このピラミッドは、大勢の労働者を動員し、クフのほぼ一生涯に近い時間を費やして建造された。古典古代における「世界の七不思議」のひとつでもあり、造られた当時、地上で最も高い人造の建物だったが、その記録は以後4000年近くにわたって塗り替えられなかった。

しかし、ピラミッドに情熱を注いでいたということ以外に、クフについて知られていることはほとんどない。クフはスネフェル王の息子として生まれ、エジプト第四王朝の二人目のファラオとなった。スネフェル王の死後、まだ20代のときに即位している。エジプト南部のヌビア地域と、西側のリビアへ軍事遠征を行った可能性がある。

ピラミッドが宗教的に重要視されたのは、古代エジプトの人々が来世を信じていたことによると考えられる。古代エジプトの信仰では、ファラオは生き神であり、ファラオが地球上での死を迎えたとき、昇天を助けるための場所がピラミッドだったのだ。

クフの大ピラミッドは、ギザのピラミッドの中で最初に建造され、かつ最大のものである。クフはほかにも、妻たちや親戚の墓として小さなピラミッドを造っている。クフのあとに王位に就いたファラオのうちふたりは、クフのものの近くにピラミッドを造っている。ピラミッド建造に使われた石灰岩のほとんどは、近辺で採掘され、ナイル川をいかだで運ばれた。これらの石灰岩の塊は2〜3トンもの重さで、巨大な傾斜路を用いて建設現場に運び上げられた。その他の材料は、遠くはレバノンから運ばれた。

クフは40代半ばごろに死去し、ミイラにされ、ピラミッドの奥深くへ埋葬された。ピラミッドの外装の岩は数千年のうちに剝ぎ取られたが、この大ピラミッドはクフの意図したとおり、現在もおおむね完全なまま残されている。

豆知識

1. クフの大ピラミッドの建造には、約230万個の切り出した石灰岩が使われた。石灰岩は重いものでは15トンのものもあった。ピラミッドの総重量は600万トンほどである。
2. クフの正式な名はクヌム・クフ・ウイで、「クヌム神は我を守りたもう」を意味する。クヌムはナイル川をつかさどる古代エジプトの神である。ナイル川は、古代エジプトの農業と商業に必要不可欠な存在であった。
3. クフの大ピラミッドのそばにある、ライオンの体と人間の顔を持つ「ギザの大スフィンクス」は、クフの息子のカフラー(前2558頃〜前2532頃)が建てたものと考えられている。

# 2 哲学者・思想家 ｜ ミレトスのタレス

**紀元前585年、古代ギリシアの都市ミレトスでのこと、科学者であり哲学者でもあるひとりの男が、大胆な予測をした。その年の5月28日に、皆既日食が起こるというのだ。**

✦

古代においては、天体の観測を基に日食を予測するなど、ほぼ例がないことだった。古代ギリシアでは、日食や月食のような天体の現象は予測などできないものであって、偉大な神々によるものだと考えるのがふつうだった。しかしミレトスのタレス（前624頃〜前546頃）は、自然現象は人間の論理的な思考で予測できると主張した。

果たしてタレスの予言どおり、その日、現在のトルコに位置するミレトスの一帯が暗闇に包まれた。この日食はミレトスの人々を震え上がらせ、タレスが正しいことが証明された。そして、これを西洋の科学史の幕開けとするとらえ方もある。

タレス以前の古代ギリシア人は、宗教と自然を切り離せないものと考えていた。地震や日食などの現象は、怒れる神から人間へのメッセージであると考えていたのだ。ギリシア神話でも、大地に直接影響を及ぼす神の物語が数多く描かれている。

しかし、タレスが日食の予測を的中させたことで、古代ギリシア人の自然に関する認識が大きく変わり、知識がいかに重要かという認識も深まった。また、タレスは「哲学」（philosophy）という概念を創始した。「philosophy」とは「知恵に対する愛」という意味のギリシア語に由来しており、世界を論理的に理解しようとする人を形容する概念だ。

タレスは商人でもあり、オリーブオイルを製造し、ミレトスの交易拠点のあるエジプトや近東へと旅をしていた。またバビロンへも旅をし、バビロニア天文学の概念を学んでいた可能性がある。その結果、日食を予測することができたのかもしれない。

タレスはミレトスに戻ると、哲学の学派を創始した。この学派は、アナクシマンドロス（前610頃〜前546頃）やアナクシメネス（前585頃〜前525頃）をはじめ、ギリシアの重要な思想家を何人も輩出した。科学と哲学以外の分野では、タレスは軍事に関して何人もの王に助言を行った。近隣のリディア王国がペルシア軍に滅ぼされたのちも、ミレトスが独立を維持できた裏には、タレスの貢献がある。

タレスの死は、突然訪れた。体操の演技を観ているときに、突然倒れたとされている。

**豆知識**

1. タレスは、世界は水でできており、万物の根源は水であると考えた。
2. 古代ミレトスは、現在のトルコのミレトに当たる。
3. タレスはエジプトの幾何学を学ぶためにエジプトへ行っていたという話もある。影の長さを基にピラミッドの高さを正しく算出し、滞在先の人々を驚かせたとされる。

# 3 革新者 ｜ イムホテプ

**医学史では、古代ギリシアの医師ヒッポクラテス（前460頃〜前375頃）を医学の創始者であるとするのが通例だ。しかし、ヒッポクラテスが生まれるより2000年以上前、エジプトの建築家で神官のイムホテプは、結核から歯痛、関節炎まで、数多くの疾患や症状の治療法を考案していた。**

◆

紀元前2650年ごろエジプトにいたイムホテプは、歴史上に名の残る最初の医師だと考えられている。ジェセル王の重臣として仕えたイムホテプは、何百もの疾患を記録に残しており、その治療法がとてもよく効いたことから、死後何千年にもわたって神として崇められた。

またイムホテプは、建築家としてジェセル王に仕え、エジプト初のピラミッドを設計し建造した。これは高さ約62メートルの階段状のピラミッドで、ジェセル王の埋葬場所となった。最古の大規模な建造物のひとつに数えられており、現在のカイロの南側に今も残っている。

イムホテプは平民の出だが、古代エジプトで宗教の中心地だったヘリオポリスにある神殿の高級神官になった。その後、宰相となってジェセル王に仕え、王へ影響力を及ぼす助言者となった。

イムホテプの医学文書はパピルスの巻物に書かれたと思われる。迷信を除外し、確かな効果のある医学的処置のみを記そうとした、最古の書物のひとつと考えられている。この書物は、イムホテプの死後何世代にもわたって書き写され、受け継がれていった。イムホテプは数百の疾患の治療法を考案した。例えば、外傷にはハチミツを、リウマチにはセロリを、皮膚疾患にはアロエを使うなどだ。彼の考案した治療法の中には、現代の研究者たちによってその効果が確認されたものもある。風邪の症状の緩和にアカシアを使うというものもそのひとつだ。

死後何世紀にもわたり、イムホテプは疾患を治すその力を崇められ、紀元前525年、エジプトのパンテオン神殿で正式に神のひとりとして認められた。

**豆知識**

1. イムホテプは、1932年公開のアメリカのホラー映画『ミイラ再生』のアイデア源となったことから、新たに注目を浴びた。ボリス・カーロフ（1887〜1969）扮するイムホテプは、死からよみがえり、遠い昔に死んだ愛する女性を探す。1999年にはこの映画のリメイク版が公開され、アーノルド・ヴォスルー（1962〜）がイムホテプを演じた。
2. 「イムホテプ」は古代エジプト語で「平和のうちに来たる者」を意味する。
3. イムホテプの設計した階段ピラミッドは、より広く知られている巨大な「ギザの大ピラミッド」のモデルとなった。このピラミッドはクフ（前2609頃〜前2566頃）の墓として、ジェセル王のピラミッドの約100年後に造られた。「ギザの大ピラミッド」は、中世にヨーロッパの大聖堂が建設されるようになるまで4000年近くにわたり、最も背の高い人造の建物であった。

# 4 悪人 | アメンパヌファ

**アメンパヌファは、古代エジプトのファラオの墓を荒らした大胆な盗賊で、紀元前1111年ごろに捕らえられた。古代エジプト社会では、墓の盗掘は特に重罪であると見なされていた。アメンパヌファの逮捕に続く拷問と自供の様子は、歴史上で最古の裁判記録のひとつとして残された。後世の歴史家たちは、その裁判の記録から、当時のエジプト政府の力が徐々に弱まっていたことを知ることができた。アメンパヌファの生きた時代には、エジプト王たちの神聖な墓は、もはや警護しきれなくなっていたのだ。**

✦

裁判記録によると、アメンパヌファはテーベ付近の採掘場で働く石工であった。7人ほどの仲間と共に、ファラオのほとんどが埋葬されている「王家の谷」で次々と墓を荒らし、王のミイラと共に埋葬されている黄金や装飾品を奪った。

墓の盗掘は死刑に値する罪だったが、その時代、アメンパヌファとその一味以外にも、墓の盗掘をする者は大勢いた。「王家の谷」で雇われていた職人の多くが盗みに加担していたのだ。特にラムセス九世の即位後、職人に給与が払われなくなってからは、そういった犯罪者が増えた。アメンパヌファは、逮捕される何年も前から盗掘が「癖になった」と自供している。

役人の多くは、盗掘を知りながらも喜んで見て見ぬふりをしたらしい。アメンパヌファは裁判で、以前にも王墓の盗掘をしていたところを捕まったことがあったが、地元の役人に賄賂を渡して見逃してもらったと明かした。アメンパヌファが再び捕まることになったのは、盗掘を調査する王立委員会をファラオが作らせたからだった。

アメンパヌファが盗掘を自供した墓は、それより500年ほど前に王位に就いていたセベクエムサフ二世のものだった。アメンパヌファは拷問により自供を強要され、盗掘の詳細を話した。その記録が書かれたパピルスの巻物が19世紀に発見されている。

アメンパヌファがどのように処刑されたのかは明らかではないが、古代エジプトの人々は、墓の盗掘は神々に背く犯罪だと考えていて、無情な処刑が行われるのがふつうだった。アメンパヌファの処刑はかなり残酷なものだったらしく、30年後、同じく墓の盗掘の罪に問われた別の罪人が、アメンパヌファたちの処刑を引き合いに出してこう述べている。「私はあの墓荒らしたちに科された罰を見ました……私も、あのように死ぬんでしょうか」

**豆知識**

1. アメンパヌファを処刑したファラオであるラムセス九世の墓も、古代において同様に盗掘に遭っている。しかし、ラムセス九世のミイラは1881年、完全な形で発見されており、カイロにある博物館に保管されている。
2. 墓の盗掘があまりにも多すぎたことから、中央政府はテーベに何百も散在している墓の警護に見切りをつけ、テーベ中心部の何か所かにミイラを移動し、そこを警護した。ほぼ完全に元の形で見つかった最初の墓は、1922年に「王家の谷」で発掘されたツタンカーメンの墓である。これは、ほぼ原形をとどめている唯一の墓でもある。
3. ミイラの製作は、死後も体を保存するために行われたものである。古代エジプトでは、王や位の高い聖職者、果ては猫までもがミイラにされたが、製作には時間も費用も要することから、紀元前1000年以降は行われなくなっていった。

# 5 文筆家・芸術家 ｜ ホメロス

**古代ギリシアの研究者らによると、ホメロスは紀元前800年前後の人物で、西洋文学上最も影響力のある作品である長編の叙事詩、『イリアス』と『オデュッセイア』の作者である。この二作品は、トロイ戦争におけるスパルタとその同盟軍の勝利を題材としている。トロイ戦争は、古代ギリシア史において大きな転機となった出来事だ。**

✦

しかし、ホメロスという名の詩人が実在したかどうかについては、現代の学者の多くが懐疑的だ。『イリアス』と『オデュッセイア』は、何世紀にもわたる口承によって成立したものであって、ホメロスは実在したものの、伝承されてきた二作品を現在の形に編纂した人物だという説もある。いずれにせよ、盲目であるという詩人ホメロスの伝説が事実なのかどうかは、永遠に証明することができないかもしれない。

ただし、『イリアス』と『オデュッセイア』が大きな影響を及ぼしたことは間違いない。この二作品は西洋文学史上初の作品であるとされ、ウェルギリウス（前70〜前19)、ジェイムズ・ジョイス（1882〜1941)、ラルフ・エリソン（1914〜1994）など、時代を超えて3000年にもわたり多くの作家や詩人、芸術家に影響を与えた。

ギリシア神話によると、トロイ戦争は、トロイの王子パリスがスパルタのメネラオス王の妻ヘレネをさらったことから始まった。激怒したメネラオス王は、妻を奪還するために大軍を編制し、トロイを攻撃した。この軍には、戦士アキレウスとイタケの王オデュッセウスがいた。メネラオス王が送った遠征軍は10年にわたってトロイを攻撃し最終的にトロイを陥落させた。『オデュッセイア』よりも先に書かれたとされる『イリアス』には、トロイ戦争の最終年とアキレウスの様子が描かれている。『オデュッセイア』は『イリアス』の続編で、オデュッセウスが忠実な妻ペネロペイアの待つイタケへ戻る、長く危険な旅を描いたものだ。

この二作品のほかに、より小規模な賛歌の何点かがホメロスの作品であると伝えられている。しかし、これらの作品が本当にホメロスによるものなのかどうかは、『オデュッセイア』や『イリアス』と同じく、いまだに謎のままである。

**豆知識**

1. 『オデュッセイア』の物語は、多数の書籍や劇、映画に取り入れられた。ジェイムズ・ジョイスの小説『ユリシーズ』(1922年)、コーエン兄弟の映画『オー・ブラザー！』(2000年) などがある。同じく『イリアス』も、シェイクスピアの『トロイラスとクレシダ』(1602年) から、ブラッド・ピット (1963〜) がアキレウスを演じた映画『トロイ』(2004年) に至るまで、多くの作品のヒントとなった。
2. 「オデュッセイア」から派生した英単語 (odyssey) は、長期にわたる複雑な旅を表す言葉として使われている。また、「ホメロス風」を意味する英単語 (Homeric) は、英雄的な行動や偉大な行動を表す言葉である。
3. 『オデュッセイア』の最初の英訳は、ジョージ・チャップマン (1559〜1634) が行った。この英訳版は、以後何世紀にもわたって、ホメロス作品の最も影響力のある版となった。ほかにも、多くの著名な詩人や学者がこの二作品の翻訳を試みている。イギリスの詩人アレキサンダー・ポープ (1688〜1744)、アメリカのジャーナリストのウィリアム・カレン・ブライアント (1794〜1878)、プリンストン大学教授のロバート・フェイグルズ (1933〜2008) などだ。

# 6 反逆者・改革者 | モーセ

**旧約聖書の中心人物のひとりであるモーセは、古代イスラエルの民族指導者である。旧約聖書によると、モーセはエジプトの王の圧政からヘブライ人を逃れさせ、のちに「モーセの十戒」として知られる戒律をヘブライ人たちに伝えた。ユダヤ教、キリスト教、イスラム教など多くの信仰では、モーセは立法者と認識されており、モーセの律法はそれら宗教の道徳の規範となっている。**

✦

旧約聖書に描かれるモーセの生涯の詳細のうち、歴史的に証明できているものはほとんどなく、例えば、120歳まで生きたという説などは事実とは考えにくい。モーセが実在したとすると、現在のエジプトとヨルダンに当たる地域で、紀元前1200年から紀元前1500年の間のいつかに存在したと考えられる。モーセの生きた時代は、エジプト王のラムセス二世（前1303頃〜前1213頃）の時代だった可能性がある。

旧約聖書の『出エジプト記』には、モーセの出自が触れられている。モーセが生まれたころ、ヘブライ人のすべての男の赤ん坊を殺すようファラオが命令した。モーセの母親ヨケベドはその命令には従わず、まだ小さな赤ん坊の息子をパピルスの籠に入れ、ナイル川に流した。この子はファラオの娘のひとりに発見され、エジプト人として育てられる。しかし、ファラオの奴隷監督のひとりを殺害したため、エジプトから逃げ出す。

ヘブライ人のもとへ戻ったモーセはヘブライ人を解放せよという神からの啓示を受ける。『出エジプト記』によると、モーセは兄アロンと共にエジプトへ戻り、「我が民を解放せよ」とファラオの前で主張した。ファラオがそれを拒否すると、神は「十の災い」（バッタを大量発生させる、雹を降らせる、長子を皆殺しにする、など）をもたらしたので、ファラオは最終的に折れざるを得なくなった。それからモーセはヘブライ人を率い、祖先の地へ向かうべく紅海を渡った。

途中モーセはシナイ山に寄り、そこで神から十戒の啓示を受ける。しかし、焦っていたモーセは神を怒らせてしまい、罰として神は、モーセを「約束の地」に入らせなかった。モーセは、ヘブライ人がイスラエルの地に帰着する寸前に、ピスガ山で死去した。

**豆知識**

1. アメリカの首都ワシントンにある最高裁判所の建物には、何人もの立法者たちと並んでモーセの彫刻が彫られている。そのほかには、バビロニア帝国の王ハンムラビや、イギリスの法学者ウィリアム・ブラックストン（1723〜1780）など、法に関する著名人が並んでいる。
2. 1956年に公開された聖書に関する大作映画で、セシル・B・デミル監督（1881〜1959）による『十戒』では、俳優のチャールトン・ヘストン（1923〜2008）がモーセを演じた。ほかにも、メル・ブルックス（1926〜）、ヴァル・キルマー（1959〜）、バート・ランカスター（1913〜1994）など多くの俳優がモーセを演じた。
3. ユダヤ教の「過越の祭り」は、エジプトの「十の災い」を記念する祭日である。「過越」という呼び名は、「十の災い」がヘブライ人を過ぎ越し（通り越し）て、彼らを苦しめてきたエジプトの人たちのみに降りかかったといういわれによる。

# 7 伝道者・預言者 アクエンアテン(アメンヘテプ四世)

**古代エジプト王のアクエンアテン(アメンヘテプ四世)は、最もよく知られる古代の宗教改革者だ。古い宗教を撤廃して、唯一神のアテンを祭る新宗教を広めるために、エジプトの宗教の伝統を根本から変えようとした。**

✦

紀元前1350年ごろに即位したアメンヘテプ四世は、エジプトを約37年間統治したアメンヘテプ三世の息子である。若くして王位に就いたが、治世4年目に新しい宗教を創始すると、自分の名を「太陽神アテンに仕える者」を意味する「アクエンアテン」に改めた。

アクエンアテン以前のエジプトでは、生産の神オシリスや戦いの神ホルスなど、何世紀にもわたって伝統的な神々が信奉されていた。アクエンアテンは古来の神々を否定し、伝統的な神の崇拝を禁止し、多くの古い神殿の取り壊しを命じた。

アクエンアテンは、新しい宗教を心から信奉していたようだが、この新宗教は、政治的にも重要な意味を持っていた。エジプトの神官たちを、人間と神の仲介者としての伝統的な役割から排除し、アテン神との仲介者は自分だけだと主張することで、聖職者たちの力を弱体化させ、王権を強めようとしたのだ。権力を集中させるために、アクエンアテンは砂漠に新たな都市アケトアテン(現アマルナ)を建設し、テーベからそこへ首都を移した。

しかし、アクエンアテンのおよそ17年の治世中、民衆たちはアテン神を心から信仰してはいなかった。アクエンアテンの死後に即位した、息子のトゥトアンクアテン(ツタンカーメン)は、神官たちからの圧力に屈し、古い神を復活させて首都をテーベに戻した。数年のうちに、エジプトの人々はアテン神を完全に拒否し、アクエンアテンの改革の痕跡は跡形(あとかた)もなく消えた。

しかし、アクエンアテンは革新者と考えられており、彼が創始した宗教は、一神教信仰の原型として扱われる場合も少なくない。

豆知識

1. アクエンアテンは、自らの胸像を作らせる際、胸部を短くし、腕と首と頭部を長くすることを望んだ。この不自然な容貌から、現在、アクエンアテンは遺伝的疾患のマルファン症候群だったのではないかと考える学者がいる。
2. 新都の名アケトアテンは「アテン神の地平線」を意味する。
3. 若きトゥトアンクアテン王は、アテン神を廃したのち、「アテン神の生きた似姿」を意味する自らの名前も捨てた。彼はトゥトアンクアメン(ツタンカーメン)という名に変え、現在ではこの名で広く知られている。

# 8 指導者 | ネブカドネザル二世

**新バビロニア王国のネブカドネザル二世（前630頃～前562頃）は、旧約聖書に暴君として描かれている。エルサレムを陥落させ、エルサレム神殿を破壊し、ユダヤ人をバビロンへ強制移住させた。その惨状は、エレミヤ書において、パターンを踏襲した隠喩を使って描かれている。「バビロンの王ネブカドレツァルは／わたしに食いつき、当惑させ／竜のようにわたしを呑み込み／わたしのうまい肉で腹を満たし／わたしを空の皿のようにして洗い清めた」（エレミヤ書51章34節）**

✦

旧約聖書に登場する主要な悪人であるネブカドネザル二世は、その行いからユダヤ人たちの反感を買った。紀元前598年、ユダ王国のエホヤキム王を打ち負かすと、何千ものユダヤ人を捕らえてバビロンに強制的に移住させ、ユダヤ教を消滅させようとした。この時代は、旧約聖書の中の歴史では「バビロン捕囚」と呼ばれる。

しかし世界史上では、ネブカドネザル二世の人物像は単なる暴君とされているわけではない。彼はエジプトから現代のトルコに当たる範囲を征服したが、古代土木技術の偉業とされる「バビロンの空中庭園」を造ったとも考えられている。この空中庭園は、古典古代における「世界七不思議」のひとつであり、ネブカドネザル二世から妻への贈り物として造られたと考えられている。階段状に幾層もの庭園があって、人工の灌漑（かんがい）システムが敷かれている。地震の被害を受けて今は残っていないが、現代のバグダッドの南にあったものと考えられている。

旧約聖書の記述では、ネブカドネザル二世は晩年には正気を失っていたことがほのめかされている。「彼は人間の社会から追放され、牛のように草を食らい、その体は天の露にぬれ、その毛は鷲の羽のように、つめは鳥のつめのように生え伸びた」（ダニエル書４章30節）

ネブカドネザル二世は、紀元前562年ごろに死去した。

**豆知識**

1. 伝説によると、ネブカドネザル二世が空中庭園を造ったのは、メディア王国の王女であった妻が祖国の庭園や森を懐かしがっていたためである。
2. 1999年の映画『マトリックス』で、俳優ローレンス・フィッシュバーン（1961～）の演じるモーフィアスが操縦するホバークラフトは、ネブカドネザル号と呼ばれている。
3. 「ネブカドネザル」という名は、アッカド語のナブー・クドゥリ・ウスルに由来するもので、「ナブー神よ、私の最初の息子を守りたまえ」を意味する。アッカド語は中東において広く使用されていた言語だが、紀元１年ごろまでには廃れている。

# 9 哲学者・思想家 ｜ ヘラクレイトス

**古代ギリシアの哲学者たちを対立させた主な議論のひとつは、万物の根源についてだった。タレス（前624頃～前546頃）などの哲学者は、宇宙の根源的な物質は水だとし、アナクシメネス（前585頃～前525頃）などの哲学者は空気だとした。**

✦

一方、ヘラクレイトス（前540頃～前480頃）は、根源的な物質は火であると考えた。古代の都市エフェソスの豊かな貴族の家に生まれたとされるヘラクレイトスは、一般市民への敵意が燃えさかる著作を記していた。彼は火が自然界の根本にあって、万物は火から生じているとの立場をとった。

ヘラクレイトスの生涯についてはほとんど分かっていないが、現存する彼の著作の断片から、彼がほかのギリシア人たちを軽蔑していたことがうかがえる。特に、自らの住む都市エフェソスの人たちへの侮蔑は強かった（ある著作では、彼はエフェソス市民について「成人はみな首をくくったほうがよい」と記している）。エフェソスは現在のトルコ沿岸にあり、当時繁栄していた都市である。

ヘラクレイトスは、宇宙の構成についての議論を、哲学上重要なものと考えていた。そして、世界は火でできており、ゆえに絶えず変化しているとした。世界は絶えず変化しているという概念は、ヘラクレイトスの哲学の根幹を成す思想だ。

ヘラクレイトスは、世界は「今もこれからも永遠に生きる火であり、決められただけ燃えて、決められただけが消える」と記している。世界は常に変化していて、普遍のものはほとんど存在しないとした。この概念は、永遠の真理を定義づけようとしたほかのギリシアの哲学者たちとは対立するものだった。彼は、変化は避けられず常にあるという立場から、人々に生活の自己管理を任せることなど不可能なのであり、ゆえに、権力によって強制的に正しい方向に導くべきだと主張した。「ロバは黄金よりもわらを好む」という比喩を使い、本人のためになる行動へと尻をたたく必要があるとした。

晩年、ヘラクレイトスは菜食主義をとり、人との交わりを避け、60歳のころに死去した。しかしヘラクレイトスの著作は、以後も哲学者たちに疑問を投げかけ続けた。例えばプラトン（前427頃～前347）は、ヘラクレイトスの説のいくつかに反証を試みている。

万物の根源については、のちのギリシア人たちは、土、空気、火、水の四元素で宇宙が構成されているという結論を導いた。この概念は、現代の化学が発展するまで何世紀にもわたり支持された。

**豆知識**

1. エフェソスには、古典古代における「世界の七不思議」のひとつで、紀元前550年ごろに完成したアルテミス神殿が存在した。エフェソスは現在のトルコのエフェスである。
2. ヘラクレイトスは難しい文体を用いたようで、ときに「闇の人」と表現される。
3. ヘラクレイトスは、古代ギリシアの詩人ホメロスを批評し、ホメロスは『オデュッセイア』と『イリアス』を書いたことにより、痛めつけられるべきだったと記した。

# 10 革新者 ピタゴラス

**万物は数なり。 ── ピタゴラス**

**ピタゴラス（前580頃～前500頃）は、古代ギリシアで宗教結社を創設した。このピタゴラス教団（「ピタゴラス学派」とも）の団員は、数学と科学を学ぶことで神に近づくことができると信じていた。強い信仰心で結ばれた弟子たちは、有名なピタゴラスの定理をはじめとし、幾何学などの数学分野における基本的な論理を発展させた。このことから、ピタゴラスは「数学の父」のひとりと認識されるようになった。**

◆

ピタゴラスは現在のトルコの沿岸近くに位置するサモス島に生まれ、40歳ごろに南イタリアのクロトーン（現クロトーネ）へ移住した。そしてピタゴラス教団を創設したのち、弟子たちと共に、ギリシャ語圏だった南イタリアの都市メタポンティオンに移住した。

ピタゴラス教団の中心となる信条に、輪廻転生（りんねてんせい）があった。ピタゴラスは、魂は永遠に不滅だが、肉体が死んだあとに理想的な輪廻転生を遂げるには、一定の規則に従う必要があると教えた。弟子たちが従った規則の中には、神殿で履物を履かないこと、白い雄鶏に触れないこと、履物は右足から履くこと、けっして豆を食べないこと、などがあった。

またピタゴラスは、数学を学ぶことは宗教上の義務であると信じていた。ピタゴラス教団の数学者は、ピタゴラスの定理として知られる三平方の定理「$a^2 + b^2 = c^2$」（直角三角形の斜辺の長さの平方は、常に他の二辺の平方の和に等しい）の証明を行った。また、無理数（分数の形で表すことのできない実数）や平方根の概念も生み出した。

ピタゴラスの生涯についてはほとんど分かっていないが、彼の死後、ありそうもない話がいくつも出てきた。例えば、彼は月に字を書くことができた、タイムトラベルができた、といったものだ。弟子たちは、ピタゴラスの死後何世紀にもわたって活躍を続けたが、やがて教団は衰退していった。

**豆知識**

1. ピタゴラス教団に入るには、自制心を示すために5年間沈黙を守る必要があったとされている。
2. ピタゴラスの腿（もも）は黄金でできていたという伝説がある。また、同時にふたつの場所にいることができたとも伝えられている。
3. ピタゴラスは、豆のほかにも、イソギンチャク、耕作用の雄牛、動物の心臓を食べることを弟子に禁じたとされている。

# 11 悪人 イゼベル

**イゼベルは旧約聖書に悪人として描かれるフェニキア人で、古代イスラエル王国の王妃である。その名は「悪女」を意味する言葉として使われるようになった。イゼベルは、自らの信じるバアル神を崇拝するよう、イスラエルの人々に繰り返し強要した。そして、バアル神の崇拝を拒んだイスラエルの預言者たちを殺害するよう命令した。**

✦

イゼベルは、旧約聖書の列王記の上・下ともに登場する。イゼベルが実在した人物なのかどうか、また、その悪評が果たして妥当なのかどうかは、専門家の意見が分かれるところだ。実在したとすれば、紀元前9世紀のことである。

旧約聖書の記述では、イゼベルは王家に生まれ、イスラエル王国（南北分裂後の北王国）のアハブ王に嫁いだ。このアハブ王も悪名高く、神の怒りに触れた罪深い王のひとりとして旧約聖書に描かれる。彼については、「新共同訳聖書」にこのような記述がある。「アハブは、それまでのイスラエルのどの王にもまして、イスラエルの神、主の怒りを招くことを行った」

アハブ王は、イゼベルにそそのかされてフェニキアの神バアルの崇拝を許可した。また、イゼベルはバアル神殿への財政支援をアハブ王に求め、さらに、バアル神の崇拝者を増やすために巧みに男性を誘惑した。アハブ王の死後、息子のアハズヤとヨラムは順に王位を継承するが、イゼベルはなおも、バアル信仰を広めるべく動いた。

バアル神は、東地中海地域を中心に広く崇拝されていた神で、旧約聖書の話は、古代の中東における実際の宗教対立を基に描かれたものと考えられる。1960年代初頭、一説によるとイゼベルのものとされる印章が出土したが、この印章が聖書の登場人物イゼベルにまつわる品であるという見方は多くの学者が否定している。

旧約聖書によると、ヨラム王の部下イエフが「アハブの家を滅ぼし、イゼベルによる偶像崇拝と魔術をやめさせよ」という神のお告げを受けたことから、イゼベルに終焉が訪れた。イエフはヨラム王を殺害し、ついに、王宮にいるイゼベルを追い詰めるが、イゼベルは自分が殺されると知るや、化粧を施してイエフに対峙（たいじ）した（このことから、悪女を意味する「厚化粧のイゼベル［painted Jezebel］」という表現が生まれている）。イエフの命令で窓から突き落とされたイゼベルは、犬に食いちぎられて死を遂げるが、旧約聖書ではその結末を軽妙にこう表現している。「イゼベルの死骸は、畑にまかれた肥やしのようになる」

**豆知識**

1. 「イゼベル」は、ベニモンシロチョウの英語名（painted Jezebel）でもある。雄の羽は白っぽく、雌の羽は色鮮やかである。
2. フェニキア語の「イゼベル」は、バアル信仰の儀式で使われるかけ声で、「君主はどこ？」を意味する。
3. 英語の「イゼベル」（Jezebel）は軽蔑語として使われていたが、強く蠱惑（こわく）的な女という意味合いから、フェミニスト団体名や女性誌のタイトル、下着のブランド名としても使われている。

# 12 文筆家・芸術家 レスボス島のサッフォー

**「レズビアン」の語源ともなったレスボス島出身のサッフォー（前630頃～前570頃）は、古代ギリシアの詩人で、詩や音楽を指導した。サッフォーの恋愛詩で現代に残っているものはごくわずかだが、彼女の作品は古代で人気を博し、ギリシアや古代ローマののちの詩人たちに多大な影響を与えた。**

✦

実際、サッフォーの評判は非常に高く、死後数百年後にプラトン（前427頃～前347）はサッフォーを「十番目のミューズ」と評している。これは、ギリシア神話で崇められている、芸術と文学をつかさどる九人のミューズ（女神）になぞらえたものだ。また、「髪はスミレ色で、純真で、ハチミツのように微笑むサッフォー」と称賛した古代の人物もいる。

近年になってサッフォーの叙情詩の何篇かの断片が再発見されたことから、彼女は同性愛を題材にした西洋史上最初の作家のひとりとして、再び世の注目を浴びた。サッフォーの作品の新しい翻訳も出版され、また、彼女の生涯を描いた小説も執筆されている。出身地のレスボス島は、同性愛女性の旅行先として人気を呼ぶようになっている。

サッフォーはエーゲ海にあるレスボス島で生涯のほとんどを過ごしたが、一時期シチリア島に逃れていたらしいとの文献もある。レスボス島のエリート階級の出ではないかとされ、少なくともふたりの兄弟がいた。クレイスという名の娘をもうけていたという話もある。

愛とエロティシズム、嫉妬、憧憬（しょうけい）に満ちたサッフォーの詩は、主に女性がターゲットだが、男性に向けたものもいくつかある。例えば、自分が恋焦がれる女性が男性と一緒にいるところを見たときの嫉妬心を、ある詩でこのように鮮烈に表現している。

「……冷たい汗が　震える私を包みこむ／全身汗に包まれ　私はどんなに青い草よりも青ざめる」

サッフォーの死後、彼女の詩は九冊に編纂され、オウィディウス（前43～17頃）やカトゥルス（前84頃～前54頃）らの詩人も彼女の作品を読んだ。しかし、サッフォーの原稿の大部分は、ギリシアの古典の多くが失われた中世において破壊され、完全な形で残っているのは『アフロディテ讃歌』のみである。

**豆知識**

1. 『オックスフォード英語辞典』によると、「レズビアン」(lesbian) という言葉は、19世紀に「同性愛の女性」の同義語として使われるようになった。「同性愛の男性」の同義語としての「ゲイ」(gay) という言葉も、19世紀から使われていた可能性がある。
2. サッフォーの詩は、合計1000行ほどしか残されていない。そのほとんどはパピルス紙の小さな断片に記されたものである。
3. 2008年、レスボス島の三人の住人が、同性愛者の団体が「レズビアン」という言葉を使うのは不当であるとギリシャの裁判所に申し立てた。島の住民が偏った固定観念で見られるとの主張だ。この訴えは棄却された。

# 13 反逆者・改革者 | ソロン

**古代ギリシア七賢人のひとりとして知られるソロン（前640頃〜前560頃）は、政治家で軍の指揮者でもあった。古代アテネの政治改革を行い、世界最古の民主政治の基礎を形作った人物である。**

✦

ソロンは貴族の家系に生まれた。サラミス島の統治をめぐってアテネと対立していた都市国家メガラへの軍事作戦を成功させて、司令官としての名声を得る。古代の歴史家プルタルコス（46頃〜120頃）によると、ソロンは紀元前594年に立法者に選出されている。

ソロンが立法者となった当時の政府のシステムは、先任の立法者ドラコンが作ったものだった。厳しいことで有名なドラコンの法律は、例えば怠慢や、果樹園から果物を盗むなど、軽微な犯罪でも死罪としていた。

ソロンは法律を見直し、ほぼすべての犯罪に対する刑罰を軽くした。また、政治改革を行い、より多くの政治的権限を貴族から一般市民へ移した。ソロンが目指したのは、都市国家アテネの政治に関与しているという気持ちを全市民に持たせて、アテネにエウノミア（秩序）を回復させることだった。この改革で、ソロンは訴訟の権利や陪審員になる権利を一般市民に与えた。また、四百人評議会という、代表による評議会を設置した。この評議会は、民主主義の集会の祖先といえるものだ。

２年の任期終了後、ソロンはアテネを去り、地中海地域を10年間ほど旅した（アテネの人々がソロンに、彼の制定した法律の撤廃を働きかけることのないように、というのがその表向きの理由だった）。しかし、晩年にアテネに戻ったソロンは、自らの改革のほとんどが効力を失っていることを知って愕然とした。

ソロンの改革は数年しか効力を持たなかったものの、ギリシアにおける立憲制度を民主化する第一歩となったのは確かだ。ソロンが死去してからはるかあとの紀元前508年、アテネの貴族であるクレイステネス（前570頃〜前508頃）が政治権力を握り、ソロンの立法を基に民主主義政府を打ち立てた。これによって、アテネの文化や哲学、軍事力は以前にないほどの繁栄を見ることになる。

**豆知識**

1. 古代の哲学史家ディオゲネス・ラエルティオスによると、ソロンは、200年ほどあとに登場する古代ギリシアの哲学者プラトン（前427頃〜前347）と遠い親戚関係にある。
2. ソロンは詩人でもあり、自らの法改正を支持する韻文詩を記している。ソロンの詩は、古代ギリシア文学における最古の詩のひとつである。
3. 立法者であったソロンと、先任者のドラコンの名は、英単語の語源になっている。英語の「ソロン」(solon) は賢い立法者を意味し、「ドラコニアン」(draconian) は厳しい法律や罰則を形容する言葉である。

# 14 伝道者・預言者 | エレミヤ

**ユダヤ教の聖典である旧約聖書に出てくる重要な預言者、エレミヤ（前627頃〜前586頃に預言者として活動）は、史実に合致する数少ない人物のひとりでもある。エレミヤは、ヒルキアというユダヤ人祭司の息子として、エルサレム近くの村に紀元前650年ごろ生まれた。現在のイスラエル北部に当たる地域で伝道し、紀元前570年以後にエジプトで死去したとされる。**

✦

エレミヤの生きた時代には、古代のユダヤ史上最も大きな災いのひとつである、紀元前586年のエルサレムの破壊があり、続いてバビロン捕囚が起こっている。バビロン捕囚とは、古代イスラエル（ユダ王国）の人々がバビロンへ強制移住させられたことである。ユダ王国の人々、すなわちユダヤ人が、祖国から、現在のイラクに位置するバビロンへ追放された期間は50年間ほど続いた。これは、ユダヤ教の歴史上きわめて重要な出来事である。

エレミヤは、これらの出来事は、ユダヤ人全体の罪に対して神から与えられた罰だと考えた。エレミヤはバビロン捕囚のずっと以前から、ユダヤ人が社会の不公正や、宗教戒律を厳格に守っていないことで、神の怒りを招いていると警告していた。また多くのユダヤ人がイシュタル神やバアル神など、ほかの神々の崇拝を復活させて一神教の伝統を破っているとも非難した。

旧約聖書のエレミヤ書に記されたエレミヤの教えは、激しく鮮烈な表現で書かれている部分が多い。ユダヤ人が行いを改めなければ、神の報復があると説いている。

「わたしはユダの町々とエルサレムの巷から、喜びの声と祝いの声、花婿の声と花嫁の声を絶つ。この地は廃虚となる」（エレミヤ書７章34節 「新共同訳」より）

エレミヤはこのように警告し続けたため、ユダヤ人からの評判は芳しくなかった。新バビロニア帝国による侵略の期間には、エレミヤはユダ王国から出国しようとして貯水槽に閉じ込められた。皮肉にも、エレミヤを自由にしたのはバビロニア人たちだった。バビロニア人の侵略者たちは敬意を持ってエレミヤに接した。エレミヤはほかのユダヤ人のように追放されず、エルサレムに残ったユダヤ人の少数の残留民と一緒に滞在することを許された。

新バビロニア帝国による侵略後も、エレミヤは伝道を続け、信仰心を復活させれば神は許してくれるとユダヤ人に説いた。エレミヤは、その説教にうんざりしたユダヤ人たちに石を投げられて殺されたという話も伝えられている。

**豆知識**

1. エレミヤの名から派生した英単語（jeremiad）は、行動の結果を警告する長々とした説教を意味する。
2. アメリカのロックバンドのスリー・ドッグ・ナイトは、ヒット曲『ジョイ・トゥー・ザ・ワールド』で、「エレミヤはウシガエルだった」（Jeremiah was a bullfrog・ウシガエルは「酔っ払い」の比喩）と歌っている。エレミヤは「酔っ払い」ではなかったが、旧約聖書には、ワインにまつわるエレミヤの話がある。エレミヤ書35章によると、神はエレミヤに、禁酒をしている小さな宗派であったレカブ人たちのところにぶどう酒を持っていき、飲むようにそそのかせと命じた。しかし、レカブ人たちは禁酒を守って、飲むことを拒否した。このことを神は、ユダヤ人たちが自分たちの律法を守るべきだという例とした。
3. エレミヤは、エレミヤ書以外に、列王記の上・下と哀歌も記したとする説がある。

# 15 指導者 キュロス大王(キュロス二世)

**キュロス大王（前600頃～前530頃）は、現在のトルコ、イラン、イラクに当たる地域の大部分を征服し、古代世界において最も強大な王国のひとつであるペルシア帝国を築いた。旧約聖書には、ユダヤ人をバビロン捕囚から解放し、エルサレムに戻ることを許した王として登場する。この出来事は紀元前539年ごろとされている。**

◆

キュロス大王は、紀元前552年ごろに父親が死去したのち、当時はペルシスと呼ばれていた小王国の王となる。その後侵略を繰り返し、メディア王国やリディア王国などの近隣諸国を次々と征服した。裕福と名高いリディア王のクロイソス（前595～前547頃）を捕らえ、火あぶりにしようとしたが、もはや王ではなくなったクロイソスを生かせという神のお告げを受けて、命を助けたという話は有名だ。

旧約聖書には、キュロス大王は紀元前539年に新バビロニア帝国を攻撃したことが記されている。その50年前、ユダヤ人たちはバビロンへ強制移住させられていたが、キュロス大王はバビロンを制圧後、ユダヤ人が祖国へ戻る許可を与えた。

新バビロニア帝国の征服は、キュロス大王の行った最後の大規模な併合である。彼は即位後20年ほどのうちに、西はボスポラス海峡から東はヒマラヤ山脈までの広い地域に及ぶ帝国を築いた。そして、領地内の宗教には非常に寛大だったことが知られている。

キュロス大王は紀元前530年ごろに死去し、現在のイランにあった首都パサルガダエに埋葬された。キュロス大王が樹立した王朝は、ギリシアの都市国家と戦いを繰り返し、最終的に紀元前330年、アレクサンドロス大王（前356～前323）に征服される。

豆知識

1. キュロス大王の死後何世紀も経ってから執筆された、彼を主役とする歴史物語『キュロスの教育』は、第三代アメリカ大統領トマス・ジェファーソン（1743～1826）の愛読書であった。
2. キュロス大王は、旧約聖書のエズラ記、イザヤ書、ダニエル書に登場する。キュロス大王によるユダヤ人の解放は、預言者ダニエルによって預言されたといわれる。
3. ダビデ派セブンスデー・アドベンチスト教会の分派であるブランチ・ダビディアンの教祖、デビッド・コレシュ（1959～1993）は、自らをキュロス大王の生まれ変わりだと信じ、キュロスのヘブライ語名であるコレシュと改名した。コレシュと信者の多くは、アメリカ連邦政府が1993年に教団本部の強制捜査のため突入した過程で死亡している。

# 16 哲学者・思想家 ｜ エレアのゼノン

**「ニワトリはなぜ道を渡らなかったのか？」というなぞなぞがある。古代のエレアで活躍した哲学者ゼノン（前495頃～前430頃）によれば、答えは、ニワトリは道を「渡れるはずがないから」だ。**

✦

理由はこうだ。道の反対側まで到達するには、まず道の中央まで歩かないとならない。そこまでは良しとする。だが次は、残り半分の距離のうちの半分を、空中を飛ぶなり、飛び跳ねるなり、バタバタするなりして渡らねばならない。こうして道の四分の三を渡っても、残りの距離のうちの半分をなんとかせねばならない。行けども行けども、残りの距離の半分が残っている、という論理だ。ゆえに、到達するべき地点が限りなく前に続くのでけっして到着しないという結論を、ゼノンは導いた。これは、「ゼノンのパラドックス」として知られる議論の中で最も有名なものだ。彼の立てた論理のなぞなぞは、2000年にわたって哲学者を惑わせ、激高させた。ゼノンはギリシャ語を話し、南イタリアのエレア派として知られる哲学の学派を教えた。「ゼノンのパラドックス」は、彼の残した最も有名な遺産だ。

この二分法のパラドックスと同じく、ゼノンが立てたその他のパラドックスも、運動に関連するものだ。そのうちのひとつ、「アキレスと亀のパラドックス」は、俊足の走者は先に出発したのろい亀に追いつけるか？という議論だ。走者は、まず亀が出発した地点に到達せねばならない。しかしそこへ到達するころには、亀はすでに第二地点へ到達しているため、走者はさらに走り続けねばならない。走者が亀の第二地点に到達するころには、亀はすでにそこにはいない。走者がどれだけ速くても追いつくことができない、というパラドックスである。

もちろん、ゼノンも分かっていたように、走者は歩みののろい亀に追いつき追い越す。そして、ニワトリも、ときには道を渡り切る。ゼノンがパラドックスで挑発的に尋ねているのは、「どうやって？」ということなのだ。

ゼノンの生涯について分かっていることはほとんどないが、ゼノンの及ぼした影響は非常に大きい。彼は、運動の根底にある力学を弟子らにじっくり考えさせた。弟子たちはここから着想を得て、のちに数学や物理学における偉大な発見をすることになるのだ。

ゼノンは、エレアの暴君を殺害しようとする謀略に関与し、無残な死を迎えた。拷問を受けても共謀者の名を明かそうとせず、暴君の耳を噛み、はじめは半分まで、そして結局すべて噛み切ったのち、処刑されたという。

**豆知識**

1. ゼノンは南イタリアのエレア（現ヴェリア）で生まれた。当時、エレアはイオニアから来たギリシア人たちの支配下にあった。
2. ゼノンの議論でほかに有名なものとして、飛ぶ矢は動いているのかを問う「飛ぶ矢のパラドックス」がある。ある物体が瞬間の中で常に静止しているならば、静止した瞬間の集合体である全体の時間において、その物体は静止しているのではないか？という議論だ。
3. ゼノンの死後、古代ギリシアで始まった微積分学でゼノンのいくつかのパラドックスの解法が示された。また、ゼノンの根本的な前提を否定することで「解かれた」パラドックスもある。例えば、「飛ぶ矢のパラドックス」は矢が各瞬間に静止していることを前提としているが、地球は常に動いているので、その前提自体が成立しない、というものだ。

# 17 革新者 ヒッポクラテス

**害をなすな。 ── ヒッポクラテス**

**医学の父、そして医学史上初の医師として賞賛されるヒッポクラテス（前460頃〜前375頃）は、人体を科学的に研究した先駆者的存在で、多くの疾患を記録した最初の人物とされる。現代、ヒッポクラテスに関しては、「ヒッポクラテスの誓い」と呼ばれる宣誓文が最も有名で、医療界の倫理規範として多くの新人医師が誓う。**

✦

ヒッポクラテスは、古代ギリシアのコス島で生まれた。コス島は、現代のトルコの沿岸近くに位置する。父親も祖父も医師で、ヒッポクラテス自身はアスクレピオス神殿という、病の治癒のための神殿で医学教育を受けた。

古代ギリシアでは、疾病は神による罰であると解釈されており、治療には祈禱（きとう）や神へのいけにえなどが使われた。しかしヒッポクラテスは、疾患には自然の原因があり、食事を変えたり薬を使ったりすることで治療できると考えた。

ヒッポクラテスはコス島で医学校を設立したのち、ギリシアの島々を周り、治療者としての名声を確立する。また、『ヒッポクラテス全集』を書いたとされている。この全集には各種の医学文書が収められていて、「ヒッポクラテスの誓い」も含まれる。

この誓いには、医師のあるべき姿として、患者のプライバシーを尊重することや、適切な治療法を行うこと、患者と性的に不適切な関係を持たないこと、学んだことをほかの弟子と共有することなどが記されている。この信念と、医術を専門職として位置づけたことは、ヒッポクラテスが後世に残した最も偉大な遺産といえるだろう。

多くのギリシアの思想家と同じく、ヒッポクラテスの伝記も、死後長い年月を経てから編纂されており、詳細の真偽は不明な部分が多い。しかし、文献によると、彼は100歳ころにギリシアの都市ラリッサで死去したと考えられる。

**豆知識**

1. ヒッポクラテスの名のついた疾患名や症状名がいくつか存在する。例えば「ヒポクラテス顔貌」とは、ヒッポクラテスが初めて記録した、死期の迫った患者に特徴的な痩せこけた風貌のことだ。
2. 現代の医師のほとんどが、ヒッポクラテスの誓いから時代にそぐわない部分を除いた修正版を倫理規範として取り入れている。例えば、元のヒッポクラテスの誓いでは、結石の手術をしないことが述べられていた。
3. ヒッポクラテスの誓いを基にした誓いは現代も使われているが、ヒッポクラテスが作った実際の医学理論の多くは、現代の医学では認められていない。例えば、ヒッポクラテスは人体は四つの体液 ── 血液、黒胆汁（こくたんじゅう）、黄胆汁（おうたんじゅう）、粘液 ── で支配されていると信じていたが、これは現代では否定されている。

# 18 悪人 ｜ コリオラヌス

**ガイウス・マルキウス・コリオラヌスは、共和制ローマ期の伝説的な将軍である。ウォルスキ族との戦いで大勝利を収めたが、国の人々に支持されなかったことに怒り、のちにウォルスキ族のほうへ寝返ったとされる。シェイクスピアは、コリオラヌスのこの裏切りを題材にして、悲劇『コリオレイナス』を書いた。**

✦

コリオラヌスについては、ローマの歴史家プルタルコス（46頃〜120頃）やティトゥス・リウィウス（前59頃〜17）が記しているが、コリオラヌスが実在したのかどうかは定かではない。シェイクスピアはプルタルコスの記述を基に『コリオレイナス』を書いたが、その物語の構成は、プルタルコスの記述にすら忠実ではない部分が多くある。

プルタルコスの著述によると、コリオラヌスは古代ローマの貴族階級であるパトリキの出である。幼いころに父親と死に別れ、母親に育てられた。この母親は、シェイクスピアの作中の人物ヴォラムニアのモデルとなっている。コリオラヌスはローマ軍に従軍し、ローマを追放されたタルクィニウス家の王たちと戦った。

ウォルスキ族は、ローマの南西部に住んでいた部族で、ローマと戦いを繰り返した。コリオラヌスは、紀元前493年にウォルスキ族の最も重要な都市コリオリを占領した。コリオラヌスという名は、その功績により与えられたものだ。

戦いのあとでローマへ戻ったコリオラヌスは、以後のローマの政治を議論する中で平民階級であるプレブスと対立し、民主的統治に反する立場となった。コリオラヌス自身は戦功により尊敬されるべきと考えたが、結局、反対派によりローマから追放された。国を追われたコリオラヌスは、以前の敵であったウォルスキ族のもとへ行き、ウォルスキ族の首都アンティウムへ移った。しかし、ウォルスキ族はコリオラヌスに反抗し、コリオラヌスはローマへの攻撃を拒んで殺害された。

コリオラヌスは、ローマ史上は大きな存在として扱われてはいないものの、シェイクスピアの戯曲に取り上げられたことで、西洋史に永遠の足跡を残した（ブロードウェイのミュージカル『キス・ミー・ケイト』［1948年初演］の歌の中にも、コリオラヌスの名が登場する）。また、コリオラヌスの物語は、戦争後にその功績や影響力が認められなかった将校の例え話として引き合いに出されることがある。

**豆知識**

1. これまでに、俳優のローレンス・オリヴィエ（1907〜1989）、リチャード・バートン（1925〜1984）、モーガン・フリーマン（1937〜）がコリオラヌスを演じている。レイフ・ファインズ（1962〜）は、2011年の映画『英雄の証明』で監督と主演を務めた。
2. 都市アンティウムは現在のアンツィオで、第二次世界大戦中の1944年に連合軍が上陸したことで知られる。
3. ルートヴィヒ・ヴァン・ベートーヴェン（1770〜1827）は、1807年にコリオラヌスについての管弦楽曲序曲『コリオラン』を作曲している。コリオラヌスは、シェイクスピアの『コリオレイナス』に基づいて書かれた、ベルトルト・ブレヒト（1898〜1956）による戯曲『コリオラン』（1952年）の主人公ともなっている。

# 19 文筆家・芸術家 ｜ アイスキュロス

**英知は苦難からもたらさる。**
**―― アイスキュロス 『アガメムノン』より**

✦

ギリシア悲劇を確立したアイスキュロス（前525頃～前455頃）は、作品が現存する最古の劇作家のひとりに数えられる。古代アテネで民主主義が幕を開けたころに書かれたアイスキュロスの作品は、西洋における演劇の始まりとなる作品であり、古代ギリシア文化の窓口ともいえるものだ。

アイスキュロスはアテネ郊外のアッティカで生まれ、アテネ軍に従軍し、紀元前490年の「マラトンの戦い」と、紀元前480年の「サラミスの海戦」で従軍している。ペルシア帝国を相手とするこのふたつの戦いに勝利したことによって、アテネは独立を維持した。現存するアイスキュロスの最古の劇『ペルシア人』（前472年）は、この史実を基に描かれたものである。

アイスキュロスはこの作品で、勝利を収めたギリシア側ではなく、ペルシア人の視点から戦いを語るという、独特な手法をとっている。物語はペルシアの首都スサを舞台とし、ペルシアが負けたのは、クセルクセス一世（前519～前465）の「ヒュブリス」（「過剰な誇り」を意味するギリシャ語）によって起きた悲劇であると描写する。作中では、クセルクセス一世はヘレスポントス海峡に橋を架けたことによって神々の怒りを買い、これが敗戦を導いたとされている。

アルゴス（「ミュケナイ」とも）の伝説の王アガメムノンを題材とした悲劇三部作、『オレステイア』は、紀元前458年ごろの作品だ。『ペルシア人』と同じく、この三部作は、英雄の致命的な失敗で破滅を迎えるという筋が軸となる悲劇である。『オレステイア』の登場人物の何人かは、のちの西洋文学作品の中で取り上げられる人物にもなっている。予言能力を授かりながら、信用されず不遇の運命をたどるカッサンドラもそのひとりだ。アイスキュロスの悲劇は、ギリシア悲劇の技法の多くを確立し、ソフォクレス（前496頃～前406頃）やエウリピデス（前484頃～前406頃）をはじめ、のちのギリシアの悲劇詩人たちに多大な影響を与えた。

アイスキュロスの生涯について知られていることはほとんどない。アテネの演劇祭で何度も受賞し、総計90篇以上もの劇を書いたと推測されているが、現存しているのは七篇のみである。アイスキュロスは、シチリア島を訪問していた際に死去した。鳥が運んでいた亀が頭の上に落ちてきたのが死因だという話が伝えられている。

**豆知識**

1. アイスキュロスの作品とされる『縛られたプロメテウス』は、イギリスのロマン派詩人パーシー・ビッシュ・シェリー(1792～1822)の劇詩『縛を解かれたプロミシュース』のヒントとなった。
2. 古代アテネでは、舞台上で暴力的な演技は行われなかった。そのため、アイスキュロスの劇中で多く出てくる暴力的なシーンは舞台上では演じられず、観客の想像に任されていた。
3. アイスキュロスの演劇の多くは、アテネのディオニソス劇場で初演が行われた。1万7000人ほどを収容した同劇場の跡は、アテネのアクロポリスの南側に位置している。

# 20 反逆者・改革者 ｜ ルキウス・ユニウス・ブルートゥス

**ルキウス・ユニウス・ブルートゥスは、ローマの王政を崩壊させ、共和制ローマを樹立したとされる人物である。彼は王を追放したのち、ローマの主権を代表者会議である元老院に委ねた。元老院が統治機関となったローマは、以後500年にわたり、巨大な国家へと成長していく。**

✦

共和制ローマは、のちにアメリカ合衆国憲法の手本となっている。1787年、合衆国憲法制定会議の代議員たちは、共和制ローマに倣って立法府の上院を「元老院」（senate）と名付けた。

共和制を樹立したブルートゥスだが、ローマ史上に伝えられているところによると、理想主義者とはとても言い難い。ローマ王に対する反逆は、王の息子のひとりがブルートゥスの親戚の女性を凌辱（りょうじょく）したため、個人的な復讐として始まったのだ。セクストゥス・タルクィニウスによるルクレティアの凌辱である。これは、古代ローマにおける最も有名なスキャンダルのひとつであり、また、ローマ史の転換期となった出来事でもある。

エトルリアの貴族であるタルクィニウス家は、紀元前753年に王政ローマが建国されてまもないころからローマを統治した。ブルートゥスの時代には、「傲慢王（ごうまんおう）」との異名をとるルキウス・タルクィニウス・スペルブスが王位に就いていた。タルクィニウス・スペルブス王は、義理の父であるセルウィウス・トゥッリウスを殺害して王位に就いたとされる。これを皮切りに、タルクィニウス・スペルブス王は在位中にさらに多くの人物を殺害する。

タルクィニウス家とは遠い親戚関係にあるブルートゥスは、当初はタルクィニウス家の味方であった。しかし紀元前509年ころ、ブルートゥスは従軍中にルクレティアの凌辱を知り、急遽ローマへと戻るが、一家の名を汚したと思い詰めたルクレティアは自殺を遂げる。ブルートゥスは、血まみれの短剣をルクレティアから取り上げ王を倒すとの誓いを立てたとされている。

王の追放後、ブルートゥスはローマを奪還しようとするタルクィニウス家を繰り返し撃退した。また、王政を復活させようとする謀略に加わった、ティトゥスとティベリウスという自身のふたりの息子までも処刑したと伝えられている。ブルートゥスは、王政を二度と認めないという誓いをローマ市民に強制的に立てさせた。王政に反対する立場は、その後の多くのローマ人の重要な政治的アイデンティティとなる。

古代ローマの歴史家ティトゥス・リウィウス（前59頃～17）によると、ブルートゥスは、前王の息子アルンス・タルクィニウスと一対一で対峙し刺し違えて亡くなったとされている。

**豆知識**

1. ローマの言い伝えによると、ブルートゥスの王政への嫌悪は子孫にも受け継がれた。子孫のひとりには、ユリウス・カエサル（前100～前44）が王位に就くのを防ごうとして、カエサルの暗殺に加わったマルクス・ユニウス・ブルートゥス（前85頃～前42）がいる。
2. ルクレティアは、シェイクスピアの戯曲の何作品かに登場している。1594年に発表された『ルークリース凌辱』は、ルクレティアが主人公の物語詩である。
3. 「元老院」（senate）とは、元はローマの貴族の会議のことで、ラテン語の「老人」を意味する「senex」という語に由来している。ローマの元老院はその後1000年以上も継続するが、ローマ帝国が崩壊したのち、6世紀に解体された。

# 21 伝道者・預言者 ゾロアスター

**ゾロアスター教は、2000年以上にわたり、現在のイランとインドに及ぶ広範な地域で信奉された代表的な宗教であった。創始者は、詩人で預言者のゾロアスター（「ザラスシュトラ」とも）で、ゾロアスター教という呼び名は彼の名に由来している。ゾロアスターは、紀元前7世紀ごろ、ペルシアに住んでいたとされる。**

✦

ゾロアスターの教えは、アジアの文化と世界の宗教に重要な影響を与えたが、ゾロアスターがどのような生涯をたどったのかはほとんど分かっておらず、彼が何世紀に生まれたかということすら諸説がある。紀元前628年ごろに、おそらくは現在のイランに当たる中央アジアで生まれたと考えられており、地元の寺院で聖職者として修行したとされている。

ゾロアスターは、苦労の末にようやく認められた預言者であると伝えられている。両親の意向に反して20歳のころに家を出ると、10年にわたって精神世界を探求し、ようやく「善い宗教」と自らが呼ぶビジョンへと到達する。その後10年を費やして伝道するが、その教えを信じようとする人はほとんどいなかった。やがて、バクトリアの王の馬の病を治したことから、王はゾロアスター教を信じるようになる。その後長い年月が経過し、77歳のとき、ゾロアスターは不可解な状況の中で殺害される。

ゾロアスターの死後、その教えは急速にアジアに広まっていきペルシア帝国の主要な宗教へと発展した。ゾロアスター教では、究極的な魂の審判者である最高神アフラ・マズダーを信奉し、来世の存在を信じている。死後の世界では、善人と悪人が区別されるという来世観である。単一神の信奉と最後の審判を強調するゾロアスター教の観念は、のちのユダヤ教やキリスト教にも受け継がれている。また、ヒンズー教や仏教などの東洋の宗教とも多くの類似点がある。

7世紀にイスラム教徒がペルシアを征服すると、ゾロアスター教の中心は西インドへと移った。ゾロアスター教の信者は20世紀に急速に減少し、インドとイランを中心として全世界総計で20万人以下しか残っていないと考えられている。

### 豆知識

1. ゾロアスター教は、改宗を勧めたり、改宗者を受け入れたりしない。これが一因となり、信者はだんだん減少していった。
2. 現代のゾロアスター教信者として知られる人物に、ニューヨーク・フィルハーモニックの元指揮者であるズービン・メータ（1936〜）がいる。
3. ドイツの哲学者フリードリヒ・ニーチェ（1844〜1900）は、1885年ごろに書籍『ツァラトゥストラはこう語った』を出版し、ゾロアスター教の道徳に関する多くの教えに反対する立場をとった。この作品に着想を得て、作曲家のリヒャルト・シュトラウス（1864〜1949）は、同じ名の交響詩を作曲している。この交響詩は、1968年の映画『2001年宇宙の旅』のテーマ曲として使われた。

# 22 指導者 ペリクレス

**都市国家アテネの将軍で政治家のペリクレス（前495頃～前429）は、アテネの黄金時代に大きな影響を及ぼした指導者のひとりだ。アテネの軍事力を強め、アテネを芸術と哲学の中心地にする役割を果たした。ペリクレスがアテネの繁栄に果たした役割は非常に大きく、アテネの全盛期となった紀元前460～紀元前429年の期間は「ペリクレス時代」と呼ばれることもある。**

✦

古代ギリシアの歴史家トゥキディディス（前460頃～前400頃）はペリクレスのことを「当時のアテネにおける第一人者で、協議においても行動においても最も有能な人物」と記している。ペリクレスの両親は共にアテネの貴族の出で、ペリクレスは音楽、修辞学、哲学の英才教育を受けた。彼が育ったのは、アテネが繰り返しペルシアの攻撃を受け、反撃を続けていた時代だ。

ペリクレスは、紀元前461年にアテネの民会において、貴族から残った権力を剝奪するための投票に関わったことを皮切りに、政治に携わるようになる。この投票後、ペリクレスはアテネの実権を握る強大な権力者のひとりとなった。ペリクレスの主なライバルであったキモン（前510～前450）はこの年の後半に排除されたため、ペリクレスはその後のほぼ30年間にわたって、政敵不在のままアテネを支配した。

在任中のペリクレスは、一般市民を擁護し民主主義政府を守る人物として知られた。戦死したアテネの軍人たちを弔う儀式で行ったペリクレスの追悼演説は、民主主義の擁護を謳(うた)った言葉として、現在に至るまでで最も有名なもののひとつである。

「その名は、少数者の独占を排し多数者の公平を守ることを旨として、民主政治と呼ばれる。わが国においては、個人間に紛争が生ずれば、法律の定めによってすべての人に平等な発言が認められる。だが一個人が才能の秀でていることが世にわかれば、無差別なる平等の理を排し世人の認めるその人の能力に応じて、公けの高い地位を授けられる」（トゥーキュディデース著久保正彰訳『戦史』［岩波文庫］より）

またペリクレスは、アテネにおいてアクロポリスを建設し、劇場を開設して、アイスキュロス（前525頃～前455頃）やエウリピデス（前484頃～前406頃）などの劇作家を援助した。アクロポリスの大理石の像を制作した彫刻家のフェイディアス（前490頃～前430頃）は、ペリクレスの友人であり、政治的な味方でもあった。

ペリクレスは紀元前429年に、スパルタ軍との戦いの期間中に死去した。ペリクレスの死とその後の敗戦によってアテネの黄金時代は終わりを告げた。

### 豆知識

1. ペリクレスはアイスキュロスの友人で、アイスキュロスの歴史劇『ペルシア人』(前472年)の初演を支援した。この劇は、「サラミスの海戦」におけるアテネの勝利の影響を描いた物語である。
2. ある国や産業における黄金時代のことを、「ペリクレス時代」と表現することがある。例えば2005年、ある映画評論家は、『タイム』誌に掲載された映画産業についての記事の中で、1930年代と1940年代を「セルロイド映画のペリクレス時代」と表現した。
3. パルテノン神殿は、ギリシアの戦いの神でアテネの守護神であるアテナを祭ったものだ。2万トンの大理石を使い、15年をかけて建造された。神殿はのちにキリスト教の教会やイスラム教のモスクとして使われ、19世紀には歴史的に重要な場所として保護されるようになった。

# 23 哲学者・思想家 | ソクラテス

**吟味（ぎんみ）されない人生は生きるに値しない。**
**―― ソクラテス**

✦

古代アテネの偉大な師であるソクラテス（前470頃〜前399）は、ギリシアの多くの哲学者たちを教え、今日においても、歴史上最も大きな影響を及ぼした思想家として知られる。彼は、政治に関してうるさく発言し、また、知的な論争においてあれこれとかきまわす人物だった。政治、道徳、倫理に関する議論で仲間のアテネ人たちと繰り返しぶつかり、彼らの信じる考えが正しいことを証明しろと詰め寄った。

しかし、ソクラテスは執拗（しつよう）に異論を述べたために自らの首を絞めることになった。71歳のとき、アテネの指導者を侮辱したとして逮捕され、歴史上最も有名な裁判のひとつとされる裁判で裁きを受け、最後はドクニンジンの服毒による自殺を強いられたのだ。

多大な影響を与えた哲学者としては珍しく、ソクラテスはひとつも著作を残していない。ソクラテスの名声は、弟子のプラトン（前427頃〜前347）によって確立された。実際、ソクラテスの生涯はあいまいな部分が多く、歴史家たちは、ソクラテスにまつわる不確かな数々の話を「ソクラテス問題」と呼んでいる。ソクラテスの生きた時代は、ペリクレス（前495頃〜前429）の黄金時代と、その時代が陰りを見せた時代にまたがる。ソクラテスは何度も従軍してアテネのために戦ったが、政治に携わることはなく、アテネの民主政治には懐疑的であった。

ソクラテスの風貌は目を引くもので、教えるスタイルは独特だった。みすぼらしい服をまとい、髪は長く伸びて、無収入だったらしい。アテネの学生たちからは教えを請われたが、報酬を受け取ることは拒否した。彼は、ソクラテス・メソッド（ソクラテス式問答法）と呼ばれる教授法を確立した。これは弟子たちが潜在的に持っている価値観や前提に対して、徹底的に問いかけ続ける手法だ。弟子たちに知識を叩き込むのではなく、執拗に質問を投げかけることによって深く考えさせ、宗教や政治における細かな意味合いや矛盾（むじゅん）を探求させるという方法である。

紀元前5世紀の終わりには、アテネの軍事力が弱まり、また、アテネの民主主義に対して短命ながらクーデターが起こるなど、アテネは多くの苦難に見舞われていた。アテネの指導者たちは、ソクラテスと彼とのひっきりなしの問答にうんざりし ―― そして、おそらくは責任転嫁先（スケープゴート）を求めていたこともあり ―― アテネの若者たちを堕落させたとしてソクラテスを逮捕し、死刑を宣告した。ソクラテスには追放刑の選択肢もあったが、哲学者たるもの死を恐れてはならないと、自らドクニンジンを飲んだ。

**豆知識**

1. アメリカ映画『ビルとテッドの大冒険』(1989年)では、トニー・スティードマン(1927〜2001)がソクラテスを演じている。
2. ソクラテスが飲んだドクニンジンは英語で「hemlock」と呼ばれる。北米とアジアに分布する常緑針葉樹のツガも英語で「hemlock」と呼ばれるが、これはドクニンジンとはまったく別の植物で毒性はない。
3. ソクラテスは最後まで激しい人物だった。有罪となったとき、自らの罪に対して適切な罰とは何だと思うかと問われると、指導者たちの無知を指摘したことに対する感謝としてアテネから恩給を受けるべきだと答えた。

# 24 革新者 アリスタルコス

**コペルニクスが登場するよりもはるか前、古代ギリシアの天文学者で数学者のアリスタルコス（前310頃～前230頃）は、地球が太陽の周りを回っているという説を提唱した。しかし、この説はほとんどのギリシア人たちに否定され、もっぱら忘れ去られた。アリスタルコスの説が正しいことが証明されるのは、それからおよそ2000年を経てからのことだ。**

✦

アリスタルコスは、現在のトルコの沿岸近くのギリシアのサモス島に生まれた。サモス島は、数学者で宗教指導者であったピタゴラス（前580頃～前500頃）の生誕地でもある。アリスタルコスの概念のいくつかは、ピタゴラス教団の考えに影響を受けたものと考えられている。ピタゴラスの死後何世紀も経過していた当時、教団はなおも影響力を持っていたのだ。

アリスタルコスはエジプトのアレクサンドリアに移り住み、ランプサコス出身のストラトン（前335頃～前269頃）に師事した。ストラトンは、アテネでアリストテレスに師事した弟子のひとりである。アリストテレスをはじめ当時のギリシア人たちの多くは、宇宙の中心は静止した地球であると考えており、アリスタルコスもほぼ間違いなくこの説を教わったと思われる。

現存するアリスタルコスの著作は、『太陽と月の大きさと距離について』のみだ。この論文の中で、アリスタルコスは、太陽と月の大きさ、そしてそれぞれの地球からの距離の算出を試みた。アリスタルコスの推定値は実際とはかけ離れていたものの、太陽は地球よりもはるかに大きいという理解は正しかった。太陽は地球よりもはるかに大きいとの発見から、アリスタルコスは、太陽よりも小さな地球が本当に宇宙の中心なのだろうかという疑問を抱くようになったようだ。残念ながら、アリスタルコスがその後に執筆した著作はすべて失われたが、ギリシアの技術者アルキメデス（前287頃～前212頃）は、アリスタルコスがのちに、太陽を宇宙の中心に置く新しい説を提唱したことを記している。またアリスタルコスは、恒星は太陽と同じく天体であり、古代の多くの人々が考えるよりも、地球からはるかに遠いところに位置していると正しく推測した。さらに、天空で恒星の位置が移動するのは、地球が自らの軸を中心に自転しているからだという理論を立て、これものちに正しいことが証明されている。

しかし当時のほとんどのギリシア人たちは、太陽中心説には見向きもせず、笑いものにした――アルキメデスもそのひとりだった。その後400年近く経ってから、ローマの天文学者プトレマイオス（100頃～170頃）が、地球中心説を唱える『アルマゲスト』を発表した。この本は、西洋において中世期まで、天文学の主要な書物として扱われた。ニコラウス・コペルニクス（1473～1543）が地動説（太陽中心説）を唱えて1543年に『天球の回転について』を出版するまで、アリスタルコスの導き出した大胆な結論を裏づける科学者は現れなかった。

**豆知識**

1. アリスタルコスの功績を称え、月面の最も有名なクレーターのひとつに「アリスタルコス」という名が付けられた。このクレーターは比較的新しいもので、形成されたのはおよそ4億5000年前だとされており、地球から肉眼でもしばしば確認できる。
2. ローマの歴史家プルタルコス（46頃～120頃）によると、アリスタルコスを批判する立場をとった哲学者クレアンテス（前330頃～前230頃）は、アリスタルコスを不誠実の罪で裁くべきだとした。アリスタルコスが、太陽中心説によって地球が中心的な役割を果たしていることを否定したためだ。
3. 当時は天体望遠鏡がなかったため、アリスタルコスの観測には多くの誤差が生じた。

# 25 悪人 アリステイデス

**正義の人と呼ばれた政治家アリステイデス（前530～前468）は、古代アテネにおいて、この上なく非の打ちどころのない人物として評判だった。賄賂の受け取りや公金の横領、友人の優遇を拒否し、また、紀元前490年の「マラトンの戦い」を勝利に導いた将軍でありながら、これについて個人的な名誉を求めることはなかった。当時、アリステイデスのことを、アテネで「最も価値ある人」と評した人もいる。**

◆

しかし、アリステイデスはあまりにも公正な人物だったことから、アテネの多くの市民から嫌われた。そして紀元前482年の投票で、アリステイデスをアテネから追放することが決まった。アリステイデスの追放に賛成票を投じたあるアテネ市民は、「彼のことは知りもしないが、彼が正義の人だというのをあちこちで耳にするのに飽き飽きした」と述べた。

しかしアテネ市民たちは、アリステイデスの追放をすぐに後悔することになる。追放の２年後、ギリシアは再びペルシアの侵攻を受け、「テルモピレーの戦い」でペルシア軍に敗れた。ペルシア軍は、ギリシア全土を制圧する態勢を整えている様相だった。アテネ市民はアリステイデスに対して低姿勢になり、アテネへ戻って防衛してくれるようにと懇願せざるを得なかった。

アリステイデスは、その２年前にアリステイデスの追放を主導したアテネの政治家テミストクレス（前524頃～前460頃）と共に、対ペルシア戦に向けて編成されたギリシアの都市国家連合軍を率いた。ギリシア連合軍は、紀元前480年の「サラミスの海戦」でペルシア海軍を、そして翌年の「プラタイアの戦い」でペルシア陸軍を打ち負かした。プラタイアでの勝利によって、ペルシアの侵略は完全に撃退された形となった。

この戦いのあとにギリシア連合軍が解体し始めると、アリステイデスは、スパルタではなくアテネがギリシアの中心的な都市の立場をとれるように、外交交渉を行った。誠実だという評判がうまく働き、アリステイデスは諸都市の信頼を得ることができ、紀元前478年に結成された、アテネを盟主とするデロス同盟の立案に関わった。

アリステイデスのその後に関しては、知られていることはほとんどない。再び政治に携わったが、ローマの歴史家プルタルコス（46頃～120頃）によると、アリステイデスは貧困の中で生涯を終えている —— 政治で金儲けをすることを拒んだ結果だった。

**豆知識**

1. プルタルコスによると、アリステイデスとテミストクレスの間の敵対心は、個人的なものから始まった。ふたりとも、ステシラウスという少年に恋をしたためだ。
2. アリステイデスは、ペルシアとの戦いで将軍（ストラテゴス）の地位にあった。この階級名は、「戦略」を意味する英語（strategy）の語源となった。
3. 「デロス同盟」の名は、同盟の資金を保管し、政策を話し合う年次会議の場所となったデロス島に由来する。元は平等な同盟だったが、のちに事実上の「アテネ帝国」と化す。紀元前454年にはアテネが同盟の資金を占有し、パルテノン神殿の建設にその資金を流用した。

# 26 文筆家・芸術家 ソフォクレス

**ソフォクレス（前496頃～前406頃）は古代アテネの劇作家で、最も評判の高いギリシア悲劇のいくつかを書いた。100以上の劇を書いたと考えられているが、現存しているのはほんの数えるほどだ。ソフォクレスは、ライバルとして競っていたエウリピデス（前484頃～前406頃）やアイスキュロス（前525頃～前455頃）と並び、古代ギリシアにおける最も偉大な悲劇作家とされている。**

✦

ソフォクレスの作品で、特に影響力の大きなものをふたつ挙げるとすれば、伝説のテーバイ王オイディプスの物語『オイディプス王』とオイディプス王の娘の物語『アンティゴネ』だろう。ソフォクレスはアイスキュロスの影響を受けていたが、より洗練された場面設定と人物像展開の手法を劇作品に導入した。彼の作品は、現在最も頻繁に上演されるギリシア悲劇である。

ソフォクレスはアッティカの小さな町に生まれ、幼少期にアテネの対ペルシア戦争を経験している。90歳で死去した彼の生涯は、アテネがペルシアに勝利して強大となり、その80年後にペロポネソス戦争によって衰退に至るまでの、アテネの繁栄期に重なる。

劇作家としてのソフォクレスは当初、アイスキュロスから多大な影響を受けていた。しかし、アテネで毎年開催されていた演劇祭「ディオニュソス祭」でアイスキュロスと対決し、紀元前468年の祭りでアイスキュロスを負かした。その後もソフォクレスは次々と勝利を収め、アテネの素晴らしい劇作家としての名声を確立する。

『オイディプス王』の作中、オイディプスはテーバイの王と王妃の間の息子として生まれる。オイディプスが乳児のとき、両親はオイディプスが大人になったら父親を殺害し、母親との間に子を成すとの神託を受け、オイディプスを捨てる。その後長い年月が経過し、自らの血筋を知らないオイディプスは、王と対峙した際に王を殺害し、未亡人となったその妻と結婚する――実の母親であるとは知らずにである（現代では母親と性的関係を持とうとする男性のことを、「エディプス［オイディプス］・コンプレックス」と表現することがある。ただし劇中では、オイディプスは自らのしたことを知ると、それを恥じて自らの目をつぶしテーバイを去る）。

ソフォクレスはアテネの政治にも携わり、アテネ軍の将軍（ストラテゴス）になった。ペロポネソス戦争が始まったころにはすでに高齢になっていたが、スパルタに対するアテネの攻防戦を組織するのに貢献した。そして、アテネが大敗して戦争が終結する直前に死去した。

**豆知識**

1. ソフォクレスによる123篇ほどの劇のうち、現存するのは『アイアス』、『アンティゴネ』、『エレクトラ』、『コロノスのオイディプス』、『オイディプス王』、『ピロクテテス』、『トラキスの女たち』の七篇のみだ。
2. ソフォクレスの作品中の言葉がもとで、有名になった表現や格言がいくつもある。例えば、『アンティゴネ』の「悪い知らせを告げる人を好む人はいない」、『オイディプス王』の「時がすべてを癒やす」、『コロノスのオイディプス』の「異国の異人」などがある。
3. ソフォクレス自身も、自らが執筆した初期の多くの劇で役者として舞台に上がったが、声量が足りずに続けることができなかった。

# 27 反逆者・改革者 | マタティア

**ユダヤ教の祭日であるハヌカの起源は、紀元前2世紀にさかのぼる。司祭であったハスモン家のマタティアによって始まった反乱が成功を収め、ユダヤ人がエルサレム神殿を取り戻したことを祝う祭りだ。この反乱に勝利したユダヤ人たちは、わずか一日分の油で八日間にわたって神殿に火を灯し続けることができたとされる。ハヌカでは、毎年メノラー(七枝の燭台)に火を灯し、この奇跡の出来事を祝う。**

✦

反乱が始まった紀元前167年、エルサレムは、ギリシャ語を話すセレウコス家が支配する帝国の一部だった。当時、多くのユダヤ人はギリシアの習慣を取り入れ、ギリシアの神々を崇拝するなどしており、このことがユダヤ人の中で内紛の原因となった。同年、セレウコス朝の指導者アンティオコス四世(前215頃~前164頃)が、割礼や安息日などといった、ユダヤ教の慣例のいくつかの禁止を発令したことから、緊張がさらに高まった。

ヘブライ語聖書(旧約聖書)の記述によると、マタティアは、古代のユダヤ教の中心地だったエルサレム神殿の司祭で、エルサレムにおいてユダヤ教が迫害されていることに激怒した。そして「ああ、なぜわたしは生まれたのか、/わが民の滅亡と/聖なる都の滅亡を見るためなのか」(マカバイ記一　02章07節)と述べた。マタティアは、ギリシアの神を崇拝しようとしていたユダヤ人のひとりを殺害し、反乱を引き起こした。また、アンティオコス四世の発令を執行するべく派遣されたセレウコス朝の役人のひとりを殺害した。彼らの殺害後、マタティアはこう声を上げている。「律法に情熱を燃やす者、契約を固く守る者はわたしに続け」(マカバイ記一　02章27節)

反乱は17年に及んだが、マタティアはユダヤ人の勝利を見届けることなく、紀元前166年ごろに死去した。しかし、マタティアの死後は息子たちがその意思を引き継いだ。一族は最終的に、セレウコス家を追い出してエルサレム神殿を取り戻し、紀元前140年ころにハスモン朝を樹立した。この王朝は、ユダヤ人の独立を維持する王朝として、紀元前37年まで続いた。

**豆知識**

1. エルサレム神殿は、紀元70年にローマ軍によって破壊された。その跡地に残っているのは、エルサレムの「嘆きの壁」として知られる有名な西の外壁のみである。
2. マタティアの一家(ハスモン家)は、「マカバイ家」という名を使った。「マカバイ」とはヘブライ語の「ハンマー」を意味する語に由来する。この名を用いたのは、一家がハンマーでたたくように敵を攻撃したからであるとされる。
3. マタティアは、エルサレムと現在のテルアビブの中間にある都市モディインで生まれた。死後はモディインに埋葬されたが、この古代都市は跡形もなく消えてしまっている。

# 28 伝道者・預言者 | 老子

**道教を開いたとされる老子が実在の人物であったのかどうかについては、歴史家の間で今も議論されている。伝承によれば、偉大な賢人である老子は、紀元前6世紀の中国に生き、『老子道徳経』を記したとされる。この書物は、自由意志、人間の特性、倫理について広範な内容を扱った、非常に影響力の大きなもので、アジアにおける主要な宗教的伝統の基盤を築いた。**

✦

老子の生涯について分かっていることはほぼ何もなく、彼が実在したのかすら明らかではない。真実とは考えられない伝説が多く伝えられているが、そのひとつによると、老子はこの世に生まれ落ちたときにすでに顎ひげを生やしており、これは偉大な賢者の印だという。また、996歳まで生きたという話も伝わっている。生涯のある時点で、周（現在の洛陽（らくよう））の蔵書庫で働き、そこで最初の哲学書を執筆したともされる。

これもまた伝説だが、『老子道徳経』は一夜のうちに書かれたといわれる。同書は、81章から成る哲学と倫理の指南書で、宇宙の真理（「道」）と個人の道徳心（「徳」）の重要性を説いている。老子の道徳規範では、内省すること、非暴力、自然を受け入れることの価値を強調している。同書には、「自らの持つものに満足せよ。ありのままの状況を喜べ」、「欠けたものなど何もないと気づけば、全世界が自分のものとなる」といった記述がある。

道教の教えとして最も有名な概念のひとつに、二元論がある。老子によると、自然界は二極的なもの —— 男と女、光と影、生と死など —— であふれており、得てして二者は直接相反するものに見える。そして、二者間にある見えない関係性を理解することによって、宇宙の真理をより深く理解することができるとした。確かに、一方は他方なしに存在することができない場合が多い。この概念を象徴する表現として、「陰（地）と陽（天）」が知られている。相反する二者であるように見えても、実際、地がなければ天は存在し得ず、天がなければ地も存在し得ないのだ。

伝承によると、年老いてからの老子は隠者となり、ひっそりと死去した。しかし、彼の著作は広く読み継がれていき、『老子道徳経』の写本は古代中国の墓から出土している。道教は現代の中国においても、主要な影響力を持つ宗教のひとつである。

**豆知識**

1. 現代の中国において、道教は、仏教、イスラム教、カトリック、プロテスタントと並び、共産党政権が「公認」する五つの宗教のひとつである。
2. 『老子道徳経』は、古代の宗教書としては、男女を平等に扱っている点で比較的珍しい。同書の中で老子は、命や創造性といった、存在の最も重要な性質に言及する際に、女性の代名詞を用いることによって、男性を中心としたあり方に抵抗している。
3. 『老子道徳経』の第47章は1968年のビートルズの曲『ジ・インナー・ライト』の歌詞に使われた。作曲はギター奏者のジョージ・ハリソン（1943〜2001）による。

# 29 指導者 アレクサンドロス大王

**ある古代の歴史家は、アレクサンドロス大王（前356～前323）を「征服しない敵とは関わりを持たず、奪わない都市は包囲せず、支配下に置かない国には侵攻しなかった」と評した。アレクサンドロス大王は、ギリシアが認識するほぼ全世界、すなわちエジプトからインドに至るまでの領域を征服した。大王が33歳で死去したことを考えると、これはとてつもない偉業だ。**

◆

アレクサンドロス大王の軍事的征服により、地中海世界全域にギリシアの習慣と言語が広まり、ギリシャ語が全領域における共通語となった。以後ローマ帝国（帝政ローマ）に征服されるまでの300年間、アレクサンドロス大王の継承者たちが大王の築いた帝国内の地域を支配した。

アレクサンドロス大王は、ギリシア北部のマケドニア王国で、フィリッポス二世とその妻のひとりであるオリュンピアスの間に生まれた。まだ若き王子のころ、哲学者アリストテレス（前384～前322）の教えを受けたことから、科学や文学、哲学を愛するようになる。また、乗馬が得意なことで知られた。大王の愛馬ブケパロスは、古代において非常によく知られていた動物だ。

紀元前336年、フィリッポス二世が暗殺され、20歳のアレクサンドロスが王位に就いた。その後数年のうちに、大王はマケドニアをギリシア最強の地位に押し上げ、アテネやテーバイなどの都市国家を支配下に置いた。それから、10年間にわたり軍を率いて古代世界全域への遠征を行い、エジプトとインド、そしてギリシアの長年の敵ペルシア帝国を征服した。遠征軍は各地に都市を建設し、最終的に三つの大陸にまたがる広大な帝国を支配するに至った。

征服した地域で自らの信条を押しつけようとする征服者とは異なり、アレクサンドロス大王は、ペルシアの文化に興味を持ち、ペルシアの習慣の多くを取り入れもした。この方針は彼の多くの将校たちを怒らせたが、多数の兵士たちが合同結婚式でペルシアの女性と強制的に結婚させられると、その怒りはさらに増大した。現在のイラン西南部に位置するスサで行われたこの合同結婚式は、大王がギリシアとペルシアの調和を促す目的で行ったものだ。

アレクサンドロス大王はバビロンで死去したが、その死因は謎である。当時、大王は毒を盛られたのだと考えた人々もおり、「彼はついに倒された。勇敢な敵によってではなく、彼の信用した人々の陰謀によって」という記述が残されている。しかし、ある研究チームは1998年に、大王の死因は腸チフスであろうと結論づけている。

**豆知識**

1. アイルランドの俳優コリン・ファレル（1976～）は、2004年のオリバー・ストーン（1946～）監督による映画『アレキサンダー』で、アレクサンドロス大王を演じた。アレクサンドロス大王は、ウィリアム・シャトナー（1931～）やリチャード・バートン（1925～1984）などその他多数の俳優が演じている。
2. アレクサンドロス大王は、愛読書『イリアス』を枕の下に置いて寝ていたとされている。
3. 伝説によると、アレクサンドロス大王の遺体はミイラにされた。ミイラは、大王の名にちなんで名付けられたエジプトのアレクサンドリアに移され、その後何世紀もの間展示されていたと伝えられている。

# 30 哲学者・思想家 | プラトン

**古代アテネで、政治的権力を持つ裕福な家の御曹司として、アリストクレスという男児が生まれた。しかしアリストクレスの青年期、その広い肩幅に感心した彼のレスリングのコーチが、その後歴史上に知られることになるプラトン（前427頃〜前347）という名を彼に与えた。**

✦

プラトンの名は、ギリシャ語で「幅広い」を意味する語「platos」に由来する。そしてこの名の意味合いは、プラトンを有名にした哲学についても同じく当てはまる。現代では、プラトンの著作は政治理論に関するものがよく知られているが、彼の残した著作は多岐にわたっており、詩もあれば、性や数学に関するものもある。

プラトンは恵まれた環境の中で育ち、若いころはソクラテス（前470頃〜前399）の下で学び、ソクラテスの裁判と処刑に衝撃を受けた。ソクラテスの死後は、ソクラテスのほかの弟子たちの何人かと共にアテネを出て、しばらくの間イタリアとシチリア島を周っている。

40歳のときにアテネに戻り、「アカデメイア」として知られる学園を開く。アテネの若者に哲学を教える場として開かれたこの学園は、西洋で初めての類いのもので、ギリシア全土から弟子が集まった。アリストテレスもそのひとりで、紀元前367年ごろ、プラトンの下で学ぶべくアテネにやってきている。

プラトンの著作は、現在も多数残されている。その大半は、対話篇と呼ばれる、複数人物の間の対話の形式をとっている。これは、自身の哲学の概念を生き生きと分かりやすく表現するためにプラトンが使った技法だ。例えば、プラトンの代表作のひとつである『国家』（前360年頃）は、ソクラテスと数人のギリシア人の間で交わされる、長々とした架空の会話で構成されている。『国家』には、プラトンによる概念としてよく知られているもののひとつ、「洞窟の比喩」が記されている。洞窟の中で鎖につながれて一生を過ごす、太陽を見たことのない人々の描写だ。彼らが見ているのは、火によって洞窟の壁に映し出される物体の影のみだ。プラトンによると、そのうちこの洞窟の人々は、映し出されている影こそが「実体」だと信じるようになる。しかし、洞窟から出て太陽の下へ逃れる人がいれば、その人は、より広い世界というものを理解するようになる。プラトンは教育という概念の例えとして、また哲学者の役割を示す比喩として、この話を用いた。哲学者とは、洞窟から出て、「形而上学（けいじじょうがく）」という真の実在を理解できるようになる人である。

プラトンの学園から始まった学派は、彼がアテネで死去したのちも何世紀にもわたって続いた。プラトンの思想は、現代においても政治理論に大きな影響を与えている。

**豆知識**

1. 「アカデミー」や「アカデミック」という語は、プラトンが開いた学園「アカデメイア」に由来する。この学園の名は学園のあった地名「アカデメイア」に由来している。そこはギリシアの英雄アカデモスに捧げられた森だった。
2. アテネのプラトンの学園は、529年、キリスト教を弱体化すると懸念したビザンチン帝国の皇帝によって閉鎖されるまで、1000年近く続いた。
3. プラトンの一家の伝説によると、プラトンはギリシアの海の神ポセイドンの子孫であるという。

# 31 革新者 エウクレイデス(ユークリッド)

**自然の法則とは、神の数学的な考えにほかならない。**
**―― エウクレイデス**

✦

古代ギリシアの数学者エウクレイデス(前325頃〜前265頃)の書いた数学書は、西洋において2000年以上にわたり、幾何学の主要な教材であった。13巻から成る『原論』は、三角形や多角形、素数、その他多くの概念を取り巻く、数学の基本的な法則を説明している。

この著書によって、エウクレイデスは歴史上に名を馳せたが、彼の生涯についてはほぼ何も分かっていない。また、エウクレイデスが『原論』の中身にどの程度貢献したのかも分かっていない。彼の功績は、何百年にもわたってギリシア人たちが発展させた法則や理論を、ひとつの論文にまとめたことにある。

エウクレイデスは、ギリシア支配下にあったエジプトのアレクサンドリアに住んでいた。彼が活躍したのは、アレクサンドロス大王の元将軍であるプトレマイオス一世(前367〜前283)の時代だ。エウクレイデスは、プラトン(前427頃〜前347)がアテネに開設した学園で学び、アレクサンドロス大王の征服後ほかのギリシア人たちと一緒にエジプトへ移った可能性が高い。

エウクレイデスの『原論』は、エウドクソス(前395頃〜前342頃)やテアイテトス(前417頃〜前369頃)などの数学者による発見を、ひとつの幾何学の体系にまとめたもので、同時代の人々の中には困惑する者もいたようだ。記録に残るエウクレイデスの生涯の数少ないエピソードの中に、こんな話がある。プトレマイオス一世が『原論』を手にしたとき、その長さと複雑さにがっかりし、エウクレイデスを呼び出して説明させようとした。幾何学をより簡単に学ぶ方法はないのか、と王が尋ねるとエウクレイデスは、「幾何学に王道なし」と巧みな答えを返したということだ。この論文では、まずいくつかの公理が提示されている。これらの公理は自明のものとして、証明が記されていない。例えば、「任意の一点からほかの一点に対して、直線を引くことができる」といった公理だ。このような公理を基盤に、より複雑な定理の証明が進められていく。エウクレイデスの論文の写本は、9世紀以降、アラブの学者たちによって保管されていた。そしてヨーロッパにおいては、「バースのアデラード」(1080頃〜1142頃)として知られるイングランドの学者が、この論文を読むためにイスラム教徒の学生を装い、翻訳したことで、再び知られることになる。彼によるラテン語翻訳版は、1120年ごろに発表された。それ以後、およそ1000以上の版が作成されたと考えられている。

**豆知識**

1. 『原論』は、2000年以上にわたって世界中で主要な数学の教材となったことから、聖書を除けば世界で最も多く売れた書物だといわれている。
2. エイブラハム・リンカーン(1809〜1865)は、エウクレイデスを愛読しており、若き弁護士だったころ『原論』を所持していた。のちの演説の中では数学用語をちりばめている。例えば、政治的平等のことを「自由社会の公理」と表現している。
3. アメリカの多くの道路や建物には、エウクレイデスの英語名「ユークリッド」(Euclid)が使われている。ほかにも、オハイオ州のユークリッド市や、月の小さなクレーター「エウクレイデス」などが、彼にちなんだ名である。

# 32 悪人 ｜ パウサニアス

**自らの都市をだましたとして知られるパウサニアスは、優れた将軍であり、伝説の裏切り者でもある。彼は、紀元前480年から前478年の間、伝説に名高いスパルタの兵士を率いて、対ペルシアとのいくつもの戦いに挑み、勝利に導いた ── しかし、ペルシア側と内通し、ギリシア人たちを裏切ったのだ。**

✦

よく訓練を積んだ狂暴な兵士たちで知られるスパルタは、紀元前474年ごろ、パウサニアスの謀略を知った。計画を知られたパウサニアスは神殿に逃げ込んだが、彼はそこに閉じ込められ、餓死（がし）を遂げた。

スパルタ軍の規律は厳しいことで知られているため、パウサニアスの裏切りは特に衝撃的なものととらえられた。スパルタはアテネと並び、古代ギリシア世界における最も強大な都市国家であった。しかしアテネとは異なり、スパルタの文化は偉大な兵士を生み出すことが中心となっており、兵士は子供のころから戦闘訓練を受けていた。スパルタの出身者に、有名な哲学者や芸術家、劇作家などはいない。知られているのは兵士だけである。

スパルタとアテネは通常は敵対関係だったが、紀元前480年、ペルシアに対してギリシアを守るべく結束した。このギリシア連合軍は、紀元前480年の「テルモピレーの戦い」で敗れ、スパルタのふたりの王のうちのひとりが戦死した。パウサニアスは、「プラタイアの戦い」（前479年）と「ビザンチウム包囲戦」（前478年）においてギリシア軍を率い、勝利に導いている。

ギリシア連合軍はこのあと分裂し、大半の都市国家はスパルタ側かアテネ側のどちらかについた。パウサニアスが専制的であったことから、多くのギリシア人たちがアテネ側についた。そればかりか、パウサニアスの謀議の噂がスパルタに伝わった。これは、パウサニアスがペルシア側と内通して寝返り、ヘイロタイと呼ばれるスパルタの奴隷たちに自由を約束し、ついてこさせようとしているという噂だった。これが明るみに出たため、パウサニアスは転落の道をたどった。

**豆知識**

1. スパルタの都市は、紀元369年にゴート族によって破壊された。スパルタの地に現在ある町は、1834年に建設された。古代スパルタの廃墟は、20世紀初頭に発掘されている。
2. パウサニアスの息子のプレイストアナクスは、紀元前458年からおよそ50年の間に、一時期途切れた期間はあったが二王制の王のひとりとしてスパルタを支配した。プレイストアナクスの在位した期間は、対アテネのペロポネソス戦争の初期に当たっている。
3. ザック・スナイダー（1966～）監督による2006年の映画、『300〈スリーハンドレッド〉』では、ペルシアを相手に結束したアテネ軍とスパルタ軍が描かれている。

# 33 文筆家・芸術家 | フェイディアス

**1958年、考古学者たちが、古代ギリシアのオリンピック開催地であるオリンピアの発掘現場で、小さなカップを掘り起こした。出土したカップの底には、ギリシア文字で「フェイディアスのもの」を意味する言葉が刻まれていた。**

✦

この2400年前のカップは、古代ギリシアの偉大な彫刻家、フェイディアス（前490頃～前430頃）のものと断定できる唯一の遺物かもしれない。生前は評判の高い彫刻家だったが、フェイディアスの作品は――彼の傑作とされる、金で覆われたゼウス像とアテナ像を含め――すべてが破壊されてしまっている。古代において、フェイディアスの名声は非常に高く、彼の制作したオリンピアのゼウス像は、古典古代における「世界の七不思議」のひとつに数えられている。考古学者たちは、フェイディアスが紀元前430年ころ、全長約12メートルのゼウス像の制作時に使った工房で、カップを失くしたものと考えている。フェイディアスについて知られていることは、ほかにはほとんどない。アテネに住んでいたフェイディアスは、ペリクレス（前495頃～前429）の友人であった。ペリクレスは、紀元前5世紀のかなりの期間において、アテネの政治を主導した人物だ。フェイディアスがパルテノン神殿にアテナ像を建設したのは、ペリクレスを通した依頼によるものである。「アテナ・パルテノス」として知られるこの像は、象牙（ぞうげ）で造られ、金で覆われており、高さ10メートル前後だったとされる。パルテノン神殿がおよそ900年後に荒らされるまで、有名な神殿の内部の中心となる重要な像であった。

フェイディアスは、神殿内の壁の上部を飾った帯状の彫刻の制作も監督した。この彫刻の大半は現在も残されており、フェイディアスのデザインに基づいて助手が制作したと考えられる作品がどういうものだったのか分かる。フェイディアスは、神殿における制作費用のことで窮地に陥ったらしい――使用した金の量を説明することができず、ある時期投獄されたという。

ゼウス像は、ギリシアのパンテオンの神々の中で最も重要なゼウスを称えて制作されたもので、フェイディアスが完成させた最後のものとして知られる。この像は象牙と金を使った彫刻で、ゼウスは座り、手に杖を持っていた。何百年にもわたり、多くの人々がこの像を見に訪れた。またこの像は硬貨のデザインにも使われたほか、畏敬の念を感じたギリシアやローマの文筆家たちが旅行記に記している。

ローマの歴史家プルタルコス（46頃～120頃）によると、フェイディアスは再び逮捕され、獄中で死んだとされるが、現代の学者たちはこの説に懐疑的な見方をしている。

### 豆知識

1. ギリシャとイギリスは、パルテノン神殿の帯状の彫刻をめぐって長く対立している。イギリスの貴族で第七代エルギン伯爵であったトマス・ブルース（1766～1841）は、1801年にこれらの彫刻を神殿から外し、ロンドンに持ち帰った。彼は、オスマン帝国の許可を得ていると主張した（当時のギリシアはオスマン帝国の一部であった）。しかし現在のギリシャの指導者たちは、彫刻を持ち去ったことは違法だと主張し、イギリスに再三、返還を求めている。これまでのところ、その要求は通っていない。
2. オリンピアのゼウス像は、制作からおよそ800年後の紀元426年、ゼウスの神殿がビザンチン帝国に破壊された際に壊された。
3. フェイディアスの作品がひとつも残っていないのは、使用した素材が一因かもしれない。大理石ではなく、青銅や金を主に利用したためだ。青銅や金は貴重な材料であったため、盗難が多く、また溶かされることもあった。

# 34 反逆者・改革者 ティベリウス・グラックス

**紀元前133年、ローマはすでに古代世界の最強国となっており、トルコからスペインに及ぶ地域を支配する帝国に成長していた。その強い軍団は、地中海世界の隅々に至るまで、ほぼ全域を支配下に置き、ローマの優位性を築いた。この状況は以後何世紀にもわたって続き、多大な富をローマにもたらすことになる。**

✦

しかし、ローマが成功したとはいえ、実際の戦闘に参加した者たちが受ける恩恵はほとんどなかった。多くのローマ兵たちが戦場で何年も戦ったのちに家へ戻ると、自分の農地が消えていたり、貯蓄が底をついていたり、家族が没落していたりした。そして当然のことながら、多くの兵士たちはこれに憤った。

「彼らは世界の勝利者と呼ばれた。しかし、自分のものと呼べる土地は少しもなかった」ローマの政治家、ティベリウス・グラックス（前163頃～前133）は、こう述べて非難した。

ティベリウスは、古代ローマの社会改革を行ったグラックス兄弟の兄である。兄弟は、裕福な貴族の権限を制限し、元兵士たちに農地を与えることで、より平等な社会を築こうとした。ティベリウスは弟のガイウス（前154頃～前121）と共に多くの人々に支持され、のちの歴史家プルタルコス（46頃～120頃）にも称賛されているが、ふたりとも、非業の最期を遂げている。

ティベリウスは名高い将軍の孫として生まれた。従軍してギリシアとスペインで戦い、ローマに戻ったのち、紀元前133年に護民官に当選した。家を失い、無職になってさまよう多くの元兵士たちの運命を変えようとの強い意志で、ティベリウスは一連の農地改革案を提出した。そのひとつが、ラティフンディウムと呼ばれる大土地所有制による農地を没収し、ローマの無産市民に再分配しようという案だった。

元老院の強い反発を受けながらも、ティベリウスは改革を推し進めるべく、法案を可決させた。しかし１年の任期が終わるとき、再選を阻止しようとする政敵に暗殺され、テベレ川に流された。弟のガイウスはその10年後に護民官となり、兄の土地再分配の遺志を受け継ぐが、彼もまた、改革に反対する保守派に殺害された。

豆知識

1. グラックス兄弟の政治的目標は似通っていたが、ふたりの性格はまるで異なっていた。プルタルコスはこう記している。「ティベリウスは優しく穏やかであったが、ガイウスは神経質で激しかった。ローマの人々の前で熱弁をふるうときも、前者は落ち着いてひとつの場所に立っていたが、後者は演壇の上を歩き回り、演説をしながら肩のトーガ（外衣）を脱ぎ捨てた」
2. ティベリウスは自らの命が狙われていることに気づいており、トーガの下にドロと呼ばれる短剣を隠し持っていた。しかし暗殺者たちが多数であったため、この短剣は役立たなかった。プルタルコスによると、この襲撃でティベリウスの支持者300人ほどが撲殺された。
3. グラックス兄弟の祖父は、ローマの将軍スキピオ・アフリカヌス（前236～前183）である。彼は、紀元前202年の第二次ポエニ戦争で、ハンニバル（前247～前183頃）を負かした。

# 35 伝道者・預言者 ガウタマ・シッダールタ(仏陀)

**仏陀として広く知られるガウタマ・シッダールタは、紀元前5～6世紀ごろに、現在のネパールの小さな村で生まれた。伝説によると、父親はその地域で権力を持つ王で、若きシッダールタは、豊かな富と特権に恵まれ、ヒマラヤの麓(ふもと)で何不自由なく育った。**

✦

しかし若き王子は、物質的な豊かさを空しいものと感じ、宮殿の壁の外で苦境にある人々を見て深く思い悩んだ。そして考えた。人間の苦の原因とは何で、どうすればそれを克服できるのだろうか？

この疑問の答えを見つけるべく、シッダールタは、20代後半に父の王国を去り、禁欲、無私、瞑想という精神生活を送った。しかし、徹底的に物質を排除し、自らを厳しく律する苦行を続けたところで、結局は富める生活と同じく、真理に近づけないとすぐに知るに至る。

そしてついに35歳のとき、ある重大な出来事を体験する。これは、シッダールタの人生を一変させ、仏教の基盤を築くことになる出来事だった。仏教でいう「大いなる悟り」を開いたのだ。伝承によると、彼は菩提樹の下で49日間瞑想を続けたあと、涅槃(ねはん)(ニルバーナ)、つまり悟りの境地に到達し、生の意味を理解した。シッダールタはこれ以後、サンスクリット語で「真理を悟った者」を意味する「ブッダ(仏陀)」として知られるようになる。

仏陀は、人間の苦しみは欲によるものであって、自らを煩悩から解放し、無私となり、「八正道」に基づく道徳的な生活をすることによってのみ、苦をなくすことができると説いた。「八正道」の倫理規範は、のちに東アジアの広い範囲における文化の基盤となる。

悟りを開いたあと、仏陀はガンジス平野(ヒンドゥスターン平野の一部)として知られる北インドとネパールの地域を回って説法を行い、新たな信者を得た。そして最終的には父親の王国へ戻り、親類の多くを仏教徒に改宗させた。

仏陀の存命中、仏教は急速に成長し、その指導者である仏陀は何度も暗殺の企てに遭っている。彼は80歳で死去したが、いくつもの僧院を設立し、仏教を地域の主要な宗教として確立した。

### 豆知識

1. 若き王子のころのガウタマ・シッダールタは、一般の現実からあまりにも隔離された生活をしていたため、年老いた農民たちを見て不思議に思った。伝説によると、召使いのひとりが、人間は誰もが年老いるのだということを説明せねばならなかったという。
2. 仏陀は死後に火葬されたが、その灰の中から取り出されたとされる1本の歯がスリランカにある寺院に祭られている。
3. シッダールタは16歳で結婚し、ラーフラという息子をもうけている。そして、ラーフラが生まれたその日に宮殿を去ったといわれている。

# 36 指導者 | 始皇帝

**始皇帝(前259〜前210)は、古代中国史における重要な人物だ。初めて中国を統一した皇帝で、万里の長城の建設を始めた。暴君として伝説に名高い人物でもあり、敵は生き埋めにしたとされる ── すべては、何世紀も戦乱が続いたあとの中国に秩序と安定をもたらすという名目のもとに。**

✦

始皇帝が生まれたころの中国は、戦国時代と呼ばれる時代の終末期にあり、それまで、各王国が戦って興亡を繰り広げていた。始皇帝は、七国の領域国家のひとつである秦の後継者で、紀元前246年、13歳のときに即位した。

紀元前221年までに、始皇帝は最後の敵国を倒し、中国史上最初の皇帝を名乗った。そして古い封建制の統治を撤廃し、貴族から武器を没収し、領地内の要塞を解体するなどして、帝国の中央集権化を強行した。また、中国全土において通貨や法律を統一した。

始皇帝は、敵の勃興を防ぐべく、反抗を引き起こす思想だとして儒教を禁じ、儒学者たちを生き埋めにするよう命じた。また、古典の書物の焼き払いを大々的に行った。これは、始皇帝の治世の代名詞ともなる焚書坑儒(ふんしょこうじゅ)と呼ばれる行為だ。

万里の長城の建設にあたっては、その劣悪な労働環境から何千人もの労働者が死んだと考えられており、また、始皇帝によるその他の大がかりな建設事業においても、多くの人々が死んだとされている。始皇帝は、少なくとも三度、以前に倒した元敵国の集団による暗殺未遂に遭っている。

始皇帝の死後は、儒教の禁止をはじめ、始皇帝による多くの法律が撤廃された。秦朝そのものは短命に終わったものの、始皇帝によって確立された中国の皇帝制度は、彼の死後2000年以上続くことになる。

豆知識

1. 1974年、中国の中央部の農民たちが偶然、何千もの兵士や馬、馬車、芸人などの像(兵馬俑(へいばよう))のある場所を発見した。考古学者たちは、この「兵馬俑坑」は始皇帝の陵墓の一部であり、兵馬俑は始皇帝の来世のお供となるものとして制作されたと考えている。ユネスコ(国際連合教育科学文化機関)は、1987年に兵馬俑坑を世界遺産に登録している。
2. 万里の長城は、のちの皇帝たちによって改修と拡大が行われており、始皇帝によって造られた元の要塞はほとんど残っていない。中国の陸軍は、17世紀に入るまで、万里の長城を軍事的な用途に使用していた。
3. 始皇帝の暗殺未遂事件のひとつは、映画の題材にもなっている。ジェット・リー(1963〜)主演による2002年の中国・香港映画『Hero』で、アメリカでは2004年に公開された。

# 37 哲学者・思想家 | アリストテレス

**1511年、イタリアの画家ラファエロ（1483〜1520）は、ローマで『アテナイの学堂』という巨大なフレスコ画を完成させた。古代ギリシアの最も著名な哲学者たちがずらりと並ぶこの絵の中心には、ふたりの偉大な人物が立っている。プラトン（前427頃〜前347）と、プラトンの最も優れた弟子であるアリストテレス（前384〜前322）だ。**

◆

この有名なフレスコ画がバチカン宮殿に飾られたという事実は、プラトンとアリストテレスが、西洋の知の伝統において重要な役割を果たしたことの象徴だといえる。アリストテレスは、師であるプラトンと並び、史上最も影響力のある哲学者と考えられている。

アリストテレスは、ギリシア北部のスタギラという町で生まれた。父親のニコマコスはマケドニアの王室の医師で、アリストテレスははじめは医学の教育を受けた。しかし紀元前367年、プラトンの学園で学ぶべくアテネへと移り、そこで20年ほどを過ごす。

アテネにいる間、アリストテレスは、生涯に多数記した著作のうちの第一作目を完成させる。彼の著作で現存するものは30作ほどだ。彼はプラトンから多大な影響を受けたが、ふたりは哲学的問題に関して意見を異にする部分もあった。プラトンの死後、アリストテレスはアテネを去った。

マケドニアに戻ったアリストテレスは、当時13歳だった王の息子、アレクサンドロス大王（前356〜前323）の家庭教師として採用される。アレクサンドロスが王位に就き、のちにアテネを征服すると、アリストテレスは再びアテネへ移り、そこで自らの学園を創始する。

アリストテレスは、論理学を初めて体系化することによって、西洋哲学の基盤を築いたと認識されている。生物学においても先駆者的な存在であり、彼の成し遂げた仕事は近年、生物学分野における重要な貢献であると認められている。また、中世のヨーロッパにおいて、アリストテレスの形而上学に関する著作が発見されると、トマス・アクィナス（1225頃〜1274）などのキリスト教の神学者が多大な影響を受けた。

アレクサンドロス大王の死後、アテネはマケドニアの支配に抵抗する。アリストテレスはマケドニアとの関係が深かったことから、命に危険が及び、アテネを去ってエウボイア島（現エヴィア島）へ移った。その後、まもなく死去した。

**豆知識**

1. アリストテレスは、「不動の動者」という理論によって、神の存在を証明したとされる。この理論によると、宇宙のすべての運動は、ほかの運動によって動かされる。しかし、この一連の運動はどこかの時点で開始されなければならない ―― このきっかけとなる力が「不動の動者」である。のちにキリスト教の文筆家たちは、これを神の存在の論理的な証明として用いた。
2. ある古代の歴史家によると、アレクサンドロス大王は『イリアス』を愛読していた。大王は軍事遠征時、アリストテレスにもらった『イリアス』の写本を携帯していたという。
3. アリストテレスはピュティアスという女性と結婚した。彼女は、友人の養女（姪との説も）で、プラトンの弟子でもあった。夫婦の間には、同じくピュティアスという名の娘がいた。

# 38 革新者 ｜ アルキメデス

**「アルキメデスと金の王冠」の話は歴史に残る科学的発見のエピソードの中でも有名だ。伝説によると古代のシラクサの王が、偉大な数学者アルキメデス（前287頃～前212頃）にある依頼をした。王の身分を象徴する王冠が本当に純金でできているのかを判定するようにと。**

✦

アルキメデスは、このような問題の解決に数学を用いる専門家だった。彼はこの疑問について何日も考え込んだ。そしてついにある午後、風呂に浸かっているときに解決策を思いつき、「エウレカ！」と叫んだ。ギリシャ語で「見つけた！」の意味だ。彼は風呂から飛び出し、この発見のことを伝えるべく、裸のままシラクサの街を走り抜けた。

シチリア島で紀元前287年ごろに生まれたアルキメデスは、技術者であり、数学者であり、また天文学者で発明家でもあった。流体の動きの原理を解明し、てこの原理を説明し、パイ（$\pi$）の値を計算したことで知られる――そして、シラクサのために恐ろしい兵器も考案した。

実際、アルキメデスの多くの発明は、シラクサの軍事的なニーズから生まれたものだ。シラクサはギリシャ語圏の都市国家で、アルキメデスの生涯のほとんどの期間、ローマとの戦闘状態にあった。シラクサの艦隊が沈まないように、彼は「アルキメディアン・スクリュー」と呼ばれる、船から素早く水を汲み上げて外に出す装置を考案した。また、「アルキメデスのかぎ爪」と呼ばれる兵器も発明した。これは、海中に固定した大型の金属製フックで敵の船を沈没させるものだ。そして、アルキメデスの発明した最も素晴らしい兵器は、「アルキメデスの熱光線」だ。鏡で太陽の光を集めてローマ軍の船体に当て、燃え上がらせる仕組みのものだったとされている（これが実際に機能したかどうかについては、疑問視する学者もいる）。

風呂で「エウレカ！」と叫んだときに分かったのは、体積の計測にまつわるものだった。アルキメデスは、王冠の組成を判定するには、密度を求める必要があると分かっていた。純金はほかの金属とは密度が異なる。密度は、重さと体積によって決まる。王冠の重さはすでに分かっていた。そして彼は、浴槽の水位が上がるのを見て、王冠を水に入れたときに上がる水の量を計測すれば、王冠の体積が分かるということに気づいたのだ（そして王にとっては残念ながら、王冠は純金ではないことが証明された）。

アルキメデスの巧妙な兵器で防衛したにもかかわらず、小さな都市国家であったシラクサは、ローマの猛攻に耐えることはできなかった。紀元前212年ごろ、最終的にシラクサがローマの軍団によって陥落した際に、アルキメデスは兵士に殺された。歴史家たちは、アルキメデスの死を一時代の終わりととらえることがある。古代世界においてローマが優位となる前の、古代ギリシアの最後の主要な科学者が、アルキメデスだったためだ。

豆知識

1. 英語の「エウレカ」(Eureka）という言葉は、1953年、アメリカ・カリフォルニア州の公式モットーとして採用された。1840年代に金を探しに移住してきた採掘者たちを称えたものだ。
2. アルキメデスによって行われた大がかりなプロジェクトのひとつに、全宇宙を埋めるのに必要な砂粒の数を見積もるというものがある。結論は、8ビギンティリオンだった ―― 8の後ろにゼロが63個続く数だ。
3. 行方が分からなくなっていたアルキメデスの著書、『ストマッキオン』は、1906年、現在のトルコにある修道院で、デンマークの学者によって発見された。その後1998年に、匿名の億万長者に200万ドルで売却された。

# 39 悪人 マルクス・マンリウス・カピトリヌス

**共和制ローマの法律において、最も重大な犯罪は、王位を狙うことだった。貴族で軍の英雄であったマルクス・マンリウス・カピトリヌスは、紀元前385年、王位を狙った罪に問われて有罪となり、その翌年、崖から突き落とすというローマの伝統的な方法で処刑された。**

✦

ローマの政治家であったカピトリヌスの逮捕と裁判については、異なる内容の記述が存在している。プルタルコス（46頃～120頃）は、カピトリヌスは大衆扇動家であり、「暴君となる者が使う常套（じょうとう）の策略」を用いたデマゴーグであると記している。しかし、ティトゥス・リウィウス（前59頃～17）はカピトリヌスに同情的な見方をしており、カピトリヌスの裁判を「名高い英雄を潰そうとする謀略」と記している。実際、カピトリヌスの本当の犯罪とは、当時の政治的状況に挑んだことだったのかもしれない。

マルクス・マンリウスは、貴族階級（パトリキ）に生まれたが、平民（プレブス）に共感して味方につくようになった。貧民の負債をなくし、ローマの軍事的成功によって得られた富を分配する方針を訴えかけることで、権力を獲得しようとした。マルクス・マンリウスが頭角を現したのは、紀元前392年、ローマの二名の執政官（コンスル）のひとりに選出されたときだ。その２年後、彼はガリア人との戦争でローマを防衛する中心的な役割を果たした。伝説によると、ガリア人はローマを包囲し、ローマ人らはカピトリヌスの丘の上の要塞に追いやられた。ある晩、ガリア人たちが衛兵たちの目をくぐり抜けて丘に上がってきた。マルクス・マンリウスは、ガチョウの群れの鳴き声で目を覚ますと、すぐに敵に立ち向かい、撃退した。こうしてローマを救った功績が称えられ、マルクス・マンリウスにこの丘の名が姓として与えられた。

勝利を収めたのち、カピトリヌスは戦闘に参加した兵士たちが負債を抱えているのを見て怒りを覚える。ティトゥス・リウィウスによると、カピトリヌスは、およそ400人のローマ人の負債を個人的に返済し、また、その他の人々にも裁判に持ち込む手助けをした。元老院は一度、カピトリヌスを逮捕させたが、民衆の反対に遭い解放を余儀なくされた。

紀元前385年、カピトリヌスの裁判は、カピトリヌスの丘を見上げることのできる場所で開かれた。被告人の過去のローマへの貢献を鮮明に思い出させる場所だったため、判事たちは有罪を宣告することを拒んだ。そのため裁判の場は、カピトリヌスが勝利を収めた場所とは離れたところへと移された。有罪判決が下されると、カピトリヌスの丘にある、タルペーイアの岩と呼ばれる崖から彼は突き落とされた。これは造反者に対して行われた処刑法であった。

**豆知識**

1. タルペーイアの岩は、ローマ史の伝説的な人物タルペーイアにちなんで名付けられた。タルペーイアは将校の娘で、敵対するイタリアの部族と内通してローマを裏切ろうとしたが、その計略は失敗したとされている。
2. カピトリヌスの丘は、「ローマ七丘」と呼ばれる古代ローマの有名な丘のひとつで、ローマ神の主神ユピテルを祭る大神殿があった場所である。
3. カピトリヌスの処刑後、元老院は彼の家を破壊し、その場所にユーノー・モネータ神を祭る神殿を建てた。ユーノー・モネータの神殿は、のちに貨幣の鋳造所として使われた。これが由来となり、「金銭」を意味するラテン語の「moneta」と英語の「money」という言葉が生まれた。

# 40 文筆家・芸術家 | トゥキディディス

**トゥキディディス（前460頃～前400頃）は古代ギリシアの歴史家で、ペロポネソス戦争についての記述『歴史』の著者である。同書は、現存する西洋文学史上最古の学術的作品のひとつで、現在古代ギリシアについて知られていることの多くは同書によるものだ。神による超自然的なプロセスではなく、人間同士の関わり合いの連続として歴史をとらえた最初の書物だ。**

✦

哲学者のデイヴィッド・ヒューム（1711～1776）は、トゥキディディスをこう称賛している。「トゥキディディスの１ページ目は、私の考えるところ、真の歴史の幕開けである。それ以前の歴史的記述は寓話と混合されすぎているため、哲学者たちは、詩人や語り部に物語の大部分を委ねなくてはならない」

トゥキディディスはアテネで生まれた。一家は、金鉱を所有する裕福な家柄であったと考えられており、民主制によって権力を失った古代アテネの貴族階級に属していた可能性がある。トゥキディディスは紀元前430年にペストを患ったが、回復している。そして、最大の敵スパルタとのペロポネソス戦争では将軍を務めたが、紀元前423年の戦いでアテネ軍の敗北の責任を問われ、追放刑を受けている。追放刑の期間、トゥキディディスはギリシアを周り、部外者として戦いを客観的に観察した。戦争がなおも継続していた間に執筆が開始された『歴史』は、比較的中立的な視点で書かれており、作者の祖国を称える物語となるのが常だった古代の記述から脱却したものだった。「私の作品は、直近する民衆たちの好みに合わせるべく、記しているものではない。後世に伝えるためのものなのだ」と、トゥキディディスは記している。

ペロポネソス戦争（スパルタのあったペロポネソス半島にその名を由来する）は、紀元前431年、アテネとスパルタの間における何十年にも及ぶ緊張ののちに始まった。アテネは当初は優勢だったが、幾度か困難に陥った —— その最たるものが、紀元前423年にトゥキディディスが敗北した「アンフィポリスの戦い」だ。この戦いのあと、アテネとスパルタは一時的な停戦に合意するが、この合意はすぐに破綻する。トゥキディディスの記述は、ペロポネソス戦争が終結する前の紀元前411年で終わっている。これは、トゥキディディスが死去したか、あるいはアテネへ戻ることを許されたためと学者たちは見ている。いずれにせよ、ペロポネソス戦争はその何年かのちに、スパルタが勝利して終結した。こうして、アテネはギリシアの強力な都市国家としての立場を失い、紀元前５世紀に続いたアテネの黄金時代は終わりを告げた。

**豆知識**

1. 古代アテネの歴史家で、トゥキディディスよりも年輩のヘロドトス（前484頃～前425頃）は、主にアテネのペルシアとの戦いについて記した。ヘロドトスは、各種の出来事を神による介入として、または教訓としてとらえる視点で記した —— そしてトゥキディディスは、この視点を避けて自著を記した。
2. ペロポネソス戦争は、アリストファネス（前450頃～前388頃）による古代アテネの有名な喜劇『女の平和』の背景になっている。劇中の登場人物リューシストラテーは、ギリシアの女性たちを集め、和平の合意に達するまで夫との性交を控えるという運動を計画し、戦争の終結を目指す。
3. スパルタはこの戦争に勝利したものの、ギリシアで優位を保った期間は短い。アテネもスパルタも、その70年後にはアレクサンドロス大王（前356～前323）に征服され、ふたつの都市国家は消滅した。

# 41 反逆者・改革者 | スパルタクス

**今日、スパルタクスの名が知られたのは、彼の生涯を描いたアカデミー賞受賞作の映画『スパルタカス』(1960年)によるところが大きいかもしれない。しかし、カーク・ダグラス(1916〜)が演じたこの古代ローマの奴隷は、実在した人物だ ── そして、共和制ローマにおける最大規模の奴隷による反乱を主導した人物である。**

✦

スパルタクスは、現在のブルガリアに位置するトラキアで生まれた。当初は奴隷ではなかったが、のちに妻と共にローマの奴隷にされた。夫婦はナポリ近くにある南イタリアの都市カプアに連行され、スパルタクスは剣闘士(けんとうし)の訓練を強要される。そして、剣闘士養成所での厳しい訓練をやり遂げた ── 剣闘士らは、牢獄のような環境下で管理され、外へ出られるのは戦闘時のみだった ── が、スパルタクスはじきにここで習得した戦闘技術をうまく活かすことになる。

紀元前73年、スパルタクスとおよそ70人の剣闘士は、厨房の肉切り包丁を盗んで養成所を脱走した。この小部隊はヴェスヴィオス火山に立てこもり、訓練をしつつ武器を集めた。この部隊が、のちに10万人以上にも膨れ上がる反乱軍の中心となる。

当初、ローマ当局は事態を深刻にとらえておらず、反乱の鎮圧には、経験豊富ではない高級将校を送った。すると、スパルタクスと仲間たちはローマ軍に圧勝した。この勝利をきっかけに、多くの奴隷たちが反乱に加わった。

スパルタクスは、名目上は反乱の指導者に選ばれていたが、実際は反乱勢力の統率はとれておらず、内部は複数の集団に分かれていた。軍事計画に長けていたスパルタクスは、反乱軍をガリアへと進軍させ、ほかの集団と合流することを考えていたが、反乱勢力内のほかの指導者らに却下された。

ローマ側は屈辱的な連戦連敗ののち、紀元前71年、反乱軍に向けて将軍マルクス・リキニウス・クラッスス(前115頃〜53)を派遣した。クラッススは反乱軍を南イタリアに封じ込め、シラルス川近くの戦いで打ち負かした。映画のストーリーとは異なり、スパルタクスは戦闘で死去した。そして、スパルタクスの何千人もの仲間が十字架刑に処された ── 二度と反乱を起こさないよう見せしめるための、残忍な刑だった。

**豆知識**

1. 当初、スパルタクスの反乱軍に連敗したことは、ローマにとって大きな不名誉であった。そのため、負けた軍団の兵士は、戦場における臆病者を罰する刑としてごく稀(まれ)に行われていた方法で処刑された ── 指揮官が10人につき任意のひとりを選び、処刑する方法だ。
2. スタンリー・キューブリック(1928〜1999)監督による1960年の映画『スパルタカス』では、反乱軍のスパルタクス役をカーク・ダグラスが、そしてローマ軍のクラッスス役をローレンス・オリヴィエ(1907〜1989)が演じた。映画はアカデミー賞の四部門において受賞し、さらに二部門にノミネートされた。
3. ローマ史において、スパルタクスの反乱は第三次奴隷戦争とも呼ばれる。第一次奴隷戦争(前135〜前132年)と第二次奴隷戦争(前104〜前100年)は、共にシチリア島で起こり、ローマの勝利に終わっている。

# 42 伝道者・預言者 | 孔子

**古代中国の哲学者で、儒教の創始者である孔子（前551頃～前479）は、歴史上最も影響力の大きい書物のひとつである『論語』を記し、儒教の倫理と道徳の体系を築いた。しかし、アジアの文化と社会に多大な影響をもたらした人物であるにもかかわらず、孔子の生涯についてはほとんど分かっていない。**

✦

伝説によると、孔子は、現在の中国の東部に存在した魯国に、貧しいながら尊敬される一家に生まれた。倉庫出納係、家畜管理係、師として働いたのち、魯の君主に仕えた。有能な役人だったが、30年ほど任官したのちに、政治的な理由から職を離れた。おそらく、君主の快楽主義的な生活に失望していたものと考えられている。

しかし、何十年も君主に仕えた経験から、良い政府にさまざまに思考をめぐらすことができた。その時代の中国では、統治について懸念が大きく広がっていた。中国史上、春秋時代（前770頃～前481頃）として知られるこの時代は、名目上は皇帝が存在したが、独立的な王国に分かれており、互いに反目していた。

『論語』は、孔子の死後に弟子によって編纂されたもので、儒教の中核的な信条が記されている。物語ではなく、孔子の道徳の基本的な教えを示す短文や格言が集められたものだ。例えば、政府に関する一節ではこのように記されている。

「師は述べた。『徳をもって政治を行う者は、例えるならば、北極星のようなものである。一点から動かず、周りのすべての星が北極星に向く』」

この比喩は、儒教が徳のある統治者を重要視していることを如実に示している。孔子は、徳のある統治者が国の道徳の手本となるべきだと考えたのだ。

孔子は自らを聖なる存在とはしておらず、儒教は宗教ではない。だが孔子の著作は、彼がおよそ73歳で死去したのちも広まっていき、中国社会の重要な基盤の一部となっていく。

**豆知識**

1. 孔子は、50代後半に一度暗殺未遂を経験しており、のちに、暗殺を企てた人物の兄弟を弟子として迎えている。
2. 孔子は『論語』のほかに、詩集や、出身地である魯国の年代記『春秋』なども執筆した。
3. 中国における1966～1976年の文化大革命において、共産党主席の毛沢東（1893～1976）は、孔子は「きわめて復古的」であるとし、中国の進歩を妨げる時代錯誤的な思想だとして儒教を罵倒した。毛沢東の紅衛兵は、孔子の生誕地の寺院までも破壊した。しかし毛沢東の死後、中国の指導者はすぐに儒教を復活させた。

# 43 指導者 ハンニバル

**ハンニバル（前247～前183頃）は、第二次ポエニ戦争でローマ軍と戦ったカルタゴの将軍である。彼の名が最もよく知られているのは、雪のアルプス山脈を越えた「ハンニバルのアルプス越え」だろう —— その際には、戦象を率いていた。しかし最終的に、イタリア侵攻は失敗に終わった。**

✦

最終的には敗退したが、ハンニバルはその戦術の見事さから、古代世界で最も恐れられる将軍のひとりとなった。彼は、第一次ポエニ戦争でローマ軍に敗退した将軍、ハミルカル・バルカの息子として生まれた。ハンニバルが9歳のころ、父親はハンニバルに、生涯を宿敵ローマとの戦いに捧げることをバアル神に誓わせた（「ハンニバル」は「バアル神の恵み」を意味する語である）。紀元前221年、ハンニバルはカルタゴ軍の司令官の地位を引き継いだ。

その2年後、ハンニバルはイタリア侵攻を開始した。カルタゴ軍は、およそ2万5000人の兵士と、何千頭もの馬、そして何十頭もの戦象で構成されていた。ハンニバルが実際にたどったルートは明らかではないが、最後は北イタリアの都市トリノ近くに到達した。部隊の半分近く（そしてほとんどの戦象）がアルプス越えの間に死に絶えたのではないかと考えられている。

その後17年間、ハンニバルはローマ領内で戦闘を続ける。ローマとの戦いには連戦連勝したが、カルタゴがローマの攻撃を受けると、急遽、カルタゴに召還された。そして紀元前202年、ハンニバルは「ザマの戦い」でローマ軍に敗れ、その後まもなく、フェニキア人の都市ティルスに亡命した。その後二度と、カルタゴに戻ることはなかった。

しかし、ハンニバルのローマとの戦いはここで終わりではなかった。彼はセレウコス朝シリアの軍事顧問となり、また、ビテュニア海軍を指揮してローマの同盟国を倒した。ローマはハンニバルを捕らえようと必死になり、ビテュニア王にハンニバルを引き渡すよう圧力をかけるが、ハンニバルはローマに囚(とら)われる前に自害した。

第二次ポエニ戦争におけるローマ軍の勝利は、歴史上重要な節目となった。この戦争で最強の敵を打ち負かしたローマは、地中海世界において軍事的な優位を築いたのだ —— そして、以後何世紀にもわたり、その地位を維持することになる。

### 豆知識

1. ハンニバルは、イングランド系アイルランド人の作家、ジョナサン・スウィフト（1667～1745）による1726年の風刺小説『ガリバー旅行記』に登場している。
2. アメリカ・ミズーリ州のハンニバル市は、カルタゴの将軍ハンニバルにその名を由来し、作家マーク・トウェイン（1835～1910）が子供時代を過ごした町である。この町とその住民は、トウェインの代表作のひとつである『ハックルベリー・フィンの冒険』（1885年）のヒントとなった。
3. カルタゴは、第三次ポエニ戦争（前149～前146年）で無残にも敗れた。復讐心に燃えるローマの兵士たちは、カルタゴが二度と栄えることがないよう、その跡地に塩をまいたとされる。この話の真偽について歴史家たちは疑問視しているものの、カルタゴはその後、地中海世界において優位に立つローマに対し、二度と抵抗することはなかった。

# 44 哲学者・思想家 ｜ 孟子(もうし)

**人間は、根本的に善なのか？ —— それとも、人間の本性は悪なのか？**

✦

孟子（前371頃～前289）は、人間は根本的には善であると考えたことで知られる（性善説）。哲学者で思想家の孔子（前551～前479）に多大な影響を受けた孟子の書物は、中国の哲学において重要な書物であり、死後2000年以上が経った現在でも、広く影響を及ぼし続けている。

孟子は、周の時代に現在の中国の東部で生まれた。彼の生きた時代は、中国史で戦国時代と区分される、政治的に不安定な時期だ。父親とは３歳のときに死に別れた。母親は孟子の教育を重んじており、息子に最適な師を探しながら何度も住まいを移したという話が伝えられている。

母親が最終的に息子の師として選んだのは、孔子の孫である子思だった。子思は、孟子に孔子の道徳と哲学を教えた。孟子は、孔子と同じく役人として働き、また、中国をめぐって思想を広めた。

孟子は、人間は生まれながらにして、他人を思いやる心、譲る心、悪を恥じる心、善悪を見極める心という四つの心を持っていると信じた。そしてこの「四端」が芽生えとなって、四つの徳（仁・義・礼・智）に到達することができるとした。一方、孟子とは反対の思想を持つ墨子(ぼくし)（前470頃～前391頃）と楊朱(ようしゅ)（前440頃～前360頃）は、人間には生まれながらの徳はなく、倫理感は学習や経験によって習得されるものだと論じた。

また孟子は、著書の中で政治についても広く扱い、孔子による多くの論を詳細に書き記している。孔子と同様に孟子も、統治者の徳が非常に重要だと考えた。そして、徳のない統治で「天命」を失った君主は、その座から降ろされてよいものだとした（易姓革命）。

**豆知識**

1. 孟子の生まれた山東省にある、孟子を祭った寺院（孟子廟(びょう)）は、文化大革命のときに破壊されかけたが、修繕されて1980年に再開した。
2. 孟子の哲学を記した『孟子』は、儒教で重要な経書である四書のひとつとされている。
3. 孟子の著書は、古代ギリシアの哲学者プラトン（前427頃～前347）の著書に似通っているところがあり、ふたりが生存した時代も重なるが、ふたりが互いの存在を知っていたという証拠はない。

# 45 革新者 ウィトルウィウス

**ウィトルウィウス(前80頃〜前15頃)は古代ローマの技術者で、ローマ軍に従軍し、建築に関する10巻から成る書物を記した。この『建築について』は、ローマ帝国時代の優れた道路や聖堂、導水路を建設にするにあたっての参考書物となった。建築に関する実用的な知識や、建設のコツ、物理の原理などがまとめられたこの書物は、発表後何世紀にもわたり、建築の手引書として活用された。**

✦

ウィトルウィウスに関しては、この著作以外の情報は乏しい。彼は、ユリウス・カエサル(前100〜前44)とアウグストゥス帝(前63〜14)の下で軍の技術者として働いた。また、ローマ一帯を回って、要塞や包囲攻撃用の兵器、投石機などといった、古代の兵器に関する専門知識を蓄えた。

カエサルの死後は、アウグストゥス帝とその姉である小オクタウィア(前69頃〜前11頃)の支援を受けた。民間の建築家としては、イタリアのファーノの聖堂(バシリカ)を設計し、『建築について』を執筆した。

『建築について』は、ローマとギリシアにおける建築の工学を総合的に要約したものである。それ以前の他者による書物の内容を借用した部分も多いが、ウィトルウィウス自身による助言や観察も含まれている。防御壁の建設方法や、どこに井戸を掘るべきかといった情報以外にも、費用超過を防ぐ方法など実用的な知識も記されている。また、イオニア式、ドーリア式、コリント式という三つの建築様式を紹介した。この三様式は、ギリシアとローマの建築の基盤となる。

ウィトルウィウスの生涯についてはほとんど分かっていない。だが、彼はローマの工学の基盤を築いた人物として、計り知れない影響を及ぼした。ローマが帝国として成長する中、技術者たちはウィトルウィウスによる手引書を携えて軍に従事した。ウィトルウィウスのあとに続く技術者たちが建設した導水路は、おそらく最も長く持ちこたえたローマ時代の建築物だ。中世に入ってもなお、ローマ時代の道路は、ヨーロッパをつなぐ主要な裏道として利用された。スペインやフランスの都市の中には、現在でもローマ時代の導水路から水が供給されているところがある。

**豆知識**

1. ウィトルウィウスは、鉛(なまり)は「人体に有害」として、水路に鉛の導管を使用しないよう助言した —— アメリカで鉛の導管が禁止される2000年前のことだ。
2. 『建築について』の第三巻では、人体の寸法について扱っている。レオナルド・ダ・ヴィンチ(1452〜1519)は、この人体の比率に基づいて、理想的な人体の形を描いた。有名な『ウィトルウィウス的人体図』である。
3. 1414年、イタリアの学者ポッジョ・ブラッチョリーニ(1380〜1459)が『建築について』を見いだしたことから、ルネサンス期に古代ローマの建築様式を復活させる動きが促された。

# 46 悪人 ｜ ヘロストラトス

**アルテミス神殿は、地中海世界一帯を見下ろす場所に立つ巨大な神殿で、古代の都市エフェソスの誇りであった。建造には120年が費やされ、古典古代における「世界の七不思議」のひとつに数えられた —— が、紀元前356年のある日、ヘロストラトスというギリシアの若者によって焼き払われた。**

✦

この大惨事に、エフェソス中が衝撃を受けた。また、放火犯の目的も同じく衝撃的なものだった。ヘロストラトスは逮捕後、神殿に火をつけたのは、自分の名を永遠に世に残すためだと自供したのだ。そして、彼の名は現代英語に残っている。「ヘロストラトスのような」を意味する英単語「herostratic」は、有名になるためだけに行動する人物を形容する表現だ。

ヘロストラトスは、よく考えて放火の標的を選んでいた。出産と狩猟の女神アルテミスを祭ったアルテミス神殿は、アテネのパルテノン神殿よりも大きく、莫大な富で知られる伝説の王クロイソスが資金を提供して建造されたものだ。「七不思議」を提唱したビザンチウムのフィロンは、アルテミス神殿を称賛してこう述べている。「エフェソスのアルテミス神殿は、神の宿る唯一の場所だ。それを見る誰もが、永遠の天と引き換えに、神々が地上における居場所を求めたことを信じるであろう」

ヘロストラトスが放火以前にどのような生活を送っていたのかは、ほとんど分かっていない。彼は逮捕後、体を引き伸ばす拷問棚で処刑された。これは通常、市民でない罪人に対して行われた処刑法であるため、ヘロストラトスはエフェソスの人間ではなかったか、あるいは奴隷だった可能性が考えられる。

処刑後、エフェソスの役人たちはヘロストラトスにさらなる罰を与えた。彼が求めた名声をこの世から消し去るために、彼の名を口にすることを禁止したのだ。この禁止令は何百年にもわたって続いたが、ある古代の著述家が禁止令に違反した —— こうして、ヘロストラトスの名は歴史に知られ、彼の望んだとおり、永遠にその悪名を残すこととなった。

**豆知識**

1. エフェソスは現在、トルコ語でエフェスと呼ばれている。アルテミス神殿跡を含め、エフェスに残る大規模な古代ギリシアの遺跡は、19世紀初頭に発掘されている。
2. アルテミス神殿の放火は、ドイツの詩人ゲオルク・ハイム(1887〜1912)の作品『The Lunacy of Herostratus』(仮題：ヘロストラトスの狂気)や、ジャン＝ポール・サルトル(1905〜1980)の短編『L'Érostrate』(仮題：ヘロストラトス)の題材となった。
3. 「ストラトス」はギリシャ語で「軍隊」の意味で、「ヘロストラトス」は「軍隊の英雄」を意味する。

# 47 文筆家・芸術家 | キケロ

**ローマの政治家キケロ（前106〜前43）は法律家で哲学者でもあり、当時最も優れた演説をしたとして称賛された。歴史上不安定な時期にあったローマで、政府の各種の役職に選出され、消えつつあったローマの共和制の伝統を維持するべく活動する中で生涯を終えた。**

✦

マルクス・トゥッリウス・キケロは、ローマの南に位置する町アルピーノで生まれた。父親は騎士階級にあり、キケロはラテン語とギリシア語で教育を受け、ローマで法律と哲学を学んだ。そして紀元前79年にアテネを訪れ、修辞学を学び、同年に結婚している。

アテネから戻ると、政治の道へと進んだ。まず、シチリア属州の判事のひとりに選ばれ、シチリア島におけるローマの総督の腐敗を裁いた。この訴訟で、キケロの誠実さと、修辞に優れた弁舌が知られるようになった。ほかにも数々の官職に就く中で、ローマの法に関する専門知識に磨きをかけていき、紀元前63年には執政官（コンスル）に選ばれた。

共和制ローマでは毎年二名の執政官が選ばれ、共同の元首としてローマの政治に当たった。キケロは執政官として在任中に、「カティリナの陰謀」と呼ばれる、共和制を打倒する陰謀を未然に防いだ。そして、陰謀の首謀者らを裁判にかけずに即刻死刑にすることを呼びかけて、感動的な演説を四度行った。これらの演説で、キケロは自らを共和制の救済者であると表現し、処刑に消極的な元老院に支持を訴えかけた――「私は、我らが共和制を守るために、まさに軌を一(いつ)にして運命的に執政官に任命されたのであるから、これほど素晴らしいことはないではないか」

その後、ユリウス・カエサル（前100〜前44）とポンペイウス（前106〜前48）の間で起こったローマ内戦では、キケロはポンペイウス側についたが、カエサルの勝利後にカエサルに許されている。キケロはカエサルの独裁的な権力に悩まされたが、紀元前44年に起こったカエサル暗殺には関わっていない。しかしカエサルの死後、キケロはカエサルの後継者マルクス・アントニウス（前83〜前30）の権力掌握を妨害する元老院側の計画を企てた。

これに怒ったアントニウスは、政敵の暗殺者リストにキケロを入れた。キケロはアントニウスの手下に追い詰められ、紀元前43年12月７日、63歳のときに首を切り落とされた。そして、キケロの雄弁さを物語る証拠が残酷な形で残された。切り取られたキケロの舌が、アントニウスを批判しようとする者への見せしめとして、元老院に展示されたといわれている。

**豆知識**

1. キケロは、紀元前44年３月15日に起きたユリウス・カエサルの暗殺には関わっていないが、暗殺に関わった者たちの恩赦(おんしゃ)を求めた。
2. ローマの多くの政治家とは異なり、キケロは短期間しか従軍しておらず、軍歴を政治のキャリアに利用していない。紀元前91年から紀元前88年の同盟市戦争には参戦している。これはローマとその他のイタリアの都市国家との間に起きた戦争だが、キケロはこの体験から戦争と暴力を嫌うようになった。
3. キケロという名は、「ひよこ豆」を意味するラテン語に由来している。歴史家プルタルコス（46頃〜120頃）によると、キケロの先祖のひとりにこの名が与えられた。ひよこ豆のような鼻をしていたからだという。

# 48 反逆者・改革者 ｜ ウェルキンゲトリクス

**ガリア（現在のフランスに当たる地域）には複数の部族が居住し、三つに分断されていた。しかし、ウェルキンゲトリクス（前82〜前46）という名の部族長が、ローマの侵略に抵抗するべく、バラバラだった諸部族を土壇場でまとめた。ウェルキンゲトリクスは最後には敗北し、ガリアは巨大化するローマの支配下に置かれることとなった。**

✦

ガリアの何千もの戦士が参加したというウェルキンゲトリクスの反乱軍は、それ以降、他国の征服に抵抗した英雄の例としてフランスの伝説に語り継がれるようになった。19世紀から20世紀初頭にかけて、フランスの民族主義者たちは、ウェルキンゲトリクスはガリア人の精神を築いた代表的な人物であるとして称賛した。ローマによるガリアの征服は、紀元前58年に、頭角を現していたローマの将軍ユリウス・カエサル（前100〜前44）が侵攻したことに始まる。カエサルが自らの戦争を記録した『ガリア戦記』によると、戦いのほとんどは最初の２年のうちに終了したが、その後何年かにわたり、途切れ途切れに抗争が続いた。

ウェルキンゲトリクスは、アルウェルニ族の首長ケルティルの息子として生まれた。ケルティルは、ガリア全土を乗っ取ろうとしたためにガリア人に殺害されている。ウェルキンゲトリクスは、紀元前53年にカエサルが一時的にイタリアに戻っていたことを好機にして、ローマに抵抗するべく連合軍を結成した。カエサルは、鎮圧のために急遽ガリアへ戻らざるを得なくなり、冬季で２メートル近くもの雪が積もる中を進軍した。

ウェルキンゲトリクスは「ゲルゴウィアの戦い」で快勝するが、紀元前52年、現フランスの東部に当たる城塞都市アレシアで追い詰められた。カエサルは投石機や罠を仕掛けてアレシアを包囲し、何千もの住民がこの包囲戦で餓え死んだ。ウェルキンゲトリクスは、最終的に戦いを断念せざるを得なくなった。

ウェルキンゲトリクスはカエサルに降伏した――その際、わざとらしい身振りで両腕をカエサルの足元に投げ出したと伝えられている――が、ウェルキンゲトリクスにはさらにローマの報復が待っていた。彼は鎖につながれてローマへ連行され、カエサルの勝利を祝うパレードで行進させられた。そしておそらく、獄中で処刑されたと考えられている。

**豆知識**

1. アメリカのターナ・ネットワーク・テレビジョンによる2003年の映画『Caesar』（仮題：カエサル）では、ドイツの俳優ハイノ・フェルヒ（1963〜）がウェルキンゲトリクスを演じている。2001年のフランス映画『グレート・ウォリアーズ』では、映画『モータル・コンバット』（1995年）で知られる俳優のクリストファー・ランバート（1957〜）がウェルキンゲトリクスを演じている。
2. ウェルキンゲトリクスは敗北後、ローマにある「マルティヌスの牢獄」に投獄されている。この牢獄には、のちに使徒のペテロも投獄されたと考えられている。この牢獄は、現在はローマ・カトリックの教会となっており、「刑務所の聖ペテロ」を意味する名が付いている。
3. 包囲戦の行われたアレシアの位置は正確に分かっていないが東フランスのディジョン近くだと考えられている。

# 49 伝道者・預言者 ｜ ヒレル

**伝説によると、あるときひとりの男が、ユダヤの賢者ヒレルにこう言った。ユダヤ教の主義を一文で言い表してくれたら、自分はユダヤ教に改宗する、と。**

✦

ヒレルの答えはこうだった。「あなたにとって好ましくないことを、あなたの隣人にしてはならない、というのがユダヤ律法のすべてであって、あとは解説にすぎない」

この巧みな黄金律は、西洋の宗教において非常によく知られている言葉で、ヒレルの教えの中心にある博愛的な姿勢が端的に言い表されている。ヒレルはユダヤ教の歴史上きわめて重要な人物であり、当時最も尊敬された宗教指導者で、ユダヤ教の律法と伝統の多くを成文化した。倫理に関するヒレルの記述は、宗教を問わず多くの人々に影響を与えてきた。

ヒレルは生涯のほとんどをエルサレムで過ごしたが、ユダヤ教信者が多かったバビロンで、紀元前1世紀のいつかの時点に生まれている。家系についてはほとんど分かっていないが、旧約聖書に登場するダビデ王の末裔(まつえい)であると考えられており、若いころに木こりをしていた可能性がある。

ヒレルはのちにエルサレムへ移り、ユダヤの律法を知り尽くしていたことからユダヤ教の学者たちを感心させる。知る人の少ない儀式に関して特に難しい疑問を解決し、その後、エルサレムの宗教指導者になったという話が伝えられている。

当時、エルサレムとその周辺地域はローマに吸収されていたことから、政情が不安定で、ユダヤ教内で分裂が生じていた。ヒレルは、サドカイ派などの分派と対立する立場にあるパリサイ派についた。

政治的には、サドカイ派は貴族が中心で、一方、ヒレルのパリサイ派は平民の支持をより多く受けていた。神学的には、サドカイ派は古代のユダヤ教の経典を、解釈の余地なく文字通りにとらえていた。しかしヒレルは、経典は出発点のようなもので、ラビによって解釈がなされるものであるとした（現代におけるラビは、古代のユダヤ教のラビとは異なるものだ）。ヒレルの記述では、共同体や社会的正義、知識の重要性が強調されている。

やがてヒレルが死去し、特に紀元70年にエルサレム神殿（第二神殿）が破壊されて以降は、パリサイ派がユダヤ教の共同体の中で優勢となり、現代のラビ・ユダヤ教に進化していった。ラビ・ユダヤ教は今日、世界のユダヤ教の主流派となっている。

**豆知識**

1. エルサレムに移った当時のヒレルは貧しく、トーラーを学ぶ費用が払えなかった。ヒレルの費用は免除され、のちに、才能ある人物が貧しさのためにトーラーを学べないことがないよう、費用の徴収が撤廃された。
2. ラビによって書かれた口伝律法は、集合的に「タルムード」として知られるようになった。
3. ヒレルの死後500年間にわたり、ヒレルの子孫がエルサレムにおける宗教指導者となった。

# 50 指導者 ｜ チャンドラグプタ王

**チャンドラグプタ・マウリヤ（前340頃～前296頃）は、インドにマウリヤ朝を樹立し、国をギリシアから解放した強大な王である。チャンドラグプタ王の子孫はその後200年にわたってインドを統治し、現在のインドのほぼ全域に及ぶ帝国を築いた。**

✦

紀元前326年、アレクサンドロス大王（前356～前323）はインドの北部を制圧し、西へ戻る際、サトラップと呼ばれる現地の総督に占領地の統治を任せた。しかしその後２年のうちに、チャンドラグプタがサトラップを追い出し、自らの王国を築いた。

チャンドラグプタ王の出自については、ほとんど分かっていない。王国を築いた時点でわずか20歳ほどだったチャンドラグプタ王は、インドの小規模の諸州を制圧した。そして忌み嫌われていたナンダ朝を倒し、インド史上初めて、単一指導者の下に国家を統一した。最盛期には、西はアフガニスタンから東はバングラデシュに至るまでの領域と、インドのほぼ全土を支配した。

紀元前305年、ギリシアの将軍だったセレウコス一世（前358頃～前281）が、アレクサンドロス大王の築いた帝国を再建するべく侵略を開始した。そして東方の諸都市を征服し、マウリヤ朝に対抗しかけたが、二者は交渉を行って合意に達した。チャンドラグプタ王は、領地の支配権を維持する代わりに、500頭の戦象をギリシアに提供した。また、取引を強固にするために、セレウコス家の娘のひとりと結婚したという説もある。

その後まもなく、チャンドラグプタ王は息子ビンドゥサーラに王位を譲った。そしてジャイナ教に改宗し、晩年はバンガロール近くのジャイナ教の共同体で過ごした。最期は、洞窟で自らの意思で餓死したと伝えられている。これは、ジャイナ教への絶対的な信仰心を示す究極の宗教行為だ。

**豆知識**

1. チャンドラグプタと敵対したギリシア人たちは、彼のことを「サンドロコットス」、「アンドロコットス」などと呼んでいた。
2. 世界最古の宗教のひとつであるジャイナ教は、3000年ほど前に創始され、現在およそ1200万人の信者がいるとされている。信者はあらゆる生き物に対する非暴力を遵守し、厳格な菜食主義をとっている。中には、虫を殺すことがないよう、自分の前をほうきで掃きながら道を歩く信者もいる。
3. チャンドラグプタの孫アショーカ王（前304～前232）は仏教を信仰し、インドに仏教を広める役割を果たした。

# 51 哲学者・思想家 | エピクロス

**プラトン(前427頃～前347)の死後何世紀にもわたり、ギリシアの哲学はふたつの対立する派閥に分かれていた。ストア派は、人生は不快で苦痛で不確かなものであると教え、幸福への唯一の道は、徳の高い生活を送り、物欲から解放されることであるとした。**

✦

これに対し、エピクロス派がとったのが、「人生は短い。だから楽しもうではないか」という主義だ。

古代アテネのエピクロス(前341～前270)は、楽しいことを好む友好的な師であった。快楽を良しとし、「苦から逃れた状態」と「恐れから逃れた状態」が、人生におけるふたつの最大の価値であるとする哲学伝統を築いた。エピクロス主義と呼ばれる彼の教えは、その後何世紀にもわたって影響を及ぼすことになる。

エピクロスは、サモス島に入植した貧しいアテネ人兵士の息子として生まれた。14歳のころに哲学を学び始めたが、一家がサモス島から追放されると、定住地を失った。紀元前311年に哲学の学派を創始し、紀元前307年にその拠点をアテネへ移した。

アテネでは、哲学者に求められる行動の多くを否定して旋風を巻き起こした。当時の哲学者は、ソクラテス(前470頃～前399)の思想に倣い、質素で禁欲的な生活を送るものとされていた。しかし、エピクロスは庭園で弟子らを教え、快楽はけっして悪いことではないと説いた。中でも、友情は最も尊い快楽だとした。また、自らの哲学を詳細に記した著作を300以上残したとされているが、現存しているものはほとんどない。エピクロスは、単に快楽的な行動をする主義とは異なり、生活は質素で、性的な快楽を避けていたが、友情などの「快」を自らに禁じる意味はないと考えた。

エピクロスは、恐れと苦痛は可能な限り避けるべきだと教えた。そして恐れに関するその思想は、宗教を批判する姿勢へと結びついていく。ギリシアの宗教では、冥界で裁きを受けると信じられていたことから、宗教がギリシア人たちの死の恐れの原因となっていると考えたのだ。エピクロスはギリシアの神々を信じていたが、神を恐れる理由はないとした。

そして、まさに彼らしい最期の日を迎える。エピクロスは友人への手紙に、この日は「まさに幸福の日」であると書き遺した。

**豆知識**

1. 現代英語の「エピキュリアン」(epicurean)という単語は、美食家を指す言葉だが、皮肉にも、エピクロス自身はほとんどパンと水のみの食生活を送っていた。
2. エピクロスは、子供時代に教えを受けた師たちに対して憤りを感じていた。中でもナウシパネスのことは、のちの著作で「軟体動物」と呼んでいる。
3. ストア派とは異なり、エピクロス派は政治には携わらなかった。混乱を極めるギリシアの政界で権力を握ることは、苦しい最期を迎える可能性を高めるだけだというのが根拠だった。

# 52 革新者 | プリニウス

**紀元79年8月24日、イタリアのヴェスヴィオ火山が大噴火を始めると、恐れた周辺の住民は、安全な場所へと必死に逃がれようとした。しかしある男だけは、皆が逃げる方向とは逆へ向かっていた。プリニウス（23頃～79）は、この大噴火を観察しようと思ったのだ。**

✦

ローマ軍の高官だったプリニウス（「大プリニウス」とも）は、その2年前、彼の著作として最も有名な37巻の百科全書『博物誌』を発表している。この百科全書は、ワインの醸造から採鉱、薬、地理に至るまで幅広い話題を扱い、当時プリニウスが収集したすべての知識が網羅されていた。しかし火山に関する巻はなかった。そのため、彼はこの大噴火に好奇心をそそられたのだ。

プリニウスの正式な名は、ガイウス・プリニウス・セクンドゥスである。古代ローマの高貴な階級である騎士階級に生まれた。ゲルマン諸族およびブリトン人との戦いでローマの軍団に従軍し、ローマに戻ってからその戦争史を記したが、この書物は現存していない。

ウェスパシアヌス帝（9～79）の下では、皇帝の代理人（プロクラトル）の地位に昇進した。好奇心の強かったプリニウスは、現在のスペインとフランス一帯を周遊し、訪れたワイン醸造所や金鉱、山岳地帯などについて書き留めた。そして紀元70年代のほとんどを百科全書の執筆に費やし、77年に完成したこの百科全書はウェスパシアヌス帝に献呈された。その後何世紀にもわたり、この書物は標準的な資料として用いられることになる。皇帝はプリニウスの功績に感謝し、プリニウスをローマ艦隊の司令官にした。プリニウスの運命を左右するあの大噴火が起こったのは、そんなときだった。

プリニウスは、火山が轟音（ごうおん）を立てる中、噴火口から空高く上がるきのこ雲を観察するために、そしておそらくはポンペイの町から生存者を救助する目的もあって、ナポリ湾を渡っていった。ポンペイは、18時間続いた噴火の間に火山灰と噴石が降り注ぎ、ほぼ壊滅した。

陸に降り立ったプリニウスの一行は、噴石などの噴出物や硫黄ガスに見舞われた。プリニウスは翌朝にそこで死去した。おそらく火山のガスによるものか、あるいは心臓発作のためと考えられている。

### 豆知識

1. この紀元79年の大噴火では、巨大な噴煙が柱状になって噴火口の上空に上がった。この種の噴火は、犠牲者の中で最も著名になったプリニウスを称えて「プリニー式噴火」と呼ばれている。
2. プリニウスの甥であるガイウス・プリニウス・カエキリウス・セクンドゥス（61頃～113頃）も、有名な著述家で政治家だった。通常、おじと区別して「小プリニウス」と呼ばれる。
3. プリニウスの百科全書には、医薬効果があるとされる植物や動物由来の治療法が多数記されている。例えば、ヘビにかまれた傷は、殺したばかりのヤギの皮で治療ができるとしている。

# 53 悪人 ｜ ユダ

**イエスの十二使徒のひとりである「イスカリオテのユダ」は、ローマの役人に味方してイエスを裏切ったことで悪名高い。30枚の銀貨を見返りに、イエスの居場所を教えた結果、イエスは捕らえられて十字架刑に処された。こうして密告者ユダは、キリスト教神学において重要な悪者のひとりとなる。**

✦

イスカリオテのユダは、イエスの身近な弟子たちの集まりである十二使徒の金庫番を任されていた。イスカリオテという名はおそらく「殺人者」を意味するラテン語の「シカリウス」に由来するものだ。ヨハネによる福音書ではユダは貧しい人々への寄付金を盗んだとされている。

聖書の記述によると、おそらく紀元33年のこと、過越の祭りに際してイエスは弟子たちと共にエルサレムへやってきた。そして、神殿で不当な商売をしていた人々を非難したことで、役人たちの怒りを買う。ローマのユダヤ属州の総督だったピラトと、大祭司のカイアファは、何としてでも厄介者のイエスを捕らえようと、ユダに見返りを渡して動かすことを計画した。そして、イエスは「最後の晩餐」ののち、使徒たちと集まって祈りを捧げていた「ゲッセマネの園」で捕らえられた。ユダは、誰がイエスなのかをローマ兵が見分けられるように、イエスに接吻(せっぷん)をした —— これが「ユダの接吻」として知られるようになる。

その後のほぼ2000年間、イエスの死にユダが関与したことは物議を招き、反ユダヤの争いを起こしてきた。ユダもイエスも、そして弟子たちも全員ユダヤ人であり、十字架刑を命じたピラトはローマの異教徒であった。しかし、ローマ・カトリック教会は1965年まで、ユダの裏切りは、イエスの死がユダヤ人全員の罪である証拠だと解釈していた（ナチスによるユダヤ人大虐殺後、ローマ・カトリック教会は第二バチカン公会議においてその解釈を変え、キリストの死を「すべてのユダヤ人のせいだとすることはできない」と結論づけている）。

新約聖書では、その後のユダがどうなったのかについて、矛盾する記述がある。マタイによる福音書では、ユダは後悔して銀貨を返し、木に自らの首をくくったと記されている（この種の木は、現在では「ユダの木」と呼ばれるようになっている）。一方、使徒言行録によると、ユダはその銀貨を使って土地を買い、のちに自害したという。

**豆知識**

1. 1970年代にエジプトの洞窟で、ユダの視点からイエスの死を描いた記述「ユダの福音書」の写本が発見され、2006年に英語で出版された。この福音書では、ユダの裏切りは、聖書の預言を実現させイエスに人類を救済させるために必要なものだったとされている。
2. イエスの死を描いた1971年のロック・オペラ『ジーザス・クライスト・スーパースター』の初演では、イギリスの歌手マレー・ヘッド(1946〜)がユダを演じた。同作品は、アンドリュー・ロイド・ウェバー(1948〜)とティム・ライス(1944〜)によって制作されたものである。
3. ハーヴェイ・カイテル(1939〜)は、物議をかもしたマーティン・スコセッシ(1942〜)監督による1988年の映画、『最後の誘惑』でユダを演じた。同作品ではユダを好意的に扱い、イエスはマグダラのマリアとの結婚を夢見ていたと描かれていたことから、いくつものキリスト教関連団体に非難された。

# 54 文筆家・芸術家 ｜ カトゥルス

**古代ローマのカトゥルス（前84頃～前54頃）は、ウィットと風刺に富み、ときに性的なスタイルを用いた詩人である。カトゥルスの作品は、ルネサンス期に再び発見されて、その後の西洋文学に影響を及ぼした。中でも彼の恋愛詩は、その美しさとユーモアとエロティシズムで知られている。**

✦

ガイウス・ウァレリウス・カトゥルスは、ローマの南に位置する都市ヴェローナの上流階級に生まれた。父親はユリウス・カエサル（前100～前44）と親しい友人であった。カトゥルスはビテュニア属州でローマ軍に従軍したが、１年の任期が終わるとすぐに軍を去った――これは、政界で成功する望みがなくなったことを意味していた。

カトゥルスの生涯については詳しいことは分かっておらず、詩の中からうかがい知ることしかできない。従軍前にはローマに住んでおり、クロディア・メターリという年上の女性に恋をし、しばらくの間恋愛関係になったことが、カトゥルスの多くの恋愛詩の着想となった。従軍中には、トロイ近くにある兄弟の墓を訪れたらしく、それを基に彼の作品として有名な哀歌が創作されたと考えられている（「永遠に、兄弟よ、やあ　そしてさらば」という歌だ）。

また、詩の中でカエサルをからかったことから、カエサルを怒らせたことがある。しかし、カエサルは友人の息子だったカトゥルスを許し、和解の印にその日、晩餐を共にしたとされている。カトゥルスは除隊後にイタリアへ戻り、ティヴォリ近くの邸宅に住み、そこで30歳のときに何らかの理由で死去している。

ラテン文学において、カトゥルスは新時代の詩人に分類されている。日常的な言葉とスタイルで身近な話題を扱い、ラテン詩に革命を起こした詩人のひとりだ。カトゥルスの著作は、詩は道徳的な精神を高めるものであるべきという伝統的な考えを支持する人々に批判された。キケロ（前106～前43）がその代表的な人物だ。

カトゥルスの詩は中世期に失われたが、のちにヴェローナで写本が一点発見されている。今日、カトゥルスはラテン文学の重要な詩人と考えられており、ジョン・ミルトン（1608～1674）やウィリアム・ワーズワース（1770～1850）などの近代の詩人に影響を与えた。

**豆知識**

1. カトゥルスはレスボス島のサッフォー（前630頃～前570頃）の恋愛詩を愛好しており、サッフォーを称えて恋人クロディアを「レスビア」の愛称で呼んでいる。
2. レスビアへ向けたある恋愛詩で、カトゥルスは「シルフィウムの花の咲くキュレネの浜の砂粒と同じ数だけ」口づけをしようと述べている。アメリカの『考古学』誌に掲載された1994年の記事では、この一行は、現在では絶滅したシルフィウムに由来する原始的な避妊薬のことを間接的に述べたものだという仮説が立てられている。
3. カトゥルスの詩には題名がなく、通常、『カトゥルス50』、『カトゥルス101』のように番号で呼ばれている。

# 55 反逆者・改革者　マルクス・ユニウス・ブルートゥス

**この者は、彼らの中で最も高貴なローマ人であった。**
**── アントニウス シェイクスピア作『ジュリアス・シーザー』より**

✦

マルクス・ユニウス・ブルートゥス（前85頃～前42）は、ローマの元老院議員で、ユリウス・カエサル（前100～前44）暗殺の首謀者のひとりである。紀元前44年３月15日、ブルートゥスと共謀者らは、元老院議場の階段でカエサルを刺殺した。歴史上、最も有名な暗殺事件のひとつだ。

ブルートゥスによるカエサル暗殺は、究極の裏切り行為として描かれることが多い。そのわずか１年前に、カエサルがブルートゥスを政府の要職に就かせたばかりだったからだ。そして、味方だったはずの人物に立ち向かわれた衝撃は、カエサルのあまりにも有名な（そしておそらく創作である）最期の言葉、「ブルートゥスよ、お前もか」を生むことになった。

しかし、ブルートゥスと共謀者ら ── 彼の妻ポルキア（前70頃～前42頃）もその一味であった ── は、独裁を防ぎ共和制ローマを立て直すには、カエサルを殺すよりほかに方法がないと信じていた。そして恐れたとおり、カエサルの死後20年も経たないうちに帝政ローマが樹立し、500年続いた共和制は終了することになる。

ローマの上流階級に生まれたブルートゥスは、政界に入った当初はカエサルと敵対しており、紀元前49年のローマ内戦では対カエサルの軍で戦った。しかし、カエサルは若い元老院議員だったブルートゥスを許し、ローマのガリア属州の総督に就かせた。

カエサル暗殺を題材としたウィリアム・シェイクスピア（1564～1616）の戯曲『ジュリアス・シーザー』では、ブルートゥスは暗殺の陰謀には乗り気でない人物として描かれている。劇中のブルートゥスは、個人的にはカエサルのことが好きだが、カエサルの独裁的な計画が「孵化（ふか）」しないうちに「殻の中のうちに殺す」ことが、ローマ人としての義務であると感じている。

暗殺後、カエサルの養子であるオクタウィアヌス（前63～14）が独裁権力を握り、ブルートゥスと共謀者らはローマを追われた。ブルートゥスはオクタウィアヌスに対抗して連合軍団を結成するが、紀元前42年、「フィリッピの戦い」で若きオクタウィアヌスに敗北し、自殺に追い込まれた。そしてオクタウィアヌスは、のちにローマの初代皇帝アウグストゥスとなる ── ブルートゥスの恐れた最悪な結末となったのだ。

**豆知識**

1. 伝説によると、ブルートゥスの死に妻ポルキアは取り乱し、熱い炭を飲み込んで後追い自殺を遂げたという。
2. ブルートゥスの義理の兄弟であるガイウス・カッシウス・ロンギヌス（前85頃～前42）も、暗殺の首謀者のひとりである。『ジュリアス・シーザー』の劇中では「カッシウス」の名で登場する。彼もブルートゥスと同じく、「フィリッピの戦い」の中で、手下に命じて自害を遂げている。
3. 当時のローマでは、敵対する間柄ながら、家族間で密な関係がある場合も少なくなかった。ブルートゥスの母親のセルウィリア・カエピオニス（前107頃～前42頃）は、カエサルの最後の20年間、彼の愛人であった。

# 56 伝道者・預言者 洗礼者ヨハネ

**紀元30年ごろ、ある激烈なユダヤの預言者が、ローマ人たちがガリラヤに据えた名目上の王ヘロデ・アンティパス（前21～39）を非難した。ヘロデが不貞や近親相姦、その他の「邪悪なこと」を行ったというのだ。怒ったヘロデはこの預言者を捕らえ、死海を見下ろす崖の牢獄に投獄した。**

✦

この預言者は洗礼者ヨハネ（前６頃～30頃）で、キリスト教の正典である新約聖書の中で最も重要な人物のひとりである。ヨハネは伝道の中で、ヘロデを非難し、終末が差し迫っていることを説いたことによって、多くの信者を引きつけた。また、イエス・キリストにも大きな影響を与えた。イエス・キリスト自身も、洗礼者ヨハネが捕らえられたころ、伝道を始めようとしていた。

洗礼者ヨハネに関する記録はほとんど残っておらず、聖書にも断片的な記述しかない。ルカによる福音書では、洗礼者ヨハネはイエスのいとこで、同じくナザレの人物である。また、古代ヘブライ人の預言者のように禁欲的な服装をし、イナゴと野蜜（野生のハチミツ）を食べ、伝道を始める前は、人の住まないユダヤの砂漠の中で長年を過ごした。

ヨハネは信者たちに、罪を悔い、欲を捨て、強奪をせず、ヨルダン川で洗礼し神の再臨に備えるよう説いた。この呼びかけに答えたユダヤ人の中にイエスがいた。そしてイエスは、ヨハネが捕らえられる前にヨハネによる洗礼を受けた。

獄中で洗礼者ヨハネは、イエスが重い皮膚病を治したり、死者を生き返らせたりなどの奇跡を起こしていると耳にする。弟子に調べさせると、イエスは「私のあとから来られる方」――メシア――であることが確認された。キリスト教神学では、洗礼者ヨハネはイエスに先行した人物とされ、メシアの到来を予言した「荒野で叫んでいる者の声」であるとされている。

不幸にも、洗礼者ヨハネの最期は本当に差し迫っていた。ヘロデ王は、近親相姦のことでヨハネに侮辱された妻の怒りを鎮めるために、部下にヨハネの首を切り落とさせ、盆に載せて誕生日プレゼントとして義理の娘のところへ運ばせたといわれている。

**豆知識**

1. 歴史家のフラウィウス・ヨセフス（37～100）は、ヨハネの逮捕について上記とは異なる記述をしている。ヨセフスの記述によると、ヘロデ王はヨハネの信奉者が増えすぎたことから、反乱を恐れて処刑したという。
2. 洗礼者ヨハネは正式に聖人として認められていないが、ローマ・カトリック教会では伝統的に聖人として扱われている。ヨルダンやプエルトリコなどでは、守護聖人とされている。
3. ローマのサン・シルヴェストロ教会には、洗礼者ヨハネのものとされる首の聖遺物が展示されている。

# 57 指導者 ユリウス・カエサル

**「彼は、この狭い世界に巨像のように立ちはだかる」 ―― シェイクスピアは自らの作品の中で、ユリウス・カエサル（前100～前44）をこう表現している。古代ローマの将軍で政治家のカエサルは、その時代の最も突出した人物であり、また、西洋史においてきわめて重要な人物でもある。ガリアを征服し、ローマ元老院の権力を弱体化させ、古代世界最大の帝国の基盤を築いた。**

✦

しかし、カエサルは「終身独裁官」に就任してからまもなく暗殺される。共和制から帝政への変革を完了させたのは、養子のオクタウィアヌス（前63～14）だ。オクタウィアヌスは、のちにローマの初代皇帝アウグストゥス帝となる。

カエサルの生涯については、古代世界の人物としては非常に多くの記述が残っている。彼は貴族の家系に生まれ、10代で軍に従事した。よく知られている話として、エーゲ海を渡航中に海賊に捕らえられ、身代金を要求されている。海賊が求めた額の低さに気分を害したカエサルは、身代金の額を上げなければ解放されることに応じないと主張したという。

その後何十年にもわたり、カエサルは軍においても政治においても着実に上昇していく。紀元前69年、現在のスペインに当たる地域の属州の総督に就任し、紀元前63年にはローマの神官団の長である大神官（ポンティフェクス・マクシムス）に選出された。

その４年後の紀元前59年、カエサルはふたりの将軍と共に第一回三頭政治を成立させ、ローマ政府を事実上支配した。増大するカエサルの権力を恐れた元老院は、紀元前50年、カエサルに軍の解散を命じた。

しかし、カエサルは元老院の命令に従わなかった。そして紀元前49年１月、ルビコン川を越えたことがよく知られている（訳注：「ルビコン川を渡る」という例えの由来だ）。これによって内戦が引き起こされ、翌年にカエサルが勝利して終わる。権力を失った元老院は、何年も継続的にカエサルを独裁官に選出し、紀元前44年、カエサルを正式に「終身独裁官」にした。

これには、カエサルの批判者たちは黙っていられなかった。カエサルが君主制を復活させ、共和制を終結させるのではないかと恐れたのだ。そして、ローマの広場内にあった元老院議場の階段で、紀元前44年の３月15日、カエサルは暗殺グループに刺殺された。

**豆知識**

1. カエサルの一家は、自分たちはローマ神話の愛と生殖の神ウェヌス（ヴィーナス）の子孫であると主張していた。
2. カエサルは優れた演説家で文筆家でもあり、『ガリア戦記』、『内乱記』というふたつの戦史を記している。この二作品は、当時のローマの歴史を知る上で現在も重要な資料である。
3. カエサルの死後、「カエサル」の名は皇帝や軍の指揮者を意味する言葉となった。ドイツの王「カイザー」とロシアの王「ツァー」という呼称は、いずれもカエサルの名に由来している。

# 58 哲学者・思想家 | セネカ

**哲学史における悲劇の人であるセネカ（前4頃〜65）は、ローマ皇帝ネロ（37〜68）の子供時代の師であり、ネロが若くして即位すると助言者の役割を果たした。ネロには修辞学や政治、ストア派の哲学を教えたが、最終的にはネロに裏切られ、自殺に追いやられる。こうして、古代ローマ随一の思想家だった彼のキャリアは終わりを告げた。**

セネカは、現在のスペインのコルドバに当たる地域で生まれ、ローマの一流の学園で教育を受けた。学生時代、ストア派として知られるギリシアの哲学に特に興味を持った。アテネでそれより200年ほど前に広まり始めたストア派は、質素な生活をし、徳を維持し、運命を受け入れることが幸福への鍵であると信じていた。

しかし、ストア派を公言したセネカだが、若いころの生活は慎み深いものとはほど遠かった。政界に入ってからは、不貞を働く者として知られるようになり、カリグラ帝（12〜41）の姪と性的関係を持ったとして、紀元41年にコルシカ島へ追放されている。現存するセネカの初期の作品の中には、8年間の追放期間に書かれたものもある。

紀元49年にようやくローマに戻ると、セネカはネロの師となり、一方で戯曲や詩、随筆の執筆も続けた。紀元54年に16歳のネロが皇帝に即位した当初、セネカはネロにごく近い助言者のひとりとなり、ネロの母親アグリッピナ（15〜59）の暗殺計画にまで加担した。セネカはこの役割から何度も退こうとしたが、不安定なネロは、助言者としてのセネカにローマに留まるよう強く求めた。

しかしネロは、紀元65年、ネロの暗殺を謀った「ピソの陰謀」にセネカが関わったとして非難し、セネカに自殺を命じた —— そしてセネカは、ストア派らしい決心をもって手首を切った。それでも死ななかったため、自ら風呂に潜って窒息死するという方法で、この恐ろしい命令を遂行したという。

**豆知識**

1. ローマの歴史家スエトニウス（69頃〜130頃）によると、セネカは一時期菜食主義をとっていたが、菜食主義を良しとしないティベリウス帝（前42〜37）に強制的に肉を食べさせられた。
2. セネカの著作の最初の英訳は、1614年に発表されている。
3. セネカの妻パウリナは、夫と共に自殺を図ろうとするが、自殺の命令はセネカのみに出されたものだとしてネロの兵士たちに止められた。

# 59 革新者 | 蔡倫（さいりん）

**発明史において、蔡倫（50頃～121）の名が挙がることはほとんどない。しかし、古代中国の官吏であった蔡倫が完成させたとされる品 ―― 紙 ―― は、間違いなく世界を大きく変えた。**

✦

古代の筆記媒体は、カヤツリグサ科の植物を原料とした、もろく劣化しやすいパピルス紙か、または、動物の皮でできた貴重で高価な羊皮紙が使われていた。しかし、安価で丈夫な紙ができたことで、それまでよりもずっと大がかりな記録を残せるようになり、書物制作の費用も大きく下がった。蔡倫が完成させた製紙法は徐々に世界へと広まっていき、読み書きを普及させたことから、ヨーロッパのルネサンスにも貢献した。

湖南省出身の蔡倫は、漢王朝の和帝の下で働く宦官（かんがん）だった（皇帝に仕える人物には去勢された男性が好まれた。子供がいないため、政府を打倒して新たな王朝を開く危険性が低いと考えられたためだ）。紀元89年、蔡倫は、武器やその他の道具を製造する部門の長に登用された。そしてすぐに、安価で丈夫な筆記媒体を製造する必要性があることを認識した。

何年も実験を重ねた末に、蔡倫は紀元105年、完成させた紙を和帝に献上した。それ以前の職人の技術や、地元で使われていた手法を参考にしたものと考えられているが、世界中に普及して使われるようになったのは、蔡倫の完成させた製紙法である。

功績が称賛された蔡倫だったが、その栄光は長く続かなかった。和帝が紀元105年に死去し、やがて和帝の甥である安帝（94～125）が即位すると、安帝は父親の多くの助言者たちのほうへ寝返った。そして投獄されそうになった蔡倫は、紀元121年、自殺を遂げた。

**豆知識**

1. 漢王朝は紀元220年まで続き、中国の文化に多大な影響を及ぼしたことから、「漢」という語は「民族」と同義になった。
2. 蔡倫は、製紙法の発明を称賛されて爵位を与えられ、その後何世紀にもわたり、中国において「紙の守護神」として尊敬された。
3. 中国の皇帝は、蔡倫の死後何世紀にもわたり、製紙技術を門外不出として保護した。伝説によると、この秘密は751年にようやく明らかにされた。アラブ人との戦いののちに中国の何人かの製紙職人が捕らえられ、製紙法を明かすよう強制されたという。

# 60 悪人 | アグリッピナ

**アグリッピナ(15〜59)は、ローマ皇帝クラウディウス(前10〜54)の暗殺を決めたとき、皇帝に簡単に近づくことができた。ふたりは夫婦だったのだ。紀元54年、彼女は皇帝に毒キノコを差し出した —— そして夫を殺害した。ここから幕を開けた期間は、ローマ史で最も悲惨な時期ともいわれる。**

✦

古代ローマの最も強力な女性に数えられるアグリッピナ(「小アグリッピナ」とも)は、アウグストゥス帝(前63〜14)の子孫で、政治的な影響力のある皇族の一員であった。兄のカリグラ(12〜41)は、紀元37〜41年に在位した皇帝である。アグリッピナは紀元49年、三番目の夫であるクラウディウスと結婚した。一度目の結婚では、ひとり息子のルキウス・ドミティウス・アヘノバルブス(37〜68)をもうけている —— のちに皇帝ネロとなる人物だ。

アグリッピナは、無慈悲に政治的陰謀を画策した人物として知られる。クラウディウスと結婚する以前には、自分の兄を暗殺する計画に関与したことがあり、地中海の島に追放されていた時期がある。それでもアグリッピナの家族はローマで権力を維持し続けた。実は、クラウディウスはアグリッピナのおじであった。アグリッピナにとってこの結婚は政略的なものにすぎず、息子であるネロに王位を継承させるよう画策する機会となった。

しかしクラウディウス帝は、紀元53年以降、血のつながりのある息子ブリタンニクス(41〜55)を次期皇帝にしようと考え始めた。アグリッピナがクラウディウス帝の暗殺を計画したのは、皇帝がネロを後継者から外すのを阻止するためだったと考えられる。

ネロ帝は、無能な暴君としてのちに語り継がれるようになる。彼は、一般のキリスト教信者を処刑した初めての皇帝である。また、義理の兄弟のブリタンニクスを含め、何千もの敵を処刑した。紀元64年のローマ大火では、「ローマが燃え盛る中、あわてもせずただ見ていた」ことがよく知られている。ネロ帝は紀元68年に退位させられ、自殺を遂げる。

皮肉なことに、ネロ帝の犠牲者のひとりに母アグリッピナがいた。ネロ帝は16歳で即位すると、最初は母親の影響を強く受けていた。しかし、ポッパエア・サビナとの関係に反対されたため、ポッパエアとの結婚の障害をすべて取り除こうと、紀元59年に母アグリッピナの殺害を命令した。アグリッピナは44歳であった。

**豆知識**

1. オペラ『アグリッピナ』は、1709年にバロック音楽の作曲家ゲオルク・フリードリヒ・ヘンデル(1685〜1759)が作曲したものである。
2. クラウディウスの三番目の妻、ヴァレリア・メッサリナ(20頃〜48)は不誠実として悪名高い。大プリニウス(23頃〜79)によると、メッサリナは「ローマ随一の名うての売春婦」と性交の数を競って勝ったという。24時間に25人の男性と性的関係を持ったということだ。
3. ポッパエア・サビナの二番目の夫、マルクス・サルウィウス・オト(32〜69)は、「四皇帝の年」と呼ばれる紀元69年に三か月間、皇帝に在位した。オトは、敵のひとりとの戦いに敗北したのちに自殺を遂げた。

# 61 文筆家・芸術家 ウェルギリウス

**ウェルギリウス（前70〜前19）は、古代ローマの詩人で、ローマ建国についての叙事詩『アエネイス』の著者である。この詩は最も大きな影響を及ぼした古代ラテン文学のひとつだ。ローマ人のローマ史に対する認識やローマが果たした役割に関する認識を形作る材料ともなった。**

◆

ウェルギリウスの誕生時の名はプブリウス・ウェルギリウス・マロである。彼の出自についてそれ以外に分かっていることはない。無名だったウェルギリウスだが、ユリウス・カエサル（前100〜前44）暗殺後の時代には、カエサルの養子でのちに皇帝アウグストゥスとなるオクタウィアヌス（前63〜14）を支持しており、オクタウィアヌスを喧伝（けんでん）する詩作で名が知られるようになる。

ウェルギリウスの最初の代表作『牧歌』（『選歌』とも）は、カエサルの死後まもない時期に書かれた作品である。エロティシズムと政治的な内容が取り合わさったこの詩は、オクタウィアヌスの権力掌握の正当性を支持するものであったのでオクタウィアヌスに有利に働いた。

ウェルギリウスが次に書いた『農耕詩』は、紀元前29年ごろに完成した。オクタウィアヌスが強敵マルクス・アントニウス（前83〜前30）を打倒した直後のことだ。ウェルギリウスは、その夏に療養中だったオクタウィアヌスにこの詩を読み上げたという。

『アエネイス』は、ウェルギリウスの晩年の10年間を費やして書かれたもので、未完に終わった。この作品は、トロイの戦士アエネイエスの伝説を題材としたものだ。アエネイエスは、トロイ戦争での敗北後にトロイを去り、多くの困難を生き抜きながら、ローマ建国の礎（いしずえ）となったイタリア半島へと旅をしたとされる。詩の最終部では、ローマの帝国支配は神聖な国民的運命であると位置づけている。そしてこのイデオロギーは、以後400年にわたり、ローマの帝国支配の根拠を与えるものとなった。

「他の者たちは、私が思うに、青銅を扱い、大理石で顔の彫像を造るであろう。他の者たちは、法律に則り雄弁に主張し、もしくは空の距離を測定し、もしくは星の動きを予測するだろう。ローマ人よ、君が関心を置くべきは、法の下に国民を統率し（これこそが君の能力だ）、平定させることだ。被征服者を寛大に扱い、強者をその座から引きずりおろすことだ」（口語訳）

ウェルギリウスは、アウグストゥスに伴ってギリシアに向かう途中に死去した。『アエネイス』はウェルギリウスの死後に出版され、ホメロスの『イリアス』と『オデュッセイア』の後を継いだ傑作であると称賛された。そして、『アエネイス』によってローマ建国の伝説が築かれたことで、ローマの自己イメージが醸成され、帝国としての拡大の正当化にもつながった。

## 豆知識

1. 西洋文化では、ウェルギリウスが作中で使った印象的なラテン語表現が引用されることが多い。「愛はすべてを征服する」（Omnia vincit amor）という表現は、ウェルギリウスの『牧歌』で最初に使われた表現である。「たとえ贈り物を持ってきたときでも私はギリシア人を恐れる」（timeo Danaos et dona ferentes）は、『アエネイス』に出てくる。アメリカ合衆国のモットーである「エ・プルリブス・ウヌム」（「多数からひとつへ」の意）は、ウェルギリウスの詩のひとつから引用したものだ。
2. アメリカ議会図書館の設立当初の蔵書に、使い込まれた『アエネイス』の一冊があった。トマス・ジェファーソン（1743〜1826）が寄贈したものだ。
3. ウェルギリウスは、詩人ダンテ（1265頃〜1321）に多大な影響を与え、ダンテの『神曲』（1321年頃）の登場人物ともなっている。

# 62 反逆者・改革者 ｜ ブーディカ

**ケルト人の女王で戦士のブーディカは、その場に身を現しただけでローマ人たちを震え上がらせた。膝の辺りまで野性的な赤毛を伸ばし、太い金のネックレスを身に着けていた。ローマの歴史家たちの記述によると、ブーディカは槍を携え、「恐るべき容貌」をしていた。**

✦

実際、ローマ人たちにはブーディカを恐れる相応の理由があった。紀元61年、ローマ軍との残忍な血みどろの戦いへと軍を導いたのが、ブーディカだったのだ。ローマの侵略者たちをグレート・ブリテン島から追い払うべく、ブーディカは部族をまとめ上げて指揮した。そして、ロンドンを含めたいくつものローマの植民地を破壊して焼き尽くし、何千人ものローマ人を殺害した。

ブーディカにとって、ローマとの戦いは、ケルト人としてのプライドでもあり個人的な復讐でもあった。ローマ軍はその20年ほど前にグレート・ブリテン島に侵略し、ケルトの諸民族を支配下に置いたため、ケルト人の間では反感が広まっていた。また、10代だったブーディカのふたりの娘がローマの兵士たちから強姦され、拷問を受けたことから、ブーディカの怒りはさらに強まった。

ブーディカの属するイケニ族は、ロンドンの北東部にあるイースト・アングリアを支配していた。彼女は夫プラスタグス王から王位を引き継いだが、ローマは女が王位を継承することを認めず、この王国を支配下に置いた。

戦いは紀元61年、ローマのブリタニア総督がウェールズ地域での軍事作戦を率いていた間を狙って始まった。総督の不在を好機に、ブーディカのイケニ族はケルト諸民族の戦士らと共に蜂起し、ブリタニア属州の首都コルチェスターを攻撃し、その他のいくつもの都市を焼き払い、ロンドンを破壊した。ローマ側が残したこの大虐殺の記述では（おそらく記述には偏りがあるであろうが）、何千何万というローマ人が殺されたことが示唆されている。

ケルト人をまとまりのない野蛮人だと見くびっていたローマ人たちは、不意を突かれた形となり、ブリタニア総督は反乱鎮圧のためにロンドンへ急行することとなった。ブーディカは追い出され、最期は自殺を遂げたとされている。

**豆知識**

1. ブーディカの死去した場所は明らかではないが、BBC（英国放送協会）によると、彼女はロンドンに埋葬されたという伝説が広まっている。その場所は、現在のキングス・クロス駅の９番ホームの下に当たるという。
2. ブーディカの蜂起時、当時カムロドゥヌムと呼ばれていた現在のコルチェスターがブリタニア属州の首都であった。ロンドン（当時のロンディニウム）が首都となったのは、紀元100年ごろである。
3. イギリス海軍の船には、ケルト人の女王ブーディカの名を冠したものがいくつかある。そのひとつである駆逐艦「HMSボーディシア」は、1944年にドイツ軍の攻撃で沈没した。

# 63 伝道者・預言者 | イエス

**イエス・キリストとは、どんな人物だったのだろうか？　イエスの教えは、今日の世界最大の宗教であるキリスト教の礎となった。紀元1～33年ごろに生き、ユダヤ人の大工だったというイエスだが、その生涯についての詳細はいまだにはっきりしない。**

◆

聖書が伝えるところによると、イエスはベツレヘムで生まれたが、死海近くのガリラヤ地域の村ナザレで育った。典型的なユダヤ人の家庭で育ち、おそらく、当時中東で最もよく使われていたアラム語を話していたと思われる。

イエスの生きた時代は、近東のユダヤ人の間で大混乱と社会的対立が生じていた時期だ。以前は独立したユダヤ人の王国だったユダヤとガリラヤの地域は、ローマの支配下に置かれていた。また、ユダヤ人の間でも、主張の異なるいくつかの派閥が生じていた。

いつかの時点で、若きイエスは洗礼者ヨハネと出会った。ヨハネはどの派閥にも属さないユダヤの伝道者だったが、終末論を説いたことで多くの信奉者を引きつけた。そしてヨハネはイエスを洗礼した――聖書によると、ヨルダン川でのことである――が、その後すぐに、厄介者としてローマの役人たちに処刑される。

洗礼者ヨハネが捕らえられたのち、イエス自身も伝道を行い、数々の奇跡を起こしていく。ユダヤ人の中心地であるユダヤの地を何年も回って教えを広め、信奉者を引きつけ、のちに自身の教えを伝える使徒たちを獲得した。聖書の福音書によると、イエスは当時のユダヤ教を良く思っておらず、ファリサイ派などの勢力を批判していた。

イエスは、紀元33年の過越の祭りの直前に、ユダヤ教の中心的な神殿のあるエルサレムにやってきた。その後まもなく、イエスはローマの総督ポンテオ・ピラトを怒らせることとなった。ピラトは、イエスがエルサレムに来てからわずか数日後に、十字架刑に処した。

イエスの生涯がどういうものだったのかについての情報は乏しく、イエスの生涯と教えについて伝わっている話のほとんどは、彼の死後何十年も経ってから編纂された福音書によるものだ。しかし、イエスの教えに賛同する信奉者は急速にローマ世界に広がっていった。

**豆知識**

1. アラム語は、現在でもシリア、イラク、トルコ、イランで使用されているが、母語としての話者の数は急激に減少している。
2. イエスは、自らの教えをユダヤ教とは別個の宗教のものとは考えていなかった。キリスト教が別個の宗教として徐々に分化していったのは、イエスの死後何十年も経ってからである。
3. 十字架刑はローマで広く行われていた処刑方法であり、一般的な犯罪に適用されていた。4世紀にローマでキリスト教が信奉されるようになってからは、この処刑方法は撤廃された。

# 64 指導者 | クレオパトラ

**古代エジプト最後のファラオであるクレオパトラ（前69〜前30）は、古代世界で最も強力で名の知れた女性のひとりだ。ローマ内戦での立ち回りや、ユリウス・カエサル（前100〜前44）そしてマルクス・アントニウス（前83〜前30）とのロマンス、さらに、その身の毛もよだつような自死は、世を魅了してやまない。**

✦

クレオパトラは、ギリシャ語を話す王家に生まれた。アレクサンドロス大王（前356〜前323）がエジプトを征服して以来、エジプトを支配してきた王家だ。18歳のとき、弟のプトレマイオス十三世（前61頃〜前47）と共同で王位を継承した。

そして、このふたりは結婚した（古代エジプトの王家では、こういった近親婚は珍しくなかった。クレオパトラの父親と母親も、おじと姪の関係であった）。ふたりは権力掌握のために反目する関係が続き、互いを陥れようとしたが、紀元前50年ごろ、クレオパトラはエジプトから追い払われることとなった。

紀元前48年、クレオパトラはカエサルと愛人関係になった。カエサルは、プトレマイオス十三世との間で続いていた内戦でクレオパトラの味方についた。そして、愛人カエサルの支援を受けたクレオパトラは実権を取り戻した。紀元前47年にはカエサルの子供を産み、カエサリオン（前47〜前30）と名付けた。

クレオパトラは、息子がカエサルの後継者となることを望んだが、カエサルが紀元前44年に死去すると、カエサルの養子であるオクタウィアヌス（前63〜14）が権力を掌握し、アントニウスともうひとりの将軍とで三頭政治を開始した。そして、クレオパトラはアントニウスと愛人関係になる。ふたりは、オクタウィアヌスからローマの権力を奪う謀略を画策した。

オクタウィアヌスは紀元前31年、アントニウスとクレオパトラを相手に戦闘を開始し、「アクティウムの海戦」でアントニウス側の海軍を破った。そして、アントニウスとクレオパトラは自殺を遂げた。クレオパトラは、アプスコブラという毒ヘビに自らの胸を噛(か)ませて死んだといわれている。

クレオパトラは古代エジプト最後のファラオとなり、これで3000年以上も続いた王国は終わりを告げた。そして、エジプトはアエギュプトスと呼ばれるローマの属州となった。その後エジプトが完全な独立を果たすのは、20世紀になってからである。

**豆知識**

1. クレオパトラは、同じ名を冠したエジプト女王としては七人目である。名の由来となったクレオパトラ一世は、紀元前180〜紀元前176年ころに在位した。
2. 映画『クレオパトラ』(1963年)では、女優のエリザベス・テイラー(1932〜)がクレオパトラを演じた。彼女の出演料は700万ドルで、当時のハリウッド映画の最高記録となった。
3. クレオパトラは四人の子供をもうけた。カエサルとの子供(カエサリオン)と、アントニウスとの子供が3人である。カエサリオンはオクタウィアヌスに処刑された。ほかの三人は、捕らえられてオクタウィアヌスのローマ凱旋(がいせん)パレードに連れられ、のちに養父母に育てられた。

# 65 哲学者・思想家 ｜ マルクス・アウレリウス・アントニヌス帝

**強大なローマ皇帝であり、偉大な哲学者でもあったマルクス・アウレリウス・アントニヌス（121～180）は、当時の世界に多大な影響力を及ぼした哲学書の著者である。『自省録』は彼が東ヨーロッパにおける戦いの合間に記したもので、現在でも、運命の受容と個人の徳を重視するストア派の哲学作品として非常によく知られている。**

五賢帝の最後の皇帝として知られるマルクス・アウレリウス・アントニヌス帝は、ローマ帝国の最盛期にローマを統治した。比較的平和が保たれていた「パクス・ロマーナ」（「ローマの平和」の意）と呼ばれるこの時代には、芸術や哲学、商業が繁栄していた。哲人皇帝として知られるマルクス・アウレリウス・アントニヌスは、この平和な時代を維持しようと努めたが、彼の死後まもなくこの時代は終わりを告げる。

彼の出生時の名はマルクス・アンニウス・ウェルスで、トラヤヌス帝（53～117）とは遠い親戚に当たる。ローマの役人だった父親のことは、「慎み深さと男らしさ」を教えてくれた人物であると記している。17歳のときに父親が死去すると、彼はアントニヌス・ピウス（86～161）の養子となる。アントニヌス・ピウスは紀元138年に皇帝に即位し、ローマの優れた師であるマルクス・コルネリウス・フロント（100～170）を養子の家庭教師として採用した。

アントニヌス・ピウス帝の死去後、マルクス・アンニウス・ウェルスは40歳のときに皇帝に即位し、マルクス・アウレリウス・アントニヌスと名を変えた。最初の８年間は、義理の弟であるルキウス・ウェルス（130～169）との共同皇帝として統治を行った。治世中のほとんどは、アジアにおけるパルティア帝国との戦いと、ヨーロッパにおけるゲルマン人諸部族との戦いに忙殺された。

マルクス・アウレリウス・アントニヌス帝が『自省録』を書き始めたのは、ゲルマン系のクアディ族との戦いの間であると考えられている。12巻から成る『自省録』は、自伝でもあり、ストア派の思想書として最もよく知られているものでもある。

ストア派は死後の世界を信じておらず、すべての人間は忘れられる運命にあり、存在における苦難には意味がないとする。「生来、万物は死ぬものである」と彼は著書に記している。

それでもアントニヌス帝は、人間は自然の法則に従って、徳の高い生活を送るべきとした。「これをしっかり守り、何をも期待せず、何をも恐れず、自然に従った自らの現在の行動に満足し、自らの発する言葉のありのままの真理に満足すれば、幸福に生きられる」と記している。彼は、現在のウィーンに当たる地域を訪れている際に、58歳で死去した。その後は息子のコンモドゥス（161～192）が皇帝に即位した。

**豆知識**

1. アントニヌス帝が聡明で努力家であることは、すでに幼少期に見いだされており、わずか８歳のときにハドリアヌス帝（76～138）に「聖職者」にされている。
2. ローマの皇帝は世襲制とされてはいたが、アントニヌス帝は、血族の息子ではない皇帝が連続していた時期の五番目の皇帝である。彼の息子のコンモドゥスが即位したことで、およそ100年ぶりに世襲の皇帝が誕生した。

# 66 革新者　張衡（ちょうこう）

**古代中国の天文学者で、詩人で数学者でもある張衡（78～139）は、世界で初めての地震感知器を発明したことで名声を得て、称賛を浴びた。この地震感知器は、何百キロも離れたところで発生した地震の場所を特定できるものだった。地震の多い中国では、政府はいち早く情報を得て地震発生地に支援団を派遣する必要があったため、張衡が考案した銅製の地震感知器は非常に重要な役割を果たした。**

✦

ある有名な話によると、張衡の地震感知器（「候風地動儀」と呼ばれる）は、紀元138年２月、首都の洛陽では誰も揺れを感じなかったにもかかわらず、遠く離れた場所で起きた大地震を感知した。張衡の発明に懐疑的だった人々は、感知に意味はないとして取り合わなかった。しかし数日後、500キロ以上も離れたところから使者がやってきて、大地震があったことを報告したという。

地震感知器のほかに、張衡は詩作でも知られ、彼の詩は現在でも中国の韻文集に収められている。また彼は、天の立体モデルを作成した。さらに、ほかの学者よりも正確な円周率の値を求めたことでも知られる。

張衡は、西鄂（せいがく）（現在の中国中央部）の良い家柄に生まれた。17歳のときに中国のいくつかの都市を周遊しており、そのときの体験が、彼の最も有名な二篇の詩の題材となっている。103年に下級官吏に指名された地で、詩作を行い、天文学と数学の研究を始めた。

安帝（94～125）は、111年に張衡を昇進させて洛陽へ呼び寄せ、数年後、彼を天文を担当する官庁の長（太史令）に指名した。これは朝廷の最高官職のひとつである。この職に就いた張衡は、天候や地震を記録し、暦を編纂し、月食などの天変地異を予測する任務を遂行した。

張衡は132年に候風地動儀を発表し、功績を認められて昇進した。しかしそれから数年のうちに朝廷の宦官たちと争いになり、結果的に136年に朝廷を去り、河間郡（現在の中国北東部）の総督となった。そして138年に退官し、翌年に死去した。

**豆知識**

1. ある中国の博物館は2005年、張衡の考案した候風地動儀の複製品を製作した。銅製の壺（つぼ）の中心に振り子があり、壺の周りには、口を開けた八つの立体の竜が外向きにつけられている。地震を感知すると振り子が銅製の玉を突き、その玉がひとつの竜の口の中から飛び出し、竜の下に設置されている金属製のヒキガエルの口の中に入る。この玉が出た方角で、地震の震源が分かる仕組みである。
2. 1986年に地上に落下した隕石（いんせき）の中に、中国の科学者らが稀な鉱物を発見した。この鉱物には、古代の優れた学者である張衡を称えて彼の名が付けられた。
3. 張衡は円周率の計算を行い、それ以前の中国のどの数学者よりも近い値を算出したが、それでもまだ正確ではなかった。張衡の算出した値は3.1724で、実際の値は3.14159で始まる無理数である。

# 67 悪人 ディオクレティアヌス帝

**ディオクレティアヌス（245頃～316頃）は、ローマ史上では最後となる、キリスト教徒の大迫害を行った。彼が紀元303年と304年に発布した四度の迫害の勅令で、何千人ものキリスト教徒が殺害されたと考えられている。ただし、キリスト教徒に対する弾圧を抜きにすれば、ディオクレティアヌスの治世中は比較的平穏が保たれ、ローマ帝国の衰退は一時的に止まった。**

✦

ガイウス・アウレリウス・ウァレリウス・ディオクレティアヌスは、兵士や護衛隊長を務めたのち、紀元284年、軍により皇帝に指名された。敵であったカリヌスとしばし交戦したのちに勝利し、285年、絶対的な支配権力を掌握した。ディオクレティアヌス帝が権力を掌握する以前のローマ帝国は、長期にわたって無秩序状態が続いていた。3世紀までに何人もの皇帝が即位したが、その何人かは即位後数か月のうちに暗殺されていた。

皇帝としてのディオクレティアヌスは、秩序を確立するべく動いた。個人の所有地を尊重し、好ましいと考えていた古代ローマの軍の規範や、伝統的な多神教の信奉を復活させようとした。また、元老院の権力を剥奪し、官職の制度を改革し、ローマの税制を総合的に見直した。軍事的には、エジプト、アルメニア、シリアにおける敵を撃退した。

キリスト教徒は、ネロ帝（37～68）の治世から何度か迫害の対象となっていたが、ディオクレティアヌス帝の治世の最初の20年ほどは、比較的キリスト教に寛容だった。歴史家たちは、ディオクレティアヌス帝がなぜ突然考えを変え、303年に一度目の迫害の勅令を発布したのか、ずっと首をかしげてきた。キリスト教が、帝国内の民衆統一に対する脅威だと考えるようになったのかもしれない。

キリスト教徒の迫害は、教会の破壊に始まり、かつてない大がかりな拷問と処刑へと発展していった。ローマの神々への犠牲を捧げることを強要し、拒否したキリスト教徒を火あぶりや十字架刑に処したり、競技場でライオンに食い殺させたという恐ろしい話も知られている。また、多くのキリスト教徒が労働者として鉱山へと送られた。

紀元305年、ディオクレティアヌス帝は、自ら皇帝の座を退いたローマ史上最初の皇帝となった。退位後はアドリア海に面した宮殿に身を移し、野菜の栽培をしつつも、健康の悪化に苦しんだ。そして316年頃に死去した——その3年前、後継者のひとりであるコンスタンティヌス帝（272頃～337）が、キリスト教の禁止を撤廃し、迫害を終わらせている。

**豆知識**

1. 303年11月20日、ディオクレティアヌス帝とマクシミアヌス帝（250頃～310）が対ペルシアの戦いの勝利を祝して行った凱旋パレードは、同様のパレードとしてはローマ史上最後のものである。
2. ディオクレティアヌス帝は、治世中のほとんどの間ローマにはおらず、ニコメディア（現トルコのイズミット）やアンティオキア（現トルコのアンタキヤ）にいることが多かった。退位後に過ごしたサロナ（現クロアチアのスプリト）の宮殿は現存している。
3. ディオクレティアヌス帝による迫害の間、多くのローマのキリスト教徒は、ローマの城壁外にあるカタコンベと呼ばれる洞窟（地下墓所）に避難した。その多くは現在、一般公開されている。

# 68 文筆家・芸術家 ｜ オウィディウス

**紀元８年、西洋文学史上最大のミステリーのひとつとなる出来事が起こった。古代ローマの詩人オウィディウス（前43～17頃）が、突然ローマから追放されたのだ。黒海を臨む僻地に追放の身となったオウィディウスは、最後まで、何があったのかを語ることはなかった ―― 彼が認めたのは、殺人よりも重い罪を犯したということだけだ。**

✦

追放される前のオウィディウスは、古代ローマの代表的な詩人として名を知られており、愛、誘惑、結婚を題材としたラテン語の韻文を書いていた。歴史的な証拠がない中、多くの評論家が、紀元前１年ごろに発表されたオウィディウスの下品な愛の手引書『恋の技法』が皇帝の気に障り、追放につながったのではないかと推測している。

オウィディウスの出生時の名はプーブリウス・オウィディウス・ナーソーで、ローマで教育を受け、若いころにローマ帝国内を周遊している。法律家になってほしいという父親の意向に反し、紀元前19年ごろ、愛を題材とした一作目の詩集『愛の歌』を発表した。この詩集は綿密な調査の上に書かれており（彼は30歳になるまでに三度の結婚と二度の離婚を経験している）、のちに、アウグストゥス帝（前63～14）の命令でローマの図書館から撤去されている。

オウィディウスは、追放される直前、一般に彼の最高傑作と認識される『変身物語』を完成させている。15巻から成るこの作品では、ギリシアとローマの神話に着想を得た、変身に関わる数々の伝説が語られている。同作品は、ジェフリー・チョーサー（1343頃～1400）やウィリアム・シェイクスピア（1564～1616）をはじめとし、多くの文筆家に影響を及ぼした。

晩年の10年間は、現在のルーマニアに当たる、当時は未開の辺境地だったトミスという町で過ごした。オウィディウスの友人らが、オウィディウスをローマに帰してくれるよう何度も要請したが、アウグストゥス帝も後継のティベリウス帝（前42～37）もそれを認めなかった。そしてオウィディウスは、追放されたまま60歳のころに死去した。

**豆知識**

1. シェイクスピアは、いくつかの戯曲でオウィディウスの作品を参考にしている。その最たるものは『テンペスト』（1611年頃）であると思われ、作中の一節に『変身物語』の一部分が応用されている。
2. オウィディウスの追放先であったトミスは、現在のルーマニアの都市コンスタンツァ近辺に当たる。
3. アウグストゥス帝は、オウィディウスの追放と同年に、性的にふしだらな孫のユリアを追放している。歴史家の中には、オウィディウスはユリアの不適切な行動を知っていながら、皇帝に知らせなかったために、追放されたのではないかとの説をとる人もいる。

# 69 反逆者・改革者 | シモン・バル＝コクバ

**バル＝コクバ（？～135頃）は、紀元132年、ローマを相手にユダヤ属州の反乱軍を率いたユダヤ人である。そして、ローマがユダヤを再び征服するまでの３年間、ユダヤの地を統治した ── こうして、古代におけるユダヤ人の独立国家の最後の指導者となった。ユダヤ人が再び国家を築くのは、その1800年後のイスラエル建国を待つことになる。**

バル＝コクバの反乱を鎮圧後、ハドリアヌス帝（76～138）は、ユダヤ教を根絶させるための法律を可決して報復に乗り出す。その一環として、ハドリアヌス帝はユダヤの地からユダヤ人を徹底的に追い出すよう命令した。この出来事は、ユダヤ人の「ディアスポラ」（「散らされた者」の意）の大きな要因となる。

反乱以前のバル＝コクバの生涯についてはほとんど分かっていない。古代イスラエルのダビデ王の子孫であると称していたことから、バル＝コクバは一部のユダヤ人にメシアであると見なされた。

反乱は、ハドリアヌス帝がユダヤ教の伝統的な慣行を禁止しようとしたことがきっかけとなった。ハドリアヌス帝は、乳児の割礼は野蛮だとして禁止令を出し、エルサレム神殿の跡地にローマ多神教の神殿を建てたことからユダヤ人の反感を買った。

バル＝コクバの反乱軍の兵士は、最終的に40万人に膨れ上がった。反乱軍は何百もの町を制圧し、何十もの要塞からローマ軍を追い出し、ユダヤ教の慣行を復活させ、自国の硬貨の鋳造まで行った。ハドリアヌス帝が新たに軍を侵攻させるまでの３年間、ユダヤは独立国家として機能した。

反乱の鎮圧には、合計12のローマ軍団が費やされた。これは、パクス・ロマーナ期としては最も激烈な争いのひとつであった。反乱軍の最後の抵抗は、エルサレム近くの町ベイタルで行われた。紀元135年頃にローマがこの町を制圧し、バル＝コクバと仲間は全滅した。この戦いの結果、多くのユダヤ人が殺され、追放され、または奴隷として売られた。そして、ユダヤ人が古代ユダヤの中心地エルサレムに徐々に戻ってくるのは、何世紀も経ってからのことになる。

**豆知識**

1. バル＝コクバは、反乱軍に新しいメンバーが加わる際の儀式として、指を１本切り落とさせたといわれている。
2. 反乱後、ローマ側はエルサレムを大々的に破壊し、アエリナ・カピトリナという新しい都市名を付けた。また、ハドリアヌス帝はユダヤ属州をシリア・パレスティナと改名した ── これが、パレスチナという呼称の由来である。
3. 20世紀のシオニスト青年の集団「ベイタル」は、バル＝コクバの反乱の最後の戦いとなった地からその名を取っている。

# 70 伝道者・預言者 | タルソスのパウロ

**紀元33年ごろにイエスが死去したのち、パウロというタルソス出身の使徒が方々を回って伝道し、キリスト教という新宗教をローマ帝国の各地に広めた。当初はキリスト教を信じていなかったパウロだが、この上なく熱心な信者となり、精力的に伝道した。何千人もの信者を獲得し、ユダヤ人以外の人々にも門戸を開いたことから、キリスト教を救う役割を果たしたとさえいわれることがある。**

✦

パウロ（ユダヤ名サウロ）は、現在のトルコに当たる土地でユダヤ人の家庭に生まれた。パウロはローマ市民権を持っていた。当時、ローマの中心から離れた地域の住民としては、ローマ市民権は稀な特権だった。また、彼はテント職人だったとされている。

イエスの死後まもないころ、エルサレムで学んでいたパウロは、当初はキリスト教に反対し、キリスト教徒の迫害を支持していた。しかし、ダマスカスへ向かう途中に啓示を受け、キリスト教に改宗した。

パウロはエルサレムに戻ると、残っていた使徒たちに接触した。使徒たちは当初、以前は迫害を支持していたパウロを信用しなかったが、新約聖書によると、「かつて我々を迫害した者が、あの当時滅ぼそうとしていた信仰を、今は福音として告げ知らせている」（新共同訳）ことに驚いたという。しかし、パウロの社会的な地位が高く、キリスト教を広めようという強い意志を持ったことは、初期のキリスト教会にとって非常に大きな価値となる。

パウロは、現在のレバノン、トルコ、ギリシャ、キプロス島に当たる各都市を周り、ユダヤ教の会堂（シナゴーグ）を拠点として伝道したが、一部のキリスト教伝道者とは異なり、ユダヤ人以外にも改宗を勧めた。これによってキリスト教が爆発的に成長する基盤が固められ、また、キリスト教とユダヤ教が決定的に二分化するきっかけともなった。

やがて、パウロの伝道の旅は終わる。ユダヤ人でない人をエルサレム神殿に入れたことから捕らえられ、ローマの裁判にかけられたためだ。パウロは無罪になり、その後、ローマの中心地でキリスト教会の組織化に貢献したと考えられている。しかし、パウロのローマ滞在は短期間で終わる。パウロは紀元65年ごろに起きた、一度目の大々的なキリスト教徒迫害の中で、首を切り落とされたとされている。

**豆知識**

1. ダマスカスへの途上でパウロが啓示を受けて改宗した話はあまりにも有名で、英語圏では、突然意見が変わることを「ダマスカス途上の回心」と表現することも多い。
2. パウロの骨が収められているという石棺が、2006年にローマの聖堂（バシリカ）の下から発掘されている。
3. パウロは、新約聖書の七つの文書を書いたとされている。「ローマの信徒への手紙」、「コリントの信徒への手紙一」、「コリントの信徒への手紙二」、「ガラテヤの信徒への手紙」、「フィリピの信徒への手紙」、「テサロニケの信徒への手紙一」、「フィレモンへの手紙」である。そのほかにも六つの文書を書いたという説もある。

# 71 指導者 アウグストゥス帝

**帝政ローマの樹立者であるアウグストゥス（前63～14）は、ローマ帝国に権威主義的な中央集権体制を敷いた。この体制は500年にもわたって続き、西洋世界にかつてないほどの安定と繁栄をもたらした。**

✦

アウグストゥスの出生時の名はガイウス・オクタウィウスだが、青年期のオクタウィアヌスという名のほうがよく知られている。ユリウス・カエサル（前100～前44）の養子で、カエサルが暗殺された当時18歳だったオクタウィアヌスは、カエサルの多くの仲間を受け継いだ――そして、同じく敵も受け継いだ。内戦が続く中、オクタウィアヌスは紀元前42年のフィリッピにおける二度の戦いで、カエサル暗殺の首謀者だったブルートゥスとカッシウスらを倒した。

その後10年ほど、オクタウィアヌスはマルクス・アントニウス（前83～前30）とマルクス・アエミリウス・レピドゥス（前90～前13頃）との三者で権力を握る。三頭政治と呼ばれるこの体制は、紀元前36年に崩壊した。レピドゥスが権力の座から降ろされ、アントニウスは紀元前31年にオクタウィアヌスとの対決に負け、自殺を遂げたのである。

こうしてオクタウィアヌスは、ローマの絶対的権力を掌握した。そして紀元前27年、元老院に「尊厳者」あるいは「威厳者」を意味する「アウグストゥス」という称号を与えられ、同時に「インペラトル」（最高司令官）であると宣言された。元老院はその後も存続したが、共和制時代に元老院が有していた権力はほぼすべて皇帝アウグストゥスに移譲された。

その後、アウグストゥスは皇帝として40年以上もローマを統治し、間欠的ながら何十年も続いた内戦が終了したローマに治安と安定を取り戻した。また、軍を再編成し、郵便制度を創設し、中央ヨーロッパとアフリカの広い地域をローマ領に編入し、領地内に道路や導水路を敷設した。

アウグストゥス帝の死後、元老院は彼を神として称えた。そして、アウグストゥス帝の養子のティベリウス（前42～37）が皇帝に即位した。

**豆知識**

1. 多くのローマ皇帝が、自らの皇帝としての呼称に「アウグストゥス」を入れた。個人の名前として「アウグストゥス」を入れた皇帝もいる。476年に退位した西ローマ帝国最後の皇帝は、ロムルス・アウグストゥルスと名乗った。
2. オクタウィアヌスの死後、元老院は彼を称え、ローマ暦の六番目の月「セクスティリス」を「アウグスト」(現在の暦のAugust・8月)に変えることを可決した(四番目の月は、すでにユリウス・カエサルを称えて「ユニウス」[現在の暦のJuly・7月]に変更されていた)。
3. 1961年、アメリカの詩人ロバート・フロスト(1874～1963)は、ジョン・F・ケネディ(1917～1963)の大統領就任を称える詩の中でアウグストゥスの名を引き合いに出している。新大統領には強固で誇り高い「次なるアウグストゥス時代」を先導してほしいという表現を使った。

# 72 哲学者・思想家 | ヒュパティア

**「迷信を真実であると教えることほど、ひどいことはない」 ── ヒュパティア**

✦

発明家であり、数学者でも哲学者でもあったヒュパティア（370頃〜415）は、古代において最も多くの著作を記した女性のひとりである。暴徒化したキリスト教徒たちに残酷にも殺害されるが、それまでの彼女は、エジプトのアレクサンドリアを代表する市民であり、最も影響力のある師でもあった。

ヒュパティアは、著名な数学の師テオン（335頃〜405頃）の娘として生まれ、古代世界の学問の中心地であったアレクサンドリアで育った。アレクサンドリアには膨大な蔵書を誇る立派な図書館があり、また、ギリシャ語を話すキリスト教徒の学者や、ユダヤ教徒の学者、多神教徒の学者などが幅広く集まっていた。学者としてのヒュパティアは、まずは父親の協力者として、数学や天文学に関する書物を編集したり、共同執筆したりしていた。その後は独自に活動し、科学と哲学を教える有名な講師となり、400年にはアレクサンドリアの哲学の学校の校長となった。ヒュパティアは名目上は多神教徒だったが、彼女の弟子の中にはキリスト教徒が大勢おり、そのうちふたりはのちに聖職者になっている。

高等教育を受ける女性がほとんどいなかった時代に、ヒュパティアはとても珍しい存在だった。自ら馬車を繰り、男性の師と同じ服装をし、ギリシア世界の学者たちと幅広く交流を持った。また、アストロラーベという天体観測機器の改良版を考案するなど、いくつかの科学機器を発明したともいわれている。当時は宗教対立が激化した時代で、ヒュパティアはアレクサンドリアの総督の友人だったことから、政治的な影響も受けた。

最終的にヒュパティアの命を奪うことになるのは、宗教的な争いだった。古代の歴史家たちの記述によると、アレクサンドリアの総督と総主教の政治的な争いの中で、キリスト教徒たちはヒュパティアが総督側に味方していると疑ったらしく、総主教はヒュパティアが魔女だという噂を流した。そしてある日、ヒュパティアは自ら馬車を繰って町を走っているときに、暴徒化したキリスト教徒の襲撃を受け、裸にされ、全身をずたずたにされて殺されたという。

ヒュパティアの殺害は、世界の学問史における重要な出来事と認識されてきた ── 古代ギリシア哲学の伝統が、この時点で終わったと認識できるのだ。なぜならば、多くの学者たちが、同じ運命に遭わないようにとアレクサンドリアを離れたからだ。イギリスの哲学者バートランド・ラッセル（1872〜1970）は、「この出来事のあと、アレクサンドリアは哲学者に煩わされることはなくなった」と記している。

**豆知識**

1. フェミニスト哲学を扱うアメリカの『ヒュパティア』誌は、ヒュパティアの名を取ったものだ。
2. ヒュパティアの殺害者たちは、罪に問われなかった。アレクサンドリアでヒュパティアが敵対したキリスト教徒の中心人物である総主教のキュリロス（378頃〜444頃）は、のちに聖人になっている。
3. 2009年、ヒュパティアを題材とした映画『アレクサンドリア』が公開されている。監督はアレハンドロ・アメナーバル（1972〜）で主演はレイチェル・ワイズ（1970〜）である。

# 73 革新者 | プトレマイオス

**プトレマイオス（100頃～170頃）は、古代ギリシアの天文学者で、数学者でも地理学者でもある。プトレマイオスが歴史上で一番知られているのは、彼の最大の勘違いのことかもしれない ―― 天文学の画期的な書物『アルマゲスト』で、太陽、星、そして惑星はすべて地球の周りを回っていると唱えたのだ。この説は、その後1400年にわたって事実上すべての天文学者が支持した。これが間違いであるとようやく証明されるのは、16世紀になってからだ。**

✦

しかし、地球は太陽の周りを回っているということを、ニコラウス・コペルニクス（1473～1543）が証明するまでは、プトレマイオスは類を見ない偉大な天文学者だと認識されており、また、宇宙に関して西洋を代表する権威として認められていた。

プトレマイオスは、ローマの属州だったエジプトで生まれ、生涯のほとんどを首都アレクサンドリアで過ごした。ローマに征服される前のエジプトはギリシアの支配下にあったことから、プトレマイオスは古代ギリシャ語で読み書きをしていた。しかし、彼はローマの市民権を持っていた。ローマ市民権は、領土内の住民の比較的少数のエリートに与えられた特権だった。

紀元120年代、プトレマイオスは天体観測の記録を開始し、これを基に『アルマゲスト』を記した。同書は古代世界の天文学の知識を結集したもので、日食や太陽の動きを研究したロドス島の天文学者ヒッパルコスをはじめ、古代の代表的な天文学者が行った研究の要約も盛り込まれていた。紀元150年ごろに完成した同書は、その後何世紀にもわたり、天文学者や占星術師たちが食の予測や占星図の作成に用いた。

プトレマイオスは地図製作者としても優れており、古代世界における最も正確な地図をいくつか作製している。彼は地図製作に緯度と経度を用いた最初の人物であり、地球の湾曲を地図に反映させた最初の人物でもある。天文学の業績と同様に、彼の地理学の業績も、死後何世紀にもわたり科学の最高峰の知であると認識された。

### 豆知識

1. 世界地図と地図製作の手引きである『ゲオグラフィア』でプトレマイオスが目指したのは、読者が自分で世界地図を描けるように十分な情報を記すことであった。できる限り正確な地図が描けるように、古代世界の8000か所の緯度と経度を記した。そのため同書は、古代の都市名や地名の情報が記された、現存する史料の中で最も詳細なもののひとつでもある。
2. 多くの古代ギリシアの思想家と同じく、プトレマイオスの著作は、中世期のアラビアの学者の活動によって保存された。『アルマゲスト』というタイトルは、アラビア語訳の書名に由来するものだ。
3. プトレマイオスは、地球を含めて惑星は六つしかないと考えていた。この説はその後1700年ほど主流となる。それより遠い天王星は1781年まで、さらに最も遠い惑星である海王星は1846年まで、発見されなかった。

# 74 悪人 | アラリック

**西ゴート族の王であるアラリック（370頃～410）は410年、軍を率いてローマ市内に侵攻した。この「ローマ略奪」は、ローマ帝国が衰退に向かっていることを世に示した、西洋史上の注目すべき出来事だ。西ゴート族の占領は六日間しか続かず、主要な建造物は残されたため、古代期の略奪としては比較的軽度だったが、かつて強大だったローマ帝国の弱体化が露呈された形となった。**

✦

ゴート族はゲルマン系の民族で、2世紀にはローマ帝国内の辺境地を襲撃し始めていた。4世紀には東ゴート族と西ゴート族に分離し、雇い兵としてローマ軍に従軍したことのあるアラリックが395年に西ゴート族の王に選ばれた。

指導者となったアラリック王はその後の2年間、ローマ帝国内のピレウス、アルゴス、コリントス、スパルタを含むギリシアの都市に侵攻した。そして397年、交換条件の下で東ローマ帝国の皇帝と和解した。アラリック王は、次は西ローマ帝国へと目を向けた。

401年に一度目のイタリア侵攻を行い、同年に二度目の侵攻も行ったが、共にローマ軍に敗れた。最終的に408年、都市ローマの城壁に迫り、三度の包囲ののちに410年8月24日、ローマ市内に侵入した。都市ローマが外敵の軍に侵入を許したのは、およそ800年ぶりのことだった。

西ゴート族の大勝利のことは、帝国中に広まった。歴史家のエドワード・ギボン（1737～1794）は『ローマ帝国衰亡史』に、「このローマの大惨事は、衝撃を受けた帝国を、悲しみと恐れで満たした」と記している。この出来事は、のちにやってくる事態の前触れだった――50年あまりあとに、西ローマ帝国は崩壊するのだ。

ローマ略奪ののち、アラリック王は軍を北へ進め、ほどなくしてイタリアで死去した。

豆知識

1. アラリックの軍は、サラリア門という城門からローマ市内に侵入した。この門は、1921年まで破壊されずに存在した。
2. 帝国の首都ローマが略奪されたことは、多くのローマ人に衝撃を与えた。アフリカに住んでいたローマの著述家で聖人のアウグスティヌス（354～430）は、キリスト教神学史における名高い書物『神の国』で、その反応を示した。彼は同書で、ローマ帝国の政治的な混乱に対する慰め（なぐさめ）として宗教を提示した。
3. 歴史家のギボンによると、アラリック王の死後、ゴート族はブゼント川の水を迂回させてアラリック王を河床に埋葬し、再び水の流れを元に戻して墓を隠した。

# 75 文筆家・芸術家 ｜ 紫式部

**紫式部（978頃〜1014頃）は、史上最古の小説のひとつである『源氏物語』の作者であり、歌人であり、また日記も書いた。『源氏物語』は1008年に完成されたと考えられており、千周年に当たる2008年には新たな注目を浴びた。同作品は、世界の文学としても日本語の作品としても画期的なものであると認識されている。**

✦

紫式部は平安時代の京都で貴族の一家に生まれ、後宮の女房となった。当時の日本の女性としてはかなり珍しく、官職に就いて天皇に仕えた父親から非常に幅広い教育を受けた。『源氏物語』は、夫の藤原宣孝（のぶたか）が死去したのちの1001年に書き始めたものと考えられている。

『源氏物語』は、天皇の息子である光源氏と、彼の数々の恋愛を描いた物語だ。非常に数多くの人物が登場し、国内のいくつかの場所を舞台に、何十年もの期間に及ぶ物語となっている。小説によくある特徴（例えば、最高潮の結末となる筋など）は備わっていない。古語が使われていることから、現代日本語の話者には読解が難しく、加えて、登場人物に固有名詞がほとんど使われていないことも読者を戸惑わせる。紫式部が作品を執筆した当時の日本では、人を名指しで呼ぶのは無礼に当たったのだ（「紫式部」という名も通称で、本名は分かっていない）。

紫式部はほかにも多数の和歌を詠み、また、日記も書いた。『紫式部日記』は、794年から1185年くらいまで続いた平安時代の日常生活や習慣を知る上で、重要な史料となっている。

この日記は1010年ごろの時点で終わっている。紫式部はその４年後に死去した。

**豆知識**

1.『源氏物語』の千年紀記念プロジェクトとして、京都大学学内のベンチャーが、『源氏物語』の導入部を読み上げるロボットを開発した。
2.『源氏物語』の英訳は、1935年前後に行われたアーサー・ウェイリー（1889〜1966）のものが最初である。
3.『源氏物語』にはおよそ800首の和歌が登場する。

# 76 反逆者・改革者 | ゼノビア

**「戦いにおいてあまりにも強く、そして鋭く、**
**その頑強さにおいて、彼女を超える男はいなかった」 ―― チョーサー**

✦

ローマ帝国の領土は117年ごろに最大となり、西はモロッコから東はペルシアに至るまでの領域がローマの支配下にあった。パクス・ロマーナ ―― ローマの平和期 ―― の中、巨大なローマ帝国の住民は、長い間比較的安定した状態を過ごし、ローマの繁栄を享受した。

しかし、2世紀以降は一連の内戦と反乱が起こり、この平穏が崩れ始める。最も知られている反乱に、パルミラ（現シリアに当たる）の女王ゼノビア（240頃～274頃）が率いたものがある。269年、ゼノビアは自らの領土を独立国であると宣言し、5年に及ぶローマ帝国との戦争を指揮した。ゼノビアの反乱は、最終的にアウレリアヌス帝（215頃～275）に鎮圧された。ゼノビアは捕らえられ、黄金の鎖につながれて凱旋パレードでローマ市内を引き回された。しかしこの反乱は、帝国支配の危うい状況を大々的にさらした形となった。その後200年のうちに、ローマのこの支配体制は完全に崩壊することになる。

現在のシリアに当たるパルミラで生まれたゼノビアは、258年、パルミラを支配していたセプティミウス・オダエナトゥスと結婚した。オダエナトゥスが267年ごろに暗殺されると ―― これにはゼノビアが絡んでいたという説もある ―― ゼノビアが女王となった。

ゼノビアはギリシアの古典に精通し、三つの言語を話し、狩猟が得意だった。ローマの文筆家たちの記述では、ゼノビアは際立って「男性的」だとする描写が多い。馬に乗って戦いを指揮し、軍の遠征に同行して砂漠を旅したという（また、イギリスの歴史家エドワード・ギボン［1737～1794］は、ゼノビアは「夫との交わりは、子孫を残す目的以外にはけっして受け入れなかった」と記している）。269年、ゼノビアはローマのエジプト属州に侵攻し、総督の首を切り落とした。シリアとエジプトの奪還に躍起になったアウレリアヌス帝は272年、ゼノビア側に攻撃をしかけ、エメサでの戦いでゼノビアを追い詰めた。ゼノビアはヒトコブラクダに乗って逃げようとしたが、捕らえられた。

ゼノビアの仲間の多くは帝国側に処刑されたが、ゼノビア自身は反乱者にお決まりの運命をたどることなく、生かされた。ゼノビアの勇敢さに感心したアウレリアヌス帝は、彼女にローマ近くのティヴォリの邸宅を与えたのだ。ゼノビアはそこで余生を過ごした。

**豆知識**

1. ゼノビアは、イギリスの文筆家ジェフリー・チョーサー（1343頃～1400）の『カンタベリー物語』の「修道僧の話・序」に登場している。
2. 古代の大都市のひとつであるパルミラは、ゼノビアの反乱に対するローマの報復攻撃で事実上崩壊した。わずかに残った都市の遺跡は、1089年の地震後、そのまま放棄された。パルミラの遺跡は1980年にユネスコの世界遺産に登録されている。
3. 「ゼノビア」（Zenobia）は、北アメリカ東南部原産の植物の学名でもある。白い花をつける植物で、通称はスズランノキである。

# 77 伝道者・預言者　アリウス

**1553年、ミシェル・セルヴェ（1509頃～1553）というスペインの著名な医師が、キリスト教の異端者としてスイスのジュネーブで火刑に処された。市当局の主張では、セルヴェの罪悪とは、アリウス主義をとったこと ── 三位一体を否定したことであった。**

◆

エジプトの神学者アリウス（250～336）の死後1200年以上も経っているにもかかわらず、異端者がアリウス主義者として処刑されたということは、聖職者だったアリウスの教えの影響力がいかに大きかったかを証明しているともいえる。生前のアリウスは、イエス・キリストは神と同質だという主張を否定したことで、キリスト教世界に危機的状況をもたらした。エジプトのアレクサンドリアに生まれたアリウスは、現在のトルコに位置する都市アンティオキアで教育を受けた。その後、初期のキリスト教神学の中心地であったアレクサンドリアに戻り、306年ごろに助祭となった。311年に一度目の破門を受けたが、数年後に教会に復帰した。

「アリウス論争」と呼ばれる論争は、318年にアリウスとアレクサンドリアの聖職者が、神とイエス・キリストの属性についての論争に関わったことで激化した。多くのキリスト教徒と同様にアレクサンドリアの聖職者は、神は「父」、「子」、「聖霊」の三つの位格であると信じた。アリウスは、この三位一体説に疑問を唱えた。

アリウスの教えには、特にシリアを中心に何百もの信者が追随した。派閥の分裂が深刻になったことから、キリスト教会は325年、ニカイアで史上初の公会議を招集せざるを得なくなった（第一回ニカイア公会議）。その結果アリウスの信条は異端とされ、アリウスは追随者たちと共に追放処分となった。アリウスは、のちにコンスタンティノープルへやってきたときに毒殺された。敵の仕業だと考えられている。コンスタンティノープル近くにある都市ニカイアでは、381年に再び会議が招集され、何百人もの聖職者たちが正式に三位一体説を確認し、「ニカイア信条」が定められた。これは、キリスト教の公式な原則を根本的に文章化し、キリスト教の教義を標準化しようとした初めての試みである（この公会議で、有名な文言「わたしたちは、唯一の神、全能の父、天と地と、見えるものと見えないもののすべての造り主を信じます」が成文化した）。

しかし、三位一体に異議を唱えたアリウスの見方は、何世紀にもわたって迫害を受けたにもかかわらず、キリスト教世界で完全に消えることはなかった。現代においては、イエス・キリストは預言者で道徳的な指導者であり、神その人ではないとするユニテリアン神学の教えに、アリウスの教えと共通する部分が見られる。

**豆知識**

1. キリスト教会は、アリウスを正式に「異端の指導者」と認定した。
2. 第一回ニカイア公会議では、およそ300人の代表者のうち、アリウスに賛同したのは二名のエジプトの聖職者だけだった。決議後、アリウスと二名の聖職者はバルカン半島のローマ属州イリュリクムへと追放された。
3. 787年、再び生じた論争の解決のために第二回ニカイア公会議が開かれた。論争はキリスト教の聖像崇拝についてであった。この公会議では、教会から聖像を失くそうとする聖像破壊派を否定し、聖像の利用を肯定した。

# 78 指導者 ｜ ハドリアヌス帝

**ハドリアヌス（76〜138）は、古代ローマ史上最も統治に成功した皇帝のひとりだ。彼の21年にわたる治世は、ローマ帝国の領土と軍事力が最大に達した時期で、比較的平穏で繁栄していた時期でもある。また、彼は芸術の保護に熱心で、ローマのパンテオンの再建も行った――パンテオンは建築史における重要な建築物で、現在も残っている。**

✦

ハドリアヌスは、イベリア半島の属州で元老院議員の息子として生まれた。紀元85年、10歳のときに父親と死別し、のちに皇帝となるトラヤヌス（53〜117）に育てられた。いくつもの官職に就き、ゲルマニア、シリア、ダキア（現ルーマニア）での戦いに従軍した。そしてトラヤヌス帝の意向で正式に後継者に指名された。

属州で従軍した経験から、ハドリアヌスは帝国の弱点を目の当たりにした。皇帝に即位後、彼は防衛が難しいと判断した領地を手放し、それ以外の領地を防衛するために要塞の建設を強化した。中でも、イングランド北部を横断する石の城壁「ハドリアヌスの長城」は非常に有名で、現在もおおむね原形をとどめたまま残っている。

ローマ市内においては、火事で焼失したパンテオンの再建を支援した。ローマの神々を祭った、巨大なドームを持つパンテオンは、それ以降ずっと使用されており、アメリカ・ワシントン州のジェファーソン記念館をはじめとする多くの建築物のヒントとなった。また、帝国内のローマ人以外の人々に関心を寄せて寛容に対応し、ギリシア文化を擁護した。

ハドリアヌス帝の治世はおおむね平穏だったが、彼は135年にユダヤ人の反乱を鎮圧し、何千人ものユダヤ人を殺害した暴君としても知られる。歴史家のエドワード・ギボン（1737〜1794）は、ハドリアヌス帝の治世の特徴である暴力と繁栄の拮抗について、このように控えめな表現をしている。「ローマ軍の恐ろしさ、皇帝たちの穏健さに重みと威厳を加えた」

ハドリアヌス帝は138年に死去し、後継者として養子のアントニヌス・ピウス（86〜161）が即位した。

**豆知識**

1. イングランドとスコットランドの境界線は、過去何世紀ものうちに多少変化しているが、「ハドリアヌスの長城」のほとんどの部分は、イングランドとスコットランドの現在の境界線からわずか数キロのところに位置している。
2. ハドリアヌスは登山家であり、シチリア島のエトナ山と、シリアのアクラ山という、領土内のふたつの有名な山に登頂している。
3. ハドリアヌスは古代ギリシア文学を好んだことから、子供のときは「グラクルス」（「小さなギリシア人」の意）の愛称で呼ばれた。

# 79 哲学者・思想家 ボエティウス

**セウェリヌス・ボエティウス（480頃～524頃）は、40歳になるころには、イタリアで最も尊敬され、かつ、影響力のある人物のひとりとなっていた。学者としての業績を積み、多くの古代ギリシア哲学者の著作をラテン語に翻訳していた。政治にも携わり、ボエティウスの助言を頼りにしていたテオドリック王（454頃～526）の庇護を受けていた。**

✦

しかし523年、突然どういうわけか、ボエティウスの運命は劇的に変化する。彼は王への反逆罪で捕らえられ、裁判なしに死刑を宣告され、北イタリアの牢獄に入れられて処刑を待つ身となったのだ。

このような残酷な運命の展開は、処刑を待つ間にボエティウスが獄中で書いた代表作『哲学の慰め』の中心的なテーマになっている。神、人間の徳、そして運命について書かれたこの著作は、以後500年にわたり最もよく知られる哲学書のひとつとなった。

ボエティウスは、西ローマ帝国が476年に崩壊してまもない時期にローマで生まれた。早くに両親と死に別れたが、ギリシア古典に関して幅広く教育を受けた。ローマの高貴な家族の一員だった彼は、西ローマ帝国を崩壊に追い込みイタリアを支配していたゲルマン系の東ゴート族に仕えるようになった。

捕らえられる以前の学者としてのボエティウスは、主に古代の哲学者プラトン（前427頃～前347）やアリストテレス（前384～前322）による哲学作品の翻訳を行っていた。ボエティウスは、古典哲学に傾倒していたことから「最後のローマ人」と呼ばれていた。古典哲学は、西ローマ帝国が崩壊しキリスト教が優勢になっていたヨーロッパでは、急速に人気が落ちていたのだ。また彼は、音楽理論や神学、数学に関わる著書も記した。

テオドリック王はボエティウスを信頼し、彼を権力ある官職に就かせた。しかしボエティウスの政敵が、ボエティウスは王を倒す謀議をしていると王に吹き込んだことから、ボエティウスは逮捕されるに至った。

『哲学の慰め』の中で最もよく知られているイメージは、「運命の車輪」という概念だ。ボエティウスは、誰もが運命の気まぐれに左右されるとし、それを回転する車輪になぞらえた。車輪の回転によって、富と幸福を得る人もいれば、災難を被る人もいるのだ。ボエティウスの処刑後、この著作はキリスト教世界において、宗教書以外の書物としては最も広く読まれる作品のひとつとなり、何世代にもわたってヨーロッパの人々に影響を及ぼした。

豆知識

1. アメリカのテレビ番組『ホイール・オブ・フォーチュン』(「運命の車輪」の意)は、6世紀の哲学者ボエティウスが使った隠喩からその名が付いた。
2. ボエティウスは、プラトンとアリストテレスによる全作品を翻訳しようと考えていた。しかし、投獄により実現しなかった。
3. ボエティウスによるアリストテレスのラテン語訳は、12世紀にヨーロッパ人が古代ギリシア人の著作に再び触れるまで、西洋世界で入手できる唯一のラテン語版だった。

# 80 革新者 | ガレノス

**紀元157年の秋、ローマ帝国の辺境地にある都市ペルガモン（現在のトルコに位置する）の若き医師が、剣闘士を治療する医師という名誉な職を得た。ローマ帝国における剣闘士の戦闘は特にすさまじいため、その医師になれば、人体の構造を直接観察できるチャンスが得られた。**

✦

この医師、ガレノス（129～216頃）は、身の毛もよだつようなこの医療体験を基に、人体に関する何百もの医学論文を書いた。彼は存命中だけでなく死後1000年以上も、西洋文化における解剖学と医学の最高権威であると認識された。

ニコンというペルガモンの裕福な建築家の息子として生まれたガレノスは、15歳ごろに医師養成学校に入学した。父親のニコンが、ギリシアの医神アスクレピオスに「息子を医者に育てよ」と命じられる夢を見てのことだという話が伝えられている。

まだ若い医師だったころ、ガレノスはローマ帝国のギリシャ語圏の属州を広く回ったのち、ペルガモンに戻って剣闘士の治療に当たった。ペルガモンに４年滞在したのち、都市ローマへ移ると、そこで身を落ち着けたいと思っていた。

しかし、このときのローマ滞在はうまくいかず、彼は166年にペルガモンに戻った。その３年後、ペストの大流行でローマに呼び戻され、以後の生涯をローマで過ごした。何人かの皇帝の侍医も務め、少なくとも一度、イタリアでの軍事作戦において皇帝に同行している。

人体をよりよく理解するために、ガレノスはブタやサルを解剖した。しかし、人体の死体解剖は法的に許されなかったため、人体の構造については知識を基に推測せねばならないことが多かった。ルネサンス期になると、科学者たちがガレノスの学説の誤りを証明し始めるが、それまでは彼の著作は、人体解剖学における最高権威であると広く認められた。

豆知識

1. ガレノスは生涯に300ほどの著作を記したと考えられている。一作目の『Three Commentaries on the Syllogistic Works of Chrysippus』（仮題：クリッシュポスの三段論法についての三つの注釈）は、13歳のときに完成させたものだ。
2. 191年ごろに起きたローマの「平和の神殿」の火事で、ガレノスのほとんどの蔵書が焼失した。その中には彼の著作の唯一の写本も多くあったが、彼はそれに悩むことはなく、「私は何を失っても悲しまない」と記している。
3. ガレノスは三人の皇帝の侍医を務めた。マルクス・アウレリウス（121～180）と、その息子のコンモドゥス（161～192）── 彼は正気を失い暗殺されている ── と、その後継者のセプティミウス・セウェルス（146～211）である。

# 81 悪人 ｜ アッティラ王

**フン族の王であるアッティラ（406頃～453）は、ローマ帝国をあまねく脅かした外敵で、その恐ろしさから「神の鞭（むち）」との異名をとった。アッティラの騎馬隊は、中央アジアとヨーロッパの幅広い領域を圧迫した。しかし、最後にはフランス侵攻を断念した。**

✦

4世紀と5世紀に、衰退するローマ帝国を攻撃した部族のリーダーはたくさんおり、アッティラは最も有名だがそのひとりにすぎない。アッティラの死後何年かが過ぎた476年に西ローマ帝国は崩壊した。東ローマ帝国は、領土は大幅に減ったがその後1000年ほど継続する。

アッティラと兄のブレダは、中央ヨーロッパで生まれ、434年におじからフン族の王国を継承した。当初ふたりは共同王として統治するが、アッティラ王は445年にブレダを殺害させ、単独の王となった。アッティラ王の帝国の首都は、おそらく現在のルーマニアに位置していたと考えられる。

アッティラ王が統治を開始したとき、フン族の帝国はすでにカスピ海からバルト海に及ぶ地域にまで拡大していた。アッティラは東ローマ帝国から巨額の貢納金の約束を取りつけ、支払いが滞ると、現在のベオグラードとソフィアを含むいくつもの都市を破壊した。

451年、アッティラ王は西へ進軍し、西ローマ帝国のガリア属州に侵攻した。そして「カタラウヌムの戦い」で西ローマ帝国軍と対峙し、最初で唯一の敗退を喫した。その後、アッティラ王の軍はイタリア半島に侵攻し、ミラノ、ヴェローナ、パドヴァを含む多くの都市を略奪した。

アッティラ王は453年に結婚し、伝承によると、その翌晩に大量の鼻血により死去したという。アッティラ王の支配力を失ったフン族の帝国は、その後まもなく崩壊した。

**豆知識**

1. アッティラ王は、侵略の停止と引き換えに、東ローマ帝国から毎年約950キログラムの金を貢納金として要求した。
2. アッティラ王の墓を掘って彼を埋葬した労働者たちは、墓の場所を秘密にするために殺されたという話が伝えられている。
3. 第一次世界大戦中、連合国のプロパガンダで、ドイツを軽蔑する言葉として「フン」が使われることがあった。しかし、現在のドイツとアッティラ王の部族との歴史的な関係性はない。

# 82 文筆家・芸術家 | ウマル・ハイヤーム

**詩集『ルバイヤート』の作者であるウマル・ハイヤーム(1048〜1131)は、セルジューク朝期のペルシアの詩人で、数学者、天文学者でもある。存命中は主に科学的業績で知られたが、彼の傑作であるこの詩集は19世紀に再発見され、中世イスラム文化の古典と認識されている。**

✦

『ルバイヤート』は、宗教、自然、恋愛に関する500以上の四行詩から構成されている。物憂げでときに切なく歌い上げるこの詩集が全体的に伝えているのは、人生を謳歌せよというメッセージだ。「生きているうちに　酒を飲め！ —— 死んだら、二度と戻らないのだ」と、彼はある詩の中で呼びかけている。

ハイヤームは、現在のイラン北東部に位置するペルシアの都市ニーシャーブールで生まれた。彼の名前は「テント職人」を意味しており、家族の稼業がテント職人だったものと考えられている。ハイヤームは哲学を学び、数学者としても活躍し、1070年には影響力のある学術書『Treatise on Demonstration of Problems of Algebra』(仮題:代数の問題の証明について)を書いている。当時のスルタン(君主)はハイヤームを宮廷の天文学者のひとりに指名しており、この役職で彼は1年の長さを計測したり、ペルシア暦を改正したりした。

『ルバイヤート』が西洋で注目を浴びるようになったのは、イギリスの学者エドワード・フィッツジェラルド(1809〜1883)がこの作品を見いだして翻訳してからだ。詩の多くは、死が確実にやってくる中で人生をどう生き、楽しむことができるかに思考をめぐらしたものである。ハイヤームは二篇の四行詩の中で、充実した人生を過ごすことで死の準備を整えつつ、人生は重要ではないという視点を持つべきことを述べている。

**かく、終に暗闇の酒のつかひの**
**河岸に汝を見出でて、蓋を**
**すすめつつ、霊魂を唇へとさそひ、**
**飲ほせといふ時も、ためらふなかれ。**

**「汝」と「我」、幕のかげに過ぎしとき、**
**ああ長き、長き間を世は在りて、**
**われら来ること、逝くことを、わたつみの**
**捨てられし小石を思ふごとくなるべき。**
**(竹友藻風訳『ルバイヤット』[君見ずや出版]より)**

ハイヤームは熱心なイスラム教徒として育てられたが、彼の宗教観は晩年に批判され、不信心を疑われた(四行詩のひとつで、その窮状を苦々しく示唆している)。ハイヤームは83歳のときにニーシャーブールで死去した。

**豆知識**

1. アメリカのクリントン元大統領(1946〜)は、モニカ・ルインスキー(1973〜)とのスキャンダル後、謝罪の発言の中で『ルバイヤート』の四行詩を引用した。「動きゆく指ぞ書くなる。書き終わり、/動きゆく。汝が尊神も才能も/一行のなかばだに塗せしめがたし。/汝が涙、そのひと言も洗ひ落さじ。」(竹友藻風訳『ルバイヤット』[君見ずや出版]・口語訳:動く指が言葉を書き、書き終わり、先をゆくが、お前の信仰も才能も、書いたことの一行の半分をも消すことはない。お前の涙はその一言も洗い流すことはない。)
2. 俳優コーネル・ワイルド(1915〜1989)は、1957年の映画『勇者カイヤム』でウマル・ハイヤーム役を演じた。同映画には、のちに歌手として有名となるイマ・スマック(1922〜2008)も端役で登場している。
3. ハイヤームは、イスファファンで天文学者をしていたとき、一年の長さを365. 24219858156日と算出した。当時としては最も正確な推定値だった。

# 83 反逆者・改革者 ｜ ウィリアム・ウォレス

**映画『ブレイブハート』(1995年)の実在のモデルであるウィリアム・ウォレス(1207頃～1305)は、対イングランドの反乱軍を率いたスコットランドの騎士である。ウォレスは最後には捕らえられるが、「スターリング・ブリッジの戦い」で人々の予想に反する大勝利を収めたことから、今でもスコットランドの民族的英雄として人々の記憶に残っている。**

✦

英雄とされるウォレスだが、その生涯についてはほとんど分かっておらず、彼のことは何世紀にもわたり伝説や憶測ばかりが語られてきた。メル・ギブソン(1956～)監督による同映画は、主にウォレスの死後何百年もあとに書かれた、史実とは認識されていない叙事詩に基づいたものだ。実際のウォレスは、13世紀の終盤に比較的豊かな地主の一家に生まれた。兄弟がふたりおり、いずれもスコットランド独立のために活動した。

スコットランドとイングランドの対立の源は、スコットランド王のアレグザンダー三世(1241～1286)の死にさかのぼる。彼の子供はみな亡くなっていたため、王位は孫娘に当たる4歳だったノルウェー王女マーガレットに継承されたが、彼女はスコットランドに渡る途中で死去した。イングランドの王エドワード一世(1239～1307)は、権力が空白となったこの機会に乗じ、自国よりも小さい隣国スコットランドの支配権を主張した。

しかし、イングランドがスコットランドを征服するには50年以上もかかる。伝説によると、ウォレスのイングランドに対する敵意は、釣った魚をイングランドの兵士たちが盗もうとしたことがきっかけだったという。ウォレスの恨みの原因が何であるにせよ、彼はイングランドの支配に対する抵抗運動の最初の重要人物となった。彼は1297年に進軍を開始し、同年9月、はるかに規模を圧倒するイングランド軍を相手に、「スターリング・ブリッジの戦い」で勝利を収めた。幅の狭い橋に敵軍を誘導し、敵軍がそこを渡る間に攻撃をしかけたのだ。この大勝利後、ウォレスは騎士の称号と、「スコットランド王国の守護官」の地位を与えられた。

ウォレスの勝利と、続くイングランド北部への襲撃に、エドワード一世は激怒した。1298年、エドワード一世は自らイングランド軍を率い、「フォルカークの戦い」でウォレス軍に勝利した。敗北したウォレスは軍の指揮を降り、スコットランドの使節としてフランスに送られた。1303年に帰国するも、1305年にイングランドに捕らえられて処刑された。1357年までに、イングランドのスコットランド征服は完了した――ただし、イングランドとスコットランドが合同し、正式な連合王国となるのは1707年になってからである。

**豆知識**

1. 映画『ブレイブハート』中のウォレスとは異なり、実在のウォレスはキルトを履いていなかった。キルトは中世スコットランドと関連づけられることが多いが、キルトがよく着用されるようになったのは17世紀以降である。
2. ウォレスの強敵だったイングランド王エドワード一世は、自らの勝利を示すために、墓石に「スコットランド人への鉄槌」を意味するラテン語を彫らせた。
3. ウォレスを記念する巨大な砂岩の塔が、19世紀にスターリング・ブリッジの戦場近くに建てられている。この塔にはウォレスが使ったという剣が展示されているが、実際に彼のものだったかどうか意見が分かれている。

# 84 伝道者・預言者 ｜ 聖アウグスティヌス

**カトリック教徒の母親と多神教徒の父親の間に生まれた、北アフリカの都市ヒッポの聖アウグスティヌス（354〜430）は、自らの真の信条とは何なのかと長年にわたって探し続け、30代になってようやくキリスト教を信じるようになった。改宗後は司教となり、キリスト教史における最も影響力のある神学者のひとりになった。**

✦

有名な自伝『告白』によると、アウグスティヌスは、ローマ帝国の北アフリカ領タガステ（現アルジェリア）で生まれた。10代のときにカルタゴへ移るが、すぐに「邪悪と肉欲の堕落」――性行為、アルコール、盗難――に支配された、と『告白』に記している。

しかし、情欲に満ちた放蕩（ほうとう）な生活は、人生の意味を求める自らの「隠された飢え」を満たすことはないと知るに至った。そしてまずマニ教に改宗したが、じきにそれにも幻滅を感じた。次はキリスト教に興味を持ち、イタリア半島の都市ミラノで修辞学の師としての職を得ると、そこで代表的なカトリックの思想家たちと接するようになる。

それでも、キリスト教を受け入れて過去を手放すには何年もかかった。アウグスティヌスの「主よ、われに貞操を与えたまえ――でも今はまだいりません」という祈りは有名だ。そして紀元386年にようやくキリスト教に改宗した。

改宗後、アウグスティヌスはアフリカに戻り、地中海沿岸の都市ヒッポ・レギウスの司教となった。ヒッポでは、『告白』や、キリスト教信仰の入門書である『神の国』をはじめ、代表作の多くを執筆した。

アウグスティヌスの著作は、洗礼や原罪、正義のための戦いなど、さまざまな事項に関するカトリックの原則を形成するのに役立った。また、彼は著作で古代哲学とキリスト教の融合を試み、プラトン（前427頃〜前347）とアリストテレス（前384〜前322）を福音に結びつける論文を書いた。そして若いころの性的に奔放な生活は封印し、性や女性に関する見方は頑ななまでに保守的になった。

歴史的に見ると、一時は法律で禁じられたキリスト教が正式にローマ帝国の国教へと変遷する中で、キリスト教の思想が精緻化していったことが、アウグスティヌスの著作に反映されている。そして奇しくも彼の運命は、ローマ帝国の衰退とも絡み合っていく――430年、ヒッポの包囲攻撃が行われる中でアウグスティヌスは死去した。その直後、ローマ帝国の辺境の領地ヒッポは、ヴァンダル族に占領された。

**豆知識**

1. アウグスティヌスは、キリスト教に改宗する前の放蕩な生活から「醸造の守護聖人」とされており、8月28日がその記念日である。
2. アウグスティヌスの生活したヒッポ・レギウスは、現在はアンナバと呼ばれる、アルジェリアの地中海岸に位置する大都市である。
3. アウグスティヌスは、カトリック教会に認められた33人の「教会博士」のひとりである。

# 85 指導者 ｜ コンスタンティヌス帝

**コンスタンティヌス（272頃〜337）は、ローマ帝国においてキリスト教を公認し、何世紀にもわたる迫害を終わらせた皇帝である。これにより、かつて禁じられていたキリスト教がヨーロッパの優勢な宗教となる道が開かれた。彼はローマ帝国の首都を移したことでも知られる。首都として1000年の歴史を持つローマから、東の新しい都市 —— コンスタンティノープルへと。**

✦

コンスタンティヌスは、現在のセルビアに位置する、当時はナイッススと呼ばれたローマ領で生まれた。ディオクレティアヌス帝（245頃〜316頃）の治世では、テトラルキアと呼ばれる体制下で四人の皇帝に帝国統治の責任が分担されていたが、その皇帝のひとりが、コンスタンティヌスの父親であるコンスタンティウス・クロルス（250〜306）であった。そして父親がスコットランドでの戦闘で死去すると、コンスタンティヌスはその地位（西の正帝）を継承した。

ディオクレティアヌス帝の退位した305年以降、四皇帝の対立によって一連の戦争と反乱が生じていたが、325年までにコンスタンティヌス帝は最後の敵を倒し、ローマ帝国全土を支配下に置いた。そして330年、帝国の首都をビザンチウムに移し、コンスタンティノープルと改称した。

コンスタンティヌス帝は313年にミラノ勅令を発布し、キリスト教の信仰と、キリスト教徒の土地の所有を公認した。彼自身もその前年、キリスト教に改宗していた。コンスタンティヌス帝によると、彼が内戦に勝ち帝国を統一する転機となった「ミルウィウス橋の戦い」の大勝利の直前に、空に十字架を見たのだという。ミラノ勅令によって、ローマ帝国の政策は突然変化する。つい数年前には、キリスト教の大迫害が行われたばかりだった。

しかし、信仰を見いだしたにもかかわらず、コンスタンティヌス帝は支配者として冷酷でもあった。326年、息子を毒殺刑に処し、妻を熱湯のスチームで温熱刑に処したというのは有名な話だ（なぜふたりを処刑したのかは、正確には分かっていない）。彼自身は337年に死去した —— そして、のちにローマ帝国は正式にキリスト教国家となる。

**豆知識**

1. コンスタンティヌス帝が軍を率いて巧みに大勝利を収め、十字架を見たという場所であるミルウィウス橋は、現在もローマの北に残っている。これは紀元前１世紀に建造された石造の橋で、現存する同様の橋としては最古のもののひとつである。
2. コンスタンティノープルという呼称は、1453年にビザンチン帝国が崩壊してからは一般に使われなくなり、1930年に正式にイスタンブールに改称された。また、トルコの首都は1923年にアンカラに移されたため、世界の主要地イスタンブールの1500年の歴史は終わった。
3. キリスト教は、公認されて以後普及を続け、ローマ帝国で優勢な宗教となった。380年に正式に国教となり、392年には唯一の公認の宗教となった —— 信者が迫害されていたときから100年も経たない時期だ。

# 86 哲学者・思想家 | アンセルムス

**中世の神学者で、哲学者でも教会の指導者でもあった、カンタベリー大司教のアンセルムス（1033～1109）は、11世紀における代表的な思想家のひとりだ。彼の功績で現在最もよく知られているのは、神の存在に関する「存在論的証明」である。これは、演繹（えんえき）的な論理を用いて神の存在を証明しようという試みだ。**

✦

アンセルムスは、アルプス山脈の麓にある、イタリア北部の町アオスタで、裕福な一家に生まれた。23歳のときにアオスタを離れてフランスへ向かい、1059年にノルマンディーに到着した。1060年に修練者としてベックのベネディクト修道院に入ると、彼の知性はすぐに周囲に認識され、1078年には修道院長に選ばれた。1066年のノルマン・コンクエストでイングランドが征服されると、ベネディクト修道院はイングランドに広大な土地を保有することとなった。そして、連続して二名の修道院長が、イングランドの教会の最高職であるカンタベリー大司教に指名された。アンセルムスは1093年に大司教の座に就いたが、すぐにウィリアム二世（1056頃～1100）との争いに巻き込まれ、1097～1100年の間イングランドから追放された。しかし、1100年にウィリアム二世は不可解な死を遂げ、後継者のヘンリー一世（1068頃～1135）はアンセルムスのイングランド帰還を許した。ところが、アンセルムスはヘンリー一世とも争いになり、再びイングランドから数年間追い出された。

アンセルムスはその驚くべき知性で、1070年代に、哲学や神学の論争に関する著作を記し始めた。1077年には、神の存在の証明を論じる『モノロギオン』を書いた。この有名な論証では、まず出発点として神を「それ以上偉大なものは考えられない何か」と定義する。言い換えると、神とは人間が考え得る、または理解し得る最も偉大なものであるという前提から始まる。そして、もし神が心の内に想像できるとすれば、現実世界の存在は心の内の存在よりも上位なのだから、神は実際に存在するはずである、という論法だ。裏を返せば、神は存在するものの中で最も偉大であるから、神の存在が心の内のみであるとすれば、神は想像し得る最も偉大なものではないことになる、というわけだ。

この「存在論的証明」は、トマス・アクィナス（1225頃～1274）などの哲学者をはじめとし、多くの人々が批判した（存在論とは、存在の性質を探求する哲学の一部門である）。ある一連の批判では、アンセルムスの論理を用いれば、ほぼどんなものの存在でも証明できてしまうと主張している。イマヌエル・カント（1724～1804）はこう指摘した ―― もしも、何かの存在を完全な形で想像できるというだけで、それが存在することの証明になるならば、可能な限り素晴らしい一角獣は実在するということか？　しかしアンセルムスは、神学的な信条を哲学的な見地から精査したことで、彼の死去以降に始まった、ヨーロッパの哲学の復興を促したといえる。アンセルムスは76歳のときにイングランドで死去した。

**豆知識**

1. アンセルムスの死後400年近く経った1494年、ローマ教皇アレクサンデル六世はアンセルムスを聖人に認定した。
2. アンセルムスの過ごしたベックの修道院は、フランス革命の際に破壊されたが、1948年に再開した。
3. ウィリアム二世の死去は、イングランド史上最も長い間未解決のままの謎のひとつだ。彼はシカ狩りをしているときに矢で胸を射られており、これは事故だとされたが、彼の弟 ―― ウィリアム二世の死後に即位してヘンリー一世となる ―― も、この狩猟に参加していた。

# 87 革新者 ｜ フワーリズミー

**代数学の発明者とされるムハンマド・イブン・ムーサー・アル＝フワーリズミー（780頃～850頃）は、バグダードで活躍した学者で、天文学者で神学者だ。現存する彼の数学の論文は、イスラム世界にもキリスト教世界にも計り知れない影響を与えた。数々の業績の中でも、アルゴリズムを考案し、現在も全世界で使われるアラビア数字を普及させたことがよく知られている。**

✦

フワーリズミーは、現在のウズベキスタンに当たる地域で生まれたと考えられているが、生涯のほとんどは、当時のイスラム帝国の首都バグダードで過ごした。そして「知恵の館」と呼ばれる、カリフ（最高指導者）により設置された代表的な学術施設に属していた。ヨーロッパとアジアの文化的な交差点にいたバグダードの学者たちは、東洋のインド数学者の書物にも、西洋のプトレマイオスやアリストテレスなど古代ギリシアの思想家たちの書物にも接することができる環境にあった。

代数のシステムは、フワーリズミーの820年の著作『約分と消約の計算の書』が起点となった。そして、この書物のアラビア語の原題から、英語の「algebra」（代数）という言葉が派生している。

フワーリズミーはその後、インドの記数法の利用について示した『インド数字による計算法』を書いた。この書物は彼の存命中に有名になり、当時イスラム王朝の支配下にあったスペインで写本が出回り、そこからさらにヨーロッパのキリスト教世界へと広まった。そしてじきに、インド数字はローマ数字に取って代わった（紛らわしいことに、フワーリズミーはこの記数法はインドが起源だとはっきり述べていたのに、「アラビア数字」と呼ばれることが多い）。

また、フワーリズミーはイスラムの天文学、地理学、宗教法を学んだ。彼の最もよく知られている著作は、カリフのマアムーン（786～833）に献呈された。マアムーンは「知恵の館」の熱心な支持者で、バグダードの学問の黄金時代における主要な人物である。

**豆知識**

1. 「算法」を意味する「アルゴリズム」という言葉は、「フワーリズミー」という名のラテン語訳に由来している。
2. フワーリズミーの原著の多くは、バグダードが1258年にモンゴル帝国に包囲されたときに失われた。モンゴルの侵略者は「知恵の館」を破壊し、蔵書をチグリス川に捨てたといわれる。
3. 代数学はフワーリズミーの著作が起源だが、彼の原著には代数方程式はいっさい出てこない。彼は記号や数字を使わず、代数の概念を言葉だけで説明した。

# 88 悪人 | 骨なしイーヴァル

**「ああ主よ、北の者から我らを救い給え」 —— イングランドの祈りの言葉**

ヴァイキングの首長の中で最も鮮烈な存在のひとりで、中世の西ヨーロッパを暴れまわったイーヴァル・ラグナルソン（795頃〜873頃）は、「骨なしイーヴァル」としても知られ、9世紀にイングランドを侵略したデーン人のリーダーだ。このヴァイキングたちは、北欧の伝説に残る「狂戦士」たちを率い、しばしの間イングランド内を広く支配した。しかし、最終的には撃退された。

イーヴァルは、845年にパリを陥落させたデーン人の王ラグナルの三人の息子のひとりだ。スカンジナビアに伝わる物語形式の歴史的な記録（「サガ」と呼ばれる）によると、イングランドのアングロ・サクソン人の部族長がラグナルを捕らえ、毒ヘビのいる穴に投げ落として処刑したという。当然ながらイーヴァルはこれに怒り、父親の復讐として、兄弟と共にイングランドの侵攻を開始した。イングランドにおけるそれ以前のヴァイキングの襲撃とは異なり、イーヴァル兄弟らは、単に略奪して引き揚げるのではなく、島を支配下に置こうと目論んだ。

イーヴァルの侵攻軍 —— 恐れたアングロ・サクソン人は「巨大な異人の軍」と呼んでいた —— は、865年に北海を渡り、イングランド東海岸に上陸し、ヨークを略奪した。そして地元の何人もの王を殺害したり、捕らえたりした。その中のひとりに、父親ラグナルを殺した部族長もいた —— イーヴァルは867年、この部族長を自らの手で処刑した。背中をばっさりと切り開き、あばら骨をひとつずつ取り出したといわれる。

イーヴァルの異名の由来は定かではない。インポテンツだったという彼を揶揄したものという説もある。また、遺伝的疾患で骨が弱かったためだという説もある（そうであれば、実に皮肉である。イーヴァルの一家は、北欧神話の主神オーディンの子孫だと主張していたのだ）。

イーヴァルは870年代のいつかの時点で死去し、デーン人の侵攻はアルフレッド大王（849〜899）が鎮圧した。それでもデーン人は、その後200年にわたってイングランドの一部で優勢を保った。

**豆知識**

1. オオカミ人間の伝説は、北欧神話の「狂戦士」（ベルセルク）に由来すると考えられている。彼らは、オオカミの毛皮のみを着て戦いに挑んだことがあったという。
2. イーヴァルの孫息子のひとりであるシグトリュグは、ヴァイキングを率いて917年に再度ダブリンを征服した。
3. 現代のDNA検査によると、800年代にデーン人に征服された北イングランドのダービーシャーの住民は、イングランドのその他の地域の住民よりも、スカンジナビアを祖先とする人が多いことが分かっている。

# 89 文筆家・芸術家 | ジェフリー・オブ・モンマス

**中世のイングランドの聖職者ジェフリー・オブ・モンマス（1100頃～1155頃）はある意味で「歴史家」である。西洋文学における不朽の伝説の人物、アーサー王を創作し、広めた人物だ。アーサー王の伝説は、現在までに数えきれないほどの歌、詩、小説、映画を派生させてきた。**

✦

ジェフリーは代表作『ブリタニア列王史』で、古代からのイングランドの王たちの歴史をたどった。この作品は実在したウェールズ語の文献に基づいて書いたことになっているが、実際は、伝説や歴史そしてジェフリー自身の天才的な想像力の産物だ。例えば冒頭で、古代の王たちが巨人の民族を征服するが、ジェフリーはこの民族は昔ブリタニアに実在したと述べている。

ジェフリーによると、アーサー王はケルト系であるブリトン人の王で、5世紀または6世紀にサクソン人の侵略者たちからブリタニアを防衛した。アーサー王の伝説で現在よく知られている多くの要素は、『ブリタニア列王史』によるものだ。アーサー王の父親「ユーサー・ペンドラゴン」、アーサー王の名剣「エクスカリバー」、聡明な魔術師「マーリン」などもそうだ。そしてジェフリーの創作を基に、以後の文筆家たちがより細かな設定を作り、新たな要素を加えた。「円卓」や「聖杯」などがその例だ。実際、ローマ帝国が410年にブリタニアを手放して以後、ブリタニアの住民の中には、その後のアングロ・サクソン人の侵攻に抵抗する人もいた。その抵抗の最高潮となる戦いは500年ごろ、ベイドン山で起こった。この戦いで、ローマ化したケルト人が侵略者を倒したことで、一時的にアングロ・サクソン人の征服を遅らせることができたのだ。しかし、アーサー王が実在したことを示す歴史的な証拠はない。

ジェフリーの生涯についてはほとんど分かっていない。ウェールズ南東の町モンマスで生まれ、オックスフォード大学に在学した。『ブリタニア列王史』は1130年代に書かれ、その何年後かには、続編で同じく想像力に富んだ『マーリンの生涯』が書かれた。ジェフリーは1150年初頭に司教となり、その数年後に死去した。

### 豆知識

1. ジェフリーの記述は、かつて考えられたよりも正確である可能性もある。『ブリタニア列王史』には、ほかのどの文献にも出てこないテンウァンティウス王が登場し、この王はジェフリーの創作だと長い間考えられていた。しかし、のちにブリタニアの地で、この王と似た名前が書かれた鉄器時代のコインが出土している。
2. 12世紀終盤、フランスの文筆家クレティアン・ド・トロワは、物語詩の中でアーサー王伝説に「聖杯」を導入した。トマス・マロリー（1405頃～1471）は長編物語『アーサー王の死』で円卓の騎士「ガレス」を導入した。詩人のアルフレッド・テニスン（1809～1892）は『国王牧歌』で伝説の結末を変えた。アーサー王伝説の基準の形成に貢献した人物にはほかにも、マーク・トウェイン（1835～1910・小説『アーサー王宮廷のコネチカット・ヤンキー』）、T・H・ホワイト（1906～1964・小説『永遠の王』）、コメディ・グループのモンティ・パイソン（コメディ映画『モンティ・パイソン・アンド・ホーリー・グレイル』）などがいる。
3. シェイクスピアの戯曲『リア王』と『シンベリン』は、『ブリタニア列王史』に登場する王たちを題材にしている。ジェフリーの作中のリア王は架空の人物と考えられているが、『シンベリン』中のクノベリヌス王は実在した人物で、ローマの征服の直前までグレート・ブリテン島を支配していた。ジェフリーの作中の人物サブリナも、ジョン・ミルトン（1608～1674）の戯曲『コマス』（1634年）に登場している。

# 90 反逆者・改革者 | オワイン・グリンドゥール

**オワイン・グリンドゥール(1354頃〜1413頃)は、ウェールズ民族として最後にウェールズを統治した人物だ。ウェールズ民族の反乱を率いて、しばしの間イングランドの征服者たちを追い払った。グリンドゥールの率いた反乱は最終的にはイングランドに鎮圧されるものの、彼が捕らえられることはなかった。グリンドゥールがどうなったのかは謎のままで、伝説として語り継がれている。**

✦

グリンドゥールは、ウェールズの北東部で貴族の一家に生まれ、当初はイングランドのリチャード二世(1367〜1400)に仕えていた。ウェールズは13世紀にイングランドの支配下に入り、地元の抵抗運動はほぼすべて鎮圧されていた。しかし、リチャード二世が退位させられ、いとこのヘンリー四世(1366頃〜1413)が即位した直後の1400年、ウェールズ人の抵抗の機運が高まった。ウェールズ人はリチャード二世を味方だと考えていたため、多くの貴族たちはリチャード二世側についてヘンリー四世に対抗したのだ。ヘンリー四世側はウェールズの土地を奪おうとしたため、ウェールズ人の不満はさらに高まった。

1400年、グリンドゥールは反乱軍を率い、自らを「プリンス・オブ・ウェールズ」と称した(彼は、この称号を持つ最後のウェールズ人となる)。翌年までには、中央ウェールズと北ウェールズが反乱軍に加わっていた。そして1402年、グリンドゥールの反乱軍はフランス王国の支援を受けることとなった。フランスは、反乱軍を援助することでイングランドを弱体化できると考えたのだ。数年間、グリンドゥールはウェールズをうまく支配することができ、議会を招集して1404年には自らを正式に王と定めた。

しかし1405年、フランス軍が引き揚げ始めると、ヘンリー四世が反撃に出た。そしてグリンドゥールの親戚を含め、ウェールズ人の何人かの指導者たちが捕らえられ、ロンドン塔に幽閉された。1409年までに、イングランドはウェールズの大半を再び征服し、グリンドゥールと残った仲間たちは森林へと追い込まれた。そこからさらに何年か、グリンドゥールたちはイングランドに対してゲリラ攻撃をしかけた。グリンドゥールが捕らえられることはなく、彼はウェールズの英雄として語り継がれるようになった。

**豆知識**

1. グリンドゥールは、シェイクスピアの戯曲『ヘンリー四世』の第一部に、多弁で反抗的なウェールズ人指導者オワイン・グリンドゥールとして登場する。
2. 2004年、ある文筆家が、それまで定かではなかったグリンドゥールの埋葬場所が、西ウェールズの小さな町スランウルダにある教会の地下だという証拠があると述べた。彼の遺体はイングランドに埋葬されていると考える人もいる。
3. グリンドゥールの反乱の600周年記念に、ロックバンド「レッド・ツェッペリン」のボーカルのロバート・プラント(1948〜)は、ウェールズのマッキンレーにグリンドゥールの銅像を建てるための資金を寄付した。ケルト人の伝説を愛好するプラントは、ウェールズのポーイスにある自宅で代表作『天国への階段』の歌詞を書いたといわれている。

# 91 伝道者・預言者 | モハメッド

**現在、イスラム教は世界で二番目に大きな宗教であり、中東やアフリカ、アジアに15億人近い信奉者がいる。しかし、イスラム教は1400年前、モハメッド(570頃~632)というアラビアの商人の教えを受け入れたわずかの信奉者たちから始まったものだ。**

◆

イスラム教を創始した預言者モハメッドは、両親がいなかったため、当時商業が栄えていた紅海近くの辺境地メッカで、おじに育てられた。10代のとき、現在のサウジアラビアとシリアに当たる地域で隊商交易を行うおじに同行するようになり、その中で、キリスト教徒やユダヤ教徒と接することもあった。当時のメッカは、モハメッドとおじのような隊商交易の商人たちが、金属や香辛料、革製品などの取引で利益をもたらしており、繁栄を享受していた。しかしモハメッドは、メッカが物質的に豊かになったことで、以前は遊牧民だったアラブの部族の間での信仰心が弱まるのではないかと心配した。

メッカでの宗教活動は、カアバという神殿を中心に行われていた。カアバ神殿は、黒い石で囲まれていることでよく知られる。メッカの住民は、アッラーという強力な神を含め、何百もの神々をこの神殿に祭って崇拝していた。

イスラム教の開祖は610年にさかのぼる。メッカの信仰が腐敗していると考えたモハメッドは、ラマダンの月に洞窟にこもった。洞窟で瞑想していると、天使ガブリエルが現れて、口頭で韻文を伝えたという。この韻文は、のちにイスラム教の聖典であるクルアーン(コーラン)を形成するものだ。モハメッドは、このときの啓示は —— そして生涯にわたって何度も受けたという啓示は —— 圧倒的な体験だと言った。「啓示を受けるときは必ず、自らの魂が引き剝がされそうな感覚だ」と述べている。啓示によって目覚めたモハメッドは、神はアッラーのみだと主張し、その他のアラブの神々の偶像をカアバ神殿から取り払うべきだと主張した。当初、モハメッドの唯一神の考えは激しく非難され、モハメッドと彼の追随者たちは、622年にメッカからメディナへと追いやられた。

しかしモハメッドはのちに、宗教的にも政治的にも、何千ものイスラム教徒の指導者となった。モハメッドが「正義」と「共同体」を重視したことと、クルアーンそのものの美しさが、多くの信奉者を引きつけた。預言者モハメッドは、死去する少し前に堂々とメッカへ戻り、ようやくカアバ神殿から多神教の神々の偶像を取り除いた。そして故郷メッカを、急速に拡大するイスラム教の中心地にした。

**豆知識**

1. イスラム教ではモハメッドの肖像画を禁じていたため、彼がどのような姿だったのかを示すものは現在何も残っていない。
2. モハメッドには12人の妻がいた。彼の子孫は伝統的に「サイイド」という尊称が与えられ、預言者モハメッドの子孫であることが示される。
3. アッラーを祭ったメッカの神殿 —— カアバ神殿 —— は、現在でもイスラム教の最も神聖な場所である。信者は、身体的に可能であれば生涯に一度はメッカへ巡礼することが義務になっている。

# 92 指導者 カール大帝（シャルルマーニュ）

**紀元800年のクリスマスの日、フランク王国の王であるカール（742〜814）は、ローマの聖堂でただ安らかに祈っていた。すると思いがけず、ローマ教皇のレオ三世がそっと忍び寄り、カールの頭に王冠を載せ、カールを西ヨーロッパの新しい皇帝にすると宣言したのだ。**

✦

「［カールは］当初はこれをよく思わず、教皇の計画を知っていたなら、素晴らしい祝祭の日であったにもかかわらず、［戴冠させられた］その日に聖堂に足を踏み入れてはいなかった、と言明した」と、当時のカールの伝記に書かれている。

本人にその気があったかどうかは別として、カール大帝の戴冠は、ヨーロッパ史上きわめて重要な出来事だ——実際、文化の集合体としてのヨーロッパが形成されたのがまさにこの日だととらえる歴史家もいる。カール大帝は、フランス、ドイツ、イタリアにまたがる巨大な帝国を築き、西ヨーロッパという文化圏の一部となる国家を築いた。

カールは、ゲルマン系の民族フランク人の王国の初代国王、ピピン三世（714〜768）の息子に生まれた。ピピン三世が死去すると、カールは弟のカールマン（751〜771）と共同統治をするが、カールマンの死後、単独の指導者になった。カールが継承したフランク王国は、ピレネー山脈の北側に当たる西ヨーロッパの大部分にまで広がっていた。王となった当初から、カールは領地の東の境界をドイツ側に向かって広げ、さらにスペインやイタリアにまで広げた。

レオ三世は、カールを西ローマ帝国の皇帝にしたことで、強力な味方をつけたことになった。皇帝という称号を冠せられたカール大帝には、ローマとローマ教皇の権威を守る義務が生じたからだ。伝記の内容とは異なりおそらくカールは戴冠には驚かなかったものと考えられているが、ともかくもカールは、古代ローマの「インペラトル」（最高司令官）につながる、権威ある称号を得たのだ。カール大帝の治世で、西ヨーロッパの広い領域がひとつの強大な国家に統一されたため、以前のローマ帝国の崩壊後に続いていた無秩序が解消した。この安定が、「カロリング朝ルネサンス」として知られる、文学などの文化復興の下地となった。しかしカール大帝の死後のフランク王国は弱体化し、最終的には孫息子の間で分割された。カール大帝の「皇帝」の称号は、のちに神聖ローマ帝国の皇帝の地位を指すものへと進化する。そして神聖ローマ帝国の皇帝は、1806年にこの地位が廃止されるまでの間、ドイツと中央ヨーロッパにおいて影響力を持ち続けることとなる。

### 豆知識

1. 「シャルルマーニュ」（Charlemagne）という名は、彼のラテン語名「カロルス・マグヌス」（Carolus Magnus・「偉大なカール」の意）が縮まったものだ。
2. カール大帝のものとされる「ジョワユーズ」という剣は、何世紀にもわたってフランス王の戴冠式で使われた。現在はパリのルーヴル美術館に展示されている。
3. カール大帝は、その後何世紀にもわたり神聖ローマ帝国の戴冠式の場となるアーヘン大聖堂に埋葬された。ヨーロッパの統合に貢献した指導者に与えられる「カール大帝賞」の授与式は、1949年以降、毎年この大聖堂の近くで行われている。

# 93 哲学者・思想家 | イブン・ルシュド

**イブン・ルシュド(1126〜1198)は、敬虔なイスラム教徒の哲学者で、イベリア半島がイスラム王朝の支配下にあった中世のスペインで活躍した。しかし皮肉なことに、彼の及ぼした影響は、キリスト教世界においてはるかに多大であった。彼の著書は、キリスト教世界における13世紀以降の哲学と神学の変革を引き起こす一助となった。**

◆

イブン・ルシュドは、イスラム支配下のスペインの首都コルドバで、著名な裁判官一家に生まれ、自身も裁判官(「カーディー」と呼ばれる)となった。また、イスラムの神学、医学、哲学を学び、1182年には最高指導者であるカリフのアブー＝ヤアクーブ・ユースフ一世の侍医に、1184年にはその息子でカリフのヤアクーブ・マンスールの侍医となった。

イスラム支配下のスペインは「アル＝アンダルス」と呼ばれており、学術の黄金期とされる12世紀には特に、学術の中心地として繁栄した。カリフの支援を受けたイブン・ルシュドは、古代ギリシアの哲学者アリストテレス(前384〜前322)の著作をアラビア語に翻訳した。また、古代の哲学者を批判するイスラム世界の人々に対抗し、古代の哲学者を支持する重要な哲学書を書いた。古代の哲学者を批判した人物として特に有名なのは、アブー・ハーミド・アル＝ガザーリー(1058〜1111)だ。

しかし、イブン・ルシュドの存命中のスペインは、キリスト教世界の侵攻を受け続けており、緊張状態にあった。イブン・ルシュドは、援助を受けていたカリフの死去後はコルドバでの地位が低下し、古代の異教の哲学者たちを研究してイスラムを冒涜したとされ、モロッコに追放された。彼の著作は正式に禁書となり、公の場で燃やされた。彼は、追放先で72歳のときに死去した。

イブン・ルシュドの死後まもなく、アリストテレスに関する彼の著作は、スコットランドの数学者マイケル・スコット(1175〜1235頃)によってラテン語に翻訳された。これによって、古代の哲学がヨーロッパで再び知られるようになった。アリストテレスが西洋のキリスト教世界に再び認識されたことで、学問の世界には多大な変化がもたらされ、思想家たちに影響を及ぼした。アルベルトゥス・マグヌス(1200頃〜1280)やトマス・アクィナス(1225頃〜1274)なども、ルシュドに大きな影響を受けたと述べている。

**豆知識**

1. イブン・ルシュドは、プラトン(前427頃〜前347)よりも1500年あとに生きた人物だが、ラファエロ(1483〜1520)の有名な絵画『アテナイの学堂』(1510年)にはプラトンの弟子のひとりとして描かれている。
2. イブン・ルシュドはキリスト教世界では「アヴェロエス」と呼ばれていた。彼を支持するヨーロッパの人々は、自らを「アヴェロイスト」と称していた。
3. イブン・ルシュドの故郷コルドバは、1236年にキリスト教国に占領された。これは、キリスト教徒によるイベリア半島のレコンキスタ(国土回復運動)の中の重要な事例だ。

# 94 革新者 | イブン・アル＝ハイサム

**1011年のこと、エジプトのカリフが、ナイル川に巨大なダムを考案し、建設するようにと、ある若き官吏に命令した。エジプトでは、農業が毎年洪水の被害を受けていたため、カリフは、これで毎年の氾濫が防げるかもしれないと期待したのだ。この事業にカリフが選んだ男、イブン・アル＝ハイサム（965〜1040頃）は、イスラム世界で最も有望な数学者として名を知られていた。**

✦

しかしイブン・アル＝ハイサムは、現場に来てみてすぐに、カリフの夢は非現実的だと悟った。ナイル川は世界で最も流れの激しい河川のひとつであり、数日のうちにどんなダムでも押し流してしまうことが予想された。しかしアル＝ハイサムは、この事業を遂行できなければ、残酷で変わっているとして知られるカリフに処刑されるのではないかと恐れた。

アル＝ハイサムは、科学という学問のおかげで、カリフの怒りを回避する方法を見つけることができた――以後の10年間、気がおかしくなったふりをしたのだ。アル＝ハイサムは自宅に軟禁されたが、命は助かった。そして彼は軟禁中に、科学史上きわめて重要な書物のひとつとなる『光学の書』を書いた。

アル＝ハイサムはイラクの都市バスラに生まれ、バグダードで教育を受けた。7巻から成る『光学の書』は、光の性質や、人間の目の働きを徹底的に追究した書物だ。アル＝ハイサムは、光が直進することを発見した人物であり、カメラ・オブスクラ（カメラの原型となる装置）を考案した人物でもあり、また、目の原理を推定した最初の人物でもある。『光学の書』からは、アル＝ハイサムが実験を重視していたことが分かり、これは科学の手法に影響を及ぼすこととなった。同書は12世紀にラテン語に翻訳され、ロジャー・ベーコン（1214頃〜1292頃）などのヨーロッパの学者たちに好まれる書物となり、アル＝ハイサムは「光学の父」として称えられた。

1021年にカリフが暗殺されると、アル＝ハイサムはようやく自宅軟禁を解かれた。彼はその後も実験をし続け、物理学、天文学、医学に関する200もの著書を記しつつ、その他の書物の写本を作成しながら生計を立てた。彼は70代でエジプトで死去した。

**豆知識**

1. ナイル川に実際にダムが完成したのは、1902年になってからである。アル＝ハイサムが命令されてから9世紀近くもあとのことだ。
2. 「アルハゼンの問題」と呼ばれる有名な数学の問題は、アル＝ハイサムのラテン語名（Alhazen）に由来しており、何世紀にもわたって数学者たちを悩ませた。この問題は、球面鏡に光線が当たって反射して、見ている人の目に入るとき、光線が鏡のどの点で反射するかを特定できるかを問うものだ。この問題がようやく解けたのは1997年で、オックスフォード大学の数学者がその方法を示した。
3. 2003年のアメリカによるイラク侵攻ののち、アル＝ハイサムの肖像が描かれた新しい一万ディナール紙幣（イラク・ディナール紙幣）が発行された。

# 95 悪人 | 赤毛のエイリーク

**赤毛のエイリーク（950〜1003頃）はノルウェーの無法者だ。殺人の罪で追放されると、その後は探検に出て、たどり着いたグリーンランドに初めてのヴァイキングの植民地を築いた。エイリークの探検によって、知られていなかったヨーロッパの土地が見いだされることとなり、彼の息子であるレイフ（970頃〜1020頃）がアメリカ大陸に到達する道筋が作られた。**

◆

エイリークはノルウェーで生まれたが、父親のソルヴァルドが数々の殺人を犯した罪で追放の身となったことから、ノルウェーを離れざるを得なくなった。一家はアイスランドに定住し、エイリークはショーズヒルドという女性と結婚して四人の子供をもうけた。

そして、エイリーク自身も982年、所有物の争いがもとで、ふたりのアイスランド人を殺害し、3年間アイスランドから追放された。そこで、何人かの仲間と共に、ロングシップと呼ばれる帆船で西へと航海し、グリーンランドへたどり着いた。エイリークが発見した当時のグリーンランドは、現在よりも温暖な気候で、農業に向いていたことから、「グリーンランド」という名が付いた。追放期間が終わると、エイリークはアイスランドへ戻り、グリーンランドへの入植希望者を約500人集めた。そして986年、船に牛、豚、羊、山羊も一緒に乗せて出発した。航海の間に半分弱の人が亡くなったものの、グリーンランドでは、西の植民地と、より小規模な東の植民地に分かれて定住し、人口はすぐに3000人以上に増加した。

エイリークの息子のレイフは、家族の「伝統」を破り、法は犯さず、キリスト教に改宗した。そして1000年に、キリスト教の伝道者たちを連れてグリーンランドの植民地へと移った。伝道者たちはグリーンランド初の教会を創設し、異教徒であった住民を改宗させた。

エイリークの生涯についての主な情報源となっているのはアイスランドの「サガ」（物語形式の歴史的な記録）だが、彼についてほかにはほとんど書かれていない。グリーンランドの植民地に流行した伝染病で死去した可能性もある。息子のレイフは、グリーンランドを拠点にして1000年代に北アメリカを探検した。レイフは、アメリカ大陸へ足を踏み入れた最初のヨーロッパ人だと考えられている。

**豆知識**

1. このヴァイキングによるグリーンランドの植民地は500年近くも続いたが、15世紀になぜか放棄され、その理由は今も謎のままだ。しかし1721年にデンマークによって再建され、現在は自治政府の置かれるデンマーク領である。
2. レイフ・エリクソンは、発見した北アメリカの土地に「ヴィンランド」（ノルウェー語で「ワインの地」の意）と名付けた。彼の築いた植民地は、ノバスコシアまたはニューファンドランドに当たる地域だったと考えられているが、これは3年で放棄された。この植民地の名は、レイフたちが北米の海岸で見つけた野生の果実を、ワインに使われるブドウだと勘違いしたことによる。
3. 「赤毛のエイリーク」の呼び名の由来については、確かなことは分かっていない。彼の髪と顎ひげの色に由来するという説が有力だが、その短気な性格によるものとも考えられる。

# 96 文筆家・芸術家 | マルコ・ポーロ

**マルコ・ポーロ（1254〜1324）はヴェネツィア共和国の商人で、探検家で、使節としても活動した。マルコ・ポーロのアジアへの旅が描かれた旅行記は有名だ。この旅行記はルネサンス期に大評判となり、多くのヨーロッパ人の想像力をかき立て、また、中国が豊かでミステリアスな異国であるというイメージが西洋に形成されるきっかけにもなった。**

✦

マルコ・ポーロの『東方見聞録』には、シルクロードを通って中国に渡ったたいへんな長旅と、フビライ・ハン（1215〜1294）に仕えて17年間中国に滞在したこと、そしてその後、海を渡って日本とインドネシアの島々を旅したことが述べられている。マルコ・ポーロがこの旅行記を完成させたのは、1294年にヨーロッパへ戻って以降のことだ。同書には、東洋の性風俗、魔術、暴力といった話もちりばめられている。

マルコ・ポーロは、ヴェネツィアの商人ニコロ・ポーロの息子として生まれた。マルコが生まれたとき、ニコロはモンゴル帝国へ旅していた。マルコが15歳のときに父親が戻り、その2年後に父子はヴェネツィアを離れ、東へ旅に出た。最終的な目的地は、フビライ・ハンの統治するモンゴル帝国の首都、上都だった。チンギス・ハン（1162頃〜1227）の孫息子であるフビライは、現在のモンゴル、中国、中央アジアの大部分にまたがる帝国を支配していた。フビライはマルコたちを歓迎し、のちにマルコを使節に任命した――この仕事でマルコは、アジアを旅して記録を取ることになった。中国から戻ったマルコとニコロは、ヴェネツィアに住まいを定め、彼らの旅の話は地元の人々の間で持ち切りとなった。言い伝えによると、マルコはその後、1298年にヴェネツィア共和国とジェノヴァ共和国の間で起きた海戦で捕虜となり、何か月か投獄された。そして獄中で旅行の内容を口述し、同じく投獄されていたルスティケロ・ダ・ピサに筆記を頼んでこの旅行記を完成させた。

『東方見聞録』は、長きにわたって西洋社会に多大な影響を及ぼした。この旅行記にはアジアの地理が詳細に記されていたため、ヨーロッパの地図をより正確なものに作り替えることができた。また、中国の豊かさが認識され、エンリケ航海王子（1394〜1460）をはじめとする探検家が、より短いアジアへの交易路を求めて旅に出るようになった。さらに、壮観な上都の描写がインスピレーションとなり、イギリス・ロマン主義の最も有名な詩のひとつである、サミュエル・テイラー・コールリッジ（1772〜1834）の『クーブラ・カーン』（1816年）が作られた。

長年の旅を終えたあとのマルコ・ポーロは、ヴェネツィアに戻り、結婚し、三人の子供をもうけた。そして70歳のときにヴェネツィアで死去した。

**豆知識**

1. イギリスの中国史の研究者フランシス・ウッド（1948〜）は、1995年、マルコ・ポーロは実際には中国には行っていないのではないかとする著作を出版し、物議をかもした。『東方見聞録』には、万里の長城や、書道、茶、その他の多くの風習が書かれていないと指摘する『マルコ・ポーロは本当に中国へ行ったのか』（“Did Marco Polo Go to China?”　粟野真紀子訳　草思社　1997年）は、マルコ・ポーロとルスティケロがほとんどの話を創作したとの立場をとっている。
2. シルクロードは危険な道となり、15世紀には重要な交易路として使われることはなくなった。クリストファー・コロンブスが1492年に大西洋の旅に出たのは、元々は、シルクロードに代わる中国への交易路を求めてのことだった。
3. マルコ・ポーロは、中国ですでに長く使われていた、紙の貨幣という概念をヨーロッパに伝えた。ただし、パスタの原形となる麺というものを伝えたという話は正しくない。

# 97 反逆者・改革者 | クリスティーヌ・ド・ピザン

**詩人で文芸批評家のクリスティーヌ・ド・ピザン（1363頃〜1434頃）の視点が幅広く受け入れられるようになったのは、彼女が生まれてから500年も経ってからのことだ。ド・ピザンは著作の中で、フランス文学において女性が常にネガティブに扱われていることを批判したが、この意見はほとんど見向きもされなかった。彼女の考えが受け入れられるようになったのは、12世紀の学者が彼女の作品を再び見いだしてからだ。**

✦

ド・ピザンはヴェネツィアに生まれ、幼少期、父親がフランス王シャルル五世（1338〜1380）に仕える占星術師に指名された際にフランスへ移った。彼女は15歳で結婚したが、1390年、20代半ばで未亡人になった。夫の死後、ド・ピザンは文筆活動を開始し、恋愛詩、宗教や古代の神話についての作品、シャルル五世の伝記など、幅広く多数の著作を執筆した。

一番よく知られている作品は、1405年に書かれた『婦女の都』（The Book of the City of Ladies）だ。ド・ピザンはこの作品で、中世の文学で当たり前になっていた女性蔑視に真っ向から対抗した。彼女は、有名なフランス語の詩の中で描かれる女性は、弱く、男を誘惑する罪深い存在で、知的な行動を何ひとつ独自にできないかのように描かれていると批判した。中でもジャン・ド・マン（1240頃〜1305頃）による恋愛詩『薔薇（ばら）物語』は、特に女性を蔑視した表現をしていると非難した。

ド・ピザンは、そういった作品を読んで「非常に多くのいろんな男性が —— しかも教養のある男性もが —— いったいなぜ、これまでも今も、口頭でも論文でも作品でも、女性とその行動に対してひどく侮辱的な表現ばかりしたがるのかと、不思議に思った」と記している。

ド・ピザンは『婦女の都』の作中で、女性の業績と知性が尊敬される寓意的な都市「婦女の都」を設定した。この作中には、女性の有する価値、そして女性が目指しているものを象徴する三人の主人公が登場する —— 理性の女性、正義の女性、公正の女性だ。

ド・ピザンは、ヨーロッパ初の女性文筆家ではないが、宗教に関わりのない文筆業で生計を立てた最初の女性だと考えられている。彼女の最後の作品は、フランスのヒロインであるジャンヌ・ダルク（1412頃〜1431）を称えた詩で、1429年に出版された。ド・ピザンはその約5年後に死去したと考えられている。

**豆知識**

1. 『婦女の都』の英訳は二度行われている。一度目は1521年、二度目はより最近で、1982年にアメリカの比較文学者アール・ジェフリー・リチャーズが行った。
2. イングランド王ヘンリー四世（1366頃〜1413）は、ド・ピザンを宮廷に呼んだが、彼女は断っている。
3. 「ド・ピザン」という姓は、彼女の父親が生まれた北イタリアのピッツァーノという村の名に由来する。

# 98 伝道者・預言者 ｜ アディ・シャンカラ

**アディ・シャンカラ（700頃～750頃）は、最も偉大なヒンドゥー教の思想家のひとりに数えられる。その生涯は50年もなかったが、ヒンドゥー教の思想に大きな影響を及ぼした人物と認識されている。宗教家としての短い生涯の中、インドで長く続いていたヒンドゥー教内の対立に歯止めをかける役割を果たし、ヒンドゥー教の思想において非常に重要となる四つの僧院を建立した。**

シャンカラは、インド南部でバラモン（カーストの司祭階級）の両親のもとに生まれた。幼少期から聡明で、一度読んだものはすべて覚えてしまったといわれている。7歳のときに父親と死別し、16歳のとき、ワニに襲われて死にそうになる体験をしたのちに僧侶になる決心をした。

シャンカラが生まれたころのインドでは、ヒンドゥー教は多くの派閥に分かれていた。ヴェーダ ―― 四書から成る古代ヒンドゥー教（バラモン教）の聖典で、3000年以上前に成立したと考えられる ―― についても、派閥ごとに異なる解釈をしていた。中には、伝統的なヴェーダそのものを否定する派すらあった。インドでは長い間仏教が信奉されており、また、ジャイナ教が広まり始めたことから、ヒンドゥー教は衰退の様相を見せていた。

シャンカラは、まだ10代のときにヴェーダに関する最初の書物を記した。そして、現在のインド、ネパール、パキスタンに当たる地域を徒歩で回り、ほかの僧侶や思想家たちと議論を交わした。都市部は避けて、主に田舎で伝道した。また、四書のヴェーダそれぞれに向けた四つの僧院を建立した。最後はヒマラヤ山脈に到達し、そこで死去したと考えられている。

シャンカラが創始した学派は「アドヴァイタ・ヴェーダーンタ」と呼ばれ、現在でもヒンドゥー教の主流派のひとつとなっている。またシャンカラは、ヒンドゥー教の六つの主神のひとつのみを信じる派閥に分かれるのではなく、六つすべての主神を崇拝するようにと信徒に教えた。彼がヒンドゥー教内の派閥の橋渡しをしたことで、ヒンドゥー教はより活性化し、インドにおいてその他の宗教が普及する歯止めとなった。

**豆知識**

1. 伝説によると、シャンカラの母親は、ヒンドゥー教の主神であるシヴァ神が、息子シャンカラの姿で転生するという幻視を体験したという。
2. シャンカラが初期に行った神学に関する議論に、古代インドの性愛論書であるカーマ・スートラについてのものがあった。禁欲の僧侶であるシャンカラは、この話題について実体験がなかったが、伝説によると、それでも議論に勝つことができたという ―― そのころ死去したばかりの王の体内に入り、王の数々の体験を自ら得たとのことだ。
3. 1983年、インドの映画監督G・V・アイヤル（1917～2003）はシャンカラの生涯を描いた『Adi Shankaracharya』（仮題：アディ・シャンカラ）を製作し、高い評価を得た。同映画は、シャンカラの生きた8世紀のインドで使われていたサンスクリット語のみで撮影された最初の映画である。

# 99 指導者 アルフレッド大王

**アルフレッド大王(849〜899)は、イングランドの最初の王である —— そして、歴史的文献に見る「イングランド」という言葉を初めて使った人物だ。当時のアングロ・サクソンの諸王国をひとつにまとめてヴァイキングの侵略を打倒し、学問や文芸をグレート・ブリテン島に復興させた。ヴァイキングという侵略者を阻止したアルフレッド大王は、イングランド史上で「大王」(グレート)の呼称を冠せられた唯一の王だ。**

アルフレッドが生まれた当時のグレート・ブリテン島は、アングロ・サクソン人の部族長が統治するいくつかの小王国に分かれていた。アルフレッドはその王のひとり、ウェセックス王エゼルウルフの五番目の息子として生まれた。五番目という立場のため王になるとは思っておらず、聖職者としての修行をした。幼少期にローマへ旅をし、ラテン語を学び、ローマ教皇レオ四世によりローマの領事に指名されてもいる。しかし、865年にヴァイキング(デーン人)がグレート・ブリテン島に侵攻したあと、アルフレッドは兄たちと共に自国の防御に取り組んだ。デーン人は、アングロ・サクソン人の王国であるノーサンブリア王国とイースト・アングリア王国を倒し、870年にウェセックス王国の侵略にかかった。アルフレッドと兄エゼルレッドは、871年に「アッシュダウンの戦い」でデーン人らに猛攻撃をしかけ、打倒した。同年、おそらく戦闘での負傷が原因でエゼルレッドが死去し、アルフレッドは22歳で王位に就いた。

その後十数年にわたり、アルフレッド大王はヴァイキングを徐々に島から追い払い、886年にロンドンを奪取した。その経過の中で、いくつかに分かれていた王国を、「イングランドの人々の土地」を意味する「アンゲルキュン」というひとつの新しい領土にまとめた。彼が死去するころには、デーン人はイングランド東部の地域へと追いやられていた。

新しく統一された「イングランド」の支配者となったアルフレッド大王は、学問の復興に力を入れ、ヴァイキングとの戦争で破壊された修道院の再建を行った。学校を開き、また、自らのラテン語の能力を活かして、計三作のラテン語の宗教書と歴史書を当時の古英語に翻訳した。アルフレッド大王の年代記の作者によると、大王はこう望んでいた。「平和ならば、今イングランドにいるすべての若者は……学問に打ち込める」アルフレッド大王は50歳で死去し、息子のエドワード長兄王(870頃〜924)が即位した。

## 豆知識

1. ヴァイキングがなおも支配したイングランド東部の地域は「デーンロウ」(Danelaw)と呼ばれた。現在も、イングランド東部の多くの地名にはデーン人の名残りがある。語尾に「-by」や「-thorp」が付く地名などがそうである。
2. アメリカのアップステート・ニューヨークにある私立大学のアルフレッド大学(Alfred University)は、アルフレッド大王にちなんでその名が付けられた。同大学のスポーツチームは「サクソンズ」と呼ばれる。
3. アルフレッド大王がイングランド社会にもたらした重要な貢献のひとつに、法典の編纂がある。この法典は、トマス・ジェファーソン(1743〜1826)からウィンストン・チャーチル(1874〜1965)に至るまで、多くの政治指導者によって研究された。法典には、法的な保護範囲を貧困者や弱者にまで広げ、決闘を制限することなどが盛り込まれており、イングランドにおけるコモン・ロー(英国法)の発展の基盤となった。

# 100 哲学者・思想家 | マイモニデス

**ユダヤ教史における中心人物のひとりであるマイモニデス（1135〜1204）は、中世のスペインで生まれた宗教学者で、哲学者である。複雑なユダヤの律法を解説し、哲学と古代ユダヤの伝統の融合を試みた。また、生前は最も有名な医師のひとりとしても知られ、王やスルタン（イスラム教国の君主）の医療を任された。**

✦

マイモニデスは、イスラム支配下のコルドバで、活況の中にあったユダヤ人共同体で育ち、ユダヤ哲学、イスラム哲学、ギリシア哲学に関して幅広く書物を読んだ。当時のスペインは、宗教に寛容な黄金時代ともいわれたが、1148年に発布された法令でその時代は終わる。コルドバのユダヤ人は、イスラム教に改宗するか、スペインを去るか、あるいは処刑されるかのいずれかを迫られた。マイモニデスの家族はスペインを出ることを決め、モロッコへ逃れた。

マイモニデスは、最終的に1166年にエジプトのカイロへ移り、ユダヤ人共同体の指導者（ラビ）となった。そして、ユダヤ法を記した『ミシュネー・トーラー』を発表し、ユダヤの思想家としての地位を確立した。14巻から成るこの書物は、主にユダヤ教の宗教的な問いに焦点を当てたものだ。一方、『迷える者への手引き』（1190年）は、同時代における哲学的な論争を扱っている。1175年、宝石商をしていた弟が海難事故で死去すると、マイモニデスはひどいうつ状態となり、このことがきっかけで医学の道へ進むことを決める。やがてマイモニデスは、エジプトを代表する医学の権威のひとりとなり、ぜんそく、痔疾、中毒、およびその他の疾患に関する著書を記した。

マイモニデスは、同じコルドバ出身で親交のあったムスリムの哲学者、イブン・ルシュド（1126〜1198）と同様に、アリストテレス（前384〜前322）の哲学とユダヤの信条を融合させることに力を注いだ。マイモニデスはアリストテレスの一部の主張を受け入れなかったが、アリストテレスの科学的な視野に賛同し、「論理」と「信仰」は両立できるものだと主張した。

マイモニデスは69歳のときにエジプトで死去した。彼はユダヤ教の歴史において、最も偉大な律法の解釈者のひとりであると認識されている。彼の哲学はキリスト教にも大きなインパクトをもたらし、トマス・アクィナス（1225頃〜1274）などのカトリックの思想家が影響を受けた。

**豆知識**

1. 「マイモニデス」はギリシャ語による名である。彼はヘブライ語の「モーシェ・ベン＝マイモーン」の名でも知られ、また、ヘブライ語のあだ名は「ラムバム」である。
2. マイモニデスはエジプトに移住後、カイロのフスタートと呼ばれる地域に住んだが、この地域全体は、彼が移り住んだ数年後の1168年に焼き払われた。キリスト教王国の侵略者の手に落ちるのを阻止するためだった。
3. マイモニデスは、エジプトのスルタンであるユースフ・イブン・アイユーブ（1138頃〜1193）の侍医を務めた。このスルタンは「サラディン」の名でよく知られる。ある有名な話によると、騎士道精神で知られたサラディンは、敵であるイングランド十字軍のリチャード一世（1157〜1199）の治療にマイモニデスを派遣した。そのときのリチャード一世は、サラディンとの戦いの際に熱病で倒れていたのだ。

# 101 革新者 沈括

**博識な沈括（1031〜1095）は、地質学から陶芸に至るまで、幅広い分野に関心を持っていた。中世の中国で活躍した、非常に思考に優れた人物だ。近代的な方位磁針を考案し、地形が時間の経過とともにどう変化するのかを正しく説明し、また、中国の航海士が使う天測の機材を改良した人物であるとされている。**

✦

沈括は中国東部の杭州で生まれ、主に母親に教育を受けた。父親が下級の官吏だったことから、一家は沈括の幼少期から引っ越しを繰り返した。1051年に父親が死去すると、沈括は後を継いで官吏になった。その後の10年間、沈括は中国の南部を回って灌漑と農業の事業を指導し、優秀な行政官として知られるようになった。

職務で各地を回ったことから、沈括は中国のさまざまな地形と、竜巻や虹などの自然現象を観察することができた。そして、海岸から何百キロも離れた場所で貝殻を見つけたときには、山の侵食によって地形が変わり、海岸線が動いたのだと正しく推測した。また、沈括は虹の原理を解明して書物に記した最初の中国人である。ロジャー・ベーコン（1214頃〜1292頃）がヨーロッパで初めて同じ結論に達する200年も前のことだ。

1063年、沈括は昇進し、使節として近隣の諸王国に送られた。最初の妻とは死別し、高級官吏の娘と再婚した。沈括は皇帝に気に入られ、1072年には天文を担当する官庁の長として指名された。

この職務で沈括はふたつの事業に取り組んだ。ひとつは中国暦の改正で、もうひとつは、天体の動きを観測し記録することだ。沈括は「新法」と呼ばれる改革運動の集団に足並みをそろえて活動した。また、1080年には遠征軍の指揮者に選ばれた。

しかし、戦いに敗北し兵士６万人の死者を出したことから、沈括は退官させられ、自宅に軟禁された。1086年にようやく解放され、中国東部の鎮江にある「夢渓」という名の田舎の住居に隠居することを許された。ここで、沈括は『夢渓筆談』という随筆を書いた。これは沈括の現存する数少ない著作のひとつである（この題名は、沈括が筆を使ったことに由来する。「筆と硯しか会話する相手がいなかったため、「筆談」という題を付けた」と彼は述べている）。

豆知識

1. 沈括の墓の場所は何世紀もの間分かっていなかったが、杭州で発見され、2001年に修復されている。
2. 沈括と助手は、天体の動きを示す星図を作成するために、５年間連続で毎晩三度の測定を行った。このような徹底的な観察を行った人物は、その５世紀後のティコ・ブラーエ（1546〜1601）まで、誰ひとりいなかった。
3. 中国の王朝では、新しい皇帝が即位するたびに新しい暦が導入された。1075年に沈括が作成した暦は、次の暦が導入されるまでの約20年間しか使われなかった。

# 102 悪人 | ジョン王

**ジョン王（1167〜1216）は、悪評高いイングランド王だった。領地内で過酷な税を課し、フランスとの戦いに何度も負け、ローマ教皇に破門された。そして1215年、ジョン王の圧政にうんざりした臣下の諸侯（バロン）たちが反乱を起こし、ジョン王は、王の権限を制限する憲章「マグナ・カルタ」に強制的に署名させられることとなった。現在では、この「マグナ・カルタ」は、英米法における自由の思想の礎を築いたものと認識されている。**

✦

ジョンは、ヘンリー二世（1133〜1189）とアリエノール・ダキテーヌ（1122頃〜1204、英名：エレノア・オブ・アクイテイン）の五番目の末息子として生まれた。1189年に兄がリチャード一世（1157〜1199）として即位したが、翌年にリチャード一世が十字軍の遠征に出ると、ジョンは兄の不在を狙って支配権を握った —— この出来事は「ロビン・フッド」の物語の場面設定になっており、ジョンは主要な悪役として登場する。

リチャード一世が死去すると、ジョンが王位に就き、すぐさまフランスとの領地争いを始めた。ジョン王は、イギリス海軍の創始者だとされている。この海軍は、対フランス戦を助けるために、1200年代初頭に活動を始めている。ジョン王は戦費の確保のために、諸侯に対して、また事業の収益やイングランドのユダヤ人に対して、数々の税を課した。それにもかかわらず、ノルマンディーを含め、フランスにあったほぼすべての領地を失った。また、カンタベリー大司教の指名をめぐってローマ教皇と争いになり、1209年にはローマ教皇に破門された。

ジョン王の破門は過酷な徴税とあいまって、イングランドの多くの貴族たちの反発を招いた。そして1215年、ジョン王はロンドン近くの湿地帯ラニーミードで、反対派の25人の諸侯らと対面し、和平の条件として「マグナ・カルタ」に署名させられた。この憲章は、貴族の相続税を軽減し、同意や補償なしに王が領地を没収することを禁じ、犯罪にはそれに応じた刑を科すという原則を確立した。そして、この憲章の最大の意義は、イングランドの法律に、人が不当に拘禁されるのを防ぐ概念が導入されたことだ。「マグナ・カルタ」は歴史上重要なものであるが、短期的には諸侯の反乱を阻止する役割を果たさず、調印と同じ年に諸侯たちの反発が再燃し、第一次バロン戦争が勃発した。ジョン王は翌年、49歳で死去した。その後にヘンリー三世（1207〜1272）が即位し、ようやく平和が戻った。

**豆知識**

1. ジョン王の死後、イギリスの皇室は「ジョン」という名を避けており、非公式ながら、王位継承の可能性がある人物には「ジョン」の名を付けないことになっている。
2. 「マグナ・カルタ」の写本は17通現存している。そのうちのひとつは2007年、ある法律家に2130万ドルで売却された。これは現在、アメリカのワシントンにある国立公文書館に展示されている。
3. ジョン王は「欠地王」というあだ名が付けられていた。ヘンリー二世の末子であったジョンは、当初、領地を与えられなかったためだ。

# 103 文筆家・芸術家 ジェフリー・チョーサー

**イングランドの王たちの廷臣や外交使節を務めたジェフリー・チョーサー（1343頃～1400）は、『カンタベリー物語』の著者としてよく知られている。多数の短い物語から成るこの作品は大きな影響力を持ち、英語の発達過程における節目ともいえる作品である。**

✦

中英語（中世期の英語）で書かれた『カンタベリー物語』は、イングランドの人々の日常の言葉で書かれた最初の文学作品のひとつである。イングランドにおけるそれ以前のほとんどの文学作品では、ラテン語かフランス語が用いられていた。

チョーサーは、ロンドンの比較的裕福な商人の一家に生まれた。エドワード三世（1312～1377）の下、「百年戦争」でイングランド軍に従軍し、1360年にフランスの捕虜となっている。そして翌年、停戦状態のときに身代金と引き換えに解放された。

イングランドに戻ったチョーサーは、エドワード三世の妃の侍女だったフィリッパ・ロエットと結婚した。この結婚によって、チョーサーはエドワード三世にごく近い存在となり、1370年代には王の外交使節としてイタリアのいくつかの国に派遣された。1374年、エドワード三世は、チョーサーの生涯にわたって毎日1ガロン（約4リットル）のワインを与える決定をしている。このことから、チョーサーは外交使節として優れた仕事をしたものと考えられる。

チョーサーは、エドワード三世の後継となったリチャード二世（1367～1400）に仕えつつ、1380年代に『カンタベリー物語』を書き始めた。この作品は、カンタベリー大聖堂へ向かう巡礼者たちが語る短い物語を集めた形になっている。カンタベリー大聖堂は、イングランドにおけるキリスト教の聖地である。作品中の巡礼者たちは、当時のイングランド社会のさまざまな人々を表現したものであり、騎士、学生、法律家、宿屋の主人など一般の人々が多数登場する。

リチャード二世はいとこによるクーデターで退位させられ、そのいとこは1399年にヘンリー四世（1366頃～1413）として即位した。リチャード二世の味方だったチョーサーは、おそらくこのクーデターにより苦境に追い込まれたものとみられ、恩給を失った可能性がある。チョーサーはその翌年に死去したが、その死因は分かっていない。

### 豆知識

1. チョーサーがフランスの捕虜になったとき、彼の解放のために16ポンドの身代金を支払ったのはエドワード三世だった。このことから、チョーサーの社会的地位が高かったことがうかがえる。
2. 2001年のアメリカのヒット映画『ROCK YOU!』では、ポール・ベタニー（1971～）がチョーサー役を演じている。また同映画では、ヒース・レジャー（1979～2008）が主役として、馬上槍試合のチャンピオンを演じている。
3. チョーサーがどのような状況で死去したのか、正確には分かっていない。2005年、イギリスのコメディアン・グループ「モンティ・パイソン」のメンバーで中世史の学者でもあるテリー・ジョーンズ（1942～）は、『Who Murdered Chaucer?』（仮題：チョーサーを殺したのは誰だ？）を出版し、チョーサーはヘンリー四世の一味に暗殺されたという説をとっている。チョーサーの著作がキリスト教会を笑いものにしたためであるとのことだ。

# 104 反逆者・改革者 ジャンヌ・ダルク

**ジャンヌ・ダルク（1412頃～1431）は、およそ19歳でその生涯を終えるまでに、王たちと親しい関係を築き、戦場で負傷し、将軍として大勝利を果たした。無学な彼女だったが、死後はフランスの守護聖人となり、フランス国民のアイデンティティを形成する礎ともなった。**

✦

ジャンヌ・ダルクは、1412年ごろにフランス北東部のドンレミ村で生まれた。貧しい小作人の家に生まれたかのように描かれることが多いが、父親は農業である程度成功していた。しかし、ジャンヌの住む地域はイングランドとの戦いの重要地点だった。1337年以来間欠的にイングランドとの戦いが続いており、ジャンヌは幼少期に大きな被害を目の当たりにしている。

裁判での自らの証言によると、ジャンヌは13歳のころ、聖人たちの声が聞こえるようになったという。その声は、「武器を取ってイングランドに挑み、フランスを勝利に導け」と告げた。

この「百年戦争」と呼ばれる戦いは、フランスのヴァロア家と、当時イングランドを支配していたプランタジネット家の間で、フランスの支配権を争う戦いとして始まった。フランス国内の一般の小作人や労働者にとっては、日常生活にはほとんど関わりのないものだった。

しかしジャンヌは、この戦争を国家の争いだととらえ、ヴァロア家対プランタジネット家ではなく、フランス対イングランドの争いであると認識した。そして彼女は、ヴァロア朝の王太子シャルル（1403～1461）の王宮まで足を運んだ。シャルル王太子（のちのシャルル七世）はジャンヌに感心し、1429年にフランス軍の指揮官に指名した。ジャンヌはオルレアン包囲戦で大勝利を収め、その夏、ランスの町もフランスの手に戻った。しかし1430年、イングランド側についていたブルゴーニュ軍がジャンヌを捕らえ、イングランド側に引き渡した。そして翌年、ジャンヌは異端審問にかけられ、ルーアンで火刑に処された。しかし、死後ながら1456年にジャンヌの有罪判決は撤回され、1920年に彼女はローマ・カトリック教会の聖人に認められた。

**豆知識**

1. 戦いはジャンヌの死後22年間継続し、1453年にようやくフランスはイングランドを追い払った。しかし、イングランドが正式にフランスの支配権を放棄したのは、1801年にジョージ三世（1738～1820）が、自分の称号から「フランス王」の部分を消してからだ。
2. シェイクスピアの歴史劇『ヘンリー六世』の第一部では、ジャンヌ・ダルクは悪役として登場する。この作品は、百年戦争の一部をイングランドの視点から描いたものだ。
3. ジャンヌ・ダルクは、これまでに多くの映画で描かれている。演じた女優には、イングリッド・バーグマン（1915～1982）、ジーン・セバーグ（1938～1979）、ミラ・ジョヴォヴィッチ（1975～）などがいる。また、2003～2005年にアメリカのCBS放送で放映されたテレビドラマ『Joan of Arcadia』（仮題：ジョアン・オブ・アルカディア）の発想にもつながった。

# 105 伝道者・預言者 ｜ アル＝ガザーリー

**1091年、バグダードは世界で最も人口の過密な都市のひとつになっており、学問と商業の国際的な中心地としても栄え、また、急速に拡大するイスラム世界の政治的な主要地でもあった。そして同年、のちのイスラム教に運命的な結果をもたらす決定が下された。バグダードの統治者が、アブー・ハーミド・アル＝ガザーリー（1058〜1111）という若きペルシアの神学者に、バグダード随一の影響力を持つ学院で指導するようにと命じたのだ。**

✦

この職を任じられたとき、アル＝ガザーリーはまだ33歳だったが、以前からすでに優秀な学者としてその名を知られていた。彼は現在のイランに位置する都市トゥース（マシュハドの近辺）で生まれ、子供のときにはイスラム法を学ぶためにイスラム神学校に通った。

学院の指導者に任命されたことで、アル＝ガザーリーはバグダードで大きな影響力を持つ人物のひとりとなり、彼の神学の講義には常に多数の信徒が集まった。イスラム世界における西洋思想の影響という視点で見ると、アル＝ガザーリーはイスラムの伝統を貫く主義だったといえる――彼は『哲学者の矛盾』という書物を執筆し、アリストテレス（前384〜前322）の支持者を非難した。やがて、アル＝ガザーリーの保守的な視点は幅広く受け入れられるようになり、西洋世界とイスラム世界の文化的なつながりが閉ざされた。

しかし、若き神学者アル＝ガザーリーには秘密があった。アッラーが存在しているという確信を持てていなかったのだ。疑い深い性質の彼は、この疑問について何年も答えを追い求め、アッラーが存在するという証拠を見いだせないことに苦しんだ。彼はこう記している。「あらゆる黒い穴に入り込み、あらゆる疑問に攻撃をしかけ、あらゆる深淵に飛び込んだ。あらゆる分派の信条を精査し、あらゆる共同体の最も奥深い教義を明らかにしようと試みた」

ついに1094年、絶望に打ちひしがれる中、アル＝ガザーリーは講義の途中で異常をきたした（「一語たりとも言葉を発することができなかった」と、彼はのちに記している）。アル＝ガザーリーはバグダードを離れ、1096年にメッカへの巡礼を行い、最終的にトゥースへ戻って個人の学校を創設した。

信仰に対する葛藤についてアル＝ガザーリーが記した自伝『迷いから救うもの』は、イスラムの思想における重要な作品だ。彼は同書で、アッラーは人間の頭には理解できないものであるため、存在するという証明も存在しないという証明もできないと結論づけている。アッラーは、その存在が証明できなかったとしても、預言者や神秘主義者が実感できるものであるとした。この著作は、イスラムの神秘主義「スーフィズム」を形成する基盤となった。

### 豆知識

1. アル＝ガザーリーの弟アフマド（1060頃〜1126頃）も、有名な学者で伝道者だった。
2. バグダードを離れる際、アル＝ガザーリーはお金と所持品を手放した。バグダードのエリート階級の腐敗と圧政でもたらされた富を所持していれば、死後に贖罪（しょくざい）の機会を得られないと恐れたためだ。
3. アル＝ガザーリーの著作のいくつかは、12世紀から13世紀にかけてラテン語に翻訳され、中世期のヨーロッパの大学で使用された。西洋の人々は、アル＝ガザーリーのことを「アルガゼル」と呼んだ。

# 106 指導者 ｜ ウィリアム征服王

**ウィリアム征服王（1027～1087）は、フランスのノルマンディーの貴族で、1066年にイングランドを征服した。サクソン人の王を倒してイングランド王として統治を始め、イングランドの法律、言語、文化に大きな変化をもたらした。**

✦

「ノルマン・コンクエスト」（ノルマンの征服）の名残りは、現代英語にも見られる。フランス語を話すノルマン人による侵略の結果、英語は急速な変化を遂げた。現代英語の単語には、フランス語に由来するものが多数ある。まさに適切な例を挙げれば、「征服」を意味する「conquer」は、古フランス語の「conquerre」に由来するものだ。

ウィリアム（仏名：ギヨーム）は、フランス北部の領主ノルマンディー公の庶子として生まれ、1035年、７歳のときに公国を継承した。そしてまだ10代のときに諸侯との戦いに何度か勝利し、1053年、フランスの貴族で遠縁に当たるマティルダ・オブ・フランダース（1031～1083）と結婚した。

イングランドの侵攻は、アングロ・サクソン人であるエドワード懺悔王（ざんげ）（1003頃～1066）死後の王位継承権争いに端を発するものだった。1066年の１月に死去したエドワード懺悔王には、王位を継ぐ子供がいなかったのだ。結局ハロルド・ゴドウィンソン（1020～1066）が即位するが、ウィリアムは自らの王位継承権を主張し、同年９月にイングランド侵攻を開始した。そして「ヘイスティングズの戦い」でゴドウィンソンを倒し、1066年のクリスマスの日にイングランド王となった。

ウィリアムによるイングランド征服を記念して制作された「バイユーのタペストリー」は有名だ。この征服はイングランドに大きな変化をもたらした。ウィリアム征服王は、ロンドン塔や新しい城壁をいくつも建設し、イングランドの貴族を追い出して自らの支持者を周囲に置いた。侵略後は、何世紀にもわたってフランス語がイングランドの貴族の言語となった。また彼は、「ドゥームズデイ・ブック」という土地台帳を作成させた。これは1086年にイングランドで行われた全国調査の結果を記録したもので、中世期の生活状況を知る上で貴重な文献になっている。ウィリアム征服王は59歳で死去し、後継者として息子のウィリアム二世（1056頃～1100）が即位した。ウィリアム二世はウィリアム・ルーファス（赤顔王）としても知られる。

**豆知識**

1.「バイユーのタペストリー」は1070年代に制作され、フランス北岸のバイユー大聖堂に飾られた。丈は約70メートルで、ウィリアム征服王がアングロ・サクソン人に勝利した様子が表現されており、征服の歴史的記録としても重要である。
2.「ヘイスティングズの戦い」で、ウィリアム征服王の馬が三頭死んだが、彼が死んだという噂がノルマンディーに伝わったことから、彼は自分が生きていることを示すために、かぶとを取って馬に乗り隊列を進んだといわれる。
3.「ウィリアム征服王」という呼称は、彼の死後何年も経ってから付けられたものだ。存命中は、その生まれから「ウィリアム庶子王」という不名誉なあだ名で知られた。

# 107 哲学者・思想家 ロジャー・ベーコン

**12〜13世紀の西ヨーロッパでは、学者たちがアリストテレス（前384〜前322）やプラトン（前427頃〜前347）をはじめとする古代の哲学者の著作に再び触れるようになり、学問が目覚ましい復興を遂げた。世界の著名な大学の多くは、この時期に設立されている。ケンブリッジ大学（1209年）やソルボンヌ大学（1257年）もそうだ。**

◆

ヨーロッパにおける学問復興の立役者となった学者といえば、ロジャー・ベーコン（1214頃〜1292頃）がその代表だろう。イングランドの修道士だった彼は、中世の学問界の活性化に大いに貢献した。ベーコンは哲学者であり、また、イスラム教の思想家を熱心に支持していた。特に、イブン・シーナー（980頃〜1037）やイブン・ルシュド（1126〜1198）などの、アラビア語で著述する学者を支持した。

ベーコンは、1214〜1220年ごろにイングランドのイルチェスターで生まれた。裕福な家の出身だと考えられているが、彼の幼少期についての詳細を示す記録は残っていない。オックスフォード大学とパリ大学で教育を受け、1256年か1257年に、パリで修道会であるフランシスコ会に入会している。フランシスコ会の熱心な会員だったベーコンだが、その生涯にわたり、宗教上の疑問に関して会との衝突が続いた。フランシスコ会では、修道士は特別な許可なく書物を発表することが禁じられていたが、ベーコンはこの規則を何度も破っている。1266年、ベーコンは、修道士としての最初の10年は事実上の監禁だったとの不満を記している。

ベーコンは著作の中で、ほかの学者たちにいくつも疑問を投げかけている。彼は、学者たちは既成の知識や権威とされる古代の著作に依存しすぎており、そういった情報の科学的・哲学的な思想を論証することなく、無批判に依拠しているとした。一方のベーコンは、新たな科学の検証を支持した先駆的な人物で、これまでの情報源とは異なる著述を読むようほかの学者たちに強く勧めた。彼が特に勧めたのはアラビア語の著作である。古代ギリシアの思想をヨーロッパに再び紹介する大きな役割を果たしたのは、アラビア語の著述家たちだ（実際、ヨーロッパの大学で広く使われていた文献は、ギリシャ語の原本を翻訳したものではなく、アラビア語版から翻訳されたものだ）。1272年、ベーコンは『Compendium Studii Philosophiae』（仮題：哲学に関する大要）を発表し、同書の中で、聖職者は哲学の問題に関して無知であると攻撃した。この書物は非難され、ベーコンは報復として投獄された可能性がある。ベーコンは1280年ごろにイングランドに戻り、そこで死去した。

**豆知識**

1. ベーコンはアラビア語の著述家たちの影響を受け、占星術を信じていた ── このことから彼は1277年に教会に非難され、捕らえられた。
2. ベーコンは、その名こそ出てこないものの、イタリアの小説家ウンベルト・エーコ（1932〜2016）による1980年のベストセラー小説『薔薇の名前』（"Il Nome della Rosa"　河島英昭訳　東京創元社　1990年）の主要人物である。
3. ベーコンについて伝わっている話として、彼が火薬を発明したというものがあるが、これは事実ではない。しかし、彼はヨーロッパで初めて火薬の原理を説明した人物のひとりである。火薬は、中国の科学者によって何百年か前にすでに発明されていた。

# 108 革新者 | フィボナッチ

**「フィボナッチ」の通称でよく知られるレオナルド・ダ・ピサ（1170〜1250頃）は、イタリアの数学者で、その生涯のほとんどをピサで過ごした。中世の数学の発展に重要な役割を果たした人物で、西洋にアラビア数字と小数点を広めるきっかけを作った。**

◆

しかし、彼が一番よく知られているのは「フィボナッチ数列」だろう。これは子供にも理解できる単純な概念でありながら、同時に奥深い概念でもあり、数学者たちはその理論的な意味を研究し続けている。「フィボナッチ数列」では、それぞれの数は、その手前に並ぶふたつの数の和である。つまり、「1、1、2、3、5、8、13、21、34……」のようになる。この数列は自然界で頻繁に見受けられる。例えば、ヒマワリの種や、アーティチョークの葉、松ぼっくりのかさなどの同心配置は、この規則に従っている。芸術の世界では、この数列を基にした「黄金比」が利用されている。これは人間の目に最も美しく映るとされる比率で、ルネサンス期の画家たちが好んで用いた。

フィボナッチはピサで生まれたが、若いころのほとんどを、父親が外交使節として任務に就いていた北アフリカで過ごした。アラブ圏で育った彼は、アラビア・インド式の記数法を学んだ。そしてこの記数法は、当時のヨーロッパで使われていたローマ数字よりも効率的だと思った。実際、彼がピサに戻って1202年に発表した書物『算盤の書』の主要な目的は、アラビア数字が優れていることを示すことにあった。

フィボナッチはそのほかにも、幾何学や数論に関する著作を何作も記しているが、そのうちの一部は現存していない。フィボナッチは神聖ローマ帝国の皇帝フリードリヒ二世（1194〜1250）の目に留まり、1225年には、数学好きの皇帝に一連の数学の問題を与えられ、解法を示している。後年、生まれ故郷のピサで恩給を与えられ、そこで80歳ごろに死去した。

**豆知識**

1. 「フィボナッチ」という通称は、「ボナッチオの息子」を意味するラテン語「filius Bonacci」に由来する。「ボナッチオ」は、父親グリエルモの通称である。
2. フィボナッチの時代のピサは独立した共和国だったが、1406年にフィレンツェ共和国に占領された。
3. フィボナッチ数列の研究に特化した雑誌『The Fibonacci Quarterly』（仮題：フィボナッチ季刊誌）という定期刊行物が、1963年にアメリカで創刊されている。

# 109 悪人 チンギス・ハン

**モンゴル帝国の初代皇帝チンギス・ハン(1162頃〜1227)は、軍長として騎馬隊を率いた。彼の騎馬隊は、アジアの諸都市に残忍な攻撃をしかけたことで悪名高かった。チンギス・ハンはその生涯を終えるまでに、中国と中央アジアにまたがる巨大な領域と、東ヨーロッパの一部を支配下に収めた。彼の死後、息子と孫息子たちが帝国の領土をさらに広げ、モンゴル帝国は人類史上最大の領土を持つ帝国となった。**

✦

チンギス・ハンの侵略による死者数や破壊のすさまじさは有名だった。彼の常套手段は、まず都市を包囲し、降伏を拒否した住民を皆殺しにするというやり方だった。モンゴルでは国民的英雄として称えられているが、世界のほとんどでは、チンギス・ハンの名は残酷非道な戦術と結びつけられている。

チンギス・ハンの出生時の名は「テムジン」で、彼はモンゴルの遊牧民族の首長の息子として生まれた。9歳のときに父親が部族内の対立する派閥に毒殺されたことから、テムジンと母親は貧困に陥った。やがてテムジンは、部族の領地の支配権を取り戻すべく、父親の敵の一掃をはかった。カリスマ的な指導者だった彼は、モンゴル高原の近隣の諸部族に戦いをしかけ、領域一帯を支配下に収めた。そして1206年、「皇帝」を意味する「ハン」を称して皇帝の座に就いた。

チンギス・ハンはその後20年にわたり、過去に類を見ないほど、征服に征服を繰り返した。モンゴルの小型の馬に乗った彼の騎馬隊は、1215年に北京を陥落して中国北部を征服した。1220年代になると、彼はペルシアとカフカス地域に侵攻した。モンゴル人は都市の襲撃の経験がない遊牧民だったが、投石機などの包囲攻撃兵器の利用や、その他の中世の軍事戦術をすぐにマスターした。

1227年、タングート族を打倒し指導者を殺したあと、チンギス・ハンは落馬がもとで死んだ。遺体は秘密の場所に埋葬され、現在に至るまでその墓地は発見されていない。モンゴル帝国はチンギス・ハンの死後も40年間拡大を続け、彼の息子たちが支配した1250年代にその領土は最大に達した。

**豆知識**

1. モンゴル北部に位置するモンゴル帝国の首都カラコルムは、1889年にロシアの考古学者によって発掘された。
2. 伝説によると、チンギス・ハンは、墓標も何もない秘密の場所に自分の遺体が埋葬されることを望んだ。彼の希望をかなえるために、埋葬に携わった一行は、埋葬地への途上で出会ったすべての人々を殺害した。埋葬後は、墓地のありかが暴露されないように、関わったすべての使用人と兵士たちまでもが殺害されたという。埋葬地は現在も分かっていない。
3. 以前のモンゴルの共産主義政権下では、チンギス・ハンの肖像を飾ることや、その名を口にすることすら違法だった。この共産主義政権は1990年に崩壊した。

# 110 文筆家・芸術家 | フィリッポ・ブルネレスキ

**フィレンツェの数々の偉大な建築物を設計したフィリッポ・ブルネレスキ(1377〜1446)は、イタリアの建築史を語る上で欠かせない人物だ。彼の傑作であるフィレンツェの大聖堂のドームは、伝統的なローマの古典主義にルネサンスの楽観性とヒューマニズムを融合させた、大胆で新しい建築様式の先駆けとなった。**

✦

金細工と彫刻を学んだブルネレスキがその名を知られるようになったのは、1401年、フィレンツェの洗礼堂の青銅扉を設計する競技会に参加したことがきっかけだ。結局はロレンツォ・ギベルティ(1378〜1455)に負けたが、この競技会に参加したことで、当時24歳だったブルネレスキはフィレンツェの新進芸術家としての名声を得た。

そして1418年、フィレンツェでまた別の競技会が開催された。大聖堂を完成させるための設計だった。大聖堂の建築工事はすでに進み、巨大なドームの設置を残すのみとなっていたが、建物を崩壊させることなくドームを設置する工法が確立されていなかったのだ。当時のフィレンツェは、権力と富の最高潮に達する時期に当たり、この大聖堂はフィレンツェの偉大さを象徴する重要な建築物だった。

ブルネレスキは再び競技会に挑戦し、ギベルティに勝利した。ブルネレスキの設計は、古代ローマの遺跡と工学の論文を精査して考案したものだった。八面のドームとその頭頂部のランタン(採光部)の建設は、彼の一生涯にわたって続いた —— 彼の死後も、一部は未完成だった。3万5000トンのレンガを積み上げて完成されたこのドーム(「ドゥオーモ」と呼ばれる)は、世界最大のものとなった。

ドゥオーモのほかにも、ブルネレスキは病院(保育院)や御殿、そしていくつもの聖堂を設計した。フィレンツェ対ピサとの戦争時には要塞の設計にも携わっている。また、ドゥオーモに必要な大量のレンガを運ぶための新しい運搬船の設計を試みた。ブルネレスキは1446年に死去し、自らが設計した大聖堂に埋葬された。

**豆知識**

1. フィレンツェの建築美はあまりにも素晴らしく、フィレンツェの訪問者がその壮観さから身体的に圧迫感を受けるという症状が見られており、これは「スタンダール・シンドローム」と名付けられている。この呼称は、1817年にフィレンツェを訪れてこの症状に陥ったフランスの小説家スタンダール(1783〜1842)に由来する。
2. ブルネレスキのドゥオーモが建設されるまでは、ローマのパンテオンのドームが1300年にわたって西洋で最大のドームだった。直径約43.7メートルのドゥオーモは、約43.2メートルのパンテオンのドームよりわずかに大きい。
3. ブルネレスキの墓は、1972年に大聖堂の南側側廊の地下で見つかっている。

# 111 反逆者・改革者 ｜ ジロラモ・サヴォナローラ

**ジロラモ・サヴォナローラ(1452〜1498)は、イタリアのフィレンツェの政府を短期間支配したドミニコ会の修道士だ。サヴォナローラの支配は4年しか続かなかったが、彼は多くの芸術品を破壊し、キリスト教の厳しい道徳規範を強制することによりフィレンツェに大きな爪痕を残した。当初は幅広い支持を受けて権力の座に就いたが1498年には捕らえられ処刑された。**

✦

サヴォナローラはイタリア北部の都市フェラーラで生まれ、21歳のときに両親の意向に反してドミニコ会に入会した。彼は、ローマ教皇と教皇庁はキリスト教の教えに背いたと考えており、さかんに批判するようになった。サヴォナローラは1482〜1487年にフィレンツェの修道院にいたが、そのときは特に目立ったことはしていない。彼が大々的な行動に出たのは、1490年に再びフィレンツェにやってきてからだ。当時のフィレンツェはヨーロッパ有数の豊かな都市で、イタリア・ルネサンスの中心地だったが、宗教活動の拠点とは認識されていなかった。都市フィレンツェには、当時一帯を支配していたメディチ家の力によって、世界随一の豪華な御殿やモニュメントが建設されていた。

サヴォナローラにとって、きらびやかなフィレンツェの文化は単なる堕落にすぎず、その芸術と文学は罪への誘惑でしかなかった。裸体の描かれる数々の絵画や、同性愛に対する比較的寛容なフィレンツェの文化は、サヴォナローラにとっては耐え難いものだった。そして彼は説教の中でメディチ家を痛烈に非難し、メディチ家によるフィレンツェの支配に不満を持つ層との接触をはかった。1494年、フランス軍がイタリア北部に侵攻し、その混乱の中でメディチ家はフィレンツェから追放された。サヴォナローラは絶大な支持を得てフィレンツェの支配権を握ると、道徳規範の改革に着手した。同性愛者を死刑にしたり、不道徳と見なした書物や芸術品などを燃やす「虚構の焼却」と呼ばれる行為が行われた。

また、教皇制度に反対する説教を続けたことから、サヴォナローラは1497年に教会から破門された。こうした中で、彼に対するフィレンツェ市民の不満が広がっていった。あるとき、サヴォナローラが「火の試練」(火の中を歩き、焼けなかったら預言者である証明になる)を受けて自らが正しいことを証明すると提案すると、残念ながら市民はそれに賛成した。1498年4月、サヴォナローラは気が変わって「火の試練」を受けることを急遽中止したが、それでも結局、彼は火による試練を受ける運命となった——同月、捕らえられて死刑を宣告され、1498年5月、火刑に処されたのである。こうして、一般大衆を味方につける神権政治の試みは終了した。

## 豆知識

1. サヴォナローラの「虚構の焼却」は、アメリカの小説家トム・ウルフ(1930〜2018)による1987年の小説『虚栄の篝火』("The Bonfire of the Vanities"　中野圭二訳　文藝春秋　1991年)の題名の由来になった。同書は1980年代のニューヨークの虚栄を皮肉った作品である。
2. サヴォナローラの神学的思想は、ローマ・カトリック教会と異なるものではなかったが、ローマ教皇庁の腐敗を批判したことから、一部のプロテスタント信者に宗教改革の先駆者であると認識されている。プロテスタントの発祥地であるドイツのヴォルムスには、マルティン・ルターに並んでサヴォナローラの銅像が立てられている。
3. イタリアのルネサンス期によく使われていた折りたたみ椅子には、サヴォナローラの名を取って「サヴォナローラ・チェア」という名が付けられている。

# 112 伝道者・預言者 ｜ ピエール・アベラール

**1120年ごろのパリでのある晩、フランスの代表的な学者ピエール・アベラール（1079〜1142）の寝室に、数人の男たちが押し入った。襲撃者たちは、教師として名高いアベラールを捕らえて押さえつけ、残忍にも、彼の陰部を切り落とすという復讐を遂げた。**

✦

アベラールは、押しの強く辛辣な物言いをする知識人で、その鋭い洞察力と機知で名が知られており、中世において大きな影響力を持つキリスト教神学者だった。しかし彼が現在最もよく知られているのは、彼の禁断の愛のことと、その結果として受けた残虐な罰のことだろう。

アベラールはブルターニュで生まれ、20代前半にパリに移った。下級の貴族の息子として生まれたが、学問に打ち込むために財産の継承は放棄した。じきにパリ随一の教師となり、手強い討論をすることで有名になった。

名声を博したアベラールは、フュルベールという名の、パリの聖堂の参事の目に留まり、フュルベールの美しい15歳の姪エロイーズ（1098〜1164）の家庭教師として雇われた。するとアベラールは聡明なエロイーズに夢中になり、やがて彼女を誘惑した。

恋仲になった当初、ふたりはエロイーズの保護者であるフュルベールに気づかれずに関係を続けていたが、エロイーズが妊娠して息子を出産すると、フュルベールは激怒した。協議の末、フュルベールは、エロイーズより19歳年上のアベラールとエロイーズが秘密裏に結婚することを許した。しかし、フュルベールがふたりの結婚を公にすると、エロイーズは婚姻関係を否定した。そして、アベラールも否定した —— このことが公に知られれば職に響くと思ったためだ。フュルベールは、アベラールがエロイーズを捨てようとしているのだと解釈し、名誉を傷つけられた復讐として、アベラールを襲撃する命令を出した。

アベラールの襲撃後、エロイーズは女子修道院で過ごした。そして今や夫ではいられなくなったアベラールは、パリに残って修道士となった。ふたりの間で交わされた書簡が現在も数多く残っているが、その多くはアベラールが襲撃される以前のものである。襲撃後もふたりは書簡を交わし続けていたが、その理由については学者の間でさまざまな説がある。純粋に信仰のことを話し合っていたのではないかという説もある。アベラールの死後、20年経ってエロイーズが死去するとふたりはようやく再会した。現在ふたりはパリの墓地に並んで埋葬されている。

**豆知識**

1. エロイーズは、私生児である息子をアストロラーベと名付けた。船乗りが航海で使う「アストロラーベ」という機器に由来するものだ。この機器は当時、イスラム世界からヨーロッパに紹介されたばかりだった。
2. 1971年、ブロードウェイのミュージカル『Abélard and Héloïse』（仮題：アベラールとエロイーズ）が初演された。エロイーズを演じたダイアナ・リグ（1938〜）は、同年のトニー賞主演女優賞にノミネートされている。アベラールとエロイーズの名は、作曲家コール・ポーター（1891〜1964）による1935年の作品『Just One of Those Things』（仮題：ジャスト・ワン・オブ・ゾーズ・シングス）の歌詞にも使われている。「アベラールがエロイーズに言ったように／私に手紙を書くのを忘れないで」（As Abélard said to Héloïse / Don't forget to drop a line to me please）
3. アベラールとエロイーズが埋葬されているパリの墓地には、ロックバンド「ドアーズ」のボーカルだった伝説的ミュージシャン、ジム・モリソン（1943〜1971）も埋葬されている。

# 113 指導者 ゴドフロワ・ド・ブイヨン

**この人物は、キリスト教徒にとっては伝説的な英雄で、勇敢さの象徴だ。イスラム教徒にとっては、中東に不当な戦いをしかけ、流血と惨状と破壊という爪跡を残した張本人のひとりだ。**

✦

ゴドフロワ・ド・ブイヨン（1060頃〜1100）は、第一回十字軍の指導者のひとりである。十字軍は、キリスト教徒による聖地エルサレムの奪還を目的とした侵攻軍だ。十字軍遠征は、キリスト教史においてもイスラム教史においても重要な転機となった出来事であり、また、何百年も続く緊張の火種ともなった —— 現在に至るまで、それは続いているといってよい。

第一回十字軍遠征は、1095年にローマ教皇ウルバヌス二世（1035〜1099）が、聖地奪還のために軍を派遣するようヨーロッパ諸国の王たちに呼びかけたことから始まった。十字軍遠征の大義名分は、聖地のキリスト教徒を守り、イスラム教徒の侵略で領地が縮小しているビザンチン帝国を支援するためだった。

ゴドフロワは、現在のベルギーに当たるブラバント地域の騎士であった。彼はウルバヌス二世の呼びかけに熱意をもって応え、真っ先に十字軍への参加を表明したヨーロッパの指導者のひとりだった。ゴドフロワはフランスの何千もの騎士と共に中央ヨーロッパを渡り、ビザンチン帝国の首都コンスタンティノープルへと向かい、そこで援軍と合流した。

第一回十字軍の戦いのほとんどは1097〜1099年の間に行われ、十字軍はイスラム勢力を相手に連勝した。そして最終的に1099年7月にエルサレムを占領し、ゴドフロワは「エルサレム王国」の指導者に選ばれたが、彼は「王」という称号を拒否し、「聖墓守護者」を名乗った。

ゴドフロワは翌年に死去した。以後、彼は忠誠心を持って勇敢に戦った軍人として称賛され、十字軍の偉大な人物として美化された。そして死後何百年にもわたり、キリスト教徒の騎士の模範として称えられ続けた。

しかし、エルサレム王国は短命に終わった。1187年、勢力を再編成したイスラム教側がエルサレムから十字軍を追い出した。結局、聖地の支配をめぐる十字軍遠征は計九回に及び、エルサレムには不信と宗教対立という負の遺産が残された。

**豆知識**

1. ゴドフロワは、騎士道の模範的な軍指揮者として中世の文学で引き合いに出される「九偉人」のひとりである。ヨーロッパ人がゴドフロワを含めた「九偉人」を崇めたことを、スペインの作家ミゲル・デ・セルバンテス（1547〜1616）が小説『ドン・キホーテ』でパロディの題材に使い、ヨーロッパ文学で騎士道が美化されていることを揶揄した。
2. キリスト教側は1187年にエルサレムの支配権を奪われたが、「エルサレム王」という称号は今も存在しており、現在はスペイン王のフェリペ六世（1968〜）が使用している。
3. エルサレムにあったゴドフロワの墓は、1808年に破壊された。

# 114 哲学者・思想家　オッカムのウィリアム

**中世のイングランドの哲学者、「オッカムのウィリアム」（1285頃～1347頃）は、現在でも「オッカムの剃刀（かみそり）」という有名な論理でその名を知られている。これは、「可能な限り単純な説明こそが、たいていの場合において正しい」という概念だ。ウィリアムはこの論理で有名だが、彼の記した著作は、キリスト教神学、物理学、認識論についてなど、実に幅広い。**

◆

「オッカムのウィリアム」という通称はウィリアムの生まれたイングランド南部の村オッカムに由来する。彼の若いころについてはほとんど分かっていない。オックスフォード大学で学び、1306年にフランシスコ会の修道士になると修道院での清貧な生活を受け入れるようになった。

ウィリアムの最初の著作は、1323年ごろに書かれた論理に関する書物『Summa Logicae』（仮題：ロジックについての要約）だ。この書物が物議をかもしたことと、加えて政治的な争いもあり、ウィリアムは異端者として1324年に教皇庁に呼び出された。以後生涯にわたってウィリアムは教会の権威とたびたび争いを繰り返すこととなる。1328年には正式にローマ・カトリック教会から破門された。ならず者とされた彼は、二度とイングランドに戻ることはできなかった。

ウィリアムは、中世のヨーロッパで始まった影響力のある思想、「唯名論」を確立したひとりとされている。それ以前には、プラトン（前427頃～前347）の主張した「普遍」の立場が多くの学者の間で揺らいでいた。プラトンの説は、例えば犬について言えば、個々の犬だけではなく普遍的な「形相」の犬が存在するというものだった。唯名論ではこの見方を否定し、存在するのは個々の犬のみであり、「犬の形相」という概念は人間の精神が作り上げたものにすぎないとした。この考えを「オッカムの剃刀」として理論化したのはウィリアムではないが、ウィリアムがこの概念を多用したことからそう呼ばれるようになった。「剃刀」とは、ありそうもない仮定を削り取り、最も正しそうな説明に到達する過程を表したものだ。ウィリアムが信じたのは、仮定条件を最小限にした最も簡単な説明こそが、おそらくは正しいということだ。言い換えると、個々の犬のみが存在するという可能性が最も高く、プラトンの主張する目に見えない普遍的な犬は存在しない、ということである。

破門されたあとのウィリアムは、生涯のほとんどをイタリアとドイツで過ごし、哲学についての著作を書き続け教皇と政治的に争った。そして流行した黒死病によってミュンヘンで死去した。

**豆知識**

1. ウィリアムの著作はすべてラテン語で書かれていたが、彼は中英語の話者だったと考えられている。中英語とは1066年の「ノルマン・コンクエスト」以降の英語で、フランス語の単語が多く借用された。
2. 破門後のウィリアムは、盗んだ馬に乗り、ドイツ語圏のバイエルン公国へ逃げて処罰を避けたとされている。
3. ウィリアムがローマ教皇ヨハネス二十二世（1249～1334）と不和になった大きな原因は、使徒のような清貧な生活を送ることについての意見の相違だった。フランシスコ会のほかの修道士と同様にウィリアムは、キリストの使徒たちは貧しい生活を送り、のちの信者に模範を示したと考えていた。教皇はこれに反対したことから、対立が深まった。

# 115 革新者 アルベルトゥス・マグヌス

**アルベルトゥス・マグヌス(1200頃～1280)は、中世における名高い神学者であり、哲学者である。のちに、ローマ・カトリック教会への貢献が称えられて聖人に認められたが、科学分野においては、何世紀にもわたって不名誉な扱いを受けた。科学史上類を見ない、とんでもない作り話に関連づけられてしまったせいである —— どんな金属でも純金に変えるという伝説の物質、「賢者の石」を生成したという話だ。**

✦

伝説によると、アルベルトゥス・マグヌスは晩年に「賢者の石」の生成方法を見いだしており、弟子のトマス・アクィナス(1225頃～1274)に臨終の場でこっそり伝えたという。これは事実ではない —— トマス・アクィナスはアルベルトゥス・マグヌスよりも先に死んでいるのだ。しかしこの話が伝えられたことで、アルベルトゥスは中世の偽科学者であるとのレッテルを貼られた。

しかし実際は、アルベルトゥスは当時最も革新的な考えを持つ学者のひとりだった。「論理」と「信仰」は両立するという彼の立場は、現代科学を発展させる一助となった。同じ時代のロジャー・ベーコン(1214頃～1292頃)と同様に、アルベルトゥスは科学に関する中世の批判者の疑問を受け継ぎ、植物学、生理学、天文学、地理学、化学に関する研究を自ら行った。そしてこう記している。「自然科学の目的とは、他者の述べたことを単に受け入れるのではなく、自然の事象の原因を検証することだ」

アルベルトゥスはドイツで生まれ、イタリアのパドヴァ大学で学んだ。1223年にドミニコ会の修道士となり、ドイツのさまざまな学校で教鞭をとった。のちにパリへ移り、トマス・アクィナスを含む弟子を教えた。講義では、アリストテレス(前384～前322)をはじめとする古代ギリシアの思想家の主張を、ヨーロッパの思想に取り入れることを強調した。

またアルベルトゥスは、教会の政治においても重要な人物であり、バイエルンの都市レーゲンスブルクの司教を3年間務めた。また、失敗に終わった1270年の十字軍の編成にも携わった。ヨーロッパで最も偉大な思想家のひとりとして称賛されたアルベルトゥスは、1280年にケルンで死去した。

**豆知識**

1. 「マグヌス」とはラテン語で「偉大な」を意味する敬称である。アルベルトゥスは、神学における功績が認められてこの敬称が付けられた。英語では「Albert the Great」と呼ばれることがある。
2. アルベルトゥスは、「賢者の石」を生成することはできなかったが、ヒ素をヨーロッパで最初に発見した人物である。1250年ごろにヒ素の分離に成功した。
3. アルベルトゥスは、1931年に教皇ピウス十一世(1857～1939)によって、ローマ・カトリック教会の聖人に認められた。学生と科学者の守護聖人であり、オハイオ州の都市シンシナティの守護聖人でもある。

# 116 悪人 ｜ ヴラド串刺し公(ヴラド三世)

**ヴラド三世(1431〜1476)は、オスマン帝国によるワラキア公国(現ルーマニアに位置する)への侵略を阻止した人物で、ルーマニアでは現在でも、イスラム勢力に抵抗し故国を守った英雄と見なされている。しかしルーマニア以外でヴラドが最も知られているのは、敵に対して与えた、串刺しという残忍非道な罰のことだろう。そして、彼に付けられた「ドラキュラ公」のあだ名は有名だ。**

✦

彼のあだ名に使われた「ドラキュラ」は、小説家ブラム・ストーカー(1847〜1912)の創作した不死身のヴァンパイアだ。トランシルヴァニア地方のワラキア公国の支配者だったヴラドは、「ヴラド串刺し公」としても知られる。敵を処分するときには、串刺しでじわじわと殺していくことを好んだ。伝説によると、ヴラドはある日、何千もの人々を串刺しにし、人々が身もだえする中で祝宴を開いたという。

ヴラドは、ワラキア公のヴラド二世(1390頃〜1447)の息子である。ヴラドに付けられた「ドラキュラ公」というあだ名は、ラテン語で「ドラゴン」を意味する言葉に由来する。これは父親のヴラド二世が、「ドラゴン騎士団」という、神聖ローマ帝国をオスマン帝国から守る目的で結成された集団の団員だったことによる。

1447年、ヴラドの父親と兄がワラキア公国の貴族に暗殺された。以後9年間にわたり、ヴラドは公国の支配権を握るべく戦いを繰り返すが、その中で彼の冷徹さが知られることとなった。ヴラドは1456年にようやくヴラド三世として即位し、公国の支配権を掌握した。

一方、オスマン帝国は1453年にコンスタンティノープルを占領し、イスラム勢力によるヨーロッパ侵略の足がかりを作った。そして1462年にはワラキア公国に侵攻するが、オスマン帝国軍は、そこで残虐な光景を目にすることとなった。侵攻しようとする者への警告として、ヴラド三世は2万人もの捕虜を串刺しにして殺害したのだ。このときオスマン帝国は撃退されたものの、ヴラド三世は同年に退位させられ、その後の12年を牢獄で過ごした。1476年に短期間、権力の座に返り咲いた時期があったが、同年、45歳のときにオスマン帝国によって処刑された。その後400年の時を経て、小説家のブラム・ストーカーがヴラドの名を見つけ、東ヨーロッパの伝承にあるヴァンパイアを取り入れながら、架空のドラキュラ伯爵というキャラクターを創作した。彼の小説『吸血鬼ドラキュラ』が出版され、映画化やドラマ化もされたことから、「ドラキュラ」の名は拷問と残虐性の代名詞として定着した。

**豆知識**

1. ヴラド三世の退位後は、息子の「ミフネア悪行公」(1462頃〜1510)が君主の座を継いだ。あだ名からも分かるように、ミフネアは父親と同様、寛大な人物ではなかった。敵を罰する際には鼻を切り落としたとされている。
2. ヴラド三世の生まれたトランシルヴァニア近辺に、ヴァンパイアのテーマパークを建設する計画があったが、2002年に取りやめになっている。
3. ヴラド三世は、死後、ルーマニアのスナゴヴ湖にある島の修道院に埋葬された。彼の墓は1931年に掘り起こされたが、中には何もなかったとされている。

# 117 文筆家・芸術家 | レオナルド・ダ・ヴィンチ

**その天才的な頭脳で伝説に語られるレオナルド・ダ・ヴィンチ(1452〜1519)は、ヨーロッパのルネサンス期において、ほぼすべての知的分野で優れた才能を発揮した。工学、数学、設計、解剖学における業績のほか、発明や著述も行い、どの分野においても秀でていた。しかし何よりも顕著なのは画家としての業績だ。イタリアの貴族の女性を描いた謎めいた肖像、『モナ・リザ』は、西洋美術史における大傑作のひとつと認識されている。**

◆

レオナルドは、イタリアのフィレンツェ共和国の一部であるトスカーナのヴィンチ村で、農夫の娘の私生児として生まれた。10代のときにフィレンツェの画家に師事し、生涯のうちにミラノ、ローマ、ボローニャ、ヴェネツィア、そしてフランスでも活動している。

1482〜1499年のミラノ在住中、ドミニコ会の修道院に大きな壁画『最後の晩餐』を描いた。彼の代表作のひとつであるこの壁画には、イエスが十二使徒と夕食の席に着き、使徒のひとりが裏切ることを予告する場面が描写されている。

レオナルドは1500年にフィレンツェに戻り、『モナ・リザ』の制作にかかった。この絵画は彼が死の直前にようやく完成させたもので、トスカーナの商人の妻リザ・デル・ジョコンド(1479〜1542)の肖像である。フランス王のフランソワ一世(1494〜1547)が購入し、現在はパリのルーヴル美術館に展示されている。

絵画制作のほかに、レオナルドはヴェネチア軍とフィレンツェ軍の工学者としても活躍した。また、人体の解剖学を研究し、人間の胎児のデッサンを描いた最初の人物にも数えられている。さらに、イスタンブールにおける架橋を構想し、設計図を描いた。「レオナルド・ダ・ヴィンチ手稿」と呼ばれる、彼の書き記したノート(これは出版を考慮して左右逆に書かれていた)には、レオナルドの幅広い知識を示すデザインが多数描かれており、中には原始的なヘリコプターやハンググライダーなどの設計図もある。理想的な人体を描いた『ウィトルウィウス的人体図』は、ルネサンス期の最も有名なデッサンのひとつだ。

フランスのフランソワ一世は1515年にイタリアに侵攻し、1516年にレオナルドをパリに迎えた。レオナルドはパリで67歳のときに死去した。

### 豆知識

1. 『最後の晩餐』はもろい作品であるため、完成以来ずっと、愛好家たちは保存状態を心配してきた。元の作品の大部分が剝がれたり色あせたりしており、ナポレオン戦争でも第二次世界大戦でも損傷を受けている。現在は、作品の保護のために鑑賞時間は15分に制限されている。
2. マイクロソフト社の共同創業者ビル・ゲイツ(1955〜)は、1994年に「レオナルド・ダ・ヴィンチ手稿」の中の「レスター手稿」を380万ドルで購入した。
3. 20世紀で最も有名な盗難事件のひとつとして、『モナ・リザ』が1911年にルーヴル美術館から盗まれた事件がある。フランスの警察は2年に及ぶ捜査を続け —— 一時はパブロ・ピカソ(1881〜1973)が容疑者となった —— ようやくイタリア人のビンセンツォ・ペルージャ(1881〜1925)を逮捕した。『モナ・リザ』は1914年にルーヴル美術館に返却された。

# 118 反逆者・改革者 | バルトロメ・デ・ラス・カサス

**バルトロメ・デ・ラス・カサス（1480頃～1566）は、南アメリカがスペインの植民地だった時代に、先住民への虐待に公に抗議した数少ないスペイン人である。ドミニコ会の修道士で、のちに司教を務めたデ・ラス・カサスは、自らの立場を危うくしてまで、新大陸の先住民に対する拷問と虐殺を暴露した。**

✦

デ・ラス・カサスは、1550～1551年にスペイン国王の命令により行われた南アメリカの先住民をめぐる論争に参加し、南アメリカの先住民の人権を擁護して熱弁をふるった。しかし、彼の論争の相手だったドミニコ会員は、白人には「より劣った」人種を奴隷にする「先天的な」権利があると反論した —— この白人優位の見方はその後も続くこととなる。

デ・ラス・カサスが植民地におけるスペイン人の行動を非難した報告書は、何百年も忘れ去られていたが、より最近になって、記録に残る最古の反帝国主義の書物のひとつであるとして引用された。またデ・ラス・カサス自身も、2008年にローマ・カトリック教会の聖人の候補に挙げられた。

デ・ラス・カサスはセビリアで生まれた。スペインの探検家クリストファー・コロンブス（1451～1506）が初めて新大陸に渡ると、デ・ラス・カサスは新たな土地に入植する一団に加わった。1502年にイスパニョーラ島に到着し、1512年には新大陸で叙任された初のカトリック司祭となった。スペイン人たちがやってきたことで、カリブ海の島の先住民には悲惨な結果がもたらされた。デ・ラス・カサスの見積もりでは、コロンブスが新大陸にたどり着いた当時300万人いたイスパニョーラ島の先住民は、数十年後には300人になっていた。主な死因は、ヨーロッパ人によって持ち込まれた、先住民が免疫を持たない病気によるものだった。しかしデ・ラス・カサスは、農業と鉱山の労働力として先住民を奴隷にする「エンコミエンダ制」も、急激な人口減の原因となったと主張した。

デ・ラス・カサスはその後30年ほど、たびたびスペインに戻り、先住民の扱いを改善するよう政府に訴えかけ、1550年、奴隷についての神学的な正当性を議論する「バリャドリッド論争」に参加した。その２年後、スペインの入植者による人権侵害についての概要を記した『インディアスの破壊についての簡潔な報告』を出版した。デ・ラス・カサスは自らの信念を曲げることはなく、晩年には新大陸におけるスペインの方針に対してひどくシニカルになり、こんな言葉を残している。「無限とも思える数の人々を殺害し、破滅させる理由は何なのかといえば、キリスト教徒たちには究極の目的があるからだ。金（きん）を獲得するという目的が」

**豆知識**

1. デ・ラス・カサスはコロンブスの友人で、コロンブスの航海誌の初版を編集した。
2. 1544年、デ・ラス・カサスは、現在のグアテマラに位置するチアパスの司教に叙任された。彼は司祭たちに、奴隷の解放を拒否するスペイン人の赦免をしないように命じたが、この命令は無視された。
3. 「エンコミエンダ制」が正式に撤廃されたのは1720年になってからである。スペインの植民地では、19世紀に植民地が独立するまで多くの奴隷が存在した。

# 119 伝道者・預言者 ｜ アッシジの聖フランチェスコ

**1206年のある晴れた朝、ジョヴァンニ・フランチェスコ・ベルナルドーネ（1181頃〜1226）という若い男が、住まいのあるアッシジの郊外の道を歩いていた。その道は丘の上にある老朽化したサン・ダミアーノ教会へと通じていた。彼は、そこに立ち寄って祈った。**

✦

するとフランチェスコは突然声を聞き、イエス・キリストのものだと確信した。その声は、彼の人生を一変させるメッセージを伝えた。「私の教会を建て直しなさい」と。

のちに「アッシジの聖フランチェスコ」として知られるようになるフランチェスコは、裕福な家に生まれたが、正式な教育はほとんど受けていなかった。父親の営む毛織物商を手伝い、稼ぎを饗宴や高価な衣服に使った。1201年にアッシジ軍に入隊し、ペルージャとの戦いに参戦したが、1203年には戦争捕虜になり、１年近くを地下牢で過ごした。

しかし、丘の上の教会で啓示を受けたことで目覚め、当時25歳だったフランチェスコは、物質的な富を捨て、信仰に一生を捧げる決心をした。彼は父親の織物の一部を売り、教会を維持していた年輩の司祭のところへ行くと、利益をすべて寄付すると申し出た（司祭はそれを受け取らず、寄付金は最終的に司教の説得で父親に返却された）。その日以来、フランチェスコは清貧な生活を送るようになった。アッシジの自宅へ戻ると、フランチェスコは高価な衣服を粗末なものに取り換えた。そして、フランチェスコ会（フランシスコ会）という小さな宗教集団を作った。フランチェスコ会の会員は、清貧な生活を送り、ハンセン病の患者やその他の社会的弱者に奉仕する誓いを立てた。フランチェスコの目標は、サン・ダミアーノ教会の建物の再建だけでなく、教会としての意義も復活させることにあった。建物の修繕のために石を集め同時に教会を活性化させるべく活動した。

当初、フランチェスコ会は宗教の権威からは疑いの目で見られ、フランチェスコが正式に司祭に叙任されることはなかった。しかし、同会は1209年にローマ教皇インノケンティウス三世に認められ、伝道する権利が正式に与えられた。フランチェスコは清貧な生活を送り、また、動物を愛護したことで知られており、動物と話をすることができたといわれている。ある伝承によると、彼はオオカミに話しかけ、イタリアの村を脅かさないよう伝えたという。

以後、フランチェスコ会の会員は増加し、フランチェスコは第五回十字軍に参加した。1219年にエジプトのスルタンに捕らえられたが、最終的には解放された。彼はのちにアッシジへ戻り、およそ45歳で死去した。

## 豆知識

1. フランチェスコは、死後わずか２年後の1228年に聖人に認められた。動物、イタリア、生態学の守護聖人でもある。
2. フランチェスコは詩も書いており、彼の多数の詩が現存している。彼が歌詞を書いた宗教歌『太陽の賛歌』は現在も歌われている。
3. フランチェスコ会の姉妹組織「キアラ会」（「クララ会」とも）が、1212年にアッシジの貴族の娘である「アッシジの聖キアラ」（1194〜1253）によって創始されている。

# 120 指導者 ｜ アリエノール・ダキテーヌ

（エレノア・オブ・アクイテイン）

**中世ヨーロッパにおける最も強力な女性のひとり、アリエノール・ダキテーヌ（1122頃〜1204）は、フランスとイングランド両国の王妃で、どちらの国の歴史においても重要な人物だ。十字軍にも一度参戦しており、ふたりの王の母親であり、イングランドを300年近く支配するプランタジネット朝の成立を助けた。**

アリエノールは、フランス南西岸に領土を有するアキテーヌ公の唯一の後継者であった。1137年、15歳のときに公領を継承し、ヨーロッパで最も妃として望まれる女公となった。そして三か月後、フランスの王位継承者であるルイ王太子（1120〜1180）と結婚した。

まもなく夫がルイ七世として即位すると、アリエノールもフランスの王妃として戴冠した。一方で、アキテーヌ女公としても個別に領土を支配した。夫婦は娘をふたりもうけた。1147年、夫婦は失敗に終わった第二回十字軍に参加した。その際、アリエノールはアキテーヌ軍と共に行進し、廷臣たちを驚かせている。

十字軍から戻るころには、アリエノールとルイ七世の結婚生活は悪化しており、ふたりは1152年に正式に婚姻を無効にした。その六週間後にアリエノールは再婚した。相手は、のちのイングランド国王ヘンリー二世（1133〜1189）である。

この結婚は一度目のものよりも幸福なものだった —— ただしヘンリー二世は、アリエノール（英名：エレノア）がヘンリー二世に対する反乱の謀議に加わったとして、1174年に彼女を投獄している。夫婦は八人の子供をもうけ、そのうちのふたりは、のちにイングランド王として即位した。リチャード一世（1157〜1199）とジョン王（1167〜1216）である。

息子のリチャードは、1189年に王位に就くと、母親エレノアを牢獄から解放した。リチャード一世の死後、エレノアの末息子のジョンが即位した。エレノアはその5年後に死去したが、すでに、八人の子供のうち六人に先立たれていた。

**豆知識**

1. エレノアの息子のひとりを描いたシェイクスピアの歴史劇『ジョン王』の作中で、エレノアは「王太后エリナー」として登場する。
2. アリエノール（エレノア）は計10人の子供を通じて多くの子孫を残しており、中には著名人も多数いる。女優のオードリー・ヘップバーン（1929〜1993）、アニメーターのウォルト・ディズニー（1901〜1966）などがそうだ。元アメリカ大統領のジョージ・W・ブッシュ（1946〜）は、彼女の27代目の子孫である。
3. エレノアとヘンリーは、ジェームズ・ゴールドマン（1927〜1998）による1966年の戯曲『冬のライオン』の主人公となっている。同作品は1968年に映画化され、エレノア役を演じた女優のキャサリン・ヘップバーン（1907〜2003）は、アカデミー賞の主演女優賞を受賞している。

# 121 哲学者・思想家 | ニッコロ・マキャベリ

**ニッコロ・マキャベリ（1469〜1527）の死後、ローマ・カトリック教会はすぐさま彼の著作を禁書にした。代表的な哲学者たちもマキャベリの不道徳を非難し、政治と政府に関する彼の説の火消しに躍起になった。20世紀においても、あるアメリカの評論家はマキャベリのことを「史上最も不道徳な人間」と評している。**

✦

外交官と官吏を務めたマキャベリは、政治と哲学に関する論文『君主論』を書いたことにより、何百年にもわたって批評家を怒らせることになった。『君主論』はこの類いの論文としては史上最も物議をかもした著作のひとつである。マキャベリがフィレンツェ共和国で政務に就いた経験を基に書かれたもので、支配のあり方についてシニカルで冷酷な指針が記されている。人間の性質と政治権力に鋭い視点で切り込んでいることから、現在でも研究の対象となっている。

マキャベリが子供のころのフィレンツェ共和国は、芸術の保護と強引な政治で知られるメディチ家が支配していた。マキャベリは中流家庭に生まれた。1490年代の前半にメディチ家が追放され、マキャベリはその後の1498年、第二書記局長に昇進し、14年間政治に携わり、使節としても頻繁に周辺の共和国を訪問した。しかし、1512年にメディチ家が再びフィレンツェの支配権を握った。メディチ家がフィレンツェに復帰すると、マキャベリの人生は一変した。権力の座から降ろされた彼は貧困状態となり、政治に関わることができなくなった。マキャベリは『君主論』を書き、新たな支配者となったロレンツォ・ディ・ピエロ・デ・メディチ（1492〜1519）に献上した。これには、自分を再び権力の座に戻してもらうための意図もあった。『君主論』は、ほぼどのような面でも物議をかもす内容であった。それまで何世紀にもわたり、政治哲学者たちは、優れた統治のためには指導者の徳が重要であると主張してきたが、マキャベリはまったく反対のことを主張したのだ —— 良い君主は、必要とあらば謀略と暴力と恐怖を用いるべきであると。当時は、君主や王は良きキリスト教徒であるべきという考えが主流だったが、マキャベリは、良きキリスト教徒であるふりをしさえすればいいと述べた。そして、国家の安全と独立を維持するためには、最も非道な手段さえも正当化されるとした。

しかし『君主論』は、マキャベリの考えていた目的を果たさなかった。政界への復帰を禁じられた彼は、農場で貧しい暮らしをしながら、戯曲、詩、論考、フィレンツェ史などを書き、58歳でその生涯を終えた。

## 豆知識

1. マキャベリは、画家レオナルド・ダ・ヴィンチ（1452〜1519）の友人であり、同じ建物内で仕事をしていた時期もあった。ふたりは、フィレンツェ共和国の敵である近隣のピサ共和国への水の供給を止めるために、アルノ川の水流を変えるという軍の戦略に携わった。フィレンツェ当局は1503年にこの戦略を実行に移したが、フィレンツェの農地に水があふれたことから取りやめになった。
2. 英語の「マキャベリ的」（Machiavellian）という単語は、悪賢く抜け目のない政治的行動を表現する際によく使われている。
3. マキャベリは、理想の君主の例のひとりとして、1502年に使節の任務で会ったチェーザレ・ボルジア（1475頃〜1507）を挙げた。ボルジアはローマ教皇アレクサンデル六世（1431〜1503）の私生児で、残忍な戦術で知られる軍の策士であった。

# 122 革新者 | イブン・アル＝ナフィース

**シリアの医師イブン・アル＝ナフィース（1213～1288）は、医学史上初めて肺循環を説明した人物である。エジプトのスルタンの侍医を務め、中世期における医学の代表的な権威でもあった。また、80巻から成る非常に貴重な医学百科事典を記し、そのほかにも、未完に終わったが多数の書物のために膨大な量の記述を残した。**

✦

イブン・アル＝ナフィースはシリアのダマスカスで生まれ、地元の病院で医学を学んだ。まだ20代のときに最初の代表作『Commentary on Anatomy』（仮題：解剖学について）を発表した。同書は、古代ギリシアから信じられてきた心臓に関する従来の学説を覆す、医学上画期的な書物であった。同書では、心臓から肺へ血液が送り込まれ、それから心臓に戻るという仕組みが示された。肺循環が説明された最初の記録である。

1258年、モンゴル帝国のバグダード包囲によって、何千もの人々が殺害され、何世紀にもわたって蓄積されたアラブの学術文献が破壊された。正統なスンナ派のイスラム教信者だったイブン・アル＝ナフィースは、この侵攻によって失われた広範な科学的知識を維持する目的もあり、医学百科事典を編纂した。この百科事典は何百年にもわたって出版され続け、医学に貢献した重要な文献として現存している。

イブン・アル＝ナフィースは、解剖学、術式、眼科学、その他の分野に関し多数の著作を記しており、アラブ世界において「第二のアウィケンナ」であると称賛された（「アウィケンナ」は、イランの著名な医師で哲学者のイブン・シーナー［980頃～1037］の別名である）。イブン・アル＝ナフィースは、カイロのアル＝マンスリ・カラーウーン病院の初代院長に任命された。また、スルタンであるアッ＝ザーヒル・バイバルス（1223～1277）の侍医を務めた。このスルタンは、モンゴル帝国とキリスト教十字軍への反撃を指揮し成功させたことで知られる。

イブン・アル＝ナフィースは、カイロで死去した際、自宅と蔵書をアル＝マンスリ・カラーウーン病院に遺贈した。イスラム世界の多くの病院には、イブン・アル＝ナフィースの功績を称えて彼の名が付けられている —— このことから、彼がイスラム世界の医師にいかに多大な影響を与えたかがうかがえる。

**豆知識**

1. イブン・アル＝ナフィースは、『Risalat Fad il ibn Natiq』（仮題：独学の神学者）という、無人島で暮らす子供の冒険を描いた小説も書いている。この子供は漂流してきた船乗りに発見され、文明世界へと連れ出される。この作品は『Theologus Autodidactus』というタイトルでラテン語に翻訳されている。
2. 2003年のアメリカによるイラク侵攻で、「イブン・アル＝ナフィース」の名はニュースのヘッドラインを飾ることとなった。バグダードの代表的な病院であるイブン・アル＝ナフィース病院が、この侵攻により負傷した多くの人々の治療に当たったためだ。
3. イブン・アル＝ナフィースの正式な名は、「アラ・アル＝ディン・アブー・アル＝ハサン・アリー・イブン・アビ・アル＝ハズム・アル＝カルシ・アル＝ディマシュキー」（Alā' al-Dīn Abū al-Hasan 'Alī Ibn Abi al-Hazm al-Qarshī al-Dimashqī）である。

# 123 悪人 リチャード三世

**だから、俺は口先だけのこの時代を**
**楽しむ色男にはなれぬのだから、**
**俺は、悪党になってやると決めた。 —— リチャード王　シェイクスピア戯曲『リチャード三世』より**

✦

リチャード三世（1452〜1485）は、ウィリアム・シェイクスピア（1564〜1616）をはじめ多数の作家によって描かれているが、その実際の人物像は、ときにフィクション上の人物像に隠れてしまっている。シェイクスピアの描くリチャード三世は、残忍で背骨の曲がった暴君だ。歴史上実在したリチャード三世は、そこまで悪人ではなかった —— ただし彼は現在でも、イングランド王としては最も成功から遠かった人物だったと一般に認識されている。

リチャードは、第三代ヨーク公（1411〜1460）の末息子で、ヨーク家とランカスター家の間の権力闘争である「薔薇戦争」の時期に育った。薔薇戦争の時代には、ヘンリー六世（1421〜1471）に続いて、ヘンリー・テューダー（1457〜1509）がランカスター家を主導しており、両家ともエドワード三世（1312〜1377）の子孫であることから、王位継承権を主張していた（「薔薇戦争」という呼称は両家の軍がつけていた記章の色に由来する —— ヨーク家は白で、ランカスター家は赤だった）。

リチャードはヨーク公の八番目の子供だったことから、王位を継承する人物とは目されていなかった。そして彼の兄が、1461年にランカスター家の王を廃位に追い込み、エドワード四世（1442〜1483）として即位した。その後ほぼ20年間にわたり、リチャードは兄のエドワード四世に代わってイングランド北部を支配したが、1483年にエドワード四世が死去すると、その息子で10代だったエドワード五世（1470〜1483頃）が即位した —— リチャードの甥にあたる人物である。しかし、新王の支配は数週間のみで終わる。おじであるリチャードがクーデターを起こし、権力を掌握したためだ。そしてエドワード五世は義理の弟と共にロンドン塔に幽閉された。このふたりは、リチャードの命令で殺害された可能性がある。しかしリチャード三世の即位後、薔薇戦争においてヨーク家は劣勢になっていく。ヘンリー・テューダーの指揮するランカスター家はイングランドへ上陸し、1485年８月22日、「ボズワースの戦い」の約２時間の戦闘でリチャード三世を打ち負かした。リチャード三世はこの戦闘中に馬から引き下ろされ、殺害された（シェイクスピアの『リチャード三世』の作中では、リチャード三世が殺害される間際に放つせりふが有名だ。「馬をくれ！　代わりにこの国をやる！」）。この戦いののち、ヘンリー・テューダーはヘンリー七世として即位し、ここに薔薇戦争は決着を見た。

## 豆知識

1. ロンドン塔に幽閉されたエドワード五世と義理の弟がどうなったのかについては、現在もはっきりとしたことは分かっていない。リチャード三世もしくはヘンリー七世のいずれかによって殺害されたものと考えられる。1674年には王子ふたりのものと思われる遺体が発見され、ウェストミンスター寺院に改めて埋葬された。
2. シェイクスピアの戯曲『リチャード三世』は何度も映画化されており、多くの俳優がリチャード三世を演じた。ジョン・バリモア（1882〜1942）、ローレンス・オリヴィエ（1907〜1989）、イアン・マッケラン（1939〜）、アル・パチーノ（1940〜）などだ。リチャード三世を演じた舞台俳優で有名なのは、ジョン・ウィルクス・ブース（1838〜1865）である —— のちにエイブラハム・リンカーン（1809〜1865）を暗殺した人物だ。
3. リチャード三世の名誉を回復するための組織「リチャード三世ソサエティ」（The Richard III Society）が1924年に創設されている。

# 124 文筆家・芸術家 ｜ ミシェル・ド・モンテーニュ

**フランスのエッセイストで哲学者のミシェル・ド・モンテーニュ（1533～1592）は、母語としてラテン語を話した最後の子供に数えられるかもしれない。フランス南西部にあるモンテーニュ家の城では、召使いたちでさえ流暢にラテン語を話していた。裕福な父親が、息子がラテン語に囲まれた生活を送れるようにと、そういった人々を雇ったのだ。こうしてモンテーニュは、6歳で学校に入学するまでラテン語の環境で育った。**

✦

モンテーニュは、子供のときに古代のラテン語詩人であるウェルギリウスの著作を原書で読んだという。そんな子供だったから驚くべきことではないだろうが、彼はヨーロッパのルネサンス期を代表する博学な思想家として知られるようになった。モンテーニュの書いたエッセイ――彼は史上初のエッセイストであり、「エッセイ」という言葉を初めて使った人物である――は独創性に富み、宗教や政治の伝統に懐疑的な立場をとり、人間の性質に鋭く切り込んでいる。また、エッセイの議論の中に、古典からの引用がさりげなく散りばめられている。

モンテーニュは大学卒業後、ボルドー政府の法官を務め、1565年に結婚した。しかし法官を務めたのは短期間で、37歳のときに辞任した。そして学者として思索する人生を送る決意のもと、モンテーニュ家の城へ戻った。

モンテーニュによるエッセイは、『エセー』（『随想録』とも）として知られ、最初の二巻は1580年に発表され、三巻目は1588年に発表された。エッセイでは結婚、宗教、不誠実、恐れなどの幅広い話題を取り上げて、詳細に私見を述べている。そしてそのいずれにおいても、新鮮で挑発的な手法を用いながら当の話題を深く追究した。例えば「食人の風習」についてのエッセイでは、アリストテレスやアトランティス伝説、ストア派の哲学などを引き合いに出しながら、長々と言葉を連ねて書き進めたあと、驚くべき結論を出している――生きた人間に対する拷問は、死んだ人間を食べるよりも好ましくない行為なのだから、ヨーロッパ人は食人の風習を非難する立場にはない、と。モンテーニュは、当然とされていた西洋文明の優位性に、進んで疑問を投げかけた。そのため、ルネサンス期のヨーロッパにおいて変わった人物に見られ、急進的な人と思われることさえあった。また、彼はアメリカをヨーロッパの植民地とすることにも反対していた。アメリカ先住民の不幸につながると危惧したのだ。

モンテーニュは家族の城で1592年に死去したが、彼の『エセー』は以後何百年にもわたって、人々の思考や議論をかき立てた。哲学者のフリードリヒ・ニーチェ（1844～1900）はこう記している。「あのような男性の作品のおかげで、まさに地上における喜びが増えた」

**豆知識**

1. モンテーニュは、1581年から4年間、ボルドーの市長を務めた。彼はこの職を辞退しようとしたが、アンリ三世（1551～1589）から就任を命じる手紙を直々に受け取った。
2. 「エッセイ」という言葉は、「試み」を意味するフランス語の「essai」に由来する。モンテーニュにとって、それぞれのエッセイは、当の話題を深く理解するための試みだった。英単語の「essay」は、稀に「試みる」や「企てる」という意味の動詞に使われることがある。
3. モンテーニュの著作の初の英訳は1603年に発表された。文学者の中には、シェイクスピア（1564～1616）もモンテーニュの作品を読み、着想を得ていたのではないかと考える人もいる。特に戯曲『テンペスト』は、食人の風習に関するモンテーニュのエッセイに直接影響を受けた可能性が考えられる。

# 125 反逆者・改革者 ガリレオ

**主は地をその基の上に据えられた。地は、世々限りなく、揺らぐことがない。**
**── 旧約聖書　詩編　104編５節**
**それでも、地球は動く。**
**── ガリレオ・ガリレイ**

✦

ニコラウス・コペルニクス（1473～1543）は、地球が太陽の周りを回っていることを発見したが、この物議をかもす自説を発表することに恐れを感じ、論考の出版を果たしたのはようやく晩年になってからだ。一方、イタリアの天文学者で物理学者のガリレオ・ガリレイ（1564～1642）は、コペルニクスの見方を公に支持した ── そしてその結果、苦境に陥ることとなった。

ローマ・カトリック教会によって異端者であり敵であるとのレッテルを貼られたガリレオは、処刑すると脅され、太陽中心説（地動説）を撤回するよう強制された。

教会の関係者にとって、ガリレオの説は、宇宙に関する理解だけでなく、西洋文明における信仰の基盤を脅かす危険なものだった。創造に関する聖書の記述を冒瀆（ぼうとく）するものであり、キリスト教そのものの権威を失墜させるのではないかと恐れたのである。地球が宇宙の中心でないとすれば、その地球を創造した神は実は全能ではないのか？という疑問が生じるためだ。

しかしガリレオの説は、科学に関する理解、および西洋における自然界の理解に革命をもたらすことになる。ガリレオは、自らの文化圏で最も深く信じられていた思想に疑問を呈する形で真実を追求しようとしたことから、「物理学の父」、「近代科学の父」と呼ばれるようになった。

ガリレオはピサで生まれ、ピサ大学で天文学を学び、1592年にはパドヴァ大学の数学の教授に任命された。彼は当時の最新の望遠鏡を用い、木星の衛星のうちの四つを発見した。また、太陽の黒点を観測した最初の人物にも数えられている。さらに、コペルニクスの説が正しいと確信し、太陽中心説を公に支持した。

そして1616年、ローマ・カトリック教会から、コペルニクスの太陽中心説を教えてはならないという警告を受けた。1633年には裁判のためにローマに呼び出され、翌年、太陽中心説を公式に撤回するよう強制された。その後のガリレオは田舎の家に軟禁状態となり、そこで生涯を終えた。

## 豆知識

1. ガリレオは発明家でもあり、1594年に馬力による送水ポンプの特許を取得した。また、原始的な温度計（「ガリレオ温度計」と呼ばれる）も発明した。
2. ガリレオが初めて観測した木星の四つの衛星 ── イオ、エウロパ、カリスト、ガニメデ ── は、発見者である彼を称え、合わせて「ガリレオ衛星」と呼ばれている。
3. 1989年、木星の衛星の探査を目的とする、ガリレオの名にちなんだ無人探査機「ガリレオ」がNASA（アメリカ航空宇宙局）により発射された。この探査機は６年をかけて木星に到達し、以後、観測データや画像を地球へ送信し続け、2003年に木星に落下した。

# 126 伝道者・預言者 ｜ トマス・アクィナス

**トマス・アクィナス（1225頃〜1274）は、中世期における最も影響力のあるキリスト教神学者として、広く認められている。アクィナスはイタリアの貴族で、ローマ近くの町ロッカセッカにある父親の城で生まれた。まだ幼いころ、修道士としての修行のため、父親に近くの修道院へ預けられ、そこで神学を学び始めた。**

✦

しかしアクィナスは19歳のとき、パリ大学で学ぶためにフランスへ移ろうとして父親を激怒させた。そして、フランスへの道中に父親の部下らに連れ戻され、イタリアに残るよう説得された。それからしばらく軟禁状態にされたが、１年後ようやくパリ大学への入学を許された。

若きアクィナスは、セーヌ川近くに50年ほど前に設立されたばかりのパリ大学において、「カルチエ・ラタン」（「ラテン語地区」の意）で活発に学術活動をする人々に出会った。そこは、アクィナスが逃れてきたイタリアの伝統的な封建社会とはまるで異なる環境だった。とりわけ、パリの学者たちは、古代の哲学者アリストテレス（前384〜前322）の新しい翻訳に夢中になっていた。アリストテレスの著作は、当時のヨーロッパのキリスト教世界に再び紹介されたばかりだったのだ。

合理主義と科学を重視したアリストテレスの哲学は、キリスト教の多くの信条に重大な疑問を投げかけるもので、アクィナスの多くの著作の基盤となった。アクィナスは1256年に神学の修士号を取得し、その後まもなく代表作である二作品『対異教徒大全』（1264年）と『神学大全』の執筆にかかったが、後者は彼の死の時点には完成していなかった。この二作品において、アクィナスは「信仰」と「理論」の関係を追究し、アリストテレスの提示した疑問に答えようとした。伝統主義の神学者たちの中にはアリストテレスを脅威と見なす者もいたが、アクィナスは、アリストテレスの客観的な論法を用いることで宗教をより深く理解できると信じ、神学でも科学のようなアプローチが可能だと考えた。彼の『神学大全』には、神の存在を証明する五つの見事な議論——「五つの道」——が記されており、これはのちに広く受け入れられるようになった。

アクィナスは1272年にイタリアへ戻り、ナポリ大学に身を落ち着けた。その後、ローマ教皇グレゴリウス十世（1210〜1276）にフランスでの公会議への出席を要請されたが、その道中で病に倒れて死去した。アクィナスは1323年に聖人に認められ、1567年にはローマ・カトリック教会の神学者に与えられる最高栄誉である「教会博士」の称号を得た。

**豆知識**

1. アクィナスはカトリックの学校の守護聖人とされており、アクィナスの名を冠したカトリックの学校が世界中に多数ある。
2. アクィナスの神学がカトリックの学者に広く受け入れられるようになるには、長い年月を要した。実際、彼は死去の３年後にパリの司教によって破門されている。
3. パリにおけるアクィナスの師に、ドイツの神学者アルベルトゥス・マグヌス（1200頃〜1280）がいる。アルベルトゥスも「教会博士」に認定されている。

# 127 指導者 | エドワード三世

**中世の最も強力なイングランド王のひとり、エドワード三世（1312〜1377）は、イングランドをヨーロッパの軍事大国に育て上げ、フランスとの百年戦争を開始し、イングランドの議会制度と法制度の変革を主導した。**

✦

しかしエドワード三世は、はからずも内乱の種までまいてしまった。エドワード三世の死後何十年も経ってから、その子孫の多くが、「薔薇戦争」として知られる悲惨な王朝争いを始めることになるのだ。

エドワードは、エドワード二世（1284〜1327）の長子としてウィンザー城に生まれた。エドワード二世は統治がうまくいかず退位させられ、息子のエドワードがまだ15歳のときに死去した。そして、エドワード三世として即位した若き王の摂政として、母親の愛人であるロジャー・モーティマー（1287〜1330）が指名され、母親と共に統治を行った。エドワード三世は18歳のときにこの体制を倒してモーティマーを処刑し、母親を権力の座から降ろした。

エドワード三世は、イングランドによるスコットランドの支配体制を固め、さらにフランスを支配下に収めようとした。幽閉中の母親の父親はフランス王であって、自分はフランス王の孫に当たるため、エドワード三世は1337年、その家系を根拠にフランスの王位継承権を主張して戦争を開始した。フランスとのこの争いは1453年まで間欠的に続き、「百年戦争」として知られている。

イングランドの内政としては、エドワード三世の治世中に議会が発達し、庶民院と貴族院という二院制が成立した。戦費確保のための課税は議会に委ねられたため、イングランド政府における議会の重要性が高まった。またエドワード三世は、イングランドのコモン・ローの多くの特徴を成文化した。これはのちのイギリスとアメリカの法制度の基盤となる法概念である。

エドワード三世は、18世紀以前のイングランドにおける在位期間としては最長の50年間王の座にあったが、治世の終盤はかなり老いて精彩を欠いた。彼の死去後は、孫がリチャード二世（1367〜1400）として即位した。

**豆知識**

1. エドワード三世と多くの宮廷関係者は、英語ではなくフランス語を話していた。また、この時代の法律の多くは「ロー・フレンチ」(法律分野で使われた専門のフランス語) で書かれていた。ロー・フレンチはイングランドで何世紀にもわたって使われ、現在の法律用語にもロー・フレンチの用語が一部残っている。「mortgage」(抵当権)、「voir dire」(予備尋問) などがそうだ。
2. イングランド王としては類を見ない快挙といえそうだが、エドワード三世はひとりも私生児をもうけなかったと考えられている。
3. エドワード三世の治世中の1347年、イングランドに腺ペストが上陸した。

# 128 哲学者・思想家 ｜ エラスムス

**1439年ごろ、活版印刷機がドイツで発明された。その60年後、エラスムス（1469頃〜1536）というオランダの司祭は、書籍のベストセラーという概念を「発明」した。**

✦

神学者で哲学者で、非常に博学なエラスムスは、16世紀において最も広く著作が読まれた思想家のひとりである。また、活版印刷技術が発明されたおかげで、彼の著作はそれまでにないほど幅広い読者を獲得した。彼は、教会内の政治から戦争に至るまで、さまざまな話題についてラテン語で著作を記した。ある時点において、ヨーロッパで売れた書籍の10パーセントほどが彼の著作だったといわれている。

エラスムスは、港町ロッテルダムでカトリック司祭の私生児として生まれた。学校で宗教教育を受け、自らも24歳のときに司祭に叙任され、貧困から逃れる目的もあり着任した。

しかし、エラスムスの本当の熱意は学問にあり、1490年代のほとんどはフランス、イングランド、イタリアにおける学術の中心地を渡り歩き、ギリシャ語と神学を学んだ。最初の大きな文芸プロジェクトは、1500年代初頭に始めた、旧約聖書のギリシャ語からラテン語への新訳である。学術書以外の著作で最もよく知られている書物『痴愚神礼讃』は、1511年に出版されている。また、彼の人気作品『格言集』は、改訂版が出版され続けた。『格言集』には有名な言葉や格言が多数収められている。例えば、「石を一つ残らずひっくり返して調べる」、「神は自ら助くる者を助く」などだ。

教会に関しては、エラスムスはローマ・カトリック教会の聖職者の腐敗をよく思わず、改革を求めた。しかしマルティン・ルター（1483〜1546）とは異なり、カトリックの信仰を捨てることはなく、伝統的なカトリックとプロテスタント改革派の間の中道をとった。

エラスムスは、ヨーロッパの学術史においてきわめて重要な役割を果たしたことから、「人文主義の王子」と呼ばれている。彼は、ヨーロッパ全土で書籍が幅広く手に入るようになった新時代の幕開けを象徴する人物だ。そしてこれをきっかけに、ローマ・カトリック教会による高等教育の独占状態は崩れ始めた。

**豆知識**

1. 学術界で使われた「エラスムス」の名で一般に知られる彼だが、出生時の名はオランダ語で「ゲリット・ゲリッツズーン」であった。
2. エラスムスのオックスフォード大学時代の友人のひとりにトマス・モア（1477頃〜1535）がいた。しかしモアは、エラスムスと親しかったヘンリー八世（1491〜1547）にのちに処刑されている。教皇を否定する誓いを立てることを拒み、ヘンリー八世の怒りを買ったためだ。モアは、カトリック教会の殉教者として、1935年に聖人となった。
3. エラスムスは中道をとったことから、1520年代のカトリックとプロテスタントの両派から不信感を抱かれることがあった。エラスムスの全著作は、1559年にローマ・カトリック教会に禁書にされ、マルティン・ルターはエラスムスの著作を「毒」と呼んだ。

# 129 革新者 | トマス・ブラッドワーディン

**トマス・ブラッドワーディン（1290頃〜1349）の知識は、詩人たちに称賛され、王たちに重んじられ、学者の間でも一目置かれた。彼はほぼ間違いなく、当時における最も博識な人物だ。のちに、神学、数学、物理学、外交における並外れた知識が認められ、学者として最高の栄誉である「大博士」の称号を受けている。**

✦

ブラッドワーディンは1321年にオックスフォード大学を卒業し、マートン・カレッジのフェローとなった。同カレッジでは「オックスフォード・カリキュレーター」と呼ばれる、運動と加速の法則を研究する学者のグループに所属し、ガリレオより300年先んじてさまざまな発見に貢献した。1328年には、同グループによる代表的な書物のひとつである『Tractatus de proportionibus』（仮題：比率に関する論考）を書いた。

ブラッドワーディンの時代には、アリストテレス（前384〜前322）がなおも物理学と物体の運動の権威であると見なされていた。ブラッドワーディンは、アリストテレスの記述にある、運動中の物体の作用についての誤りを指摘した。このように彼は、ヨーロッパで始まりつつあった、古代科学への反証を試みる潮流に乗っていた。ブラッドワーディン自身が立てた説はのちに反証されるが、既成概念に疑問を持ち懐疑的に見る彼の姿勢は後世に受け継がれていく。

1337年、ブラッドワーディンはロンドンのセント・ポール大聖堂の管理者になり、のちにエドワード三世（1312〜1377）に仕える聖職者となった。王の宗教上の顧問として、彼はフランスとの百年戦争の初期に当たる1340年代にイングランド軍に従軍した。また、外交使節としてフランス王フィリップ六世（1293〜1350）との交渉を行った。

1349年にロンドンに戻ると、イングランドの聖職者の最高位であるカンタベリー大司教に任命されたが、その後三か月も経たないうちにペストで死去した。

豆知識

1. エドワード三世に仕えたブラッドワーディンは、百年戦争においてきわめて重要な1346年の「クレシーの戦い」でイングランド軍が勝利した際、祝いのミサを執り行った。
2. カンタベリー大司教としてのブラッドワーディンの前任者、ジョン・ド・アフォードも、同じくペストで死去している。歴史家たちは、1348〜1349年のペスト大流行で、イングランドの人口の約半分が死亡したと推定している。
3. ブラッドワーディンは、ジェフリー・チョーサー（1343頃〜1400）による『カンタベリー物語』の一話である「尼院侍僧の話」の中で称賛されている。作中で、ブラッドワーディンの学術的知識は、聖アウグスティヌス（354〜430）とセウェリヌス・ボエティウス（480頃〜524頃）に並ぶものとされている。

# 130 悪人 | トマス・デ・トルケマダ

**「スペイン異端審問所」の初代長官を務めたトマス・デ・トルケマダ(1420〜1498)は、15世紀の異端審問を指揮し、何千もの人々を死に追いやった。「隠れ」ユダヤ教徒やイスラム教徒 ―― そして異端者、姦通者、魔術師 ―― を一掃しようとしたこの異端審問は、スペインにおける宗教の統一を大義名分としたものだったが、現在では、熱狂的な宗教心が誤った方向へ導かれた象徴的な例として認識されるようになっている。**

✦

トルケマダの在任中、2000人もの人々が火刑にされたと考えられている。また、拷問に遭ったり投獄されたりした人々も多い。やがてスペイン異端審問への不満が高まってくると、ローマ教皇アレクサンデル六世(1431〜1503)は、トルケマダの行きすぎた審問を抑える対応をとらねばならなくなった ―― それでも、スペインの異端審問そのものは19世紀に入るまで続いた。

トルケマダはドミニコ会の修道士で、フェルナンド五世(1452〜1516)およびイサベル一世(1451〜1504)とはごく近い関係にあった。フェルナンドとイサベルは1479年にカスティーリャ王国とアラゴン王国を同君連合として統合し、スペインを支配していた。トルケマダはイサベルの個人的な聴罪司祭であったことから、この関係を利用して厳しい宗教政策を推し進めた。15世紀のスペインは、ヨーロッパの中では最も宗教が多様な国のひとつであった。ユダヤ教徒とイスラム教徒が多く、そのことをトルケマダは ―― そしてその他多くのカトリック教徒たちも ―― 国の統一を脅かすものと見なした。トルケマダは特に、表向きはカトリック信者を装い、密かに自らの信仰を持ち続ける偽の信者に厳しい目を向けた。

1483年、フェルナンドとイサベルはトルケマダを異端審問所の長官に任命した。トルケマダはすぐさまスペイン中に異端審問所を設置し、審問の対象となる罪を、宗教と道徳に関わるさまざまなものへと拡大した。性器以外による性交や、高利貸しまでもが対象となった。そして刑の言い渡しは「アウト・デ・フェ」(異端判決宣告式)と呼ばれる、細かな一定の手順を経る大がかりな儀式の中で行われた。この儀式で、教会の高位にある人物たちが、処刑のために異端者を当局に引き渡した。

1494年になるころには、トルケマダの審問はスペインでかなり不評になっており、トルケマダは外出時には武装した護衛を連れていた。同年、ローマ教皇は審問におけるトルケマダの権限を制限したが、トルケマダは4年後に死ぬまで、名目上は長官の地位を維持した。

**豆知識**

1. 「スペイン異端審問」は1834年に正式に廃止された。記録にある最後の「アウト・デ・フェ」は、1850年にメキシコで行われている。
2. 1981年のコメディ映画『メル・ブルックス　珍説世界史PART I』では、監督のメル・ブルックス(1926〜)がトルケマダを演じている。また、映画『コロンブス』(1992年)ではマーロン・ブランド(1924〜2004)がトルケマダを演じている。
3. 異端審問では、本人不在で裁判が行われたものも多かった。有罪が決定すると、人形などの似姿が身代わりに燃やされた。

# 131 文筆家・芸術家 ミゲル・デ・セルバンテス

**ミゲル・デ・セルバンテス(1547〜1616)は、『ドン・キホーテ』という有名な著作ゆえに、近代小説の先駆者であると考えられている。『ドン・キホーテ』は壮大な喜劇物語で、最も愛される代表的なスペイン語作品だ。**

✦

1605年と1615年に前編・後編に分けて発表された『ドン・キホーテ』は、皮肉の交じったユーモアと、随所に見られるあいまいな道徳観、人間の心理に迫ったという意味で、従来とは一線を画していた。セルバンテスは単に数々の出来事を連ねていくのではなく、登場人物の内面の感情まで深く掘り下げており、西洋においてこの手法をとった先駆的な小説家である。

セルバンテスはマドリード近郊のアルカラ・デ・エナーレスで生まれ、1570年にスペイン軍に入隊した。1571年、オスマン帝国海軍とスペイン・ヴェネツィア連合海軍の間で行われた「レパントの海戦」で負傷し、生涯にわたり左手が不自由になった。この海戦はヨーロッパ史上の転機であり、この戦いに従軍したことはセルバンテスにとって誇りであった。

長い療養期間を経たのちの1575年のこと、セルバンテスが乗っていた船が海賊に襲撃され、彼は捕虜になった。そしてアルジェリアで奴隷にされたが、5年後にようやく家族が金を集めて身代金を払うことができ、解放された。

その後、セルバンテスは作家としての活動を開始し、1585年に処女作『ラ・ガラテア』を出版した。のちに徴税吏の職に就いたが、1597年から3年間、帳簿が合わなかった責任を問われて投獄された。そして、獄中で『ドン・キホーテ』を書き始めた。この小説は、ラ・マンチャのドン・キホーテという年輩の男の冒険を描いたものである。ドン・キホーテは、騎士道物語を読みすぎたことから、騎士として英雄になろうと決意する。サンチョ・パンサというちょっぴりおかしな従者に助けられながら、馬に乗って田舎を回り、救うべき娘や、殺すべき怪物、正すべき不正を探す。何が現実なのかが分からない人物として描かれているが、結局のところは同情すべき、言わば悲劇の人物とさえなっている。

この作品はたいへんな人気を博したが、何度も盗用され、数多くの偽の「続編」が書かれた。セルバンテスは本物の続編を1615年に出版し、序文の中で贋作を非難した。彼はその翌年、68歳で死去した。

**豆知識**

1. ラ・マンチャは、スペインのマドリードの南に位置する地域である。
2. スペインの権威ある文学賞に「セルバンテス賞」がある。過去の受賞者には、アルゼンチンの短編作家ホルヘ・ルイス・ボルヘス(1899〜1986)や、ペルーの小説家マリオ・バルガス・リョサ(1936〜)などがいる。
3. 2002年の世界の作家による「史上最も偉大な本」の投票で、『ドン・キホーテ』が一位となった。二位はマルセル・プルースト(1871〜1922)による『失われた時を求めて』であった。

# 132 反逆者・改革者 | オリバー・クロムウェル

**イングランドの過去千年間で、王がいなかったのは1649〜1660年の期間だけだ。イングランドで内戦が起こって王が退位させられ、この短い期間のみ、共和制が敷かれた。**

✦

イングランド共和制の時期において、大部分の間「護国卿」の地位にあったのはオリバー・クロムウェル(1599〜1658)だ。彼は熱心なピューリタン(清教徒)で、無名だった時期から徐々に頭角を現し、王政に対抗した。クロムウェルはこの革命においても、また、続いて成立したイングランド共和国においても、原動力となった主要な人物だ。そして彼の死後、この共和制はすぐに衰えを見せた。

クロムウェルは、イングランドのケンブリッジ近くで、下級の地主の家に生まれた。幼少期についての詳細はよく分かっていないが、1630年代に宗教に目覚めたと思われ、熱心なピューリタンになっている。当時のイングランドは、ヨーロッパの中では平穏が保たれていた地域だった。しかしその平穏は、宗教や政治における争いによって1642年に突如終わりを告げる。同年、議会とチャールズ一世(1600〜1649)の対立から戦争が勃発したためだ。この戦争は、議会派(円頂党)と王党派(騎士党)の争いであった。議会派には多くのピューリタンがおり、ピューリタンは、王の宗教政策がカトリックに寄りすぎていると考えていた。王は、自分にはイングランドを支配する「神権」があるから議会の法令を無視してもよいのだと主張した。このことも、戦争に発展する一因となった。

クロムウェルは、指揮官として議会派の騎兵隊を導いた。軍での経験がなかった彼だが、1644年の「マーストン・ムーアの戦い」での勝利に大きく貢献し、その優れた軍事手腕から「剛勇の人」と呼ばれた。翌年には議会派が編成した「ニュー・モデル軍」の副司令官に指名された。

最終的に議会派が勝利し、1649年に王が処刑されると、クロムウェルが政権を掌握した。クロムウェルは、内政においても外交においても強引な政策を推し進めた。アイルランドに対しては残虐な侵略を行って再度イングランドの支配下に収め、また、劇場を閉鎖したり、ピューリタンの道徳規範を強制したりする法律を可決させた。クロムウェルは軍を背後につけた独裁政治を行ったが、59歳で死去すると、彼の支持者の間で対立が深まった。彼を継いで護国卿となった息子のリチャード・クロムウェル(1626〜1712)の支配はわずか数か月しか持たず、リチャードは軍により失脚に追いやられた。混乱を極める中、最終的に軍は、処刑された王の息子をイングランド王に迎えた。こうしてイングランドの共和制は終了した。

## 豆知識

1. クロムウェルのとった政策としてはあまり知られていないが、彼はユダヤ人のイングランド居住を禁じた法律を撤廃している。これは、4世紀ほど前にエドワード一世(1239〜1307)が強制した法律である。
2. クロムウェルは死後、イングランドの王の墓所であるウェストミンスター寺院に埋葬されたが、この名誉な扱いは長く続かなかった。王政復古後の1661年、彼の遺体は墓標のない墓に移されたと考えられている。
3. クロムウェルの息子のリチャードは、軍が権力を掌握したのちにイングランドを去り、のちに亡命先から家族に何通も手紙を書き送っている。彼の手紙は現在、イングランドのハンティンドン図書館内にある「ケンブリッジシャー・アーカイブ・アンド・ローカル・スタディーズ・サービス」(ケンブリッジシャーに関わる文献を保存する機関)に保管されている。

# 133 伝道者・預言者 シエナの聖カテリーナ

**カテリーナ・ベニンカーサ（1347～1380）は、市壁に囲まれたイタリアの都市シエナで、不穏な時代に生を受けた。当時のシエナは政治的に分断されていたばかりか、彼女の生まれた翌年にはイタリアのトスカーナ一帯でペストが大流行し、シエナにおいても何千人もの死者が出た。**

✦

このような中、家族の25人の子供のひとりであった若きカテリーナは、いずれ結婚してほしいという父親の希望に反し、16歳のときにドミニコ会の第三会員（在俗会員）になる決心をした。修道会の在家の修道女として、カテリーナは3年間ほとんど外出することなく自宅にこもる生活を送った。そして19歳のときに、イエス・キリストとの「秘密の結婚」をしたという。

カテリーナが徐々に外へ出始めたころ、シエナの状況は悪化の一途をたどっていた。1368年に父親が病に倒れると、カテリーナは父親のそばについて看病に当たった。のちに父親は死去するが、その同じ年には革命でシエナの政権が倒されている。

シエナやイタリア全土において対立が深まる中、カテリーナは、宗教やイタリアの政治に関する意見を手紙に記し始めた。これらの手紙は、最終的に何百通にも及んだ。その内容は互いに関連し合うもので、教皇、王、修道僧、家族たちに宛てられていた。手紙からは、カテリーナが敬虔なカトリック教徒であり、政治を鋭く洞察していたことがうかがえる。カテリーナは、教皇庁をフランスのアヴィニョンからローマへと戻すようにと、教皇グレゴリウス十一世（1329頃～1378）に熱心に働きかけた。教皇庁は1309年に、政治的争いの末に枢機卿らによってアヴィニョンへ移されていた。カテリーナの熱心な訴えと、また、1376年に彼女がアヴィニョンを訪問したことが大きな影響を与え、グレゴリウス十一世は1377年にローマへ戻った。

しかし、グレゴリウス十一世のローマ帰還はフランスを怒らせることになり、「西方教会大分裂」（シスマ）として知られる、カトリックにおける大分裂が引き起こされた。この大分裂は15世紀初頭まで続くことになる。1378年には、教皇の反対派の枢機卿らにより「対立教皇」が選出された。この大分裂に心を痛めたカテリーナは、ローマに移り和解を訴え続けたが、33歳で死去した。

**豆知識**

1. グレゴリウス十一世に宛てた手紙で、カテリーナは彼を「バッボ」と愛称で呼んでいる。イタリア語で「お父さん」の意味である。
2. カテリーナは1461年に聖人に認められた。また、看護師、消防士、病人と弱者、そしてアメリカ・ペンシルバニア州アレンタウンの守護聖人でもある。1999年にはヨーロッパの守護聖人ともなった。
3. カテリーナの手紙は、イタリアにおける重要な文献だと考えられているが、彼女は死の3年ほど前まできちんと字が書けなかった。そのため、手紙のほとんどは口述筆記によるものだった。

# 134 指導者 ｜ エンリケ航海王子

**ポルトガルの貴族で、「航海王子」として知られるエンリケ（1394～1460）は、15世紀における大西洋への探検事業を開始した人物のひとりである。この探検事業が転機となって、ポルトガルの海軍が強化され、造船技術が発達し、ポルトガルの探検隊がのちにインドと新大陸への航路を発見する道が開かれた。**

✦

しかし、エンリケ航海王子の軌跡はこれだけではない。彼は、アフリカの奴隷貿易のシステムを築く役割も担った。この奴隷貿易は、「ポルトガル海上帝国」において以後400年にもわたり継続することになる。

エンリケは、ジョアン一世（1357～1433）と王妃フィリッパ（1360～1415）の第三子として生まれた。21歳のとき、モロッコ北岸の都市セウタの攻略戦に従軍した。結果として、セウタはポルトガル海上帝国の初の植民地となった。セウタの攻略とその後の攻防戦で、ポルトガルの財政は逼迫（ひっぱく）したが、エンリケは、セウタがアフリカへの領土拡大の足がかりとして重大な可能性を秘めていると確信していた。

エンリケ航海王子は、アフリカの海岸と大西洋東側に多数のキャラベル船（三本のマストを持つ小型帆船）を送り込み、探検事業を開始した。探検隊は、大西洋にアゾレス諸島、カーボベルデ、マデイラ諸島を発見し、そのいずれもがポルトガルの領地となった。探検事業の結果、奴隷と金（きん）がリスボンに流れ込み、ポルトガルの経済は潤った。

エンリケ航海王子は1460年に66歳で死去したが、彼の推し進めたこの大航海時代は、やがて地球の有りようを変えることとなる。1498年、ポルトガルの探検家ヴァスコ・ダ・ガマ（1460頃～1542）がアフリカ南端の喜望峰を越えてインドに到達し、ポルトガルの交易の拠点を築いた。これにより、ヨーロッパとアジアの歴史の新たな幕が開けたのである。

**豆知識**

1. エンリケ航海王子のおじは、イングランド王のヘンリー四世（1366頃～1413）である。
2. マデイラ諸島は、発見から600年経った現在もポルトガル領である ―― 陸続きでない領土として残る数少ないものだ。酒精強化ワインであるマデイラ・ワインは、マデイラ諸島で開発された。
3. エンリケ航海王子の紋章に書かれているモットーは「成すことへの渇望」である。

# 135 哲学者・思想家 ｜ フランシス・ベーコン

**知識は力なり。**
**―― フランシス・ベーコン**

✦

科学と論理の歴史において重要な人物であるフランシス・ベーコン（1561～1626）が、哲学のみに専念するようになったのは、60歳のときに政界でのキャリアが不名誉に終わってからのことだ。ベーコンは、晩年になってようやく完成させた数少ない著作の中で、科学の手法と、イギリスの「経験論」という哲学思想の基礎を確立したとされている。

ベーコンは、ロンドンの政治権力を持つ家に生まれ、ケンブリッジ大学で学び、20歳のときにイングランド議会の議員に選出された。1617年には国璽尚書（こくじしょうしょ）（国家の印章の管理官）に昇進している。さらにその1年後、イングランド司法の最高位である大法官に任命された。

しかし1621年、ベーコンは訴訟の当事者からの収賄を認め、その後のキャリアは転落の道をたどる。彼は罰金を科されて退官に追い込まれ、位の高い人物が送られることで知られるロンドン塔の牢獄に幽閉された。解放後も官職への復帰を禁じられたベーコンは、公に不名誉な扱いを受ける以前にも本業の合間に行っていた著述と科学的実験に余生を捧げた。

ベーコンは、哲学は「理性」に基づくものであり、神学は「啓示」に基づくものだと信じており、著作の中で哲学と信仰を切り離そうとした。ほかにも、論理学、天文学、数学に関する著作を記した。彼の主張としては、中でもアリストテレス（前384～前322）以降ずっと西洋の学者が支持してきた「演繹的推論」に対抗し、「帰納的推論」を支持したことが最もよく知られている。演繹的推論では、三段論法を用いてある特定の事実を導き出す。例えば、「ジョージ・ワシントンは男である。男には腕がある。ゆえにジョージ・ワシントンには腕がある」といった推論の立て方だ。一方、帰納的推論では、観察した事実に基づいて一般的な原則を導き出す。例えば、「氷はいつどんなときにおいても冷たい。ゆえに、存在するすべての氷の塊を確かめずとも、すべての氷は冷たいと結論づけることができる」という推論の立て方だ。この手法は批判も受けてきたが、近代の経験主義的な科学を導く原則となった。

科学分野でのベーコンの目標のひとつに、「熱」と「冷」の性質を解明することがあった。しかし不運なことに、ベーコンはその解明を進めようとする中で死去した。ニワトリの死骸の中に雪を詰め込むという実験を行った際に気管支炎を患い、それが命とりとなったのだ。65歳だった。

**豆知識**

1. 確かな証拠がないにもかかわらず、一部の人々の間で、ベーコンはシェイクスピア（1564～1616）の戯曲の実際の著者ではないかという説が長い間語られてきた。ベーコンとシェイクスピアは、同じ時期にロンドンに住んでいたことがある。この説を支持する人々は、戯曲の中には、作品がベーコンによるものであることを示す多数の手がかりがあると主張している。
2. ベーコンは1603年に騎士の称号を与えられ、1618年に男爵となり、1621年には子爵となっている。死去時の正式な称号は「聖オルバン第一子爵」である。
3. ベーコンは収賄により無期限の禁固刑となったが、実際にロンドン塔に投獄されたのは四日間のみで、ジェームズ一世（1566～1625）によって解放されている。

# 136 革新者 ｜ ヨハネス・グーテンベルク

**ドイツの職人ヨハネス・グーテンベルク（1398頃～1468）は、組み替え可能な活字を用いた印刷技術を考案し、これによって書籍の大量生産が可能になった。しかし、木枠の中に鉛と銅でできた活字が並ぶこの印刷機がもたらした結果は、その程度に留まるものではない。発明から100年も経たないうちに、この印刷機によって製作された書物が火つけ役となり、ヨーロッパ大陸全土にわたり学術と宗教の改革が巻き起こっていく。**

✦

グーテンベルクは、ドイツ西部の都市マインツで上流階級の家に生まれた。エルフルト大学で学び、金細工職人としての訓練を受けたとされている。鏡を売る事業で痛い目を見るなど、いくつかの事業に手を出して失敗もしている。また、事業の協力者らを巻き込んだ長期の訴訟を経験している。そうした中で、1450年に最初の印刷機を発表した。

グーテンベルクの印刷技術が考案される以前は、書籍の大部分は手書きにより製作されていたため、非常に高価だった。写本を製作していたのは、ほとんどの場合は修道士だった。そのため、伝統的な書籍の製作方法では、ローマ・カトリック教会がヨーロッパの読者の手に渡る情報を統制していたといっても過言ではなかった。

現代の基準に照らせば、グーテンベルクの技術の印刷スピードは遅い（有名な「グーテンベルク聖書」の印刷は５年かかった可能性がある）が、手書きによる伝統的な製作方法と比べるとはるかに速かった。初代の印刷機では、鉛でできたひとつひとつの活字を並べてページが構成され、印刷終了後、活字を組み替えて再利用し、新たなページが構成された。

グーテンベルクは実業家としての手腕に長けていたわけではなく、印刷機を稼働させる費用がかさんで多額の負債を背負った。彼は短期間マインツから逃れていた時期があったが、1465年にはマインツの大司教に恩給を与えられた。そしてその３年後、生まれ故郷のマインツで死去した。

やがて、彼の発明が及ぼすことになるとてつもない影響が明らかになってくる。グーテンベルクの死去後50年も経たないうちに、彼の考案した印刷機はヨーロッパ大陸中に普及した。そしてこの印刷機の力により、宗教改革の下地が醸成されていく。

**豆知識**

1. 『タイム』誌は1992年、グーテンベルクを「千年紀における偉大な人物」の10人のひとりに選んでいる。その他には、アルベルト・アインシュタイン、マルティン・ルター、トマス・ジェファーソンなどの著名人がランク入りした。
2. 「グーテンベルク聖書」の原本は、世界の収集家が欲しがる人気の品のひとつだ。製作されたのは180冊のみである。原本が最後にオークションにかけられたのは1987年で、最高入札額は540万ドルだった。
3. グーテンベルクが死去してから９年後、「ヨハネス・グーテンベルク大学マインツ」が創設された。同校は現在のドイツにおける最大級の大学で、約３万5000人の学生を擁している。

# 137 悪人 メアリー一世

**イングランドの女王メアリー一世（1516〜1558）は、イングランドの王位に就いた事実上初の女性で、治世中にプロテスタントに対する過酷な弾圧を行ったことから「ブラッディ・メアリー」（血まみれのメアリー）というあだ名が付けられた。彼女は、父親のヘンリー八世（1491〜1547）がその20年ほど前に禁止したローマ・カトリックの信仰を再び取り入れようとした —— そして、反対する何百人もの人々を火刑に処し、改宗を強制した。**

✦

しかし、メアリーの試みは失敗に終わり、不穏な反対派が生じた。メアリーの死後、異母姉妹であるエリザベス一世（1533〜1603）が、プロテスタントをイングランドの公式の宗教として永久に回復させ、この16世紀の宗教戦争を終結させた。

メアリーは、ヘンリー八世とその最初の妻であるキャサリン・オブ・アラゴン（1485〜1536）の間の唯一の子供で、女性であることから王位継承者にふさわしくないと考えられていた。ヘンリー八世は何とか男性の後継者を作らねばならず、キャサリンと離婚し、その後五人の若い女性と再婚を繰り返すことになるが、1533年に一度目の再婚をした。キャサリンとの離婚は、メアリーを王位継承の候補者から外しただけではなく、ヘンリー八世とローマ・カトリック教会との対立を促すことにもなった。やがてヘンリー八世は、三番目の妻との間に、のちにエドワード六世（1537〜1553）となる男児をもうけた。９歳で即位したエドワード六世は父親の宗教政策を引き継いだが、６年後に死去したため、メアリーが王位を継承する可能性が浮上した。エドワード六世が正式に指名した後継者は、当時15歳だったプロテスタントのジェーン・グレイ（1537〜1554）だったが、彼女が王位に就いたのは九日間のみで、ほとんど支持を受けなかった。37歳だったメアリーは王位を奪い、のちにジェーンを斬首刑に処した。

女王となったメアリー一世は、1554年にカトリック信者であるスペインのフェリペ王太子（1527〜1598）と結婚したことから、イングランドの多くの人々の反感を買い、トマス・ワイアット（1521〜1554）率いる反乱が引き起こされた。メアリー一世は同年、異端者を排斥する法律を復活させ、プロテスタント信者に対する迫害を開始した。16世紀におけるイングランドの宗教戦争について言えば、この「ブラッディ・メアリー」による迫害は特段に「血まみれ」だったわけではない。実のところ、メアリー一世の父親はイングランドにプロテスタントを導入した際に、彼女がプロテスタントを禁じようとしたときよりも、はるかに多くの人々を殺害した。しかし、メアリー一世の処刑は残酷だったことから —— そして、その処刑をした側が最終的に負けたという事実も重なり —— 彼女は歴史的に黒い人物として知られることになった。

メアリー一世は、カトリック信者の後継ぎを生むことができないまま、42歳のときにロンドンで死去し、プロテスタントのエリザベス一世に王国を引き継がせることとなった。

### 豆知識

1. メアリー一世の治世の半ばで、スペインの王太子だった彼女の夫がフェリペ二世としてスペインの王位に就いた。1588年、フェリペ二世は義理の姉妹に当たるエリザベス一世からイングランドの支配権を奪うために「無敵艦隊」を派遣したが、敗北した。
2. メアリー一世の治世中、イングランドはフランスの港湾都市カレーの支配権を失っている。この都市は、イングランドがかつてフランスに広く所有した領土の最後の残りであった。
3. カクテルの「ブラッディ・メアリー」には、ウォッカ、トマトジュース、香辛料が入っている。

# 138 文筆家・芸術家 ｜ ウィリアム・シェイクスピア

**ウィリアム・シェイクスピア（1564〜1616）は、英文学史において独特な立場にある人物だ。「詩人の中の詩人」といわれるシェイクスピアは、英語という言語の世界における最も偉大な文筆家であると広く認識されている。彼の38の戯曲はいずれも傑作で、また、詩集『ソネット集』は以後何世代にもわたって多くの詩人に影響を与えた —— そればかりか、彼の生涯についてのミステリーも、何百年にもわたって伝記作家という職業を成り立たせている。**

✦

シェイクスピアの信仰する宗教や、個人的な信条、教育、文学的な影響、セクシュアリティなど、彼に関するすべてが歴史家たちの間で議論を沸騰させる話題である。中には、シェイクスピアの存在そのものを否定した批評家すらいる。ひとりの人間が、英文学の流れをこれほどまでに大きく変えられるはずがない、というわけだ。

しかし、シェイクスピアの半生に関する基本的な情報は、一般に事実として認められている。彼はイングランドのストラトフォード・アポン・エイヴォンで生まれた。18歳のときにアン・ハサウェイ（1556頃〜1623）と結婚し、その六か月後に第一子が生まれている。おそらく1580年代終盤と思われるが、彼は劇作家としてのキャリアのために、ストラトフォードに妻子を残したままロンドンへ移った。

シェイクスピアが1590年代に書いた戯曲のほとんどは、歴史劇か喜劇のいずれかである。『じゃじゃ馬ならし』（1590年頃）や、『恋の骨折り損』（1594年頃）などだ。1590年代の終わりころには悲劇を書くようになっており、その中には彼の代表作といえるものも含まれる。『ジュリアス・シーザー』（1599年頃）、『ハムレット』（1600年頃）、『オセロ』（1603年頃）などである。劇作家としての活動の終盤には「悲喜劇」を書いた。これは、重々しい物語ながら驚くようなハッピーエンドを迎えたり、あるいは単に物悲しげな結末に留まるというような、悲劇と喜劇が混合した戯曲である。『シンベリン』（1610年頃）などがそうだ。シェイクスピアの詩作は、戯曲に比べると数は多くないが、彼は文筆家としての全時代にわたって継続的に韻文詩を発表している。長編詩の『ヴィーナスとアドーニス』と『ルークリース凌辱』は1590年代初頭に書かれたものだ。『ソネット集』は1609年に出版された。

シェイクスピアは、劇作家として活動したほとんどの間「宮内大臣一座」（Lord Chamberlain's Men）というロンドンの劇団に携わっていた。同劇団の所有する劇場「グローブ座」の株の一部を所有していたらしく比較的裕福になっている。1613年ごろに引退してストラトフォードに戻り52歳ごろに死去した。そして彼が遺言で妻に遺したのは、「二番目に良いベッド」だった —— これも何百年にもわたり歴史家たちをあれこれ悩ませてきた謎である。

**豆知識**

1. シェイクスピアと妻のアンは三人の子供をもうけている。結婚の六か月後に生まれたスザンナ（1583〜1649）と、双子のハムネット（1585〜1596）とジュディス（1585〜1662）だ。
2. シェイクスピアは、自らの墓標にもドラマチックな作風を残した。ストラトフォード・アポン・エイヴォンの教会にある彼の墓標に書かれた詩は、「我の骨を動かす者に呪いあれ」と結ばれている。
3. 初代のグローブ座の建物は、1642年にピューリタンによる劇場閉鎖で廃業となり壊された。1997年、新しく建てられたグローブ座が営業を再開した。

# 139 反逆者・改革者 ｜ メタコメット

**1675年、キリスト教に改宗したあるアメリカ先住民が、マサチューセッツのプリマスの冷たい池で死んでいるのが見つかった。その数日後、ほぼ白人ばかりの陪審団が、先住民のワンパノアグ族の三人を殺人で有罪とし、死刑判決を下した。**

◆

そして、この三人の処刑によって一連の残虐な争いが始まり、「フィリップ王戦争」と呼ばれる、先住民と白人入植者との全面戦争に発展した。これは、アメリカの初期の歴史における最も悲惨な争いのひとつである。14か月に及んだこの戦争で、ニューイングランドの植民地における半分近くの入植者が死亡し、さらにそれ以上の割合の先住民が死亡した。

この戦争でワンパノアグ族を指揮したのは、メタコメット（1639頃～1676）という酋長で、イングランド側からは英名で「フィリップ王」と呼ばれた。この戦争が終結を迎えるころには、メタコメットはニューイングランドの植民地で非常に恐れられ、嫌われる人物となっていた。戦争後何百年も経過してから、アメリカ先住民の活動家たちの働きかけにより、メタコメットはヨーロッパの植民地政策に抵抗した先住民の英雄であるとして名誉を回復した。

実際メタコメットは、ロードアイランドの丘や沼地にある隠れ場から、最後まで猛烈な攻撃をしかけ、北アメリカにおけるイングランドの植民地の存続を脅かした。しかしメタコメットの敗北後は、ニューイングランドにおける先住民の人口は急速に減り、イングランド側の障害になるようなことはしなくなった。メタコメットの父親のマサソイト（1590頃～1661）は、イングランドの最初の入植者たちである「ピルグリム・ファーザーズ」（ピューリタンの巡礼始祖）がプリマスに上陸し、「プリマス・ロック」として知られる岩を踏んだ際には、彼らを手助けしている。しかしそれ以後、入植者たちとワンパノアグ族の関係は着実に悪化していった。イングランドの入植者数は1630年以降急激に増加し、より広い土地が必要となったことから、ワンパノアグ族は圧迫されるようになった。

1662年に酋長になったメタコメットは、父親のとっていたイングランドに対する友好的な政策を転換した。そしてプリマスでワンパノアグ族の三人が絞首刑にされたことをきっかけに、ワンパノアグ族は戦闘態勢に入った。メタコメットと仲間たちは、ロードアイランド、コネチカット、マサチューセッツにおけるイングランドの植民地を攻撃し、農地を燃やしたり人質をとったりした。メタコメットは当初は勝利を重ねたが、1676年にはイングランドが形勢を逆転させ、ロードアイランドでメタコメットを追い詰めた。そして同年８月、メタコメットは殺害された。彼の頭部は槍に突き刺され、反乱を計画する者たちへの見せしめとしてプリマスの町の入り口に置かれた。

**豆知識**

1. この戦争後、メタコメットの息子は、その他多くのワンパノアグ族の人々と共に奴隷として売られ、バミューダ諸島へ送られた。ワンパノアグ族の子孫は現在でもバミューダ諸島のセントデービッド島に残っている。
2. プリマスの町は1998年、先住民グループの働きかけを受け、メタコメットの記念碑を建てることに合意した。彼の遺体の一部は、その300年ほど前にプリマスの町の入り口に見せしめとして飾られていた。
3. メタコメットの兄のワムスッタは、メタコメットが酋長になる前、1660～1662年の間酋長だった。ワムスッタは、イングランド人に捕らえられた直後に不可解な死を遂げている —— おそらく毒物によるものだと考えられている。このことも、イングランド人に対するメタコメットの不信を増大させた。

# 140 伝道者・預言者 | マルティン・ルター

**マルティン・ルター（1483～1546）は、プロテスタントの創始者とされている。彼の急進的な教えはヨーロッパに激震を与え、多くの人々にとって「キリスト教徒とは何か」という意味を変えた。ルターはドイツの都市アイスレーベンで生まれ、かなり保守的な農家で育った。父親のハンスは銅の商人で、息子にはただ法律家になってほしいと望んでいた。**

✦

しかしながら、息子マルティンには別の考えがあった。1501年に入学したエアフルト大学では、熱心に勉学に励んでいたことから、学友に「哲学者」というあだ名を付けられていたが、のちにロー・スクールを退学した。22歳のときに修道会に入り、その2年後には正式にローマ・カトリック教会の司祭に叙任された。そして1510年にローマを訪れるが、これがルターの宗教観に大きなインパクトを与えた。ローマにはきらびやかな数々の教会があり、教皇やカトリックの高位の聖職者たちはぜいたくで退廃的ともいえる生活をしていた。これを目の当たりにしたルターはぞっとした。そして「贖宥状（しょくゆう）」が販売されていたことも、教会の腐敗が広がっている証拠だと考えた。罪に対する永遠の贖罪を約束するこの「贖宥状」は、裕福な人々が購入し、この収益がローマの御殿の建設資金となっていた。その7年後の1517年10月31日、ルターは、反論を記した文書をヴィッテンベルクの教会の扉に貼りつけた。「95か条の論題」として有名なこの声明書は、贖宥状を撤廃し、教会の高位の聖職者の腐敗をなくし、キリスト教を変えることを目的とする「宗教改革」の火つけ役となった。そして、ルターが死去するまで――そして彼の死後何十年も――この論題がもととなって、神学的な争いや、政治的な対立、そして戦争までもが大陸中で勃発した。ルターは1521年にヴォルムス帝国議会で糾弾され、その後しばらくの間身を隠し、教会の教えに疑問を唱える著述を続けた。

1522年、ルターは新約聖書のドイツ語版を出版し、翻訳を禁止するカトリックの伝統を破った。続いて、1534年に旧約聖書の翻訳も出版された。このふたつの聖書が完成したことで、キリスト教の教えが人々の手に届きやすくなったことから、プロテスタントの普及と、さらにはドイツ語の普及にも計り知れないほどの影響が及ぼされた。ルター自身も信仰に熱心で、厳しく道徳的であった。そして、宗教上の強い罪悪感にさいなまれていたことを1545年の自伝に記している。彼は反ユダヤ主義者でもあり、ユダヤ人に関する彼の著作は、その約400年後にナチスによって称賛されている。ルターは1537年に病を患い、その後の生涯のほとんどは、ユダヤ人や教皇、そして自らの敵と見なす人々を厳しく批判する著作を記して過ごした。1546年にアイスレーベンで死去し、「95か条の論題」を貼りつけた教会に埋葬された。

**豆知識**

1. 司祭は結婚しないというカトリックの伝統を破り、ルターは1525年にカタリナ・フォン・ボラ（1499～1552）と結婚した（彼は「悪魔を困らせるために」結婚したと述べた）。ふたりは六人の子供をもうけた。
2. ルターは、ヴォルムス帝国議会で糾弾されたのちに追放扱いとなった。その後1年間は支持者の城にかくまわれ、「ユンカー・ゲオルク」という名の騎士を装った。
3. ルターは讃美歌もいくつか書いている。おそらく最も有名なものは1524年ごろに書かれた『神はわがやぐら』だ。

# 141 指導者 ｜ イサベル一世

**スペイン史を語る上で欠かせない指導者である女王、イサベル一世（1451〜1504）は、スペインにおいて最大の領土を有していたふたつの王国をひとつに統合し、イスラム勢力からイベリア半島を取り返す「レコンキスタ」を完了させた。また、1492年に新大陸を発見することになるクリストファー・コロンブス（1451〜1506）の探検を支援した人物でもある。これによって、新しい巨大な大陸がスペインの植民地となっていく。**

◆

イサベル一世と夫のフェルナンド二世（1452〜1516）は、近代のスペインという国家の基礎を築いた熱心な指導者であると認識されていた。しかし、イサベル一世は「スペイン異端審問」を開始して、スペインからユダヤ人を追放し、スペイン帝国の植民地においてはアメリカ先住民に対して数々の残酷な行為を行った人物でもある。イサベルは、スペインの南部と中央部のほとんどを支配していたカスティーリャ王国のフアン二世（1405〜1454）の長女として生まれた。彼女は1469年、スペインの北西部を支配していたアラゴン王国の後継者であるフェルナンドと結婚した。この結婚によってふたつの王国は効果的に連合した形となり、この連合が、政治的な集合体としてのスペインという国家の基盤となった。

フェルナンドとイサベルが王位に就くころには、イベリア半島のわずかのみを占めるグラナダ王国だけがイスラム勢力の支配下にあった。ふたりは10年をかけて都市グラナダの包囲攻撃を行い、1492年にようやく陥落させた。これによって、700年以上続いたイスラム勢力によるスペイン支配は終了した。グラナダの征服後、イサベル一世とフェルナンド二世は完全なローマ・カトリックの国家を築くことを目指した。そしてグラナダ陥落の数か月後、すべてのユダヤ人に対し、カトリックへの改宗か国外退去かのいずれかを強制する命令を出した。また、ふたりの治世中には、ユダヤ教とイスラム教からの「偽の改宗者」や異端者を罰するための「異端審問」が開始され、その残虐さはすぐに知れわたった。

しかし、この地球上に最大かつ長期的な影響を及ぼした出来事といえば、イサベル一世がコロンブスの探検を支援する決断をしたことかもしれない。1492年、イサベル一世はコロンブスに西方への探検のための船を三隻与えた。そして彼の探検の成功によって、スペインの大々的な植民地化が始まったのだ。スペインが新たな領土で金脈を求め、キリスト教を普及させようとする中で、とてつもない数のアメリカ先住民が殺害されたり奴隷にされたりした。

イサベルは、1504年に53歳のときに死去した。

### 豆知識

1. イサベル一世の末娘のキャサリン（1485〜1536）は、イングランド王ヘンリー八世が結婚した六人の妻の一人目であった。ヘンリー八世は1530年代に、ローマ教皇がヘンリー八世の婚姻の取り消しを認めなかったことから、ローマ・カトリック教会を離脱している。
2. イサベル一世はフェルナンド二世と結婚する前に、フランスとイングランドの王位継承者からの結婚の申し出を断っている。
3. イサベル一世とフェルナンド二世による改宗の強制がどれだけ徹底されていたか、現代の遺伝学で示されている。2008年のある研究によると、スペインの人口の20パーセントは「セファルディム」と呼ばれるスペイン系ユダヤ人を先祖としており、11パーセントはムーア人（イスラム教を信じていた集団）を先祖としているとのことだ。

# 142 哲学者・思想家 ｜ ルネ・デカルト

**物理学者であり、数学者であり、哲学者であるルネ・デカルト（1596〜1650）は、近代哲学の基盤を築いたひとりで、西洋の学術史の過渡期における重要な人物である。彼はそれ以前の誰にも増して古代ギリシアの概念を否定し、近代哲学の思想を生む土台を作った。**

✦

デカルトは、フランスの町ラ・エーで、著名な裁判官の息子に生まれた。まだ1歳のときに母親と死に別れ、主に祖母と大おじに育てられた。ポワティエ大学で法律の学位を取得し、22歳で軍隊に入り、オランダの都市ブレダに駐在した（1年後、スペインとの戦争を避けてブレダを去った）。

その後、ドイツ、オランダ、イタリアを回ったのち、パリに住まいを定めた。デカルトは、光学、気象学、数学などの科学的な著作を多数記した。1636年にはオランダの都市ライデンに移り、代表作のひとつである『省察』を出版したといわれている。

デカルトは、自身の哲学は「アリストテレスの原理を破壊する」ことを目標としていると述べた。アリストテレスの著作は、およそ2000年にわたり西洋哲学の根幹を成すものであった。アリストテレスは、自然のあらゆるものには、その「形相」を決定づける「テロス」（目的）があると信じた。これとは反対にデカルトは、科学者は実際に観察できるもののみを研究すべきだと信じた —— この思想は「合理主義哲学」と名付けられた。

有名になったデカルトは、17世紀のヨーロッパにおける多くの有力者と書簡を交わした。彼の支持者のひとりであったスウェーデンの女王クリスティーナ（1626〜1689）は、ストックホルムに学校を創設するようにとデカルトを招いたが、彼は病にかかり、53歳で死去した。

**豆知識**

1. デカルトの最も有名な言葉のひとつに、彼の1644年の著作に記されたラテン語「コギト・エルゴ・スム」——「我思う、ゆえに我あり」—— がある。この有名な言葉は、自分自身を含めたすべてのものの存在を証明することは可能なのか、あるいは、すべてのものは存在しているように見えるだけなのか、という哲学的議論の答えとして記されたものだ。
2. デカルトの頭蓋骨は、パリの人類博物館に展示されている。
3. デカルトの故郷の町ラ・エーは、1967年に「デカルト」と改称された。

# 143 革新者 コペルニクス

**天文学者のニコラウス・コペルニクス(1473〜1543)は、宇宙の中心は地球ではなく太陽であるという、古代にも提唱されていた説を近世において再び主張した最初の学者である。彼の著作は宇宙に関する研究に革命をもたらし、アイザック・ニュートン(1642〜1727)やヨハネス・ケプラー(1571〜1630)に影響を及ぼしたが、彼はキリスト教の信仰と真っ向から対立することになった —— 生涯にわたり教会の任務に就いた人物としては皮肉な運命だ。**

◆

ニコラウス・コペルニクスは、現在のポーランドの都市トルンで生まれた。父親で同じ名前のニコラウスは、銅の取引で成功していた裕福な商人で、末息子だったコペルニクスはパドヴァ大学とボローニャ大学で教育を受けることができた。1503年にカノン法の博士号を取得したのち、ヴァルミアで司祭をしていたおじのもとへ行き、カノン(律宗司祭)を務めた。この職の実入りは良く、趣味として天文観測ができる時間的な余裕もあった。そして、1510年から1514年までのいつかの時点で『コメンタリオルス』という小論文を記し、太陽中心説の概要を述べた。

コペルニクスは、地球が太陽の周りを回っているという地動説を提唱した初めての人物ではない。古代にも何人かの学者が同じ説をとっていた。しかしキリスト教の神学は、神が地球を宇宙の中心に置いたという思想であり、アリストテレス(前384〜前322)以来の権威ある西洋の思想家たちも同じ考えだった。

コペルニクスは自分の論説を出版することの危険性を認識していたと思われ、それ以後30年ほどは太陽中心説を発表しないまま、教会の任務に精を出した。医学を修めていた彼は、やがて司祭の医師を務めるようになり、また、貨幣鋳造の技術的な方法についての書物を執筆したり、ドイツ騎士団国の攻撃から地域を防衛するための作戦に貢献するなどした。

死の直前にようやく、それまで躊躇していた『天球の回転について』の出版に同意した。これは惑星に関する6巻から成る著作で、コペルニクスが生涯のほとんどを費やして書き上げたものだ。出版社は同書がかもすであろう物議を恐れ、コペルニクスの許可を得ずに、書籍の内容は文字通りにとらえないようにという旨を序文に加えた。彼の説はプロテスタントからもカトリックからも否定された。しかしそれでも、彼の書籍はヨーロッパ中に広まっていき、近代の天文学を発展させる役割を果たし、「コペルニクス的転回」として知られるパラダイム・シフト(価値観の劇的な転換)を引き起こすこととなった。しかしコペルニクスは脳卒中で倒れ、同書が印刷される間際に意識不明に陥った。伝承によると、臨終の間際に刷り上がった同書を渡されて、束の間意識を取り戻し、自らが生涯をかけて記した書物がようやく出版されたことを見届けてから、幸福のうちに亡くなったという。70歳だった。

**豆知識**

1. コペルニクスが生涯のうちに記した著作は、上述のもののほかには一作のみである。17世紀のビザンチン帝国の著述家テオフィラクト・シモカッタの作品を、ギリシア語からラテン語に翻訳したもので、1509年に出版された。
2. 『天球の回転について』は、ローマ教皇パウルス三世(1468〜1549)に献辞されたが、それにもかかわらずローマ・カトリック教会は1616年に同書を異端とした。同書が禁書のリストから外されたのは、1822年になってからである。
3. ポーランドの都市ヴロツワフの空港は、2005年に「コペルニクス空港」と名付けられた。

# 144 悪人 ｜ マルタン・ゲール

**マルタン・ゲールは16世紀のフランスの農民で、現在まで語り継がれる身元詐称事件の被害者である。マルタンは、戦争で従軍するために1548年に家を出たが、10年以上を経て家に戻ると、別の男がマルタンの名を語り、家と家族を乗っ取っていた。この詐欺師はアルノー・デュ・ティル（1524頃〜1560）という男で、あまりにも巧妙にマルタンになりすましていたことから、マルタンの妻さえも騙（だま）されていた。**

✦

マルタン・ゲールが戻ってきて、デュ・ティルが詐欺罪と姦通罪で有罪となったこの事件は、これまでに小説や映画、漫画、学術書、さらにはミュージカルまで、さまざまな作品の着想となった。また、戦争後の混乱期に男たちが別人を装うケースがその後も多く出てくるが、マルタン・ゲールの事件はその予兆ともなる出来事であった。

マルタン・ゲールはフランス南部で生まれ、幼少期にアルティガという村に移った。その村でベルトランドという女性と結婚し、息子をひとりもうけ、その後1548年に村を去った。その後の８年間、ベルトランドは女手一つで息子を育てていたが、ある日、デュ・ティルが玄関口に現れた。この男は見かけも話し方も、行方知れずの夫マルタンに似ており、マルタンに関する個人的なこともいろいろと知っていた。デュ・ティルに疑いの目を向ける者もいたが、最終的にはベルトランドを含めほとんどの村人がデュ・ティルをマルタンとして受け入れた。

しかしマルタンのおじは、この男がマルタンであるとは信じず、1559年にデュ・ティルの身元詐称を告発した。デュ・ティルは1560年に詐欺罪と姦通罪で有罪となり、死刑を宣告された。デュ・ティルはすぐさま上訴した——そして、事態は予想外の衝撃的な法廷闘争に発展した。法廷でデュ・ティルの訴えを審議する中、突然、木製の義足をはめた本物のマルタン・ゲールが法廷に現れた。マルタンは驚く裁判官に対し、自分はスペイン軍に従軍していて戦争で片脚を失い（実はフランスを相手に戦っていた）、修道院で療養していたと説明した。マルタンの家族全員が、この義足の元兵士をマルタン本人であると認めデュ・ティルは同年９月に絞首刑に処された。

マルタンは当初は妻に怒りを感じていたが、やがて妻が完全に騙されていたことを受け入れた。そして、夫婦はその後の歴史から消えた。詐欺師デュ・ティルとマルタンの帰還の物語は、フランス中に知れわたり、1982年のフランス映画『マルタン・ゲールの帰還』の題材ともなった。

**豆知識**

1. フランスでは上述の1982年の映画に続き、1996年にはこの事件を題材としたミュージカルも公演された。さらにアメリカでは1993年、この物語の設定を南北戦争時代に移した映画『ジャック・サマースビー』が公開された。
2. ミシェル・ド・モンテーニュ（1533〜1592）はデュ・ティルの裁判を傍聴しており、『エセー』（『随想録』とも）でこの話題を取り上げている。この裁判は、人間が「確実性に到達できない」ことを示したものであるとし、死刑判決を下した裁判官を非難した。
3. ジャン・ド・コラ（1515〜1572）はこの事件の裁判官を務め、きわめて重要な裁判記録『記念すべき逮捕』（1560年）を記した。彼はのちにプロテスタントに改宗し、1572年にフランスの宗教戦争の中で暗殺された。

# 145 文筆家・芸術家 | ディエゴ・ベラスケス

**画家のディエゴ・ベラスケス（1599〜1660）は、それまでにない方法で色彩と明暗を用い、農夫、教皇、スペイン王室の人物など、印象の強い肖像画を描いた。彼は、17世紀から18世紀初頭まで続いた西洋美術のバロック時代において最も影響力のある人物のひとりと考えられている。**

✦

ベラスケスの作品として有名なものには、『セビーリャの水売り』(1619年頃)、『教皇インノケンティウス一〇世』(1650年)、スペインの王女と侍女を描いた1656年の大作『ラス・メニーナス』(「女官たち」）などがある。ベラスケスはセビリアで生まれ、11歳のときに芸術学校に入学した。20歳になるまでに、『セビーリャの水売り』などの初期の代表作を完成させている。彼の作品はマドリード当局の目を引き、若きベラスケスは1622年、フェリペ四世（1605〜1665）の宮廷画家として呼び寄せられた。

フェリペ四世の治世中のスペインは、ヨーロッパとアメリカ大陸において、帝国としての権力の最盛期を迎えたころだった。フェリペ四世はベラスケスの生涯のパトロンとなった。ベラスケスは、フェリペ四世や、その政治的な仲間や家族などの多数の肖像画を描き、やがて『ラス・メニーナス』という大作を結実させるに至った。

『ラス・メニーナス』は現在、マドリードのプラド美術館に展示されており、多くの批評家によってベラスケスの最高傑作であると認識されている。複雑で謎めいた構成のこの絵画には、薄暗い部屋に王女が描かれ、父親である王が開いた扉の向こうから部屋の中をのぞいている。そして、絵筆を手にしたベラスケス自身が、絵画の端に薄暗く描かれている。絵画の中のベラスケスが、王女または誰かの肖像を描いているのかどうかは分かっていない。複雑な光と影を用いたこの絵画の手法は、バロック様式の特徴であると認識されている。

ベラスケスは、スペインの王室の人物のほかに、詩人、召使い、聖職者などの肖像も描いている。彼はイタリアを二度訪問しており、フランドルの画家ピーテル・パウル・ルーベンス（1577〜1640）とも親交を深めている。晩年には騎士の称号を与えられ、その後まもなく61歳で死去した。

### 豆知識

1. 『ラス・メニーナス』の中心人物として描かれているのは王女のマルガリータ（1651〜1673）で、フェリペ四世の末娘である。彼女は15歳のときに神聖ローマ皇帝レオポルト一世（1640〜1705）と結婚し、何度か流産を繰り返したのちに21歳で死去した。
2. ベラスケスは、パトロンであるフェリペ四世の肖像画を40点以上も描いた。
3. 「バロック」という言葉は、スペイン語とポルトガル語の「不規則な」、「ゆがんだ」、「奇怪な」といった意味を持つ単語に由来する。バロック美術は非常にきめ細かいが、それ以前の美術に見られた絶対的な写実性はない。バロック美術は、17世紀の「対抗宗教改革」（カトリック改革）との関連が強い。「対抗宗教改革」の時代には、ローマ・カトリック教会がヨーロッパの多くの地域で力を取り戻し、改革の中で芸術家を支援した。

# 146 反逆者・改革者 ｜ ナサニエル・ベーコン

**ナサニエル・ベーコン（1647頃～1676）は、バージニア植民地の農夫で、植民地の反乱を指揮した人物である。彼は1676年、植民地政府に抵抗し、短期間ながら広範囲にわたる反乱を遂行した。この反乱は、100年後に起こるアメリカ独立革命以前の北アメリカで起きた反乱としては、最も大きなもののひとつである。**

◆

この「ベーコンの反乱」は、バージニア植民地の総督ウィリアム・バークリー（1605～1677）の統治に対する不満に端を発していた。ベーコンの支持者は、主に小さなタバコ農園の農夫や、奥地に住む人々であった。ベーコンたちは過酷な課税に不満を抱いており、また、先住民による攻撃から植民地を保護する対策が十分にとられていないことに憤りを感じていた。

反乱軍はピーク時には何千人もの支持者を擁し、バージニア植民地のかなりの領域を占領した。しかしこの態勢も、1676年にベーコンが赤痢で死ぬと崩壊した。ベーコンの死後、バークリーはすぐさま反乱軍を制圧し、何十人もの幹部を絞首刑にした。

ベーコンは、イングランドの名家の一員としてサフォークで生まれ、ケンブリッジ大学を卒業した。その後ロンドンへ移り、1647年にバージニアに入植した。一家は、現在のリッチモンドに近い場所に農園を持った。ベーコンは、当初は総督のバークリーを支持しており、総督の諮問会議のメンバーでもあったが、バークリーを批判する人々に同調するようになった。植民地の住人の多くは先住民による攻撃を恐れており、先住民を殺害するか、または植民地から追い出してほしいと望んでいた。しかしバークリーはそれをためらった。先住民に対して挑戦的な行動をとれば、先住民との交易が滞り、大きな戦争に発展しかねないと恐れたためだ。

ベーコンは植民地の住人たちの不安に乗じ、先住民に攻撃をしかける許可をバークリーに求めた。バークリーは拒否したが、ベーコンは指導者として攻撃を開始し、先住民のいくつかの部族を虐殺した。これに憤ったバークリーは、1676年の初めころ、ベーコンは反逆者であると宣言した。しかしベーコンは考えを曲げず、こう述べた。「もしも、圧迫される者の大義を擁護することが……反逆だというならば、全能の神よ、判定を下しその罪人を死なせたまえ」

数か月後にベーコンが死去すると、争いは急速に終結した。しかしこの反乱は、以後何十年にもわたりイギリス領北アメリカに影響を残し、イギリスの支配に対する不服従の模範となった。そして100年後、愛国心あふれるバージニア植民地の指導者パトリック・ヘンリー（1736～1799）は、バージニアの同胞であるベーコンの言葉をまねて、独立革命への有名な呼びかけでこう述べている。「これが反逆だというならば、とことんやろうではないか！」

**豆知識**

1. バージニア植民地のウェストモアランドで反乱軍に占領された家の一軒に、ジョン・ワシントン大佐（1631頃～1677）のものがあった ── 彼は、アメリカ初代大統領ジョージ・ワシントン（1732～1799）の曽祖父である。
2. イングランド王チャールズ二世（1630～1685）は、バークリーによるバージニア植民地の統治の不手際に苛立ち、バークリーをロンドンに呼び戻した。バークリーはその翌年に死去した。
3. ベーコンのいとこで、同じくナサニエル・ベーコンという名の人物は反乱には加わらず、バージニア政府側についていた。当時の噂によるとこのいとこは、一家の名を守るためにベーコンを買収し政府側につかせようとしていた。

# 147 伝道者・預言者 ｜ ヘンリー八世

**六度の結婚を繰り返しうちふたりの妻を処刑したことで知られるヘンリー八世（1491～1547）は、信仰に熱心な人物だったとはいえないだろう。しかしほとんど偶然にも、彼はローマ・カトリックに代わる国の正式な宗教としてイングランド国教会を成立させることとなった。**

◆

ヘンリー七世（1457～1509）の第三子であったヘンリーは、王位を継承するとは思っていなかった。兄のアーサーが継承順位第一位だったが、アーサーは1502年に急死した。そのためヘンリーは、兄の継承順位と、未亡人となったスペインの王女キャサリン・オブ・アラゴン（1485～1536）までも引き受けることになった。そしてヘンリー七世が死去すると、ヘンリーとキャサリンはイングランドの王と王妃になった。

宗教改革が始まったころ、ヘンリー八世はローマ・カトリック信者を貫いており、ヨーロッパ大陸で起きた宗教改革の波に乗るよりも、イングランドの海軍の配備に気をとられていた。ローマ教皇レオ十世（1475～1521）は、ヘンリー八世がマルティン・ルターの主張に対して教会を擁護する立場をとったことから彼に「信仰の擁護者」の称号を授けたくらいであった。

しかしヘンリー八世は、政治的な問題とキャサリンとの婚姻関係の問題により、最終的にローマ・カトリック教会と決別する。キャサリンは六人の子供を産んだが、そのうちのひとり――のちに女王となるメアリー一世（1516～1558）――以外はみな乳児期に死亡した。王位を継承する男児がいなかったことから、ヘンリー八世は、自分の死後国が不安定になるのではないかと恐れた。何とか男児をもうけようと、ヘンリー八世はアン・ブーリン（1507頃～1536）と再婚するべく、ローマ教皇に婚姻の無効を申し立てた。ローマ教皇がこれを拒否すると、ヘンリー八世はローマ教皇庁と対立し自らはイングランドの国教会の長であると宣言し、1533年にアン・ブーリンと結婚した（彼女は息子を産むことができずその３年後に斬首刑にされている）。

ヘンリー八世がローマ教皇の権威を否定したことによって、イングランドの政治と宗教には重大な結果がもたらされた。彼は1535年、教皇を支持する何人かを処刑しつつ、教皇を否定する方針を強行している。結果として、イングランドではカトリックとプロテスタントが権力を争うことになり、16世紀の終盤まで宗教的な混乱が続くこととなった。ただし、ヘンリー八世の望みは1537年にかない、三番目の妻ジェーン・シーモア（1509～1537）が、のちのエドワード六世（1537～1553）となる男児を出産した。

## 豆知識

1. イングランドにおいてローマ教皇の権威が否定されたことにより、初めて英語の聖書が成立した（ローマ・カトリック教会では聖書の翻訳が禁止されていた）。
2. キャサリン、アン・ブーリン、ジェーン・シーモアのあとに続くヘンリー八世の三人の妻は、アン・オブ・クレーヴズ（1515～1557）、キャサリン・ハワード（1523頃～1542）、キャサリン・パー（1512～1548）である。
3. キャサリン・オブ・アラゴンは、生涯にわたってヘンリー八世の正当な妻であるとの立場をとった。しかし、キャサリンがケンブリッジ近くの城で死去した際、ヘンリー八世は彼女の死を祝えと臣下に命じた。

# 148 指導者 ｜ エリザベス一世

**イングランドの女王エリザベス一世（1533〜1603）は、スペインの「無敵艦隊」を破り、イングランド初の新大陸への探検を支援した。エリザベス一世の治世はイギリスの文学と演劇が繁栄したルネサンス期に当たり、この時期は「エリザベス時代」と呼ばれている。また彼女は、イングランドにおいてプロテスタントを正式な宗教とし16世紀半ばまで続いた国内の宗教対立を終結させた。**

✦

ヘンリー八世（1491〜1547）の娘であるエリザベスは、王位継承者とは考えられていなかった。母親でヘンリー八世の二番目の妻であるアン・ブーリン（1507頃〜1536）は男児を産むことができず、その後、姦通と近親相姦の罪で斬首刑となっており、エリザベスは母親の処刑後に私生児と宣言された。

ヘンリー八世の死後、エリザベスの異母弟のエドワード六世（1537〜1553）が王位を継承した。そしてエドワード六世の死後は、エリザベスの異母姉のメアリー一世（1516〜1558）が即位した。メアリー一世はローマ・カトリックを信奉しており、父親のヘンリー八世と弟のエドワード六世が進めたプロテスタントの改革をやめてカトリックを正式な宗教に戻そうとした。

メアリー一世の治世中には、代表的なプロテスタントの聖職者たちが処刑された。エリザベスはプロテスタント寄りであったことから投獄されたが、それでもメアリー一世はエリザベスを後継者に指名した。こうしてエリザベスは1558年、25歳のときに即位した。

エリザベス一世がまず行ったこととして、プロテスタントを正式な宗教とする法案を議会で可決させたことがある。外政で最も重要な功績としては、スペインによる1588年のイングランド侵攻の際、「無敵艦隊」と呼ばれる強力なスペイン海軍を撃退したことが挙げられる。

「エリザベス時代」において知られる劇作家や詩人には、ウィリアム・シェイクスピア（1564〜1616）、クリストファー・マーロウ（1564〜1593）、エドマンド・スペンサー（1552頃〜1599）などがいる。スペンサーの代表作である詩『妖精の女王』は、エリザベス一世の治世を称えた作品だ。

エリザベス一世は、生涯独身を貫いた。彼女が69歳で死去すると、いとこでスコットランドの王ジェームズ六世（1566〜1625）が、イングランド王ジェームズ一世として即位した。

**豆知識**

1. エリザベス一世は在位中に何度も求婚されたが、いずれも断った。求婚者には、スペイン王のフェリペ二世（1527〜1598）や、メアリー一世に先立たれた夫でフランスの王位継承者だったアンジュー公（1554〜1584）などがいた。
2. エリザベス一世は多くの映画で描かれている。演じた女優には、ケイト・ブランシェット（1969〜）、ジュディ・デンチ（1934〜）、ベティ・デイヴィス（1908〜1989）などがいる。
3. イギリスの有名なクルーズ客船「クイーン・エリザベス２」の名は、エリザベス一世にちなんで付けられたものであり、彼女の親戚の女王エリザベス二世（1926〜）の名をとったものではない。誤解されることが多いのは、この客船がエリザベス一世の名をとった二隻目の客船であり、「２」という番号を冠しているためだ。

# 149 哲学者・思想家 トマス・ホッブズ

**イングランドの哲学者トマス・ホッブズ（1588～1679）は、幾何学から歴史に至るまで、幅広い分野で研究を行った。しかしホッブズが現在最もよく知られているのは、1651年に出版された哲学書『リヴァイアサン』だ。彼はこの書籍で「社会契約」の概念を提唱し、西洋の政治哲学に多大な影響を及ぼした。**

✦

ホッブズは、イングランドの大きな痛手となった内戦の終了直後に『リヴァイアサン』を書いた。彼は同書で、混沌とした無政府状態を生まないために、個人は自ら進んで強力な政府に従うべきという「社会契約」の概念を提唱した。また、この「社会契約」を維持する強力な支配者がいなければ、人間は元の混沌とした「自然状態」に戻ってしまうのだと述べた。この「自然状態」における人生は、「孤独で、貧しく、汚らしく、残忍で、短い」ものであるという表現を用いて警告したことは有名である。

ホッブズは強力な政府を支持し、全般に人間の性質を悲観的に見たが、これは17世紀のイングランドにおける争いを目の当たりにしたことの結果だ。ホッブズは不祥事を起こした元牧師を父親に持ち、1608年にオックスフォード大学を卒業した。生涯の大半は、貴族の子息の家庭教師を務めた。のちのイングランド王チャールズ二世（1630～1685）も生徒のひとりだった。ホッブズは王党派を熱心に支持しており、イングランド内戦で一時的に王政が廃止された際にはパリへ逃れざるを得なくなった。だが、パリで出版された『リヴァイアサン』はフランス人を激怒させ、ホッブズはイングランドへの帰国を余儀なくされた（彼は政治には関わらないということを約束し、王党派を支持したことによる処罰を免れた）。その後の生涯はイングランドで過ごし、1660年の王政復古後は再び影響力を持つようになった。

しかし、1666年の「ロンドン大火」後に、彼の著作にまつわる論争が新たに巻き起こった。多くの市民が、この火事が起こったのはイングランドの無神論者らによる著作が神を怒らせたためだと信じたのだ。ホッブズは、国家の権力は神から付与されたものではなく、人間によるものだと信じていた。そのため、異端者として処刑されるべき著者と見なされた。

しかしホッブズは処刑を免れ、以後、91歳で死去するまで著作を発表し続けた。ギリシア古典の翻訳も何作か行っている。そして、ジョン・ロック（1632～1704）やジャン＝ジャック・ルソー（1712～1778）をはじめとする、後世の多くの哲学者にその影響力を残した。

**豆知識**

1. 「リヴァイアサン」という名は、旧約聖書に登場する架空の海中の怪物に由来している。ホッブズは、国家の比喩としてこの怪物を用いた。国家は多数の個人から構成される強力な巨人であると考えたためだ。
2. ホッブズは幾何学にも手を広げたが、哲学分野と比較するほどの業績は挙げなかった。彼は1660年、古代から知られた数学の問題「立方体倍積問題」を解決したと発表したが、この解法はすぐに誤りであることが証明された。
3. ホッブズの最期の言葉は「暗闇の中の偉大な跳躍」だったといわれている。

# 150 革新者 ティコ・ブラーエ

**デンマークで最も裕福な貴族のひとりだったティコ・ブラーエ(1546〜1601)は、迷信を信じ、行動も衝動的だったことから、科学者らしからぬ人物だった。しかし、天文台で何十年にもわたって恒星と惑星の観測を続け、先人の誰よりも精度の高い観測記録を残した。現在では、ブラーエは近代天文学の基礎を築いた人物のひとりであると認識されている。**

◆

ブラーエは、デンマークの町スコーネで生まれた。この町は現在はスウェーデンの一部である。12歳のときにコペンハーゲン大学に入学し、法律と天文学を学んだ。

ブラーエの生涯で最もよく知られている出来事は、1566年にドイツで起こった。酒に酔った末の級友との決闘で、鼻の一部を切り落とされたのだ。その後は終生、欠けた鼻を隠すために、金と銀でできた義鼻をつけなくてはならなくなった。

ブラーエは1570年にデンマークに戻ると、一般の農民であるキルステン・ヨルゲンスダタと結婚し、家族を怒らせた。また、母校で天文学を教え始め、主要なパトロンであったフレゼリク二世(1534〜1588)の下賜により、ヴェン島にヨーロッパ初の天文台を作った。

天文学におけるブラーエの最も重要な功績は、何十年にもわたって恒星や惑星の観測を行い、詳細な記録を残したことだ。ブラーエはその観測結果に基づき、惑星は太陽の周りの、真円ではなく楕円の軌道を回っているという正しい理論を立てた。

しかしフレゼリク二世の死後、ブラーエは新しい王クリスチャン四世(1577〜1648)と争いになった。王は、ブラーエが自分の母親と不貞関係にあると疑い、ブラーエを島から退去させ、デンマークからも追放した。ブラーエは、助手の多くを連れてプラハへ移住した。

ブラーエはプラハに新しい天文台を建設したいと考えていたが、その希望をかなえることなく、54歳のときに突然死去した。しかし、彼の助手だったヨハネス・ケプラー(1571〜1630)は、のちにブラーエのデータを基に、惑星の運動に関する「ケプラーの法則」を提唱することになる。

**豆知識**

1. ブラーエのおじのヨルゲン・ブラーエは、1565年、川でおぼれかけたフレゼリク二世を救助し、その後に肺炎で死去した。
2. ヴェン島でのブラーエの取り巻きには、学者、職人、ペットのヘラジカ、そしてイェッペという名の小人症の男がいた。ブラーエはイェッペには予知能力があると信じており、言うことをきかない農民たちをうまくまとめるにはどうすればよいかをイェッペに相談していた。
3. ブラーエは迷信深い人物だったとされており、特にウサギと老女を恐れていた。1990年に出版されたブラーエの伝記によると、彼は道でウサギや老女を見ると自宅へ帰ったという。

# 151 悪人 イヴァン雷帝(イヴァン四世)

**ロシアのツァー(君主)であるイヴァン四世(1530〜1584)は、何千人ものロシア人を殺害し、近隣諸国と三つの戦争を開始し、自らの息子までも杖で殴打して殺害した。「イヴァン雷帝」との異名をとった彼はロシアの最も残虐な支配者のひとりとして歴史に名を残している。**

◆

イヴァン雷帝の支配は残虐ではあったが、政治と外交において重要な業績を残してもいる。彼はロシアの国家権力を中央集権化させて「ボヤール」という伝統的な貴族階級を弱体化させ、国の領土を広げた。イヴァン雷帝のことをロシアの国民的英雄であると見なす人もいる。独裁者として知られるヨシフ・スターリン(1879〜1953)もそのひとりだ。

モスクワ大公のヴァシーリー三世(1479〜1533)の息子として生まれたイヴァンは、3歳のときに大公の地位を継承した。彼の属するリューリク家は、9世紀以降ずっとロシアを支配していた。しかし幼くして大公になったイヴァン四世は、ボヤールの各派閥の支持をなかなか得ることができず、このことから生涯にわたりロシアの貴族に対する嫌悪感を抱くことになった。

イヴァン四世は、1547年に一度目の結婚をした。彼は生涯で七人と結婚し、のちに殺害するイヴァン・イヴァノヴィッチ(1554〜1581)と、ツァーの地位を継承するフョードル・イヴァノヴィッチ(1557〜1598)を含めて計八人の子供をもうけた。

イヴァン四世が統治の初期に優先していたのは、国内では貴族と戦い、国外ではタタール人と戦うことだった。1556年のタタール人との戦いでは大勝利を収めたが、1558〜1583年におけるポーランドとスウェーデンとの戦いは思うようにいかなかった。また、彼は文筆に優れ、自らの戦争を宣伝する小冊子をいくつか記しており、これはロシア史上の著述として重要な作品であると認識されている。

1560年に一番目の王妃が死去すると、イヴァン四世は精神的なバランスを崩した。周囲はすべて敵だと思い込んだ彼は、何千人もの貴族を殺害して土地を没収した。1570年の「ノヴゴロド虐殺」と呼ばれる襲撃では、6万人もの人々が殺害されたと考えられている。

そして息子である皇太子の殺害は、1581年11月16日に起こった。その日イヴァン四世は、薄着だった妊娠中の義理の娘を、みだらであるとして殴打した。妻の叫び声を聞いた皇太子が急いで彼女のもとへ行くと、イヴァン四世はさらに激怒し杖で皇太子を殴打した。皇太子は意識を失いその四日後に死んだ。イヴァン四世もその3年後、チェスをしているときに死んだ。53歳だった。

## 豆知識

1. イヴァン四世は、「カエサル」に由来する「ツァー」という呼称を正式にロシアの君主の称号として使った初めての人物である。
2. 映画『イワン雷帝』は、旧ソ連の監督セルゲイ・エイゼンシュテイン(1898〜1948)による二部作の映画である。第二部はイヴァン四世が否定的に描かれていたことから、当時の指導者ヨシフ・スターリンによって上映禁止にされ、スターリンの死後まで公開されなかった。同映画では、作曲家セルゲイ・プロコフィエフ(1891〜1953)による楽曲が使用された。
3. イヴァン四世は、「赤の広場」に有名な聖ワシリイ大聖堂の建設を命じた。伝説によると、彼は大聖堂の完成後この素晴らしい玉ねぎ型のドームを超える建築物を設計できないようにと、設計者の目をつぶして失明させたという。

# 152 文筆家・芸術家 ｜ ジョン・ミルトン

**ジョン・ミルトン（1608～1674）は、イングランド内戦期の活動によって危うく処刑されそうになったが、間一髪で免れた。ミルトンの命が助かったことは、世界の文学にとって幸いなことだ ―― 彼はその後、英語の作品としては最大級の影響を及ぼしたといわれる『失楽園』を世に残したのである。**

✦

実際、イギリス文学史の研究を行ったある批評家は、文芸評論誌『ニューヨーク・レビュー・オブ・ブックス』の2009年の誌上で、『失楽園』は「最も優れた英語の物語詩」であると結論づけた。これは着想を求めて『失楽園』を読んだ何世代にもわたる文筆家が支持してきた判断だ。

『失楽園』は12巻から構成されており、聖書中のアダムとイヴ、サタン（悪魔）によるふたりの罪への誘惑、そしてエデンの園からの追放の物語を題材とした叙事詩である。ウィリアム・シェイクスピア（1564～1616）と同様にミルトンも、「ブランク・ヴァース」と呼ばれる、規則的な韻律（リズム）を踏襲しつつも韻を踏まない形式を用いてこの叙事詩を書いた。

ミルトンは、公証人と貸金業者として成功する父親のもとにロンドンで生まれ、ケンブリッジ大学で教育を受けた。初期の代表作である哀歌『リシダス』（1638年）は、海で行方不明になった大学の級友を哀悼して書いたものだ。

ミルトンの命を危険にさらした政治的活動は、1640年代に始まった。ミルトンは、物議をかもす小冊子（パンフレット）を何点か出版した。離婚を擁護した小冊子は、おそらく、不幸だった一度目の結婚に影響を受けたものだ。1644年には言論の自由を主張した有名な小冊子『アレオパジティカ』を出版している。また、ミルトンはイングランド内戦では議会派につき、1649年、チャールズ一世（1600～1649）の処刑を支持する小冊子を発表した。そして、のちにオリバー・クロムウェル（1599～1658）の共和制政府に従事している。

1660年の王政復古後は、チャールズ一世の処刑に関連した多くの人物が斬首刑にされた。ミルトンは捕らえられ投獄されたが、ある議員の仲裁により解放された。

政治の世界からは追放され、視力もほぼ失ったミルトンは、余生を『失楽園』（1667年）と続編の『復楽園』（1671年）、また、劇詩『闘士サムソン』（1671年）の制作に費やし、65歳のときにロンドンで死去した。

**豆知識**

1. 『リシダス』は、長年にわたり多くの詩人が愛好し、着想を得た作品だ。アメリカのビート・ジェネレーションの詩人アレン・ギンズバーグ（1926～1997）は、『リシダス』の全193行を暗記していたという。
2. 『失楽園』は約１万1000行から成る。
3. ミルトンは1638年にイタリアを訪問し、当時異端者として自宅に軟禁されていた天文学者ガリレオ・ガリレイ（1564～1642）に会っている。ガリレオとの出会いは、『失楽園』と、言論の自由を主張した1644年の『アレオパジティカ』に影響を及ぼした。

# 153 反逆者・改革者 ｜ サミュエル・アダムズ

**1743年、ハーバード大学の学位授与式で、20歳の学生が卒業演説のために壇上に立った。イギリスのマサチューセッツ植民地の総督が出席する中、この若者は、未来を予見した形になる演説を ── しかも、すべてラテン語で ── 行った。市民は、その幸福を保護することのできない政府に対し、抵抗する自然な権利を有しているのだと言明したのだ。**

◆

この学生、サミュエル・アダムズ（1722～1803）は、ボストンでビールの醸造所を営む父親のもとに生まれた。そして20年後、イギリスの支配に抵抗する代表者として頭角を現し、不満を抱くボストン中の人々を集めて抵抗運動を開始した。これが端緒となり、最終的にアメリカ独立革命へとつながっていく。しかし、イギリスにとっての厄介者として知られるようになる以前のアダムズは、失敗ばかりの男だと思われていた。父親のビール醸造所を受け継いだが、金銭管理ができず経営は破綻した。創刊した新聞は利益が上がらず、また、ボストンの徴税係に選ばれたものの、情け深い性格から取り立てができなかった。

1765年、新聞をはじめ多くの出版物や印刷物に課税する印紙法が可決されると、ボストン中に反発が広がり、アダムズ自身にも、卒業演説で表現した反抗の精神が再びよみがえった。アダムズは、イギリスによる課税を新聞や市民集会で痛烈に批判し、ボイコットによる抵抗を呼びかけた。そしてのちに、反発者による「自由の息子達」という、地下組織の結成に携わった。これは1773年に、茶税法に抗議する「ボストン茶会事件」を引き起こす組織だ。

1775年、イギリスがアダムズと仲間の扇動者ジョン・ハンコック（1737～1793）を捕らえようとしたことから、植民地の住民の敵対心が爆発し、独立戦争に発展した。その翌年、アダムズとハンコックはアメリカ独立宣言に署名した。

独立戦争後のアダムズは、政界においてさほど目立った存在ではなかった。マサチューセッツ州の知事を一期務め、年下のいとこであるジョン・アダムズ（1735～1826）がアメリカの第二代大統領に就任したことを見届け、数年後、81歳のときにボストンで死去した。

**豆知識**

1. 「サミュエル・アダムズ」というビールのブランドが1985年に立ち上げられている。ラベルにはアダムズの肖像が描かれているが、このビール会社は独立革命の立役者となったアダムズとの関連はない。
2. 1775年の大陸会議で、サミュエル・アダムズとジョン・アダムズは、ハンコックではなくジョージ・ワシントン（1732～1799）を大陸軍の最高司令官に推薦した。ハンコックは軍での経験がないにもかかわらず、最高司令官の地位を望んでいた。
3. サミュエル・アダムズの息子であるサミュエル・アダムズ・ジュニア（1751～1788）は、ジョージ・ワシントン率いる軍の医師を務めたが、独立戦争中に病にかかった。彼は十分に回復せず、その後医師の仕事に戻ることなく結核で死去した。

# 154 伝道者・預言者 | イグナティウス・ロヨラ

**スペインの負傷兵、イグナティウス・ロヨラ（1491〜1556）は、1534年にイエズス会（ジェズイット教団）を創立し、ヨーロッパにおいて宗教的にも政治的にも強い影響力を持つ組織に発展させた。ロヨラの指揮の下、イエズス会は「対抗宗教改革」（カトリック改革）におけるカトリック信仰の復興に大きく貢献した。**

✦

スペイン北部で裕福な名家の城に生まれたロヨラは、13人の子供の末子であった。1517年、対フランス戦のさなかに軍隊に入り、1521年、フランスの砲弾が両脚の間に当たって片脚の骨が折れ、もう一方の脚には後遺症が残った。ロヨラはその後の長く辛い療養生活を、祈りを捧げ、宗教書を読みながら過ごした。のちに、スペイン各地の聖地や修道院を訪れ、断食をし、洞窟にこもって何か月も祈り、エルサレムへの巡礼も行い、ある時点では自殺も考えた。やがてフランスへ移り、1528年にパリ大学に入学して神学の勉強を始めた。

ロヨラがフランスに渡ったころ、北ヨーロッパではプロテスタントの概念が急速に広がりを見せていた。すでに1517年に、マルティン・ルター（1483〜1546）が「95か条の論題」をドイツの教会の扉に貼りつけていた。また1536年には、パリの神学者ジャン・カルヴァン（1509〜1564）による宗教改革が始まろうとしていた。

そんな状況だったが、ロヨラはなおもローマ教皇庁に忠実だった。そして1534年、六人の仲間と共に、ローマ教皇に仕える目的でイエズス会を創立した。ローマ教皇パウルス三世（1468〜1549）は1539年にイエズス会を承認し、ロヨラは会の初代指導者に任命された。イエズス会は、教会を活性化させ宗教改革の形勢を逆転させようという考えを持つカトリック信者を引きつけ、急速に成長した。フランス、ドイツ、ポーランド、およびその他のヨーロッパ諸国で、混乱の中にあるカトリック信者をローマ・カトリック教会に再び結びつけるべく活動を展開し、プロテスタントの普及を阻止する大きな役割を果たした。

ロヨラがローマで死去するころには、イエズス会は多数の神学校を設立しており、アジア、ヨーロッパ、南アメリカなどに宣教師を送っていた。ロヨラは1609年に福者の称号を与えられ、1622年には聖人に認められた。

**豆知識**

1. 大々的な活動をしたロヨラの追随者に、フランシスコ・ザビエル（1506〜1552）がいる。ザビエルは1542年に宣教師としてインドのゴアに送られており、モザンビーク、インドネシア、日本、中国にも渡って宣教した。のちに、古代以来最も成功したキリスト教宣教師であるとして聖人に認められた。
2. ロヨラの著書『霊操』は、長期にわたる戦後の療養生活の間に記されたもので、現在も、多くのカトリック信者が修行のための手引きとして用いている。
3. プロテスタント派の多くの国々では、イエズス会はローマ教皇に情報を提供するスパイ組織のようなものと認識されて、恐れられていた。イングランドでは、1605年に政府転覆を企てた「火薬陰謀事件」が起こると、多くのイエズス会信者がこの陰謀に加担していたと疑われ、処刑された。

# 155 指導者 | アクバル大帝

**インドのムガル帝国のアクバル大帝（1542～1605）は、政治的にも軍事的にも、そして文化的にも最盛期にあった時代の帝国を統治した。その長い治世と、広大な領土、そして長期にわたり継続する政治体制を築いたことから、アクバル大帝はローマ帝国の皇帝アウグストゥス（前63～14）と比較されてきた。**

◆

アクバル大帝は宗教に非常に寛容だったことでも知られ、彼が残した重要な功績として、インドにおけるイスラム教徒、ヒンドゥー教徒、キリスト教徒の関係を改善したことが挙げられる。アクバル大帝の妻たちは、異なる宗教を信奉していた――このことは、アクバル大帝が帝国内における寛容と多様性をいかに重視していたかを如実に示しているといえる。

アクバルは、現在のパキスタンにある城に生まれ、ムガル帝国の建国者のバーブル（1483～1530）を祖父に持つ人物であった。ムガル帝国は、インド亜大陸を19世紀半ばまで部分的に支配したイスラム王朝である。1556年、アクバルがまだ14歳のときに父親が死に、アクバルが即位することとなった。

アクバル大帝は、領土を広げて帝国を統一し、帝国内の宗教的な緊張を緩和することを統治の主要な目的とした。現在のアフガニスタン、パキスタン、インド、バングラデシュに当たる地域に支配領域を広げ、また、領地内の平和を維持するために、ヒンドゥー教の寺院を保護し、イスラム教徒以外に課されていた特別な税を撤廃したと考えられている。さらに、キリスト教の伝道者が宮廷に出入りするのを許可した。またアクバル大帝は、大々的な芸術保護もしている。彼の支援の下で、インドの芸術家たちは何千もの絵画を制作し多数の文学作品を出版した。首都アグラには、多くの大規模な建築物が造られた。

アクバル大帝の晩年には、後継者を誰にするかが問題となった。三人の息子のうちふたりは早くに死去しており、残った王子のサリム・ジャハンギール（1569～1627）は、1599年に父親を皇帝の座から降ろそうとした。信頼できる後継者がほかにいなかったことから、アクバル大帝は、この反抗的な息子を後継者に指名せざるを得なかった。そして、ジャハンギールは1605年に皇帝に即位した。

**豆知識**

1. アクバル大帝の孫息子で皇帝のシャー・ジャハーン（1592～1666）は、インド北部アグラにあるタージ・マハル廟を建築した人物である。最も愛した妻を哀悼して造られた墓廟だ。
2. アクバル大帝は、帝国の首都をアグラからラホールへ移し、再びアグラへ戻している。アグラにはアクバル大帝の墓廟があり、現在は観光名所となっている。
3. ムガル帝国は、インドが18世紀にイギリスの支配下に入るまで、現在のインドの大半の領域を支配した。

# 156 哲学者・思想家 ブレーズ・パスカル

**神が存在するのかどうかを、確実に知ることは不可能だ。ゆえに、念のために神を信じておいたほうがよいだろう。もしも神が存在するとすれば、神に寄り添っておいたほうが、永遠の天罰に苦しむよりもいいからだ。**

✦

これは、「パスカルの賭け」として知られる有名な哲学的議論をかいつまんだものだ。フランスの科学者で数学者のブレーズ・パスカル（1623～1662）にちなんでこう呼ばれている。パスカルの死後に出版された哲学論文の中で提唱されたこの議論は、現在に至るまで、信仰を擁護する最も実用主義的な —— あるいは、批判的な人にとっては最も不誠実な —— 議論である。

実際パスカルは、西洋の代表的な哲学者としては、伝統的なキリスト教の信仰を声高に擁護した最後のひとりに数えられる。当時は啓蒙思想が主流となる啓蒙時代に入っており、同時代のバールーフ・デ・スピノザ（1632～1677）などの哲学者は、哲学思想においてユダヤ教やキリスト教の神の概念を否定するようになっていたのだ。

パスカルは、フランスの町モンフェランで生まれ、数学者だった父親から家庭内で教育を受けた。子供時代から病弱だったパスカルは、生涯にわたり健康の問題を抱え、24歳以降はまともな食事がとれなくなっていた。

しかし、けっして長くないその生涯で、パスカルは科学分野において多大な功績を残した。19歳のときには、「パスカルの計算機」として知られる加減算の機械を発明している。流体力学においても先駆的な研究を行い、1648年の有名な実験で「真空」の存在の証明に貢献した。数学においては、確率論という学問分野の創始に貢献した。

ところが、1654年にある夢を見たことがきっかけで、パスカルは突然、科学や数学の世界を去った。彼はこの夢によって宗教に覚醒し、これまで科学を追究してきたことは時間の無駄だったと確信するようになり、多くの友人との交流を絶った。そして余生のほとんどを、ローマ・カトリックの信仰を擁護する著述に費やした。この著作は、彼の死後に『パンセ』として出版された。パスカルは39歳のときにパリで死去した。

### 豆知識

1. パスカルが徴税官をしていた父親を助ける目的で考案した「パスカルの計算機」は、歯車による複雑なシステムを用いて加減算をする機械だった。製造には時間がかかり、高価だったことから、パスカルの生涯において50台ほどしか製造されなかった。
2. コンピュータのプログラミング言語の「パスカル」は、1970年にパスカルにちなんで名付けられた。物理学における「パスカル」は圧力の単位で、これもパスカルにちなんだ名称だ。
3. パスカルは、わずか16歳のときに円錐曲線についての論文を書いた。この論文は、フランスの有名な哲学者で数学者のルネ・デカルト（1596～1650）に送られた。

# 157 革新者 ヨハネス・ケプラー

**天文学者のヨハネス・ケプラー(1571〜1630)の生涯において、彼の祖国ドイツは、宗教戦争が続き、社会的混乱と政情不安定により荒れ果てていた。ケプラーも、宮廷のクーデターや農民の反乱、そして自らの家族が巻き込まれた魔女狩りが起こる中を生き抜いた。**

◆

このような困難な状況にありながらも、ケプラーは、空の惑星の動きについて、近代科学における正しい説を導き出した。ケプラーは、ドイツ南東部のシュヴァーベン地方で質素な家庭に生まれた。父親は「不道徳で粗暴で短気な兵士」で、母親を捨てたため、ケプラーは幼少の一時期を祖父母に育てられている。若いころはプロテスタントの牧師を志しており、13歳のときに神学校に入学し、1591年に神学の学位を取得した。

のちにグラーツに住んで、1594年にグラーツの大学の数学教師となり、その3年後に結婚した。しかし1600年、ローマ・カトリックへの改宗を拒否すると大学から去らざるを得なくなった。同年にプラハへ逃れ、デンマークの天文学者ティコ・ブラーエ(1546〜1601)に紹介された。自身もプラハへ逃れてきたばかりだったブラーエは、若き数学者ケプラーを助手として雇った。そしてケプラーは、ブラーエの死後に後任として宮廷に仕える数学者となった。

ケプラーは、ブラーエによる詳細な観測記録を用いながら、惑星の運動に関する三つの法則を提唱した。1609年の論文『新天文学』で第一法則と第二法則を発表し、1619年に第三法則を発表した。ブラーエとは異なり、ケプラーはコペルニクスの説を固く信じており、それまでにはほぼ皆無だった、太陽中心説(地動説)を支持する書籍を出版した。

1618〜1648年には、中央ヨーロッパで「三十年戦争」と呼ばれる宗教戦争が間欠的に続いたが、この戦争の混乱により、ケプラーは研究を続けることができなくなった。晩年の2年間は、暴力行為に巻き込まれないようにドイツのいくつかの都市を転々とした。ケプラーの死後、彼が埋葬された教会の墓地は侵略軍によって荒らされ、破壊された —— ケプラーの激動の人生には、終わってからもなお、悲しい出来事が加えられたのだ。

**豆知識**

1. 2009年3月、NASA(アメリカ航空宇宙局)は、ケプラーを称えて名付けられた探査機を打ち上げた。この探査機「ケプラー」は、銀河系の太陽系からはるか離れた場所に存在する地球規模の惑星を探査する目的のもので、特別な機器が装備されている。これは、生命体が存在する可能性のある惑星を特定する取り組みの一環でもある。
2. ケプラーは、魔女裁判にかけられた母親のカタリーナを弁護するために、1615〜1620年の間に何度もヴュルテンベルクに出向かねばならなかった。母親は、12歳の少女の体の一部を「魔力」で麻痺させたとして投獄され、拷問により脅されたが、ケプラーがヴュルテンベルク公の支援を得て、最終的に助け出された。処刑を免れたことは幸運なことだった —— 17世紀初頭に中央ヨーロッパに巻き起こった「魔女熱狂」とも呼ばれる時代に、ケプラーの大おばを含め、ヨーロッパの何万人もの女性が火刑に処されたのである。
3. ケプラーは天文学以外の研究も行っており、イエス・キリストが誕生したのは紀元前4年であるとした最初の人物である。この説は現在では一般に受け入れられている。

# 158 悪人 ガイ・フォークス

**イングランドの議事堂の爆破を企んだ1605年の「火薬陰謀事件」に加担したガイ・フォークス（1570〜1606）は、イギリス史上最も悪名高い人物のひとりだ。この陰謀が成功していたら、国王や周囲の大臣たち、そして政府要人のほとんどが殺害されていた。イギリスでは、ガイ・フォークスがロンドンの地下で捕らえられた日を記念し、11月5日を「ガイ・フォークス・デー」として祝う行事が現在も続いている。**

✦

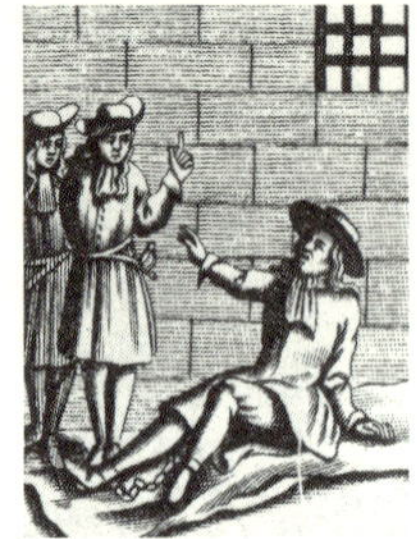

ローマ・カトリックの信者だったフォークスは、イングランドで強化されていた厳しい反カトリックの法律に抵抗するために、反対派の数人と共謀して議事堂の爆破を計画した。しかしこの陰謀が事前に発覚したため、過酷で差別的な数々の法律に苦しめられていたイングランドのカトリック信者は、さらに不遇を強いられることになった。「ガイ・フォークス・デー」も当初はあからさまな反カトリックの祭りで、行事の中ではローマ教皇をかたどった人形が燃やされるなどした。

フォークスはイングランドのヨークで生まれ、16歳のときにカトリックに改宗した。1593年にヨーロッパ大陸に渡り、フランスとオランダで宗教戦争に参戦した。そしてオランダにいた際に、イングランドから逃れてきたカトリック信者たちとの交流を持った。この仲間たちが、火薬陰謀事件の中心的な役割を果たすことになる。

エリザベス一世（1533〜1603）の治世では、カトリック信者は不当な扱いを受けており、国教会の礼拝への出席を義務づけられていた。エリザベス一世の後継としてジェームズ一世（1566〜1625）が即位すると、多くのカトリック信者は状況の改善を期待したが、ジェームズ一世もエリザベス一世の宗教政策を継続したことから、カトリック信者の憤りはさらに増した。陰謀の首謀者はロバート・ケイツビー（1573〜1605）で、ケイツビーは1604年にフォークスを実行役として仲間に引き入れた。

陰謀の一味は、議会が開かれる建物に隣接する家を借り、火薬の入った樽を密かに地下に運び入れた。政府の要人がそろって参加する議会の開院式を狙い、爆破を実行する計画だった。

しかし一味のひとりが、カトリック信者のモンティーグル男爵（1575〜1622）に、開院式に出席しないようにと警告したことがきっかけで、この陰謀は事前に露見した。モンティーグル男爵は政府側に密告し、その翌週、政府当局はフォークスを逮捕した。フォークスも彼の一味も、一日の審理ののちに処刑された。

**豆知識**

1. フォークスの逮捕後、樽に入った火薬が検査されたが、火薬は劣化しており、導火線に火をつけていたとしてもおそらく爆破しなかったものと考えられている。
2. 火薬陰謀事件後、国内のカトリック信者に対して、法律に携わることや軍の将校になること、投票を禁止するなど、差別的な数々の法律が議会で可決された。カトリック信者の投票権が回復したのは1829年になってからである。
3. 議事堂の建物は、1834年に炉から発生した火災により焼失した。両院の議事堂のある現在のウェストミンスター宮殿は、1840年代から1850年代にかけて建設されたものである。

# 159 文筆家・芸術家 | レンブラント

**レンブラント・ハルメンソーン・ファン・レイン(1606〜1669)は、一般にファーストネームの「レンブラント」という呼び名で知られる。彼はオランダの都市ライデンに生まれ、広範なラテン語教育を受けた。10代で絵画の制作を開始し、1629年からはオランダの詩人で外交官のコンスタンティン・ホイヘンス(1596〜1687)の庇護を受けた。画家として成功する中、アムステルダムに移住し、工房を持ち、1634年にサスキア・ファン・オイレンブルフ(1612〜1642)と結婚した。**

✦

レンブラントの初期の作品は旧約聖書を題材とした宗教画が多く、強い明暗を用い、異国風のディテールをとらえ、躍動感を表現しているところが特徴的だ。初期の代表作のひとつである油彩画『目をえぐられるサムソン』(1636年)では、暗いテントの中でペリシテ人の兵士たちが旧約聖書の人物サムソンの目を突こうとしているところに、ひと筋の光が照らしている。

レンブラントは、1640年にはアムステルダムで最も人気の芸術家となっており、商人や兵士、オランダの王族にひっぱりだこだった。しかし、1640年代は個人的にも財政的にも苦境に陥ったときであった。まず1642年に妻のサスキアを亡くした。当時はオランダの経済が悪化しており、レンブラントの多くの顧客が破産した。また、レンブラントの絵画は流行から外れ、金銭管理が苦手だった彼は多大な負債を抱え込み、破産しかけた。1656年、オランダの裁判所はレンブラントの絵画を差し押さえて競売にかけ、債権者への支払いに充てている。

1650年以降のレンブラントの絵画は控えめになり、題材の感情的な深みをとらえることに重きが置かれた。心を打つ1665年の作品、『放蕩息子の帰還』は、初期の作品に見られた明るい光や緻密な描写はなく、長く離ればなれになっていた父親と息子が再会した瞬間の感傷と厳粛さをとらえようとしている。

レンブラントは金銭的な問題から完全に抜け出すことはなく、アムステルダムで63歳のときに死去した。

豆知識

1. 巨額の負債を抱えたレンブラントは1662年、妻の墓地を売り渡すために、埋葬された妻の遺体を掘り出した。
2. 1975年、ふたりの強盗がボストンの美術館からレンブラントの作品『Portrait of a Girl Wearing a Gold-Trimmed Cloak』(仮題:金の襟飾りのある服をまとう少女の肖像)を盗んだ。美術品を対象としたものとしては、当時のアメリカでは過去に例のない最大級の盗難であった。この絵画は1年後に戻った。
3. レンブラントは、妻の死後に何人かの召使いと関係を持った。そのうちのひとりで、レンブラントの何点かの肖像の題材にもなったヘールチェ・ディルクスは、子供を産み、慰謝料を求めてレンブラントを訴えたが敗訴し、虚偽の申告をしたとして投獄された。

# 160 反逆者・改革者 ｜ マーシー・オーティス・ウォーレン

**剣が静かに鞘に戻されるのを見たいとは思えない。アメリカに正義が訪れるまでは。**
**── マーシー・オーティス・ウォーレン**

✦

独立戦争の戦場で戦うことはなく、独立宣言に署名することもなかった人物かもしれない。しかし、マサチューセッツの主婦、マーシー・オーティス・ウォーレン（1728～1814）は、「アメリカ独立革命の良心」と呼ばれ、「建国の母」のひとりともいわれる人物だ。彼女は植民地の独立を支持するエッセイや詩、戯曲を書いて匿名で植民地の新聞に投稿し、アメリカの愛国者たちの運動を支援した。ウォーレンの独立革命への熱意が非常に強かったことから、第二代大統領でウォーレンの家族の友人でもあったジョン・アダムズ（1735～1826）は、彼女に独立戦争の歴史を記述するよう勧めた。1805年に完成した３巻から成る『History of the Rise, Progress and Termination of the American Revolution』（仮題：アメリカ独立革命の勃発と進行と終結）は、独立戦争の年代記としては初めて出版されたもののひとつである。

しかし、五人の子供の母親であるウォーレンは、自分の家族が独立戦争による被害を受けることも経験した。ウォーレンの夫は大陸軍の将校として「バンカーヒルの戦い」に参戦し、また、長男は大陸海軍で従軍中に片脚を失った。

ウォーレンは、マサチューセッツのケープコッドで、女性の教育の機会がごく限られていた時代に生まれた。読み書きは家庭で覚え、1754年、マサチューセッツのプリマスの法律家で遠縁に当たるジェームズ・ウォーレン（1726～1808）と結婚した。ふたりは1757～1766年の間に五人の子供をもうけた。

多くのマサチューセッツの住民と同様に、ウォーレン夫婦も、1760年代に植民地に数々の税が課されると、イギリスを強く批判するようになった。1770年代には、「自由の息子達」と「通信連絡委員会」というふたつの愛国派地下組織の会合が、プリマスにあるウォーレン夫婦の自宅の応接間で開かれた。イギリスへの皮肉が見え隠れするウォーレンの戯曲は、ニューヨークとフィラデルフィアで読まれた。ジョン・アダムズは、彼女の作品は独立運動の機運を高めるのに役立ったと評している。独立戦争後、ウォーレンは実名で詩を発表し、アダムズに勧められた独立戦争の歴史の著述に取りかかった。しかし、やがて出版された戦争史にはアダムズのことが好ましく描かれていなかったことから、アダムズはウォーレンと絶交した。ウォーレンは1812年にアダムズとの親交を回復し、その２年後、プリマスで86歳のときに死去した。

**豆知識**

1. ウォーレンは戯曲を五篇書いている。ピューリタン（清教徒）時代に敷かれた厳格な「ブルー・ロー」の下のマサチューセッツでは演劇が禁止されていたことを考えると、これは特に注目すべきことである。戯曲は、上演のためではなく読むために書かれたものだ。
2. ウォーレンも夫も、「メイフラワー号」で新大陸に到着した人々の子孫である。
3. ウォーレンの弟は、独立革命時の有名なスローガン「代表なくして課税なし」を作ったマサチューセッツの愛国者ジェイムズ・オーティス（1725～1783）である。

# 161 伝道者・預言者 | パウルス三世

**1545年になると、ローマ・カトリック教会は宗教改革の波に揺さぶられていた。北ヨーロッパ諸国 ── デンマーク、スウェーデン、イングランド、そしてドイツの大部分 ── は、次々と、カトリックの信仰に背を向けるようになっていた。**

◆

そのころ、ローマ・カトリック教会の低迷に歯止めをかけるという使命を受けたのが、ローマ教皇パウルス三世(1468〜1549)だった。イタリアの枢機卿だった彼は、1534年に教皇に選ばれ、「対抗宗教改革」(カトリック改革)として知られる、長きにわたるカトリック刷新の過程を開始した。ローマ・カトリック教会は、1545年に開かれたトリエント公会議を起点とし、カトリックの中核的な教義を擁護しつつ内部からの改革を推し進めていった。

パウルス三世の本名はアレッサンドロ・ファルネーゼで、彼は裕福なローマの家系に生まれた。一家は司教や軍の指揮者を輩出しており、先祖にはローマ教皇ボニファティウス八世(1235頃〜1303)と、ほかにも教皇がいた可能性がある。ファルネーゼはフィレンツェのロレンツォ・デ・メディチ(1449〜1492)の下で教育を受け、1493年わずか25歳で枢機卿になった。

教皇になる以前の若きファルネーゼは、プロテスタント側が非難していた多くの不正行為を自ら行っていた。教会の所有地から生まれる巨額の収入を確保できる地位にあり、その収入を芸術や御殿などに費やしていた。ところが教皇に選ばれると、教会のあり方を変えなければ未来が絶望的であるということを、その他の多くの教会指導者よりもはっきりと認識した。パウルス三世は、枢機卿たちの反対を受けながらも、教会の腐敗を一掃するべくトリエント公会議を招集した。会議は何年にもわたって断続的に開かれ、パウルス三世の死後になるまで終結しなかったが、特に評判の悪かった不正行為の数々は禁止された。

しかしパウルス三世はこの改革だけではなく、反対意見を抑え込み、カトリックの教義に対する教皇の至上権を確立しようとした。パウルス三世の活動で悪名高いものとして、ローマの異端審問として知られる「検邪聖省」を創設したことが挙げられる。異端者を特定して罰し、カトリックの教義を守るという目的で、1542年に作られたものだ。

### 豆知識

1. 貞潔を誓ったパウルス三世だが、婚外子のピエール・ルイジ・ファルネーゼ(1503〜1547)をもうけた。ピエールは1545年にパルマ公となり、1547年に暗殺された。ピエールの息子にはラヌッチョ(1530〜1565) ── パウルス三世の孫 ── がおり、パウルス三世はラヌッチョがわずか15歳のときに枢機卿に任命している。
2. パウルス三世が1537年に発令した有名な勅書「サブリムス・デイ」(「崇高なる神」の意)では、新大陸において先住民を奴隷にすることを禁止した。スペインによるアメリカ先住民の不当な扱いを規制する目的だったが、スペインとポルトガルはこの発令をほぼ無視した。
3. パウルス三世の遺体は、芸術家で建築家のミケランジェロ(1475〜1564)が設計したローマの墓に埋葬された。パウルス三世は、ミケランジェロにフレスコ画『最後の審判』を制作させていた。

# 162 指導者 ポウハタン酋長(ワフンスナコック)

**ワフンスナコック(1550頃〜1618)は、1607年にイギリスのジェームズタウン植民地の入植者と最初に接触したアメリカ先住民の酋長である。また、植民地の指導者ジョン・スミス(1580頃〜1631)の命を救ったとされる伝説の若き姫、ポカホンタス(1595頃〜1617)の父親でもある。**

✦

ワフンスナコックは「ポウハタン酋長」という呼び名で知られ、バージニア沿岸部に住む強大なアルゴンキン諸部族の連邦の長であった。1550年ごろに生まれ、ウェロウォコモコ村を首都として確立した。そして1607年5月14日、ウェロウォコモコ村のごく近くに、イギリスの植民者が到着した。

その年、アルゴンキン部族の狩猟団がジョン・スミスを捕らえ、ポウハタン酋長のもとへ連行した。スミスの記述によると、このときスミスは処刑すると脅されたが、哀れんだポカホンタスがスミスの命を助けてやるようポウハタン酋長に頼んだという。

ポウハタン酋長はその後、ジェームズタウンに到着したばかりで生活に苦労していた入植者たちに、最初の1年は食料を売ることを約束した。ポウハタン酋長は、入植者たちとは協力関係を築きたいとすら思っていた。しかし、1610〜1614年の間には二者間で戦争が行われ、その結果、先住民の村がいくつも破壊され、ポカホンタスが人質として捕らえられた。ポウハタン酋長は和平調停の中で、ポカホンタスがイギリスの入植者ジョン・ロルフ(1585頃〜1622)と結婚することをやむなく許可した。

この和平調停により、いったんは平和な関係が築かれた。ポカホンタスは夫と共に1616年にイングランドを訪れると、王族としての扱いを受け、ジェームズ一世(1566〜1625)とも対面した。しかし1618年にポウハタン酋長が死ぬと、弟のオプチャンカノフが連合の酋長となり、1622年に再びイギリスとの戦争を開始した。

**豆知識**

1. 1977年、考古学者たちはウェロウォコモコ村のあった場所を特定した。この場所はヨーク川沿いで、ジェームズタウンからは20キロほどしか離れていなかった。
2. 2005年のアメリカ映画『ニュー・ワールド』では、オーガスト・シェレンバーグ(1936〜2013)がポウハタン酋長を演じた。また、1995年のディズニーのアニメ映画『ポカホンタス』では、アメリカ先住民の活動家ラッセル・ミーンズ(1939〜2012)が声優としてポウハタン酋長を演じた。
3. ポウハタン酋長の部族が使用したアルゴンキン語派の言語(バージニア・アルゴンキン語)は、18世紀の終わりころから消滅し始めた —— が、英語にはこの言語からの借用語が多数残っている。「raccoon」(アライグマ)、「moccasin」(モカシン)、「tomahawk」(トマホーク)などはすべて、バージニア・アルゴンキン語に由来する言葉だ。

# 163 哲学者・思想家 | バールーフ・デ・スピノザ

**1656年7月27日、オランダの都市アムステルダムの小さなユダヤ人共同体が、ひとりの異端者を追放すると発令した。この異端者とは、バールーフ・デ・スピノザ（1632〜1677）という24歳の男だった。彼は何らかの「非常に醜い行い」をしたとしてとがめられ、生まれ故郷を追い出されることとなった。**

✦

スピノザの著作は、オランダのキリスト教徒の大多数も敵にまわした。そして彼は無神論者としてあまねく非難され、当時非常に忌み嫌われる人物となった。しかし、スピノザの哲学と倫理は、神への愛は人間の最高の美徳であるという信条が根底にあるものだった。

スピノザは、ポルトガルの異端審問から逃れてアムステルダムへやってきたユダヤ人（セファルディム）の一家に生まれ、ユダヤの教えに基づくタルムード・トーラー学校で標準的なユダヤ教育を受けた。スピノザがユダヤ人共同体から追放された決定的な理由は明らかではないが、この発令はスピノザを追放するのみならず、ユダヤ教徒たちがスピノザと一切の関わりを持つことを禁じた。それほど、指導者であるラビたちの怒りは強かったのだ。

アムステルダムから追放されたスピノザは、ハーグに移住し、レンズ磨きをして生計を立てつつ、大きな影響を及ぼした代表作『エチカ』（『倫理学』とも）を苦労のうちに執筆した。これはスピノザの死後に出版された。彼は、毒性のあるガラス粉を吸い込んだことによる肺の感染症で、44歳のときに死去した。

『エチカ』には、宗教と哲学に関するスピノザの見解が総括されており、ユダヤ人共同体がスピノザを非難した理由が随所に見てとれる。スピノザは、神は創造主であり人間の支配は神権であるという、伝統的なユダヤ・キリスト教の神の概念を否定していたのだ。

そして、神とは自然と論理による非人格的な力であるとし、宇宙は神の摂理ではなく論理に支配されていると書いた。論理がすべてを決定づけるのだから、人間に自由意志はないと信じた。また、幸福への唯一の道は、神を理解しようと努め、運命は自分の力で変えられないと認めることであるとした。

スピノザの存命中は――そして死後100年ほども――彼の思想は嫌われたが、のちの啓蒙思想の基盤を築くものとなった。

豆知識

1. ユダヤ人共同体は、スピノザを追放する前に、スピノザに年間1000フローリンという巨額の支払いを提示し、異端の思想を表明しないよう求めたが、彼はこの提案を断った。また彼は、アムステルダムから追放される前に暗殺未遂にも遭っている。
2. スピノザ追放の規定では、オランダのユダヤ人がスピノザと事業をしたり、スピノザの著書を読んだり、スピノザに近づくことすら違法となった。
3. スピノザは、姓の「バールーフ」のラテン語「ベネディクトゥス」(両語とも「福者」の意)としても知られた。また、同じくポルトガル語で「ベント」とも呼ばれた。

# 164 革新者 ｜ ウィリアム・ハーベー

**ウィリアム・ハーベー（1578～1657）は、人体の血液循環の原理を総合的に説明した西洋初の医師だ。ハーベーの発見は ―― また、それを証明するために行った動物実験は ―― 医学という専門分野と、生物学者たちの研究方法を永遠に変えることとなった。**

✦

ハーベーは、イングランドのケント地域の町フォークストンに、九人兄弟の長子として生まれた。父親はカートによる運送業を営み、町長を務めていた。一家は比較的裕福で、ハーベーはケンブリッジ大学に進学することができた。1593年に同大学に入学し、20歳のときに卒業すると、その後はイタリアのパドヴァ大学で医学を学んだ。

イングランドに戻ると、1604年にエリザベス・ブラウンと結婚した。妻エリザベスの父親ランスロットは、エリザベス一世（1533～1603）とジェームズ一世（1566～1625）の侍医を務めており、この縁故はのちのハーベーにとって有利なものとなる。やがてハーベー自身が王室の医師に指名され、ジェームズ一世とチャールズ一世（1600～1649）の侍医を務めることになった。

ハーベーは国王の支持を受けながら、1620年代に一連の実験に取り組み、動物の体の仕組みを理解するべくシカなどの解剖を行った。当時の医学理論の定説は、その大部分はなおもガレノス（129～216頃）の著作に基づいていた。しかし、ハーベーの時代の数世紀前に肺循環を発見したアラブの医師イブン・アル＝ナフィース（1213～1288）と同様に、ハーベーもガレノスの説は信用できないとの結論に至った。その結果ハーベーが1628年に出版したのが、血液循環を説明した『動物の心臓ならびに血液の運動に関する解剖学的研究』だ。

イングランド内戦で王党派が敗北すると、ハーベーは職を失ったが、医学の実験は続け、動物の受胎という重いテーマに目を向けた。1651年に出版した『Essays on the Generation of Animals』（仮題：動物の発生に関するエッセイ）は、動物は精子と「卵」が出合うことによって発生するとの仮説を立てた初の書物であった ―― その後何百年も経てようやく、顕微鏡下で証明される説だ。

王党派の失脚後の1651年、ハーベーは服毒自殺を試みたが未遂に終わった。彼はその6年後、79歳のときに脳卒中で死去した。

**豆知識**

1. ハーベーの故郷の町フォークストンは、のちに、イギリスとフランスを結ぶ海峡トンネルのイギリス側の起点がある土地として有名になった。
2. 国王の侍医を務めたハーベーは、イングランド内戦の最初の大々的な戦闘となった1642年の「エッジヒルの戦い」で負傷者を治療した。
3. ハーベーの家族の紋章には、「努力すればするほど褒美は大きい」というモットーが記されていた。

# 165 悪人 ウォルター・ローリー

**イングランドの詩人で、探検家で、軍人でもあったウォルター・ローリー(1554頃〜1618)の履歴は不名誉に終わり、最後は反逆者として処刑された。新大陸において許可なくスペインへの攻撃をしかけ、ジェームズ一世(1566〜1625)の命令で斬首刑となったのである。しかし、ローリーが後世に残した最悪の足跡は、彼がイングランドに新たに広めたアメリカの珍しい習慣かもしれない —— タバコの喫煙だ。**

✦

ローリーはイングランドの西部で熱心なプロテスタントの家庭に生まれた。アイルランドとフランスで宗教戦争に参戦し、やがてローマ・カトリック信者とスペイン人に対して強い嫌悪感を抱くようになった。ローリーを気に入っていたエリザベス一世(1533〜1603)は、彼の貢献に報いて広大な土地と、商取引の独占権、スズ鉱山を与え、1585年には爵位を授けた。

1584年、ローリーは新大陸にイングランドの植民地を築く一度目の大々的な事業に着手した。彼の派遣した探検隊は、1587年に現在のノースカロライナ州のロアノーク島に植民地を築いたが、この植民地は数年のうちに消滅した。ローリーは、独身だったエリザベス一世(ヴァージン・クイーン)にちなんで、この地域に「バージニア」という名を付けた。ローリーがタバコを見いだし、イングランドに輸入するようになったのは、この植民地事業を通じてのことだ。

ローリーは、イングランドによるアメリカ大陸への植民を、16世紀の終盤に国力が最大化していたスペインと張り合う方法であるととらえていた。カトリックのスペインと、プロテスタントのイングランドの間では、エリザベス一世の治世中に断続的に戦闘が繰り返されており、最終的にイングランドは1588年にスペインの無敵艦隊を破った。

エリザベス一世が死去するころのローリーは、その浪費ぶりと、エリザベス一世の女官エリザベス・スロックモートン(1565頃〜1647頃)と結婚した醜聞から、すでに評判を落としていた。エリザベス一世の後継者のジェームズ一世は、スペインに対して比較的融和的な政策をとり、1603年にはローリーを反逆者として逮捕させた。ローリーは死刑を宣告されたが、ジェームズ一世により減刑を受けてロンドン塔に幽閉された。そして、獄中で歴史書『The History of the World』(仮題:世界の歴史)を執筆した。

ローリーは1616年にロンドン塔から解放され、二度目の探検事業の指揮を求められた。この遠征中、ローリーは許可なくスペインの入植地を攻撃した。ローリーがロンドンに戻ると、スペインの大使はローリーを死刑にするようジェームズ一世に要求した。スペイン側の怒りを鎮める目的で、1618年10月29日にローリーの処刑が実行された。

**豆知識**

1. ジェームズ一世は、ローリーだけではなく喫煙もひどく嫌っていた。1604年に —— タバコ産業がタバコと肺ガンの関連性を認める380年前に —— ジェームズ一世は、喫煙は「目にも忌まわしく、鼻にも不快で、脳にも害で、肺にも危険な習慣であり、その黒く臭い煙は、おぞましい地獄の底なし穴から噴き出る煙に似る」と述べた。
2. ノースカロライナ州の州都ローリーは、ウォルター・ローリーの名に由来している。
3. 「失われた植民地」と呼ばれるロアノーク島の入植者たちがどうなったのかは、未解決のまま残るアメリカ史上最大の謎のひとつだ。唯一見つかっている手がかりは、柱に彫られた「クロアトアン」(Croatoan・島と民族の名)という言葉のみである。歴史家たちは、入植者たちが地元の先住民の部族に同化したか、あるいはイングランドへ戻る航海の途中で溺死したと推測している。

# 166 文筆家・芸術家 ｜ クリストファー・レン

**数学と天文学の教育を受けた学者のクリストファー・レン（1632〜1723）は、1666年に発生した衝撃的な「ロンドン大火」後にロンドンの復興に携わり、建築家としての名声を築いた。セント・ポール大聖堂をはじめ、数々の聖堂や建築物を設計した彼は、壊滅的な大火後のロンドンの建築物をほぼ単独で再建したといっても過言ではない。**

✦

ロンドンにあるレンの墓標には、まさに的を射た言葉が彫られている。「これを読む人々よ、モニュメントを見たいなら —— 周囲を見たまえ」

レンはオックスフォード大学で教育を受け、1661年に同大学の天文学の教授になった。建築分野にも手を広げ、オックスフォード大学の劇場の設計を行ったが、教授職を退いて建築に専念するようになったのは、ロンドン大火から何年か経ってのことだ。

1666年９月２日から５日にかけて起こったロンドン大火は、ロンドン史上最悪の火災であった。パン屋から出火し、密集していた当時のロンドンの中心にすぐに延焼した。ようやく鎮火するまでに、中世都市ロンドンの三分の二の建物が焼失した。

レンはその数日後にロンドン入りし、すぐに都市再建の計画を立て始めた。彼はロンドン再建を監督する王立委員会の委員に指名され、その後50年間、イングランドで最も影響力のある建築家となる。

ヨーロッパのバロック様式を学んだレンの設計は異例ととらえられ、イングランドの伝統的な設計からかけ離れすぎているとして周囲の批判を浴びた。議会はセント・ポール大聖堂の設計図に何度か修正を加え、レンへの報酬の支払いを差し止めて、迅速に大聖堂を完成させるよう促した。しかし、セント・ポール大聖堂は重要な歴史的建造物として残り、アメリカの首都ワシントンの議事堂やパリのパンテオンのモデルともなった。

レンが79歳のときに、ようやくセント・ポール大聖堂設計の報酬が支払われた。彼はその11年後に死去した。

**豆知識**

1. レンは、1662年に王立協会の創立会員となっている。王立協会は現在も存続する科学者の団体で、会員に選ばれることはイギリスの学問界の最高栄誉であるとも認識されている。
2. レンは、1675年に王立のグリニッジ天文台の設計者にも選ばれている。グリニッジ天文台は、国際的合意により本初子午線（経度０度）の地点に定められている。
3. ロンドン再建の貢献が認められ、レンは1673年にチャールズ二世（1630〜1685）により騎士の称号を与えられた。

# 167 反逆者・改革者 | トゥパク・アマル二世

**トゥパク・アマル二世（1740頃〜1781）は、スペインに対するペルーの先住民の反乱を指揮した人物である。何千人もの先住民を集結させ、植民地政府に対する短期間ながら残忍な戦闘を展開した。彼は1780年に何度かの戦いに勝利したが、その翌年にスペイン当局に捕らえられ、処刑された。**

✦

しかしトゥパクの反乱は、南アメリカの独立の機運を高めたとして評価されている。死後の彼は、アメリカ先住民に揺るぎない誇りを抱かせ、また、ペルーにおけるレジスタンスの象徴ともなった。

トゥパク・アマル二世の本名はホセ・ガブリエル・コンドルカンキだが、曽祖父のトゥパク・アマルを称えてトゥパク・アマル二世という呼称を使った。曽祖父はスペインに征服される前のインカ帝国の最後の皇帝で、二世と同じくスペインに対する反乱を指揮し、最終的に1572年に処刑された。

インカ帝国の首都クスコで育ったトゥパク・アマル二世は、比較的恵まれた環境にあった。インカ帝国の皇族という家系にあったことから、スペインはトゥパク・アマル二世に侯爵の地位を授け、経済的にもかなりの自由を許した。しかし彼は、ペルーの人口の大多数を占める、奴隷同然の生活をしていた先住民たちとアイデンティティを共にしていた。

そして1780年、武器に乏しい８万人ほどの先住民から成る反乱軍を組織した。反乱軍は、現在のペルー、ボリビア、アルゼンチンに当たる山岳地帯を短期間支配し、スペイン植民地政府の役人を大量に殺害した。しかし六か月後、反乱鎮圧のためにやってきたスペイン軍は、スペイン側に寝返った反乱軍の二名の将校の援助を得てトゥパク・アマル二世を捕らえた。

トゥパク・アマル二世は、曽祖父がその２世紀前に斬首刑にされた場所と同じクスコの広場で、引き裂きの刑に処された。しかし、ペルーにはその後もスペインからの独立を望む機運が残され、40年後、ペルーは自由を勝ち取った。

**豆知識**

1. 日本では「２パック」として知られるアメリカのラップ・ミュージシャン、トゥパック・アマル・シャクール（1971〜1996）の母親は、ペルーの反乱指導者トゥパク・アマルにちなんで息子の名を付けた。
2. 1960年代から1980年代にかけて活動したウルグアイの武装組織「ツパマロス」の名は、トゥパク・アマルに由来している。
3. 「トゥパク」という言葉は、インカ帝国で使われたケチュア語で「高貴な」という意味合いを持つ。現在、ケチュア語の話者は1000万人ほどで、そのほとんどがペルーとボリビアに当たるアンデスの山岳地帯の住民である。

# 168 伝道者・預言者 | ジャン・カルヴァン

**ローマ・カトリックが優勢のフランスで生まれた神学者ジャン・カルヴァン（1509〜1564）は、1520年代から1530年代にカトリックを大きく低迷させた宗教改革の代表的な思想家として名声を築いた。フランスから逃れて移ったスイスのジュネーブでは、プロテスタントの宗教共同体の指導者となり、政治的にも強い権力を握った。カルヴァンの思想を汲んだプロテスタントの主義「カルヴァン派」は、ヨーロッパおよびアメリカの歴史において多大な影響を及ぼす代表的な宗教勢力となった。**

✦

ジャン・カルヴァンは、パリから北へ10キロほどのところにある都市ノワイヨンで生まれた。厳格なカトリック信者の父親はノワイヨンの聖堂の管理者だった。父親は14歳のジャンをパリへ送り出し、修辞学、論理学、文法の教育を受けさせた。1528年には、マルティン・ルター（1483〜1546）によってすでにドイツで火蓋の切られていた宗教改革の波がフランスにも水面下で広がっており、当時大学生だったカルヴァンの友人にも、改革運動に同調する者たちがいた。友人の影響を受けて宗教に対して疑問を抱き始めていたカルヴァンは、1533年ごろにはパリから逃れなければならない事態になった。しかし、カルヴァン自身が完全にカトリックを否定するに至ったのは、1536年になってからである。

パリから逃れていた時期に、カルヴァンは改革派としての見解を要約した『キリスト教綱要』の執筆を開始した。カルヴァンは全般にルターの思想に同調していたが、いくつかの重要な点で見解を異にしていた。例えば、カルヴァン派では「予定説」を掲げ、天国に行く者とそうでない者は神によってすでに定められていると信じたのに対し、ルター派は、信仰に忠実であれば救済されると信じた。1541年、カルヴァンは、大規模ながら周囲に敵対派のいるプロテスタント共同体があるジュネーブに招き入れられた。ジュネーブで独裁的な権力を握ったカルヴァンは、ジュネーブ教会会議という厳格な宗教裁判所を作り、ダンスや家庭内暴力などの行為を道徳的な犯罪として厳しく罰した。また、カルヴァンの統治下のジュネーブでは、反対派への拷問や「魔女」の大量処刑を行った。有名な異端者ミシェル・セルヴェ（1509頃〜1553）が柱に縛りつけて火刑に処されたのもこの時代だ。

カルヴァンは晩年の10年間ほど、血液中に尿酸がたまったことによる痛風を患い、ジュネーブで54歳のときに死去した。カルヴァンの思想は、プレスビテリアン（長老派教会）、ドイツ改革派教会、イングランドのピューリタン（清教徒）など、多くの教派に取り入れられた。

**豆知識**

1. 「ジャン・カルヴァン」(Jean Cauvin)の呼び名は、彼の誕生時のフランス語名である。ラテン語名は「イオアニス・カルヴィヌス」(Ioannis Calvinus)で、それが英語化した呼称が「ジョン・カルビン」(John Calvin)である。
2. カルヴァンの最初の著作は、スペインの哲学者セネカ(前4頃〜65)の著書『寛容について』に関する注釈書で、1532年にパリで出版された。
3. カルヴァンは、アメリカの漫画家ビル・ワターソン(1958〜)によるコミック・ストリップ、『カルビンとホッブス』に登場する6歳児「カルビン」の名の由来である。同コミックのぬいぐるみのトラ「ホッブス」は、イギリスの哲学者トマス・ホッブズ(1588〜1679)に由来している。

# 169 指導者 ｜ チャールズ二世

**「陽気な王様」と呼ばれたチャールズ二世（1630〜1685）は、派手な私生活と軽快なウィットで知られ、イギリス史において非常に重要な人物だ。1661年、イングランドの王政復古によって王位に就き、内戦で荒れて混乱を極めたイングランドに安定を取り戻す役割を果たした。**

✦

チャールズは、イングランド王チャールズ一世（1600〜1649）と王妃ヘンリエッタ・マリア（1609〜1669）の長男としてロンドンで生まれた。10代のときのイングランド内戦時には王党派として戦い、王党派が敗北して父親が処刑されると、フランスへの亡命を余儀なくされた。

1650年にはスコットランドへ渡り、内戦に勝利したオリバー・クロムウェル（1599〜1658）の反対派を集めて戦いに備えようとした。その翌年クロムウェル軍との戦いに敗れると、逃げてオークの木に隠れたという話は有名だ。その後の10年近くは、再び亡命したフランスで過ごした。クロムウェルの死後、イングランドは２年ほど混乱が続き、政情の不安定にたまりかねた議会は、チャールズに王位に就くよう要請した。そして1660年５月29日、チャールズは自らの30歳の誕生日に、晴れてロンドン入城を果たした——こうして、比較的平和で安定した時期が続く王政復古期の幕が開けた。内政では、チャールズ二世は父親の敵の大部分を許し、融和的な宗教政策をとり、ローマ・カトリック信者に対する厳しい対応に反対した。彼の治世中には、クロムウェルの統治下で成立した厳格なピューリタンの法律は緩和され、劇場が再開し、メイポール・ダンスなどの伝統的な習慣も再び行われるようになった。

チャールズ二世はポルトガルの王女と結婚していたが、多くの女性との間に十数人もの婚外子をもうけた。王妃との間に子供はおらず、彼の死後は弟のジェームズ二世（1633〜1701）が王位を継承した。カトリック信者だったジェームズ二世は、多くのプロテスタントから支持を受けることができず、名誉革命によりわずか３年で退位に追い込まれた。その後、イングランドの王位継承者からカトリック信者を排除する法律が議会で可決された（この法律は現在も有効である）。

**豆知識**

1. チャールズ二世の治世中には、北アメリカの東海岸に多数のイギリス植民地が作られ、彼を称えた地名が付けられた。現在のサウスカロライナ州のチャールストン、ロードアイランド州のチャールズタウンのほか、サウスカロライナ州、ノースカロライナ州の「カロライナ」も「チャールズ」(Charles) に由来するものだ。
2. 亡くなったウェールズ公妃ダイアナ（1961〜1997）は、チャールズ二世がもうけた婚外子の子孫である。
3. 王室の伝統に従い、チャールズ二世とポルトガル王女キャサリン・オブ・ブラガンザ（1638〜1705）の婚姻にあたっては、ポルトガル側は持参金を渡さねばならなかった。チャールズ二世は、のちにイギリス帝国のインドにおける重要な拠点となるボンベイ（現ムンバイ）を持参金として獲得した。

# 170 哲学者・思想家 | アン・コンウェイ

**17世紀のイングランドにおいて、アン・コンウェイ（1631～1679）は高等教育を受けることのできた数少ない女性のひとりで、のちに哲学者としても知識人としても尊敬される存在となった。アンの死後、1690年に著書『The Principles of the Most Ancient and Modern Philosophy』（仮題：最も古い哲学と最も新しい哲学の原則）が出版された。また、ケンブリッジ大学の規定に反して密かにアンを教えた教授に宛てた手紙が何百通も残されている。**

✦

アン・コンウェイは、ロンドンの裕福なフィンチ家に生まれ、当時はフィンチ家の所有だった現在のケンジントン宮殿で育った。そして、異母兄でケンブリッジ大学の学生だったジョン・フィンチ（1626～1682）のはからいで、ジョンの哲学の教授ヘンリー・モア（1614～1687）に紹介された。アンの知性に感銘を受けたモアは、アンに哲学を教えることにした。しかし、ケンブリッジ大学は女性の入学を認めていなかったため、モアは書簡を通じてアンを教えねばならなかった。

17世紀のイングランドで、女性でありながら学問の世界に入れたことは、非常に稀な例だった。しかし、アンには恵まれた条件がいくつもあった。アンの一家は有力な人脈があり裕福で、また、1651年に19歳で結婚した夫エドワード（1623頃～1683）はコンウェイ子爵であった（子爵と結婚後のアンは、正式には「レディー・アン・コンウェイ」である）。

夫婦の間には息子が生まれたが、乳児期に天然痘で死んだ。アンはその後、生涯を通じて体調が悪化し、慢性的な頭痛に悩まされた。晩年は、ユダヤの神秘主義思想であるカバラや、プロテスタントの一派のクエーカーに関心を持つようになり、47歳で死去する直前の1679年にクエーカーに改宗した。

死後に出版されたアン・コンウェイの哲学書には、トマス・ホッブズ（1588～1679）やルネ・デカルト（1596～1650）をはじめとし、多くの代表的な哲学者に対する批判が記されており、この著作は後世の哲学者に影響を及ぼした。ドイツの哲学者ゴットフリート・ヴィルヘルム・ライプニッツ（1646～1716）はその最たる例である。

**豆知識**

1. アン・コンウェイの父親サー・ヘンエッジ・フィンチ（1580～1631）は、庶民院の元議長で、アンが誕生する一か月前に死去した。
2. 1656年、アン・コンウェイは頭痛の治療法を試すためにフランスへ渡った。奇跡の治療法とされた「穿頭術（せんとう）」は、痛みの緩和のために頭蓋骨に穴を開けるものだったが効果はなかった。
3. アン・コンウェイは著名な医師ウィリアム・ハーベー（1578～1657）の診察を受けたことがある —— 血液循環を発見したことで知られる医師だ。

# 171 革新者 ピエール・ド・フェルマー

**ピエール・ド・フェルマー(1601〜1665)はフランスの名高い法律家で、政治家で、数学者であり、現代の微分積分学の発展に重要な貢献をした人物だ。しかし、彼の名が最もよく知られているのは、「フェルマーの最終定理」だろう。これは一見単純な定理なのだが、長きにわたり優秀な数学者たちをさんざん悩ませ、1994年にようやく証明された。**

◆

フェルマーは、南フランスの小さな町ボーモン=ド=ロマーニュで生まれ、ボルドー大学とオルレアン大学で数学と法律を学んだ。1631年に法律の学位を取得し、その後の生涯のほとんどは地方政府で働き、数学には趣味の域で携わっていた。

裕福で博学だったフェルマーは、フランスの代表的な思想家たちと交流を持ち、中でもブレーズ・パスカル(1623〜1662)とは共同で確率論の理論を何点か提唱している。しかしフェルマーは、当時の混乱した情勢の中で、ほかに取り組んでいた数学の研究を断念した可能性もある。フェルマーの生きた時代にはフランスで「フロンドの乱」という内乱が起こっており、また彼は1653年にペストに罹患している。ペストから回復し生き延びたのは非常に稀なケースだった。

「フェルマーの最終定理」は、フェルマーが1637年ごろに書いた謎めいた走り書きに端を発する。この走り書きは彼の死後に発見されたもので、古代ギリシアの数学者ディオファントス(200頃〜284頃)の本の余白に、このように記されていた。「私はこの命題に関して実に驚くべき証明を見つけたが、この余白は狭すぎて書くことができない」

フェルマーが証明できたと主張するこの定理は、その後350年にわたって数学者たちをやきもきさせた。「フェルマーの最終定理」は、「方程式$x^n + y^n = z^n$において$n$が3以上の整数の場合、$x$、$y$、$z$は0ではない整数の解が存在しない」とするものだ。フェルマーのこの主張は正しいように見える――実際にやってみてほしい――が、これがすべてのケースで当てはまるという数学的な証明ができなかったのだ。

1994年、プリンストン大学の数学者アンドリュー・ワイルズ(1953〜)が、8年間屋根裏にこもってこの方程式に取り組んだのちにようやくフェルマーの主張が正しいことを証明した。

**豆知識**

1. フェルマー自身が実際にこの定理を証明したのかどうかについては、学者の間で意見が分かれている。多くの数学者は本の余白に記された走り書きを信用せず、フェルマーが当時の材料でこの定理を証明するのは不可能だったと主張している。
2. 「フェルマーの最終定理」は、サイエンス・フィクションをはじめポップ・カルチャーの重要な土台のひとつになっている。例えば、アメリカのテレビアニメ『ザ・シンプソンズ』では、この定理が何度かパロディーの題材に使われており、あるハロウィーンのエピソードでは、この定理を反証したかのような方程式が提示された。
3. フェルマーは、元々「ピエール・フェルマー」という名だったが、政府の職に就いてから、貴族名に聞こえる「ピエール・ド・フェルマー」に変えた。

# 172 悪人 サラ・グッド

**マサチューセッツに入植したピューリタンにとって、魔術以上に罪深い犯罪はなかった――そして、サラ・グッド（1653～1692）以上の魔女はいなかった。サラは「セイラム魔女裁判」で最初に魔女として告発された人物のひとりで、1692年の夏、何人かの少女に魔術をかけたとして有罪判決を受け、処刑された。サラの裁判では、夫と５歳の娘までもが、サラに不利な証言を強要された。**

✦

もちろん、サラ・グッドは魔女ではなかった――そして、その夏にセイラムの村に巻き起こった「魔女熱狂」で殺害されたサラ以外の19人の男女も、もちろん魔術師ではなかった。サラは貧しく評判の良くない女性で、弁護してくれる友人がほとんどいなかったのだ。サラは、この魔女狩りのほかの犠牲者たちと同じく、宗教の過熱と不寛容と、暴民政治的な正義の追求がいかに危険かを如実に示す象徴的な存在となった。

サラ・グッドは、負債で投獄されたことのある入植者ウィリアム・グッドの妻だった。夫婦にはドロシーというひとり娘がいた。魔女裁判の犠牲になったその他の多くの人々と同じく、サラの社会的立場は低かった。村での評判は芳しくなく、無作法で身なりも整わず、施しに頼っていることで知られていた。セイラム魔女裁判は、1692年２月、三人の少女が近隣の住民に魔術にかけられたと告発したことに端を発した。まず、サラ・グッドとふたりの女性が告発された。３月にサラの裁判が始まると、多くの村人も同調してサラを非難した。ある人物はサラがほうきに乗って飛んでいるのを見たと主張し、別の人物はサラが猫と鳥に魔術をかけたと訴えた。当時５歳だったサラの娘も収監され、母親に不利な証言をさせられることとなった。

サラは処刑の間際まで反抗的で、絞首台へ連行される間も無実を叫んだといわれている。処刑されたときのサラは39歳だった。

セイラム魔女裁判は、当初は植民地政府の上層部と宗教指導者の支持を受けて行われていたが、同年遅くに停止された。その20年後には犠牲者の潔白が認められ、家族には補償金の申請が認められた。あとに遺されたサラの夫が震える字で判事に宛てた手紙は、痛々しくこう締めくくられていた。「私の哀れな家庭があのように壊されたことで、私がどのような損害を被ったかの判断は、判事様に委ねます」

**豆知識**

1. 「セイラム魔女裁判」の犠牲者たち全員は、2001年にマサチューセッツ州によって正式に無実を宣言された。
2. サラ・グッドとその他の収監者に有罪判決を下した判事には、ジョン・ホーソーン（1641～1717）がいた――有名な小説家ナサニエル・ホーソーン（1804～1864）の曽祖父の父親に当たる。
3. アーサー・ミラー（1915～2005）は、この魔女裁判をベースに戯曲『るつぼ』（1953年）を書いた。反共産主義運動が過熱し、上院議員マッカーシーの関わった公聴会が行われている真っ只中で書かれたこの戯曲は、魔女狩りと1950年代のアメリカの熱狂的ともいえる反共ムードを比較する意図があった。戯曲中のサラ・グッドは端役である。

# 173 文筆家・芸術家 ヨハン・セバスティアン・バッハ

**オルガン奏者としても作曲家としても名高いヨハン・セバスティアン・バッハ(1685～1750)は、ドイツのバロック音楽を語る上で欠かせない人物だ。バッハが作曲した何百ものオルガン曲や協奏曲は、西洋音楽史を代表する影響力の大きな作品であると認識されている。**

バッハは「対位法」の名手と考えられている。対位法とは、主旋律と対旋律を同時に重ね合わせる技法だ。バッハが楽曲に取り入れた複雑な構成は、彼の存命中は特に好まれるものではなかったが、ヴォルフガング・アマデウス・モーツァルト(1756～1791)やルートヴィヒ・ヴァン・ベートーヴェン(1770～1827)をはじめ、多くの古典派の作曲家に多大な影響を与えた。

バッハはドイツのアイゼナハで音楽家の一族に生まれ、幼少期からオルガン、バイオリン、チェンバロの演奏を学んだ。10歳ごろに両親に死に別れ、主に兄のヨハン・クリストフ・バッハに育てられた。この兄もオルガン奏者であり、音楽分野の知識や人脈をふんだんにバッハに受け継がせた。

バッハは1707年に結婚し、最終的には20人の子供をもうけることになるが、ひとり目が生まれたあと、ヴァイマルで宮廷づきのオルガン奏者となった。バッハの代表的なフーガの多くはヴァイマルにいたころに作曲され、作品集『平均律クラヴィーア曲集』にまとめられている。また、教会での結婚式によく使われる『主よ、人の望みの喜びよ』もこの時期に作曲された。1721年にドイツの貴族に献呈された協奏曲集『ブランデンブルク協奏曲』は、バッハの代表的な傑作であると一般に認識されている。

1723年にはライプツィヒの音楽監督に任命され、市内のルター派教会に楽曲を提供した。そして、この職はバッハの終生の仕事となった —— 彼はライプツィヒで65歳で死去した。視力の低下を矯正するために受けた手術が失敗したあとのことだった。

## 豆知識

1. バッハは二度結婚し、ひとり目の妻マリア・バルバラ・バッハ(1684～1720)とふたり目の妻アンナ・マクダレーナ・ヴィルケ(1701～1760)との間に計20人の子供をもうけている。そのうち、乳幼児期を過ぎて生き延びることができたのは10人のみである。
2. バッハの存命中に描かれた肖像は一点のみであると考えられていたが、その肖像がバッハを忠実に描いたものかどうかについては長く議論されてきた。1894年にバッハの遺骨が掘り起こされ、彫刻家により胸像の制作が行われた。2008年には、法人類学者がこの遺骨を基に、コンピュータ処理によりバッハの肖像を制作したところ、やや太った短い白髪頭の人物となった。
3. バッハの曲のほとんどは、オルガンかチェンバロのための楽曲であった。ピアノ(初期には「ピアノ・フォルテ」と呼ばれた)が初めて製作されたのは18世紀初頭になってからである。バッハは1730年代に初めてピアノに触れたが、音が好みではなく、演奏を学ばなかった。

# 174 反逆者・改革者 | トマス・ペイン

**1774年の半ば、アメリカの代表としてロンドンにいたベンジャミン・フランクリン（1706〜1790）は、議論好きのイングランドの若者トマス・ペイン（1737〜1809）を紹介された。ペインの知性に感銘を受けたフランクリンは、こう助言した —— アメリカへ来い。**

✦

ペインはその年、フランクリンの推薦のもと、アメリカのフィラデルフィアに移住した。そして1年半のうちに、アメリカで誰もが知るような著述家となり、イギリスを辛辣に批判する政治パンフレットや冊子を書いた。こういった彼の著作は、アメリカ独立革命への支持を集める大きな役割を果たすことになる。

ペインは、イングランドを離れることでおそらく安心を得ただろう。フランクリンと出会ったころの彼は、すでにいくつかの事業に失敗し、債務による収監を辛くも免れたという状況だった。二度の結婚をしており、ひとり目の妻は出産時に死去し、ふたり目の妻とは別れていた。また、学校の教師、徴税官、使用人などの職も経験した。

ペインはイギリスの王政に対して強い嫌悪感を抱くようになり、共和制を理想とするようになっていた。すでに革命の機運が高まっていた1774年のアメリカに移住したことは、自らの信念を行動に移す機会となった。

ペインは1776年の初めに50ページの小冊子『コモン・センス』を出版し、率直で明快な文体で王政を批判して、独立を訴えかけた。独立戦争後にイングランドに戻ると、人権に関してより包括的に述べた政治書『人間の権利』を書き始めた。1792年にはイングランドから追放され、フランスに渡ると、フランス革命を熱心に支持した。しかしながら、1793年に逮捕され、危うくギロチン刑を受けるところだった。

フランスで収監されていた間、処刑されると思っていたペインは、最も物議をかもした著作『理性の時代』を記し、組織化した宗教を批判した。この著作はジョン・アダムズを含め多くの仲間を怒らせることとなり、ペインは1802年に再びアメリカに渡ったが、仲間は彼に寄りつかなかった。ペインは、ニューヨーク市で72歳のときに死去した。

### 豆知識

1. ペインは1792年にフランス名誉市民になり、また、フランス国民公会の議員に選出され、ルイ十六世（1754〜1793）の死刑に反対した —— これがもとで、彼自身も翌年に捕らえられた。
2. ペインは宗教に関する見解からジョン・アダムズを怒らせたが、トマス・ジェファーソン（1743〜1826）とは生涯友情を保った。ジェファーソンは1821年、「ペインを超える著述家はいまだいない」と述べている。
3. トマス・ペインの姓「Paine」は、元々は「Pain」（「痛み」を意味する）という綴りだったが、アメリカに移住後に「e」を加えた綴りに変更した。

# 175 伝道者・預言者 アビラの聖テレサ

**アビラの聖テレサ（1515〜1582）は、今でこそ、ローマ・カトリック教会の歴史において最大の影響を及ぼした女性のひとりと認識されているが、生前は敵視され、疑念を抱かれていた。異端審問にもかけられ、また、強烈な神秘体験をしたことで嘲笑の的になりある教会関係者は彼女のことを「不安定で、落ち着きがなく、不服従で、反抗的な女」であると非難した。**

✦

このように嘲笑や非難に遭いながらも、テレサは新しい修道会を設立し、カトリックの神秘主義における代表的な神学者として名を残した。

のちに聖人となるテレサは、スペインのアビラで衰退しかかった貴族の家に、ドーニャ・テレサ・デ・セペダ・イ・アフマダという名で生まれた。祖父はユダヤ教からカトリックに改宗していたが、密かにユダヤ教を信奉したとして異端審問で有罪になっていた。テレサは厳格なカトリック教育を受け、カトリックを熱心に信奉するあまり、７歳のとき、ムーア人（イスラム教徒）と戦って殉教を遂げようと考えて家出を試みている。

反抗的な10代を過ごし、20歳のときにアビラのカルメル会の女子修道院に入った。当時の修道院の多くは、貴族階級の反抗的な未婚の子女を預かる場所となっており、必ずしも宗教の修練の場に特化してはいなかった。しかしその３年後、テレサは深刻な病にかかったことがきっかけで、宗教心をさらに深めることになった。

テレサは、修道院生活を真剣な宗教修練の場に改革しようという意志を持ち、1562年、アビラにひとつ目の「跣足(せんそく)カルメル会修道院」を設立した。テレサと数人の信奉者は、ぼろをまとい、わらのマットに寝て、自らを鞭で打って自分を罰した。

そのころ、テレサは神秘的な恍惚(こうこつ)状態やけいれんのような現象を体験するようになり、この体験で周囲に知られるようになった。テレサは、この体験を通じて神との「合一」ができると信じていた。そして、多くの批判を受けながらも、死去するまでにスペイン国内にさらに17の修道院を設立した。キリスト教の神秘主義（自己の内面の奥深くで神を体験しようと追求すること）について記したテレサの著作は、後世の神学者たちに大きな影響を及ぼすこととなった。

**豆知識**

1. テレサは、カトリック神学者の最高栄誉である「教会博士」の称号を与えられた、わずか三人の女性のひとりである。ほかのふたりは、シエナの聖カテリーナ（1347〜1380）とリジューの聖テレーズ（1873〜1897）である。
2. テレサは、1622年にローマ教皇グレゴリウス十五世（1554〜1623）により聖人に認められた。また、頭痛持ちの人々、レース職人、スペインの守護聖人である。
3. テレサの死後、彼女の遺体は分けられて信奉者に配られた。これはローマ・カトリックの聖人には珍しいことではなかった。テレサの遺体は各所で貴重な聖遺物となった。20世紀のスペインの独裁者フランシスコ・フランコ（1892〜1975）は、テレサの左手の四本の指を入手し、ベッドの脇に置いていた。

# 176 指導者 ｜ ルイ十四世

**ルイ十四世（1638～1715）は「太陽王」という異名をとった。17世紀のフランスでは、すべてが彼を中心に動いていたためだ。絶対君主の原型ともいわれるルイ十四世は、72年もの間フランス王として君臨した。これはヨーロッパでは後にも先にも例を見ない最長記録である。そして彼は、フランスの国家権力を完全に自らの手中に収めた。**

ルイ十四世が政治における自らの役割をどうとらえていたかは、彼の有名な言葉に集約されている――すなわち、「朕は国家なり」。

ルイ十三世（1601～1643）の長男として生まれたルイは、わずか５歳で王位を継承した。即位後の８年間は母后のアンヌ（1601～1666）が摂政として統治を行った。ルイ十四世自身は、23歳のときにフランスの絶対的な権力を掌握した。そして、貴族からも政府の役人からも大幅に権限を奪った。ルイ十四世の両親の代では、日常的な政務を側近のマザラン枢機卿（1602～1661）に委譲していたが、マザランの死後、ルイ十四世は政府の全権を単独で握った。また、パリ郊外に有名なヴェルサイユ宮殿を建設した。この宮殿は、増大するフランスの国力と、ルイ十四世の下で中央集権化する政府を象徴する建造物となった。

ルイ十四世の在位中のフランスは、1648年にアルザス地方を獲得している。また、ルイ十四世はヨーロッパでいくつかの戦争を行って勝利している。1678年にはオランダと同盟国を打倒した。戦争の勝利により、フランスはヨーロッパ最強の軍事力を持つ国家となったが、スペイン継承戦争（1701～1714年）では苦戦し、フランスはスペインを併合して大陸の超強国となる機会を逃した。

太陽王ルイ十四世の治世は、フランスで芸術と文化が栄えた時期でもあった。ヴェルサイユ宮殿の建設のほかにも、ルイ十四世はルーヴル美術館を改修し、パリにオテル・デ・ザンヴァリッドという、負傷兵のための巨大な軍施設を建設した。彼は77歳で死去したが、その時点ではすでに息子と孫に先立たれており、ひ孫のルイ十五世（1710～1774）が王位を継承した。

**豆知識**

1. ルイ十四世は1685年、プロテスタント信者にフランスでの信仰の自由を認めた「ナントの勅令」を取り消した。フランスのユダヤ教徒とプロテスタント信者には、1789年にフランス革命が起こるまで、完全な市民権が認められなかった。
2. ルイ十四世は、1660年にスペインの王女マリア・テレサ（1638～1683）と結婚し、三人の子供をもうけた。王妃の死後、長年の愛人フランソワーズ・ドービニェ・スカロン（1635～1719）と密かに結婚した。
3. 1682年にフランスの植民地として成立したアメリカの「ルイジアナ」は、ルイ十四世にちなんだ地名である。

# 177 哲学者・思想家 ジョン・ロック

**イングランドの哲学者ジョン・ロック(1632〜1704)は、1689年に出版した著作で、理想的な政府とは市民の自然権を尊重する形のものであると述べた。政府は市民の「生命、自由、および土地財産」を奪うべきではない、と記した。**

✦

それから100年近くが経過した1776年、トマス・ジェファーソン(1743〜1826)はアメリカ独立宣言を起草する際、ロックの言葉をほぼそのまま借りて、13植民地の市民には「生命、自由、および幸福の追求」に対する不可譲の権利があると書いた。

ジェファーソンがイングランドの哲学者ロックの思想を尊重したという事実は、18世紀のヨーロッパとアメリカでロックが重要視されていたことを物語っている。ロックは、おそらくほかのどの哲学者にも増して、アメリカおよびフランスの革命指導者に直接的に影響を及ぼした人物だ。また、君主制を批判したロックの著書『統治二論』は、どんな書籍や文書にも増して、西洋の民主主義の概念を形成するのに役立った。

ロックは、イングランドの都市ブリストル近くの村で生まれた。彼が子供のころにイングランド内戦が始まり、父親は勝利したピューリタン側(議会派)で戦った。内戦後、ロックはオックスフォード大学に入学し、哲学と医学を学んだ。

当初は医師としてやっていくつもりだったが、1670年代、患者だったシャフツベリ伯爵(1671〜1713)の手引きで政界に入ることになった。ロックとシャフツベリ伯爵はチャールズ二世(1630〜1685)を退位させる計画に関与し、共にオランダへの亡命を余儀なくされた。

ロックは亡命生活中にふたつの論文を記した。いずれも絶対王政の概念を批判したものだ。トマス・ホッブズ(1588〜1679)が提唱した「社会契約」の理論を発展させ、国家が市民の権利を尊重できなければ、市民と国家の間の契約は無効になると主張した。一方、イングランドでは1688年に名誉革命が起こり、ジェームズ二世(1633〜1701)が退位させられ、君主政治ではなく議会政治が敷かれた。それを機にロックはイングランドへ戻り、イングランドの政界に影響を及ぼす力となった。革命派の英雄であったロックは、1704年に死去した。

**豆知識**

1. ロックは生涯独身だったが、哲学者のダマリス・カドワース(1659〜1708)と恋愛関係にあった。彼女はロックの逃亡生活中にフランシス・マシャム(1645〜1722)と結婚した。
2. 1669年、ロックはカロライナ植民地の最初の植民地法の起草に携わった。これは植民地が代表者を選ぶ権利を認める代議制を盛り込んだ、当時としては革新的な法律だったが、奴隷制を是認するものでもあった。この植民地法は何十年か後に廃止された。
3. 影響力の大きなロックの作品としては、『寛容に関する書簡』(1689年)もよく知られている。ロックはこの著作で、宗教の自由を認めれば市民の動揺の原因が取り除かれ、社会のためになると主張した。ただしロックの主張する「宗教の寛容」とは、プロテスタント内の諸教派にのみ当てはまるもので、彼はカトリック信者と無神論者は市民社会から除外されるべきと考えていた。

# 178 革新者 ｜ アタナシウス・キルヒャー

**ドイツのアタナシウス・キルヒャー（1601頃〜1680）は、その生涯において、目覚ましいほど多岐にわたる分野に関し40作以上の著書を記した。「すべてを知ること」そのものを人生の目標とした、果敢で熱血漢の学者にふさわしい記録だ。**

✦

キルヒャーはまさにルネサンス期らしい人物だ。12の言語を話し、史上初のエジプト研究者となり、サイエンス・フィクション小説を初めて書いた人物であり、また、噴煙の上がるヴェスヴィオ火山の噴火口に入り火山を調査したこともある。キルヒャーがただひたすら学ぶことに熱中していたことは、彼が1669年に出版した書籍の題名『The Great Art of Knowing』（仮題：知るということの偉大な芸術）が如実に物語っているといえる。

キルヒャーは、ドイツ中央部のローマ・カトリックの町ガイサで生まれた。彼の生きた時代のドイツは宗教戦争で混乱した状況にあり、1622年には、キルヒャーはプロテスタント軍の侵攻により故郷の町から逃れざるを得なくなった。彼は1628年にイエズス会の司祭になり、フランス、そしてオーストリアへ移り、イタリアのローマに落ち着いた。

キルヒャーの最初の著作は、1631年に出版された磁力に関する論文だ。彼はまた、日時計、重力、数学に関する著作も記した。1656年には、腺ペストは微生物に起因するという説を提唱したが、これは当時はほぼ前例のない見解だった。古代エジプトのヒエログリフ（神聖文字）の解読を試みた著作『エジプトのオイディプス』は、キルヒャーの代表作のひとつである。結局は解読には至らなかったが、これがきっかけで古代エジプトへの世間の関心が高まった。また、キルヒャーの残したノートが貴重な資料となり、のちにフランスの学者ジャン＝フランソワ・シャンポリオン（1790〜1832）がヒエログリフの解読を成功させた。

キルヒャーは、生涯のうちに多種多様な書籍や遺物、発明品を収集し、ローマに「キルヒャー博物館」を創設して収蔵した。この博物館は当時のローマで最大級のものだったが、19世紀に壊されている。キルヒャーは、生前は「百種類の分野の達人」との名声を博し、ヨーロッパで誰もが知るような学者だった。主に独学で知識を得ており、知りたいという強烈な知識欲に突き動かされていた。しかしキルヒャーの死後は、素人レベルで科学的研究に取り組むのではなく、より分野に特化した専門性の高い研究方法がとられるようになっていき、キルヒャーの名声は陰りを見せていった。

### 豆知識

1. キルヒャーは、永久機関（外部からのエネルギーなしに永久に動く装置）や、話す人形、作曲の機械を発明した ―― が、いずれも機能しなかった。キルヒャーの発明品は、イタリアの作家ウンベルト・エーコ（1932〜2016）による1994年の作品『前日島』（“L'isola del giorno prima”　藤村昌昭訳　文藝春秋　1999年）で風刺されている。
2. キルヒャーのプロジェクトのひとつに、未解読の言語で記された15世紀の有名な「ヴォイニッチ手稿」を翻訳する試みがあった。しかし、結局は手稿を解読することができず、現代においても解読の試みが何度も行われているが、いずれも達成されていない。アメリカ国家安全保障局のチームも解読に取り組んだ。この手稿は、中世に書かれた手の込んだでたらめだという説も学者の中から出ている。
3. キルヒャーは1680年に『Physiologia』（仮題：生理学）を出版し、ツバメの飛行速度を初めて正確に計測した。当時はまだストップウォッチが発明されていなかったことを考えれば、これはすごい業績だ。

# 179 悪人 | 黒髭

**イギリスの私掠船を操る海賊のエドワード・ティーチ(1680頃〜1718)は、「黒髭」の呼び名でよく知られ、18世紀初頭の海賊の「黄金時代」の重要人物だ。よじった顎ひげを長く伸ばし、緋色の上着をまとい、二本のサーベルを腰に携えていた。このように意図的に恐ろしい風貌をこしらえた黒髭は、海賊伝説において不動の地位を確立した。しかし、黒髭が実際に海賊行為をした期間はさほど長くはなく、最後はノースカロライナで追い詰められ、殺害された。**

✦

海賊になる以前の黒髭の生涯についてはよく分かっていない。イングランドで生まれ、スペイン継承戦争の間には私掠船に乗って航海した。私掠船とは、王によって敵国の船を攻撃する許可を与えられた私有の軍事船で、乗組員は船を捕獲し積み荷を強奪することが許されていた。イギリスは、スペインの通商を妨害するためにカリブ海で私掠船を活用した——そして、その時代には多くの海賊たちが力をつけることとなった。

イギリスが1713年にスペイン継承戦争から脱落したのちも、黒髭を含めた多くの私掠船の船長らはカリブ海で海賊行為を続けた。黒髭はイギリスから恩赦を提案されたが拒否し、正真正銘の無法者となった。その後の4年間、黒髭はおよそ50隻の船を捕らえ、略奪したと考えられている。彼の海賊団は、四隻の船と300人の海賊を擁する船隊に成長した。黒髭は、ノースカロライナのアウター・バンクスにあるオクラコーク島近くを主な隠れ場に使い、アメリカの植民地の住民に盗品を売りさばいた。

1717年11月、黒髭はマルティニーク島近くを航行していたフランスの奴隷船「ラ・コンコルド号」を襲撃し、占有した。彼はこの船に「アン女王の復讐号」という名を付け、主要船として利用した。その翌年の春、黒髭が指揮する「アン女王の復讐号」と船団は、サウスカロライナのチャールストン港を封鎖した。黒髭は何隻もの船を略奪したのち、ノースカロライナ方面の隠れ場に逃れた。

黒髭はその年の11月、イギリス海軍の軍艦に襲撃されて殺された。彼の頭部は槍に突き刺され、ほかの海賊たちへの見せしめとしてバージニアの地にさらされた。それ以後、黒髭は数多くの海賊映画や物語の中で描かれ、大海原のロマンスと無法者の象徴となった。

**豆知識**

1. 黒髭は自分自身の海賊旗を持っていた。黒地に白い骸骨が描かれたものだ。さらによく知られている海賊旗で「ジョリー・ロジャー」とも呼ばれる、頭蓋骨と交差した二本の骨のデザインの旗も、同じ時代のものである。これはエドワード・イングランドというイギリスの海賊のものだ。
2. 2006年のアメリカ映画『パイレーツ・オブ・アトランティス』では、スコットランドの俳優アンガス・マクファーデン(1963〜)が黒髭を演じた。
3. 1996年、「アン女王の復讐号」の残骸が、ノースカロライナのビューフォート海峡の海底6メートルほどのところで発見された。船体の断片や残された品々の中にあった青銅の鐘から、「アン女王の復讐号」であることが特定された。

# 180 文筆家・芸術家 ヴォルテール

**自分のしたいことをできたとき、そこに自由がある。**
**── ヴォルテール**

✦

言論の自由と市民の自由を擁護したヴォルテール（1694～1778）は、非常に多くの作品を書いたフランスの著述家で、哲学者であり、ヨーロッパ中で人気があった ── そして、論争を巻き起こしもした。社会改革を訴え政教分離を支持する論調で、エッセイや戯曲、小説、小冊子を発表し、これらの著作はフランスとアメリカの革命指導者たちが熱心に読んだ。フランスとアメリカの政治史に大きな影響を及ぼした人物であると認識されている。

ヴォルテールは、パリでフランソワ・マリー・アルエの名で生まれたが、1718年からヴォルテールという有名なペンネームを使うようになった。一作目の戯曲『エディップ』は、パリで上演され好評を博した。また20代の初めに、フランスの貴族を皮肉った最初の風刺詩を書いた。この痛烈な風刺で、ヴォルテールはすぐさま窮地に追いやられた ── 1717年に初めて投獄され、1726年にはイングランドへ亡命を余儀なくされた。イングランドで過ごした年月はヴォルテールの政治的信条に大きな影響を与え、イギリスの立憲君主制はフランスの専制主義よりも個人の権利を尊重していると認識するに至った。

ヴォルテールは1729年にフランスへの帰国を許されたが、イギリスの政治体制を称賛した書籍を出版すると、パリから追放された。フランスの田舎町に追いやられたヴォルテールは、貴族であるシャトレ侯爵夫人（1706～1749）と交際を開始し、フランスのローマ・カトリック教会を批判する一連のエッセイを出版した。1751年に再び追放の身となり、今度はドイツのポツダムへ逃れた。ヴォルテールはパリには戻ることができず、1754年にジュネーブへ移り、さらに、レマン湖のフランス側にある町フェルネへ移った。そして1759年、おそらく彼の最も影響力の大きな作品である小説『カンディード』を出版した。物語の主人公は、ドイツの領主の甥である無垢な青年で、ヨーロッパを周遊し、最終的にヨーロッパ社会に幻滅するという筋だ。

ヴォルテールは1778年にようやくパリへの帰還を許されたが、その三か月後に83歳で死去した。伝承によると、彼は臨終の場でイエス・キリストを受け入れるよう求められ、「お願いだから、安らかに死なせてくれ」と怒ったという。それが彼の最期の言葉となった。

**豆知識**

1.『カンディード』の物語には、実際の出来事もいくつか取り入れられている。最大10万人が死亡したといわれる1755年のリスボン大震災もそのひとつだ。これは近代ヨーロッパ史における最悪の自然災害である。
2. ヴォルテールは、パリのバスチーユ牢獄に短期間収監されていた。バスチーユ牢獄は、1789年に暴徒化した民衆が襲撃し、フランス革命の発端となったことで有名だ。
3. アメリカの作曲家レナード・バーンスタイン（1918～1990）は、ヴォルテールの『カンディード』を原作とした1956年のブロードウェイ・ミュージカル『キャンディード』の楽曲を制作した。

# 181 反逆者・改革者 ｜ タデウシュ・コシューシコ

**人間の自由と幸福という、ただひとつの目的に忠実な人物だ……**
**—— トマス・ジェファーソン　タデウシュ・コシューシコについて**

タデウシュ・コシューシコ（1746～1817）は、ふたつの国の国民的英雄である。アメリカ独立革命では将校として戦い、その後、祖国ポーランドにおいてロシアに対する反乱を主導した。高い理想を掲げたコシューシコは、アメリカとポーランド両国の革命運動を活性化させた、啓蒙時代における民主主義と独立の思想を象徴する存在となった。

コシューシコは、現在のベラルーシに位置する小さな村で生まれた。陸軍士官学校で学び、学業に優れ、パリで学ぶ奨学金を獲得した。パリでは絵画制作を学び、軍事戦術に関する講義を受けた。アメリカ独立革命に際し、1776年にフランスへ来ていたアメリカの使節ベンジャミン・フランクリンがコシューシコを見初め、大陸軍へコシューシコを誘い入れた。

コシューシコは戦術や工学などの軍事教育を受けていたことから、訓練されていない植民地の民兵で近代的な陸軍を編成しようとしていたジョージ・ワシントン（1732～1799）にとって計り知れない財産となった。コシューシコはペンシルバニアとニューヨークの要塞の設計・建設に貢献し、ウェスト・ポイントの防衛を指揮した。そして1783年、大陸会議の決定で陸軍准将に昇格した。

コシューシコはその翌年ポーランドへ帰国し、５年間は貧しい生活を送ったが、1789年にポーランド軍への入隊を認められた。軍事力の弱いポーランドは、ロシアとプロイセンというふたつの強国に挟まれて不安定な立場にあった。1792年、ロシアがポーランドに侵入すると、ポーランドはプロイセンとの間で分割され、ポーランド領はわずかに残されるのみとなった。その２年後、コシューシコはポーランドの独立を回復するべく、ロシアに対する蜂起を決行した。

しかし、「コシューシコの蜂起」と呼ばれるこの反乱は、短期間のうちに終結した。コシューシコは1794年に捕らえられ、２年間投獄された。彼は1796年にロシア皇帝によって恩赦になったのち、アメリカとフランスに逃れ、新たにロシアへの蜂起を画策したが実を結ばなかった。そして、71歳のときにスイスで死去した。

**豆知識**

1. アメリカとポーランドの多くの道路には、コシューシコにちなんだ名が付けられている。また、ポーランドの探検家が初めて登頂に成功した、オーストラリア大陸の最高峰のコジオスコ山も、彼の名にちなんだものだ。
2. コシューシコが住んでいたフィラデルフィア州の家は、アメリカの国定記念建造物に指定されている。
3. コシューシコは遺言で、遺産を利用しアメリカ合衆国の奴隷をできるだけ多く解放するようにと指示した。しかし、この遺言の執行は法廷闘争によって保留にされた。最高裁判所は1852年、コシューシコの財産はヨーロッパにいる彼の親戚に渡すという判決を下した。

# 182 伝道者・預言者 | アン・ハッチンソン

**アン・ハッチンソン（1591〜1643）は、1634年にイングランドからボストンに入植した。宗教の自由を求め、マサチューセッツに移ってきた非国教徒（反体制派）の一団のひとりだった。しかしそのわずか４年後に植民地から追放され、二度と戻ることはなかった。**

それでもアン・ハッチンソンは、その激動の４年間に、アメリカの宗教史において特別な地位を築いた。女性として初めて、植民地の重要な宗教指導者となったのだ。アンが開始した聖書の研究会が、じきにボストンで最大規模かつ影響力の強大なグループに成長した――その勢力があまりにも増大したことから、植民地の年長の男たちは権力を脅かされていると感じ、アンを追放させたのだ。

アン・ハッチンソンは、イングランドのアルフォードにアン・マーベリーとして生まれ、1612年に商人のウィリアム・ハッチンソン（1586〜1642）と結婚した。家族でマサチューセッツに移住すると、アンはすぐに看護師と助産師の仕事に就いた。建設されて長くない植民地には重要な職だった。

アンの始めた聖書の研究会は、当初は内々の集まりで、女性だけが参加し説教に関して話し合うものだった。しかし賛同者がどんどん増えて男性までも参加するようになり、やがて影響力の大きな派閥に成長し、植民地総督のヘンリー・ベイン（1613〜1662）も一員となっていた。

アンは、集会で植民地政府の指導者や聖職者の多くを批判し、宗教に関してさまざまな異なる見解を述べた。中でも、天国へ行く人はあらかじめ決まっているというカルヴァン派の忠実な教え「恵みの契約」（予定説）を声高に主張した。アンは、救済は目に見えない神の恩寵（おんちょう）によるものであると信じており、善行によって神の救済を受けられるという「行いの契約」を説くピューリタンの聖職者たちを批判した。

「アンチノミアン論争」（反律法主義論争）として知られるこの論争で、アンは最終的に「聖職者を中傷した」として1637年に捕らえられ、裁判にかけられた。仲間の多くに見放されたアンは有罪判決を受け、七か月間収監されたのち、1638年にロードアイランドへと逃れた。そして1642年にロングアイランドへ移住し、その翌年にアメリカ先住民に殺害された。

**豆知識**

1. 1987年、当時のマサチューセッツ州知事マイケル・デュカキス（1933〜）は、アン・ハッチンソンを正式に恩赦した。追放処分になってから349年後のことだ。
2. ニューヨーク州の道路「ハッチンソン・リバー・パークウェイ」は、アン・ハッチンソンを称えて名付けられたものである。
3. アン・ハッチンソンの主要な支持者だったヘンリー・ベインは、最終的にイングランドへ戻り、イングランド内戦でピューリタン側についた。王政復古後、1662年に大逆罪で斬首刑となった。

# 183 指導者 | 康熙帝

**中国史上屈指の偉大な君主とされる康熙帝（1654〜1722）は、61年間皇帝の地位にあり、中国の王朝が拡大し繁栄を遂げた時期を支配した。台湾とチベットの反乱を制圧し、領土を広げ、中国に西洋の影響を取り入れたことがよく知られている。**

✦

康熙帝は７歳で皇帝に即位し、清朝が中国を支配した二代目の皇帝となった。清は中国北部の満州の一族で、1644年に明朝を滅ぼし支配を始めていた。

中国王朝の伝統的な思想に基づき、清は皇帝の権力を天命であると主張し、北京の紫禁城を王宮としたが、なおも抵抗勢力が点在していた。康熙帝は治世の初期に、中国南部と台湾の抵抗勢力に対して軍事制圧を行った。また、1673〜1681年には三人の武将が率いる反乱軍を相手に内戦を戦った。

康熙帝は、1690年までには抵抗勢力をほぼ一掃していた。そして以前の明朝の支持者との融和をはかり、明の学者を再び官位に就かせ、中国語の文学を支援するなどした（清の皇帝は、中国語の北京方言ではなく満州語を話した）。

また、康熙帝の治世中には中国と西洋の交流がさかんになり、それが敵対関係に発展することも少なくなかった。康熙帝は1688〜1689年にロシアと短期間の戦争を行っている。また1706年には、中国におけるローマ・カトリック信者に関してローマ教皇の支配を及ぼそうとした教皇特使を追放している。その一方で、外国の影響を歓迎した部分もあり、イエズス会の数学者や天文学者を宮廷に招き入れた。

康熙帝の治世の最後には、チベットにおける長い内戦が続き、彼が68歳のときに北京で死去する直前にようやく終結した。そして24人の息子たちの間で後継者争いが勃発し、最終的に四番目の息子が即位して雍正帝（1678〜1735）となった。

豆知識

1. 清朝は中国最後の王朝である。最後の皇帝は1912年に退位させられた。
2. 康熙帝は万里の長城を軍事要塞として使用せず、別の古代中国の史跡である京杭大運河の再整備を命じた。京杭大運河は全長1800キロ近くもあり、人造の水路としては現存する最長かつ最古のもののひとつで、小運河として始まった紀元前600年ごろから活用されている。
3. 中国皇帝の命名の伝統により、康熙帝には三つの名がある。誕生名は愛新覚羅玄燁（アイシンギョロ・フワンエ）、君主名（元号）は康熙、死後に与えられた廟号は聖祖である。

# 184 哲学者・思想家 ｜ ゴットフリート・ヴィルヘルム・ライプニッツ

**哲学者は、得てして気難しい人と思われる。しかし、ドイツの合理主義の神学者で、数学者で、哲学者のゴットフリート・ヴィルヘルム・ライプニッツ（1646〜1716）について最もよく知られているのは、彼の掲げた楽天的な主張、すなわち「この世界は、『可能世界』の中で最善のものである」かもしれない。**

✦

ライプニッツのこの楽観的な主張の根拠はシンプルだ。彼の著述によると、全能の神には、世界を創造する際に多くの選択肢があった。そして、神は全能であったから、最善のものだけを選んだに違いない、という。ライプニッツは、神が創造した世界は完全ではないと認めたが、神が選ぶことのできたものの中で、当然ながら最善であったに違いないと主張したのである。

ライプニッツは、啓蒙時代において最も多くの著作を記した人物のひとりだ。ドイツのライプツィヒで生まれ、子供のころからラテン語とギリシャ語を独学で学んだ。1667年にドイツの大学での教授職を辞退したのち、強い権力を持つハノーヴァー公国の宮廷に仕えるようになり、歴史の研究をし、外交官や科学分野の相談役として活動した。ライプニッツは幅広い分野に精通しており、仲間からは「万能の天才」と呼ばれていた。そして、イギリスの物理学者アイザック・ニュートン（1642〜1727）とは別個に、近代の微分積分学という分野を考案した。外交官としてはパリ、ロンドン、イタリア、オランダなどヨーロッパ中を訪問した。重要な目的は、ルイ十四世（1638〜1715）の統治下にあったフランスの勢力拡大を阻止することだった。ハノーヴァー公国を含めたドイツの小国の多くはフランスを脅威と見なしていたのである。

ライプニッツは、1680年代に哲学書を発表し始めた。彼の哲学はオランダのバールーフ・デ・スピノザ（1632〜1677）の影響を受けており、スピノザが肺の病で死去する少し前に、ライプニッツがハーグに行き、三日間スピノザに会って話したことは有名だ。ふたりは宗教に関しては見解を異にしていた――ライプニッツはキリスト教徒だが、スピノザはユダヤ・キリスト教の伝統的な神の概念を否定していた――が、ライプニッツはスピノザから着想を得て、『弁神論』（1710年、『神義論』とも）や『モナドロジー』（1714年、『単子論』とも）を執筆した。ライプニッツは生涯独身だった。晩年はハノーヴァーでの立場が低下したが、現在では数学史における重要な人物であると認識され、イマヌエル・カント（1724〜1804）などのドイツの哲学者に多大な影響を及ぼしたことでも評価されている。

## 豆知識

1. ライプニッツの楽観的な哲学思想は、彼の死後何世紀にもわたって嘲笑の的となった。フランスの文筆家ヴォルテール（1694〜1778）の有名な風刺小説『カンディード』もライプニッツの思想を揶揄している。作中のパングロス博士はライプニッツをモデルとしており、この博士は地震などの悲劇的な出来事も含めて、あらゆるものが最善の結果のためにあると信じている。パングロス博士の名に由来する「パングロシアン」(Panglossian)という英単語は、無邪気で楽観的すぎる世界観を批判する際にも使われる。
2. ライプニッツは晩年に、微分積分学を最初に考えついたのは誰かという問題で、ニュートンとの間で熾烈な論争になった。現代の歴史家たちは、微分積分学の考案はおそらくニュートンが先で、その学問体系を発表したのはライプニッツが先だと考えている。積分記号（インテグラル）など、一般に用いられている記号は、ライプニッツが作ったものだ。
3. ライプニッツの雇い主であったハノーヴァー選帝侯は、1714年にイングランド王ジョージ一世（1660〜1727）として即位した。ライプニッツは王と共にイングランドへ行くことを望んだが、まずは、選帝侯の出身家であるブラウンシュヴァイク家の歴史書の編纂を終えるようにと命じられた。

# 185 革新者 ｜ クリスティアーン・ホイヘンス

**クリスティアーン・ホイヘンス（1629〜1695）がヨーロッパ随一の科学者になったことは、その成育環境を考えれば驚くことではないだろう。父親はオランダの外交官で、その個人的な友人だったフランスの数学者ルネ・デカルト（1596〜1650）が、ハーグの自宅を頻繁に訪れて若きホイヘンスを教えていた。家族の友人には数学者のマラン・メルセンヌ（1588〜1648）もおり、早くから学才を開花させていたホイヘンスに書簡を送っては、さまざまな問題を与えていた。**

◆

26歳になるころには、ホイヘンスはすでにライデン大学での学業を終え、彼の最も有名な天文学上の発見をしていた。当時のヨーロッパで最先端の、自作のレンズを装備した望遠鏡を使い、土星の衛星「タイタン」を発見したのだ。また、天文学史上初めて、土星に輪があることを正しく推論した。それ以前の学者は、膨張して見える土星の側面がどうなっているのか、正確に説明できていなかったのだ。またホイヘンスは、ブレーズ・パスカル（1623〜1662）に触発され、確率論を系統的に論じた著作を初めて記した —— 賭博の手引書の形をとったものだ。1657年に出版されたこの書籍は、のちに英訳された。

ホイヘンスは1666年にパリに行き、フランス科学アカデミーの会員に選ばれた。しかし、1685年にフランス国王がナントの勅令を取り消すと、ローマ・カトリックが優勢のフランスで宗教に寛容な時代が終わり、プロテスタントだったホイヘンスはフランスを追われることとなった。

その後、イングランドを訪問したホイヘンスは、イングランドの数学者アイザック・ニュートン（1642〜1727）と衝突した。ホイヘンスは、ニュートンの引力の理論は「私にはばかげていると思える」と記した。ホイヘンスとニュートンは光の性質についても意見を異にしたが、この論争で最終的に正しいと証明されたのはホイヘンスだった。ホイヘンスは光は波動であるという説をとっており、これは現代の物理学者によって正しいことが確認されている。一方のニュートンは、光は離散粒子と呼ばれる微粒子が集まって構成されていると考えていた。

ホイヘンスは慢性的な病を患い、オランダで66歳のときに死去した。

**豆知識**

1. ホイヘンスの父親は、オランダの画家レンブラント（1606〜1669）の初期のパトロンだったが、レンブラントが制作した何点かの宗教画に満足せず、その後に交流を断った。
2. ホイヘンスは土星の衛星を発見した当初、ラテン語のアナグラムによる暗号文でこのことを天文学者らに伝えた。この暗号文は、古代の詩人オウィディウスの引用文の文字を並べ替えて秘密のメッセージを解読するというもので、内容は「土星の衛星は土星の周りを16日と4時間で回る」だった。
3. ホイヘンスは、発見した土星の衛星を、単純に「土星の月」を意味するラテン語「Luna Saturni」と呼んでいた。のちにイギリスの天文学者ジョン・ハーシェル（1792〜1871）が、ギリシア神話の神タイタンにちなんで「タイタン」と名付けた。

# 186 悪人 ディック・ターピン

**この男は、大胆不敵な悪漢であった ── あるいは、よくいる犯罪者にすぎなかったのか。イギリスの「追いはぎ」として知られるディック・ターピン(1705〜1739)の生き様は、その死後、かなりロマンチックに扱われた。しかし、ターピンの武勇伝を描いたバラッド(物語詩)なり、映画なり、テレビ番組なりの主人公は、実物のターピンとかけ離れた部分がかなりある。**

✦

ターピンは18世紀に、イングランドの道路で大胆な殺人や強盗を行って悪名をとどろかせた。最終的には捕らえられて処刑されることになるが、それまではイングランド中が必死に探すお尋ね者だった。ターピンが犯罪を繰り返した時代は、イングランドで最初に有料道路のシステムが敷かれた時期に重なっていた ── そして、道行く人を襲う強盗が頻発した時期でもあった。

ターピンは、牛をターゲットに盗みをしていた当初から、イングランド社会のはみ出し者であった。ロンドン近くで強盗や密猟をするギャング団の一員だったが、1735年ごろに「独立」して活動を始め、公共の馬車や商人の積荷を襲った。そしてロンドン郊外のエッピングの森で殺人を犯すと、ターピンを捕らえた者に与えられる賞金が増額された。

しかし、ターピンの伝説の中で一番よく知られている出来事は、実際は起こっていない可能性がある。伝承によると、ターピンはロンドンでブラック・ベスという名の馬を盗み、馬の持ち主が警官を呼ぶと、しばしの銃撃戦ののちにその馬に乗って追手を振り払い、ヨークへと逃れた。ターピンに関してのちに出来上がった伝説の中では、この馬での逃亡劇がおそらく最も有名だが、これは最も歴史的な根拠に乏しいものでもある。

ターピンはイングランド北部へ移ると、ジョン・パルマーという偽名を使い、再び馬泥棒を始めた。そして、ある地主の闘鶏用のニワトリを銃で撃ち殺して逮捕されたとき、当局はパルマーがあの悪名高いターピンだと知った。

18世紀初頭のイギリスの法律では、ターピンが罪を問われたほぼすべての犯罪は死刑に値するものだった。ターピンは馬の窃盗に問われ、1739年4月19日に絞首刑に処された。

**豆知識**

1. イギリスの伝説の無法者ターピンを題材に、映画やテレビドラマがいくつも製作されている。リチャード・オサリヴァン(1944〜)が主役を演じるイギリスのテレビ番組『Dick Turpin』は、1970年代終わりから1980年代初めにかけて4年間続いた。
2. ターピンは、最後に残ったわずかな金で、絞首刑の場で彼を哀悼する人物を五人雇った。報酬はそれぞれ10シリングだった。
3. ターピンの生涯にまつわる伝説の多くは、イギリスのヴィクトリア時代の作家ウィリアム・ハリソン・エインズワース(1805〜1882)による歴史ロマンス小説『Rookwood』(1834年)の中の創作と脚色によるものだ。

# 187 文筆家・芸術家 ｜ サド侯爵(マルキ・ド・サド)

**西洋文学史において、最も物議をかもした作家のひとりに数えられるマルキ・ド・サド(1740～1814)は、フランスの貴族で、あからさまに性暴力を描写した小説を記したことから、それ以来200年にわたり読者に衝撃を与えてきた。彼の最も有名な作品『ソドムの百二十日』から派生した言葉が「サディズム」である —— 他者の体を痛めつけることによって性的な快楽を得るという意味だ。**

✦

サドの作品とその破廉恥な私生活は、フランスの人々を震撼させた。彼は生涯のうちに何度も投獄され、精神障害との判定を受け、また、死刑を言い渡されもした。それでも74歳まで生き、どんな道徳観の拘束も受けない性的快楽こそが至高であるという彼の世界観は、戯曲や書籍を通じて後世まで流布されることとなった。

サドはパリの由緒ある貴族の家に生まれ、フランス南東部のラクストにある家族の城で育った。将校としてフランス軍に従軍し、1767年に城と父親の侯爵位を継承した。

1760年代の後半からは、ラクストの城を自らの性的な遊び場として —— そして監禁場所として —— 使うようになり、娼婦や男娼を雇って乱交した。中には、意思に反して閉じ込められたと主張した者もいる。サド侯爵は何人かの娼婦らに毒物を与え、裁判にかけられ、「ソドミー」(肛門性交など)の罪で死刑を宣告されたが、イタリアへと逃亡した。最終的には捕らえられて投獄されたが、上訴して死刑を免れた。

サド侯爵は以後の12年を獄中で過ごし、その間に、物議をかもす『ソドムの百二十日』を書いた。裕福な四人の放蕩者が拉致と虐待の限りを尽くし、最終的にその被害者たちを殺害するという物語だ。取り上げられた題材に、強姦、獣姦、屍姦などが含まれるこの作品は20世紀になるまで出版されず、現在に至るまで大きな論争のもととなっている。

サド侯爵自身も支持したフランス革命ののちに、彼は牢獄から出されたが、性描写が主題の小説を何作品か執筆し、匿名で出版した。1801年にはナポレオン・ボナパルト(1769～1821)によって再び投獄され、その後の生涯のほとんどは精神科病院で過ごした。

豆知識

1. サド侯爵は、1789年7月4日までパリのバスティーユ牢獄に収監されていた —— フランス革命の発端となったバスティーユ襲撃の10日前である。
2. 『ソドムの百二十日』を原作とする映画が、1975年にイタリアの監督ピエル・パオロ・パゾリーニ(1922～1975)により製作された。この映画は、映画史上、類を見ないほど世界各地で上映禁止になり、アメリカ合衆国では一度も上映されていない。
3. サド侯爵のバスティーユへの収監を題材とした、ドイツの劇作家ペーター・ヴァイス(1916～1982)による戯曲『マラー／サド』は、1964年にブロードウェイで初演され、翌年、ブロードウェイの優れた演劇作品に与えられるトニー賞を受賞した。その2年後に映画化され、北アイルランドの俳優パトリック・マギー(1922～1982)がサド侯爵を演じた。2007年には舞台のリメイク版が上演されている。

# 188 反逆者・改革者 ｜ マクシミリアン・ロベスピエール

**フランス革命の代表的な指導者マクシミリアン・ロベスピエール（1758～1794）は、共和主義という理想のもとに政治的殺害を断行し、何千もの反対者をギロチン台へと送った。パリで展開されたこの暴虐は「恐怖政治」として知られ、1794年にロベスピエール自身の逮捕・処刑によって終焉を迎える。**

✦

ロベスピエールは、自らの暴力行為にはまるで動じなかった。「恐怖政治とは、手っ取り早く、厳密で、確たる正義以外の何物でもない」とすら主張した。

ロベスピエールはフランス北部の都市アラスで生まれた。優秀な学生で、特にジャン＝ジャック・ルソー（1712～1778）の個人主義的な哲学思想に賛同しており、ルソーの著作は10代のころから読んでいた。そして、まだ20代のときに地方議会の議員に選出された。ルイ十六世（1754～1793）は1789年、フランスの財政難により1614年以来初めて国民議会（三部会）の招集を余儀なくされた。ロベスピエールはわずか30歳にしてアラスの代表に選ばれ、議会に参加した。

しかし、議会はルイ十六世の統治に対する怒りの解決に至らず、1789年７月14日にバスティーユ牢獄の襲撃が起こり、フランス革命が勃発した。革命後に成立した政府では、ロベスピエールは議会の極左の政党であるジャコバン派の主要な党員として頭角を現し、議会では全市民の投票権、宗教の寛容、軍の改革を訴えた。

1792年、ロベスピエールはルイ十六世の処刑を支持し、その翌年、公安委員会の委員に選ばれた。公安委員会は、革命によりフランス中に広がった市民の動揺と暴動を鎮めるために設立された機関である。建前上、ロベスピエールは12人の委員のひとりにすぎなかったが、事実上の指導者となり、この立場を利用して恐怖政治を展開した。

この恐怖政治の中で、何万人もの男女が――元王妃のマリー・アントワネット（1755～1793）を含め――あらゆる罪状で処刑された。中には、穀物を備蓄した、政府の悪口を言った、というような軽微な罪状まであった。ロベスピエールは、フランスは非常事態にあり、革命の成果を維持するには厳格な対応が必要だと信じていた。しかしその翌年の夏には、ロベスピエールの元の同志までもが行き過ぎだと考えるようになった。そして1794年７月26日、ロベスピエールはクーデターによって失脚し、その二日後にギロチン刑に処された。36歳だった。

**豆知識**

1. ロベスピエールには「清廉の人」というあだ名が付けられていた――無私で、誠実で、革命に傾倒していたためだ。
2. 革命後のフランスで巻き起こった社会変革の中で、革命家たちは新しい暦を作り、王政が廃止された1792年を暦の元年に定めた。
3. ロベスピエールは、1789年に政界入りを果たした際、第三身分の議員として国民議会（当時は「三部会」という身分制議会）に参加した。王政のフランスでは身分が三つの階級に分かれており、第一身分は聖職者、第二身分は貴族、第三身分はそのほかの人々であった。

# 189 伝道者・預言者 ロジャー・ウィリアムズ

**イングランドの聖職者だったロジャー・ウィリアムズ（1603〜1683）は、1636年にロードアイランド植民地を築き、法律の起草に携わり、いくつかの戦争で民兵隊を指揮し、ロードアイランド植民地の総督を二期務めた。しかし、ウィリアムズが残した最も偉大な功績は、宗教の寛容という、当時は急進的と見なされた概念を擁護したことだろう。信仰の自由は、150年以上も経てようやく、アメリカ合衆国憲法で正式に規定されるものだ。**

✦

ウィリアムズはロンドンで生まれ、1627年にケンブリッジ大学のペンブルック・カレッジを卒業した。1629年に国教会の牧師となったが、やがて違法なピューリタンになった。ピューリタンは国教会の主要な慣習の大部分を否定しており、広く迫害の対象となっていた。ウィリアムズは、その他のピューリタンの伝道者たちの後に続き1631年にボストンへと逃れた。

そしてボストン到着後まもなく、植民地政府を批判したことから再び窮地に陥った。政府がアメリカ先住民の土地を奪い、教会の問題に口を出し、法廷で宗教上の違反行為を裁いていることを批判したのだ。ウィリアムズの「危険な意見」に怒った植民地議会は、1635年10月にウィリアムズを追放処分にした。

ウィリアムズは南へ移住し、その翌年、先住民のナラガンセット族から土地を購入してプロビデンスの町を築いた。マサチューセッツの植民地とは異なり、ウィリアムズは新しい植民地において、教会と政府を完全に分離し、宗教の統一をはからないという法律を定めた。そして1643年にロンドンを訪問し、プロビデンスとロードアイランドの入植地を正式な植民地として認定するよう議会に訴えかけた。その翌年、自らの信条をまとめた著書『The Bloudy Tenent of Persecution for Cause of Conscience』（仮題：良心への迫害　血染めの教義）を記した。

当時のヨーロッパでは、宗教の統一は治安の維持に必要不可欠だと考える人が大半で、多様な信仰を認める植民地が果たして継続するのかと疑問を抱かれた。しかしウィリアムズの指導により、ロードアイランド植民地は、バプテスト派、クエーカー、ユダヤ教徒などヨーロッパの少数派の信者にとって安住の地となった。ウィリアムズが著書に記したように、「良心に苦しむ人々」は誰でもロードアイランドへの入植が歓迎された。ニューイングランド植民地の非国教派（反体制派）としてよく知られるアン・ハッチンソン（1591〜1643）も、ボストンから追放されたのちにロードアイランドへ移住している。ウィリアムズは1657年にロードアイランド植民地の総督を退いたが、1675年、入植者とナラガンセット族の間で壊滅的な戦争「フィリップ王戦争」（入植者は対戦相手のメタコメット酋長を「フィリップ王」と呼んだ）が起こると、植民地の支援に当たった。そしてウィリアムズが目の当たりにした奇襲攻撃で、プロビデンスの町は焼き尽くされた。彼が人生をかけて築いたもののほとんどが破壊されたのである。ウィリアムズは79歳で死去し、今もプロビデンスの地で眠っている。

**豆知識**

1. ウィリアムズは、追放処分になった際にマサチューセッツから出ることを拒否したため、逮捕とイングランドへの強制送還の間際だったが、結局はロードアイランドへ逃れた。ウィリアムズとは神学的に対立していたジョン・ウィンスロップ（1588〜1649）が、逮捕が差し迫っていることをウィリアムズに教えたといわれている。
2. 1872年、アメリカ合衆国議会議事堂の円形広間にウィリアムズの彫像が置かれた。1997年、女性とマイノリティの人々を彫像のコレクションに増やす取り組みの中で、ウィリアムズの像は別の場所へ移動された。

# 190 指導者 エカチェリーナ大帝(エカチェリーナ二世)

**エカチェリーナ大帝(1729〜1796)は、30年以上にわたりロシアの女帝として君臨し、ヨーロッパの政治において強大な権力を維持した。ロシアを大陸の強国という確固たる地位に押し上げ、文学や芸術を保護した —— そして、多数の愛人と関係を持ってスキャンダルを巻き起こした。**

◆

ドイツ生まれの王女エカチェリーナは、1745年、ロシアの帝位継承者で、のちの皇帝ピョートル三世(1728〜1762)と結婚した。ピョートル三世は1762年に即位したが、力がなく評判の悪い指導者であった —— 結局、即位後六か月でクーデターにより退位させられ、殺害された。夫の死後、エカチェリーナが帝位に就いた。

エカチェリーナ大帝の治世中には急速にロシアの領土が拡大し、軍事征服が行われた。クリミアを併合し、東ヨーロッパ方面へ領土を広げ、さらに、初めてアラスカを恒久的な植民地とした(アラスカは1867年にアメリカ合衆国に売却される)。

エカチェリーナ大帝は、ロシアを芸術の中心地にすることを目指した。イギリスやドイツの絵画を個人的に収集し、これらの絵画は、のちにサンクトペテルブルクのエルミタージュ美術館のコレクションの中心的な作品となる。また彼女は、啓蒙主義を代表する思想家たちと交友を持った。フランスの風刺作家ヴォルテール(1694〜1778)もそのひとりだ。彼女の時代はロシアの啓蒙時代として知られ、ロシアの小説家や芸術家は、西側の啓蒙思想の影響をふんだんに取り込んだ。

ヨーロッパの多くの(あるいはほとんどの、というべきか)王と同じく、エカチェリーナ大帝も何人もの愛人を持った。彼女の場合、次から次へと年下の男と関係を持ち、それをほとんど隠そうとしなかったことから、評判をはるかに悪くした。婚外子を少なくともひとりもうけており、嫡出子でのちに帝位に就くパーヴェル一世(1754〜1801)でさえも、ピョートル三世ではなくロシアの伯爵との間にできた子供だったといわれる。しかし、エカチェリーナ大帝の性生活に関する醜聞の多くは、彼女の政敵が捏造したものだと考えられている。

エカチェリーナ大帝は、脳卒中により67歳のときにサンクトペテルブルクで死去した。

**豆知識**

1. エカチェリーナ大帝は、アメリカ独立革命時に帝位にあった。ロシアは公には植民地側の味方ではなかったが、エカチェリーナ大帝は大西洋におけるイギリスの海上封鎖に対抗して海軍を送った。こうすることで、植民地の独立を間接的に支援した。
2. エカチェリーナの出生時の名は「ゾフィー・アウグステ・フレデリケ」だったが、ピョートルとの婚姻時に「エカチェリーナ」に変えた。
3. エカチェリーナ大帝は、1788から1790年にいとこに当たるスウェーデン王グスタフ三世(1746〜1792)との間で戦争を行った。

# 191 哲学者・思想家 ｜ ジャン＝ジャック・ルソー

**1750年7月10日、フランスのディジョン・アカデミーが主催した国際的な懸賞論文の受賞者が発表された。受賞者は、『学問芸術論』という論文で応募した、スイスの無名の音楽家だった。ジャン＝ジャック・ルソー（1712〜1778）という男だ。**

✦

この論文を応募したときのルソーは38歳だった。受賞によりヨーロッパ中に名を馳せ、その後の30年、最も影響力の大きな──そして人々の怒りにも触れる──哲学者となった。

ルソーは、ジュネーブのプロテスタントの集まる地域に生まれた。母親はルソーを出産して数日後に亡くなり、時計職人だった父親はルソーが幼いときに出ていった。ルソーは1728年にフランスへ移ると、ローマ・カトリックに改宗し、オペラの楽曲を制作した。そして、ホテルでメイドをしていた、のちに妻となるテレーズ・ルヴァスール（1721〜1801）と知り合った。

ルソーが受賞した懸賞論文のテーマは、「科学と芸術の復興は道徳の純化に貢献したか」というものだった。ルソーはその受賞作『学問芸術論』で、貢献しなかったという見解を述べた。それどころか、科学と芸術の復興によって、人間の自然な徳は衰退したと記した。

ルソーの哲学は、フランスの宗教界に対しても政界に対しても暗黙の批判を示すものだった。人間の徳に関するルソーの見方は、人間は原罪という悪を背負って生まれるというローマ・カトリックの教義に反するものであり、また、彼の政治的平等に関する見方も同じく、フランスの絶対王政に疑問を呈するものだった。

ルソーは1755年、さらに別の論文『人間不平等起源論』を出版し、1761年には小説『新エロイーズ』を出版して人気を博した。そして1762年、彼のおそらく最もよく知られる作品『社会契約論』が出版された。個人の権利を声高に主張し、自然を称賛したルソーの著作の数々は、ロマン主義運動やフランス革命の理想を醸成する役割を果たした。

一方、ルソーの私生活は波乱に満ちていた。彼は多くの相手と恋愛関係になり、性的には露出とマゾヒズムの傾向があったといわれる。ルソーの著作は宗教の指導者らの怒りに触れ、パリで禁書になったことから、ルソーは故郷のスイスへ戻り、再びプロテスタントのカルヴァン派に改宗した。その後、偽名を使って再びフランスへ移り、以後、著作を出版しないという条件で居住を許された。晩年は、楽曲の写本の製作で生計を立てた。ルソーは、パリ近郊のエルムノンヴィルで66歳のときに死去した。フランス革命後、ルソーは革命家たちに与えた影響を称えられ、その遺体はフランスの最高栄誉の殿堂であるパンテオンに移された。

**豆知識**

1. 組織的な宗教を批判したルソーの『社会契約論』が出版されたのち、ルソーのスイスの自宅は怒った人々による投石の被害に遭った。ルソーはその後まもなくスイスを離れた。
2. ルソーは、政治と哲学に関する著作のほかにも、オペラ『村の占師』を制作し人気を博した。このオペラは、1753年にルイ十五世（1710〜1774）を前にして公開された。

# 192 革新者 ｜ アイザック・ニュートン

**アイザック・ニュートン（1642〜1727）は、数学、物理学、天文学における先駆者だった。実用的な望遠鏡を初めて考案し、万有引力を理論化し、現代の微分積分学を考案したとして評価されている。**

✦

ニュートンは、1642年にイングランドの田舎の農家に生まれた。1642年はイングランド内戦が始まった年で、ニュートンの幼少期は内戦と戦後の余波の時期に当たる。何度か引っ越しを繰り返しつつ、主に祖父母に教育を受けた。多くの同級生よりもやや遅れて、18歳のときケンブリッジ大学に入学し、光学と数学を学んだ。

1665年、ペストの大流行により大学が突然閉鎖されると、ニュートンは田舎へ戻らねばならなくなった。しかし、田舎の実家で過ごした２年間は、結果的に彼の生涯で最も実りある期間にもなった。ニュートンはこの時期に、光学と微分積分学における研究の画期的な下地を形成し、新たなアイデアにあふれる中でケンブリッジ大学へ戻った。

大学を卒業してわずか数年後の1669年、ニュートンはケンブリッジ大学の最高栄誉である特別な数学教授の地位に任命され、その後の30年間を同大学で過ごした。1687年には、万有引力の法則を説明した画期的な著作『自然哲学の数学的諸原理』（略称『プリンキピア』）を出版した。

ニュートンの理論によると、質量を有するすべての物体同士は、互いに引き合う力を持っている。恒星や惑星などの質量の巨大な物体の場合、その引力によって、より小さな物体が軌道上に維持される。ニュートンは、月が地球の周りを回り、地球が太陽の周りを回っている理由は、引力によって説明がつくとした。

ケンブリッジ大学での成功にもかかわらず、ニュートンは大学での生活に疲れ、1693年には精神に不調をきたした。そして1701年にロンドンへ移ると、その名声により、影響力のある地位が与えられることとなった。1703年に王立協会の会長に選出され、また、1705年にはアン女王（1665〜1714）に騎士の称号を授けられた。そして、84歳のときにロンドンで死去した。

**豆知識**

1. ケンブリッジ大学時代のニュートンは、数学分野における超一流の地位「ルーカス教授職」を与えられた。それから優に300年以上が経過した2009年の時点で、この教授職に就任したのは、ニュートン以外にわずか18人のみである。著名な数学者のチャールズ・バベッジ（1791〜1871）や、スティーヴン・ホーキング（1942〜2018）などだ。
2. ニュートンは、1689年にケンブリッジ大学選挙区を代表する議員に選ばれ、また、1696年には王立造幣局の監事に任命された。そして同局の長官になり、通貨偽造の容疑者を ── 通貨偽造は死刑に相当する罪であった ── 次々と捕らえ、絞首台へと送った。
3. ニュートンはロンドンのウェストミンスター寺院に埋葬された。これは、イングランドの最も功績ある市民のみに与えられる栄誉である。

# 193 悪人 | ベネディクト・アーノルド

**ベネディクト・アーノルド(1741〜1801)は、アメリカ独立戦争時にイギリス側に寝返った大陸軍の将軍である。その悪評高い裏切り行為は、主に欲望と怒りによるものだった。大陸軍側は、軍事上きわめて重要なウェスト・ポイント砦を危うく失うところだった。彼のその行動により、「ベネディクト・アーノルド」という名は「裏切り者」を意味する表現として使われるようになった。**

✦

しかし、イギリス側へ寝返る前のアーノルドは大いに称賛されていた。彼は1775年にニューヨークのタイコンデロガ砦の攻撃を成功させた指導者のひとりであり、また、独立戦争の重要な転機となった1777年の「サラトガの戦い」でも重要な役割を果たした――そして、このときにかなりの重傷を負っている。独立戦争終盤の裏切り行為さえなければ、アーノルドはアメリカ国民の英雄として人々の記憶に残されていた可能性がある。

ベネディクト・アーノルド(「ベネディクト・アーノルド五世」とも)はコネチカットで生まれ、「フレンチ・インディアン戦争」には植民地の民兵として参戦した。多くの入植者と同じく、アーノルドもイギリスによる1760年代の課税に憤り、1775年に革命が勃発すると大陸軍に加わった。しかし、タイコンデロガ砦での功績にもかかわらず、大陸会議はアーノルドの昇進を何度か見送った。また、アーノルドは資金の不正使用を疑われ、費用の一部を軍に返還させられたことから多額の負債を抱えたため、大陸会議側に対する憤りを募らせた。さらに、アーノルドは1779年にイギリス支持者の娘と結婚し、彼女はイギリス側につくことを勧めた。妻の支援を得て、アーノルドは同年、密かにイギリス側との交渉を開始した。

1780年、アーノルドはニューイングランドのウェスト・ポイント砦の指揮を任された。そしてイギリスとの交渉を詰め、最終的に2万ポンドで砦をイギリス側に引き渡すことを取り決めた。この謀略が実行されていたら、イギリス側の思惑どおり、ニューイングランドの植民地は中部大西洋岸の諸植民地から分離し、大陸軍に大打撃が与えられていたことだろう。しかし、この謀略は1780年9月に明るみに出た。アーノルドは捕らえられることなく間一髪で逃げ切った。

イギリス側に寝返ったあとのアーノルドは、イギリス陸軍の准将となり、昔の仲間を相手にいくつかの戦いに従軍した。戦争後はロンドンに移住し、60歳で死去した。

### 豆知識

1. アーノルドの曽祖父ベネディクト・アーノルド一世(1615〜1678)は、1663〜1678年に三期にわたりロードアイランド植民地の総督を務めていた。
2. 「サラトガの戦い」の戦場跡には、アーノルドの長靴の記念碑がある。負傷したアーノルドの脚をかたどったものだが、アーノルドについての記述は何もない。
3. アーノルドは二度結婚し、八人の子供をもうけた。そのうちふたりは、イギリス軍の将校になった。

# 194 文筆家・芸術家 ｜ ヴォルフガング・アマデウス・モーツァルト

**長年にわたり音楽界に旋風を巻き起こした作曲家、ヴォルフガング・アマデウス・モーツァルト（1756～1791）は、早熟で、早世し、美しい数々の音楽を世に残した。オーストリアに生まれたモーツァルトは、その短い生涯のうちに600以上の協奏曲、交響曲、オペラ、ソナタを作曲し、西洋音楽の発展において永遠の軌跡を残した。**

✦

神童との誉れ高かったモーツァルトは、ザルツブルクに生まれ、父親のレオポルト（1719～1787）からバイオリン教育を受けた。6歳になるころにはヨーロッパに演奏旅行に出かけ、王族の前で演奏を披露した。最初のオペラ全曲は14歳で制作している。

17歳のとき、ドイツ語圏の独立した小国ザルツブルクの宮廷作曲家となった。落ち着きがなく野心家のモーツァルトは、数年後にその職を辞め、より多くの聴衆を求めて1781年にウィーンへ移った。ウィーンには、それまでになかった芸術的な活躍の機会があふれていた。ウィーンで上演されたモーツァルトのオペラ――『フィガロの結婚』（1786年）、『ドン・ジョヴァンニ』（1787年）、『魔笛』（1791年）――は好評を博し、彼はウィーンの一流音楽家としての地位を築いた。音楽への関心が高かった神聖ローマ帝国の皇帝ヨーゼフ二世（1741～1790）は、パトロンとしてモーツァルトを支援した。ヨーゼフ二世は、のちにモーツァルトより年少のドイツの作曲家ルートヴィヒ・ヴァン・ベートーヴェン（1770～1827）のパトロンにもなっている。モーツァルトは、ウィーンで妻コンスタンツァ・ヴェーバー（1762～1842）と知り合い、1782年に結婚し、六人の子供をもうけた。

モーツァルトは教会の礼拝用の曲も手がけた――おならを題材にしたカノンまであった。彼はヨハン・セバスティアン・バッハ（1685～1750）の複雑な対位法のフーガに魅了され、また、イタリアのオペラにも魅せられていた。モーツァルトが幅広く雑多な関心を持っていたことは、18世紀のほぼあらゆるジャンルとスタイルにまたがった彼の音楽から感じとれる。

モーツァルトは何らかの病にかかり、1791年12月、35歳で死去した。彼が最後に手がけた曲――奇しくも、死者のためのミサ曲だった――は、未完のままであった。

**豆知識**

1. ミロス・フォアマン（1932～2018）監督、トム・ハルス（1953～）主演1984年のモーツァルトの伝記映画『アマデウス』は、アカデミー賞の作品賞と主演男優賞を含め八部門で受賞を果たした。しかしこの映画は、モーツァルトの実際の経歴をゆがめ、ウィーンの作曲家アントニオ・サリエリ（1750～1825）との対立関係を誇張しているとして、一部の歴史家から批判を受けた。
2. モーツァルトの父親はバイオリンの教授法を考案した。ドイツのアウグスブルクでは、モーツァルトの父親の名を冠したバイオリンコンクールが三年ごとに開かれている。
3. ロック・ミュージシャンのエドワード・ヴァン・ヘイレン（1955～）は、モーツァルトを称えて息子に「ヴォルフガング」という名を付けている。

# 195 反逆者・改革者 シオボルド・ウルフ・トーン

**アイルランドの革命家シオボルド・ウルフ・トーン(1763〜1798)は、1798年に起きたアイルランドの反乱を指揮した中心的な人物だ。トーンの反乱は失敗に終わったものの、その後100年あまり、アイルランドの軍事行動と政治的扇動を呼び起こす力となり、最終的にアイルランドは1921年にイギリスから独立を勝ち取った。**

✦

トーンがアイルランドの独立に熱意を注いでいたことは、特に注目に値する。以後のアイルランドの反乱者とは異なり、トーンはプロテスタントの信者だったのだ。彼は民主主義に対する強い信念からアイルランドの独立を支持し、宗教で分断されることのない自由な国を作りたいと望んだ。しかし、反乱が失敗しトーンが死去すると、アイルランド独立のための戦いは宗教派閥の争いの様相を呈するようになり、独立賛成派のローマ・カトリック対イギリス支持派の戦いとなった。実際、トーンのビジョンが実を結ぶことはなく、現在においても、プロテスタントが優勢な北アイルランド各州はイギリスの一部である。

ダブリンで馬車職人の父親のもとに生まれたトーンは、トリニティ・カレッジで法律を学び、ロンドンで短期間法律の実務に携わった。そして1790年代の初頭、ローマ・カトリック信者の完全な法的権利を擁護する「カトリック解放」の運動を支持する形で政界入りした。トーンの急進的な思想はフランス革命やアメリカ独立革命の影響を受けたものだった。中でもトマス・ペイン(1737〜1809)については、その著作を読んで影響を受けたと述べている。

1791年、トーンは同志と共に地下組織「ユナイテッド・アイリッシュメン」を結成した。この組織はやがて何十万人もの支持者を獲得することになる。1794年、「ユナイテッド・アイリッシュメン」はイギリスに目をつけられ、トーンはその翌年に亡命を余儀なくされた。彼は最終的に同志たちと共にフランスへ移り、数年をかけて反乱を計画した。

そして、1798年5月24日に蜂起した。反乱勢力はフランスの援助を受けていたが、短期間のうちにイギリスに鎮圧された。トーンはイギリス側に捕らえられたのち、軍法会議にかけられ、死刑を宣告された。そして、処刑を待つ間に自殺した。

豆知識

1. トーンは1795年にアメリカへ亡命しフィラデルフィアに住んだが、アメリカを好まず、特に「フィラデルフィアの巨額の生活費」を嫌った。
2. 「カトリック解放」は、ローマ・カトリック信者が議会の参加や判事の職に就くことを禁じたイギリスの法律に反対する運動である。カトリック信者は、1829年にようやく「解放」された。
3. アイルランドで政界入りする以前に、トーンは現在のハワイ島にイギリス軍基地を建設する構想を立てている。この計画を首相のウィリアム・ピット(1759〜1806)に直々に提示したが、見向きもされなかった。

# 196 伝道者・預言者 ｜ ジョージ・フォックス

**1650年、イングランドの都市ダービーの判事が、ジョージ・フォックス（1624〜1691）という若き非国教徒の説教師を牢獄へ送った。その際、あざわらうような言葉を並べ立てながら有罪を宣告した。説教師のフォックスは、信者たちに「主の言葉に身を震わせる」ように熱心に説いたことから、判事はフォックスと信者たちを揶揄して「クエーカー」（「震える人」の意）と呼んだ。**

✦

それ以後「クエーカー」として知られるようになる教派の創始者フォックスは、牢獄を何度も出入りせねばならない青年期を過ごした。フォックスはイングランドのレスターシャーの田舎町で、機織りをしていた父親のもとに生まれた。正式な教育を受けたことはなく、1647年に伝道を開始するまでの経歴は、靴の修理と羊飼いの仕事だけだった。

フォックスは同年に田舎を出て、徒歩でイングランド中を回り、市場や民家を訪ねて伝道した。彼は、叙任された正式な聖職者は必要ないと考えており、牧師らの力を借りずとも誰もがイエス・キリストの「内なる光」を体験できると信じていた。また、教会を否定し礼拝はどこでも開くことができると教えた —— 洞窟であれ、丘の斜面であれ、広々と開けた場所でもいいのだとした。

正式な聖職者の権威を否定したことから、フォックスと信者たちは激しい迫害に遭い、中には死刑にされた者もいた。クエーカーの信者たちは、社会的身分の高い人物の前で帽子を取ることをせず、政府への忠誠の誓いや教会への「十分の一税」の納入を拒否した。また、フォックスは平和主義を説き、信者には軍隊に入らないよう指導した。

クエーカーの迫害は、1660年の王政復古で即位したチャールズ二世（1630〜1685）の統治下で継続し、非国教徒の投獄は1680年代まで続いた。1671年以降、フォックスはアイルランドやドイツ、オランダ、そしてイギリス植民地のジャマイカ、メリーランド、ロードアイランドへも渡って伝道した。クエーカーは植民地時代の北アメリカでかなりの支持を獲得し、現在も、クエーカーの信者数が最も多い国はアメリカである。クエーカーを否定するイングランドの法律は1689年にようやく撤廃された。フォックスは、その２年後にロンドンで死去した。

**豆知識**

1. フォックスは非国教徒（反体制派）として伝道する中で、神への冒瀆や秩序を乱したことなどの罪を問われ、七つの都市で八回の有罪宣告を受けて投獄された。獄中生活は計６年で、1653年には神への冒瀆罪で死刑になる寸前だった。
2. フォックスの伝道で改宗した有名な人物に、ウィリアム・ペン（1644〜1718）がいる。ペンはイングランドの裕福な商人の息子で、22歳のときに父親の意に反してクエーカーに改宗した。フォックスとペンは親しい友人となり、のちにペンは、迫害された「友会徒」（クエーカー信者の自称）の安住の地としてペンシルバニアを確立した。
3. クエーカーは、非暴力主義が評価され、1947年にノーベル平和賞を受賞した。

# 197 指導者 ジョージ・ワシントン

**ジョージ・ワシントン(1732〜1799)は、アメリカ合衆国の「建国の父」と呼ばれる人々の中で、誰にも増して国の組織や政治文化を形作った人物といえるかもしれない。彼はアメリカ合衆国陸軍の原型となる大陸軍を築き、総司令官として独立革命を勝利へと導いた。1787年には、合衆国憲法の制定議会の議長を務めた。さらに、アメリカ合衆国の初代大統領として、大統領府の権限 ―― および制約 ―― を定義づける役割を果たした。**

◆

ワシントンは、バージニア植民地の裕福な家に生まれた。測量技師として働き、1752年にバージニア植民地の民兵となり、フレンチ・インディアン戦争(1754〜1763年)ではイギリス側について戦った。除隊後に家へ戻ると、裕福な未亡人マーサ・カスティス(1731〜1802)と結婚し、「マウント・バーノンの邸宅」として知られるポトマック河畔の家に移った。このころにはバージニア植民地屈指の資産家になっていた。1758年、バージニア植民地議会の議員に選ばれた。独立戦争が勃発すると、大陸軍の総司令官として有力な候補はワシントンのみであり、1775年6月15日に総司令官に任命された ―― この日をもって正式に大陸軍が成立し、これがのちにアメリカ合衆国陸軍となる。トマス・ジェファーソン(1743〜1826)は、独立戦争後何年も経てから記した著作で、ワシントンのリーダーシップの取り方をこのように称賛している。

「彼は恐れというものを知らず、どのような危険に瀕しても、まったくひるむことなく対峙した。彼の性格で最も顕著な点といえば、用心深さだろう。あらゆる状況を考慮し、あらゆることを想定し尽くすまでは、行動を起こさない。疑いがあれば行動を控えるが、いったん決断したら、どのような障害があろうとも、目的を達成するまでやり遂げた」

独立戦争後、ワシントンは軍から退いた。そして周囲に推されて初代大統領となり、新たに成立した大統領府の慣例を築く役割を果たした。ワシントンは王のような肩書は不要だとし、服装も普段着を着用した。そして二期のみ務めたのちに退任し、ひとりの大統領が終身在任するべきではないという前例を築いた。

退任後、ワシントンは「マウント・バーノンの邸宅」へ戻り、1799年に死去した。

**豆知識**

1. ワシントンの生涯については、信憑性の疑わしい話がさまざまに語り継がれているが、その多くは19世紀の伝記作家メーソン・ロック・ウィームズ(1759〜1825)による創作である。ウィームズによると、ワシントンはラッパハノック川で一ドル銀貨を対岸まで投げたというが、川幅の広さからすると、この話は事実とは考えにくい。
2. ワシントンと妻マーサの間には子供がいなかったが、夫婦は、マーサの一度目の結婚による孫をふたり育てた。ジョージ・ワシントン・パーク・カスティスと、エレノア・パーク・カスティスである。
3. ワシントンは、皮肉にも都市ワシントンで大統領就任式が行われなかった唯一の大統領である。彼の在任時のほとんどの間、都市ワシントンは建設中だった。1789年の一期目の就任式はニューヨークで行われ、二期目の1793年にはフィラデルフィアで行われた。

# 198 哲学者・思想家 | イマヌエル・カント

**ドイツの哲学者で倫理学者のイマヌエル・カント（1724〜1804）は、きっちりと習慣を守る男だった。午後に故郷の都市ケーニヒスベルクの近所を散歩するのが日課で、毎日きっちり同じ時間にゴシック建築の聖堂の前を通った。伝説によると、カントがあまりにも時間に正確だったことから、教会側は彼が通るタイミングに合わせて時計を調節するようになったという。**

✦

しかし、ひとつ問題があった。カント自身も、聖堂の時計に合わせて散歩に出ていたのだ。教会側もカントも、互いに頼りながら時刻を設定していた —— つまり、どちらも正しい時刻を知らなかったことになる。

この有名な時計の話には、カントの頑なな性格が表れている —— 彼は生涯独身で、生まれ故郷から離れようとしたことはほとんどない。そして同時に、カントがのちに発表する革新的な著作で追究した哲学の問題も、ここに表れている。「我々は、実は何を知っているのか。その知識が正しいということは、どのようにして分かるのか」という問題だ。

カントは、九人きょうだいの四番目として生まれ、プロイセンの厳格な家庭で育った。16歳のときにケーニヒスベルク大学に入学し、1755年からは同大学で教鞭をとるようになった。45歳のときに教授職に任命され1781年に代表作のひとつである『純粋理性批判』を出版した。

18世紀の哲学界では、人間は確かな知識をどのように習得するのか —— 認識力によってか、それとも論理的思考を用いてか —— という問題がさかんに議論された。スコットランドのデイヴィッド・ヒューム（1711〜1776）など、「経験論」の立場をとる哲学者は、人間には先天的な知識はなく、すべては経験と認識力によって習得されると主張した。一方、合理主義哲学者は、人間が有する能力と理性（論理的思考）を用いて知識が獲得されるとした。

カントは、『純粋理性批判』の中で基本的に双方の立場を認めた。確かに、知識は経験から得られる場合があると述べた。その一方で、人間の知識の出発点となる「アプリオリ」（経験に先立つ認識）があると主張した。倫理学においてカントが最もよく知られているのは、「定言命法」の概念を提唱したことだ。「定言命法」とは、要約すれば「自らの意志の行動原則が、同時に普遍的な法則となるように行動せよ」という基本法則である。言い換えると、ある行動は、ほかの誰もがその行動をすることが正しい場合にのみ、正しい行動であるということだ。

生前のカントは、ドイツの代表的な哲学者であると認識された。そして79歳で死去したのちも、カントの名声は現在に至るまで高まるばかりで、彼は古代ギリシア以来最大の影響力を及ぼした随一の西洋思想家であると認識されている。

**豆知識**

1. カントの名の綴りは元は「Emanuel」だったが、彼はヘブライ語を学んだのち、ヘブライ語式の「Immanuel」という綴りに変えた。
2. カントが日課として散歩していた道は、彼を称えて「哲学者の道」（Philosophengang）と改称された。
3. カントの故郷の都市は1945年に旧ソ連に占領され、共産主義の指導者ミハイル・カリーニン（1875〜1946）にちなんでカリーニングラードと改称された。この都市は現在もロシアの一部である。

# 199 革新者 ｜ ベンジャミン・フランクリン

**ベンジャミン・フランクリン（1706～1790）は、科学分野に大きく貢献した最初のアメリカ人のひとりだ。頭の回転が速く、独立革命を支持し、電気の分野で重要な実験をしたことで知られる。彼は発明家でもあり、二重焦点レンズ、避雷針、「フランクリン・ストーブ」と呼ばれる暖炉など、多数の品々を考案した。その発明に加え、遊び心のある性格も手伝い、フランクリンは国際的にもてはやされる有名人となった —— まさに、自らが建国の立役者となったアメリカという国を体現する人物だ。**

フランクリンはボストンで生まれた。10代のとき、新聞を出版していた兄の下で働いたが、兄による仕打ちに嫌気がさしてフィラデルフィアに移ると、自ら新聞を発行し、やがて成功して財を成した。経済的に豊かになったことから、フランクリンは科学や政治にも活動の場を広げるようになった。1748年にはそれまでやっていた印刷業を辞め、電気の実験を始めた。そして1750年、雷は電気の一種であるという説を提唱する論文を発表した。

この論文で、フランクリンは凧（たこ）を使った有名な実験を記した。凧に雷が落ちると、凧糸につなげたライデン瓶（静電気を貯める装置）に帯電されるため、これは雷が電気の一種であることの証明であると論じた。論文で説明されている実験を、フランクリンが実際に行ったという証拠はない —— なにしろ、命に危険が及ぶ可能性が高い実験である。

フランクリンは1757年にイングランドへ派遣され、ロンドンでペンシルバニア植民地議会の代表を務めた。その後のほぼ20年にわたってイングランドに留まり、反抗心の募るアメリカの植民地の使節の役割を果たした。そして独立戦争が勃発した直後の1775年にアメリカへ戻り、1776年の独立宣言の署名に加わった。

その後、大陸会議によってパリへ派遣されると、科学分野での名声も手伝って、植民地に対するフランス政府の支援を取りつけた。晩年には自伝を完成させ、また、奴隷制を批判する記事を書いた。フランクリンは84歳のときにフィラデルフィアで死去した。

**豆知識**

1. フランクリンは、遺言でフィラデルフィアとボストンにそれぞれ1000ポンドを贈与したが、その条件として、200年間利息を積み重ねてから資金を利用することを規定した。200年が経過した1990年代には、この贈与金はそれぞれ何百万ドルもの価値になっていた。
2. 雷雨の中で凧を飛ばしてはならない。フランクリンの論文にある凧の実験を、彼が無事に行ったと考えて真似ようとした何人かが感電死している。
3. フランクリンが考案した避雷針は、フィラデルフィアの二か所の史跡に設置された。現在は「独立記念館」として知られるペンシルバニアの元議事堂と、「クライスト・チャーチ」として知られる教会の尖頭である。

# 200 悪人 | フレッチャー・クリスチャン

**バウンティ号の反乱の物語は、200年以上にもわたって書籍や映画の世界をにぎわせた。1789年、反乱の首謀者フレッチャー・クリスチャン（1764〜1793頃）と何人かの乗組員たちが、ナイフを手にイギリスの軍艦バウンティ号を占拠し、艦長を小さな救命艇に降ろした。そして、彼らにとっての楽園であるトゥブアイ島とタヒチ島へ向かって航行した。**

✦

その後、大海原でふたつの壮大な冒険が繰り広げられた。バウンティ号から降ろされた艦長のウィリアム・ブライ（1754〜1817）と、忠実な残りの仲間たちは、時計と六分儀と星だけを頼りに救命艇を操って6500キロ近い距離を航行し、ティモール島へとたどり着いた。ブライ艦長によるこの船舶操縦は偉大な業績と認識されている。一方、クリスチャンが導くバウンティ号に乗った反乱者たちは、太平洋をさまよい、最終的に無人のピトケアン島へとたどり着き、そこに定住した。元々、バウンティ号の任務は、タヒチ島まで航行し、パンノキを積み込んでジャマイカへと運搬するというものだった。バウンティ号は10か月間の航行ののちに、1788年終盤、太陽の輝くタヒチ島へ到着した。乗組員らはタヒチ島で五か月間を過ごし、船に積み込むパンノキを大量に集めた。そして、乗組員の多くは住民の女性と交際を始めた。1789年4月にジャマイカへ向けて航行を再開するとき、喜ぶ乗組員はほとんどいなかった。

こうして、タヒチ島から出航後一か月もしないうちに反乱は起きた。合計18人の乗組員が反乱に加わり、艦長のブライと18人の忠実な乗組員たちを強制的に救命艇に降ろした。そしてクリスチャンがバウンティ号の指揮をとり、トゥブアイ島、さらにタヒチ島へと船を進めた。

クリスチャンは、タヒチ島で反乱メンバーの多くを降ろしたあと、逮捕を逃れるために安全な土地を見つけようと、西に向かって航行した。バウンティ号には、イングランドの反乱者たちのほかに、クリスチャンを含めた乗組員の妻になったタヒチ人の女性たちとさらにタヒチ人男性も何人か乗っていた。バウンティ号は、フィジーとその他いくつかの島々に立ち寄った。クリスチャンらは最終的に無人のピトケアン島に到達し、そこに住まいを定め船を遺棄した。

一方、ブライはティモール島からイングランドへと戻り、バウンティ号が反乱者に乗っ取られたことを報告した。そして、反乱者を捕らえる任務を課された船団が太平洋へ送られた。タヒチ島に残った乗組員たちは捕らえられ、イングランドへ連れ戻され、うち三人は絞首刑となったが、ピトケアン島の反乱者たちは捕まらなかった。ただし、その大部分は病気や事故や仲間同士の争いで死んでおり、クリスチャン自身も1793年に死んだと考えられている。

**豆知識**

1. バウンティ号の反乱の物語は、これまで繰り返しハリウッド映画の題材となった。クリスチャンを演じた俳優には、1984年のメル・ギブソン（1956〜）、1962年のマーロン・ブランド（1924〜2004）、1935年のクラーク・ゲーブル（1901〜1960）、1933年のエロール・フリン（1909〜1959）がいる。
2. ピトケアン島で最後に生き残った反乱者のジョン・アダムズ（1767〜1829）は、1825年にイギリスの海事裁判の恩赦を受けた。ピトケアン諸島の首都アダムスタウンは、彼の名に由来している。
3. ピトケアン島の現在の住民の多くは、クリスチャンの子孫である。スティーブ・クリスチャン（1951〜）もそのひとりで、彼は2004年に性的暴行で有罪となるまでピトケアン諸島の島司を務めていた。

# 201 文筆家・芸術家 | フランシスコ・デ・ゴヤ

**スペインの画家フランシスコ・デ・ゴヤ（1746～1828）は、戦争とその残虐行為を絵画の題材にし、西洋美術史上最も衝撃的といえるイメージを描いた。『戦争の惨禍』や『マドリード、1808年５月３日』などの作品で、ナポレオン戦争の恐怖を表現した。**

◆

ゴヤの絵画は、その生々しい描写から存命中は公開されなかったものもあるくらいで、戦いを偉大で英雄的なものとして表現した従来のヨーロッパの美術から脱した革命的なものだった。ゴヤは自らの絵画の中で戦争の威光を否定し、それまでにないヒューマニズムを取り入れ、後世の反戦主義の画家たちに長きにわたり影響を及ぼした。

ゴヤは、スペイン北東部のフエンデトードスという村で生まれ、1766年にマドリードへ移った。初期の作品は、当時主流だったロココ様式の影響を多大に受けたもので、のちに暗い作風に転換することなどみじんも感じられない。スペイン芸術が栄えていた時代に活躍したゴヤは、1799年にカルロス四世（1748～1819）の宮廷画家となった。

1808年にフランスがスペインに侵攻し、残虐行為が続いた。ゴヤ自身もその一部を目の当たりにしたことから、反戦をテーマとした衝撃的な油絵やエッチング（銅版画）を描くようになった。ナポレオンのフランス軍は、スペイン侵攻後まもない1808年５月3日、何百人ものスペインの民間人を容赦なく殺害した。この殺戮（さつりく）に触発されたゴヤの絵画『マドリード、1808年５月３日』には、白いシャツを着たひとりのスペインの民間人が成すすべもなく立ち、顔を伏せたフランスの軍人らに銃殺される間際がとらえられている。この絵画は、戦争の残酷さを象徴する作品として知られるようになった。また『戦争の惨禍』は、グロテスクな死体や、泣き叫ぶ子供たち、恐れおののく民間人たちが描かれた版画集で、目をそむけたくなるような作風から、1863年まで刊行されることがなかった。

ゴヤは美術史における過渡期の人物であると認識されている。古典の影響をふんだんに受けつつも、それに反抗を見せ、最も「近代的」な美術を切り開いた画家のひとりだ。美術史学者アンソニー・F・ジャクソンの言葉を借りれば、ゴヤは「同時代において、申し分なく唯一の天才と呼べる芸術家」である。

**豆知識**

1. 映画監督のミロス・フォアマン（1932～2018）は、2006年にゴヤを題材とした映画『宮廷画家ゴヤは見た』を制作した。ステラン・スカルスガルド（1951～）がゴヤを演じ、ランディ・クエイド（1950～）がカルロス四世を演じた。正にふさわしく、同映画はスペインの最高峰の映画賞であるゴヤ賞の三部門にノミネートされた。
2. パブロ・ピカソ（1881～1973）はゴヤを敬愛していた。アメリカ軍による北朝鮮の民間人殺害を題材としたピカソの1951年の絵画『朝鮮の虐殺』は、ゴヤの『マドリード、1808年５月３日』に直接影響を受けたものだ。
3. ゴヤは中年期に聴覚を失った。美術史学者の中には、ゴヤが聴覚を失ったことが、人生の後半の暗い画風に影響しているのではないかと考える人もいる。

# 202 反逆者・改革者 | トゥーサン・ルヴェルチュール

**近代において成功した初めての奴隷による反乱は、ハイチの奴隷トゥーサン・ルヴェルチュール（1743頃～1803）が主導したものだ。この反乱により、フランス勢力がカリブ海のイスパニョーラ島から追い払われた。ハイチはこの島で、「自由黒人」の共和国として独立を勝ち取り、南北アメリカ全土の黒人奴隷たちに希望の光を与えた。**

✦

実際、ルヴェルチュールは、フランスで獄死を遂げてから200年以上が経過した現在でも、黒人解放と反帝国主義の抵抗運動の英雄として称賛されている。2004年、南アフリカ共和国の大統領は、ハイチ革命（1804年成立）は反アパルトヘイト運動を活気づけた「史上最も偉大な革命」であったと述べた。

しかし、19世紀のヨーロッパとアメリカ合衆国の白人の多くにとって、「黒いナポレオン」として知られるルヴェルチュールは脅威であった。彼は、フランスでは死後何十年にもわたって悪人と見なされた。またアメリカ合衆国は1862年まで正式にハイチの独立を認めなかった。

当時「サン＝ドマング」と呼ばれるフランスの植民地だったハイチは、サトウキビの主要生産地で、フランス帝国に富をもたらす重要な領地だったが、これは熱帯の過酷な気候の中で働く黒人奴隷に完全に依存していた。ハイチの多くの黒人たちは、1789年に自由、平等、友愛の信条を掲げたフランス革命が起きたことから、奴隷制廃止への希望を抱いた。しかし、島の奴隷の所有者たちは奴隷制の撤廃を拒否した。こうして、1791年に反乱が起こった。

ルヴェルチュールの目標は、国の独立そのものではなく奴隷制の廃止であり、実際、生涯にわたり自らをフランス人と認識していた。しかし、1801年に（ハイチの終身総督として）新憲法を公布すると、それ以後は明らかにハイチの完全な独立の方向へと動いた。

1802年、ルヴェルチュールはフランス軍に捕らえられ、フランス本国で投獄された。そして、何か月も過酷な尋問を受けたのちに獄死した。その翌年、サン＝ドマングから最後のフランス部隊が追い払われ、植民地は独立を宣言してハイチと改称した —— 新大陸において、アメリカ合衆国に続き二番目に独立した国家だった。

**豆知識**

1. ハイチの主要空港である首都ポルトープランスの空港には、ルヴェルチュールの死後200年に当たる2003年に「トゥーサン・ルヴェルチュール空港」という名が付けられた。
2. ハイチを事実上失ったナポレオン・ボナパルト（1769～1821）は、新大陸に帝国を築く夢を捨て、最後に残ったフランスの領地をアメリカ合衆国に売却することに合意した —— アメリカの「ルイジアナ買収」で知られる領地だ。
3. 1936年、アメリカの映画監督オーソン・ウェルズ（1915～1985）は、戯曲『マクベス』を黒人のみのキャストで演出した。作中のマクダフ（王マクベスに妻子を殺される人物）は、ルヴェルチュールをモデルとした。

# 203 伝道者・預言者 サバタイ・ツヴィ

**サバタイ・ツヴィ(1626〜1676)は、トルコで生まれたカリスマ的なラビ(ユダヤ教の指導者)で、自らをユダヤ教の待望の救世主(メシア)であると主張し、ヨーロッパと中東で何十万人もの信者を獲得した。しかし、奇妙な行動と型破りな思想によりユダヤ教の聖職者からもオスマン帝国のスルタンからも怒りを買い、最終的に1666年にスルタンによって投獄された。**

◆

ツヴィは、商業地として繁栄していたエーゲ海に臨むトルコの都市スミルナ(現イズミル)で生まれた。伝統的なユダヤ教の教育を受けた彼は、タルムード(口伝律法)を理解する非常に優秀な学生と認識され、18歳のころにラビになった。

ツヴィには若いころから奇妙な行動が見られ、スミルナの聖職者たちは徐々に彼から遠ざかっていった。ツヴィは精神的な高揚状態にある時期と、深刻なうつ状態の時期を繰り返し、気分が沈んでいる時期には意図的にユダヤ教の律法や食事の決まりを破った。また、空中浮遊をしたと主張し、22歳のときには自分は救世主であると宣言した。1651年、スミルナのラビたちはとうとうツヴィをスミルナから追放した。その後、ツヴィは地中海地域を転々とした。各種の文献によると、ツヴィはギリシア、トルコ、パレスチナ、エジプトを旅し、1662年にエルサレムに落ち着いている。そして1665年、自分は救世主であると再び宣言した。

このときは一度目とは異なり、ツヴィが救世主であることを信じたがるユダヤ教徒が世界中に大勢いた。1648年にポーランドとロシアでユダヤ教徒の迫害が始まっていたことから、当時のユダヤ教徒は新たな迫害の只中で苦しんでいたのだ。数か月のうちに、ツヴィを救世主と信じる「サバタイ派」は、手紙という手段で、中東全域とアムステルダム、ハンブルク、ロンドンのほか、ユダヤ教徒の住む中心的な各地域へ広がっていった。ツヴィは、救世主宣言をした翌年の1666年が世界の終末であり、イスラエルが回復されると主張した。自らの奇妙な行動については、終末が訪れれば自らの信仰の深さを「表向き」に示す意味はないため、そのような行動をとったのだという説明をした。

ツヴィが急速に力を増していくことに危機感を覚えたオスマン帝国のスルタン、メフメト四世(1642〜1693)は、1666年2月にツヴィを捕らえさせた。エジプトのアビドスの城に監禁されたツヴィは、イスラム教に改宗するか即刻死刑かという選択肢を与えられた。

果たして、ツヴィはイスラム教に改宗して多くの弟子を失望させ、その10年後に死去するまでイスラム教徒を貫いた。しかしツヴィの一部の支持者は以後も彼を救世主と信じ続け、彼がイスラム教に改宗したのは、意味のない「表向き」の行動にすぎないと考えた。ツヴィはユダヤ教世界全体で非難されたが、彼の影響の余波は死後何十年にもわたり残った。

**豆知識**

1. ツヴィは、イスラム教に改宗後に短期間スルタンに仕え、ドアマンの役割を果たした。しかし1672年に捕らえられ、アルバニアのドゥルチーニョ(現ウルツィニ)に追放され、そこで死去した。
2. トルコには、ドンメ派と呼ばれる大規模なサバタイ派の共同体が今も存在する。ドンメ派は、表向きにはイスラム教を信奉し、密かにユダヤ教の慣習を実践している。
3. 1664年、ツヴィはサラという女性と結婚した。サラは、1648年に始まったユダヤ教迫害の中で殺害された人物の娘であった。彼女の死後、ツヴィはラビの娘エステルと結婚した。

# 204 指導者 トマス・ジェファーソン

**アメリカ合衆国の「建国の父」の中でも、特に影響力の大きな人物であるトマス・ジェファーソン（1743〜1826）は、独立宣言の起草者であり、第三代大統領である。彼の指導の下で、アメリカ合衆国はフランス領ルイジアナを獲得した —— これで、建国後まもないアメリカ合衆国の領土はとたんに二倍になった。**

✦

ジェファーソンは、バージニアの田舎の地シャドウェルで、裕福な地主の家に生まれた。1762年、バージニアの名家の子女のための学校であったウィリアム・アンド・メアリー大学を卒業した。彼は14歳で父親が死去したときに土地を相続しており、1770年代に、丘の上の有名な自宅「モンティチェロの邸宅」を設計し、建設している。

ジョン・ロック（1632〜1704）やヴォルテール（1694〜1778）をはじめとする啓蒙主義の哲学者の思想に深い影響を受けたジェファーソンが政界入りしたのは、まだ20代のときだ。1769年、バージニア植民地議会の下院議員に選出されると、イギリスの課税に批判的な立場をとり、13植民地の自治権を主張した。またジェファーソンは、1775年の第二次大陸会議にも出席した。そして翌年の夏、アメリカ独立宣言を起草する委員会の委員に指名された。ロックの思想を取り入れたこの独立宣言は、独立派が王の支配に反抗する理由を述べ、独立派の信条を雄弁に表明している。「すべての人間は平等に作られており、創造主によって、生存、自由、そして幸福の追求を含む侵すべからざる権利を与えられている」

独立革命後、ジェファーソンはフランス公使となり、そして初代国務長官となった。1796年には副大統領に選出され、建国以来初めての真剣な選挙戦となった1800年の大統領選挙では、現職のジョン・アダムズ（1735〜1826）と、別の候補アーロン・バー（1756〜1836）を破り、大統領に選出された。

ジェファーソン政権の大きな出来事として、ルイジアナの買収と、地中海における海賊との戦争がある。また、ナポレオン戦争（1799〜1815年）中にアメリカ船舶の積荷をイギリスの略奪から守る取り組みがなされたが、これは功を奏さなかった。1807年にジェファーソンが署名した通商禁止法は、イギリスへの制裁措置として、イギリスの物品の輸入を制限するものだった。しかし、結果的にニューイングランドを中心とするアメリカの農業経営者や商人の活動が妨げられたことから、ジェファーソンの任期の最終年には彼の人気が低下した。

1809年に大統領を退任したジェファーソンは、余生を「モンティチェロの邸宅」で過ごし、1819年にはバージニア大学を設立した。そして、1826年7月4日に死去した —— その日は奇しくも彼が最も有名な貢献をした日から50年目に当たるアメリカ合衆国の独立記念日であった。

**豆知識**

1. ジェファーソンは、米英戦争（1812年戦争）中に破壊されたアメリカ議会図書館の再建のために、1815年に個人的な蔵書から6487冊を連邦政府に売った。
2. バージニア大学は、アメリカ合衆国で創設された宗教に関わりのない初の大学であった。
3. 二ドル紙幣には、ジェファーソンの肖像が描かれている。

# 205 哲学者・思想家 | デイヴィッド・ヒューム

**1739年、あるスコットランドの若者が、『人間本性論』という全三巻の壮大な著作の第一巻を出版した。著者である28歳の哲学者、デイヴィッド・ヒューム(1711〜1776)は、この本が教会の権威者やほかの哲学者から激しい非難を浴びるだろうと予想していた。**

✦

ところが、ヒュームはのちに、5年をかけて執筆したこの本は「印刷機から死んで生まれた」著作だったと悔しそうに記した。少数の熱心な教会関係者が批判しただけで、誰の目にも留まらなかったのだ。

実際、存命中のヒュームは哲学者として成功していたとはいえない。彼の収入の大部分は、人生の後半にベストセラーとなった、全六巻で100万語にもなる『イングランド史』によるものだった。しかしヒュームは現在では、彼の故郷エディンバラを中心に栄えた哲学と政治の思想「スコットランド啓蒙思想」における代表的な人物と認識されている。

ヒュームは比較的不自由のない家庭に生まれた。2歳で父親と死に別れ、主に母親のキャサリンに育てられた。早くから学問の才能を発揮し、11歳のときにエディンバラ大学に入学した。法律やビジネスの道を考えもしたが、23歳のときにフランスに移って田舎町で3年間過ごし、『人間本性論』の執筆を始めた。この著作が失敗に終わったあと、ヒュームはスコットランドで大学教授の職に二度応募したが、いずれも通らなかった。それからイタリアで短期間イギリスの外交官を務めたのち、エディンバラで図書館司書の職に就いた。この職により、出世作となる『イングランド史』を執筆する時間と資料が得られた。

ヒュームは、経済学者のアダム・スミス(1723〜1790)をはじめとする、スコットランド啓蒙思想における代表的な人物と親交を持ち、自虐的なユーモアで知られていた。ヒュームは、著作の執筆が苦しくなったときの簡単な解決策として、「食事をして、[ボードゲームの]バックギャモンで遊んで、友らとおしゃべりをして明るく楽しむ」と記したことがある。ヒュームは生涯独身で、65歳のときに腸のがんで死去した。

**豆知識**

1. ヒュームの住まいがあったエディンバラの道は、彼を称えて「聖デイヴィッド・ストリート」(St. David's Street)という名が付けられている。生前のヒュームは無神論者だとして非難されていたため、これは皮肉な名であるが、ひとりの友人が冗談でこの名を彼の家の壁にチョークで書いたことに由来している。
2. ヒュームの姓は元々「ホーム」(Home)だったが、彼は1734年に「ヒューム」(Hume)と綴りを変更した。
3. ヒュームは1744年に哲学の教授職に初めて応募し失敗したのちに、年若い貴族のアナンディル侯爵(1720〜1792)の家庭教師になった。残念ながら、侯爵は精神に障害を持っていた。それでも別の職を見つけるまで1年間、ヒュームは侯爵を教えようと努めた。

# 206 革新者 ｜ カール・リンネ

**スウェーデンの植物学者カール・リンネ（1707〜1778）は、ラテン語名による近代的な動植物の分類法を考案し、生命を体系的に分類する枠組みを整えた。植物学の権威として名高かった彼は、何百にも及ぶ種の名付け親となり、こんなモットーを掲げていたことでも知られる——「神は創造、リンネは整理」**

✦

リンネはスウェーデンの南部に生まれた。両親はリンネが聖職者になることを望み、幼少期からラテン語を教えたが、リンネはウプサラ大学で医学と植物学を学び、1735年に医学の学位を取得した。彼は生涯にわたって医師を務めた——スウェーデン王室で医療に携わったこともある——が、本当に熱意を持っていたのは植物学だった。1731年に一度目の探検でスカンジナビア半島北部のラップランドへ行き、さらに1734年にはスウェーデン中央部へ探検に出た。1741年にウプサラ大学の教授に任命されると、探検の体験談を学生に楽しく話して聞かせたことも手伝い、18世紀にはリンネに触発された多くの植物学者や動物学者が生まれ、果敢に未知の動植物を探す探検に出るようになった。

リンネの著作『自然の体系』の初版は1735年に出版された。彼はこの著書で、幼少期から学んだラテン語を活かし、すべての動植物に二語のラテン語名を付ける「二名法」のシステムを提唱した。一語目は生物の「属」を示し、二語目は「種」を示すという命名法である。例えば、リンネの命名法では、人類は「ホモ・サピエンス」（Homo sapiens）に分類される——ヒト（ホモ）属のサピエンス種、という意味だ。またリンネは、それぞれの種をまとめる上位のカテゴリを作った。上位分類には「目」、「門」などがある。現在生存する動物の中で人類は「ヒト属」における唯一の種だが、上位分類では「霊長目」に入る。この「霊長目」には、人類以外にもサルやキツネザル類、類人猿などが含まれ、そのいずれも、「霊長目」の特徴である「ほかの指と向かい合わせることのできる親指」、「発達した視力」、「大きな脳」を有している。

リンネはこの分類法を考案したことで名声を博し、その業績が称えられて1761年にはスウェーデン貴族として叙爵された。しかし、彼の見解が物議をかもすこともあった。ときおり下品な命名をし（ある植物には「クリトリア」［Clitoria］という属名を付けている）、動植物の交配や交尾についてあからさまに語り、周囲を驚かせた。また、哲学的な視点や宗教的な根拠から、個々の生命体を固定した大きなカテゴリに分類するという概念そのものを批判する人もいた。リンネの代表的な批判者にはフランスの博物学者ジョルジュ＝ルイ・ルクレール（1707〜1788）がおり、彼は、リンネの分類方法は柔軟性に欠けており、種の中での多様性や変化が考慮に入れられていないとした。リンネは、70歳のときにウプサラで死去した。

**豆知識**

1. リンネは、自らの考案した命名方法を使って論敵を攻撃することがあった。例えば、リンネを批判した「Siegesbeck」というドイツ人への反撃として、ある雑草に「Siegesbeckia」（メナモミ属）という属名を付けた。
2. リンネは、生前に500回以上も肖像画を描かせている——当時、肖像を描かせるには何時間も何日間もポーズをとっていなければならなかった。
3. リンネは、地球上に存在する生命体はわずか1万5000種ほどだと見積もっていた。300年ほどが経過した現在、分類学者によって特定された種の数は200万ほどで、さらに増え続けている。

# 207 悪人 | アーロン・バー

**アーロン・バー(1756〜1836)は、アメリカ合衆国の副大統領を務めた人物だが、政敵のアレクサンダー・ハミルトン(1755頃〜1804)を銃の決闘で殺害し、悪評を得た。この殺害でバーの政治生命は終わり、悪者という評判が歴史に残ることになったが、決闘以前の彼は政治家として成功し、独立戦争を戦った元軍人でもあった。また1800年の大統領選挙では、あと少しで大統領に選出されるところまでいった。**

✦

バーは、独立戦争が始まったとき法律の勉強をしていた。独立戦争では参謀将校として従軍し、戦争後に政界で活動を始め、1791年にアメリカ合衆国上院議員に選出された。同じくニューヨーク州の政治家であるハミルトンとは何度もぶつかった。1790年代の新しい政党政治で、ハミルトンは連邦党、バーは民主共和党に入っていたからだ。1800年の大統領選挙で、バーはトマス・ジェファーソン(1743〜1826)の副大統領候補として出馬し、民主共和党がニューヨーク州を制するのに貢献した。当時は、選挙人団の選挙人からの得票数が最多である候補者が大統領に選ばれ、次点の候補者が副大統領となるシステムだった。ジェファーソンとバーの得票数は同点であった —— この場合は下院での投票で決めることになっていたが、なかなか決定せず、36回目の投票でようやくジェファーソンの大統領当選が確定した。

バーは、副大統領として在任中の1804年、ニューヨーク州の知事選に出馬したが、ハミルトンがバーに反対する政治運動を展開し、当選を逃した。怒ったバーはその夏、ハミルトンに決闘を申し込んだ。1804年7月11日、ふたりはボートを漕いでハドソン川を渡ってニュージャージー州へ向かい、川を臨む小高い丘で互いに拳銃を向けた。バーはハミルトンの肝臓を撃ち、ハミルトンは翌日死去した。この銃撃後にバーは殺人罪で告発されたが、雲隠れし、結局裁判で審理されることはなかった。バーはその後首都ワシントンへ戻り、副大統領の任期を務め上げた。ハミルトンの殺害により、バーの政治生命は事実上断たれたが、1807年に再び注目を集めることになった。アメリカ合衆国の西側に新しい国を建設しようという巧妙な画策をしたことから、反逆罪で告訴されたのである。バーは裁判で無罪となり、ヨーロッパへ逃れた。その後1812年にニューヨーク州へ戻り、法律家として働き、1836年に80歳で死去した。

**豆知識**

1. バーは、イライザ・ボウエン・ジュメル(1775〜1865)という裕福な未亡人と1833年に再婚した。彼女はその四か月後、バーが不貞をしたとして離婚を申し立てた(彼女が離婚を申し立てたのは彼の金銭問題のためだと主張する歴史家もいる)。1836年9月14日に成立した離婚は、その日にバーの身に起こった二番目に最悪の出来事であった —— 同じ日、バーはスタテン島で死去した。
2. バーは、ピューリタンの牧師でプリンストン大学学長のジョナサン・エドワーズ(1703〜1758)の孫息子である。プリンストン大学構内には、バーの同名の父親で、二代目学長であった人物にちなんだ「アーロン・バー・ホール」という名の建物がある。
3. 反逆罪は、アメリカ合衆国憲法に具体的に規定されている唯一の犯罪である。合衆国憲法の制定者たちは、イングランドで法が乱用されて、政治的な反対派を罰するために反逆罪が適用されていたことを念頭に置き、反逆罪で有罪を宣告するには二名の証人が同じ「明白な行為」を証言しなければならないことを規定した。アメリカ合衆国史上で行われた反逆罪の裁判はほんのわずかで、そのほとんどはバーの裁判と同様に無罪判決に終わっている。

# 208 文筆家・芸術家 ジェーン・オースティン

**『分別と多感』（1811年）、『高慢と偏見』（1813年）、『エマ』（1815年）を書いたイギリスの小説家ジェーン・オースティン（1775〜1817）は、上流階級の家庭の中で起きるドラマを描き、長年にわたって読者の心を弾ませた。オースティンが書いた計六編の長編小説は、読者を夢中にさせ、彼女自身が属していた上流階級の社会の慣習をつぶさに語るものだった。**

✦

オースティンの小説は当初は匿名で出版されたが、その後現在に至るまでの200年のうちに、着実に人気を増していった。生前は無名だったオースティンだが、今では19世紀のイギリスを代表する優れた小説家のひとりであると認識されている。

オースティンは、イングランドのスティーブントンという村で、八人きょうだいの七番目に生まれた。父親のジョージ・オースティン（1731〜1805）は国教会の教区牧師であった。オースティンは、寄宿学校にいた一時期を除き、ほぼ生涯にわたって父親の家で暮らした。

19世紀初頭には、小説は尊敬される著述形態ではなく、特に女性が書くものとはされていなかった。オースティンの最初の作品『分別と多感』は、名を隠して「あるレディ」（a Lady）による作品であると記された（その後の作品には「『分別と多感』の作者による作品」と記された）。

『分別と多感』には、結婚相手としてふさわしい男性を見つけようとするふたりの姉妹が描かれている。『分別と多感』では、オースティンの全作品に繰り返し登場するテーマが確立された――すなわち、女性にとっての結婚という社会的プレッシャーと、イングランドの上流階級における婚姻の複雑さだ。主人公の女性たちは、富、社会階級、愛などの要因を考慮して相手を見つけなくてはならない――そしてこれらの要因は、物語中でしばしば対立する。

オースティンは、『エマ』出版後の1816年に原因不明の病にかかった。それでも作品を書き続けたが、翌年、41歳で死去した。病を患いながらも完成させた二作品は、死後に出版された。

**豆知識**

1. オースティンの死期を早めた病が何だったのかについては、長年にわたってファンの間で議論がなされてきた。現在では、1855年に初めて報告された内分泌系の障害であるアジソン病が原因だったという見方が有力である。
2. オースティンの兄のフランシス（1774〜1865）と弟のチャールズ（1779〜1852）はイギリス海軍の軍人で、ナポレオン戦争に参戦した。ふたりとも、のちに海軍の提督になった。
3. オースティンの小説は、ロマンス小説における「リージェンシー・ロマンス」という分野を生むきっかけとなった。この分野の作品は、イングランド王のジョージ三世（1738〜1820）が精神に異常をきたし、摂政（リージェント）が統治していた1810〜1820年のイングランドを舞台とすることから、このように呼ばれている。

# 209 反逆者・改革者 ウィリアム・ウィルバーフォース

**12歳のウィリアム・ウィルバーフォース（1759～1833）の母親は、息子の様子を聞くにつけて驚くばかりだった。その2年前から親類の家へ預けていた息子が、まるで別人になっていたのだ。仰天したことに、息子はキリスト教の福音主義に興味を抱くようになっていた。**

✦

母親は、息子がおじとおばの影響で福音主義に傾倒するのを防ごうと、息子を家へ連れ戻した。のちにウィルバーフォースは、「信仰に熱心な親が愛する子に信心深さを教えようとどんなに頑張ったとしても、私の母たちが宗教以外の実際の世界を私に見せようとした努力には比べようがなかっただろう」と、母親と家族についてこう冗談を述べている。

しかし、時はすでに遅かった。ウィルバーフォースは深い信仰心に突き動かされ、イングランドにおける最も顕著な改革者のひとりとなる。また、イギリス帝国の奴隷制撤廃を推し進める中心的な力となった。ウィルバーフォースは50年近くイギリス議会の議員を務め、奴隷制を禁止する法案が可決したことを見届けて、その三日後に死去した。

ウィルバーフォースは、イングランドの港町ハルで、裕福な木材商人の父親のもとに生まれた。父親の死後、2年間共に暮らしたおじとおばによって福音主義に触れることになった。ウィルバーフォースは祖父の代からの巨額な遺産を相続しており、生活費を稼ぐ必要はなく、ケンブリッジ大学卒業後は政治の道に進むことに決めた。

18世紀において、イギリスは圧倒的に最大の奴隷貿易国であった。奴隷によってもたらされた巨大な富で、リヴァプールをはじめとするイングランドの港湾都市は主要都市として繁栄した。当初、ウィルバーフォースの推し進めた奴隷制廃止の運動は、非常に分が悪かった。奴隷制を廃止すれば経済が妨げられ、植民地からイングランドへ流れ込む利益が減ると商人たちが主張したからだ。それでもウィルバーフォースは、1780年に議員になって以降、幾度となく奴隷制廃止の法案を提出した。1793年、あともうひといきで法案が成立しそうだったが、同年にイギリスがフランスとの戦争を開始すると、議員たちは法案への関心を失った。彼の最初の大きな成功は、1807年にようやく訪れた。奴隷制廃止運動が大々的になり、その圧力から議会が奴隷貿易を禁止したのだ。

しかし、イギリス帝国内で奴隷制が撤廃されるのは、1833年まで待たなければならなかった。ウィルバーフォースは1825年に議員を辞職していたが、奴隷制廃止法案がようやく通過したことが死の間際にある彼に知らされた。ウィルバーフォースは73歳でロンドンにて死去した。

豆知識

1. 2006年のイギリス映画『アメイジング・グレイス』では、ウィルバーフォースの生涯が描かれた。監督はマイケル・アプテッド（1941～）で、ヨアン・グリフィズ（1973～）がウィルバーフォースを演じた。
2. ウィルバーフォースが議会で推し進めたのは、奴隷制廃止だけではなかった。彼は動物の権利の擁護にも熱心で、英国王立動物虐待防止協会の共同設立者となった。
3. 18世紀のイギリスでは賄賂が容認されていた。ウィルバーフォースは1780年に初めてイギリス議会議員選挙に出馬したとき、ハルの町の有権者に対し支持者ひとり当たり2ギニーを約束した ―― 現在の価値で4000ドル近くに相当する。

# 210 伝道者・預言者 | コットン・マザー

**牧師であり神学者であり、厳しく道徳を説いたコットン・マザー(1663〜1728)は、植民地時代のボストンで非常に大きな影響を及ぼした中心的な伝道者であり、ニューイングランド地方のピューリタン精神をまさに体現していた。ボストンのオールドノース教会の説教壇から、また、多数の書籍やエッセイを通じて、(彼が賛成した)天然痘の予防接種から(反対した)「魔術」まで、政治や宗教に関わるさまざまな問題に関して意見を述べて、ボストンの住民の考えに影響を及ぼした。**

マザーは、代表的なピューリタンでハーバード大学学長であったインクリース・マザー(1639〜1723)の息子に生まれた。父方の祖父も母方の祖父もマサチューセッツの植民地の創設に関わっていた。マザーは1678年にわずか15歳でハーバード大学を卒業し、1685年、牧師に叙任された(発話障害で説教ができない可能性もあったが、障害を克服した)。

そして、1689年に最初の代表作である『Memorable Providences, Relating to Witchcrafts and Possessions』(仮題:素晴らしき神の摂理、魔女と憑依に関して)を執筆した。魔女とされたアイルランド人の生涯を描いたこの本に関しては、近くの町セイラムでの1692年の魔女狩りを誘発したとの批判もある。マザーは間接的に「セイラム魔女裁判」に関わっており、証拠をどう評価するかについて判事らと書簡を交わしていた。そして、セイラム魔女裁判と19人の「魔女」の処刑について、是認する形で記した『The Wonders of the Invisible World』(仮題:見えない世界の驚異)を発表した。マザーの最もよく知られている作品は、1702年の『Magnalia Christi Americana』(仮題:アメリカにおけるキリスト教の偉業)である。これはピューリタンの歴史を称賛し、ピューリタンを擁護する内容の作品で、マサチューセッツの植民地が近代の「約束の地」として描かれている。また、マザーは宗教分野だけでなく科学にも強い関心を持っており、1713年にロンドン王立協会の会員に選ばれている。1721〜1722年、ボストンで天然痘の予防接種の計画に関して議論が巻き起こると、マザーが予防接種を支持したことが大きく影響し、ボストン市民は予防接種に賛成するようになった。

しかし、ボストンにおけるマザーの影響力は、当時増加していたピューリタン以外の住民に憤りを感じさせることにもなった。16歳だったベンジャミン・フランクリン(1706〜1790)もそのひとりで、そのころ書き始めていた新聞記事でマザーの古い保守主義を皮肉った。マザーはオールドノース教会の説教壇に生涯立ち続け、65歳で死去した。

**豆知識**

1. コットン・マザーの名は、植物の「コットン」に由来するものではない。母方の祖父ジョン・コットン(1585〜1652)の名を取ったものだ。
2. マザーは三度結婚し、15人の子供をもうけているが、うち九人は若くして亡くなった。マザーよりも長生きしたのはふたりのみだった。
3. マザーは、「セイラム魔女裁判」に関わったほとんどの牧師とは異なり、裁判に関わったことについて謝罪せず、生涯にわたり魔術を批判し続けた。

# 211 指導者 ナポレオン・ボナパルト

**フランスの将軍ナポレオン・ボナパルト（1769～1821）は、19世紀初頭にフランスの大帝国を築き、破壊と社会的大混乱という爪跡をヨーロッパ全土に残した。1799年にフランスの権力を掌握し、その５年後には自ら皇帝となり、1815年に失脚し追放されるまでヨーロッパ大陸を恐怖に陥れた。**

◆

ナポレオン戦争は計20年近くに及び、ヨーロッパ中のほぼすべての軍事力を動員させる戦争となった。この戦争の大きな転機は、1812年にナポレオンがロシアの侵攻に失敗したことだ。この敗北によってフランス陸軍の弱さが露呈され、ヨーロッパにおける対仏同盟諸国が奮起することとなり、結果的に1813年の「ドレスデンの戦い」と、その２年後には「ワーテルローの戦い」でナポレオン軍が敗北したのである。

それでも、ナポレオンはヨーロッパにおける法律、政治、社会のありように永遠の軌跡を残した。ナポレオンによってヨーロッパ大陸中に革命の理念が広まり、多くの国々で古来の君主制が廃止されたり、君主の権限が弱められたりした。また、フランスの法典は現在でも西ヨーロッパ全般の法の基盤となっている。そして、ナポレオン戦争後に取り決められた議定では、ヨーロッパ大陸の国境線が引き直された。

ナポレオンはコルシカ島で生まれ、パリにあるフランス陸軍士官学校で教育を受けた。1789年のフランス革命時には砲兵連隊で戦い、共和派を支持した。1795年に王党派の反乱をあっというまに鎮圧したことで名声を築き、のちにイタリア、オーストリア、エジプトへの侵攻を指揮した。

1799年、ナポレオンはクーデターで権力を掌握した。彼は革命の原理を支持すると主張した――その原理に基づき行動するとも主張した――が、1804年にフランスに帝政を復活させ、自らが皇帝の座に就いた。そしてドイツ、スペイン、ポルトガル、ベルギー、オランダ、イタリア、ロシア、オーストリアにおいて戦争を遂行した――一方で、イギリス海軍と大西洋の覇権争いも行った。

ナポレオンは1814年に初めて失脚し、エルバ島に追放されたが、1815年に逃げ出してパリへ戻り、「百日天下」として知られる短期間の復権を遂げた。しかし「ワーテルローの戦い」で敗北し、セントヘレナ島へと永久に追放された。そして51歳で死去した。

**豆知識**

1. ナポレオンはローマ教皇領を占領しようとしたことから、教皇ピウス七世（1742～1823）に破門された。これに対し、フランスはピウス七世を拉致し、５年間幽閉した。
2. ナポレオンの生誕地のコルシカ島は、1768年にフランス領となった。ナポレオンの母語はイタリア語で、彼はイタリア語に近似するコルシカ語の訛りのあるフランス語を話した。
3. イギリス政府は、20世紀初頭までセントヘレナ島を国家の捕虜の収容所として使っていた。

# 212 哲学者・思想家 | エドマンド・バーク

**1789年に勃発したフランス革命の余波の中、近隣の国イギリスの知識人は、見解を異にする派閥に分かれていた。フランス革命の支持派には、急進的な思想家のトマス・ペイン(1737〜1809)やメアリ・ウルストンクラフト(1759〜1797)などがおり、フランスの民衆蜂起は、政治的平等を求める運動の大進歩だととらえた。**

✦

しかし、アイルランドの政治家で、著述家で、政治哲学者のエドマンド・バーク(1729〜1797)は違った。バークは、フランス革命が最終的に恐怖政治に発展し、大量の殺戮が行われ、ルイ十六世(1754〜1793)がギロチン処刑になったという暴虐に愕然としていた。バークは1790年以降、フランス革命に否定的な説得力ある著述を立て続けに発表し、革命期のフランスを批判する代表的な人物として知られるようになった。イギリス国会議員だったバークの記事や演説は影響力を及ぼし、やがて、イギリスにおける政治的な対立が進行し、1793年にはフランスとの間で戦争が開始された。しかし、より広義に思想の歴史をとらえると、バークの反革命思想は、近代の政治的な保守主義の基盤を成しているともいえる。

バークはアイルランドのダブリンで生まれトリニティ・カレッジで教育を受けた。一家はローマ・カトリック教会からイギリス国教会へと改宗したばかりで、バークは18世紀当時のイギリスでなおも敷かれていた厳しい反カトリックの法律に妨げられずにすんだ。そして1765年、初めてイギリス国会議員に選出された。バークは、アメリカ独立革命時は植民地側を支持しイギリスが13植民地を保持する意義はないと主張した。王権を制限する立場をとるホイッグ党に属していたバークは、イギリスによるインドとアイルランドの帝国主義政策にも批判的だった。

そのため、バークがフランス革命を批判したことには、バークを支持する人々の多くが驚いた。バークはフランスの王家を擁護してはいなかったが、同時に、革命派が推し進めた急進的で暴力的な社会変革の理念に反対したのである。バークは、「我々の生活における古くからの見方や規則が取り去られるときに、失われるものは計り知れない。その瞬間から、我々はしるべとなる方位磁針を失い、どの港を目指して舵を取るべきなのかを見失うのだ」と記している。

バークは1794年にひとり息子のリチャードを亡くすと、その落胆から政治への関心を失っていった。彼は同年に議員を退き、その3年後に68歳で死去した。

**豆知識**

1. 18世紀のイギリスにおける二大政党「ホイッグ党」(Whigs)と「トーリー党」(Tories)の名は、いずれもゲール語の言葉が転化したものである。「whiggamore」はスコットランドで起こった反乱の集団名で、「toraidhe」は古アイルランド語(ゲール語の起源)で「盗人」を意味する。現在も、イギリスの保守党には「トーリー」という通称が使われる。
2. バークは議員を退任後、イギリス国王のジョージ三世(1738〜1820)に「ビーコンズフィールド卿」という爵位を与えると言われたが、辞退した。
3. バークは、イギリスのインド植民地における現地の人々への非道な扱いに反対した。そして、インド総督のウォーレン・ヘースティングス(1732〜1818)を不正の罪により弾劾する運動を、結実はしなかったが、7年間にわたって主導した。

# 213 革新者 ｜ アントワーヌ＝ローラン・ラヴォワジェ

**化学者で物理学者のアントワーヌ＝ローラン・ラヴォワジェ（1743〜1794）は、18世紀の科学分野において最も著名なフランスの学者のひとりだ。水素と酸素を発見し、「質量保存の法則」を定義し、メートル法を導入したとして知られる。**

✦

しかしラヴォワジェ（「ラボアジエ」とも）は、評判の悪かったルイ十六世（1754〜1793）の政府に勤めるという致命的な失敗をした。フランス革命で王政が倒されると、ラヴォワジェは逮捕され反逆罪で有罪となり斬首刑に処されたのだ。学者仲間のジョセフ＝ルイ・ラグランジュ（1736〜1813）が、ラヴォワジェの処刑後に彼を悼み、「彼の頭を切り落とすのは一瞬だが、彼のような頭脳を持つ者は100年経っても現れないかもしれない」と述べたことは有名だ。

ラヴォワジェはパリの裕福な家に生まれ、ソルボンヌ大学で教育を受けた。法律の学位を取得したが、父親の意向に反して法律の道には進まず、1760年代から化学を学び始めた。のちに、国王に代わって関税などの税金を徴収する民間事務所の徴税請負人となった。そして、フランスの徴税業務における代表的な権力者の13歳の娘と結婚した。

化学者はフランス政府にとって貴重な人材であり、ラヴォワジェは1775年に王立火薬硝石管理会の長官に任命された。彼の任務のひとつは、フランスがアメリカ独立戦争で植民地側の支持を決定したため、ベンジャミン・フランクリン（1706〜1790）とも共同しながら、硝石を植民地側へ送る手はずを整えることだった。

一方で、ラヴォワジェは実験も続けた。1779年に酸素を、そして1783年には水素を発見し、このふたつの元素に名を付けた。また、1789年には史上初の化学の教科書とされる『化学原論』を出版した。同書には彼の初期の発見がまとめられており、化学反応の前後で物質の総質量は変わらないという「質量保存の法則」も紹介された。

ラヴォワジェは王に仕え、また徴税請負人でもあったことから、1789年のフランス革命と1793年の王の処刑後は影響力が弱まった。科学分野での功績から、翌年までは処刑を免れていたが、国内の化学者たちの反対もむなしく1794年５月８日、ラヴォワジェは裁判にかけられ、有罪となり、その日のうちにギロチン処刑となった。50歳だった。

### 豆知識

1. ラヴォワジェは1768年に行った一連の実験で、カタツムリの種には、頭を切断しても新たに頭が生えてくるものがあることを証明した。
2. ラヴォワジェは、「酸を作る物」と「水を作る物」を意味するギリシャ語の言葉を借りて「oxygen」（酸素）と「hydrogen」（水素）という名を付けた（「oxy」は「酸」、「hydro」は「水」を意味する）。
3. ラヴォワジェの処刑後２年も経たないうちに、フランス政府はラヴォワジェの有罪判決を取り消し、未亡人となった彼の妻に謝罪した。

# 214 悪人 | 鄭一嫂(ていいっそう)

**鄭一嫂（1785頃～1844）は元々は娼婦だったが、のちに中国を恐怖に陥れる強力な海賊となり、1807～1810年の間、七万人もの海賊から成る巨大な海賊船団を指揮した。鄭一嫂の指揮の下、海賊らは中国沿岸の数々の村で略奪を繰り返し、巧妙な脅迫行為で人々を威圧し、海上では独自の社会を構築した。しかしその最盛期を迎えてまもなく、鄭一嫂は突然海賊をやめることにし、中国政府の恩赦を受け入れて本土へ戻った。**

✦

「石陽」の名で生まれ、女海賊となった鄭一嫂が初めて海に出たのは、水上の売春宿である船に乗って南シナ海へ出たときだった。1801年、海賊船の船長だった鄭一と結婚した。鄭一嫂は結婚時、海賊としての平等の権力を夫に約束させた。

夫の鄭一は、近隣の国ベトナムから報酬を得て、南シナ海で中国船を攻撃する海賊だった。ベトナムはこういった海賊を多数雇っていたが、1802年に中国と平和協定を結ぶと、海賊への支援を打ち切った。すると鄭一は、海賊を集結させて七艦隊から成る海賊船団を結成した。1807年に鄭一が死去すると、妻の鄭一嫂が巨大な海賊船団の指揮を執った。

計400隻にも及ぶ鄭一嫂の海賊船団において、海賊たちの生活は過酷だった。鄭一嫂は、掟を破った者に残酷な罰を与え、一隻の船には何百人もの海賊と家族が詰め込まれていたともいわれる。海賊たちは命令には即座に従うよう要求され、従わなければ首をはねられた。鄭一嫂は略奪品の分配について厳しい掟を作り、分け前を共有の宝として貢納しない者は処刑した。さらに、船上の性的暴行や密通を禁じ、いずれも、最悪の場合は処刑された。

当時の清朝政府は1808年、遠征隊を送り鄭一嫂を捕らえようとしたが、遠征隊の指揮者が殺害され、政府の船団のおよそ半分の船が沈没されたか、または占拠された。鄭一嫂の海賊船団を追うために、政府は1809年、イギリスに軍艦マーキュリー号の貸与を頼まざるを得なかった。のちに、ポルトガルの六隻の軍艦も加わって支援した。

鄭一嫂はヨーロッパの船団から逃げ切ったが、その翌年、海賊行為をやめて政府の恩赦を受け入れることにした。結局、海賊のほぼ全員が処刑を免れた —— 何万人にも上った海賊のうち、211人が追放処分となり、処刑されたのは126人だった。鄭一嫂は陸へ上がり、死んだ夫の部下のひとりと結婚し、余生は賭博組織を運営して過ごしたといわれる。

**豆知識**

1. 鄭一嫂は三人の息子をもうけた —— うちふたりは一度目の夫の子で、ひとりは二度目の夫の子である。
2. 通称の「鄭一嫂」は、「鄭一の妻・未亡人」を意味する。
3. 鄭一嫂は、アルゼンチンの作家ホルヘ・ルイス・ボルヘス（1899～1986）による1933年の短編『The Widow Ching, Lady Pirate』（仮題：女海賊鄭一嫂）に描かれている。

# 215 文筆家・芸術家 | パーシー・ビッシュ・シェリー

**世界は、これまでの過去にうんざりしている**
**ああ、世界は死滅するのか、それともようやく安らぐのか！**
**―― シェリー**

✦

パーシー・ビッシュ・シェリー（1792〜1822）は、イギリスの著名なロマン派詩人のひとりで、傑作と名高い『オジマンディアス』、『ひばりに寄せて』や、叙事詩『鎖を解かれたプロメテウス』などの代表作がある。急進的な政治見解を持つ無神論者だったシェリーは、生前はほとんど見向きもされなかったが、死後に注目されるようになり、英文学選集では必ずといっていいほど作品が収録される詩人である。シェリーは上流階級に属しており、急進的な思想を抱くようになるとは思えないような人物だった。父親はイングランドのサセックスの領主で、下級の貴族でありイギリス議会議員だった。シェリーはイートン・カレッジに通い、のちにオックスフォード大学に入学したが１年も経たないうちに、不信心な行動から退学処分になった。『The Necessity of Atheism』（仮題：無神論の必要性）という挑発的な小冊子を出版し、出版をやめるよう要請されたが拒否したことから、大学の上層部を怒らせたのだ（「誰もが内省し、神の存在を証明するものなど何もないことを認めねばならない」と彼は主張していた）。

シェリーはその後の人生のほとんどを詩の制作に費やした。仲間のロマン派詩人であるジョン・キーツ（1795〜1821）とジョージ・ゴードン・バイロン（1788〜1824）と共にヨーロッパを周遊し、無神論、菜食主義、社会主義を支持する作品を書いた。この三人はいずれも急進的な政治思想を持ち、自然世界への興味も共通していた。そして、自然において人間が体験する強烈な畏敬と畏怖の念を「崇高なるもの」（the sublime）と呼び、関心を寄せた。シェリーの1820年の詩『ひばりに寄せて』には、ロマン派の詩人が繰り返し取り上げる多くの要素が含まれる。シェリーがイタリアを散策中に目にした鳥に感銘を受けて書いたこの詩は、鳥の奏でるシンプルで崇高な「芸術」を称えている。

**ようこそ　陽気な精！**
**おまえは　小鳥ではない**
**天から　天の近辺から**
**あふれるこころを**
**天来のゆたかな歌声にふりまく**
**（上田和夫訳『シェリー詩集』［新潮文庫］より）**

シェリーは1811年に酒場の主人の娘と結婚したが、その３年後に妻を捨て、作家のメアリー・ウルストンクラフト・ゴドウィン（1797〜1851）との生活を始めた（取り乱した妻は1816年に自殺し、シェリーはすぐにウルストンクラフトと結婚した）。シェリー自身は、30歳の誕生日を目前に、船の事故に遭い死去した。

**豆知識**

1. シェリーの二番目の妻メアリーは、フェミニスト哲学者で小説『フランケンシュタイン』（1818年）の作者である。
2. シェリーの詩の題になっている「オジマンディアス」の名は、古代のエジプト王で自らの巨大な像を作らせたことで知られるラムセス二世（前1303頃〜前1213頃）の別名である。
3. シェリーは無神論を声高に主張したが、彼の遺体の心臓の部分はローマのプロテスタントの墓地に埋葬された。墓石にはラテン語で「心の中の心」と記されている。

# 216 反逆者・改革者 | シモン・ボリバル

**南アメリカの革命家シモン・ボリバル（1783〜1830）のことは、六つの国が自国の「建国の父」であると主張している。六か国というこの数は、軍事におけるボリバルの驚異的な成功を —— そして、政治家としての大きな失敗を —— 物語っている。軍司令官だったボリバルは、南アメリカ大陸からスペインの勢力をほぼ一掃したが、南アメリカを統一して強い国を作るという究極の目標を達成することなく死去した。**

✦

ボリバルはベネズエラの都市カラカスで、採掘で財を成した裕福な家に生まれ、スペインで教育を受けた。当時のスペインは、なおも南アメリカとカリブ海地域に広く領土を維持する帝国であった。しかし、ヨーロッパにおけるナポレオン戦争でスペイン政府は大打撃を受け、確固たる植民地支配ができなくなっていた。ボリバルは1807年にベネズエラへ戻ると、勢力を増す抵抗運動に加わり、1813年にベネズエラ解放の軍事作戦を指揮した。この作戦を成功させたことから、ボリバルは「解放者」と呼ばれるようになった。

ボリバルは、ジョージ・ワシントンとアメリカ独立革命を称賛しており、アメリカ合衆国を手本として、南アメリカにひとつの共和国を作ることを望んでいた。そして軍事作戦を次々と成功させ、現在のコロンビア（1819年）、パナマ（1819年）、エクアドル（1822年）、ペルー（1824年）、ボリビア（1825年）をスペインから解放した。1821年には、南アメリカ大陸全土を統一する構想のもと、「大コロンビア」（コロンビア共和国）を建国した。

しかし結局、この国がボリバルの失脚の原因となる。大コロンビアの国内は致命的なまでに分断されており、1828年の憲法制定会議では憲法の合意に至らなかった。そのためボリバルは、民主主義の理想と信念を抱いていたにもかかわらず、国家を機能させる目的で自ら独裁権力を掌握した。この意図が裏目に出て、一時は南アメリカで最も愛されていた男だったボリバルは、広く非難を浴びることとなった。そして同年の1828年に暗殺未遂に遭い、1830年に失脚した。

ボリバルは結核を患い、ヨーロッパかカリブ海の地へ逃れるつもりだったが、南アメリカを離れることなく、コロンビアの小さな農園で死去した。47歳だった。

**豆知識**

1. 「ボリビア」という国名は、ボリバルの名に由来する。名前が国名に採用された人物には、スペインのフェリペ二世（1527〜1598・「フィリピン」）や探検家のクリストファー・コロンブス（1451〜1506・「コロンビア」）がいる。また、イタリアの地理学者アメリゴ・ヴェスプッチ（1454〜1512）のラテン語名が、1507年に新大陸の名として採用され、それがのちに「アメリカ合衆国」という正式国名の一部となった。
2. コロンビアのノーベル賞受賞作家ガブリエル・ガルシア＝マルケス（1928〜2014）は、1989年にボリバルの晩年の七か月を題材としたフィクション小説『迷宮の将軍』（“El general en su laberinto”　木村榮一訳　新潮社　2007年）を出版した。同書ではボリバルが優柔不断で女好きである様子が露骨に描かれていたことから、南アメリカで物議をかもした。
3. ボリバルは1807年、ヨーロッパからベネズエラへ戻る途中にアメリカ合衆国を訪問した。アメリカのミシシッピ州ボリバーと、ウェストバージニア州ボリバーは、ボリバルの名に由来するものである。

# 217 伝道者・預言者 ｜ ジョナサン・エドワーズ

**激烈で情熱的な説教を行い、しばしば聴衆を涙させたキリスト教会衆派の牧師、ジョナサン・エドワーズ（1703～1758）は、1730年代のアメリカ13植民地で起こった「大覚醒」と呼ばれる宗教復興運動の代表的な人物である。**

◆

エドワーズは、コネチカット植民地の説教師ティモシー・エドワーズ（1668～1759）の息子として生まれた。また、祖父のソロモン・ストッダード（1643～1729）は、マサチューセッツのボストン郊外にあるノーサンプトンにおいて、最大規模の教会で牧師を務めていた。エドワーズはわずか13歳でイェール大学に入学し、1720年に卒業生総代として大学を修了した。そして1727年、祖父の助手の地位に叙任された。

当時のニューイングランドの牧師たちは、キリスト教の道徳観が低下していると感じ、植民地において教会の正会員でない住民数が増加していることに危機感を覚えていた。そして、エドワーズの祖父ストッダードを含めた会衆派の伝道師の多くは、教会員の受け入れ資格を緩め、「半途契約」と呼ばれる、回心の途上にある人でも受け入れる方針を採用した。教会員を増やすために定められたこの方針は、物議をかもすものでもあった。

エドワーズは1729年、祖父のストッダードの死去後にノーサンプトンの教会の牧師となり、ドラマチックな説教を行うようになった。1733年になるころには、エドワーズはノーサンプトンにおいて宗教復興の波を巻き起こしており、さらに、ニューイングランドのほかの教会にも足を運んで説教を行うようになった。そして1741年、コネチカットのエンフィールドで、エドワーズの最も有名な説教が行われた。これは「怒れる神の御手の中にある罪人」として知られる説教で、エドワーズが地獄で罪人に待ち受ける悲惨な苦しみを語って聞かせると、聴衆は泣き叫び、卒倒したといわれている。

しかし、エドワーズやその他の「大覚醒」期の説教師がとった激しい説教スタイルは、会衆派の中のより伝統的な人々に敬遠された。またエドワーズは「半途契約」に反対したことから、会衆派の仲間内でも反感を買った。そして1750年、ノーサンプトンの教会から追放された。

ノーサンプトンを離れたエドワーズは、1751～1757年の間、マサチューセッツ西部の先住民に伝道を行った。1758年、プリンストン大学の学長に就任したが、同年、天然痘の予防接種が原因で不調をきたし、55歳で死去した。

**豆知識**

1. イェール大学の寄宿制カレッジのひとつには、エドワーズを称えて「ジョナサン・エドワーズ・カレッジ」という名が付けられている。
2. エドワーズは、1727年にイェール大学の共同創立者の娘、サラ・ピアポントと結婚した。夫婦は10人の子供をもうけた。
3. エドワーズ本人は公正であると評判だったが彼の家系には評判を汚した人物がかなりいる。大おばは自分の子供をひとり殺害しており、また、大おじは斧で人を殺している。エドワーズの孫息子に当たるニューヨーク州の政治家アーロン・バー（1756～1836）は、「建国の父」アレクサンダー・ハミルトン（1755頃～1804）を決闘で殺害したことで悪名高い。

# 218 指導者 | シャカ・ズールー

**アフリカ諸部族の連合であるズールー王国の王、シャカ・ズールー（1787頃～1828）は、同国の歴史を語る上で欠かせない重要人物だ。ズールー王国は、19世紀においてヨーロッパによる植民地化に激しく抵抗した。シャカ・ズールーは、12年の治世中に残虐な戦争を次々と展開し、現在の南アフリカ共和国の大部分に及ぶ領域を支配下に収め、強力な軍隊を築いた。19世紀後半になってズールー王国がイギリスの侵攻を受けると、シャカ・ズールーの築いた軍隊はイギリスにとって手強い相手になっていた。**

✦

シャカ・ズールーが広大な王国を築くべく展開した数々の戦争では、何十万もの人々が死亡した。それでもシャカ・ズールーは英雄として語り継がれ、現在南アフリカ共和国において最多数を占める民族であるズールー人にとって、「シャカ・ズールー」は人々を団結させるスローガンのような言葉である。

シャカはズールー族の首長の息子に生まれたが、母親は父親から敬遠されるようになり、シャカが6歳のときに母親もシャカも部族から追放された。1816年に父親が死ぬと、シャカは部族のもとへ戻って自らが王位に就き、自分の敵を容赦なく処刑した。

シャカ・ズールーは、近隣の諸部族を次から次へと支配下に収め（「ズールー」という言葉は「高みにある」、「天の」を意味する）、自らの王国の一部として吸収した。戦いを繰り返す中で、新式の兵器を取り入れたり、部隊を編成したり、戦士に闘争精神を叩き込むなどして、ズールー王国の軍隊を強大なものに成長させていった。

1828年、シャカ・ズールーは異母弟に暗殺され、彼の築いた広大な王国は異母弟が継承した。しかし、1879年にシャカ・ズールーの甥のセテワヨ（1827頃～1884）が凄惨な「ズールー戦争」でイギリスに敗北し、ズールー王国は滅亡した。

しかしシャカ・ズールーのことは人々の記憶に残り、これまで南アフリカ共和国において重要な役割を果たしてきた。アパルトヘイト（人種隔離政策）の時代には、ズールー人は政治政党「インカタ自由党」の中核として活躍し、また、反アパルトヘイト運動では、アフリカ先住民勢力の強烈な象徴としてシャカ・ズールーの肖像が掲げられることも多かった。

**豆知識**

1. 2008年、グラミー賞受賞者である南アフリカ共和国のバンド「レディスミス・ブラック・マンバーゾ」は、シャカ・ズールーを記念するアルバム『Ilembe: Honoring Shaka Zulu』（仮題：英雄 ―― シャカ・ズールーを称えて）をリリースした。
2. 1986年、南アフリカ共和国で連続テレビドラマ『Shaka Zulu』が放映され、同国の俳優ヘンリー・セレ（1949～2007）がシャカ・ズールーを演じた。
3. アメリカ公民権運動の指導者で、「ブラックパンサー党」の役員のジェームズ・フォーマン（1928～2005）は、ズールー王にちなんで息子に「シャカ」という名を付けた。

# 219 哲学者・思想家 | メアリ・ウルストンクラフト

**フェミニスト哲学の先駆者であるメアリ・ウルストンクラフト（1759〜1797）は、画期的な著作『女性の権利の擁護』（1792年）で知られる。男女同権を説得力ある言葉で擁護したこの本は、19世紀のヨーロッパとアメリカ合衆国におけるフェミニスト運動の起爆剤になった作品として、歴史家たちが言及している。生前のウルストンクラフトは、むしろ波乱に満ちた私生活と、急進的な政治思想を持つ人々との交流で知られ、年若くして死去した。**

✦

ウルストンクラフトは、ロンドンのイーストエンドで七人きょうだいの二番目に生まれた。正式な教育を受けたことは皆無に近かったが、シェイクスピアやジョン・ミルトンなどの文学作品や聖書など幅広く書物に親しんだ。1784年に学校の教師になりこの経験は最初の著作『Thoughts on the Education of Daughters: With Reflections on Female Conduct in the More Important Duties of Life』（1787年、仮題：少女の教育に関する論考 —— 生活上の重要な義務における女性の行動を考える）の構想に役立った。その翌年に小説『Mary, A Fiction』（仮題：メアリ、ある小説）を出版し、またペンネームを使って女性を読者層とする作品集を出版した。ウルストンクラフトが明確に政治的見解を示した最初の著作は、1790年の『A Vindication of the Rights of Men』（仮題：男性の権利の擁護）で、イギリスにおいてフランス革命に関する激しい議論が交わされるさなかに出版された。多くのイギリス人は、革命の過程においてパリで繰り広げられた暴虐に震撼したが、ウルストンクラフトはフランス王政の打倒を支持する急進派の側に立っていた。この作品の出版後、ウルストンクラフトは続編『女性の権利の擁護』を書き始めた。同書では結婚制度を批判し、女性に正当に機会を与えない教育システムを痛烈に非難した。また、女性は男性と同等の能力を持っていながら、それを発揮する機会を奪われてきたと主張した。

ウルストンクラフトは1792年にパリへ渡り、恐怖政治の真っ只中にあった時期をそこで過ごした。滞在中、アメリカ人のギルバート・イムレイ（1754頃〜1828）と深い関係を持った。革命期のフランスではイギリス人は手厳しい扱いを受ける恐れがあったことから、ウルストンクラフトは投獄を避けるためにイムレイの妻を装った。ふたりはのちに婚外子をもうけたが、1796年に関係を解消した。同年、ウルストンクラフトはイングランドの急進派ウィリアム・ゴドウィン（1756〜1836）と知り合い、ふたりは翌年結婚した。ウルストンクラフトは、夫婦の唯一の子供を出産後まもなく、合併症により39歳で死去した。

**豆知識**

1. ウルストンクラフトの下の娘メアリー（1797〜1851）は、1816年にパーシー・ビッシュ・シェリー（1792〜1822）と結婚し、1818年に小説『フランケンシュタイン』を書いた。ウルストンクラフトの上の娘ファニー・イムレイ（1794〜1816）は22歳のときに自殺した。
2. ウルストンクラフトの夫ゴドウィンは、妻の死後、伝記『Memoirs of the Author of "A Vindication of the Rights of Woman"』（仮題：「女性の権利の擁護」の著者の伝記）を書き、出版した。同書は、ウルストンクラフトの不貞や自殺未遂が露骨に描かれていたことから物議をかもしたが、彼女に関する詳しい情報源にもなっている。
3. ウルストンクラフトの著書『女性の権利の擁護』の献辞は、彼女の批判者だったシャルル＝モーリス・ド・タレーラン（1754〜1838）に捧げられているが、これは彼女による意図的な皮肉だった。タレーランは、のちにフランスの有名な外交官となり、短期間首相を務めた人物である。

# 220 革新者 ヨハン・カール・フリードリヒ・ガウス

**ドイツの数学者ヨハン・カール・フリードリヒ・ガウス（1777～1855）は、３歳のときにはすでに父親のお金の計算をしていた。７歳になるころには、小学校で難しい算数の問題をあっというまに解いて先生を驚かせた。10代のときには、古代ギリシア以来誰も証明できなかった幾何学の定理に取り組んでいた。**

✦

明らかに才能を持っていたにもかかわらず、ガウスは数学者として容易に認められなかった。貧しい労働者だった父親はガウスの学業を認めず、ガウスには石工として自分の後を継ぐことを望んだ。若きガウスがなんとか大学に進学できたのは、奨学金を得てのことだった。

しかしガウスは1801年に主著『整数論』を出版し、近代数学を代表する随一の学者として不動の地位を築いた。同書は、ガウスがそれまでの10年ほどの間に発見した事項をまとめたもので、例えば定規とコンパスのみで正十七角形が作図できるという証明が記されている。これは、ガウスの時代から2000年前にさかのぼる古代ギリシアで提示された証明問題で、過去の数学者がどうしても解決できなかったものだ。

さらに同年、小惑星「ケレス」の軌道を特定して名声を博した。「ケレス」は天文学者によって木星と火星の中間で発見されていたが、見えなくなっていたのだ。この軌道の計算を頭の中だけで行ったとガウスが述べたことは有名である。

研究以外のガウスの私生活においては、1800年代の初めにいくつかの悲劇的な出来事が続き、その最たるものとして、1809年に妻を亡くした。さらに、二番目の妻 ―― 初めの妻の親友であった ―― も、若くして亡くなった。ガウス自身、若いころに父親に反抗して数学者になったが、皮肉なことに、ガウスの息子のうちふたりがガウスの意向に反してアメリカ合衆国に移住し、疎遠になった。

ガウスは1807年にゲッティンゲン大学の教授に任命され、終生その職にとどまり、77歳のときに死去した。

**豆知識**

1. ガウスの幼少期の出来事として、こんな有名なエピソードがある。小学校の算数の先生が、１から100までのすべての整数の和を計算するようにとクラスで出題した。先生は長時間を要する計算だと思っていたが、驚いたことに、７歳のガウスは即座に5050という正しい解答を出した。ガウスは、「１と100」、「２と99」、「３と98」といった組み合わせの和が「101」になることに気づいて、「101×50」の計算から解を導いた。
2. 磁力の強さを表す単位「ガウス」は、数学者ガウスの名に由来している。また、磁性を除去・減少することを消磁というが、これは英語で、ガウスにちなんで「degauss」という。
3. ガウスは1833年に原始的な電信機を考案し、約1.5キロの距離があるゲッティンゲンの天文台とゲッティンゲン大学の間で通信を成功させた。より有名なアメリカのサミュエル・モールス（1791～1872）の電信機が、メリーランド州ボルチモアと首都ワシントンの間で通信を実現させる10年前のことだ。

# 221 悪人 ヘンリー・ワーズ

**ヘンリー・ワーズ(1823〜1865)は、アメリカ合衆国の南北戦争後に戦犯として処刑された唯一の人物だ。以来、南軍の将校だったワーズが、身代わりのスケープゴートとして不当に処刑されたのか、それとも本当に彼のせいで何万人もの北軍捕虜が死んだのかについて、激しい議論が交わされてきた。**

✦

ワーズは、ジョージア州アンダーソンビルに設立された南軍最大の戦争捕虜収容所の最高責任者だった。この収容所は、14か月にわたって北軍の捕虜を収容し、その間におよそ4万9485人中、約1万3000人の捕虜が、飢餓、壊疽(えそ)、壊血病、およびその他の症状や病気により死亡した。スイス生まれの医師だったワーズは、捕虜を保護せず死亡させた謀略と殺人の罪で有罪となった。しかし、ワーズの裁判は杜撰(ずさん)な部分が多く、ワーズがどうすることもできなかった状況についても過剰に罪が問われたという批判がなされている。

ワーズはチューリッヒで生まれ、ヨーロッパで医学を学んだ。1840年代にアメリカ合衆国へ渡り、ルイジアナ州に住まいを定め、医師として成功を収めた。1861年に南軍(アメリカ連合国陸軍)に入隊し、大尉にまでなった。そして1864年、アンダーソンビルの捕虜収容所の開所一か月後に、最高責任者に任命された。

1863年以前は、北軍も南軍も、捕虜を長期にわたって収容するということがなかった。その代わりに、南軍と北軍の間で捕虜を定期的に交換するシステムをとっており、これによって両軍とも、捕らえた敵の兵士の面倒を見ずにすんでいた。しかしこのシステムは、1863年にさまざまな理由で破綻した。その理由のひとつには、南軍側が、北軍の黒人捕虜を、北軍側に捕らえられた白人の南軍捕虜と交換したがらなかったということがある。

アンダーソンビルの収容所は、食料も医薬品も不足していた。また、想定収容数を何万人も超える捕虜が収容されており、異常な混み合いようであった。ワーズはのちに裁判で、食料の供給を増やすよう要請したが聞き入れられなかったと述べている(1864年までには、捕虜収容所だけではなく南部全体が食料不足に陥っていた)。ワーズは戦争後に逮捕され、首都ワシントンの刑務所に収監され、1865年7月に裁判が行われた。北軍の捕虜になった多くの兵士がワーズに不利な証言をしたが、証言者の中には、実際にはアンダーソンビルの収容所の捕虜ではなかった者もいた。当時のアメリカ合衆国大統領アンドリュー・ジョンソン(1808〜1875)は、寛大な処置を要請されたが無視し、ワーズは1865年11月、絞首刑に処された。一方で、アンダーソンビルの収容所を開所し、収容の極限をはるかに超えて捕虜を収容させた南軍の指導者たち —— アメリカ連合国大統領のジェファーソン・デイヴィス(1808〜1889)や陸軍長官のジェイムズ・セドン(1815〜1880) —— は、何の罪にも問われなかった。

**豆知識**

1. アンダーソンビルの戦争捕虜収容所の跡地に、1998年、国立捕虜収容所博物館(The National Prisoner of War Museum)が開所した。
2. ワーズは、逮捕後に首都ワシントンの刑務所に収監された。この刑務所は、現在の合衆国最高裁判所の建物の敷地にあった(1930年代まで、最高裁判所の法廷は国会議事堂内で開かれていた)。
3. ワーズの裁判の判事は、北軍の将軍だったルー・ウォーレス(1827〜1905)が務めた。ウォーレスは、のちに小説『ベン・ハー:キリストの物語』(1880年)を記し、文筆家として名を馳せた。

# 222 文筆家・芸術家　フレデリック・ショパン

**ポーランド出身の愛国者で作曲家のフレデリック・ショパン（1810～1849）は、成人期のほとんどをパリで過ごしたが、ポーランドの独立を支持したことから、祖国では英雄とされている。ショパンは19世紀において最も愛され、また、最も模倣された作曲家であり、彼のピアノ曲はクラシック音楽の定番レパートリーとなっている。**

✦

ショパンは、ワルシャワ近くの村ジェラゾヴァ・ヴォラで生まれた。母親は地元の貴族の家で下働きをしており、父親は1780年代にポーランドへ移住してきたフランス人だった。ショパンが生まれてまもなく、一家はワルシャワへ引っ越し、ショパンは子供時代のほとんどをワルシャワで過ごした。音楽の天才ショパンは、6歳でピアノを習い始め、それから1年も経たないうちにすでにふたつの作品を作曲した。ショパンのピアノ教師は、神童ショパンにこれ以上教えることがなくなったとして、ショパンが12歳のときにレッスンをやめた。

ショパンはワルシャワ大学で音楽理論を学んだのち、1829年にポーランドからウィーンに移った。そして、ウィーンに着いて数日のうちに、ポーランドがロシア統治に対する反乱を起こしたというニュースが届いた。ショパンはポーランドに戻って反乱軍に加わることも考えたが、ウィーンに残ることにした――結局ポーランドの反乱は失敗に終わり、ショパンは二度とポーランドの地に足を踏み入れることはなかった。

ショパンは1831年にパリへ引っ越したが、ここには祖国から逃れてきたポーランド人がたくさん集まっていた。ショパンはここで有名なピアノ曲の多くを作曲した。1837年ごろ、離婚歴のあるフランスの作家ジョルジュ・サンド（1804～1876）と恋愛関係になった。これはショパンについてよく語られる激しい恋愛関係である。最終的に、1847年にサンドのほうから別れを告げた――サンドの息子が、別れるように強く主張したといわれている。

ショパンは原因不明の病に陥り、1年以上闘病を続けたのち、パリで39歳のときに死去した。遺体はフランスに埋葬されたが、ショパンの遺言どおり、心臓は取り出されて祖国ポーランドに戻り、ワルシャワの教会に埋葬された。

**豆知識**

1. ショパンは楽曲に題名を付けておらず、番号のみを振った。ショパンの曲の多くには、のちに通称が付けられるようになった。例えば、「ピアノソナタ第二番変ロ短調作品35」は「葬送行進曲」と呼ばれ、「ポロネーズ第六番変イ長調作品53」は「英雄ポロネーズ」と呼ばれる。
2. ショパンの死後、遺体はパリのペール・ラシェーズ墓地に埋葬された――この墓地には、のちにロック歌手のジム・モリソン（1943～1971）も埋葬された。
3. イギリスの俳優ヒュー・グラント（1960～）は、1991年の映画『即興曲――愛欲の旋律』でショパンを演じた。

# 223 反逆者・改革者 ナット・ターナー

**アメリカ合衆国バージニア州の奴隷、ナット・ターナー(1800〜1831)は、南北戦争以前のアメリカで最大規模の奴隷による反乱を指揮した人物である。反乱は数日のうちに鎮圧されたものの、何十人もの死者を出して南部の地域を広く恐怖に陥れ、南北戦争前のアメリカにおいて奴隷の問題に関する南北の対立を深める要因になった。**

✦

ナット・ターナーの反乱が及ぼした歴史的な影響について、奴隷制廃止論者の著述家ウィリアム・ロイド・ガリソン(1805〜1879)は、この反乱を「[南北戦争という]激震の第一段階」と呼んだ。

ターナーは、ノースカロライナ州との州境に近いバージニア州の田舎サザンプトン郡で生まれ、生涯をそこで過ごした。南部では奴隷が教育を受けることは好ましく思われなかったが、ターナーは読み書きを覚え、聖書を深く理解し、やがてバプテスト派の説教師になって農場の仲間の奴隷たちに説教を行った。

1820年代の終わりごろ、ターナーは神秘的な幻視を見るようになり、自分は反乱を指導するべく神に選ばれたと確信した。そして1831年2月の日食と、さらに同じ年に発生した大気の乱れを、反乱を起こすべき予兆であると解釈し、8月21日の夜に反乱を開始した。ターナーと仲間たちは翌日、各所で暴れまわり何十人もの白人を襲撃し、刺し殺したり殴り殺したりした。そしてバージニア州の町エルサレムを占拠しようとしたが、8月22日の午後、反乱は鎮圧された。

この殺害のニュースが広がると、南部の白人の多くはパニックになって報復行動を起こし、何百人もの罪のない黒人が殺害されることとなった。またターナーの反乱は、奴隷制という政治問題に関する見解の二極化を促すことにもつながった。恐れをなした南部の白人の多くは、奴隷制廃止論者はもはや奴隷の解放を求めるだけでなく、奴隷所有者の殺害までも望んでいると解釈したのだ。南部において存在していた小規模な奴隷制廃止運動は事実上消滅した。

ターナーはエルサレム近くの森の中へと逃げ込んだが、約二か月後に捕らえられ、1831年11月11日、絞首刑に処された。

**豆知識**

1. 一部の学者は、ターナーは文字が読めたため日食が次に起こる日を知っており、その知識を利用して、神が反乱を運命づけたとほかの奴隷たちに示したのではないかと考えている。
2. ターナーの反乱を題材とした、アメリカの作家ウィリアム・スタイロン(1925〜2006)による歴史小説『ナット・ターナーの告白』("The Confessions of Nat Turner" 大橋吉之輔訳 河出書房新社 1979年)は、1968年にピューリッツァー賞を受賞した。
3. 2003年、アメリカのPBSネットワークによる映画『Nat Turner: A Troublesome Property』(仮題:ナット・ターナー厄介な所有物)が放映された。監督のチャールズ・ブルネット(1944〜)は、ターナーに関して矛盾するさまざまな話が伝わっていることを考慮に入れ、七人の異なる俳優にそれぞれ異なるターナーの人物像を演じさせた。

# 224 伝道者・預言者 | ジョン・ウェスレー

**1709年、イングランドの町エプワースで、国教会の牧師の自宅に火の手が上がった。奇跡的に、牧師の6歳の息子ジョン・ウェスレー(1703〜1791)は、この火事を生き延びた。**

✦

それから何年もが経過しウェスレーはメソジスト教会を設立した。そして、自分は「火事の中から引き抜かれた焼きごて」であり、神に奉仕するために炎の中から救われたのだと記した。

ウェスレーは、イングランド東部の敬虔なキリスト教徒の家に生まれた。父親のサミュエル・ウェスレー(1662〜1735)は40年にわたってエプワースの教会牧師を務め、有名な詩人でもあった。母親のスザンナ・ウェスレー(1669〜1742)は、十戒などのキリスト教の話題に関して解説書をいくつか記した。1720年、ジョン・ウェスレーはオックスフォード大学に入学し、弟のチャールズと共に、特に熱心なキリスト教信者の学生が集まる「ホーリー・クラブ」を作った。このクラブのメンバーたちは大学内で「メソジスト」(「規則正しいやり方[メソッド]を守る」の意)と揶揄された。1728年、ジョン・ウェスレーは牧師に叙任された。大学を卒業すると、1735年にアメリカのジョージア州サバンナへ行き、先住民をキリスト教徒に改宗させるべく伝道した。しかしジョージア州での生活は、牧師としても個人的にも悲惨なものだった。先住民はウェスレーの説教には関心を示さず、また私生活も混乱に陥った。彼はジョージア州の女性に恋をしたが拒絶され、彼女は別の男性と結婚した。揚げ句には名誉棄損で女性の夫に訴えられたことから、ウェスレーはイングランドへの帰国を余儀なくされた。

1738年にイングランドに戻ったウェスレーは、失望していた。しかしその年の5月24日、ロンドンのモラヴィア教会の集会で説教を聞いた。この体験について、ウェスレーがのちに「不思議にも心が温まった」と記したことが有名だ。これがきっかけでウェスレーの信仰心は回復し、彼は伝道を始めた。馬に乗ってイングランド中を回り、田舎の小屋や農場、墓地などでも説教を行った。そして1739年、信者をまとめ、メソジスト・ソサエティ・オブ・イングランドを設立した。

ウェスレーの伝道が正式な国教会と違っていた主な点は、説教の仕方にあった。ウェスレーは福音と信仰の復興を重視し、救済の可能性について――そして教会の運営方法についても――感動的かつ楽観的な言葉で人々に話しかけた。またウェスレーは、国教会の主教に聖職者の叙任を委ねるのではなく、自ら叙任した。これによって、メソジスト派は国教会と決定的に袂を分かつこととなった。87歳で死去するまでに、ウェスレーは何千人もの信者を獲得していた。現在、メソジスト派はアメリカ合衆国で860万人の信者を擁しているという。

**豆知識**

1. ウェスレーの弟のチャールズ・ウェスレーは、きわめて多くの讃美歌を作った。6000曲という驚異的な数のメソジストの讃美歌を作詞したとされている。このことも手伝い、メソジスト派の信者は「歌う人々」として知られている。
2. ウェスレーは何度か恋愛をしたがなかなか結婚せず、1751年にようやく、ロンドンの商人の未亡人メアリー・ヴァゼイルと結婚した。ウェスレーは旅に出ることが多かったことから、この結婚はうまくいかず、のちにメアリーはウェスレーを残して出ていった。
3. ウェスレーの最期の言葉は、「何より最高なことに、神は我らと共にある」だったといわれている。

# 225 指導者 アンドリュー・ジャクソン

**アンドリュー・ジャクソン（1767〜1845）は、1829年に大統領に就任したその日、一緒に祝おうと官邸ホワイトハウスに支持者たちを招待した。そこで行われた祝賀パーティー ── みな酒に酔い、手のつけられない大騒ぎとなった ── は、ちょっとしたスキャンダルになり、ホワイトハウスには何千ドルもの損害が生じた。**

◆

とんでもない騒動となったこの祝賀パーティーは、ジャクソン自身は官邸の秘密の出口を通って乱痴気騒ぎから逃げなければならなかったくらいだった。この出来事は、ジャクソンの選挙が政界にもたらした激震をまさに象徴していた。彼はアメリカ東部出身ではなく、大学教育を受けておらず、裕福な家の出ではない初めての大統領だった。

ジャクソンはサウスカロライナ州の町ワクシャーで生まれ、アメリカ独立戦争が進行する不穏な時期に育った。家族は独立戦争で死に、彼自身は捕虜収容所で過ごした時期もあり、イギリスへの強い嫌悪感を抱くようになった。独立戦争後はテネシー州へ移り、弁護士の実務を行うようになった（18世紀当時は法律の学位がなくても可能だった）。また、先住民との戦争に参戦し、帰還すると1812年の米英戦争に参戦した。米英戦争では1815年の「ニューオーリンズの戦い」を指揮し、勝利に導いた功績から、国内で注目を浴びた。そして1824年の大統領選に出馬し、ジョン・クィンシー・アダムズ（1767〜1848）と競った。一般投票では最多票を記録したが、選挙人団からは過半数を得票できなかった。決定が下院に委ねられ、アダムズの大統領選出が発表されると、ジャクソンの支持者は憤慨した。ジャクソンはその後の４年間、選挙制度の改革を訴え続け、1828年の選挙で民主党の代表としてアダムズを破り当選した。

大統領に就任すると、ジャクソンは選挙での支持層だった西部と南部の農民のニーズを重視する政策を進めた。白人の要望に応えて南部から先住民を「排除」し、政府公認の「第二合衆国銀行」の認可を取り消した。ジャクソンと支持者は、「第二合衆国銀行」は東部の裕福なエリートたちが都合よく利用している仕組みだと見ていたのだ。またジャクソンの任期中は、奴隷の問題に関して南北の分断が進んだ時期でもあった。ジャクソン自身も奴隷所有者だったため南部諸州に同調してはいたが、州が権限を持つことに反対した。そして合衆国の連邦法を無効にしようとしたサウスカロライナ州に軍を送り、不評だった国の税法を徹底させた。

ジャクソンは絶大な人気があったが、二期を務めたのちに引退し、テネシー州ナッシュビルに所有する農園「ザ・ハーミテージ」に戻った。以後も、後継の大統領に助言をしたり、民主党の確立に貢献したりなど、国政の舞台裏で影響力を持ち続け、78歳のときに死去した。

### 豆知識

1. 独立戦争後にジャクソンが移った地域は、当時はノースカロライナ州の一部であった。その地域が分離し、1796年にアメリカ合衆国の別個の州、テネシー州として認められた。
2. ジャクソンは1804年に640エーカー（約2.6平方キロメートル）の農園を取得した。彼は当初この農園を「ルーラル・リトリート」（田舎の静養所）と呼んでいたが、のちに「ザ・ハーミテージ」（隠居所）という呼称に変えた。この農園は1960年に国定歴史建造物に指定された。
3. 米英戦争でジャクソンの下で従軍した将校には、デイヴィッド・クロケット（1786〜1836）がいた。西部の軍人で、テキサス革命の「アラモの戦い」で戦死したことで知られる人物である。

# 226 哲学者・思想家 | ヘーゲル

**1806年、ドイツの都市イェーナがフランス軍の攻撃を受ける前の晩のこと、イェーナの大学で教鞭をとる哲学者が、必死に本の原稿を仕上げようとしていた。その翌日にはフランス軍が勝利し、イェーナは大打撃を受け、プロイセン軍は壊滅することになる。しかしこの哲学者、ゲオルク・ヴィルヘルム・フリードリヒ・ヘーゲル(1770〜1831)がその晩にようやく書き上げた本は、歴史を変えることになる。**

✦

ヘーゲルは、19世紀初頭においておそらく最も重要なドイツの思想家だ。彼は、1789年のフランス革命後にヨーロッパが混乱していた時代に成人した。ヘーゲルの人生は、フランス革命期と、その後にヨーロッパ大陸で続く一連の戦争によって形作られ、ある面では、彼の哲学もその影響を受けて形成された。そしてヘーゲルの哲学は、カール・マルクス(1818〜1883)をはじめとする、ヨーロッパ大陸の思想家に多大な影響を及ぼすこととなった。

ヘーゲルは、ローマ・カトリックが大部分を占めるドイツ南部において、孤立するプロテスタントの都市シュツットガルトで生まれた。プロテスタントの聖職者になるべく育てられたが、哲学の道に進むことに決めた。地元の大学で教育を受け、1801年にイェーナで無給の教職に就き、相続した財産で生計を立てながら『精神現象学』(1807年)の執筆を始めた。これが戦争中に書き上げた先の著作だ。

ヘーゲルは、当初はフランスの革命派を擁護しており、バスチーユ牢獄の襲撃を称えて木を植え、「自由の木」と呼んだ。また、バンベルクという町で発行されていたナポレオンを支持する論調の新聞の編集者を務め、当時の多くのヨーロッパの若者たちと同じく、皇帝ナポレオンがフランス式の社会変革をヨーロッパ中に広めることを望んでいた。しかし、ナポレオン戦争に伴って訪れた苦難を経験する中で、革命派に対する熱意を失っていった。

何十年も経済的に困窮したりしなかったりという状況が続いたが、1816年にようやく学問界での永続的な職を確保した。1818年にはベルリン大学の教授に任命され、1820年に『法の哲学』の出版を果たした。そのころには、青年時代に抱いた革命派への熱意は弱まっていた。後期の著作では、ドイツの国家としての統一を擁護し、プロイセン王国における革命派の反乱者らを非難し、青年期には反対していた独裁主義的なプロイセン国家を支持した。

ヘーゲルの哲学は、19世紀をとおして反響を呼び続けコレラ大流行の中でヘーゲルが61歳で死去したのちにも、何十年にもわたり議論された。またヘーゲルのとった歴史考察の視点はマルクスに大きな影響を与え、マルクスはヘーゲル哲学の要素を取り入れて政治理論を打ち立てた。

**豆知識**

1. ヘーゲルの弟のゲオルク・ルートヴィヒ・ヘーゲル(1776〜1812)は、ナポレオン率いる陸軍に従軍し、ナポレオン軍による1812年のロシア侵攻時に死去した。ヘーゲルの婚外子ルートヴィヒも似たような運命をたどり、オランダ陸軍に従軍し1831年にオランダ領東インドに遠征中に熱病で死去した。
2. ヘーゲルは洗礼時に三つの名(ゲオルク・ヴィルヘルム・フリードリヒ)を与えられたが、どの名でも呼ばれなかった。妻のマリー・ヘレーナ・ズザンナ・フォン・トゥーハー(1791〜1855)は、ヘーゲルのことを単に「だんな様」と呼んだといわれる。友人や学者仲間は「老人」を意味する言葉で呼んでいた。
3. ヘーゲルはフランスによるイェーナ侵攻後にイェーナを離れ、しばらく新聞の編集者を務め、その後の1808〜1815年にニュルンベルクの高校の校長を務めた。

# 227 革新者 | チャールズ・バベッジ

**神様、私はこの計算が蒸気の機械で行われてほしかった。**
**―― チャールズ・バベッジ**

◆

1832年、あるイングランドの作業所で、とある発明品の製作が始まった。完成すれば重量は15トンにもなり、初期の鉄道車両の五倍の大きさだ。この蒸気駆動の機械の製作は、イギリス政府の資金援助を受けており、２万5000個もの部品を要する設計だった ―― 何の役にも立たないような、さまざまな歯車と軸が、驚くほど複雑に組み合わされて出来上がるのである。

数学者のチャールズ・バベッジ（1791～1871）が設計し、この作業所で生まれようとしていた装置は、世界初の機械式計算機だった。コンピュータが発明されるちょうど100年前にバベッジはこの機械を設計し、確かな速さと精度で複雑な数学の計算ができるものだと信じていた。製作費用は巨額だったが、「階差機関一号機」と呼ばれるこの計算機は、科学、ビジネス、工学に革命を起こすと彼は予測していた。

バベッジはロンドンで生まれ、1814年にケンブリッジ大学を卒業した。多数の著作を記し、1828年には母校ケンブリッジ大学における最高栄誉である数学教授の地位、「ルーカス教授職」に選ばれた。これはアイザック・ニュートン（1642～1727）も就いていた地位である。

ヴィクトリア時代のイングランドにおける多くの数学者と同じく、バベッジも、建築家や技師、航海士らが頼みとして使っていた数表の精度の低さに辟易していた。こういった数表は手作業で作られるため、計算ミスなどによる間違いが少なくなかったのだ。そこでバベッジは、1820年代に「階差機関一号機」の設計図を作り始め、より小型化した「階差機関二号機」（重量は2.6トンに減った）も設計した。さらに、「解析機関」というプログラム可能なコンピュータを設計したが、これは彼の死去時にはまだ完成しておらず、改良を続けている段階だった。

しかし、設計段階を経て製作に進んだものは「階差機関一号機」だけだった。バベッジは1830年代初頭に、現在の100万ドルに相当する資金を費やしてこの機械の製作に当たったが、結局は七分の一程度しか完成しなかった。1833年、作業を請け負った人との間で支払いをめぐって争いになり、このプロジェクトは突然停止された。

バベッジは、機械の設計をしながらその後の生涯を過ごし、イングランドの典型的な変わり者の科学者として知られるようになった。しかし2002年に、ある博物館がバベッジの設計図を基に、ついに「階差機関二号機」を完成させた。この機械の動作を確かめたところ、バベッジの名誉は回復された ―― 正しく動作したのだ。

**豆知識**

1. バベッジは、1832年にリベラルな改革主義者としてイギリス議会の議員に立候補した。彼は当選せず、以後は立候補することはなかった。
2. バベッジは1814年にジョージアナ・ホイットモアと結婚した。夫婦は八人の子供をもうけたが、うち五人は乳児期に亡くなった。
3. 数学分野以外では、バベッジは1847年に眼科医が網膜の検査に利用する検眼鏡を考案している。

# 228 悪人 ｜ ジョン・ウィルクス・ブース

**1865年４月14日の聖金曜日、アメリカ合衆国の首都ワシントンでは祝賀の日が始まっていた。南北戦争はめでたく終了した。南軍の将軍ロバート・エドワード・リー（1807～1870）がその五日前に降伏していたのだ。祝賀の日の夜、大統領のエイブラハム・リンカーン（1809～1865）とファーストレディのメアリー・トッド・リンカーン（1818～1882）は、フォード劇場で喜劇『われらがアメリカのいとこ』を楽しもうとしていた。国旗が飾られたバルコニーのボックス席に、ふたりが少し遅れて到着すると、劇場内は大歓声に包まれ、オーケストラは劇の演奏を止めて『大統領万歳』を奏で始めた。**

✦

劇場から数ブロック離れた家に寄宿していたジョン・ウィルクス・ブース（1838～1865）は、この日の前から、すでに国内の有名人だった。彼はシェイクスピア劇の俳優として名高く、アメリカ随一の美男子だという人もいた。ブースは南部（アメリカ連合国）の支持者で、南軍が敗北しそうになっていることに憤り、1864年にリンカーンを拉致する計画を立てていた。しかし、ブースは新たな謀略をめぐらせた。1865年４月14日の朝、自分はリンカーンを暗殺し、仲間はその他の政府要人を殺害するという計画だった。

結局、この計画において任務を遂行できたのはブースだけだった。ブースはリンカーンのボックス席へ忍び込み、リンカーンの後頭部を銃で撃つと、舞台へ向かって飛び降りた。多くの文献では、ブースはこのときラテン語で「暴君は常にかくのごとし」と叫んだとされている。そして、馬にまたがってメリーランド州へと逃亡した。

リンカーンの暗殺には国中が驚愕し、謀略者らを捕らえるべく大々的な追跡が行われた。結果的に、敗北した南部にはより厳しい処遇がとられ、ブースの意図とはおそらく逆の効果となった。暗殺事件の共謀者のうち四人が捕らえられ、軍法会議にかけられ、1865年７月に絞首刑に処された。ブースは12日間逃亡したのち、バージニア州の田舎の納屋に隠れているところを北軍に見つかり、その後の乱闘の中で撃たれた。死去時のブースは26歳だった。

**豆知識**

1. フォード劇場は、大々的な改修を経て、2009年に当時のバラク・オバマ大統領により再開式典が行われた（オバマ大統領は例のバルコニーのボックス席ではなく最前列席に座った）。
2. 暗殺事件後にブースの脚の骨折の治療を行ったメリーランド州の医師サミュエル・A・マッド（1833～1883）は、幇助（ほうじょ）と教唆の罪で終身刑の判決を受けた。彼は４年後に恩赦を受けて解放された。
3. ブースの謀略では、国務長官のウィリアム・スワード（1801～1872）と副大統領のアンドリュー・ジョンソン（1808～1875）も暗殺のターゲットとなっていた。スワードはブースの共謀者ルイス・パウエル（1844～1865）に何か所か刺されたが、命は助かった。別の共謀者ジョージ・アツェロット（1835～1865）はジョンソンを殺害するはずだったが、直前で怖気づいた。パウエルもアツェロットも逮捕され、軍法会議にかけられ、1865年７月７日に絞首刑に処された。

# 229 文筆家・芸術家 | チャールズ・ディケンズ

**絶大な人気を博した作家チャールズ・ディケンズ(1812〜1870)は、イギリスのヴィクトリア時代を代表する文筆家といえるだろう。産業革命期のロンドンのスラム街や工場を舞台にハラハラする長いストーリーが語られる彼の小説は、タイニー・ティム(『クリスマス・キャロル』)やオリバー・ツイストなど、英文学で最も愛される人物に加え、スクルージ(『クリスマス・キャロル』)やフェイギン(『オリバー・ツイスト』)などの印象的な悪者も生み出した。**

✦

ディケンズの小説のほとんどは、ひとつの作品がシリーズの形になっており、各章を1シリングで販売しつつ執筆が進められていった。読者は彼の作品に釘づけになり、当時のニュース記事によると、『骨董屋』(1841年、“The Old Curiosity Shop” 北川悌二訳 ちくま文庫 1989年)の続きを待ちきれないファンがニューヨーク市の埠頭に集まり、続きの冊子を載せた船が入港するのを待ち受けたという。イングランドのポーツマスで生まれたディケンズは、比較的幸福な子供時代を過ごしていたが、突然、父親が負債により逮捕されて債務者監獄に入れられた。12歳にして家計を支えねばならなくなったディケンズは、過酷な労働環境の靴墨工場へ働きに出た。こういった劣悪な環境は、のちに英語で「Dickensian」(「ディケンズのような」の意)と表現されるようになった。ディケンズはほかの何人もの子供たちと共に、あちこちでネズミが走りまわるおんぼろの建物の中で1日10時間働いた。

遺産を相続したことから一家が貧困から抜け出すと、ディケンズは再び学校に通えるようになり、のちに法律事務所の事務員や新聞記者を務めた。最初の小説『ピクウィック・クラブ』(“The Pickwick Papers” 北川悌二訳 ちくま文庫 1990年)は、シリーズとして1836年から出版された。この作品は人気を博し、続いて『オリバー・ツイスト』(1837年)、『ニコラス・ニクルビー』(1838年)、『骨董屋』、『バーナビー・ラッジ』(1841年)が出版された。これらの小説でディケンズはイングランドの人気作家になった。そして1843年、クリスマスの教訓を描いた有名な物語『クリスマス・キャロル』を一冊の本として出版した。一般の人々を対象に書かれたディケンズの小説は、出版以来、賛否両論を呼んできた。ディケンズは、「クリフハンガー」(続きが気になるように終わらせる手法)などの物語のテクニックに長けており、また、子供時代の労働者としての体験や、記者としての経験から、労働者階級の苦悩を驚くほど深く洞察して登場人物を創り上げている。ディケンズが作中で描いたロンドンのスラム街や牢獄の状況はあまりにも鮮烈で、現実の世界における改革を促すことにもつながった。その一方で、彼の小説は感傷的で、登場人物が得てして一面的であるという批判もある。

ディケンズは後期には歴史小説を試み、『二都物語』(1859年)を出版した。1865年には有名な鉄道事故に遭遇したが生還し、その5年後、脳卒中で死去した。58歳だった。

**豆知識**

1. 作家になった当初のディケンズは、「ボズ」というペンネームを使っていた。本名で出版し始めたのは『オリバー・ツイスト』からである。
2. ディケンズは、印税を支払わずに作品を重版したアメリカの出版社に腹を立て、1842年に渡米し、連邦議会に著作権法を可決するよう訴えかけた。しかしまったく相手にされず、のちに『American Notes』(仮題:アメリカについて)を書き、アメリカ全般に対する軽蔑を記した。イギリスの作家の作品は、一部の例外を除き、1891年までアメリカにおいて著作権で保護されていなかった。

# 230 反逆者・改革者 ｜ 洪秀全（こうしゅうぜん）

**自らをイエス・キリストの弟だと確信した洪秀全（1814～1864）は、1851年、人類史上最も凄惨な部類に入る戦争を開始した。彼の狙いは、清朝皇帝を追い落とし、自らがキリスト教徒として新たな君主の座に就くことだった。**

✦

「太平天国の乱」として知られるこの戦争は14年に及び、およそ2000万人の兵士と民間人が死亡した。洪秀全は「太平天国」と称する自らの国を作り、広い地域を占領することに成功したが、ヨーロッパ列強が清朝を支援して軍を派遣すると形勢は変わった。太平天国が崩壊する直前、洪秀全は自害した（訳注：病死だったともいわれている）。

中国南部出身の洪秀全は若い教師だったが、官吏登用試験に何度も落第していた。1837年に再び試験に落ちてからは精神疾患のため、幻視を体験するようになった。あるとき夢に神が現れ、世界から悪魔崇拝をなくせと彼に命じたという。このような体験から、洪秀全は西洋の宣教師らによって中国に伝来していたキリスト教に関心を持つようになった。

洪秀全が幻視を見るようになったころの中国は、歴史上きわめて悲惨な時代に入っていた。19世紀初頭の中国では、洪水、干ばつ、飢餓、外国勢力の侵攻などが続いていたのだ。多くの中国人は一連の災難を清朝皇帝のせいであると考えており、洪秀全のような政治的および宗教的な反対派を生む下地が醸成されていた。

洪秀全はアメリカ人の宣教師から手ほどきを受け、1840年代は各地で説教を行い、中国の南西部を中心に信奉者を獲得した。そして、偶像崇拝を禁止するキリスト教の教えに清朝皇帝が背いていると主張した。反乱は1851年に始まり、洪秀全の反乱軍は1853年に南京を占拠した。洪秀全は南京を首都に定めて一連の法律を敷き、アヘンや賭博、奴隷、纏足（てんそく）の風習を禁じた（一夫多妻を禁じる法令も発布したが、洪秀全自身は多数の妻を囲っていた）。

しかし1860年以後、清朝皇帝はフランスとイギリスの支援を受けて勢力を増強した。洪秀全は1864年に死に、その後しばらくは息子が反乱を継続しようとしたが、その年のうちに鎮圧された。

**豆知識**

1. 洪秀全が信奉者に与えた聖書の翻訳は、彼が不快に感じたいくつかの主要な部分が改変されていた。例えば、創世記の中でユダが死んだ息子の妻と性的関係を持つ話は削除された。また、ダビデ王の称号は「侯爵」とされた。
2. 洪秀全に聖書を紹介したアメリカ・テネシー州の宣教師イザカー・J・ロバーツ（1802～1871）は、のちに洪秀全の政府の外務大臣を務めた。
3. 太平天国の乱が鎮圧されると、中国全土で纏足の風習が再開された。纏足は1911年に禁止されるまで続き、その後も長年にわたり秘密裏に行われていた可能性がある。現在、中国の高齢の女性の中には、纏足により足が変形している人がいる。

# 231 伝道者・預言者 | アン・リー

**アン・リー(1736〜1784)は、キリスト教シェーカー派のカリスマ的な指導者である。シェーカー派は共同体を作って理想的な生活を送ろうとする宗派で、彼女は仲間と共にイギリスからアメリカに渡り、ニューヨーク州北部で宗教活動を行った。熱狂的な礼拝を行い、質の高い家具を造り、性的関係を完全に禁じたことでよく知られる。信者は礼拝で我を忘れるように歌い、体を震わせ叫び声を上げげたことから、「シェーカー」(「体を振る人」の意)派と呼ばれるようになった。**

◆

産業の中心地であるイングランドのマンチェスターで、貧しい鍛冶屋の娘に生まれたアン・リーは、子供のときに工場に働きに出され読み書きを学ぶ機会がないまま成長した。結婚はしたくなかったが、1762年、父親の強い勧めで鍛冶屋のエイブラハム・スタンダーリンと結婚した。不幸せな結婚生活を送る中、リーは、ジェーン・ワードレーとジェームズ・ワードレーという夫婦が主導する小さな宗派に加わった。これはクエーカーから分離してできた宗派である。ワードレー夫婦は挑戦的な態度で知られており、国教会の教会に割り込んで礼拝を妨害することが知られていた。リーもこのような活動に何度か加わり、1770年から繰り返し投獄された。また、ワードレー夫婦の勧めもあり、リーは禁欲を貫くことを決めて夫を困惑させた(リーと夫はその5年後に離別した)。

リーと八人のシェーカー派の信者は、宗教の自由を求めてニューヨークへ移住し、1774年にシェーカー教会のアメリカ組織を設立した。そして、ニューイングランドの「ダーク・デー」と呼ばれる1780年5月19日の異様な気象は、シェーカー派の歴史において重要な役割を果たした。その朝のニューイングランド一帯は、空に太陽が昇らないかのように暗いままだった。これは、大規模な山火事で空が厚い煙で覆われていたためだと考えられているが、当時はこの出来事は悪い予兆であると解釈され、ニューイングランド地域とニューヨークで熱狂的な宗教運動の波が引き起こされた。この運動の波に乗り、リーは1781年、ニューイングランドでより多くの信者を獲得しようと考え、ニューヨークを離れてニューイングランドに移った。そしてマサチューセッツ州ハーバードにシェーカー派の共同体を築いた。シェーカー派は最終的にアメリカ国内で21か所の共同体を築いた。シェーカー派の共同体では、勤勉、財産の共有、独身(禁欲)主義、男女平等の信条を守って生活した。リーは、神は父でも母でもあると信じており、信者の多くはリーのことをキリストに該当する女性だと信じた。

リーは1784年に48歳で亡くなったが、「マザー・アン」と呼ばれたリーの死後、シェーカー派は急速に成長した。19世紀半ばの最盛期には信者は5000人に達し、リーの有名なモットーである「手は仕事に、心は神に」に基づいて生活した。

**豆知識**

1. リーは夫との結婚生活で四人の子供をもうけたが、いずれも幼くして亡くなり、また四度の死産を経験した。
2. アメリカの作曲家アーロン・コープランド(1900〜1990)は、1945年にピューリッツァー賞を受賞したバレエ『アパラチアの春』の楽曲に、シェーカー派の讃美歌『Tis the Gift to Be Simple』(仮題:シンプルというギフト)の旋律を取り入れた。この讃美歌はシェーカー派の長老ジョセフ・ブラケット(1797〜1882)が書いたものだ。
3. シェーカー派は男性の信者を維持することができず、19世紀の終盤には信者数が減少し始めた。

# 232 指導者 ｜ ヴィクトリア女王

**イギリスのヴィクトリア女王（1819～1901）は、60年にわたって在位し、イギリス帝国がまぎれもなく世界最強の軍事力を誇った時代を統治した。「ヴィクトリア朝」とも呼ばれるこの時代は、イギリスにおいて科学と技術が大きく進歩し、政治における変化と文化の変革が起こった時代でもある。**

✦

ヴィクトリア女王の治世中に、イギリスの王政は、王が政治的な権力を行使することはなく主に象徴として存在する制度に変化した。しかし、ヴィクトリア女王はまさに名目上の女王としてこそ、世界に印象を残した――彼女は世界で誰もが知るような存在であり、イギリスのパワーの象徴でもあった。

ヴィクトリアはジョージ三世（1738～1820）の孫娘で、王位継承権を有する正当な子供を持たなかったおじのウィリアム四世（1765～1837）の死後に即位した。即位時のヴィクトリアは18歳だった。その３年後、ドイツのザクセン＝コーブルク＝ゴータ公子アルバート（1819～1861）と結婚し、九人の子供のうちのひとり目を出産した。夫アルバートは1861年に腸チフスで死去するが、これはヴィクトリア女王に大きな衝撃を与えた。彼女はその後生涯にわたって夫を哀悼し、再婚はせず、ほとんど公に姿を見せなくなり、（ウィンザー城にこもっていることから）「ウィンザーの未亡人」というあだ名が付けられた。

概して、ヴィクトリア女王の治世中にはイングランドの経済が繁栄し、工業が飛躍的な成長を遂げ、中産階級が台頭した。また、労働者の運動も活性化し、政治的な権利を主張する声が高まった。対外面では、ヴィクトリア女王は19世紀後半に最大勢力に達したイギリス帝国における肝要な人物であり、1876年、インド皇帝の地位に就いた。1897年の「ダイヤモンド・ジュビリー」と呼ばれるヴィクトリア女王の戴冠60周年記念式典は、イギリス帝国の盛大な祝賀行事となった（イギリスの帝国主義を称えるラドヤード・キップリングの讃美歌『退場』は、この日のために制作された）。

ヴィクトリア女王は81歳で死去し、後継として息子のエドワード七世（1841～1910）が即位した。

**豆知識**

1. ヴィクトリア女王は、現在の女王エリザベス二世（1926～）に次ぎ、イギリス史上二番目に長期間在位した。
2. ヴィクトリア女王は、洗礼名が「アレクサンドリーナ」であることから、子供のころは「ドリーナ」と呼ばれていた。
3. ヴィクトリア女王は九人の子供をもうけ、そのうち何人かはヨーロッパの王室と婚姻関係を結んだ。スウェーデン、ノルウェー、スペイン、デンマークの現在の王は、いずれもヴィクトリア女王の子孫である。

# 233 哲学者・思想家 | アルトゥル・ショーペンハウアー

**1865年、あるドイツの21歳の大学生がライプツィヒで本屋をのぞいていると、50年近く前に出版された、ほこりをかぶった一冊の本が目に留まった。『意志と表象としての世界』というこの本は、世界を混沌とした不穏なものととらえる視点で記されたものだった —— この見方に、大学生は深く印象づけられた。**

✦

本屋にいたこの大学生はフリードリヒ・ニーチェ（1844～1900）だ。そしてこの本の著者は、風変わりなドイツの哲学者アルトゥル・ショーペンハウアー（1788～1860）である。ショーペンハウアーの陰鬱（いんうつ）で厭世的な哲学は、ニーチェをはじめドイツとヨーロッパにおける多数の哲学者に大きな影響を及ぼした。アルトゥル・ショーペンハウアーは哲学者になるような人物ではなく、存命中はさほどの成功を収めなかった。港湾都市として栄えていたドイツのダンツィヒで生まれ、商人だった父親のハインリッヒの跡を継ぐべく育てられた。アルトゥルという名すら、フランス語でも英語でも同じ綴りだからということで、両親が商人にふさわしいと思って選んだものだった。しかし、父親が早くに亡くなると —— 噂では自殺ということだった —— 若きショーペンハウアーは落胆した。そして19歳のとき、それまでやってきた商人としての見習いをやめ、大学で学ぶことに決めた。

1813年、ショーペンハウアーはイェーナ大学で博士号を取得した。ニーチェが47年後に本屋で見つける『意志と表象としての世界』は、1818年に出版された。ショーペンハウアーはドイツで最も名高い大学であるベルリン大学の教授に任命されるが、学生に人気がなく何年か務めたのちに辞職した。そして1831年、コレラの大流行に伴いベルリンから離れ、二度と戻ることはなかった。フランクフルトに住まいを定め、アトマとバッツという二匹のプードルと共に、生涯をそこで過ごした。1836年には、『On the Will in Nature』（仮題：自然における意志について）を出版した。この本では彼の哲学思想の範囲が広げられ、ヒンドゥー教の影響や、孔子（前551～前479）などのアジアの思想家の影響が取り入れられている。

ショーペンハウアーは人生のほとんどにわたって隠遁生活を送ったが、彼の著作は晩年になって学問界で注目され始めた。そして72歳で死去して以来、厭世主義の哲学者ショーペンハウアーは、19世紀のドイツ思想を代表する人物であると見なされるようになった。

**豆知識**

1. ショーペンハウアーの生まれ故郷で、当時ダンツィヒとして知られた都市は、過去300年の間に何度か国が変わっている。異なる時期に、ドイツ、プロイセン、ポーランドのいずれの国も領有権を主張した。ダンツィヒは第二次世界大戦後にポーランド領となり、現在はグダニスクと呼ばれている。
2. ショーペンハウアーは、ベルリン大学で数年間教鞭をとっていた際、同僚のゲオルク・ヴィルヘルム・フリードリヒ・ヘーゲル（1770～1831）と競い合ったことがあった。1820年、ショーペンハウアーはヘーゲルと同じ時間帯に授業を開講し、学生たちはどちらかを選ばなくてはならなかった。学生の大部分はヘーゲルを選び、ショーペンハウアーはその後まもなく辞職した。
3. ショーペンハウアーは生涯独身だったが、婚外児をひとりもうけ、その子供は乳児期に亡くなった。

# 234 革新者 | チャールズ・ダーウィン

**10門の大砲が装備されるイギリス海軍の軍艦ビーグル号が、1831年12月27日、イングランドのデボンポートから出港した。スループ型と呼ばれるこの帆船には、何十人かの乗組員が乗船し、科学機器一式がそろえられていた。そしてひどく船酔いしたある博物学者が乗っていた。**

✦

「悲惨でたまらない」と、チャールズ・ダーウィン（1809～1882）は航海日記に不満を記していた。「人の想像の域を越えている」と。

ビーグル号が出港したその日、船上でフラフラになったこの22歳の若者が、科学史上誰もが知るような人物となり、その優れた思考力で多大な影響を及ぼすことになるとは、おそらく誰も予想しなかったであろう。だが、ダーウィンが５年間に及ぶビーグル号での航海で果たした科学的な発見は、生物学という学問を永遠に変えることになった。また、彼の発見は19世紀の宗教と科学の間に熾烈な対立を生じさせることにもなった。ダーウィンの提唱した進化論は、ハーバード大学の生物学者エルンスト・マイヤー（1904～2005）が「人類が体験したおそらく最も偉大な智の革命」だと表現したくらい、ものすごいことだった。

ダーウィンは、六人きょうだいの五番目に生まれた。ケンブリッジ大学で神学の学位を取得したが、聖職者になってほしいという父親の望みに従う気はほとんどなかった。

ダーウィンが『ビーグル号航海記』（1839年）に記した探検は、世界一周の旅であった。ダーウィンは旅から戻ると、いとこのエマ・ウェッジウッド（1808～1896）と結婚し、上流階級の紳士の科学者として豊かな生活を送った。そして数々の研究者と書簡を交わし、その後の20年の大半を費やして『種の起源』（1859年）を執筆した。ダーウィンはこの著作で、生物種は「自然淘汰」というプロセスを経て、時とともに新しい環境に適応して変化し、進化を遂げていくものであるという理論を提唱した。ダーウィンは、『種の起源』は神が地球上の生物を創造したというキリスト教の伝統的な思想に反しており、物議をかもすであろうことをよく分かっていた。また、敬虔な国教徒である妻のエマを傷つけたくないという意図もあり、この著作を何年か発表せずにいた。1871年、ダーウィンは『人間の由来』（“The Descent of Man”　長谷川眞理子訳　講談社学術文庫　2016年）を発表し、さらなる議論を巻き起こした。この著作では、自然淘汰の理論を人類の進化に当てはめて明確に説明した。人類は類人猿の子孫であるとはしなかったが、人類と類人猿は同じ祖先から生まれているという説を提唱した。ダーウィンは当時最も偉大な科学者であると見なされ、73歳での死去時には国葬が執り行われた。

**豆知識**

1. ダーウィンは、年平均1500通、１日当たりおよそ四通の手紙を書いた。ある伝記によると、1877年にダーウィンが切手と文具に費やした金額は、彼の執事の年間給与よりも多かったという。
2. ビーグル号での航海後、ダーウィンは原因不明の病にかかり生涯にわたって悩まされた。現代の学者は、南アメリカの昆虫に刺されたことによるシャーガス病という稀な病だったのではないかと考えている。この昆虫はサシガメというもので、英語では「暗殺虫」とも呼ばれる。
3. 2003年、イギリス政府はダーウィンの船にちなんだ「ビーグル二号」という名の無人探査機を火星に向けて打ち上げた。この探査機の目的は、「赤い惑星」とも呼ばれる火星に生命体が存在するかどうかを探査することだったが、火星に着陸後、地球との交信が途絶えた。

# 235 悪人 ボス・トゥイード

**ウィリアム・M・トゥイード(1823〜1878)は腐敗した政治家として悪名高く、19世紀半ばのニューヨーク市を事実上支配し「ボス」と呼ばれた。トゥイードはニューヨーク市の民主党の「マシーン」(支持者を集める集票組織)を牛耳る主として、忠実な取り巻きに職を用意したり、さまざまな便宜をはかったり、何百万ドルもの公共事業を与えたことで知られる。また漫画家のトーマス・ナスト(1840〜1902)の作品の題材としても有名になった。ナストはトゥイードを風刺する政治漫画をいくつも描き、それがトゥイードの失脚を促す要因にもなった。**

✦

トゥイード自身もこういった風刺漫画は、政敵よりも、新聞記事の批判よりも、さらには警察の捜査よりもはるかにダメージが大きいことを認識しており、こう言ったという。「あのバカな絵をやめさせろ。新聞が何を書こうが知ったことじゃない。地元の有権者は字が読めんのだ。だが、ちくしょう、絵は見えるだろう!」

トゥイードはニューヨーク市に生まれ、1852年に民主党から出馬し下院議員に選出された。1854年には再選されなかったが、政治のキャリアが途絶えることはなく、その後、ニューヨーク市の管理委員会の委員、州議会上院の議員、そして市の公共事業部の部長を務めた。

しかし、トゥイードが一番影響力を持ったのは、民主党とつながりのある市民組織「タマニー・ホール」の長としての地位だった。「タマニー・ホール」は特にアイルランド移民の支持を受けており、トゥイードはこの新たな得票層を確保したことにより政治権力の基礎を築いた。「タマニー・ホール」は集票活動を行い、支持者には社会的支援を提供していた。これは都市部の政党マシーンには比較的よくあるやり方で、19世紀のアメリカ合衆国内で広く行われるようになっていた。

トゥイードはその大きな体格 —— 身長183センチ、体重272キロほど —— で知られており、漫画家にはうってつけの題材で、ドイツ生まれの漫画家ナストはトゥイードを大いに利用した。ナストは1869年、政治雑誌『ハーパーズ・ウィークリー』に漫画の掲載を開始し、血税で腹を満たしてでっぷりと太った悪党の姿をトゥイードとして描いた。ナストの漫画に加えトゥイードの汚職を暴露した『ニューヨーク・タイムズ』紙の記事がもととなり、トゥイードは1871年、何百万ドルもの市の公金を不正に利用した罪に問われた。彼は有罪判決を受け、何年かを刑務所で過ごしたが保釈中にスペインに逃亡した。そして1876年にアメリカに送還され、刑務所で死んだ。一方、「タマニー・ホール」は20世紀の半ばまでニューヨーク市政に影響を及ぼし続けた。

**豆知識**

1. トゥイードの組織は、マサチューセッツ州シェフフィールドで採石場を独自に運営し、採掘された石を使って「トゥイード裁判所」と呼ばれる郡の裁判所を建設した。この建物はマンハッタンのダウンタウンの有名な史跡となっている。
2. 「タマニー・ホール」の名は、先住民の長タマネンド(1628頃〜1698)に由来している。
3. 「タマニー・ホール」の本部は一か所のホールだったわけではなく、組織の存続中に何度か移転している。最後の所在地だったマンハッタンの東17丁目の建物は、現在は劇場になっている。

# 236 文筆家・芸術家 | リヒャルト・ワーグナー

**ワーグナーはそんなにたくさんは聴けない……ポーランドを征服しに行きたくなってしまうから。 —— ウディ・アレン**

✦

1933年のある秋の晩、作曲家リヒャルト・ワーグナー（1813〜1883）のオペラが、ナチスの指導者アドルフ・ヒトラー（1889〜1945）を招いて上演されようとしていた。ヒトラーが劇場に着くと、驚いたことに、観客席はがら空きだった。怒ったヒトラーは、警察に近くの酒場や売春宿から強制的に人々を連れ出させ、気に入りのオペラ『ニュルンベルクのマイスタージンガー』が上演される劇場の空席を埋めさせた。

19世紀の指揮者であり文筆家でもあった作曲家ワーグナーは、ヒトラーに気に入られていたことから、歴史上議論を呼ぶ位置に立たされた。ワーグナーのドイツ愛国主義と反ユダヤ主義は、ナチスにとってイデオロギーを宣伝する窓口になったとして、ワーグナーを批判する人々もいる。一方、ワーグナーを称賛する人々は、彼の音楽がファシズムのテーマソングのように利用されたからといって、死後50年が経過した今、彼に責任を問うわけにはいかないと主張した。

しかし、そのどちらの側も、ワーグナーが当時の傑出した文化人であり、音楽だけでなく絵画、詩、哲学にまで影響を及ぼしたということについて異論はない。ドイツがひとつの国家としての形態をとり始めた時代に、ワーグナーは新しい国のアイデンティティを形成しようとし、作品の中に伝説の神や、英雄 —— そして悪人を取り入れた。

ワーグナーはライプツィヒで生まれ、主にドレスデンで教育を受けた。ワーグナーが元々熱意を持っていたのは演劇であり、彼は、オペラの制作で台本と音楽の両方を手がけた比較的珍しい作曲家である。1833年に最初のオペラ『妖精』を書き、1836年に舞台女優のミンナ・プラーナー（1809〜1866）と結婚した。そして1849年、ザクセン州政府に対する革命運動に携わったことから亡命を余儀なくされ、1850年代はフランス、イタリア、スイスを転々とした。亡命中、ユダヤ人を厳しく批判する論文『音楽におけるユダヤ性』（1850年）を書き、四部作のオペラ『ニーベルングの指輪』の制作に取りかかった。これは上演に15時間かかる大作で、北欧神話の物語に基づく傑作である。

人種とユダヤ教に関するワーグナーの見解は19世紀のドイツでは珍しいことではなかった。そのためワーグナーの擁護者の中には、そういった見解を批判することは彼の音楽の業績を不当に傷つけることになると考える人もいる。ワーグナーはヴェネチアで69歳のときに死去した。彼のオペラは『ニーベルングの指輪』を筆頭に代表的な傑作であると認識されている。

**豆知識**

1. ワーグナーが設計した、ドイツのバイロイトにあるオペラハウス「バイロイト祝祭劇場」は、現在も営業しており、毎年『ニーベルングの指輪』が上演されている。
2. ワーグナーのオペラ『ワルキューレ』の中のテーマ曲「ワルキューレの騎行」は、アメリカにおいて映画のサウンドトラックやコマーシャル、アニメ『バッグス・バニー』など、数々の作品で利用された。
3. 2000年、ナチスの大虐殺の生存者である指揮者メンディ・ロダン（1929〜2009）は、イスラエルの暗黙のタブーを破り、ワーグナーの楽曲を公の場で演奏した。これはイスラエル史上初のワーグナー楽曲の演奏だったと考えられており、広く非難された。

# 237 反逆者・改革者 ｜ ジュゼッペ・ガリバルディ

**ジュゼッペ・ガリバルディ（1807～1882）は、大勢のイタリア人にとってカリスマ的な英雄であり、イタリアの統一と独立のための戦いを指揮した人物である。彼は軍事戦術に精通し、強い愛国心を抱き、「赤シャツ隊」を率いたことで知られ、ナショナリズム回復の象徴となった──イタリア国内だけではなく、19世紀のヨーロッパ全土にわたり称賛された。**

✦

イタリアの指導者ガリバルディの生まれは、皮肉にもフランスである。幼少期はイタリア語話者が多数集まるフランスの海岸都市ニースで過ごし、10代には商船隊の商人となった。航海中にイタリアの革命家たちに出会い、1830年代にイタリア統一運動を行う組織「青年イタリア」のメンバーになった。当時のイタリアはいくつもの弱い小国に分裂しており、その多くは世襲による王政がとられていた。加えて、教皇領として知られるイタリア中心部の広大な領域をローマ教皇が支配していた。19世紀のヨーロッパで起こっていた自由化運動の影響を受け、イタリア統一運動の勢力は、イタリアに民主主義を取り入れ、教皇領を廃止することを目指した。

ガリバルディは1834年の反乱に参加したが、この反乱は失敗し、彼は死刑を宣告された。南アメリカに亡命すると、自ら志願しウルグアイの内戦で戦った。ガリバルディはこのときに仲間が揃いで着用する赤シャツを採用し、のちにこの赤シャツで知られるようになった。1848年に短期間イタリアへ戻ったが、再び南アメリカ、そしてイングランドへと逃れたのち、アメリカ・ニューヨーク州スタテン島で２年ほど過ごした。

ガリバルディは、サルデーニャ王ヴィットーリオ・エマヌエーレ二世（1820～1878）、そしてフランス皇帝ナポレオン三世（1808～1873）と手を組み、1859年と1860年にようやく大きな勝利を収めた。そして、両国との連携で1861年にイタリア王国の建国を実現させた。しかし、建国においてガリバルディは苦渋の妥協をすることとなった。彼は王国ではなく民主制を求めていたのであり、また、故郷の都市ニースがナポレオン三世の協力の見返りとしてフランスに割譲されたことも不本意だった。戦争後、ガリバルディはヨーロッパを回り、民族主義運動の象徴として活動家たちに称賛された。また、イタリア議会の議員を務めた。晩年はサルデーニャ島近くの島に隠棲し、74歳で死去した。

### 豆知識

1. 少なくとも、イタリア語圏のひとつの都市国家 ── サンマリノ共和国 ── が、新しい統一国家であるイタリア王国には加わらずに独立を保った。サンマリノ共和国の国土はわずか62平方キロメートルほどで、現在、世界で最も小さな独立国家のひとつである。
2. イタリア国内では、多数の道路や広場にガリバルディの名が付けられている。
3. 1861年にアメリカ南北戦争が勃発すると、当時の大統領エイブラハム・リンカーン（1809～1865）は、ガリバルディに北軍の司令官を務めるよう打診した。ガリバルディは、条件として南北戦争の目的が奴隷制の廃止にあることを明示するよう求めたことから、リンカーンは最終的にこの依頼を取り下げた。

# 238 伝道者・預言者 ジョセフ・スミス

**モルモン教会（末日聖徒イエス・キリスト教会）の最初の指導者、ジョセフ・スミス・ジュニア（1805～1844）は、生前は非難を浴び迫害を受けたものの、現在ではモルモン教会を設立した預言者として、全世界の何百万人もの信者に崇拝されている。**

✦

スミスは、バーモント州中央部の小さな農村に生まれた。一家は1816年にニューヨーク州パルマイラへ引っ越した。敏感な少年だったスミスは、1820年、さらに1823年に神秘的な幻視を体験した。森を歩いているときに、モロナイという名の天使が目の前に現れたという。

天使モロナイは、真のキリスト教会は世界から消えてしまったため、復活させるのがスミスの役目だと告げた。スミスはその天使に、ニューヨーク州マンチェスター近くの丘の斜面を掘り、黄金の板に書かれた聖なる文書を見つけよと指示された。スミスによると、1827年に大きな石の箱の中にその黄金の板を見つけたという。聖なる文書は「改良エジプト語」という未知の言語で書かれており、スミスはその文書の翻訳だとする書物を完成させ、1830年にこれを「モルモン書」として出版した。モルモン書の中で言及されている話によると、旧約聖書に描かれる古代ヘブライ人たちは、何千年も前に大西洋を航海し北アメリカに渡ってきていた。彼らの社会と言語は失われてしまったが、子孫はアメリカ先住民として生き続けた。

スミスは1830年４月６日に正式にモルモン教会を設立したが、信者たちはすぐさま疑念の目を向けられた。スミスの黄金の板のことは広く嘲笑の的となり、さらに、スミスは1832年に暴徒に襲われ、体にタールを塗りつけられて鳥の羽をつけられた。スミスと信者たちは、迫害から逃れるためにオハイオ州、ミズーリ州へと移り、最終的にイリノイ州の町コマースに定住した。スミスはその町をノーブーと改称した。

ノーブーに定住するころには、教会の信者は２万人にもなっていた。スミスはこの町で独裁的な権力を確立し、民兵隊を作り、スミスを批判する新聞『ノーブー・エクスポジター』を廃刊にさせた。新聞の廃刊は抗議を巻き起こし、スミスはイリノイ州当局に逮捕され、反逆罪に問われた。そして裁判を待つ間の1844年６月27日、暴徒化した住民らに襲撃され殺害された。

豆知識

1. スミスによるモルモン書の初版は5000部しか印刷されなかった。そのうちの一冊は、2007年のオークションで10万5600ドルで落札された。
2. スミスの死後、多くのモルモン教徒は現在のユタ州へ移った。その地域は1849年に合衆国に加わろうとしたが、連邦議会の指導者たちがモルモン教会の一夫多妻制に反対していたことから加盟を拒否された。モルモン教会の指導者たちは1890年に一夫多妻制を禁じ、ユタ州は1896年にようやくアメリカ合衆国の45番目の州となった。
3. スミスは1827年に最初の妻エマ・ヘイル（1804～1879）と結婚し、モルモン教会を設立後には、何十人かの女性を妻にした ―― 最大34人の妻がいたのではないかとされている。

# 239 指導者 ｜ エイブラハム・リンカーン

**南北戦争に勝利してアメリカ合衆国の統一を維持し、奴隷を解放した大統領、エイブラハム・リンカーン（1809～1865）は、一般にアメリカ史上最も尊敬される人物に数えられる。リンカーン政権のある長官の言葉を借りると、「人類史上、最も完璧な統治者」と見なされた大統領だった。**

✦

リンカーンはケンタッキー州の丸太小屋で生まれ、子供のころは何度も引っ越しを経験し、学問は主に独学だった。青年期は川の運搬船で働いたり酒の販売をしたりなど、さまざまな職に就いたがうまくいかなかった。やがて法律の実務を行うようになり、1837年にイリノイ州の法廷弁護士となった。しかし初めての政界入りの業績は不振に終わった。ホイッグ党員として連邦議会の議員に選出されたが、メキシコとの戦争に反対するという不評な投票を行ったこともあり、結局、議員を務めたのは一期のみとなった。リンカーンはイリノイ州に戻ると、再び法律の実務を行い、新党である共和党に加わった。共和党は「自由な土地、自由な労働、自由な人間」をモットーとし、合衆国領土の西への拡大と、奴隷制の規制を擁護していた。当時、奴隷制の規制は内政における重要課題となっていた。彼は1858年のイリノイ州上院議会選挙に共和党の代表として出馬したが、民主党のスティーブン・ダグラス（1813～1861）に敗れた。

リンカーンは1860年の大統領選挙戦に共和党候補として出馬し、四人の候補による激戦の中で勝利した。すると南部諸州の議員たちは、リンカーンが奴隷制を廃止すると確信し、合衆国からの脱退に次から次へと票を投じた。この南部諸州の脱退の危機により、1861年４月に南北戦争が勃発することとなった。

南北戦争は、リンカーンの指導者としての能力だけでなく、民主主義が存続をかけて戦争を戦い、勝利できるかを試すものであった。リンカーンの軍事経験は、1832年にイリノイ州の民兵隊に入っていただけだったが、彼は北軍の指揮官として優れた能力を発揮し、南軍に猛攻をしかけるべく将軍らを動かした。また死者数が増加する中、戦争に対する公の支持を維持した。

1864年、リンカーンは戦争中に初めて行われた大統領選で圧勝を果たした。1865年３月に就任式が行われるころには、北軍の勝利は確定していたも同然で、リンカーンは就任演説で、南部に寛大な対応をし前へ進もうと人々に呼びかけた。しかし、彼はその翌月に暗殺された——南軍の司令官ロバート・E・リー（1807～1870）が降伏したわずか五日後、そして南部のアメリカ連合国が完全に崩壊する数週間前のことだった。

**豆知識**

1. リンカーンは、アメリカ合衆国の最初の13州の出身ではない初の大統領であった。
2. ネブラスカ州の州都リンカーンは、1867年にリンカーン大統領にちなんでその名が付けられた。そのほかに、大統領にちなんで名付けられた州都は三か所ある。ミズーリ州ジェファーソンシティ、ミシシッピ州ジャクソン、ウィスコンシン州マディソンだ。
3. リンカーンに敵対する民主党の派閥は、毒ヘビのマムシの一種である「コッパーヘッド」という軽蔑的なあだ名で呼ばれた。

# 240 哲学者・思想家 | マーガレット・フラー

**暴風雨の吹き荒れる1850年6月19日の夜、貨物船エリザベス号は、ニューヨーク州ロングアイランド島近くの砂州で座礁していた。猛烈な風と荒波の中、生きて岸にたどりついた乗員・乗客はほんのわずかだった。死者の中には、アメリカの哲学者で社会改革者であり、冒険的な活動に携わったマーガレット・フラー（1810〜1850）がいた。エリザベス号に乗ってイタリアからアメリカへの帰路に、災難に巻き込まれたのだ。**

✦

船と共に沈んだ当時のマーガレット・フラーは40歳だった。マーガレットは、19世紀初頭にボストンを拠点に哲学思想の運動を展開した「超絶クラブ」のメンバーであった。また、女性の権利に関して述べたアメリカ学問史上初のものに数えられる『Woman in the Nineteenth Century』（1845年、仮題：19世紀の女性）の著者としても知られる。

マーガレット・フラーはマサチューセッツ州ケンブリッジで生まれ、連邦議会議員だった父親のティモシー・フラー（1778〜1835）に教育を受けた。父親はマーガレットに文学、音楽、ギリシャ語を教え込み、その過密な学習スケジュールにマーガレットは疲れ果てた。「私はよく、夜遅くまで寝ずに勉強させられていた。父は、性分としても私への期待という意味でも、とても厳しい先生だったため、父の前で解答を言い終えるまで私の気持ちはずっと張りつめていた」と、マーガレットはのちに記している。マーガレットは、26歳のときに哲学者ラルフ・ワルド・エマーソン（1803〜1882）と知り合い、超絶主義の機関誌『ザ・ダイヤル』の活動に誘われた。この雑誌は、エマーソンのほかに、教育家のブロンソン・オルコット（1799〜1888）やエリザベス・ピーボディ（1804〜1894）などの著名人が寄稿しており、大きな影響力を持っていた。マーガレットは1839年に同誌の編集者となり、1843年のある号に、『The Great Lawsuit: Man vs Men and Woman vs. Women』（仮題：男女平等に関する重大な訴え）という記事を執筆し掲載した。この記事に加筆して２年後に出版されたのが、男女同権を主張する上述の著書『Woman in the Nineteenth Century』である。

マーガレットの著作は、影響力ある新聞『ニューヨーク・トリビューン』紙の編集者ホレス・グリーリー（1811〜1872）の目に留まり、マーガレットは同紙に雇われて特派員としてイタリアに派遣され、現地の革命運動について記事を執筆することになった。イタリアに滞在中、侯爵で革命指導者のジョヴァンニ・アンジェロ・オッソーリと恋に落ち、ふたりは1848年に息子アンジェロをもうけた。革命が失敗に終わると、マーガレットら三人はローマから逃れざるを得なくなり、アメリカ合衆国に移住することに決めた。夫のオッソーリと赤ん坊だった息子は、マーガレットと共にエリザベス号に乗っており、三人とも、この船の事故で亡くなった。

**豆知識**

1. 作家のナサニエル・ホーソーン（1804〜1864）は、マーガレットをモデルにふたりの人物を作品中で創作したとされている。『The Blithedale Romance』（1852年、仮題：ブリスデールのロマンス）のゼノビアと、『緋文字』（1850年）の主人公のヘスター・プリンだ。
2. エリザベス号の難破後、エマーソンは作家のヘンリー・デイヴィッド・ソロー（1817〜1862）にマーガレットの遺体捜索を頼んだ。ソローは遺体を発見できなかったが、マサチューセッツ州ケンブリッジのマウント・オーバン墓地に、彼女の慰霊碑が造られた。

# 241 革新者 | フローレンス・ナイチンゲール

**近代看護の象徴的な人物であるフローレンス・ナイチンゲール（1820〜1910）は、イギリス軍の傷病兵のケアを改善し、何千人もの命を救ったとされている —— また、その過程で看護という専門分野を新しく生まれ変わらせた。**

◆

イギリスの裕福な家に生まれたナイチンゲールは、17歳のとき、看護師になる決意を固めた。家族の所有する敷地の庭園を散歩中に、神らしき声を聞いたことがきっかけだった。

しかし当時は看護の職は聞こえが悪く、家族はナイチンゲールの決断に反対し、代わりに彼女をイタリア、ギリシャ、ドイツ、エジプトへの長い旅に出させた。しかしこの計画は裏目に出て、ナイチンゲールはドイツで看護の授業を受ける機会を得た。1853年にイギリスに戻ると、ようやく看護師になることを許された。

ナイチンゲールが有名になったのは、イギリス、フランス、トルコ（オスマン帝国）の同盟軍と、ロシア軍との間で1853年に開戦したクリミア戦争のときである。彼女は、家族の友人だったイギリスの戦時大臣に働きかけ、1854年に従軍看護師としてトルコの病院に着任した。

しかし、ナイチンゲールが目にした病院の環境は劣悪で、下水があふれ出したり、ネズミや虫が病棟内を這いまわったりしていた。病気による兵士の死者数は、戦場での負傷による死者数よりもはるかに多かった。

ナイチンゲールは患者に新鮮な食事や水を確保し、病院の衛生の維持に努めた。すると劇的な効果が得られた。ナイチンゲールの着任時、病院の患者の死亡率は60パーセントだったものが、彼女が病院の任務を終えるころには２パーセントにまで減少していたのだ。彼女は毎晩、病棟の患者の見回りをしたことから、イギリス兵たちに「ランプの貴婦人」と呼ばれて慕われた。

戦後、ナイチンゲールはイギリス国内の病院の環境改善を訴えかけ、また、看護学校を設立して看護の手法を普及させた。そしてロンドンで90歳のときに死去した。

**豆知識**

1. ナイチンゲールの両親は、結婚後にヨーロッパに長期の旅に出ており、ナイチンゲールはイタリアの都市フィレンツェで生まれた。両親はその地名にちなんで娘を「フローレンス」（フィレンツェの英語名）と名付けた。ナイチンゲールの姉はイタリアのナポリで生まれ、両親はナポリのギリシャ語名である「パルテノペ」という名を付けた。
2. ナイチンゲールの名に由来する「ナイチンゲール症候群」は、看護師や医師が患者に恋愛感情を抱く精神状態のことである。ただし、ナイチンゲール自身がこの状態を体験したという証拠はない。
3. 1907年、ナイチンゲールは従軍看護師としての功績が称えられ、エドワード七世（1841〜1910）により、イギリス史上女性として初めて「メリット勲章」（騎士団勲章）を授けられた。

# 242 悪人 ｜ ジェシー・ジェームズ

**ジェシー・ジェームズ（1847〜1882）は、1860〜1870年代に、銀行と列車を狙って殺人や強盗を平然と繰り返し、アメリカの伝説の人物となった。南北戦争後に南軍の元兵士を仲間に引き入れて結成されたジェシーの強盗団は、ミズーリ州、カンザス州、アイオワ州、ミネソタ州で人々を恐怖に陥れたが、彼は最終的に仲間のひとりに撃ち殺された。**

✦

ジェシー・ジェームズは、生前だけでなくその死後何年にもわたり、アメリカ版ロビンフッドとして美化されたが、彼が強奪した金品を自分以外の誰かに使ったという証拠はない。また、ジェシーの強盗団は残忍なことで悪名高く、特に黒人および南北戦争で北部に味方した人物に対しての扱いは酷かった。

ジェシー・ジェームズはミズーリ州のリトルディキシーと呼ばれる地域に生まれた。奴隷を所有する大麻草の農園主だった父親とは２歳で死に別れ、主に母のゼレルダに育てられた。北部州に接するミズーリ州はアメリカ合衆国から脱退するかどうかで意見が二分していたが、ジェシーの家族は断然、南部のアメリカ連合国を支持した。

南北戦争中、ジェシーと兄のフランク（1843〜1915）は、北部のシンパであると疑われるミズーリ州内の人物を殺害する一団に加わった。結局、南部のアメリカ連合国は1865年に崩壊したが、ジェシーにとって戦争は終わらなかった。兄弟は銀行や列車をターゲットに強奪を繰り返し、合衆国の連邦政府の役人を暗殺した。兄弟は共和党員が関連する銀行や鉄道を頻繁に狙ったことから、南部には兄弟を英雄のように書き立てる新聞もあった。

ジェシーの強盗団の終焉は1876年に訪れた。ミネソタ州ノースフィールドでの銀行強盗に失敗し、ジェシーと兄のフランクを除いた強盗団の全員が、殺害されたか捕らえられたのである。

強盗団が解体されると、ジェシーとフランクは隠れて生活した。ジェシーはJ・D・ハワードという偽名を使い、農業で生計を立てようとしたが、やがて再び犯罪に手を染め、彼の捕獲には１万ドルの賞金が設定された。この賞金目当てに、強盗団の一味だったロバート・フォード（1862〜1892）は、ジェシーが写真の額縁のほこりを払っている隙を狙い背後から銃撃した。死亡時、伝説の無法者ジェシー・ジェームズは34歳だった。

**豆知識**

1. 2007年のアメリカ映画『ジェシー・ジェームズの暗殺』では、ブラッド・ピット（1963〜）がジェシーを演じた。ほかにも、ロバート・デュヴァル（1931〜）、コリン・ファレル（1976〜）、オーディ・マーフィ（1924〜1971）がジェシーを演じている。また、ジェシーの息子ジェシー・ジェームズ・ジュニア（1875〜1951）は、何作かの無声映画で父親を演じた。
2. 南北戦争後、不満を抱く南軍の元兵士の武装グループが暴力行為に及んだケースは数多くあり、ジェシー・ジェームズの強盗団はそのひとつにすぎない。「クー・クラックス・クラン」（KKK・白人至上主義団体）もそのような団体であり、ジェシーと強盗団のメンバーは、1873年に最初の列車強盗を行ったときに「クー・クラックス・クラン」の白いガウンを着ていたといわれる。
3. ジェシーを殺害したロバート・フォードは、賞金を獲得し、ミズーリ州を離れた。最終的にはコロラド州に住み、彼自身も1892年に殺害された。

# 243 文筆家・芸術家 ｜ エドワード・J・マイブリッジ

**エドワード・J・マイブリッジ（1830～1904）は、写真史において技術的にも芸術的にも革新的な成果を生み出した人物だ。マイブリッジはイギリスからアメリカ合衆国にやってきた移民で、馬と人間の運動を画期的な連続写真に収めて名声を得た。この連続写真と、撮影のために彼が考案した新しい技術は、カメラの持つ可能性を衝撃的な形で示した。そして、これが動画技術の重要な原型になったといわれる。**

◆

芸術的な業績で知られはしたが、生前のマイブリッジは、その変わった風貌と、頻繁に名前を変えたことでも知られ、さらに殺人罪で裁判にかけられ無罪になったことでも悪名高かった。

マイブリッジはイングランドのキングストン・アポン・テムズで、「エドワード・マガーリッジ」という名で生まれた。彼は計五回、名前を変えており、最終的には1850年代初頭にアメリカに移住してから「エドワード・マイブリッジ」という名に落ち着いた。1855年にサンフランシスコへ引っ越すと、主に風景写真家として活動した。

マイブリッジは1872年、鉄道王で元カリフォルニア州知事のリーランド・スタンフォード（1824～1893）と知り合った。競走馬を所有していたスタンフォードは、マイブリッジに2000ドルを提供し、長年議論されてきたある問題の解決を依頼した。「疾走する馬の四本の脚が、地面から同時に離れる瞬間は存在するのか」という問題だ。

この問題の答えを出すには、馬の動きを「静止」させなくてはならず、それには新たな撮影技術を生み出す必要があった。このプロジェクトは計６年に及び、途中、1874年にマイブリッジが殺人罪で裁判にかけられた際には中断した（スタンフォードがマイブリッジの弁護士費用を支払った）。カリフォルニア州ナパの陪審団は、13時間の審議ののちに、マイブリッジが妻の愛人を殺害したことは「正当化できる殺人」であるとして、彼を無罪と判断した。

有名な馬の連続写真は、1878年６月15日の朝、カリフォルニア州パロアルトの競馬場で12台のカメラを用いて撮影された。20分後、多くの見物人が見守る中でマイブリッジが写真を現像すると、予想したとおり、疾走する馬の脚は四本同時に地面を離れる瞬間があることが証明された。マイブリッジはさらに、馬のほかにも野牛や人間、その他の動物の連続写真を撮影した。また、映写機の原型である原始的な装置「ズープラキシスコープ」を考案した。

マイブリッジは晩年の10年間は故郷のイングランドの町で過ごし、74歳で死去した。

**豆知識**

1. マイブリッジは、動物と人間の動きを10万点以上もの静止画に収めた。
2. アメリカの作曲家フィリップ・グラス（1937～）による1982年のオペラ『フォトグラファー』は、マイブリッジの殺人事件の裁判を題材としたものである。
3. マイブリッジが技術的に最も苦労したのは、疾走する馬を「静止」させることのできる高速シャッター ── １秒のおよそ500分の１の速さのもの ── と、同じく高速で露出可能なフィルムを作ることにあった。当時、ほとんどのフィルムの露出時間は15秒から数分だった。ひとつ目の問題は、ジョン・D・アイザックスが考案した機械式シャッターで解決され、もうひとつの問題は、1870年代に編み出されたフィルムの技術で解決された。

# 244 反逆者・改革者 ｜ 西郷隆盛

**映画『ラスト・サムライ』のモデルになったともいわれる西郷隆盛（1827〜1877）は、19世紀日本の西洋化に抵抗し勝ち目のない戦いを指揮した。誇り高き旧来の武士道精神により、西郷隆盛は歴史ロマンの象徴として日本の作品に描かれ、日本文化における名高い英雄となっている。**

✦

西郷隆盛は、九州薩摩国の小さな町に生まれ、薩摩藩独特の伝統的な郷中（ごじゅう）教育の制度のもと、儒学、算術、武芸を学んだ。封建時代の日本における軍事エリートである武士は、明確に記される原則などとは異なる「武士道」が行動規範であり、西郷もこの武士道を郷中教育で身につけていた。武士道では、忠誠、質素、そして名誉の死が求められた――必要とあらば自害を遂げるのだ。

学業を修めた西郷は、武士に求められるとおり役人になった。まず郡方書役助（こおりかたかきやくたすけ）（藩内の農業と土木の監督や年貢徴収に関する業務）に就いた。そして1854年、理由は定かではないが、薩摩藩の藩主である島津斉彬（しまづなりあきら）（1809〜1858）に大抜擢され幕府の置かれていた江戸に赴いた。その当時の江戸幕府は、経済的にも政治的にも優勢な西洋にどう対応するかという問題で紛糾していた。前年の1853年にはアメリカ海軍の「黒船」が浦賀に来航し、日米和親条約に調印させられていたことから、日本が軍事的にも技術的にも立ち遅れていることが露呈していたのだ。

近代化の賛成派は、西洋に追いつくには封建的な武家政治を廃止し、天皇を中心とした強い政権を確立し、世襲の武士ではなく西洋式の職業軍人による軍を配備する必要があると考えた。近代化を求める勢力が増したことから、1867年に将軍の徳川慶喜（よしのぶ）は明治天皇に政権を返上した（大政奉還）。こうして、以前は象徴的な存在だった天皇による明治政府が樹立し、明治維新がもたらされた。大政奉還によって討幕派（新政府派）と旧幕府派の間の対立が引き起こされ、戊辰（ぼしん）戦争が勃発した。西郷は討幕派および近代化の賛成派として戦ったが、戦争に勝利すると、新政府による外交政策と、武士の特権を廃止する政策に幻滅を感じた。そして1877年、西郷は新政府の改革に怒った旧薩摩藩の武士たちを率い、西南の役（西南戦争）を起こした。

西郷軍にほぼ勝ち目はなく、城山籠城戦で最後の抵抗をするころには、400人の兵士数で3万人を擁する新政府軍を相手にしていた。そして西郷は、武士道精神を貫き、捕らえられるのを回避して自害を遂げた。

**豆知識**

1. 2003年、1877年の西南の役を描いたハリウッド映画『ラスト・サムライ』が製作された。トム・クルーズ（1962〜）主演の同映画では、西郷隆盛を比較的忠実に描いた登場人物を渡辺謙（1959〜）が演じた。渡辺はアカデミー賞助演男優賞にノミネートされたが、同賞はティム・ロビンス（1958〜）が受賞した。
2. 西郷隆盛は人気が根強かったことから、死後の1889年に天皇の恩赦を受けた。
3. 武士の刀を用いた戦術は、剣道に受け継がれている。

# 245 伝道者・預言者 ｜ ウィリアム・ミラー

**何千人ものアメリカ人にとって、1844年10月22日の朝はとてつもなく重大な予定日だった。バーモント州の説教師ウィリアム・ミラー（1782〜1849）によると、その日が世の終末で、イエス・キリストが再臨を果たすというのだ。**

✦

1812年の米英戦争に従軍したミラーは、戦争から帰還後にキリスト教の終末論にこだわるようになった。旧約聖書のダニエル書の節を自分なりに解釈し、イエス・キリストは1840年に再臨すると確信した。ミラーは1830年代に自らの預言について説教を始め、ニューイングランドとニューヨーク州ではミラーの予測を掲載する新聞もあった。1840年ごろからは、ミラーは説教と自ら発行する雑誌を通じ、何千人もの信奉者を獲得するようになっていた —— 信奉者は最大10万人にも及んだといわれる。

ミラーは正式な宗教教育を受けてはおらず、預言の根拠とするミラーの説明は戸惑うほど複雑なものだった。それでもミラーの思想はニューイングランドとニューヨーク州の田舎で受け入れられた。そしてミラー派は、アメリカ合衆国で南北戦争前に起こった「第二次大覚醒」と呼ばれる大々的な信仰復興期において、最も顕著な宗教集団のひとつとなった。

当初、ミラーが信奉者に示したのはおおまかな予測のみで、救世主イエス・キリストの再臨は1843年３月から１年以内であるとしていた。しかし何も起こることなく1844年３月が過ぎると、予定日は1844年４月18日に変更された。果たして世界が変わらないまま４月19日が来ると、ミラー派はさらにもう一度変更し、世の終末日は10月22日であるとした。

ミラーによる預言には、イエス・キリストの再臨の日だけではなく、それから何が起こるかも含まれていた。ミラーは、再臨と「携挙」（信者が天に上げられ主に出会うこと）によって、聖書の黙示録に記される一連の出来事が始まると信じていた —— 地球が火で「清められ」、敬虔な信者が天国へ行き、イエス・キリストが千年を統治するというものだ。

10月22日まであと何週間、あと何日と近づくにつれて、ミラーの信奉者たちは興奮し浮き足立っていった。しかし結局世の終末は訪れず、代わりに危機が生じた。ミラーは計算違いだったと弁解したが、この出来事は「大きな失望」（Great Disappointment）と呼ばれ、その後に信奉者の多くはミラー派から離脱した。

**豆知識**

1. 「大きな失望」ののちに、残った一部のミラー派が新しい集団を組織し、これがセブンスデー・アドベンチスト教会となった。また、エホバの証人もミラー派に由来する宗教集団である。
2. ミラーの預言の中心となった聖書の節はダニエル書８章14節で、「彼は言った、『二千三百の夕と朝の間である。そして聖所は清められてその正しい状態に復する』」と書かれている。ミラーは、この「夕と朝」を「年」と解釈すべきと考え、紀元前457年の「エルサレムの再建」を起点に計算した。
3. ミラーは、米英戦争の転機となった1814年の「プラッツバーグの戦い」で陸軍大尉を務めた。この戦いで、アメリカはカナダ側から侵攻しようとしたイギリス軍を撃退した。

# 246 指導者 ｜ オットー・フォン・ビスマルク

**ドイツの政治家オットー・フォン・ビスマルク（1815〜1898）は、「鉄血宰相」との異名をとり、19世紀のドイツの国家統一を果たした。彼の指揮下で、弱小国の寄せ集めだったドイツは、強大な軍事力を誇るヨーロッパ随一の強国へと変化を遂げた。**

✦

ビスマルクは、当時のドイツ地域で最大規模の国プロイセン王国で、ユンカー（地主貴族）の父親のもとに生まれた。ゲッティンゲン大学とベルリン大学で学び、1847年ごろ、プロイセン王国の貴族の女性と結婚した。

その年、ビスマルクはプロイセン議会の議員に選ばれ、プロイセン王のフリードリヒ・ヴィルヘルム四世（1795〜1861）と後継者のヴィルヘルム一世（1797〜1888）を支持する強硬右派として知られるようになった。また、フランスとロシアに駐在する外交官を務め、1862年にプロイセン首相に任命された。

ビスマルクが目指したのは、プロイセン王の権力を守り、プロイセン軍を強化し、ドイツの統一を進めることだった。ドイツの多くの人々は、国家統一そのものは支持していたが、小国としての自治権を手放したくないという考えが大半だった。ビスマルクはこの問題に対し、プロイセン王国の軍事力を盾にして、ドイツの新しい連邦に加盟するよう弱小諸国に圧力をかけた。統一の最終局面となったのは1870年に勃発した普仏戦争で、このとき、ドイツの小国が結束してプロイセン王国に味方したことから、ドイツ統一への勢いが加速した。プロイセンとドイツ諸国の同盟軍は1871年にフランスを倒し、ヴィルヘルム一世がドイツ帝国の「カイザー」（皇帝）として即位した。皇帝は、ただちにビスマルクをドイツ帝国の初代宰相に任命した。

ビスマルク宰相は、ヨーロッパの平和維持に努め、新たな統一連邦となったドイツ帝国を経済的にも軍事的にも成長させようとした。中でも、「レアルポリティーク」（現実政治）と呼ばれる、イデオロギーよりも勢力の均衡を優先させる慎重な外交政策をとったことが有名だ。また内政にも力を入れ、1889年には世界初に数えられる国民の社会保障制度を確立した。

ヴィルヘルム一世の死後、孫のヴィルヘルム二世（1859〜1941）の統治になると、ヴィルヘルム二世はより強硬な外交政策を好んだことから、ビスマルクは政治的権力を失った。ビスマルクはその数年後に83歳で死去した。

**豆知識**

1. 第二次世界大戦中のドイツ海軍の有名な戦艦「ビスマルク」の名は、ビスマルク宰相にちなんでいる。「ビスマルク」は、1941年のイギリスとの二日間の海戦で沈没した。
2. アメリカ・ノースダコタ州の州都ビスマルクは、ビスマルク宰相の名をとって、1873年に名付けられたものだ。
3. ビスマルク宰相の統治中、ドイツ帝国は、アフリカ大陸に初めての植民地を獲得した。現在は独立国になっているカメルーン、ナミビア、タンザニアなどである。

# 247 哲学者・思想家 | セーレン・キェルケゴール

**デンマークの哲学者、セーレン・キェルケゴール（1813〜1855）の代表作の題名を見てみると、彼がどのような思想の持ち主だったのかがうかがえる。『おそれとおののき』（1843年）、『不安の概念』（1844年）、『死に至る病』（1849年）などだ。**

✦

キェルケゴールは、概して不幸せだった短い生涯の中で、不安と、絶望と、祖国デンマークにおけるキリスト教会の衰退について思うところを、数多くの著作に書いた。キェルケゴールは「実存主義の父」とも呼ばれるが、これには、彼が20世紀のヨーロッパの哲学者たちに及ぼした影響が反映されている。

キェルケゴールはデンマークの首都コペンハーゲンで生まれ、生涯のほとんどをそこで過ごした。キェルケゴールの父親は信仰に熱心で、強烈な罪悪感を背負っており、自らの罪の罰として息子は早く死ぬ運命にあると信じているような人だった。キェルケゴールはコペンハーゲン大学で哲学と神学を学び、1841年に博士号を取得した。1837年、キェルケゴールの人生に重大なことが起こった。14歳のレギーネ・オルセン（1822〜1904）との出会いだ。キェルケゴールは終生、レギーネを恋い焦がれる気持ちを断ち切れぬまま暮らす。ふたりは短期間、婚約していたものの、キェルケゴールは1841年になぜか婚約を破棄している。しかしその後もずっと、レギーネが別の男性と結婚してからも、彼女への恋慕の情を持ち続けるのだ。

キェルケゴールの一番よく知られる代表作『あれか、これか』は、1843年に出版された。この本ではヘーゲル（1770〜1831）を徹底的に批判しており、ヘーゲルの弁証法は自由意志の重要性を否定していると主張している。その２年後、キェルケゴールの別の著作が、デンマークの新聞『コルセア』で痛烈に風刺された。これはキェルケゴールと『コルセア』の編集者との間での言論戦に発展し、1846年、同紙はキェルケゴールを個人的に攻撃する記事を続けて掲載した。キェルケゴールは、コペンハーゲンで道を歩いているときに、新聞の読者に挑発的な言葉を投げつけられたこともあった。

キェルケゴールは父親の遺産で生活しつつ、その後もずっと、書くことをやめなかった。その中で、デンマークのルーテル教会を辛辣に批判する著述をいくつも発表した。特に聖職者を批判の標的にし、牧師は教会の教義を繰り返し述べるばかりで、それぞれの信者が神との関係を理解できるよう導く役目を果たしていないというのが、彼の考えだった。

キェルケゴールは、42歳のときにコペンハーゲンの病院で亡くなった。

**豆知識**

1. キェルケゴールはいくつもの仮名を使って著作を記した ── ときおり、意図的に滑稽な名前を使った。例えば、コンスタンティン・コンスタンティウス、ヴィギリウス・ハウフニエンシス（「コペンハーゲンの不寝番」を意味するラテン語）、ヒラリウス・ボグビンデール（「ヒラリウス」は４世紀の主教の名、「ボグビンデール」は「製本業者」の意）、ヨハネス・クリマクス（７世紀のギリシャの修道僧の名）などがある。
2. フランスの映画監督ダニエル・ドゥブルー（1947〜）は、1996年、キェルケゴールの1843年のエッセイ『誘惑者の日記』を映画化した。
3. キェルケゴールがデンマーク国内から出たのは、五回だけだった。ドイツを四度、スウェーデンを一度訪れている。

# 248 革新者 | グレゴール・メンデル

**オーストリアの修道士で生物学者のグレゴール・ヨハン・メンデル（1822～1884）は、何万株ものエンドウマメを使い、修道院の庭で綿密な実験をコツコツと続け、近代の遺伝学を切り開いた。メンデルはこの実験の中で、大きさや色などの形質が、ひとつの世代から次の世代にどのように引き継がれていくのかを明らかにすることができた —— この新たな視点のおかげで、科学者たちは地球上の生命を正しく理解できるようになったのだ。**

✦

メンデルは、現在のチェコ共和国の農家に生まれた。21歳のとき、貧困から抜け出す意図もあり、都市ブルノの聖アウグスチノ修道会の修道院に入った。修道院は、まだ若い修道士メンデルの科学への興味を理解し、メンデルがウィーン大学で学ぶことを許した。メンデルはやがて、1868年に修道院長に昇格する。

エンドウマメの実験は、ある単純な疑問を解決しようとして始めたものだった。「動植物のひとつの種における多様性を決定づけるものは何なのか。ある植物が大きいか小さいか、白い花を咲かせるか紫の花を咲かせるかは、どのように決定づけられるのか」という疑問だ。

当時は、こういった形質は両親の形質の混合によるものだとする「混合説」が有力だった。混合説に則った場合、白い花を咲かせる植物と、紫色の花を咲かせる植物を交配させると、薄い紫色の花ができることになる。同じく、背の高い植物と低い植物を交配させると、中程度の高さの植物が生まれることになる。

実験を続けるうちに、メンデルは、混合説は間違っていると思うに至った。エンドウマメは、常に白か紫の花を咲かせていて、中間の色のものはなかったのだ。また、あるひとつの形質が、何世代かにわたって消えて、再び現れることもあった。メンデルは、大きさや色などの特徴は、両方の親から引き継がれた遺伝粒子（これがのちに「遺伝子」と名付けられる）によって決まるのだという仮説を立てた。1866年、オーストリアの学術誌でこの説の論文を発表したが、ほとんど注目されなかった。そして修道院長になってからは、科学の実験を続ける時間がなくなり、その後の余生は、修道院への課税に関する問題に熱心に取り組んだ。

メンデルは61歳のときに腎臓の病で亡くなった。その15年後、メンデルの論文がようやく評価され、死後ながら、メンデルは遺伝学の父として褒め称えられるようになった。

**豆知識**

1. メンデルは、実験で合計七つの異なる形質を観察した。この実験には、2万8000株のエンドウマメと、8年の歳月を要した。
2. メンデルは、形質が次世代に引き継がれることを証明したが、このプロセスが実際にどのように起こるかについては分かっていなかった。この謎は、1953年にフランシス・クリック（1916～2004）とジェームズ・D・ワトソン（1928～）がDNAを発見したことで解決した。
3. 南極にあるチェコ共和国の観測基地「ヨハン・グレゴール・メンデル・チェコ南極基地」は、2006年にメンデルを称えて名付けられた。また、チェコ共和国政府は、大学に「メンデル大学」という名を付けている。

# 249 悪人 ワイルド・ビル・ヒコック

**見方によれば、ワイルド・ビル・ヒコック(1837〜1876)は正義の側にいた。アメリカの南北戦争で北軍に従軍し、長い間治安維持にあたる保安官のバッジを着けていた。西部の数か所の町で保安官を務め、地域の法と秩序の維持に —— 少なくとも秩序の維持には —— 努めていた。**

✦

しかし、ヒコックはアメリカ西部のガンマンとしても悪名高く、おそらく何十人もの人々を違法に銃殺している。賭博に決闘、そして雇われれば誰にでも銃を向ける男として知られていた。西部開拓時代の伝説の多くは、ヒコックがもととなっている。ヒコックの「早撃ち」対決や、彼が殺されたときに手にしていたポーカーの手札も、伝説に語られるようになった。

ジェイムズ・バトラー・ヒコックはイリノイ州で生まれた。25歳になるまでにすでに一度、殺人罪で裁判にかけられ、無罪になっている。ネブラスカ州で撃ち合いをし、何人かを殺害したのだ(陪審団は正当防衛だというヒコックの訴えを認めた)。南北戦争では北軍に入り、偵察や、ときにはスパイの役目もした。戦争後、ヒコックは文献に残る最初の「早撃ち」の決闘を行い、勝っている —— この種の早撃ち対決は、のちの西部劇に欠かせないお決まりの場面となる。このとき、ヒコックはミズーリ州で元南軍兵士と対峙し、夕暮れどきに町の広場で早撃ちを行って相手を倒した。そして殺人罪で逮捕されたが、またもや罪を免れた。

ヒコックは、インタビューを受けて百人を殺したと豪語し、意図的に国中に名声を広げようとした。また、「バッファロー・ビル」の呼び名で知られるウィリアム・コディー(1846〜1917)が興行する劇にも、短い間ながら出演し、西部での武勇伝を演じた。シカ革のスウェードを身に着け、二丁のリボルバーをこれ見よがしに腰の両側に下げたヒコックは、まさに西部のガンマンの姿で、西部劇の典型的なイメージとなった。

1870年代、ヒコックはカンザス州のいくつかの町で保安官や治安官になった。そして1876年にはサウスダコタ州へ移った。ブラックヒルズ山地のゴールドラッシュで一攫千金を目論んだのだ。1876年8月2日、ヒコックはサウスダコタ州デッドウッドにある酒場「サロン#10」で、ポーカーに興じていた。いい手がまわってきた —— エースと8の二枚組だった —— と同時に、不運もめぐってきた。このカードを目の前に、ヒコックは背後からジャック・マコール(1853頃〜1877)という男に撃ち殺された。39歳だった。マコールの殺害動機については諸説ある。マコールは裁判で、兄弟の仇としてヒコックを殺したと主張した。ほかにも、マコールはその日の朝にヒコックに侮辱されて怒っていたという説や酒に酔ってのことだったという説もある。いずれにしてもマコールは有罪判決を受け、翌年絞首刑に処された。

**豆知識**

1. アメリカ元大統領バラク・オバマ(1961〜)は、2008年に民主党から大統領選挙に出馬したが、自分はカンザス州生まれの母親アン・ダナム(1942〜1995)の家系のつながりで、ヒコックの遠い親戚に当たると言った。
2. アメリカのテレビ局HBOの連続ドラマ『デッドウッド —— 銃とSEXとワイルドタウン』では、ヒコックをモデルとした登場人物をキース・キャラダイン(1949〜)が演じた。
3. ポーカーでは、黒のエースと8が二組そろった手札は「デッドマンズ・ハンド」と呼ばれ、これは不吉な手だとされている。

# 250 文筆家・芸術家 ｜ マーク・トウェイン

**1863年２月３日、西部開拓地のネバダ州バージニアの新聞に、ユーモアあふれる記事が掲載された。書いたのは、その２年前に故郷のミズーリ州からネバダ州に移住していたサミュエル・クレメンス（1835〜1910）だった。しかし、クレメンスはこの署名記事に実名を使わなかった。記されていたのは、19世紀の文学において言わずと知れた名 ── マーク・トウェインだった。**

✦

マーク・トウェインがアメリカ文学に残した功績は、語っても語りきれない。ユーモアに満ちた小説やエッセイなどで知られるトウェインは、アメリカ国外に読者を獲得した初めてのアメリカ人作家のひとりで、著作を通じて有名人になった。トウェインの代表作『ハックルベリー・フィンの冒険』（1885年）を、「アメリカを代表する偉大な小説」と評する批評家もいる。

トウェインは、子供時代のほとんどをミズーリ州のミシシッピ川沿いにあるハンニバルで過ごした。この町では、盗賊、路上生活者、トランプ詐欺師、ペテン師、川船での賭博師、冒険を求める流れ者などが出没し、この環境が下地となってトウェインの作中には興味深い数々の人物が生まれた。

トウェインは職を転々としたのち、1859年に川の蒸気船の水先案内人になったが、南北戦争が始まると川を使った輸送がなくなり、南軍に従軍するか、西部へ移るかの選択を迫られた。南部の民兵隊で何週間か従軍したものの、やはり気が変わって民兵隊をやめて、ネバダ州に移った。西部で何年かを過ごす中で、作家として名が知られるようになっていく。1870年に結婚し、1871年に東部のコネチカット州ハートフォードに移住し、生涯をそこで過ごした。

『トム・ソーヤーの冒険』は、トウェインのミズーリ州での子供時代を基に書かれた作品で、1876年に出版された。1885年には、続いて『ハックルベリー・フィンの冒険』が出版された。学のない少年ハックの視点で語られるこの作品では、所有主から逃げてきた奴隷のジムと共にハックがミシシッピ川をいかだで下る冒険が描かれる。ハックは多くの人物に出会う。フランスの貴族を装うふたりの詐欺師、南軍の紳士的な大佐、復讐の争いを繰り返すふたつの家族などだ。こういった登場人物は、トウェインがハンニバルで過ごした少年時代から着想を得ている。トウェインの代表作にはほかに、『王子と乞食』（1881年）、『アーサー王宮廷のコネチカット・ヤンキー』（1889年）、『ノータリン・ウィルソンの悲劇』（1894年）などがある。トウェインは、コネチカット州で74歳のときにその生涯を終えた。

**豆知識**

1. トウェインは、アメリカの太平洋方面への領土拡大やフィリピン併合に反対する団体「アメリカ反帝国主義連盟」の副会長を務めた。
2. 本人によると、「マーク・トウェイン」というペンネームは、ミシシッピ川の蒸気船の乗員が使った言葉に由来する。蒸気船が安全に運航するためには最低でも水深２尋（じん）（約3.6メートル）が必要で、「マーク・トウェイン」は深さが十分であるという合図の言葉だった。
3. トウェインは、1907年にオックスフォード大学から名誉博士号を授与された。

# 251 反逆者・改革者 | ジェロニモ

**ジェロニモ（1829〜1909）は、アメリカ先住民アパッチ族の戦士のリーダーとして、アメリカ合衆国が南西部に領土を拡大する中、最後の抵抗を見せた。1886年に合衆国軍の捕虜となったが、それまでのジェロニモは、アパッチ族代々の土地を守るために、粘り強く、ときに冷酷な戦いを繰り広げた、西部の伝説的な人物だった。**

✦

ジェロニモが捕らえられると、現在のアリゾナ州とニューメキシコ州に住んでいた先住民は、以後、大々的な抵抗を組織することはなくなった。ジェロニモはその後の生涯を合衆国軍の捕虜として過ごすこととなり、囚われたまま亡くなった。

ジェロニモは、現在のアリゾナ州南部で生まれた。彼の若いころ、その地域一帯はまだアパッチ族が支配していたが、メキシコとアメリカ合衆国の両方から圧迫を受けていた。ジェロニモは17歳のときに結婚し、1850年代初頭にメキシコとの戦争で戦った。そして若妻がメキシコ兵に殺害されたことから、ジェロニモは侵略者らに対して激しい敵意を抱くようになった。

ジェロニモはその後の30年間、戦いを繰り返し、馬に乗って素早い奇襲攻撃をしかけたり、追手の大軍を機敏にかわしたりなど、優れた戦闘能力で知られた。アパッチ族の酋長コチーズ（1815頃〜1874）が死ぬと、ジェロニモは部族の戦士団の中心となり、やがてアメリカ政府に対する最後の抵抗勢力になった。

アメリカ合衆国軍は、1875年と1885年にジェロニモを捕らえる寸前まで追い詰めたが、ジェロニモはいずれも逃げきった。しかしアパッチ族の勢力は弱まっており、ジェロニモがついに捕らえられた時点では、男女と子供合わせておよそ400人しか残っていなかった。

囚われたジェロニモは、急速に失われていく先住民の西部の土地を象徴する生き証人のような存在となった。1904年の万国博覧会では見世物のようにされ、セオドア・ローズヴェルト（1858〜1919）の大統領就任式のパレードでは行進に加えられた。しかし、79歳になってもなおジェロニモはアメリカにとって脅威の存在で、アメリカ政府は、故郷の土地に戻りたいというジェロニモをけっして解放することはなかった。ジェロニモは1909年、オクラホマ州の軍駐屯地フォート・シルに囚われたまま亡くなった。

**豆知識**

1. 「ジェロニモ」という名はメキシコ人が付けたもので、この呼び名はよく使われた。アパッチ族での名は「ゴヤスレイ」で、部族の言葉で「あくびをする人」を意味する。
2. 第二次世界大戦中、アメリカ空挺師団の落下傘部隊は、飛行機から降下する前に「ジェロニモ！」と叫んでいた。これは、ある落下傘兵が降下作戦の前夜にジェロニモの西部劇を観て、翌朝、降下するときに緊張を紛らわすためにこう叫んだことから始まったものと考えられている。
3. 1886年にジェロニモを捕らえたアメリカ陸軍大尉のH・W・ロートン（1843〜1899）は、のちに米比戦争で戦死した。

# 252 伝道者・預言者 ｜ ケイト・フォックス

**ケイト・フォックス（1839頃〜1892）は、「フォックス姉妹」として知られた三人の中でも特に悪者と評される。死者と交信できるというこの三人姉妹のことを、当時のアメリカやヨーロッパの何千もの人たちが信じてしまった。ケイトは幾度となく交霊会を行って多くの人々を欺いた ── そして大金を稼いだ ── が、三姉妹のひとりがこの「交霊」は詐欺だったことを告白し、ケイトは結局、貧しく生涯を終えることとなった。**

✦

フォックス家の三姉妹 ── ケイト、リア（1818頃〜1890）、マーガレット（1833頃〜1893） ── はカナダの農家で生まれ、1847年にニューヨーク州北部に移った。姉妹はまず1848年に、寝室で何かをたたくような得体の知れない音を聞いたと訴えた。迷信深い母親が、この音は死者からのメッセージなのだと、興味津々の近所の人たちに伝えた。

この不思議な現象のことはまたたく間に世間に広まった。まだ若いフォックス姉妹がニューヨーク州ロチェスターで活動したことから、この音は「ロチェスターのラップ音」と呼ばれた。1850年には、三姉妹のことは大評判になっていた。作家のジェイムズ・フェニモア・クーパー（1789〜1851）や、歴史家のジョージ・バンクロフト（1800〜1891）、ジャーナリストのウィリアム・カレン・ブライアント（1794〜1878）など、多くの著名なアメリカ人が三姉妹の交霊の公開実演に参加した。裕福なニューヨーカーたちは、死んだ親戚や歴史的人物と交信するために、姉妹に報酬を払って私的な交霊会を開いた（ベンジャミン・フランクリンは、姉妹が好んで呼び出す霊だった）。この交霊は、アメリカの奴隷制廃止論者や、女性の権利の擁護者、急進的な政治運動家などの層が特に関心を示した。クエーカー信者で急進的な奴隷制反対派のエイミー・ポスト（1802〜1889）は、自宅に姉妹を招き、ほかの改革運動家たちにも紹介した。

しかし、1860年代にはこのブームは静まり始め、ケイトとマーガレットはアルコール依存症になっていた。ケイトは療養所で何年間かを過ごしたのち、1871年にイングランドに移り、結婚してふたりの息子をもうけ、1885年にアメリカに帰国した。1888年に酩酊状態で逮捕され、息子たちの親権を失った。そして1888年、マーガレットがある新聞のインタビュー記事で、交霊術は嘘であり、すべては姉妹が作り上げた悪ふざけだったと公に告白した。詐欺師であることが暴露されたケイトは一文無しとなり、その4年後、ひっそりと人生を終えた。

**豆知識**

1. マーガレットは1888年の暴露記事で、姉妹は足の親指の関節を外したり戻したりして謎のラップ音を出していたと説明した。また、リンゴに紐をくくりつけてトントンと打ちつける音を出していたとも述べた。
2. フォックス姉妹の絶大な支持者には、奴隷制廃止論者で『ニューヨーク・トリビューン』紙の編集者ホレス・グリーリー（1811〜1872）がいた。グリーリーはケイトの交霊会に参加したのち、1850年から彼女の教育費を援助するようになった。
3. フォックス姉妹の住んでいたニューヨーク州北部の地域は、1840〜1850年代に数多くの新しい宗教集団の拠点となり、「焼かれた区域」（Burned-Over District）と呼ばれた。これは、住民が説教師に「焼かれた（burned）」（これには「丸め込まれる」という意味合いがある）ことから、もうそれ以上改宗させる人が残っていないという意味である。ミラー派もモルモン教会もこの地域で創始され、また、「オナイダ・コミュニティ」などの理想主義的な共同体もこの地域に作られた。

# 253 指導者 シッティング・ブル

**シッティング・ブル（1831頃～1890）は、アメリカ先住民スー族の戦士で、呪術師で、部族のリーダーである。彼が一番知られているのは、1876年にアメリカ合衆国陸軍の第七騎兵隊を倒した「リトルビッグホーンの戦い」かもしれない。陸軍中佐ジョージ・アームストロング・カスター（1839～1876）率いる部隊を相手に、スー族が勝利するとは誰も想像しておらず、アメリカ国民に大きな衝撃を与えた —— そして、シッティング・ブルは先住民に英雄視された。**

✦

シッティング・ブルは、現在のサウスダコタ州のグランド川近くで生まれ、スー族の中のハンクパパ部族の一員だった。スー族は、北アメリカ大陸の中西部に広がる大平原グレートプレーンズの、ミネソタ州からモンタナ州に及ぶ地域に住んでいた。シッティング・ブルは10代で戦士になり、14歳のときにクロウ族との戦いで、初めて実戦に参加した。1863年６月には、初めてアメリカ合衆国陸軍と戦った。一方、アメリカ合衆国は、南北戦争後に急激に西部へと領土を拡大させていた。古来、スー族が狩猟を行っていた土地には、鉄道や電信線が敷設され、スー族の食料となっていた野牛の群れはアメリカ人に狩り尽くされる勢いだった。また、この地域（当時のダコタ準州）におけるスー族の聖地であったブラックヒルズで金脈が発見されると、アメリカ人が新たにたくさん流入してきた。聖地ブラックヒルズは、スー族と合衆国の間で結ばれた条約で特別に保護されていたが、合衆国側はこの条約を1876年に無効にした。

「リトルビッグホーンの戦い」—— シッティング・ブルはこの戦いの予知夢を見ていたとされる —— は、1876年６月25日、合衆国側のカスター率いる騎兵隊がスー族の野営地を攻撃したことに始まった。南北戦争で多大な功績を収めていたカスターは、スー族の戦士団の規模を過小評価しており、カスターの騎兵隊は、シッティング・ブルとオグララ族のリーダーのクレイジー・ホース（1842頃～1877）が率いる戦士たちから激しい攻撃を受け全滅に追いやられた。

首都ワシントンに騎兵隊全滅の知らせが届くと、ダコタ準州にはさらに何千人もの兵士が送られた。それから５年間、合衆国陸軍はシッティング・ブルとクレイジー・ホースを追い続けることになった。シッティング・ブルは1877年にカナダへ亡命したが、1881年、アメリカへ戻り降伏を余儀なくされた。このとき、「私は、部族の中でライフルを引き渡した最後の男として記憶されたい」と言っている。1890年、保留地内に居住を制限されたスー族たちは、「ゴースト・ダンス」を繰り返し踊るようになった。このダンスは、白人を追放し古来の生活を取り戻そうという、信仰の儀式だった。合衆国当局は、このダンスをきっかけにスー族が再び抵抗を始めるのではないかと恐れ、警官を派遣し、シッティング・ブルがこの儀式に参加できないよう捕らえようとした。シッティング・ブルは警察に追われる中、銃撃戦で殺された。

**豆知識**

1. シッティング・ブルは、サウスダコタ州モブリッジに埋葬されている。この場所には1200万ドルをかけて記念施設を建てる計画があったが、シッティング・ブルの子孫たちが墓を観光地化することに反対し計画は2007年に中止された。
2. オグララ・スー族の保留地で生まれたアメリカ先住民の活動家で俳優のラッセル・ミーンズ（1939～2012）は、1995年のテレビ映画『バッファロー・ガールズ』でシッティング・ブルを演じた。
3. アメリカ合衆国の2000年の国勢調査によると、スー族は、チェロキー族とナバホ族に続き、国内で三番目に人口の多い先住民部族である。

# 254 哲学者・思想家 ｜ カール・マルクス

**カール・マルクス（1818～1883）は、世界の歴史に誰よりも広く影響を及ぼした政治哲学者かもしれない。ドイツ生まれのジャーナリストで、政治評論家でもあったマルクスは、世界に共産主義という概念を築いた人物だ。20世紀において、マルクスの原則に基づく「マルクス主義」社会を築くことを目標に掲げた、何十もの政府が樹立された。**

✦

こういった共産主義政府の中には、人類史上最悪といえる残虐な体制もあったことから、マルクスの評判は必然的に貶（おとし）められることとなった。しかしマルクス自身は、歴史家のような視点で経済、政府、社会の相互関係を記録し分析しようとしていただけだった。

マルクスはドイツのラインラントの都市トリーアで生まれた。哲学を学び、1841年、古代ギリシアの哲学者についての論文を書き博士号を取得した。しかしマルクスは学術界での職を得ることができず、1840年から行っていたジャーナリストの仕事を続け、ヨーロッパ諸国で拡大していた過激な運動を記事にした。1848年、イタリア、フランス、およびいくつかのドイツの小国で革命の波が生じた。マルクスはその年、ヨーロッパ大陸に広がる不満についての考えを述べようとの試みから、短い冊子『共産党宣言』を共同執筆した。

『共産党宣言』は、「一匹の妖怪がヨーロッパを徘徊している ―― 共産主義という妖怪が」という警告の一文がよく知られるが、おそらくマルクスの一番有名な著書だろう。しかしこの本は、多くの点でマルクスの著作の典型ではない。マルクスが人生の大部分をかけて書いた『資本論』は、階級と経済学に関する著作で、非常に長く中身が濃い。マルクスはこの本で、歴史は生産力の進歩によって支配されるとする「歴史理論」を提示した。19世紀の産業資本主義は、封建主義の次に現れた人類の発達段階のひとつにすぎず、いずれ共産主義に取って代わられるという考えである。マルクスの説明する共産主義下では、労働者自身が富の創出を管理し、その富は平等に分配されるという。

マルクスは急進派とのつながりから、ドイツ、ベルギー、フランスをはじめとするいくつかの国から追放された。結局1849年にロンドンへ移り、生涯をそこで過ごし、64歳で死去した。

**豆知識**

1. マルクスはアメリカ合衆国に行ったことはなかったが、南北戦争中は北部を熱心に支持し、短期間、『ニューヨーク・トリビューン』紙のヨーロッパ現地記者を務めた。
2. マルクスはフリードリヒ・エンゲルス（1820～1895）と頻繁に共同作業をした。エンゲルスはマルクスと共同で『共産党宣言』を書き、のちにマルクスによる『資本論』の最後の二章を編集した。
3. マルクスは、社会の階級を説明するふたつの用語を作った。これは現在、政治の専門用語として世界中で使われている。「プロレタリアート」は搾取される労働階級であるとし、中産階級を「ブルジョワジー」と呼んだ。

# 255 革新者 ルイ・パスツール

**1885年7月4日、ジョゼフ・マイスターというフランスの9歳の少年が、自宅近くで遊んでいて狂犬病にかかった犬に襲われた。このとき、犬の歯はジョゼフの皮膚を突き破った。少年が犬の唾液から恐ろしい狂犬病に感染するのはほぼ間違いなかった。ジョゼフのその後の見通しは暗かった —— 人間が狂犬病を発症すると、ほとんどの場合、麻痺を起こし、苦しんだ末に死に至るのだ。**

✦

母親は必死の思いで、フランスの名だたる科学者ルイ・パスツール(1822〜1895)がいるパリの研究所に向かった。パスツールは3年ほど狂犬病の治療法を研究し、イヌとウサギでその治療法を試していた。しかし、人間の患者に行うには時期尚早だと考えていた。

パスツールは、細菌の研究を行い、微生物学を開いた人物と見なされている。フランス東部で生まれ、1847年に化学の博士号を取得した。怖いもの知らずの研究者として知られ、致死性のある病原体を扱うリスクをものともせず研究を進めた。パスツールの代表的な発見である低温殺菌法によって、フランスでは人体に危険なカビや細菌の入っていない安全な牛乳が供給されるようになり、数えきれないほどの人命が救われた。また、これに類似する殺菌法を考案し、国内のビール業界と絹業界にも貢献した。細菌の研究を進めた結果、パスツールは医師たちに、手術前に手洗いの励行と手術器具の殺菌を勧めた —— この簡単な手順で、患者の死亡率が格段に減少した。

パスツールは、1882年に狂犬病の研究を始めた。ワクチンというものは、生命に影響を及ぼさない少量の病原体 —— 病気を発症させるには足りないが、体が免疫をつけるのに十分な量 —— を体内に入れることで効果が発揮される。パスツールは、狂犬病に感染した動物から狂犬病の病原体を取り出して、それを研究室で弱毒化させれば、狂犬病のワクチンを作れるのではないかと推測した。パスツールはこのワクチンをイヌで試し、11匹で効果が得られた。ジョゼフ・マイスターの母親が助けを求めてやってきたのはそのころだった。パスツールはためらった。ワクチンが効かないか、あるいは少年の死期を早めるだけという恐れもあったのだ。だがワクチンの投与を承諾した。

果たしてワクチンは効果を発揮し、少年は狂犬病の発症を免れた —— また、その後の10年間に多くの感染者が救われた。こうしてパスツールは、学者としての快挙を達成したのだ。

**豆知識**

1. 回復後のジョゼフ・マイスターは、第一次世界大戦中はフランス軍に従軍し、また、パスツール研究所の管理人を務めた。そして1940年、ドイツによるフランス侵攻に絶望して自殺を遂げた。
2. 1995年、プリンストン大学の歴史学者ジェラルド・L・ガイソン(1943〜2001)は、パスツールの研究ノートを分析した結果を発表した。ガイソンによると、パスツールは同僚のアイデアを盗み、研究結果の一部を改ざんしていた。中でもガイソンは、パスツールがジョゼフ・マイスターに投与したワクチンをイヌで試験していたというのは虚偽だとした。実際、パスツールがイヌに試したワクチンは少し異なる種類のもので、9歳のジョゼフに投与したワクチンは一度も試されていなかった。
3. パスツール研究所は、感染症の研究所として現在も活動している。この研究所は、1983年にエイズの原因となるHIV(ヒト免疫不全ウイルス)の分離を初めて成功させた。

# 256 悪人 ネッド・ケリー

**オーストラリアのネッド・ケリー(1855〜1880)は、「ブッシュレンジャー」と呼ばれる盗賊のひとりで、国の伝説的な英雄だ。イギリスの植民地当局の警官に対して最後の抵抗をし、そのときの銃撃戦では手製の甲冑を身に着けていた。捕まったケリーは三人の警官を殺害した罪で有罪となり、24歳のときにメルボルンで絞首刑に処された。**

◆

ローマ・カトリック教徒のケリーは、オーストラリアでカトリック信者が迫害されていることが自分の行動の動機なのだと主張した。一部の人にとってみれば、ケリーは抑圧への抵抗の象徴であり、イギリスの植民地政策に対して広がっていた敵対心から犯罪に走る「社会的な無法者」だった。

19世紀初頭のオーストラリアは、イギリスの犯罪者の流刑地になっていた。ネッド・ケリーの父親ジョン・ケリーはアイルランドから来た囚人で、1840年代にタスマニア島へ流刑処分となり、出所後にオーストラリアの女性エレンと結婚した。ネッドは、ふたりの間の長男として生まれた。父親のジョンはその後再び逮捕され、ネッドが11歳のときに死んだ。

まだ少年だったネッド自身も、その後すぐに犯罪に手を染めた。1870年代の初めに、暴行、強盗、牛泥棒などさまざまな犯罪や容疑で逮捕され、10代のうちに二度投獄された。

出所後、ネッドは警官への暴行というはるかに重大な犯罪の容疑者となった。1878年、ネッドは弟のダン(1861〜1880)と共に逃亡し、森林(ブッシュ)に潜伏して犯罪を繰り返すブッシュレンジャーになった。警察はネッドとダンを探し当てたが、そのときに兄弟は三人の警官を殺害した。こうして兄弟は植民地随一のお尋ね者となり、ふたりの捕獲には多額の賞金がかけられた。兄弟はその後、銀行強盗を繰り返した。

逃亡中に、ケリーは自らの犯罪の動機を説明した手紙を公開した。この手紙では、カトリック信者に対する警察の横暴を非難し、プロテスタントを優遇していると思われる土地政策を批判した。ついに、ケリーはグレンローワンの町の宿屋で警察に追い詰められた。ここでの彼の行動が有名な武勇伝となる。警察に包囲されたケリーは、手作りの甲冑を身に着けて宿屋から現れ、銃の乱射を浴びながらも生き延びた。最後に両脚を撃たれ、ようやく警察はこの有名な無法者ケリーを捕らえるに至った。

**豆知識**

1. ネッド・ケリーの物語は何度か映画化されている。ケリーを演じた俳優には、1970年のミック・ジャガー(1943〜)や2003年のヒース・レジャー(1979〜2008)などがいる。
2. アメリカのシンガーソングライター、ジョニー・キャッシュ(1932〜2003)は、1971年に『ネッド・ケリー』という歌を書いた。
3. ネッド・ケリーの生涯を描いたオーストラリアの作家ピーター・ケアリー(1943〜)の小説『ケリー・ギャングの真実の歴史』("True History of the Kelly Gang" 宮木陽子訳 早川書房 2003年)は、2001年にブッカー賞を受賞した。

# 257 文筆家・芸術家 | フィンセント・ファン・ゴッホ

**フィンセント・ファン・ゴッホ（1853～1890）は、野性的で幻覚のような絵画で知られるが、皮肉にも、作品の着想を得るには祖国オランダを離れなければならなかった。祖国で画家として活動を始めた当初はなかなか制作が進まなかったゴッホだが、1886年にフランスに移住すると、緑あふれるプロヴァンスの田舎が舞台となり、鮮やかで新奇な、影響力ある作品の数々が生み出された。**

✦

ゴッホはオランダ南部の小さな村で生まれた。信仰が篤(あつ)く、聖職者になるために勉強したが、神学校の入学試験に合格できなかった。それでもあきらめきれずに、短期間ベルギーの炭鉱でプロテスタントの伝道者として活動した。そこで貧しい労働者を見たことが、初期の絵画のアイデアとなった。1880年、ついに聖職者の道をあきらめてブリュッセルに移り、家族から絵画のレッスンを受けるよう勧められた。ゴッホのおじと弟のテオは、共に美術商で、ゴッホを生涯にわたり支援することとなる。ゴッホは1885年、初期の代表作のひとつである『ジャガイモを食べる人々』を完成させた。夕飯の席に着く貧しい農民一家を描いたものだ。

ゴッホは主に独学で絵画を学び、彼の作品は従来の芸術的手法を踏襲していなかった。遠近法がときにあやふやで、色彩にはほとんど写実性がなかった。「私は目の前にあるものをそのまま写し取るのではなく、より自由に色を使い、力強く自分自身を表現する」と、ゴッホは説明している。ゴッホは1885～1890年の間に驚異的な創造性を発揮し、この期間、大量に絵画を制作した。特に1886年にパリへ移ってからは、多飲していたアブサン（薬草入りの高アルコール濃度のリキュール）と精神的不安に駆り立てられ、次から次へと病的なまでのペースで傑作を描き上げていった。その数は、パリ移住後の２年間で200点以上にも及んだ。

精神状態が悪化したゴッホは、1888年の終わりに左耳を切り落とし、精神科病院へ収容された。そして、病院で療養中に有名作品のひとつである『星月夜』を描いた。

1890年までには、ゴッホの絵画はパリで称賛を受けるようになっていた。ゴッホはポスト印象派に分類されることが多い。ポスト印象派は、作品に鮮やかで不自然な色彩を用いた、フランスの画家を中心とするグループである。1890年の夏、ゴッホはうつ状態が再燃し、パリ北部の畑で自殺を遂げた。37歳だった。

豆知識

1. ゴッホの弟テオのひ孫に当たるテオ・ファン・ゴッホ（1957～2004）は、オランダの著名な映画監督で、アムステルダムの路上でイスラム過激派に暗殺された。イスラム教国における女性の扱いを批判した短い映像を発表したあとのことだった。
2. アメリカの映画監督マーティン・スコセッシ（1942～）は、黒澤明監督による1990年の映画『夢』でゴッホを演じた。
3. ゴッホの存命中には、絵画は一点しか売れなかったが、現在、ゴッホの絵画は高価な部類に入る。1990年、ゴッホが精神科の主治医ポール・ガシェを描いた肖像画は、オークションで日本人実業家が8250万ドルで落札した。

# 258 反逆者・改革者 | アイダ・B・ウェルズ

**不正と戦って死ぬほうが、罠にかかった犬やネズミのように死ぬよりはよっぽどいい。**
**── アイダ・B・ウェルズ**

◆

理念のもと積極的に活動したジャーナリストで、社会改革家のアイダ・B・ウェルズ（1862～1931）は、アメリカ南北戦争後に南部諸州が合衆国に再統合されたあと、南部でアフリカ系アメリカ人に対して行われた非道な扱いを暴露した。ウェルズの最もよく知られる1892年の著書『Southern Horrors: Lynch Law in All Its Phases』（仮題：南部の恐怖──リンチ法の全容）は、黒人に対して行われた暴力を生々しく記し、国中に衝撃を与えた──が、南部で「リンチ」（治安維持を名目として、民衆が加えた制裁）が終わったのは、それから何十年も経ってからのことだ。

ミシシッピ州の奴隷の子供として生まれたウェルズは、南北戦争が終わると家族と共に解放された。両親は共にウェルズが10代のときに黄熱病の流行の中で亡くなり、ウェルズは学校に通えなくなった。それでも、なんとか大学に進学し、1880年にテネシー州メンフィスへ移った。人種に関する正義を求めるウェルズの思想は、ふたつの出来事に影響を受けていた。まず1883年、ウェルズは白人専用の鉄道車両から移動させられ、差別だとして鉄道会社を訴えたが敗訴した。その10年後、三人の友人がメンフィスで白人の暴徒に殺害された。

メンフィスでの友人の死を、ウェルズは「白人至上主義の何たるかを知らされた最初の教訓」だったと語った。それ以後、黒人に対する白人の暴力を批判する著述を開始し、黒人が白人に殺された具体的な事例を記録した。多くの黒人男性が白人女性と関係を持ったとして殺害されていたが、ウェルズは、「レイプ」という口実が、何か別の理由で黒人をリンチのターゲットとする際に頻繁に使われていることを暴露した。メンフィスで殺されたウェルズの友人らもその例で、彼らの経営する食料品店は、白人が経営する食料品店と競合し、繁盛していたのだ。

その後30年にわたり、ウェルズはリンチの事例を記録していき、この問題に向き合うようアメリカ国民に求めた。こういった活動から、ウェルズ自身も危険にさらされることがあり、少なくとも一度、危うくリンチに遭いそうになった。また、ウェルズは全米黒人地位向上協会（NAACP）の創立に携わり、外国も訪問してアメリカの黒人の窮状を知ってもらうための活動をした。ウェルズは1928年に自伝『Crusade for Justice』（仮題：正義への戦い）を出版し、その３年後に68歳で亡くなった。

**豆知識**

1. ウェルズは1895年にシカゴの新聞編集者フェルディナンド・L・バーネット（1859頃～1936）と結婚した。ウェルズは伝統に反し、結婚後も自分の姓を捨てなかった ── 当時のアメリカの女性にはかなり珍しいことだった。
2. 全米黒人地位向上協会は、1940年代までリンチ事件の記録を続けた。被害者の総数には諸説あるが、南北戦争から第一次世界大戦までの間におよそ3000人がリンチで死亡したとされる。
3. 1990年に発行されたアメリカ合衆国の切手に、ウェルズの肖像が使われた。

# 259 伝道者・預言者 ｜ ジョン・ハンフリー・ノイズ

**ニューヨーク州オナイダで、理想の生活を送ろうとする宗教共同体「オナイダ・コミュニティ」を作ったジョン・ハンフリー・ノイズ（1811〜1886）は、従来のキリスト教と違った主張で物議をかもした。中でも、性行為と結婚に関する過激な思想は悪評を得た。しかしこの共同体は、それまでとは違う宗教の楽観性を体現していて、19世紀のアメリカでキリスト教を復興させる力にもなった。**

✦

ノイズはバーモント州のブラトルボロという町で、州選出の議員の父親のもとに生まれた。ダートマス大学に通い、卒業後に一時期、ニューハンプシャー州で法律の実務に携わっていたが、伝道者チャールズ・グランディンソン・フィニー（1792〜1875）の説教を聞いて感動し、神学校に通うことを決めた。イェール神学校に入学すると、ノイズは聖書の研究に没頭し、特に、ヨハネによる福音書の中のある一節に引きつけられた。ノイズはこの記述に基づいて、イエス・キリストの再臨は紀元70年にすでに起きていたと結論づけた。それはつまり、聖書の教える千年期 —— イエス・キリストの再臨後に人間が完全な存在となる期間 —— は、すでに始まっているということを意味した。

ノイズの主張はキリスト教の主流の信条に反するもので、彼は1834年に異端としてイェール神学校から追放された。しかし、人間は完璧であるというノイズの「完全主義」の教義は、ニューヨーク州とニューイングランドで一定の信者を獲得した。そしてノイズは1840年、バーモント州パトニーに最初の「聖なる共同体」を築き、1848年にこの共同体をニューヨーク州オナイダに移した。

ノイズは、人間は完璧であり罪を負わないと信じたことから、伝統的な性の規範を否定し、「性交が法律によって制限される理由はない」と主張した。自分の考えを行動に移し、1847年、妻のハリエットではなく共同体の女性と性的関係を持ったことから、姦通罪で逮捕された。

オナイダ・コミュニティは「集団結婚」がよく知られるが、この共同体は独自の企業としても成功し、スーツケースや糸、そして有名な銀食器を製造した。共同体のメンバーは仕事とその報酬を共有することが求められ、19世紀のアメリカで理想郷的な宗教共同体として成功した数少ない例だった。

ノイズは、強姦罪での起訴から逃れるために1879年にカナダへ移り、オンタリオ州で74歳のときに死去した。オナイダ・コミュニティは1881年に正式に解体されたが、のちにオナイダ・リミテッドという銀食器メーカーとなり、同社は現在も操業している。

**豆知識**

1. 第十九代アメリカ大統領ラザフォード・ヘイズ（1822〜1893）は、ノイズのいとこである。
2. ノイズが定めたオナイダ・コミュニティの規則では、避妊の責任は男性に委ねられていた。男性は「随意の調節」、つまり自制により妊娠を避けることが求められた。
3. オナイダ・コミュニティの大部分のメンバーは、厳格な菜食主義を守っていた。また、飲酒と喫煙は禁じられていた。

# 260 指導者 ウィリアム・グラッドストン

**ウィリアム・グラッドストン（1809～1898）は、歴代のイギリス首相の中でも特に在任期間が長かった首相である。ヴィクトリア女王が在位した19世紀半ばに四期を務める中、民主的な制度や手法を広め、アイルランド人の政治的権利をより広く認めるなど、自由主義の改革者として功績を残した。**

✦

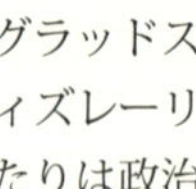

グラッドストンは、保守党の党首で首相を二期務めたベンジャミン・ディズレーリ（1804～1881）との積年の宿敵関係でも知られた。このふたりは政治的にも個人的にもぶつかるライバルだった。ディズレーリはグラッドストンのことを「極悪人」と呼び、正気ではないと思っていた。一方のグラッドストンは、ディズレーリのことを鼻持ちならないキザ男だと思っていた。

グラッドストンはリヴァプールで生まれ、政治家を輩出することで知られるイートン・カレッジとオックスフォード大学で教育を受けた。1832年にトーリー党代表としてイギリス総選挙に出馬して初めて議員に選出され、1852年には保守党政権で財務大臣を務めた。

グラッドストンが初めてディズレーリに会ったのは、1835年のロンドンでの晩餐会のことだった。当時、野心あふれる若き政治家だったふたりは政敵だったが、性格的にもすぐに衝突した。グラッドストンは真面目で敬虔なキリスト教信者で、ユーモアセンスはほとんどなかったが、ディズレーリは好戦的で言葉が皮肉っぽく、信仰心はほとんどなかった。

グラッドストンは1850年代に左寄りに変わっていき、1859年に自由党員となり1867年に党首に選出された。その翌年、自由党は総選挙に勝利し、グラッドストンは首相に任命された──ディズレーリに代わっての就任だった。グラッドストンは首相としての一期目に、アイルランドにおけるローマ・カトリック教徒への制約を緩和するいくつかの法案を通し、初等教育の制度を確立し、所得税を減税した。しかし1874年の総選挙ではディズレーリに大敗した。これを機に、グラッドストンはディズレーリ政権を辛辣に批判するようになり、トルコのブルガリアに対する圧政を見逃していると非難した。グラッドストンは1880年に首相の座に返り咲き、1886年と1892年にも再選された。グラッドストンは、政治家としてのキャリアの終盤には「偉大な老人」（GOM: Grand Old Man）というあだ名を得て、イギリスの自由主義の代名詞的な存在となった。ウェールズで88歳で亡くなった際には、国葬が執り行われた。

**豆知識**

1. イギリスの多くの政治家と同様に、グラッドストンはアメリカの南北戦争において南部に同調した。1862年には南部のアメリカ連合国を支持する演説を行った ── この立場をとったことを、のちに彼は後悔していると述べた。
2. ヴィクトリア女王（1819～1901）は、グラッドストンの政策には驚くことが多く、彼を「半ば狂った扇動者」と評したことがあった。
3. 歴代のイギリス首相の中で、グラッドストンよりも長い期間議会に携わったのはウィンストン・チャーチル（1874～1965）だけである。チャーチルは63年と358日間で、グラッドストンは62年と206日間だった。

# 261 哲学者・思想家 ｜ ジョン・スチュアート・ミル

**ジョン・スチュアート・ミル（1806〜1873）は、幼少期から有名な哲学者になるべく育てられた。急進的な思想のスコットランド人の父親、ジェームズ・ミル（1773〜1836）は、3歳から息子ジョンにギリシャ語を教え込み、8歳でさらにラテン語を教えた。ジョンは、10歳のときにはすでにプラトンのギリシャ語の原書が読めた。さらに、父親の強い勧めで12歳から中世のスコラ哲学を学び始めた。まだ少年だったジョンは、哲学の勉強に専念できるように、ほかの子供たちと遊ぶことを禁じられていた。**

✦

この成育環境の中でジョン・スチュアート・ミルは疲れ果て、20歳のころ、精神を病んだ時期が続いた。しかし父親の期待どおり、ミルは19世紀の中心的な哲学者となり、「功利主義」というイギリスの哲学思想を代表する存在となった。

ミルはうつ状態から回復し、1820年代の終わりは旅をして過ごし、1830年にハリエット・テイラー（1807〜1858）と知り合った。彼女は既婚者だったが、ふたりは恋愛関係になった —— これには、ミルの父親は大きく失望した。ふたりは20年近く交際を続け、ハリエットの夫が亡くなると、1851年に結婚した。

哲学分野におけるミルの最初の代表作『論理学体系』は、1843年に出版された。続いて1848年に『経済学原理』が出版された。こういった著作で、ミルはイギリスを代表する自由主義者・功利主義者となった。功利主義とは、ある行為が道徳的かどうかは、社会の全般的な幸福にどれだけ役立ったかによってのみ決まるとする思想で、「最大多数の最大幸福」というモットーがよく言われる。

ミルは功利主義に基づき、多くの政治的問題に関して当時は急進的と見なされた立場をとった。選挙制度の改革や、イギリスのアイルランド政策の緩和、女性の経済的権利と政治的権利を擁護した —— いずれも、19世紀のイギリスの政治では主流ではない考え方だった。

ミルは1858年まで、イギリスのインド交易を支配していたイギリス東インド会社に勤めた。その後に政界入りし、1865年に庶民院の議員に選出されると、投票権を女性にまで拡大させる初の法案を提出した（これは可決されなかった）。また、男女同権についての見解を記した有名な著作『女性の解放』を、議会への再選を逃したのちの1869年に出版した。

ミルは、66歳のときにフランスでこの世を去った。

### 豆知識

1. ミルは、1865〜1868年にスコットランドのセント・アンドルーズ大学の学長を務めた。
2. ミルは、哲学者バートランド・ラッセル（1872〜1970）の洗礼時の代父だった。
3. イギリスでようやく女性に完全な参政権が認められたのは、1928年のことだ。ミルが女性の参政権を提唱してから60年以上も経っていた。

# 262 革新者 ｜ アレクサンダー・グラハム・ベル

**アレクサンダー・グラハム・ベル（1847〜1922）は、電話を発明し、世界のコミュニケーション方法に変革をもたらした。ベルの設立した電話会社はのちにAT&T社となり、アメリカ史上最大級の成功を収めた。しかしベルは、自らの大発明についてかなり複雑な感情を持っていたようで、晩年、電話を面倒に感じていることを打ち明けた —— 書斎にも、けっして電話を置こうとしなかった。**

ベルはスコットランドのエディンバラで生まれ、子供のころはアレックという愛称で呼ばれた。聴覚と音声の科学には、若いころから関わりがあった。母親のイライザ・グレース・シモンズ（1809〜1897）は子供のころに聴覚を失っており、父親のアレクサンダー・メルヴィル・ベル（1819〜1905）は聾唖（ろうあ）者の教師で、息子にも同じ道を進ませるべく教育していたのだ。

ベルの兄と弟が結核で亡くなり、一家はその後の1870年にカナダへ移住した。ベルはやがてボストンへ引っ越し、聴覚障害者の学校で教師の職を得た（のちに、ヘレン・ケラー［1880〜1968］も教えている）。

ベルはボストン在住中に、当時18歳だったトーマス・A・ワトソン（1854〜1934）を助手に雇って電話の実験を始め、1876年に電話を完成させた。電話線で伝えられた最初の言葉は、「ミスター・ワトソン、こっちへ来てくれ、用がある」だったというのは有名な話だ。

ベルは1876年に電話を公開実演し、その後２年も経たないうちに、初めての商業用システムが設置された。ベルはこのシステムの運営のために、出資者と共にベル電話会社を創業し、この会社は1885年にAT&Tとなった。AT&Tは急成長し、アメリカ屈指の収益性を誇る企業になったが、1982年に連邦政府の独占禁止の規制により同社の事業は複数の会社に分割された。

ベルはその後のほとんどをカナダのノバスコシア州の自宅で過ごし、航空機に関する実験に専念した。また、原始的な金属探知機も考案した。これは当時の大統領ジェームズ・ガーフィールド（1831〜1881）の暗殺事件の際、必死の救命措置がとられる中、大統領の体内に撃ち込まれた弾丸の位置を特定するために使用された。

ベルは、生前に計18件の特許を申請した。ベルは、ノバスコシア州で75歳のときに死去した。

**豆知識**

1. ベルは、29歳の誕生日に電話の特許を取得した —— アメリカ特許番号174,465である。
2. アメリカにおける最初の市内全域の電話システムは、1878年にコネチカット州ニューヘイブンに開設された。391の登録者が掲載された史上初の電話帳は、2008年に競売会社クリスティーズのオークションで17万500ドルで落札された。
3. 音の強さを表す単位「ベル」は、電話の発明者ベルの名に由来している。より一般的に使われている単位「デシベル」は、「ベル」の十分の一の強さである。

# 263 悪人 切り裂きジャック

**「切り裂きジャック」と呼ばれる連続殺人鬼は、史上の未解決事件の中でも特に凶悪な犯罪者で、1888年、ロンドンのスラム街で少なくとも五人の娼婦を殺害した。ついぞ逮捕されなかった切り裂きジャックだが、その正体についてはさまざまな議論がなされ、この残忍な殺人犯はいったい誰なのかと、これまでにありとあらゆる説が唱えられてきた。**

✦

この連続殺人事件は、1200人ほどの娼婦が暮らすホワイトチャペルというロンドンの貧困地区で発生した。切り裂きジャックという俗称は、ロンドンの新聞が血みどろの殺人の詳細を報じる中で広まっていった。犯人は主に中年女性を狙い、金曜日、土曜日、または日曜日の夜に殺害を実行した。被害者の体は切り裂かれ、路地に放置されていた。

事件は、何か月にもわたりロンドンの新聞で大々的に報じられた。ひとつの殺人が起こるたびにセンセーショナルな記事が載り、ロンドンの乱雑なスラム街の状況に世間の関心が集められた。また、不十分な警察の態勢が白日のもとにさらされることにもなった。

1888年の後半、事件の犯人からだという何通かの手紙がロンドンの通信社に届いた。手紙はさらなる殺人を予告するもので、「私は切り裂きをやめるべきではない」とあざわらうかのように書かれていた。一通には「切り裂きジャック」という署名があり、その名がすぐに世間に広まった。当初、手紙は本物だと思われていたが、現在ではでっち上げの可能性が高いと考えられている。ある殺害現場の近くには、ユダヤ人を擁護するような落書きが見つかっており、事件との関連性が疑われた。しかし警察は、落書きは関係はないか、あるいは犯人をユダヤ人と思わせるためのトリックだと結論づけた。

警察は容疑者を四人に絞り込んだが、いずれも起訴されることはなかった。それから100年以上が経ち、切り裂きジャックの正体を突き止めようとするアマチュアの研究家たちが、有名な印象派の画家から女王の孫まで、多数の人物を容疑者に挙げてきた。切り裂きジャックの事件は未解決だが、その影響は広範囲に及んだ。ロンドン警視庁の警視総監チャールズ・ウォーレン（1840〜1927）は、犯人逮捕に至らなかったことから辞任した。また、事件後20年にわたって警察組織の強化が進められ、捜査に指紋法を取り入れるなど、より高度な技術が考案された。この事件は、新聞によって連続殺人犯の恐ろしいニックネームが広められる初めての例にもなった——が、「切り裂きジャック」に勝るインパクトの名はほかにない。

**豆知識**

1. 切り裂きジャックは、2006年のBBC（英国放送協会）の投票で「イギリス史上一番の悪人」に選ばれた。二番目の悪人はカンタベリー大司教のトマス・ベケット（1118〜1170）だった。
2. アメリカの推理作家パトリシア・コーンウェル（1956〜）は、私財600万ドルを投じて切り裂きジャック事件を調査し、犯人は画家のウォルター・シッカート（1860〜1942）だという説を証明しようとした。コーンウェルは2002年の作品『真相 “切り裂きジャック”は誰なのか？』（“Portrait of a Killer: Jack the Ripper—Case Closed” 相原真理子訳 講談社文庫 2005年）に調査結果を記したが、彼女の説はほとんどの切り裂きジャック研究家に否定されている。
3. 1988年、FBI（アメリカ合衆国連邦捜査局）は、切り裂きジャックの心理プロファイリングを行った。その結果、切り裂きジャックは異性愛の白人男性で、20代後半から30代半ばくらいの独り者で、多数の男性と性的関係を持つ支配的な母親がいるとされた。FBIのプロファイラーは、切り裂きジャックが自殺したとは考えにくいとし、捕まることを恐れて殺人をやめたものと推測した。

# 264 文筆家・芸術家 | エミール・ゾラ

**私は弾劾する。**

**―― 1898年1月13日 フランスの新聞『オーロール』紙の第一面より**

✦

フランスの著名な小説家で、ジャーナリストで、社会評論家のエミール・ゾラ（1840～1902）は、新聞の歴史に残る伝説的なヘッドラインを書いた。現在、ゾラが一番よく知られているのは、「ドレフュス事件」を暴いたことだろう。この事件はフランス中に衝撃を与えたスキャンダルで、ゾラは、この一件でフランス軍と政界のエリートを敵にまわした。

ゾラはパリで生まれ、配送会社の係員、芸術評論の執筆者、ジャーナリストとして働き、1867年に最初の小説『テレーズ・ラカン』を出版した。彼は、19世紀のフランスにおける文学運動「自然主義文学」の立場で作品を記した。自然主義文学とは、社会の実情を観察し、より忠実に創作に取り入れようとする姿勢である。

「ドレフュス事件」は1894年に起こった。フランス陸軍のユダヤ人大尉アルフレッド・ドレフュス（1859～1935）が、ドイツに機密情報を漏洩（ろうえい）した罪に問われ、証拠不十分のまま軍法会議で有罪となり、階級を剥奪され投獄された事件だった。ゾラは、ドレフュスが反ユダヤ主義の将軍や政治家らによって無実の罪を着せられたのではないかと疑い、ドレフュスを有罪にした証拠には疑問があるとする記事を次々と発表した。

ゾラは、新聞の一面を飾った扇動的なヘッドライン「私は弾劾する」の下に記された有名な記事で、フランス陸軍による判決は誤審だと主張した。フランス大統領に宛てた手紙の形式で書かれたこの記事は、大騒動を巻き起こした。ゾラは数週間後に名誉毀損で有罪となり、投獄を逃れるためにイングランドに亡命しなければならなくなった。ドレフュス事件はフランス史における大きな転機となり、以後、ドレフュスは冤罪だとするリベラルなドレフュス派と、保守的な反ドレフュス派という政治的な分裂が生じた。

ドレフュスは1899年に恩赦を受け、軍の階級を回復した。別の将校フェルディナン・ヴァルザン・エステルアジ（1847～1923）が漏洩の犯人である可能性が高いことが、証拠から示唆されたためだった。ゾラは1899年にフランスへ戻り、その3年後、暖炉が詰まったことによる一酸化炭素中毒で死去した。事故死だとされたが、ゾラの政治的な敵が暖炉を塞いだのではないかと考える人も多い。

**豆知識**

1. ゾラは、フランスの著名人が埋葬されるパンテオンに、作家ヴィクトル・ユーゴー（1802～1885）と並んで埋葬されている。ドレフュスはゾラの埋葬時に参列しており、儀式中に暗殺未遂に遭い負傷した。
2. ドレフュスは無罪放免になったのちにフランス軍に復職し、第一次世界大戦の最前線で戦い、1918年にフランスの最高勲章であるレジオンドヌール勲章を授与された。
3. ゾラは画家のポール・セザンヌ（1839～1906）とは幼少期からのつき合いで、プロヴァンスで同じ学校に通っていた。ゾラの1886年の小説『制作』（“L'Œuvre” 清水正和訳 岩波文庫 1999年）に登場する神経質で不安定な画家はセザンヌをモデルとしており、これに侮辱されたと感じたセザンヌは、ゾラとの交友を断った。

# 265 反逆者・改革者 ｜ ホセ・マルティ

**イギリスの詩人パーシー・ビッシュ・シェリー（1792～1822）は、詩人とは、「認められていない世界の法制定者」だと言ったことがある。詩を通じて人々の情熱を呼び覚まし、希望を持たせ、社会の道徳的な指針を導き出せるからだという。**

✦

キューバのハバナで生まれた詩人で、ジャーナリストで、政治扇動家のホセ・マルティ（1853～1895）は、シェリーの名言が正しいことを証明した人物だ。キューバ独立の父とされる、小柄な体格のマルティは、軍事の手柄ではなく、国民を革命の方向へと導く詩やエッセイを書くことで祖国に奉仕した。実際、キューバにおけるマルティの影響はきわめて大きい。ごく近年でも、キューバ元大統領フィデル・カストロ（1926～2016）や、カストロの敵も、マルティの影響を受けたと述べている。また、カストロの共産党を母体とする青年団にも、フロリダ州にあるアメリカ合衆国政府が出資する反カストロの放送局にも、マルティの名が付けられている。

スペイン帝国は、一時は新大陸に広大な領地を有していたが、19世紀後半になるころには、事実上キューバ島を残すのみとなっていた。キューバ島におけるスペインの植民地総督は、残酷で無能であることで知られていた。1868年と1895年に二度にわたって起こった反乱（キューバ独立戦争）では、植民地に対して激しい弾圧が行われた。

マルティは、美術の高等専門学校の学生だったときに1868年の反乱を支援した。その結果、10代にして反逆罪で有罪になり、キューバの政治への関心を失わせるという意図でスペインに送られた。しかし、祖国を追い出されたマルティは、自由な国キューバを熱望する気持ちが高まるばかりだった。マルティはその後の生涯のほとんどをキューバ国外で過ごし、ニューヨーク市にも15年間居住した。キューバの独立を支持する膨大な数の詩や政治パンフレットを書き、また世界各国を訪問し、キューバ独立運動の国際的な支持を求め、スペインの残虐行為への注目を促した。マルティは何年もかけてキューバの反体制派の仲間を集め、1894年にメキシコを訪れて反乱を計画した。1895年にキューバ島に上陸し、独立のための闘争を宣言したが、戦いの初期でスペイン兵に殺害された。このときのマルティは42歳だった。

その３年後、アメリカ合衆国が反乱軍側について参戦すると、スペインはキューバ島を明け渡した。キューバはアメリカによる数年の占領期間を経て、1902年に正式に独立国となった。

**豆知識**

1. マルティはニューヨーク市に居住中、政治的な著作だけでなく、「黄金時代」を意味するスペイン語の子供向け雑誌を創刊した。
2. マルティは、1895年のキューバ島上陸以前に軍事経験はなく、戦闘に入って数週間以内に殺害された。彼は白馬に乗りキューバ軍隊からはぐれたため、特に狙いやすいターゲットになっていた可能性がある。
3. 1965年、馬に乗るマルティの銅像がニューヨーク市のセントラル・パークに建てられた。公園内にはほかに、ラテンアメリカのふたりの英雄の銅像がある。南アメリカの六つの国をスペインから解放したシモン・ボリバル（1783～1830）と、アルゼンチンの国民的英雄ホセ・デ・サン・マルティン（1778～1850）だ。

# 266 伝道者・預言者 | バハオラ

**唯一の正しい宗教はどれなのか？　バハオラ（1817〜1892）というペルシアの神秘主義者は、1863年、この疑問に関して異例の宣言をし、バハイ教を創始した。すべては正しい宗教だ、というのがバハオラの答えだった。**

✦

すべての宗教の伝統を肯定し、ひとつのまとまりととらえるのが、バハイ教の根本的な教えである。バハオラがパレスチナの地で開いたバハイ教は、現在、世界で約500万人の信者を擁しているという。創始者バハオラは、宗教や人種による分断を非難し、イエス・キリスト、モハメッド、仏陀、その他多くの宗教上の人物を、正当な「神の啓示者」であるとして受け入れた。

バハオラは、ペルシアの首都テヘランで、ミルザ・ホセイン・アリの名で生まれた。イスラム教シーア派の環境で育ったが、反対勢力の分派であるバビ教の信者になり、そのときに名を変えた。バビ教の創始者は、反逆罪で1850年にペルシア当局に処刑された。創始者の死後、バハオラがバビ教のリーダーになった。その後、バビ教が大迫害を受ける中、バハオラはペルシアから追放され、オスマン帝国のバグダード、クルディスタン、そしてトルコのコンスタンティノープルへと移った。バハオラはトルコで、自らは「正統に導かれた指導者」であり、バビ教の創始者によって予言された神の啓示者であると宣言した。バハオラは、今度はオスマン帝国政府から追放され、現在のイスラエルに当たる地中海の流刑地アッカに軟禁された。

バハオラはアッカの地で、信者に向けた本や祈り、書簡を書き続け、バハイ信仰の教義を記した。自らは神の使者であり、多くの宗教で予言された救世主であり、宗教を統一して地球上の分断をなくす存在だとした。また、バハオラはバハイ教の戒律を規定した。決まった時期の断食や、毎日の祈り、薬物やアルコールの絶対的な禁止などだ。バハイ教には聖職者や儀式的な典礼はなく、信者は礼拝堂ではほかの宗教の経典を読むこともある。

バハオラは法的にはアッカの地に軟禁状態にあったが、地域内の移動や、面会や、信者とのコミュニケーションは許された。バハオラの死後、バハイ教は、バハオラの息子によって中東全域、アフリカ、そしてアメリカ合衆国へと広められた。

**豆知識**

1. 現在、バハイ教の本部は、バハオラが軟禁されたアッカ近くのイスラエルの都市ハイファにある。
2. バハオラは、預言者アブラハムや、モーセ、ゾロアスターも受け入れた。
3. バハオラの死後、息子のアブドゥル・バハー（1844〜1921）がバハイ教のリーダーとなり、さらに孫のショーギ・エフェンディ・ラバニ（1897〜1957）が後継者となった。

# 267 指導者 | セオドア・ローズヴェルト

**二期にわたりアメリカ合衆国大統領を務めたセオドア・ローズヴェルト（1858〜1919）は、狩猟を愛好し、元軍人で、著述家としても知られた。大統領に在任中のローズヴェルトは、アメリカの影響力を積極的に国外に拡大させ、国内では企業に対する規制強化と環境保護を推進した。**

✦

ローズヴェルトはニューヨーク市で生まれ、ハーバード大学を卒業し、一時期はコロンビア大学のロースクール（法科大学院）に通っていたが、1881年にニューヨーク州議会への出馬にあたって退学した。妻と母親は1884年の同じ日に亡くなっており、このショッキングな出来事のことは、生涯にわたって語ろうとしなかった。

1897年に海軍次官に任命されたが、翌年に辞任し、米西戦争に参戦した。彼は騎兵隊の義勇兵を募り「ラフ・ライダーズ」（「荒っぽい騎手」の意）という新しい騎兵隊を結成し、1898年の「サン・ファン・ヒルの戦い」での功績が称えられ、死後には名誉勲章を授与されている。

戦争時の功績により国内で有名となったローズヴェルトは、1898年、ニューヨーク州知事に選出された。その２年後、ウィリアム・マッキンリー（1843〜1901）は大統領選挙への出馬にあたり、ローズヴェルトを副大統領候補に選んだ。大統領に選出されたマッキンリーが暗殺されると、1901年９月14日、副大統領だったローズヴェルトが大統領に昇格した。

外交において、アメリカ合衆国は世界の帝国として成長しつつ20世紀を迎えた。ローズヴェルト大統領は海軍の規模を拡大し、パナマの事実上の支配権を得てパナマ運河を建設した。また、米西戦争終結時の和平条約でスペインから獲得していたフィリピンでは、民族主義者の反乱に対して戦争を遂行した。ローズヴェルト大統領による海外諸国への介入という政策は、アメリカの対外政策の典型として20世紀を通じて続くこととなる。

内政においては、ローズヴェルト大統領は共和党の進歩主義派に足並みをそろえ、独占的な事業を監視し、鉄道会社を規制した。また、不純物の混ざる医薬品から消費者を保護する目的で、アメリカ食品医薬品局（FDA）を設立した。自然保護にも熱心で、国内の自然環境を保護するためにアメリカ合衆国森林局を設立した。ローズヴェルト大統領は1909年に任期を終えたが、1912年に進歩主義的な第三政党から再び大統領選に出馬した。そして、遊説中に暗殺未遂に遭い、負傷した――が、90分の演説を終えてから病院に向かった。ローズヴェルトは当選しなかったものの、60歳でこの世を去るまで積極的に政治に携わった。

**豆知識**

1. ローズヴェルトは、バッファローでマッキンリー大統領が狙撃されたのちに彼のもとへ駆けつけ、臨終までつき添った。ローズヴェルト大統領の就任宣言はバッファローの友人宅で行われ、その邸宅は現在、国定歴史建造物となっている。
2. ローズヴェルト政権時、アメリカの大学のアメリカン・フットボール競技が国中で人気になったが、ローズヴェルト大統領は競技中の死者数を懸念し、前方へのパスを認めるルール改正を大学の学長らに強く求めた。競技が安全になると考えてのことだったが、これは実際に正しかった。
3. ぬいぐるみの「テディベア」は、ローズヴェルトの名「セオドア」の愛称テディに由来する。ローズヴェルトは、ミシシッピ州に熊狩りに行ったときに、子熊を撃つことを拒んだという話が有名だ。

# 268 哲学者・思想家 | フリードリヒ・ニーチェ

**神は死んだ。**
**── ニーチェ**

✦

伝統的な道徳はもう時代遅れだ。強者は弱者を支配してよい。ヨーロッパにキリスト教が伝わったことは不幸だった。ドイツ人はビールを飲みすぎる。

近代の代表的な哲学者、フリードリヒ・ニーチェ（1844～1900）は、著作の中でもっぱら挑発的な思考をめぐらせて読者に衝撃を与えたが、ニーチェの思想は後世の多くの芸術家や懐疑論者に着想を与えた。ドイツ生まれのニーチェは、哲学者として活動した期間は短いが、その中で、西洋文明の根底にある道徳的指針を辛辣に批判した ── 特に、キリスト教の中心的な倫理規範をターゲットにした。

ニーチェはライプツィヒ近郊の田舎で生まれ、プロイセン王フリードリヒ・ヴィルヘルム四世（1795～1861）にちなんでフリードリヒと名付けられた。1867年にプロイセン軍に入隊し、訓練中に胸部に深刻な怪我を負い除隊したが、傷が完全に癒えることはなく、心身ともに健康状態が芳しくないまま生涯を過ごした。

ニーチェは学問の世界へ戻り、1869年に初めて大学教授の地位を得て、３年後に著作の出版を始めた。道徳、芸術、音楽など、話題とする分野は幅広く、音楽に関しては特に友人のリヒャルト・ワーグナー（1813～1883）のことを書いた。ニーチェの著作は直接芸術に関するものではなく、芸術が持つ哲学的な意味について述べていた。例えば『悲劇の誕生』では、ギリシア悲劇という古代の文学形態の中に希望を見いだしている。人生の豊かさや人生の意味を示す感情的な体験が、ギリシア悲劇に豊富に含まれていることを認識したためだ。

ニーチェの哲学思想は、出版されて以来、議論をかもしてきた。中でも批判的にとらえられ、誤解も多い概念は、「権力への意志」だ。これは、すべての人々は権力を求めており、権力を持とうとする意志は「生存への意志」よりも強いという主張である。この概念の流れを汲んだ思想は、ニーチェの時代の半世紀後にナチスが取り入れた。

ニーチェは慢性的な頭痛と視力の問題から体調を崩し、1879年に教授の職を退いた。そして1889年１月３日、イタリアにいたときに精神に明らかな異変をきたした。精神疾患により生活に支障が出たニーチェは、ドイツの母親のもとに戻り、その後、妹に看病されながら55歳のときに肺炎で息を引き取った。

**豆知識**

1. ニーチェが明らかに精神の異常をきたしたのは、イタリアのトリノでのことだった。市内のある広場で、御者が馬を鞭打つところを見て、馬を守るために駆け寄り、倒れたといわれる。
2. ニーチェの著書『ツァラトゥストラはこう語った』(1883～1885頃) は、第一次世界大戦中、ドイツ兵士の士気高揚のために約15万部が配られた。
3. ニーチェは怪我をしていたにもかかわらず、普仏戦争 (1870～1871年) 時にはプロイセン陸軍に従軍し、軍の病院で負傷兵の世話に当たった。

# 269 革新者 ニコラ・テスラ

**ニコラ・テスラ（1856〜1943）は、その人生の前半で、電気に関する画期的な発明や研究を成し遂げ、アメリカ国内で名声を博した。しかし、ニューヨーク市のホテルの一室で死を遂げるころには、奇異な行動がエスカレートし、その独特な風貌と、「殺人光線」兵器製作への執着から、映画に登場する「狂科学者」のモデルとなっていた。**

✦

クロアチアで生まれ電気工学を専門としていたテスラは、両親の死後の1884年にアメリカ合衆国へ移住した。ニュージャージー州でアメリカ人発明家トマス・エジソン（1847〜1931）の下で働いたが、エジソンがテスラに約束したボーナスの支払いを拒んだことから、ふたりは仲たがいした。エジソンの会社を退職したテスラは、1886年にニュージャージー州に自らの製造所、テスラ電灯製造会社（Tesla Electric Light and Manufacturing Company）を設立した。この会社は、交流送電システムの考案に取り組んだ。当時はエジソンによる直流送電システムが標準で、交流送電はそれに競合するものだった。こうして1890年代、エジソンと元従業員テスラとの間で、電気産業の未来がかかった「電流戦争」が展開されることとなった。テスラの交流送電は、直流送電と比較していくつかの利点があった。その最大のものは、長距離の送電が可能なことだ。だがエジソンは、交流送電は危険性が高すぎると考えていた。

この争いの転機は1893年に訪れた。テスラと事業パートナーのジョージ・ウェスティングハウス（1846〜1914）が、同年のシカゴ万国博覧会での電力供給の契約を勝ち取ったのだ。万博は、交流送電を何百万人もの来場者に披露する機会になった。1890年代の終わりには、交流送電の勝利は明らかになった。20世紀になると、なおも直流システムを使用している市はほんの一握りにすぎなかった。

一方、テスラは新たな研究に挑んだ。1897年には無線の特許を申請し、1899年には大気中の電気を調査する目的でコロラド州の山中に大規模な研究所を建設した。また、大物実業家ジョン・ピアポント・モルガン（1837〜1913）の出資を得て、無線で送電する鉄塔を建てた。この種のものとしては、第一号だった。

偏執的で押しの強い性格のテスラは、生涯独身で、交友を避けられた。晩年の10年間はホテル暮らしをし、鳩にエサをやり、また、戦艦を沈没させ一度に100万人を殺害できる殺人光線を発明したと言い張った。財を成し有名になってこの世を去ったライバルのエジソンとは対照的に、テスラは86歳の死去時にはほぼ一文無しで、存在を忘れられていた。テスラの死後、住まいとしていたホテルの一室で、殺人光線の設計図の捜索が行われたが、何も発見されなかった。

**豆知識**

1. テスラは40年以上にわたり、イタリアの発明家グリエルモ・マルコーニ（1874〜1937）との間で、無線の発明に関する特許権を争っていた。最高裁は、1943年にようやくテスラの言い分を認めた —— 彼の死後数か月経ってからのことだった。
2. 1960年、テスラの名にちなんだ磁束密度の単位「テスラ」が定められた。
3. テスラは何年もかけて殺人光線の設計を行ったが、結局、製作には至らなかった。1930年代にアメリカ政府とイギリス政府にこの発明を提供しようとしたが、両者とも、丁重に断った。

# 270 悪人 ｜ リジー・ボーデン

**リジー・ボーデン　斧を手に**
**母を40回打ちつけた。**
**自分のしたことに　はっと気づくと、**
**今度は父を　41回打ちつけた。**
**── 童謡**

✦

1892年8月4日、19世紀の世を震撼させる犯罪が起きた。アンドリュー・ボーデン（1822～1892）とアビー・ボーデン（1828～1892）夫婦が、マサチューセッツ州の自宅で、斧でめった打ちにされて殺されたのだ。疑いの目はただちに娘のリジー（1860～1927）に向けられた。やがてリジーは殺人罪で逮捕され、起訴された。

リジー・ボーデンの事件には、その残酷さからニューイングランド中の目が釘づけになった。当時、多くの人はリジーが犯人だと信じ、現在もそう考える人が多いものの、彼女は証拠不十分で無罪になった。この判決は物議をかもし、多くのアメリカ人がショックを受けた。

リジー・ボーデンは裕福な家庭に生まれ、マサチューセッツ州フォールリバーで、使用人のいる大きな家で暮らしていた。アビーは父親アンドリューのふたり目の妻で、リジーの母親サラ・A・ボーデンは1863年に亡くなっていた。

殺人事件の当日、父親アンドリューは朝に所用で外出し、家に戻るとソファで昼寝をした。リジーは、そのあとにアンドリューの遺体を見つけたということだった。アンドリューは明らかに、寝ているところを襲われていた。リジーの継母アビーの遺体はその後すぐ、2階で見つかった。アビーもアンドリューも、繰り返し斧で打たれていた（ただし、のちに童謡に歌われる40回という回数ではなかった）。

状況証拠から、リジーが犯人であることが強く疑われた。警察がボーデン家の地下室を捜索すると、手斧が見つかった。また、ある薬屋は、リジーが事件の数日前に毒を買おうとしたと証言した。リジー自身は、事件の数日後にワンピースをコンロで燃やしたことを認めた。

しかし、裁判ではリジーの犯行を示す有力な証拠のいくつかが認められず、検察側は、地下室で見つかった手斧が凶器であることを陪審団に納得させることができなかった。リジーはわずか68分のうちに無罪となった。無罪判決後、リジーは両親からかなりの財産を相続し、生涯をフォールリバーで過ごした。そして66歳で死去した。

**豆知識**

1. リジーは、1897年にロードアイランド州プロビデンスで、陶器製の小さな絵を二点万引きしたことが発覚したが、店との間で示談をとりつけて起訴を免れた。
2. リジー・ボーデンの事件を描いたオペラ『リジー・ボーデン』は、1965年にニューヨーク市で初演された。
3. ボーデンの父親は、けちけちしていることで知られていた。邸宅の屋内に、水道をつけようとしなかった。

# 271 文筆家・芸術家 | オスカー・ワイルド

**小説家で、劇作家で、詩人のオスカー・ワイルド（1854～1900）は、２年の刑でイングランドのレディングの牢獄で服役中、殺人罪で収監されていた囚人が絞首刑を受けるところを見た。友人同士になっていたこの囚人の死に、ワイルドは深く苦しんだ。出所後に書いた詩『レディング牢獄の唄』（1898年）は、この体験が基となっている。**

✦

**わたしは目にしたことはなかった**
**あんなに悩ましげな目で**
**囚人が空と呼んでいる**
**あの小さな青い天幕を、**
**銀の帆を張って流れる浮雲を眺めた男を。**

**（西村孝次訳『オスカー・ワイルド全集３』［青土社］より）**

『レディング牢獄の唄』は、1900年に46歳でこの世を去ったワイルドの最後の主要作品である。それ以前のワイルドの作品全般と比較すると陰鬱なこの詩には、彼の晩年が哀しく悲劇的なものだったことが表れている。まず1895年に同性との性的行為により逮捕されて有罪判決を受け、また、最後の３年間は自らの意志でフランスに逃れた。この詩の中で、ワイルドはこうも言っている。「私たちそれぞれの中で、何かが死んでいた。死んでいたもの、それは希望だ」

ワイルドは、オックスフォード大学在学中に著述を始めた。その中で詩を書き、「耽美主義」を実践した。耽美派とは、芸術は何らかの主張や道徳的な教訓を伝えるためのものではなく、芸術そのもののためにあるとする人たちだ。ワイルドは髪を伸ばし、痛烈なウィットをきかせ、人目を引く服装をして、耽美派の中でも代表的な人物となった。1891年、唯一の小説『ドリアン・グレイの肖像』を出版した。また、『真面目が肝心』（1895年）のほか多数の戯曲を書いた。

1890年代初頭、ワイルドは、有力な貴族クイーンズベリー侯爵（1844～1900）の息子、アルフレッド・ダグラス卿（1870～1945）と親密になった。侯爵はこれに激怒し、ワイルドを「男色」として告訴した――19世紀のイギリスでは、同性愛は犯罪だった。ワイルドは「淫らな行為」（gross indecency）の罪で逮捕・起訴され、２年の懲役刑となった。出所後はフランスへ逃れ、偽名を使って過ごし、３年後にパリのホテルで髄膜炎で亡くなった。

**豆知識**

1. クイーンズベリー侯爵は、1860年代にボクシングのルールを規定したイングランドのアスレチック・クラブを後援したことでも知られる。このルールはプロのボクシング競技で現在も使われており、「クイーンズベリー・ルール」として定着している。
2. ワイルドの1891年の小説『ドリアン・グレイの肖像』は、1945年にハリウッドで映画化された。2009年にはコリン・ファース（1960～）が出演するリメイク版がイギリスで製作され、公開されている。
3. ワイルドが刑罰の対象となった、イングランドとウェールズにおける男性同士の性的行為を禁止した法律は、1967年に撤廃された。

# 272 反逆者・改革者 | エミリアーノ・サパタ

**足でしっかり立ったまま死んだほうが、膝をついて生きるよりもよい。**
**── エミリアーノ・サパタ**

✦

黒い口ひげを左右に長く伸ばし、つばの広い麦わら帽子ソンブレロをかぶり、鋭い目つきをした革命指導者、エミリアーノ・サパタ（1879〜1919）は、メキシコ史上の重要な人物だ。1910年から農民の大反乱のリーダーとして活動し、暗殺されるまでの間、革命を指揮した。その中で、国内の農地がより公平に分配されるよう政府に要求し、多くのメキシコ人にとって、中でも貧しい人々にとって、永遠の英雄になった。

サパタは、1876年にクーデターで権力を掌握したポルフィリオ・ディアス（1830〜1915）の独裁時代に育った。サパタの家族のような小作農たちにとって、ディアスの独裁政権時代は悲惨だった。政府は小作農を顧みず、大地主が田舎の地方一帯を支配することを認めていたためだ。

1909年、サパタはメキシコ南部モレロス州の地元の村アネネクイルコで、防衛委員会の委員に選ばれた。1910年にメキシコ革命が勃発すると、サパタは反乱軍を支持した。ディアス大統領は1911年に退陣に追い込まれ、フランスに亡命した。

しかし、ディアス政権が崩壊しても、サパタの求める土地改革は実現しておらず、革命も終わらなかった。サパタは1911年、土地改革を要求する声明「アヤラ綱領」を発表し、貧しい農民が農地を所有しやすくなる具体的な改革案を提示した。

以後の８年間、革命派が抵抗する中で何人かの大統領が政権をとった。サパタは主にメキシコ南部で支持を受けたが、1919年、敵に騙されて会おうとしたときに暗殺された。1920年以後、内戦の勢いは弱まりを見せた。サパタの改革案の一部は実現したが、サパタが完遂できなかった闘争を続けると主張する革命派は今も存在する。

**豆知識**

1. サパタの生涯を描いた1952年のアメリカ映画『革命児サパタ』では、マーロン・ブランド（1924〜2004）がサパタを演じ、アンソニー・クイン（1915〜2001）がサパタの兄を演じた。クインはアカデミー賞の助演男優賞を受賞し、同映画はその他にも四部門でノミネートされた。脚本家のひとりはジョン・スタインベック（1902〜1968）だった ── ノーベル賞を受賞したことで知られる作家である。
2. 1994年、「サパティスタ」と称する武装集団が、チアパス州で、国の土地改革と貿易政策に抵抗して反乱を起こした。
3. メキシコでは、サパタが暗殺された４月10日に、サパタの影響を受けたというさまざまな集団が頻繁に抗議行動を起こしている。

# 273 伝道者・預言者 メアリー・ベイカー・エディ

**クリスチャン・サイエンス教会の設立者、メアリー・ベイカー・エディ（1821〜1910）は、ニューハンプシャー州の農場の、厳格なキリスト教会衆派の家庭に生まれた。子供のころから慢性的な病を抱え、生涯のほとんどにわたって健康の問題に悩まされた。この健康状態は、エディの信仰に大きな影響を与えることになった。**

◆

ベイカー・エディは22歳のときに最初の結婚をし、すぐに妊娠したものの、息子のジョージが1844年に生まれる前に夫が他界した。学校の教師の給与では息子を育てられず、地元の医師と再婚したが、息子は引き取れず、夫とはやがて離婚した。

経済的にも感情的にも辛い状況に加えて、以前からの健康の問題もあり、ベイカー・エディは精神的に深く落ち込んだ。厳格な会衆派の環境で育ったにもかかわらず、宗教からはほとんど癒やしを得ることができなかった。そして1850〜1860年代に、流行していた医学や宗教の手法をいろいろと試した。ホメオパシー（樹皮や牡蛎(かき)の殻など自然由来の物質を薬として用いる療法）、水治療法（温水浴と冷水浴により病気を治療できるとする手法）、クインビー療法（メイン州の時計技師フィニアス・クインビー［1802〜1866］の名に由来する、彼の考案した催眠治療法）などだ。ベイカー・エディの苦しみはそれでも続き、1866年のある日のこと、彼女は凍った道で転び、動けなくなった。ところがその後の三日間、聖書を読み続けると、突然に癒やされたのだ —— この体験から、神には治癒能力があるのだという結論に至った。

1870年、ベイカー・エディは『科学と健康 —— 付聖書の鍵』を書き始めた。この本は、1875年に出版されると大きな注目を浴びた。1877年エディの教えを信じるアーサ・ギルバート・エディと再婚し、1879年にマサチューセッツ州ボストンでクリスチャン・サイエンス教会を設立した。この教会は、病は医療ではなく聖書の力で治癒できることを強調した。

教会の教えを広めるために、ベイカー・エディは、一般の人たちが自由に出入りして聖書と教会の出版物を読むことのできる部屋を各教会に設置するよう義務づけた。この読書室と『クリスチャン・サイエンス・モニター』紙は、おそらくクリスチャン・サイエンス教会の一番よく知られる特徴だ。ベイカー・エディは1889年に指導者としての日常の役割から退き、ニューハンプシャー州へ移った。89歳で亡くなり、マサチューセッツ州ケンブリッジに埋葬された。

**豆知識**

1. ベイカー・エディの兄アルバート（1810〜1841）は、のちにアメリカ合衆国第十四代大統領となるフランクリン・ピアース（1804〜1869）と共に、ニューハンプシャー州で法律の実務に携わっていた。
2. ベイカー・エディは、最初の夫の死後、幼稚園のような子供向けの学校を開いたが、うまくいかず数か月で閉所した。
3. クリスチャン・サイエンス教会は、医療を否定していることから、設立以来多くの非難を浴びてきた。アイルランドの作家ジョージ・バーナード・ショー（1856〜1950）は、同教会が近代医学も伝統的なキリスト教の罪の概念も否定したことから、「クリスチャンでもなければ科学的でもない」と皮肉った。

# 274 指導者 ｜ ケマル・アタテュルク

**ムスタファ・ケマル・アタテュルク（1881～1938）は、トルコ共和国の建国者で、初代大統領である。どの政治指導者にも増して、第一次世界大戦の敗戦後にトルコの再建と独立の維持に尽力し、宗教を切り離した近代的な国家を築き上げた人物だ。**

◆

アタテュルクは、オスマン帝国の都市セラニークで生まれた。オスマン帝国は東ヨーロッパと中東の広大な領域を支配していたが、経済力と軍事力が低下していた（オスマン帝国は「ヨーロッパの病んだ男」だという表現もされた）。

アタテュルクは1905年にオスマン帝国の陸軍大学を卒業後、陸軍に入隊し、シリア、リビア、バルカン半島に駐在した。オスマン帝国は、ドイツとオーストリア側について1914年に第一次世界大戦に参戦した。アタテュルクは陸軍の一師団を指揮し、1915年に対イギリスの大規模な戦闘「ガリポリの戦い」で勝利した。

しかし、第一次世界大戦は1918年に連合国側の勝利に終わり、これはオスマン帝国の終焉を意味した。オスマン帝国が領有していた中東の地域は戦勝国フランスとイギリスの間で分割され、オスマン帝国の最後のカリフ（指導者）は退位させられた。連合国側は、オスマン帝国の心臓部であるトルコの分割も目論んでいたが、アタテュルクは短期間の独立戦争を通じ、トルコの独立の維持に成功した。

1923年、トルコ共和国が成立し、アタテュルクが大統領に就任した。アタテュルクは憲法の起草を進め、学校や博物館を設立し、トルコを西欧化する社会改革を行った。アラビア文字を廃止して、ラテン文字に基づいたトルコ語のアルファベット表記を導入した。また、トルコの伝統的な服装を禁止して西欧のスーツや帽子を取り入れ、国民に西欧式の姓の採用を義務づけるなど、さまざまな西欧の様式を取り入れた。

政教分離と近代化がアタテュルク政権の特徴で、アタテュルクのとったこの主義を中心とする思想は「ケマル主義」として知られるようになった。アタテュルクの死後何十年も経過し、選挙で選ばれた政府に対する軍事クーデターが起こった際、トルコ軍の指導者たちは、建国者アタテュルクの主義を守るための必要なステップであるとしてクーデターを正当化した。アタテュルクは終生、大統領に在任し、57歳のときに肝臓の病で亡くなった。

### 豆知識

1. トルコでは、アタテュルクを侮辱することは法に触れる。最近では2008年に、ある大学教授が、改革者としてのアタテュルクの功績は歴史書で誇張されていると示唆したことから、執行猶予つき15か月の禁固刑を言い渡された。
2. アタテュルクによるトルコ近代化の改革の一環として、男性は伝統的なトルコ帽（フェズ）の着用を禁じられた。アタテュルクは、自ら西欧式の麦わら帽子（パナマ帽）をかぶって手本を示した。
3. アタテュルクは、1934年に西欧式の姓を義務づけた際に、「トルコ人の父」を意味する「アタテュルク」の姓を採用した。

# 275 哲学者・思想家 ｜ ウィリアム・ジェイムズ

**ウィリアム・ジェイムズ（1842〜1910）は、教育者で、心理学者でもあり、哲学の学派「プラグマティズム」（実用主義）を創始した。世界の哲学に大きく貢献した、アメリカ人としては初期の代表的な人物だ。『心理学原理』（1890年）と『宗教的経験の諸相』（1902年）というふたつの著作は、人間の心理に関する近代の理解が記された、画期的な著作と見なされている。**

✦

ウィリアム・ジェイムズは、ニューヨーク市の裕福な家庭に生まれた。弟には著名な小説家ヘンリー・ジェイムズ（1843〜1916）がいる。マンハッタンの邸宅で幼少期を過ごし、ジェノヴァとパリの寄宿学校で最高級の教育を受け、1869年にハーバード大学を卒業し、医学の学位を取得した。しかし、若いころのジェイムズは精神的に不安定で、希死念慮を伴ううつ状態に繰り返し陥っていた。この精神的な不調は、1870年にフランスの哲学者シャルル・ルヌーヴィエ（1815〜1903）のエッセイを読んで励まされたことがきっかけとなって好転した。ジェイムズは1872年にハーバード大学で生理学を教え始め、1878年に結婚した。

『心理学原理』の執筆には12年かかったが、この本は出版とほぼ同時に名著との評価を受けた。教科書でもあり哲学の研究書でもあるこの本は、心理学の標準的な参考書として使われ、さまざまな概念が提唱されている。その中のひとつである「意識の流れ」とは、意識は過去の考えや経験が流れのように一体化されて成り立つという概念だ。

『宗教的経験の諸相』では、いくつかの宗教の信者が経験したさまざまなひらめき、奇跡、神秘的幻視を記しており、これをジェイムズは「個々の人間が、それぞれに神と信じる対象との関わりの中において経験した、感情や行動および事象」としている。この本は、宗教的な体験を、歩行や呼吸と何ら変わりのない生物としての機能と位置づけている。ジェイムズは、宗教は真理であるという是認は避けたものの、価値があるものだと結論づけた。

1907年、ジェイムズは自らの哲学思想を総括した著書『プラグマティズム』を発表した。この本は、原則に基づく絶対的な哲学のスタンスを否定し、真理とは人間の体験から形作られるものだとした —— あることがうまく働けば、それは真理だということだ。

ジェイムズは、旅をして晩年の数年を過ごしたが、体調が悪化し、ニューハンプシャー州の田舎の家で68歳のときに死去した。

**豆知識**

1. 一部のジェイムズの伝記によると、彼はボストン郊外にあるマクリーン精神科病院に短期間入院していた。この病院は現在もあり、ジェイムズが患者だったかどうかについては、肯定も否定も避けている。
2. ハーバード大学でのジェイムズの教え子には、1880年の卒業生でのちに大統領となるセオドア・ローズヴェルト（1858〜1919）と、1890年の卒業生で有名な著述家となるW・E・B・デュボイス（1868〜1963）がいた。
3. ウィリアム・ジェイムズの兄弟のウィルキーとボブは、南北戦争中に北軍に入隊した。ウィリアム自身と弟のヘンリーは、健康の問題を理由に入隊しなかった。

# 276 革新者 ｜ マリ・キュリー

**女性として初めてノーベル賞を受賞したフランスの化学者、マリ・キュリー（1867～1934）は、放射線の解明に貢献して、新たにふたつの元素を発見し、化学と物理という男性ばかりの分野に女性が進出する道を開いた。現在に至るまで、科学分野の二部門でノーベル賞を受賞したのはマリ・キュリーだけだ。科学史において、彼女が無類の偉業を成し遂げたことの証明である。**

✦

マリ・キュリーは、ポーランドのワルシャワで、マリア・スクロドフスカの名で生まれた。1891年、ソルボンヌ大学で物理学を学ぶためにフランスに移住した。1894年に物理学者のピエール・キュリー（1859～1906）と知り合い、ふたりは翌年結婚した。女性であることから祖国ポーランドで教鞭をとることが禁じられていたマリ・キュリーは、ピエールと結婚後にフランス国籍を取得した。

その後の10年間のほとんどにわたり、夫婦は研究を行い、また、ふたりで自転車に乗ってフランスの田舎を旅した。夫婦は、「放射能」――ふたりが作った語である――という、ほとんど解明が進んでいなかった新たな分野を研究し、1903年にノーベル物理学賞を受賞した。同年にマリ・キュリーは、女性としてフランス史上初となる博士号を取得した。

1906年、マリ・キュリーは悲劇に見舞われた。夫ピエールが路上で事故に遭い亡くなったのだ。これには大きな衝撃を受けたが、マリ・キュリーはさらに研究に打ち込んだ。そして1911年に再びノーベル賞を受賞した。このときは化学賞で、放射線の研究をさらに進展させた功績が認められてのことだった。

第一次世界大戦時、マリ・キュリーは研究所が所有していた貴重なラジウム――当時、わずか１グラム程度だった――を、安全に維持するためにパリから持ち出さねばならなかった。しかしこの戦争は、放射線を有益な形で応用する機会にもなった。エックス線装置への応用だ。負傷兵の救護車両にエックス線を装備することで、前線の医師たちは患者の体内の銃弾や金属片を見つけることができ、多くの人命救助につながった。

1920年代にマリ・キュリーの名声は広まり、ヨーロッパやアメリカ合衆国を訪問すると、その栄誉が称えられた（当時のアメリカ大統領ウォレン・G・ハーディング［1865～1923］は、1921年にアメリカ合衆国の女性たちからの贈り物として、ラジウム１グラムを彼女に授与した）。しかし、長い間放射線を浴びたことは、マリ・キュリーの体に大きな害となっていた。彼女は、骨髄の病である再生不良性貧血を発症し、1934年に亡くなった。

**豆知識**

1. 第一次世界大戦中、マリ・キュリーは、戦争支援のためにふたつのノーベル賞メダルをフランス政府に提供しようとした。政府は金と銀が必要だったが、マリの提供を辞退した。
2. マリ・キュリーはふたつの元素を発見した。祖国ポーランドにちなんで名付けたポロニウムと、ラジウムである。

# 277 悪人 ｜ マタ・ハリ

**私は、陽の光を浴びる色鮮やかな蝶のように生きたかった。**
**―― マタ・ハリ**

✦

マルガレータ・ツェレ（1876～1917）の名で生まれた、オランダ人のマタ・ハリは、エキゾチック・ダンサーで、高級娼婦だったが、第一次世界大戦中にドイツのスパイとしてフランスで処刑された。マタ・ハリの生涯とスパイ容疑での裁判は、これまで大いに世の関心を引きつけてきた。マタ・ハリは、その性的な自由奔放さのせいで――また、フランス政府が軍の不手際の責任を負わせるスケープゴートを必要としていたために――不当にターゲットにされたのだとして、彼女を擁護する人々も多い。

オランダで生まれたマルガレータは、16歳のとき、通っている学校の校長と性的関係を持って退学になった。18歳でオランダ人将校と結婚し、夫と共にオランダ領東インド（現在のインドネシア）に移り住んだ。夫は暴力的で、マルガレータは梅毒に感染させられた。夫婦は数年後に離婚した。

ヨーロッパに戻ったマルガレータは、1903年にパリへ移ると、ナイトクラブのダンサーになり、マタ・ハリという芸名を使った――インドネシア語で「日の眼」を意味する名だ。

エキゾチックな衣装を身に着け、官能的にストリップをしていくこのダンスは、インドネシア古来の舞踊をベースにしたものだといい、大評判になった。また彼女はフランス人のエリートを愛人にするようになり、数々の大物実業家や将校を相手にした。

第一次世界大戦が開戦するまでには、マタ・ハリは西ヨーロッパ中で有名になっており、大陸諸国でダンサーとして活動していた。中立国オランダの国籍だったことから、交戦中のヨーロッパ諸国を自由に行き来することができ、第一次世界大戦中にフランス、ドイツ、イングランド、オランダ、スペインを訪れた。

逮捕後100年が経過した現在も、マタ・ハリのスパイ事件の詳細にはあやふやな部分がある。マタ・ハリは確かに、交戦するドイツとフランスの両側に愛人がおり、両方に自らスパイ活動を買って出ていた。マタ・ハリが実際に重要な機密情報を得たかどうかについては不確かだ。しかし1917年にフランス側は、マタ・ハリをスパイだと名指ししたドイツ軍の通信を傍受したことから、２月に彼女を逮捕した。彼女はすぐに有罪となり、死刑宣告を受けた。10月15日の処刑の朝、マタ・ハリは最後の見せ場として、銃殺隊の兵士に向かって投げキスをし、目隠しを拒否したという。処刑時の彼女は41歳だった。

**豆知識**

1. 有名女優のグレタ・ガルボ（1905～1990）は、1931年の映画『マタ・ハリ』で主演した。
2. 「マタ・ハリ」はカクテルの名でもある。クルボアジェ（コニャックの一種）、ベルモット（香味入りのワイン）、ザクロの果汁、レモン汁、砂糖が入ったものだ。
3. 2001年、オランダの弁護士団が、マタ・ハリはフランス政府によって犯罪者に仕立て上げられたとして、マタ・ハリの汚名をすすぐための訴訟を起こした。

# 278 文筆家・芸術家 | オーギュスト・ロダン

**神経質な天才で、生前はすぐには彫刻家として認められなかったオーギュスト・ロダン(1840〜1917)だが、現在では近代彫刻の先駆者のひとりとして知られる。代表作の彫像『考える人』と『接吻』は、誰もがすぐにそれと分かるような西洋美術の傑作であり、数えきれないほどのトリビュート作品や、模倣、パロディーの着想となった。**

ロダンはその新奇な作風で、古典の彫刻に見られる緻密な写実性を捨て、より大まかな、伝統にとらわれない彫像を制作した。多くの彫像では、体のすべての部分を形作ることをわざと避け、対象の表現豊かな部分のみを強調した。例えば、物議をかもした小説家オノレ・ド・バルザック(1799〜1850)の像は、顔と頭部のみを表現し、体のその他の部分は波打つガウンの下にすべて隠れている。

ロダンはパリで生まれ、芸術学校で学んだが、フランスの代表的な高等美術学校に合格できなかった。室内装飾の職人として働き、1870〜1871年の普仏戦争ではフランス陸軍に従軍した。イタリアを旅したときに、ミケランジェロ(1475〜1564)やドナテッロ(1386〜1466)などによる、ルネサンス期の彫刻に深い感銘を受けた。

1880年、ロダンは初めて大がかりな制作依頼を受けた。パリに建設が予定されていた美術館の門のデザインだった。結局、門は建造されなかったが、この門のデザインに取り組んだことによって、『考える人』と『接吻』が出来上がることとなった。いずれの作品も、元は門の一部であったものを、ロダンがのちに別個の作品に作り上げたのだ。また、別の有名な作品『カレーの市民』は1889年に発表され、これによりロダンの名声は高まった。

ロダンは彫刻における過渡期の人物であり、古典主義と忠実な肖像彫刻から脱して、抽象芸術へと近づける役割を果たした。その生涯を終えるまでに、ロダンはほぼ間違いなく世界一有名な彫刻家になっていた。彼はパリ近くの町ムードンで、77歳のときに亡くなった。

**豆知識**

1. ロダンは当初、『考える人』をイタリアの詩人ダンテ(1265頃〜1321)を表すものとして制作を始めたが、のちに特定の人物とはしないことに決めた。『接吻』は、ダンテの『神曲』の「地獄篇」に登場するパオロとフランチェスカとするつもりだったが、こちらもやはり、特定の個人とはしないことに決めた。
2. フランスの小説家エミール・ゾラ(1840〜1902)は、フランス文芸家協会のバルザック記念像の制作をロダンに依頼した。ロダンはこの像のデザインを「私の人生の集大成だ」と言ったが、協会側は、この像があまりにも型破りなものだったことから引き取りを拒否した。この像が青銅で鋳造されたのは、ロダンの死後である。
3. 2005年、アメリカの芸術専門誌『アート・ニュース』は、史上最も多く模倣された10人の芸術家のひとりにロダンを挙げた。一位は、フランスの風景画家ジャン=バティスト・カミーユ・コロー(1796〜1875)だった。コローは実のところ、生活のために絵画の贋作を制作しようとする無名の画家を気の毒に思い、模倣を勧めていた。

# 279 反逆者・改革者 ｜ パトリック・ピアース

**自由でないアイルランドに、けっして平穏はない。**
**―― パトリック・ピアース**

◆

学校の教師で、弁護士でもあり、熱烈なアイルランド民族主義者のパトリック・ピアース（1879～1916）は、イギリスの支配に抵抗したアイルランドの1916年の反乱「イースター蜂起」を指導した中心人物として知られる。それまでの100年あまり、「イースター蜂起」ほど大きなアイルランド反乱はなかった。これをきっかけに、独立に向かう一連の出来事が生じ、やがて1921年、アイルランド独立が成立する。

ピアースは、アイルランド史上の英雄を頻繁に引き合いに出しながら、聴衆の心を動かす演説をする人物だったが、結局、アイルランドの独立を見届けることなく死去した。反乱後にイギリスに捕らえられ、軍法会議にかけられ、1916年５月３日にダブリンで銃殺刑に処されたのだ。以後、彼の処刑地はアイルランドの国定記念史跡となっている。

ピアースはダブリンで生まれ、若いころからアイルランド独立運動に関心を寄せた。

シオボルド・ウルフ・トーン（1763～1798）などの過去の民族主義者に影響を受け、16歳のときにアイルランドの民族主義を唱える団体に加入し、23歳になるころには団体が発行する新聞の編集に携わっていた。ピアースは、アイルランド古来の言語であるゲール語の復興を推し進めた代表的な人物でもある。当時、アイルランドの大半の学校では英語が使われるようになっていた。1908年、パトリック・ピアースと弟のウィリー（1881～1916）は、アイルランド語で授業を行う学校「セント・エンダズ・スクール」を開校した。

1913年、ピアースは同志と共に民族主義の武装集団「アイルランド義勇軍」を結成した。これはのちにアイルランド共和軍（IRA）となる。ピアースは数ある地下組織の中でも中心人物として頭角を現し、1916年の反乱指導者のひとりに選ばれた。

反乱軍は、イースターの翌日に蜂起した。反乱軍はダブリンの中央郵便局を占拠し、ピアースは郵便局の石段に立ってイギリスからのアイルランド独立を宣言した。彼はアイルランドの人々が集結し反乱に加わることを期待していたが、結局、六日間の闘争ののちに降伏を余儀なくされた。反乱後、パトリック・ピアースの弟ウィリーを含め、反乱軍の合計16人の指導者がイギリス側に処刑された。この処刑には反対の声が巻き起こり、1918年のイギリス総選挙では、アイルランド独立推進派の急進的なシン・フェイン党の勝利につながった。その翌年、アイルランド共和軍がアイルランド独立戦争を開始させ、ついに1921年、イギリスはアイルランドの独立を認めた。

**豆知識**

1. イースター蜂起の指導者のひとりだったエイモン・デ・ヴァレラ（1882～1975）は、処刑を免れ、1959～1973年にアイルランド大統領を務めた。
2. ダブリンの中央郵便局は、現在も郵政事業の本部として機能している。イースター蜂起後に建物の修繕が行われたが、記念物として建物の外面には銃弾の跡が残されている。
3. アイルランドは、1949年に共和国宣言をするまで、正式にはイギリス連邦の一部だった。

# 280 伝道者・預言者 | ロバート・インガーソル

**19世紀のアメリカ合衆国は、神の存在を公に疑問視すれば、周囲を戸惑わせるか、あるいは笑われるかどちらかという世の中だった。弁護士のロバート・G・インガーソル（1833〜1899）はこのような情勢の中、不信心を容認するという、無謀とも思える主張を大々的に繰り広げた。**

✦

マサチューセッツに初期に入植したピューリタンを先祖に持つインガーソルは、厳格なカルヴァン派の家庭で育った。1852年に故郷を離れ、しばらく学校の教師を務めたのち、兄のエボン（1831〜1879）と共にイリノイ州ピオリアで法律事務所を始めた。奴隷制に強く反対していたインガーソルは、南北戦争時は北軍に志願した。1862年の「シャイローの戦い」に参戦し、やがて南軍に捕らえられ、しばらくの間、戦争捕虜となった。解放後に政界で活動を始め、兄エボンの1864年の選挙運動を後援し、イリノイ州代表の下院議員としての当選に導いた。

インガーソル自身も、イリノイ州知事選挙への出馬を望んでいた。しかし、インガーソルの宗教上の見解がかなり変わっていることを州内の共和党員たちが知ると、インガーソルの政治キャリアは進まなくなった。当時、党が「不可知論者」（神の存在を断言しない立場をとる人）を候補者として擁立することは、政治的な自殺行為と見なされたのだ。インガーソルはそれまで共和党の政治家たちのために尽力したにもかかわらず、共和党の擁立候補としてどの地位にも出馬できず、共和党政権の閣僚に指名されることもなかった。

インガーソルはあきらめず、1860年代には講演活動を行い、伝統的な信仰に異議を唱え、「自由思考」（free thinking）を擁護した。「自由思考」は彼の造語で、信仰とは感情や迷信ではなく理性に基づくべきものという主張を表している。インガーソルはこのように熱弁をふるいつつ、1884年にアメリカ世俗連盟（American Secular Union）を設立した。「自由思考」を訴え、軍の聖職者をなくし政教分離を促すための組織だ。

アメリカで不可知論を唱えた人物は、インガーソルが初めてではない。トマス・ジェファーソン（1743〜1826）やトマス・ペイン（1737〜1809）も不可知論者だった。しかし、一般的ではないこの不可知論という見方を、周囲の冷笑をものともせず公言した人はそれまで皆無に等しかった。インガーソルは自らの意見をまとめた多数の著作を書き、積極的に講演を行い、共和党の政治家としても活動を続け、65歳で亡くなった。遺体は、バージニア州のアーリントン国立墓地に埋葬されている。

豆知識

1. インガーソルは、1867〜1869年にイリノイ州の司法長官を務めた。
2. インガーソルは不可知論者としてだけではなく、辣腕な法廷弁護士としても知られていた。彼の有名なクライアントには、アーカンソー州選出の元上院議員ステファン・ドーシー（1842〜1916）がいた。ドーシーは、1883年に連邦政府から500万ドルを横領した罪で裁判にかけられたが、無罪になっている。
3. インガーソルの墓標には、「不可知論」と「奴隷制反対」という彼の重要なふたつの信念が見てとれる。「人間の体から鎖を解くよりも素晴らしいことはない ―― 魂の幻影を破壊することほど貴いことはない」

# 281 指導者 | スーザン・B・アンソニー

**アメリカ合衆国連邦議会が、1920年に女性の投票権を認める憲法修正条項を可決すると、女性参政権の支持者たちは、この画期的な憲法修正を「アンソニー修正」と呼んだ。この呼称は、長きにわたり女性参政権運動を主導したスーザン・B・アンソニー（1820〜1906）にちなんだものだ。アンソニーは、長年の目標がようやく実現する前にこの世を去っていた。**

◆

アンソニーは、マサチューセッツ州アダムズの厳格なクエーカーの家庭に生まれ、おもちゃや子供向けのゲームで遊ぶことを禁じられて育った。アンソニーの進歩的な政治思想は、両親により若いころから養われたものだった。10代のときに奴隷制反対運動に自ら加わったのをはじめとして、禁酒運動（当時は、酒に酔った暴力的な夫から女性を守るための改革と見なされていた）にも積極的に参加し、また、労働組合の保護を訴えた。

しかし、アンソニーがその情熱を傾けたのは女性参政権運動だった。アンソニーは1851年、運動初期の指導者のひとりであるエリザベス・キャディ・スタントン（1815〜1902）と知り合い、活動に誘われた。演説の能力に優れていたアンソニーは、すぐに国内の女性参政権運動の中心的な活動家となった。

南北戦争時、アンソニーとスタントンは熱心に北部を支持したが、戦争後に連邦議会が選挙権の拡張を黒人のみにとどめ、女性には認めなかったことから、ふたりは失望した。南北戦争後に成立したこの憲法修正第十五条は、女性参政権運動をふたつに分裂させる結果となった──一方はこの憲法修正を平等への第一歩だと評価し、アンソニーを含めた他方は、すべての人に完全な投票権を認めるべきだと批判した。

アンソニーは、1872年の大統領選挙で法律に反して投票し、女性参政権運動に対する注目を集めた。そして連邦保安官に逮捕され、1873年半ばに有罪判決を受けたが、この裁判によって女性参政権運動は新たな注目を浴びることとなった。

1892年、アンソニーは20年ほど前にスタントンと共に設立した「全国婦人参政権協会」の会長となり、1900年まで務めた。1906年に亡くなる数か月前、メリーランド州ボルチモアで開かれた女性参政権集会でアンソニーが行った最後のスピーチは有名だ。「私の時間はわずかです。あとはまかせるのみです。戦いをやめてはなりません。絶対に止まってはなりません。失敗はけっしてあり得ません」

その14年後、アンソニーの名で呼ばれることになる憲法修正が実現した。

**豆知識**

1. アンソニーは3歳までに読み書きができるようになっていた。
2. 1900年、アンソニーは地元のロチェスター大学にかけあい、女性の入学を認めさせた──アメリカの大部分の私立大学が共学になる何十年も前のことだ。
3. アンソニーは1873年に違法な投票で罪に問われた際、100ドルの罰金刑となったが、結局、支払わなかった。

# 282 哲学者・思想家 ｜ ジョン・デューイ

**アメリカの哲学者ジョン・デューイ（1859〜1952）は、著作や講義、そして実験的な授業を通じて、アメリカにおける教育のあり方を変え、教師という職業の定義を根底から変えた。その生涯を終えるまでに、アメリカの教育において誰もが認める第一人者となっていた。そして、戦争、平和、公民権の問題について、民間の意見を代表する知識人と見なされるようになっていた。**

✦

教育に関するデューイの思想は、1893年の論文に要約されている。「教育を将来の人生に備えるためだけのものとはせず、今の生活を有意義にするものととらえるべきだ」

デューイはバーモント州北部で生まれ、州内の公立学校とバーモント大学で教育を受けた。メリーランド州ボルチモアのジョンズ・ホプキンズ大学で哲学を学び、プラグマティズム（実用主義）の哲学者ウィリアム・ジェイムズ（1842〜1910）に多大な影響を受けた。1894年、その４年前に開校したシカゴ大学の哲学科に主任教授として招かれた。

シカゴでは1896年、有名な実験的学校「ラボラトリー・スクール」を設立した。その名のとおり、この学校はデューイの進歩的な教育理論を試す場で、彼は大学の教育学部の学生をここで働かせた。

デューイがこの学校で試みた教育改革では、単に機械的に知識を教え込むのではなく、「手引きにより実世界に触れさせる」（directed living）ことで生徒を教育した。例えば、アメリカ独立戦争についての事実を暗記させるのではなく、その当時の歴史を学ぶためのグループプロジェクトを生徒に行わせて「実践的な学習」を促した。デューイにとって、教育改革は、哲学と政治に関する自らの見解に複雑に関連するものだった。彼は、高水準の教育を受けた市民のみが、民主主義社会を統治する能力を有していると考えていた。

デューイは政治の面でも積極的に活動した。まず、女性参政権運動を擁護し、第一次世界大戦時にはアメリカの参戦を支持した。第一次世界大戦後は左寄りになり、ニューディール政策（政府が市場経済へ積極的に介入する経済政策）を世界恐慌後の対応として不十分だと批判し、真珠湾攻撃以前は第二次世界大戦へのアメリカの参戦に反対した。しかし多くのリベラルな知識人とは異なり、共産主義は反民主主義的であるとして不信感を持った。

デューイは1904年にシカゴを離れ、その後の生涯のほとんどをコロンビア大学で過ごした。そして、肺炎によりニューヨーク市で92歳のときに亡くなった。

**豆知識**

1. デューイは、アメリカ自由人権協会の初期のメンバーだった。
2. デューイは90歳の誕生日に、実用主義者がまさに喜ぶプレゼントをもらった —— お金だ。ニューヨークで行われた祝賀会で、デューイの友人と支持者らは、デューイが任意の運動や団体に寄付できるよう９万ドルを贈った。
3. デューイは二度結婚している。最初の妻はハリエット・アリス・チップマンで、ミシガン大学の教授時代の教え子だった。ハリエットの死後に、ロバータ・グラントと再婚した。

# 283 革新者 ｜ マックス・プランク

**マックス・プランク（1858～1947）は量子論の創始者である。量子論とは、電子、陽子、中性子という、原子を構成する粒子を専門とする物理学の分野だ。その分野での発見を通じ、プランクはドイツ有数の科学者になった。また、プランクの発見が土台となって、アルベルト・アインシュタイン（1879～1955）やエルヴィン・シュレーディンガー（1887～1961）をはじめとする優れた物理学者たちの研究につながった。プランクは1918年、60歳のときにノーベル賞を受賞した。**

✦

優れた業績を収めたプランクだったが、ナチスがドイツの政権をとると、彼は「ユダヤ人の科学」を教えたと攻撃され、屈辱的な扱いを受けた。1938年には大学の教授職の辞任に追い込まれ、息子のひとりをナチスの処刑で失い、彼自身も大戦後まもなく亡くなった。

プランクは、当時デンマークの支配下にあったドイツ語圏のホルシュタイン地方で生まれた。ドイツは1864年にホルシュタインを占領し、プランク一家は1860年代後半にミュンヘンに移った。プランクは1874年からミュンヘン大学で物理学を学び始めた —— ある教授からは、もう解明すべきものは残っていない分野だと言われたが、意に介さなかった。

量子物理学は1900年にプランクが初めて提唱したもので、科学上の概念を根本的に変えるものだったが、プランク自身でさえも、後年までその重大さを完全に認識してはいなかった。その概念の革命の中で、プランクと、彼に触発された学者たちは、原子の中の素粒子にはアイザック・ニュートン（1642～1727）の提唱した古典的な力学の法則が当てはまらないということを理論化した。例えば、ニュートンの引力の法則に従うと、原子が原子核に向かって引き寄せられることになるが、そうではないことを彼らは見いだした。

第一次世界大戦中、プランクは研究仲間でユダヤ人のアインシュタインと別れ、ドイツの戦争を支持した。それでも、プランクはユダヤ人物理学者たちと親密だったことからナチス・ドイツ（第三帝国）に疑いの目を向けられた。彼はナチスの新聞に攻撃され、実はユダヤ系であるのに隠しているのではないかと疑われて調べられた。末息子のエアヴィン・プランク（1893～1945）は1944年のヒトラー暗殺計画に加担し、終戦前にゲシュタポ（ナチス・ドイツの警察）に絞首刑に処された。悲しみも癒えぬまま、プランクは1947年に89歳で死去した。

**豆知識**

1. プランクは20歳のときに博士論文を記し、博士号を取得した。
2. ドイツ屈指の物理学研究機関「カイザー・ヴィルヘルム研究所」は、1948年に「マックス・プランク研究所」と改称された。
3. プランクのその他の子供も全員、悲劇的な状況で死んだ。長男のカールは第一次世界大戦中に戦死し、娘はふたりとも子供の出産後すぐに死んだ。

# 284 悪人 | チャールズ・ポンジ

**イタリアからアメリカ・ボストンへ移民してきた当時のチャールズ・ポンジ（1882～1949）は、着の身着のままで、ポケットには数ドルが入っているのみだった。「2ドル50セントの現金と100万ドルの希望を持ってこの国にやってきて、その希望を失うことはなかった」と、ポンジはのちに新聞のインタビューで自慢げに話した。**

✦

およそ1500万ドルもの金を集めるに至ったポンジは、アメリカン・ドリームの象徴となれたかもしれない。ところが、彼の名はボストンで約4万人の被害者を出した巧妙な投資詐欺事件を表すものとなったのだ。この詐欺の手口は現在、一般に「ポンジ・スキーム」として知られている。1919年から1920年にかけての数か月間に、ポンジは同胞の多くのイタリア移民も含めた労働者、未亡人、聖職者たちがそれまで懸命に蓄えた金を提供させた。ポンジは奇跡的な二桁の配当を出すらしいということで、国内で有名になり、ようやく逮捕された。

この詐欺の計画は、ポンジが国際返信切手券の入った手紙をスペインから受け取ったときに思いついたものだった。国際返信切手券を使うと、手紙の送り主——この場合はスペインの企業だ——は、手紙を送ったときと同額の返信用送料を先払いできる。しかし、外貨交換レートにより、スペインの切手はアメリカ合衆国の切手よりも安く、スペインの企業は実質的に返信の送料をわずかに得していた。ポンジは、ある程度の量の切手券を購入すれば、切手券一枚当たりに得られるわずかな額が積もり、大きなもうけになると考えた。こうしてポンジは、多額の配当を約束して出資者を募った。1920年2月、5290ドルを集めた。6月には44万ドルを集めた。7月に集められたのは650万ドルだった。

皮肉なことに、ポンジのこのやり方そのものは違法ではなかった。しかし、ポンジは実際には切手券を購入していなかった。大量の切手券をヨーロッパから持ち込むのは高くつき、現実的ではなかったためだ。代わりに、ポンジは新しい出資者から得られた資金を配当金として使った——これがまさに、「ポンジ・スキーム」のやり口である。そして彼は、利益の大部分を自分の懐へ入れた。

『ボストン・ポスト』紙がこの手口を暴露すると、ポンジは何年間か投獄され、最終的にイタリアへ強制送還された。彼はのちにブラジルに移ってイタリアの航空会社で働いていたが、視力を失い、66歳のときに慈善病院で死んだ。それでも、最後はプラスで終わった。死去時の彼の所持金は75ドル、アメリカ移住時と比較すると72ドル50セントのプラスだった。葬儀費用がそれでまかなえた。

**豆知識**

1. 『ボストン・ポスト』紙は、ポンジの詐欺を暴いたことにより1921年のピューリッツァー賞を受賞した。
2. ポンジが騙し取った金の大部分は戻らなかった。何年もの捜査ののち、出資者に戻ったのは元金の約3割だった。
3. マサチューセッツ州もポンジに出資していた。同州の財務官フレッド・バレルは、ポンジにつながる銀行に12万5000ドルを振り込んだことを認め、退官に追い込まれた。

# 285 文筆家・芸術家 ｜ マルセル・プルースト

**小説家のマルセル・プルースト（1871～1922）は、作品中の非常に有名なある一節で、ひと口のお菓子がきっかけであふれ出てくる記憶を描いている。このプチ・マドレーヌを味わった瞬間に、今は大人になった『失われた時を求めて』の主人公は、おばと一緒によくマドレーヌを食べた幼少期の幸せな日々へと引き戻される。**

主人公である語り手は、ほとばしるようによみがえる記憶に触れて、ごくわずかな知覚が――知っているかすかな香りや、ひと口のお菓子の味が――何と鮮烈に記憶を呼び起こすのだろうと思いを馳せる。「匂いと味だけがなおも久しい間、魂魄さながらにとどまって、他のすべてが廃墟と化したその上で思い起こし、待ち望み、期待し、たわむことなく、匂いと味のほとんど感知できないくらい小さな滴の上で支えるのだ、思い出の壮大なる建築物を」（高遠弘美訳『失われた時を求めて』［光文社古典新訳文庫］より）

この一節は、プルーストの傑作『失われた時を求めて』の重大なテーマである「思い出の壮大なる建築物」と、思い出（記憶）が人間の意識に果たす複雑な作用が語られる部分として有名だ。そして、計七巻で3000ページに及ぶ物語のほんの始まりにすぎないことでも知られる。スケールが大きく難解で、きわめて意義深いこの作品を読破しようとして、この辺りまでしかたどり着けない読者も多いことだろう。

プルーストは、20世紀の世界文学を代表する重要な作家のひとりである。パリ近郊の町オートゥイユで生まれ、子供時代にイリエという田舎町で多くのときを過ごした。『失われた時を求めて』の舞台の中心となる架空の町コンブレーは、プルーストが幼少期に過ごしたふたつの町が基になっている。彼は子供のころから病弱だったが、フランス陸軍で１年間の兵役を務めた。

プルーストは大人になってからも体調を崩しがちで、晩年の何年間かは病人同然だった。普段は夜に執筆作業をして日中に眠り、作業に集中できるよう壁をコルク張りにして音を遮断した部屋にこもるという状況だった。

『失われた時を求めて』は範囲も主題も壮大な作品で、物語は何十年にもわたって展開し、普仏戦争（1870～1871年）から第一次世界大戦（1914～1918年）までのフランスに生じた社会・技術の変革期にまたがっている。登場人物は何百人にも及び、プルーストを思わせる名のない語り手を主人公として話が進んでいく。同性愛をあからさまに扱った作品としては初期のもののひとつで（プルーストは同性愛者であることを公言していた）、美学、音楽、哲学という話題にも触れている。この作品を完成させようとする中で、プルーストの弱った体はさらに悪化し、彼は51歳のときに肺炎で息を引き取った。最後の数巻が出版されたのはプルーストの死後で、1927年にようやく全巻が出そろった。

**豆知識**

1. プルーストは、イギリスの評論家ジョン・ラスキン（1819～1900）を愛読しており、ラスキンの二作品をフランス語に翻訳した。
2. 『失われた時を求めて』のフランス語原題は「À la recherche du temps perdu」で、原書は計125万語以上から成る。

# 286 反逆者・改革者 ｜ 孫文（そんぶん）

**中国の3000年に及ぶ王朝の支配は、革命指導者の孫文（1866〜1925）が最後の皇帝を退位させ、共和制政府を樹立したことによって終わった。近代中国の基盤を作った立役者と見なされる孫文は、広大な国土を統一し、各地を支配する軍閥の力を弱体化させようとしたが、彼の死後まもなく共和制政府は崩壊し、内戦へと発展していった。**

✦

1925年に孫文が死去したのち、国共内戦の共産党派と国民党派の双方が、孫文の思想に基づき行動していると主張した。今日も、孫文は台湾でも中国本土でも英雄と見なされている —— 双方が同一の意見を持つ点はほかにはほとんどない。

孫文は、港町の香港に近い中国南部の町で生まれた。若いころには何年間かハワイで過ごしている。当時のハワイは独立国で、中国から渡ってきた大勢の人々が共同体を形成していた。孫文はハワイの米国聖公会（エピスコパル派）の学校で教育を受けたが、キリスト教に改宗しようとしていることを家族が知ると、1883年に中国へ連れ戻された。

中国に戻った孫文は、イギリスの支援する香港の医科大学に通い、クリケットをするようになり、イギリスによる香港植民地の統治に感心した。香港で過ごした時期に、イギリスと比較して中国の皇帝の制度が遅れており腐敗していることを恥ずかしく思ったと、孫文はのちに語っている。当時の清朝政府は衰退が深刻で、屈辱的にも1894〜1895年の日清戦争に敗れると、その弱体化は明らかなものとなった。敗戦により清は台湾の支配権を失い、多額の賠償金の支払いを余儀なくされた。孫文は、1895年にクーデターに参加したが、失敗に終わったことから、その後の10年間のほとんどは国外に逃れ、ヨーロッパ、アメリカ合衆国、日本で過ごした。その間、「三民主義」—— 民族主義、民権主義、民生主義 —— の理論をまとめた。これは孫文のイデオロギーの基本となる。

1911年から始まった革命により、5歳の清朝皇帝、愛新覚羅溥儀（アイシンギョロプーイ）（1906〜1967）が退位に追い込まれると、孫文は中国へ戻り、新たに生まれた共和制国家の支配に当たった。孫文はその後の生涯のほとんどを、強力な中央集権政府を築くべく政治的支援の確立に努め、中国各地を支配する軍閥たちと争った。小規模な中国共産党にも支援を求めた —— が、この連携（国民党と共産党による「国共合作」）は孫文の死後に弱まり、国共内戦へと発展していく。

**豆知識**

1. 孫文は、1884年に農民の盧慕（ろぼ）（1867〜1952）と見合い結婚をしたが、1915年に離縁した。孫文は宋慶齢（そうけいれい）（1893〜1981）と再婚するが、宋慶齢はのちに中華人民共和国の高官となった。宋慶齢の妹は、中華民国（国民党）の指導者の蔣介石（しょうかいせき）（1887〜1975）と結婚した。つまり、孫文の家族は、内戦の双方の側で影響力のある地位に立っていたことになる。
2. 孫文は中国では「孫中山（ちゅうざん）」の名で知られ、共産党の指導者たちは、孫文を称えて彼の生誕地である広東省香山を「中山」と改称した。
3. 孫文は子供のときに「太平天国の乱」の物語を聞き、この反乱の詳細に興味を抱いていた。

# 287 伝道者・預言者 | チャールズ・パーハム

**現在、世界一急速な成長を遂げている宗教は、信者らの主張によれば、キリスト教のペンテコステ派だ。ペンテコステ派がよりどころとする信条は、神癒、奇跡、そして有名な「異言（いげん）」である。ペンテコステ派は、1901年にカンザス州トピカの牧師チャールズ・フォックス・パーハム（1873～1929）が創始した教派だ。**

✦

パーハムは当初、メソジスト派から分かれて起こった19世紀のホーリネス運動の中で活動していた。そして1900年、ベテル・バイブル・カレッジ（聖書学校）をトピカに設立した。生徒は40人だった。

パーハムと生徒の何人かが最初に「異言」を体験したのは、その翌年のことだった。異言（「グロソラリア」とも）とは「舌から発せられる言葉」という意味で、わけのわからない言葉を発しているように聞こえる発話だが、ペンテコステ派の信者にとっては、神に授けられた能力である。パーハムは、聖書の使徒言行録の中に異言の概念を支持する記述を見いだしていた。最初期のキリスト教会において、信者が異言を体験したエピソードが記されているのだ。

当初、パーハムはなかなか信者を獲得できなかったが、1903年、教えの内容を広げて「神癒」、つまり祈りによる癒やしを伝道し始めると、状況が好転した。最初に多くの信者を獲得したのは、1906年にパーハムの生徒ウィリアム・ジョセフ・シーモア（1870～1922）が、ロサンゼルスで繰り返し集会を開き、評判になったときだ。これは「アズサ・ストリート・リバイバル」として知られる。ペンテコステ派は、のちに東側のアパラチア山脈とオザーク高原の地域へも広がっていき、特に、貧しい農民や工場の労働者を引きつけた。

ペンテコステ派の教義はかなり保守的で、喫煙、飲酒、ダンス、その他の「軽薄な」行為は禁止されている。異言の体験は床で身を転がすような動きを伴う場合が多いことから、シーモアの信奉者を「聖なるローラー」（転がる人）と呼んで中傷する人々もいた（パーハムも、のちに一部の信者の「けいれんのような動き、身震い、卒倒、不明瞭な発話、叫び、その他の無秩序な動き」を非難している）。パーハムはペンテコステ派の創始者だったものの、彼の役割は、信者数の増加にもかかわらず縮小していった。パーハムが教派の中に正式な運営組織を導入しなかったことも一因である。またパーハムは、何らかの不品行の容疑をかけられ、テキサス州で逮捕され、性的なスキャンダルに巻き込まれた。ソドミー（性器以外の性交）の容疑だったとされる。ペンテコステ派そのものも、いくつかの対立する分派に分かれていった。

しかしパーハムの死後、宣教師たちがラテンアメリカやアフリカに宣教し、ペンテコステ派は20世紀後半から21世紀初頭にかけて爆発的な成長を見せた。

**豆知識**

1. ペンテコステ派の名は、キリスト教の祝日である「ペンテコステ」に由来する。この祝日はイースターの50日後で、最初のキリスト教徒たちに聖霊が降臨したとされる日である。
2. 「グロソラリア」(glossolalia)は、ギリシャ語の「舌」を意味する「グロッサ」(glossa)と、「話す」を意味する「ラリア」(lalia)に由来する。ペンテコステ派に属する集団の中には、神に突然に外国語を話す能力を与えられる「ゼノグロッシー」(xenoglossy)を信じるところもある(「ゼノ」[xeno]はギリシャ語で「異人」を意味する)。
3. ペンテコステ派の初期の信者には、シーモアもそうだが、アフリカ系アメリカ人が多かった。当初、パーハムは信者が多人種であることを歓迎し、人種にかかわらず伝道していたが、のちに黒人を排除し、「クー・クラックス・クラン」(KKK・白人至上主義団体)を支持するようになった。

# 288 指導者 ｜ ウッドロウ・ウィルソン

**大学教授のウッドロウ・ウィルソン（1856～1924）は、アメリカ合衆国大統領に選出されると、アメリカが世界情勢の中で積極的な役割を担っていく政策を推し進め、国の外交姿勢に変革をもたらした。アメリカはウィルソン大統領の二期目に第一次世界大戦に参戦し、ヨーロッパに初めて戦闘部隊を送った ── これは、アメリカが世界の強国として進化を遂げていく中での重要な出来事だ。**

✦

ウィルソンは、バージニア州スタントンでキリスト教長老派教会の牧師の息子として生まれ、プリンストン大学で教育を受けた。1886年にメリーランド州ボルチモアのジョンズ・ホプキンズ大学で博士号を取得し、1890年にプリンストン大学で教鞭をとり始めた。生徒からの人気が非常に高く、1902年にはプリンストン大学の学長に指名された。1910年、民主党からニュージャージー州知事選挙に出馬して当選し、政界入りした。

1912年の大統領選挙では民主党候補に指名された。共和党が現職のウィリアム・ハワード・タフト（1857～1930）と元大統領のセオドア・ローズヴェルト（1858～1919）の二者に分裂したことを有利に活かし、ウィルソンは三者間の戦いで勝利した。また、1916年には再選を果たした。1914年にヨーロッパで第一次世界大戦が勃発すると、ウィルソン大統領は当初、それまでアメリカが長い間とっていた中立政策を維持していた。実際、1916年の二期目の選挙戦では「彼は我々を戦争に巻き込まなかった」というスローガンを掲げて選挙運動が繰り広げられた。しかし再選後半年も経たないころ、ドイツ海軍の潜水艦Uボートがアメリカの船を攻撃すると、世論は反ドイツに傾いた。そんな中、ウィルソン大統領は1917年４月２日、連邦議会で宣戦布告を要請した。また、「十四か条の平和原則」をまとめた有名な演説で、アメリカの戦争の目的を述べた。ヨーロッパにおける帝国の解体、将来の国際紛争を仲裁するための国際連盟の設立などだ。

アメリカが戦争に介入すると、ドイツをはじめとする中央同盟国に不利な形勢となり、1918年11月に休戦協定が署名された。その翌年、ウィルソン大統領は正式な講話条約の交渉のためにパリに渡航し、ヨーロッパへ渡った初の現職大統領となった。このヴェルサイユ条約には、国際連盟の設立を含めて「十四か条の平和原則」のうちのいくつかの点が採用された。しかしアメリカへ帰国後、ウィルソン大統領は講和条約を上院の孤立主義者に承認させることができなかった。この不支持は、マサチューセッツ州選出の上院議員ヘンリー・カボット・ロッジ（1850～1924）の主導によるもので、ロッジは、国際連盟がアメリカの主権を脅かすのではないかと考えていた。身体的に疲れ果てたウィルソン大統領は、1919年に脳卒中を起こし、その後の任期中は効果的に政務を遂行できなくなった。結局、アメリカはヴェルサイユ条約に批准せず、国際連盟に参加しなかった。ウィルソンは1924年に亡くなった。

**豆知識**

1. ウィルソン大統領のファーストネームは「トマス」で、子供のころはトミーと呼ばれていた。プリンストン大学を卒業後に、ミドルネームの「ウィルソン」を使うようになった。
2. ウィルソン大統領は幼少期に失読症があり、10歳まで読み書きができなかった。
3. ウィルソン大統領は、歴代大統領の中で博士号を持つ唯一の人物である。また、学者として正規に学術界に身を置く人物として大統領に選出された唯一の人物でもある。

# 289 哲学者・思想家 ｜ バートランド・ラッセル

**豊かな白髪に、イギリス貴族らしいエレガントな身のこなしのバートランド・ラッセル(1872～1970)は、20世紀の哲学者の中でもその姿が特によく知られた人物だ。ラッセルは膨大な数の著作を記し、また、政治扇動者としても常連の顔で、反戦活動を行ったことから刑務所に二度入った。**

✦

イギリスの有力な伯爵家に生まれたラッセルは、1931年に伯爵位を受け継いだ。両親とは早くに死に別れ、主に祖母のレディ・ラッセルに育てられた。18歳のときにケンブリッジ大学に入学した。ラッセルは、まずは数学者として名声を得ており、1903年に『数学の原理』を出版した。次の著作『プリンキピア・マテマティカ』は、数学の基礎を論理的に説明したもので、この本の執筆には多大な労力を要し、ラッセルの体は疲れ果てた。しかし、この本は彼の学者としての確かな経歴になった。

第一次世界大戦の開戦後は、ラッセルの興味は哲学と政治に向いていった。第一次世界大戦に熱心に反対するようになり、平和主義的な見解を述べる著書を出版したことから六か月の禁固刑を受けた。ラッセルは戦争後にソヴィエト連邦を訪れ、共産主義に驚愕した。のちに、「私は、共産主義は非民主的だから嫌いで、資本主義は人を食い物にするから嫌いだ」と記している。

ラッセルは四度結婚し、数々の恋愛関係を持つなどしていた。この騒々しい私生活は、1940年にスキャンダルに発展した。ラッセルがニューヨーク市の公立大学の教授に任命されると、宗教の指導者たちによる抗議が起こり、任命が取り消されたのだ。これはラッセルには屈辱的な経験となり、彼はアメリカを不愉快に思うようになった。

年輩の重鎮となっていた1950年代には、核兵器の反対運動に加わった。そしてイギリスの核兵器備蓄に対する抗議行動に参加したことから逮捕され、第一次世界大戦時に投獄されたときと同じ刑務所に七日間収監された。

ラッセルは、哲学と数学の著作だけではなく、一般読者に向けたノンフィクション作品でも知られた。1945年の『西洋哲学史』(“The History of Western Philosophy”　市井三郎訳　みすず書房　1970年)や、1960年代に書かれた全三巻の自伝などがある。ラッセルは、ウェールズで97歳のときに死去した。

**豆知識**

1. ラッセルは常に手紙、本、論評を書いていた。ある伝記によると、成人期に一日当たり約2000語書いていた計算になるという。
2. ラッセルの祖父ジョン・ラッセル(1792～1878)は、イギリスの首相を二期務めた。
3. ラッセルは、最初の妻アリス・スミスとの結婚が終わったときのことについて、自伝にこう記している。「私はある日の午後、自転車に乗って出かけて、突然、田舎の道を走っているときに、もうアリスを愛していないんだと気づいた」

# 290 革新者 ジョージ・ワシントン・カーヴァー

**ジョージ・ワシントン・カーヴァー(1864頃〜1943)がピーナッツバターを考案したというのは、本当だろうか?**

✦

アメリカの児童たちは何世代にもわたって、ランチでおなじみのピーナッツバターを考案したのはカーヴァーだと教わってきた。元奴隷のカーヴァーは、アフリカ系アメリカ人として初めて著名になった科学者のひとりで、アラバマ州の研究施設でピーナッツバターをはじめとする多数の農作物の用途を開発したとされている。しかし、カーヴァーの人生の多くの面と同じく、ピーナッツバターの開発において彼の役割がどのようなものだったのかについては、微妙に異なる見解がある。実際、ナッツミール(ナッツを粉砕した粉)の特許は、1895年に別の科学者ジョン・H・ケロッグ(1852〜1943)が取得している。ただし、カーヴァーがピーナッツバター——およびその他多数の食用の製品——の普及に重要な役割を果たしたことは確かだ。カーヴァーは、多くの小規模農園経営者や小作人に対して、ピーナッツバターの利点を教えた。それまでの主要作物だった綿花だけを生産するのではなく、ピーナッツやサツマイモなどを輪作するようにと貧しい農民たちを説得した。こういった活動で、アメリカ南部全体の農業を活性化させたことが評価されている。

より広い文化的な観点では、カーヴァーは黒人からも白人からも、アフリカ系アメリカ人の優れた功績の象徴として受け止められた——ただし、その理由は異なる。黒人にとって、カーヴァーは元奴隷が成功できることを示した存在だった。一方、多くの白人にとっては、カーヴァーの穏健な姿勢は「善い」黒人のとるべき手本と映ったのだ。

カーヴァーはミズーリ州で生まれ、1894年にアイオワ州立大学を卒業した。同校初のアフリカ系アメリカ人の卒業生であり、19世紀のアメリカで大学の学位を取得した数少ない黒人でもあった。2年後、アラバマ州のタスキーギ・インスティテュートで、校長のブッカー・T・ワシントン(1856〜1915)に採用されて、教鞭をとり始めた。ワシントンは「妥協的」政策を擁護する代表的な人物で、ジム・クロウ法(人種差別的な南部諸州の州法)による黒人の分離政策を受け入れつつ、アフリカ系アメリカ人の経済的地位を高めるべく努めていた。カーヴァーは生涯にわたり同校で教え続け、政治的に妥協路線をとる同校の創立者のスタンスに従った。

1920年代、カーヴァーはアメリカ国内で有名なアフリカ系アメリカ人になった。『タイム』誌がカーヴァーを取り上げ、その興味の幅広さから彼を黒人版「レオナルド」と呼んだのだ(レオナルド・ダ・ヴィンチと同様、カーヴァーは絵も描いた)。カーヴァーは、タスキーギの自宅の階段から転落したことがもとで、78歳ごろに亡くなった。

**豆知識**

1. カーヴァーは、ピーナッツの325種類の用途を発表したとされる——ピーナッツスープ、ピーナッツビスク、ピーナッツマフィン、ピーナッツドーナツ、ピーナッツレバー、ピーナッツコーヒー、ピーナッツ入りひげそりクリームなどだ。
2. カーヴァーが1943年に死去してまもなく、彼の出身地のミズーリ州ダイアモンドに、ジョージ・ワシントン・カーヴァー国定公園が造られた。
3. カーヴァーはトマス・エジソン(1847〜1931)に仕事を持ちかけられたことがあるといわれる。しかしカーヴァーは、貧しい農民の支援のためにタスキーギに残った。

# 291 悪人 ｜ アル・カポネ

**シカゴのギャングの親玉、アル・カポネ（1899〜1947）は、アメリカの「狂騒の20年代」に派手に動き回ったギャングとして名高い。密輸業者、不正を行う警官、もぐりの酒場から成る広大な組織を支配し、禁酒法の時代にアメリカ中西部の広範囲に酒を供給した。1931年に失脚するまで、食にも葉巻にもハードリカーにも、そして女にも目がないことで知られた。**

◆

またアル・カポネは、うかつにも禁酒法の廃止に貢献してしまったようだ。1919年に成立した禁酒法は、酒の密造に関わる者たちの暴力行為が蔓延したことから反発が強まり、1933年に撤廃された。1929年にアル・カポネが敵対組織に行った残忍な「聖バレンタインデーの虐殺」は、相次ぐギャング同士の殺人の中でも大きな話題となった事件だ。

アル・カポネは、イタリア移民の子供としてニューヨーク市のブルックリンで生まれ、10代のときにストリートギャングになった。アル・カポネの有名な頬の傷跡は、ギャングが支配するナイトクラブで用心棒をしていたときに作ったものだ。1918年に結婚後、シカゴのサウスサイドへ移り、暗黒街の帝国を築き始めた。

数年のうちに、アル・カポネはシカゴの裏社会を牛耳る存在になっていた。地元で唯一の大きな抗争相手は、ジョージ・「バグズ」・モラン（1893〜1957）率いるノースサイドのギャング団だった。モランらは、1920年代にアル・カポネ暗殺を計画したが失敗した。

「聖バレンタインデーの虐殺」は、アル・カポネが敵対組織の一掃をはかって計画したものだった。バレンタインデーのその日、銃で武装し警官を装ったアル・カポネの子分たちが、モランの一味のたまり場となっていた倉庫を急襲した。アル・カポネの子分たちは、そこにいた七人の男たちを逮捕すると見せかけ、背を向けて壁に並ぶよう指示した —— そして短機関銃を発射し、ひとり残らず殺した。しかし、この虐殺は不首尾に終わった。その日はモランが倉庫にいなかったばかりか、この事件がきっかけで、シカゴの一般市民の間でギャングの支配に反対する声が高まったのだ。そしてアル・カポネを刑務所へ送ろうと、連邦政府から捜査員のエリオット・ネス（1903〜1957）が派遣された。最終的に、ネスはアル・カポネを脱税による有罪へと導いた —— アル・カポネはいくつもの違法な事業を行い、そのどれについても所得税を支払っていなかった。アル・カポネは1930年代を刑務所で過ごし、1939年の出所時には健康状態が思わしくなかった。精神的にも不安定だったアル・カポネは、ギャングに返り咲くことはできず、1947年に脳卒中を起こして息絶えた。

豆知識

1. アメリカ財務省は1932年、防弾加工されたアル・カポネのキャデラックを押収し、未払いの税金に充てた。このキャデラックはのちに、防御装備を施した初の大統領専用車として使用され、第二次世界大戦中にフランクリン・D・ローズヴェルト（1882〜1945）を乗せた。
2. 1986年、以前アル・カポネが支配していたシカゴのミシガン・アヴェニューのホテルで、工事作業員がロックのかかった金庫を発見した。マフィアのマニアたちは、中身は現金か、ハードリカーか、または死体かもしれないと推測した。ところが、ジェラルド・リヴェラ（1943〜）司会によるテレビの全国生放送でこの金庫が開けられると、中にはウィスキーのボトルが入っていただけだった（ボトルは、ずばり空っぽであった）。
3. 『タイム』誌の表紙を飾ったマフィアの親玉はふたりのみで、アル・カポネはそのひとりである。もうひとりは、ジョン・ゴッティ（1940〜2002）である。

# 292 文筆家・芸術家 ｜ パブロ・ピカソ

**画家で彫刻家のパブロ・ピカソ（1881～1973）は、ベレー帽をかぶって葉巻を持ち、口の片端を上げて微笑む姿が幾度となく写真に収められている。ピカソは20世紀の長きにわたり、前衛美術の象徴的な存在だった。近年のあらゆる芸術運動に影響を及ぼし、世界的な有名人となり、92歳のときにフランスで亡くなるほぼその日まで、絵筆を手にし続けた。**

✦

ピカソはスペインのマラガで生まれた。一家は何度か転居を繰り返したのちにバルセロナに落ち着き、ピカソはそこで学校に通った。1900年、国際的な芸術の都であるパリを初めて訪れ、やがて移住し、生涯をパリで過ごした。ピカソの初期の芸術活動は、一般に、彼がよく使った色にちなんだふたつの時代に分けて語られる。青の時代（1901～1904年）とバラ色の時代（1904～1906年）だ。青の時代の絵画は、その色の選択からも分かるように、物乞いや犯罪者などを描いた悲しげな肖像が多い。バラ色の時代の絵画には、より鮮やかな色が使われ、コメディアンやサーカス芸人といった全般に陽気な題材が描かれている。

ピカソは、パリで栄えていたボヘミアニズムの芸術家の集団に加わった。そこにはアンリ・マティス（1869～1954）やジョルジュ・ブラック（1882～1963）もいた。ピカソは1918年に最初の結婚をしたが、その直後からずっと、数々の女性と浮名を流した（彼は三人の女性との間に計四人の子供をもうけた）。

ピカソは、ジョルジュ・ブラックと並びキュビズム（立体派）の創始者となった。キュビズムは、ピカソが売春宿の五人の娼婦を描いた1907年の有名な絵画『アヴィニョンの娘たち』を出発点とする芸術の様式である。キュビズムの絵画の題材は、ギターやワインボトルなど、何の変哲もない静物であることが多いが、箱のような角ばった形の集合に歪められて描かれる。

第一次世界大戦が終わるころには、ピカソはすでに世界髄一の有名な芸術家になっていた。ピカソの名声は、第二次世界大戦前までの時期にさらに高まった。彼は1937年、傑作のひとつである『ゲルニカ』を描いた。この巨大な絵画は、ドイツ空軍がスペイン内戦中にバスク地方の町ゲルニカに対して行った爆撃の犠牲者を哀悼した作品で、20世紀の芸術作品の中でも、誰もがそれと分かるような象徴的な作品だ。

ピカソはスペイン国籍ながら、第二次世界大戦中、ナチスの支配下にあったパリに残った。戦後も絵画を描き続け、さらに彫刻や陶芸作品も制作した。そして1973年、フランスのムージャンの自宅で死去した。

**豆知識**

1. ピカソは遺言で、スペインに民主主義が復活したあとに限り、絵画『ゲルニカ』をスペインに移動することを許可した。スペインでは、独裁者フランシスコ・フランコ（1892～1975）が死亡したのち、1978年に民主的な憲法が採択された。『ゲルニカ』は1981年にスペインに移された。
2. ピカソは生涯において、絵画だけでなく、陶芸、彫刻、舞台のセットを含め約２万点の作品を制作した。ピカソのデザインした舞台用カーテンは、現在、ニューヨーク歴史協会が所蔵している。
3. 2003年、ニューヨーク市の額縁業者が、ピカソの原画の入った書類かばんを地下鉄の駅構内に置き忘れた。ニューヨーク市クイーンズの書籍販売員がそれを手に入れ、数日後に持ち主に戻された。

# 293 反逆者・改革者 エメリン・パンクハースト

**言葉ではなく、行動だ。**
**――「女性社会政治同盟」のスローガン**

◆

イングランドの社会活動家、エメリン・パンクハースト（1858～1928）は、20世紀初頭のイギリスで女性参政権運動を主導した人物である。パンクハーストが強い理念を持って30年に及ぶ活動を続けたことが大きく貢献し、イギリス政府は1928年、女性にも平等の選挙権を認めざるを得なくなった。

エメリン・パンクハーストは、イングランドのマンチェスターで、急進的な政治思想を持つ家庭に生まれた。幼少期の最初の記憶のひとつとして、アメリカ合衆国での奴隷の解放を家族が祝福したことを覚えていると、彼女はのちに回想している。フランス革命を熱烈に是認し、また、一時期フランスで教育を受けた。

エメリンはイングランドに戻ると、リチャード・パンクハースト（1834～1898）と結婚した。リチャードは急進的な思想の弁護士で、女性の権利の擁護者であり、既婚女性の財産権を保護する画期的な国の法律を起草した人物だった。ふたりは五人の子供をもうけた。夫が亡くなると、エメリン・パンクハーストには大きな打撃となったが、その後の彼女は政治活動への関与をさらに強めた。そして1903年、娘ふたりと共に女性社会政治同盟（WSPU）を結成した。「サフラジェット」（女性参政権論者）という通称で知られたこの同盟は、イギリス国内の既存の女性参政権運動とはふたつの点で異なっていた。第一に、女性社会政治同盟はどの政党とも連携しなかった。第二に、男性をメンバーに加えなかった。パンクハーストはこのふたつの方針が、女性の同権という唯一の目的に運動を集中させるために必要だと考えたのだ。

以後10年にわたり、女性社会政治同盟は大々的に抵抗運動を繰り広げた。1908年、ふたりのメンバーがダウニング街10番地（イギリス首相の官邸）に石を投げて逮捕された。また、別のメンバーのエミリー・デイヴィソンは1913年、ジョージ五世（1865～1936）の馬の前へと飛び込み、衝突したことから死亡した。こういった運動は物議をかもしたが、パンクハーストらの要求は注目を浴びることとなった。第一次世界大戦中、パンクハーストは首相のデビッド・ロイド・ジョージ（1863～1945）との間で、戦争後に女性の投票権を認めるのであれば運動を一時停止するという暗黙の合意をとりつけた。1918年、イギリス議会は30歳以上の女性に投票権を拡張した。その10年後、年齢制限は男性と同じく21歳に引き下げられた。

**豆知識**

1. 「サフラジェット」という言葉は、1906年に『デイリー・メール』紙が揶揄する意味合いで初めて使ったものだった。しかし、この言葉は女権の擁護者たちが誇りを持って使うようになり、パンクハーストの娘シルヴィア（1882～1960）は、この運動の歴史を記した著書に「サフラジェット運動」という題名を付けた。
2. パンクハーストの名は、1964年のディズニー映画『メリー・ポピンズ』中の歌の歌詞に登場する。この映画は、1910年代のロンドンが舞台となっている。
3. パンクハーストは1858年７月15日に生まれたが、いつも誕生日は７月14日であると答えていた ―― フランス革命が勃発した日である。

# 294 伝道者・預言者 | ビリー・サンデー

**親元を離れて育ったビリー・サンデー(1862〜1935)は、成長してアメリカの有名牧師となり、国内の何百もの土地を訪れて説教を行った。サンデーは、力強い声と、気取らない説教と、みなぎる活力が評判だった。宗教上の思想はかなり保守的で、伝統主義者だった。しかし同時に革新的な面もあり、マスメディアをうまく活用して、ビリー・グラハム(1918〜2018)などの後年の原理主義的な福音伝道者へと道をつなげた。**

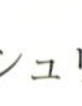

ウィリアム・アシュリー・サンデーは、南北戦争中にアイオワ州エイムズで生まれた。北軍の軍人だった父親はサンデーが生まれた数週間後に亡くなり、母親はやむなくサンデーを施設に預けた。施設でのサンデーは、ある才能を開花させた。まず有名になったのはこの分野 —— 野球だった。足の速かったサンデーはプロのスカウトに見いだされ、シカゴ・ホワイトストッキングス(現シカゴ・カブス)、ピッツバーグ・アレゲニーズ(現ピッツバーグ・パイレーツ)、フィラデルフィア・フィリーズで、プロ選手としてプレイした。外野手としてはミスをしがちな選手だったが、ベース間を疾走してファンを魅了し、頻繁にリーグ内最多盗塁数の上位に入った。1891年にプロ野球選手を引退してからは、伝道者としての活動に入った。1896年に各地で伝道を始め、鉄道で中西部を縦横に移動し、宗教復興の集会で説教を行った。野球選手としての名声を活かして宗教運動を宣伝し、訪れた地域のアマチュア野球の試合で審判をするなどした。

説教では、飲酒、進化論、ダンスを声高に否定した。サンデーは長老派だったものの、集会では教派に関わりなく人を受け入れたことから、参加者が増えた。サンデーの伝道の旅は、妻のネル・トンプソン・サンデー(1868〜1957)が指揮をとり、何百万ドルもの寄付で運営される大規模で込み入った活動になった。

サンデーの人気は、彼自身も熱心に支持した第一次世界大戦中に最高に達した。また、サンデーが禁酒を擁護したことは、禁酒法を規定した1919年の合衆国憲法修正第十八条の可決にも貢献した。しかし、息子たちがスキャンダルを起こしたことから、サンデーの評判は落ち、72歳で死去するころには、その影響力は大きく低下していた。

**豆知識**

1. 1890年、サンデーは84回の盗塁を記録し、同年にナショナルリーグで三位となった。一位はフィラデルフィア・フィリーズのチームメイトで、「スライディング・ビリー」のあだ名で知られたウィリアム・ハミルトン(1866〜1940)の102回で、二位はブルックリン・ブライドグルームス(現ロサンゼルス・ドジャース)の二塁手ヒューバート・「ハブ」・コリンズ(1864〜1892)の85回だった。サンデーは、ワンシーズン中に記録した盗塁数で同リーグ史上の上位100人に名を連ねている。
2. サンデーの三人の息子全員が性的なスキャンダルに巻き込まれており、このことからサンデーの評判に傷がついた。長男のジョージは1933年に自殺した。
3. サンデーは1896年に宗教復興の集会で伝道を始めたが、正式に牧師に叙任されたのは1903年になってからである。

# 295 指導者 | ベニート・ムッソリーニ

**ヨーロッパにファシズムをもたらした指導者、ベニート・ムッソリーニ（1883〜1945）は、21年間にわたりイタリアを独裁支配した。その強権的な支配で、「ドゥーチェ」（「統領」の意）ムッソリーニは、出版の自由を奪い、政敵を潰し、ドイツの仲間アドルフ・ヒトラー（1889〜1945）に政治的影響を及ぼした。カリスマ性と、派手なふるまいと、説得力ある熱弁で知られたムッソリーニは、第二次世界大戦でイタリアに大打撃を招くまでは、国内で幅広く支持を得ていた。**

✦

ムッソリーニは、イタリアのプレダッピオで鍛冶屋の父親と学校の教師の母親のもとに生まれた。子供のころは反抗的で、学校ではほかの生徒をナイフで傷つけようとして何校かを退学処分になっている。19歳のとき、徴兵を逃れるためにイタリアを離れ、スイスに移った。

ムッソリーニは1904年にイタリアに戻り、社会党の新聞のジャーナリストになった。やがて、扇動的で反資本主義的な記事と、大仰な語り口で知られるようになった。第一次世界大戦については、当初はイタリアの参戦に反対していたが、突然立場を変え、1916年には熱心に戦争を支持するようになった。その結果、社会党から追放された。

ファシスト党の前身となる党は、ムッソリーニを党首として1919年に設立され、戦争で戦った多くのイタリアの元軍人に支持を受けた。黒シャツ隊（ファシスト党の民兵組織）は、イタリア国内の労働争議や政治的な行き詰まりに乗じて、1922年に政治権力を掌握し、国王にムッソリーニの首相就任を認めさせた。ムッソリーニは、国内でほかの政党の創設や労働組合を禁止し、主要な産業を国有化すると、道路、鉄道、工場を建設する公共事業を大々的に進めた。外交では、イタリアの国際的な地位向上を目指して、1935年にエチオピアに侵攻し、スペイン内戦に介入して民族独立主義側に軍事支援を提供し、1939年にはナチス・ドイツとの関係を「枢軸」と呼んで「鋼鉄協約」に調印した。ムッソリーニはドイツの厳格な人種政策には熱心な賛同を示さなかったが、ヒトラーに追随し、1938年に反ユダヤ的な法律を認めた。

イタリアは1940年、正式に第二次世界大戦に参戦した。その３年後、連合国側がイタリアに侵攻し、ムッソリーニは失脚した。彼はしばらくの間、幽閉されたが、ナチスによって解放され、ナチスが支配するイタリア北部の地域（イタリア社会共和国）の名目上の指導者に据えられた。しかし1945年に再び失脚し、スイスに亡命しようとしているところを捕らえられ、パルチザン（反ファシズムの抵抗派）に処刑された。61歳だった。

**豆知識**

1. ムッソリーニは何度も暗殺未遂に遭った。うち一件は、アメリカ人のマイケル・シルー（1899〜1931）によるものだった。シルーは、無政府主義者らによるムッソリーニ暗殺計画に加わる前は、ニューヨークのブロンクスでバナナの行商をしており、暗殺計画の発覚後に処刑された。
2. 2008年、イタリア南部の小規模な右翼政党が、出産を控えた夫婦に対し、生まれた赤ん坊に「ムッソリーニ」あるいはその妻の名を付ければ、1900ドルを提供したといわれている。
3. ムッソリーニの末息子ロマーノ・ムッソリーニ（1927〜2006）は、ジャズ音楽家として成功し、「ロマーノ・ムッソリーニ・オールスターズ」というバンドのリーダーを務めた。

# 296 哲学者・思想家 ルートヴィヒ・ウィトゲンシュタイン

**1889年4月、20世紀の世界に大きな影響を及ぼすことになるふたりの男の子がオーストリアで生まれた。ひとりはアドルフ・ヒトラー(1889～1945)、もうひとりはヒトラーに六日遅れて誕生した、哲学者ルートヴィヒ・ウィトゲンシュタイン(1889～1951)だ。**

✦

ウィトゲンシュタインは、鉄鋼業で莫大な富を築いたオーストリアの実業家の末の息子として生まれた。のちにドイツの独裁者となるヒトラーと同じ中学校に通い、同じ歴史教師の下で学んでいる。ふたりとも第一次世界大戦に従軍しており、この経験がのちのふたりの著述に影響を及ぼすことになる。しかし、ふたりの書いたものはまったく違っていた。ヒトラーが書いたのは、ナチスの全体主義の青写真を示す、攻撃的な『我が闘争』(1925年)だった。一方、ウィトゲンシュタインの『論理哲学論考』(1922年)は、イタリアで戦争捕虜として収容されている間に書いた複雑な哲学書である。

『論理哲学論考』は、ウィトゲンシュタインの存命中に出版された唯一の哲学書で、20世紀の哲学の要ともいえる著作である。ウィトゲンシュタイン自身は、この本によって哲学のすべての問題が解決したと主張し、同書の出版後に哲学の研究をやめて、小学校の教師になった。

しかし、哲学から離れた時間は短かった。1926年、ウィトゲンシュタインは、11歳の男児に過剰な体罰を加えたとして、親の抗議を受け、職を解かれた。その後、哲学の研究に戻り、イギリスへ移り、1929年からケンブリッジ大学で教鞭をとるようになった。1938年にヒトラー率いるドイツがオーストリアを併合すると、ユダヤ人のウィトゲンシュタインは国籍を捨て、イギリス国籍を取得した。また、オーストリアから姉が出国できるよう、元の同級生ヒトラーの政府に個人的に働きかけた。第二次世界大戦時はイギリス軍に志願し、晩年は『哲学探究』の執筆に費やした。この本はウィトゲンシュタインの死後の1953年に出版されている。

『論理哲学論考』と『哲学探究』の中で、ウィトゲンシュタインは、多くの哲学上の問題は、実は言語の問題なのだという議論を展開した。人間は言葉をとおして世界を理解するからだ。そして、言語とはあいまいなものだから、不必要な混乱が生じるのだと論じた。

ウィトゲンシュタインは、前立腺がんでケンブリッジで亡くなった。62歳だった。

### 豆知識

1. ヒトラー率いるドイツによる1938年のオーストリア併合後、ウィトゲンシュタインと兄は、ユダヤ人ではないという地位を姉に与えることと引き換えに、ナチス・ドイツに1.7トンの金を納めた。この地位を使うと姉は国外に出ることができた(この金は、2009年の価値でおよそ6200万ドルに相当する)。
2. 『ニューヨーク・タイムズ』紙によると、史上最高の「哲学の専門家」を選ぶ1998年の投票で、ウィトゲンシュタインはアリストテレス、プラトン、カント、ニーチェに続いて五位になった。
3. ウィトゲンシュタインの最期の言葉は、医師によると「素晴らしい人生だったと伝えてくれ」だった。

# 297 革新者 ｜ アルベルト・アインシュタイン

**アルベルト・アインシュタイン（1879〜1955）は、この世を去る少し前、友人に仰天の告白をした。当時も明晰な思考で広く知られ、ノーベル賞を受賞し、物理学と数学に大きな変革をもたらした。彼こそがまさに、世界一の科学の天才だった。ところがアインシュタインは、人生をやり直せるものなら配管工になりたい、と、友人に告白したのだ。**

◆

実のところ、アインシュタインは自分の業績について大きな葛藤を抱えていた。素晴らしい研究成果を出して称賛された彼だったが、その成果は核兵器の開発への扉を開くことにもなった。1945年の原爆投下による広島と長崎の破壊は、アインシュタインの良心に重くのしかかった。彼が生前に書いた最後の手紙は、核兵器の禁止を訴えている。

アインシュタインはドイツのウルムで生まれたが、1894年にドイツを離れ、徴兵を避けるためにドイツ国籍を放棄した。1900年にスイスの大学を卒業し、ベルンにあるスイス特許庁での職を得た。1905年、フルタイムで特許庁に勤務しつつ、四つの論文をドイツの物理学の学術誌『アナーレン・デア・フィジーク』に送った。どの論文も、物理学の基礎を大きく覆すものであった。そして、主にこの四つの論文に記した発見が評価され、アインシュタインは1921年にノーベル物理学賞を受賞した。

1914〜1932年の間、アインシュタインはドイツの最も栄誉ある研究機関「カイザー・ヴィルヘルム研究所」で教授を務めた。その後、ヒトラーが政権をとるとドイツを離れざるを得なくなり、アメリカ・ニュージャージー州のプリンストン高等研究所に移り、生涯をその地で過ごした。1939年、アインシュタインは、アメリカ大統領フランクリン・D・ローズヴェルト（1882〜1945）に宛てて有名な手紙を書いた。自分の発見を利用して、想像を絶する破壊力を持つ核兵器をナチスが開発するかもしれないと警告する手紙だ。アインシュタインは、自分が書いた手紙がもとでアメリカが核兵器を製造するに至ったのだと信じてその後の生涯を過ごすこととなった。戦後、アインシュタインは核兵器廃絶を訴えたが、その成果はほとんどなかった。また、新たな祖国となったアメリカで、人種差別による分離政策、アメリカの外交政策、マッカーシズム（反共産主義運動）にも反対の声を上げた。アインシュタインは、プリンストンで76歳のときにその生涯を終えた。

**豆知識**

1. 第二次世界大戦時、アインシュタインは連合国に寄付するために、自らの有名な1905年の論文のひとつの直筆版を作り、オークションにかけた。これは600万ドルで落札された。
2. 非常に稀な元素「アインスタイニウム」は、アインシュタインにちなんで1952年に名付けられた。
3. 何十年にもわたり、多くの俳優がアインシュタインを演じてきた。『星に想いを』（1994年）のウォルター・マッソー（1920〜2000）、『ビルとテッドの地獄旅行』（1991年）のジョン・エイリン（1908〜1995）、『That's Adequate』（1989年、仮題：それで十分）のロバート・ダウニー・ジュニア（1965〜）、『ヤング・アインシュタイン』（1988年）のヤッホー・シリアス（1953〜）などだ。

# 298 悪人 ブルーノ・ハウプトマン

**1932年に起きたチャールズ・リンドバーグ（1902〜1974）の赤ん坊の誘拐殺人事件ほど、アメリカ中を釘づけにしたストーリーはないだろう。この事件では、使用人やベビーシッター、そしてマフィアまで、多数の容疑者が捜査対象となり、すぐに「世紀の犯罪」として騒がれた。結局、アメリカで最も有名な飛行家リンドバーグの息子を殺したとして有罪になったのは、ブルーノ・ハウプトマン（1899〜1936）というドイツからの移民だった。**

✦

電気椅子に連れていかれるそのときまで自らの無実を訴えたハウプトマンは、第一次世界大戦に参戦したドイツの元軍人で、1923年にアメリカに移住した。ニューヨークのブロンクスに住み、給仕をしていた女性と結婚し、誘拐事件当時は大工をしていた。

1932年３月１日の夜、リンドバーグのベビーシッターが、赤ん坊のチャールズ・A・リンドバーグ・ジュニア（1930〜1932）がベビーベッドからいなくなっていることに気づいた。５万ドルの身代金を要求する手書きのメモが窓のところに残されており、手製のはしごが近くで見つかった。

1927年に大西洋横断飛行に成功し国民的英雄になっていたリンドバーグは、事件発生から数日後、身代金を７万ドルに増額する旨の手紙を受け取った。そのころには、赤ん坊と誘拐犯人の捜索が国を挙げて進められていた。リンドバーグは結局、仲介者を通じて４月２日に５万ドルの身代金を支払った。

しかし、赤ん坊はすでに死んでいた。５月12日、赤ん坊の腐敗した遺体がリンドバーグの自宅から約８キロの地点で発見されたのだ。これをもって、誘拐事件は殺人事件の捜査へと切り替わった。ハウプトマンが逮捕されたのは、それから２年以上が経ってからだった。ハウプトマンがニューヨーク市のレキシントン・アヴェニューのガソリンスタンドで使った紙幣（当時使われていた金証券と呼ばれる紙幣）の番号が、身代金に使われた紙幣の一枚と一致したためだ。警察がハウプトマンの自宅を捜索すると、ガレージでさらに、身代金に使われた紙幣１万3000ドル分が発見された。筆跡鑑定の専門家は、身代金要求の手紙とハウプトマンの手書きの筆跡が同じであるという考えを示した。裁判は1935年に五週間にわたって行われた。ハウプトマンは、靴箱いっぱいに入っていた紙幣は別の男のものだと主張したが、陪審団は殺人罪でハウプトマンを有罪と評決し、彼は翌月に処刑された。残された未亡人のアナ（1899〜1994）は、裁判は不当だと主張し、生涯にわたって夫の冤罪を訴え続けた。

**豆知識**

1. 事件当時のニュージャージー州警察本部長はH・ノーマン・シュワルツコフ（1895〜1958）で、彼の息子で軍大将のH・ノーマン・シュワルツコフ・ジュニア（1934〜2012）は、湾岸戦争でアメリカ合衆国軍を指揮した人物である。
2. アン・リンドバーグとチャールズ・リンドバーグ夫婦は、ほかに五人の子供を持ち、アンは94歳まで生きた。
3. この誘拐事件を題材とした1976年のアメリカ映画『The Lindbergh Kidnapping Case』（仮題：リンドバーグ誘拐事件）で、アンソニー・ホプキンス（1937〜）がハウプトマンを演じた。

# 299 文筆家・芸術家 | ジェイムズ・ジョイス

**アイルランドの作家ジェイムズ・ジョイス（1882〜1941）は、生涯に出版した長編小説は三編のみながら、西洋文学に大きな変化をもたらした。ジョイスが作中で使った新たな文学的手法は、20世紀の作家に多大な影響を与え、登場人物の心の奥深くにある思いや感情をとらえる新しい方法として多くの作家が取り入れるようになった。**

◆

ジョイスはダブリンで生まれ、イエズス会の学校で教育を受けた。10代のときにローマ・カトリックの信仰を拒否したが、ローマ・カトリック教会とアイルランド社会における教会の役割は、ジョイスの作品に繰り返し登場する主題となった。最初の長編小説『若い芸術家の肖像』（1916年）は、ジョイス本人を思わせる主人公スティーブン・ディーダラスが、抑制的なカトリック文化の中で大人になっていく物語で、ジョイスが体験した実際の苦闘をなぞった作品だ。

1904年6月16日、作家としてなかなか芽が出ないでいるころ、ジョイスはホテルで働いていたノラ・バーナクル（1884〜1951）という女性と初めてのデートをした。彼女はジョイスが生涯連れ添う女性となるが、ジョイスはこの日を二作目の長編小説『ユリシーズ』の設定として使い、永遠に残る日付とした（この6月16日は『ユリシーズ』の主人公ブルームにちなんで「ブルームズデー」と呼ばれ、現在もジョイスの愛読者が記念日として祝っている）。

ジョイスとバーナクルは、ヨーロッパへ逃れて結婚しようと、現在のイタリアの港町トリエステに移った。ジョイスとバーナクルの間には子供がふたり生まれたが、正式には1931年まで結婚しなかった。ジョイスは英語を教え借金をしながら家族を養いつつ、短編集『ダブリン市民』の出版にこぎつけようとした。同書はようやく1914年に出版された。

第一次世界大戦が勃発すると、ジョイスとバーナクルは中立国スイスのチューリッヒへ移り、ジョイスは『ユリシーズ』の執筆に当たった。これは、のちに彼の傑作と見なされる作品である。ジョイスは健康状態が悪化し、スイス在住時に緑内障と白内障のため何度も目の手術を受けた。『ユリシーズ』は、1922年に完成した。『ユリシーズ』は、出版されるとたちまち、近代西洋文学における最重要作品のひとつだという評価を受けた。1000ページから成る壮大なこの作品は、主人公レオポルド・ブルームのダブリンでの一日を描いたもので、句読点のルールや伝統的な物語の構成を踏襲せず、人物の内心の言葉をそのまま「意識の流れ」に沿ってとらえる内的独白の形式をとっている。ジョイスは『ユリシーズ』に続き『フィネガンズ・ウェイク』（1939年）を出版した。これは『ユリシーズ』にも増して濃密かつ難解な作品で、学術的研究以外に読まれることはほとんどない。ジョイスは、第二次世界大戦が勃発するとスイスへ戻り、58歳のときにチューリッヒで亡くなった。

### 豆知識

1. 『ユリシーズ』は最初にパリで出版された。アメリカ合衆国では、1933年に連邦裁判所の判事ジョン・ムンロー・ウールジー（1877〜1945）が、この本はわいせつではないという裁定を下すまで、出版が禁止されていた。
2. ジョイスの伝記を書いたピーター・コステロによると、レオポルド・ブルームの実際のモデルは、ジョイスのダブリンの友人アルフレッド・H・ハンターで、酒場でのけんかでジョイスを助けたことがある人物だという。
3. 短編集『ダブリン市民』に収録されている「死者たち」は、1987年に『ザ・デッド ——「ダブリン市民」より』として長編映画になった。監督はジョン・ヒューストン（1906〜1987）で、彼の娘アンジェリカ・ヒューストン（1951〜）が主役を演じた。

# 300 反逆者・改革者 ウラジーミル・レーニン

**ウラジーミル・イリイチ・レーニン（1870〜1924）は、1917年にロシアで起きた革命（十月革命）を指導し、ソヴィエト連邦を作った人物だ。世界初の共産党国家を樹立し、反対する者を残酷に処分した。また、政治論を記した著作を通じて、後世の多くの革命家に影響を及ぼした。かつて、東欧の大半の町の中心にはレーニンの銅像があった。彼のその険しい表情は、歴史上きわめてよく知られた顔となり、のちに地球上の多くの人々の暮らしを支配する全体主義イデオロギーの象徴ともなる。**

レーニンは、ウラジーミル・イリイチ・ウリヤノフの名で、裕福な家に生まれた。経済的に比較的豊かだったにもかかわらず、一家はロシアの帝政に反対する立場をとっていた。レーニンの兄アレクサンドル（1866〜1887）は、未遂に終わった皇帝アレクサンドル三世（1845〜1894）の暗殺計画に関わり、絞首刑になった。これが、レーニンの人生の転機だった。

レーニンという名は、1902年から使うようになった。彼は弁護士資格を得たが、政治的な運動に関わったため、大学卒業後から1917年までのほとんどの期間は国外で過ごした。ドイツ、スイス、イングランド、フィンランドなど各国を転々とし、共産党の前身であるロシア社会民主労働党の新聞の記事を執筆し、自らの政治論を固めていった。

1917年に皇帝が退位に追い込まれると、レーニンは急遽スイスからロシアへ戻り、共産主義者たち（ボリシェヴィキ）の指導者となった。彼はすぐに、皇帝退位後に樹立された臨時政府に対するクーデター —— 十月革命（ボリシェヴィキ革命） —— を起こした。これで、ソヴィエトの体制が確立した。レーニンはその後数年にわたり、急進的な経済改革と社会改革を推し進め、土地の私有を禁じ、産業を国有化して労働者の集団化を強制し、何千もの政治上の敵を処刑した。レーニンの経済政策は悲惨な結果を生み、1921年にはロシアの飢饉（ききん）でおよそ500万人が死んだとされている。

レーニンは1922年に脳卒中を起こしたのち、健康状態が悪いまま余生を過ごした。脳卒中による麻痺が残り、梅毒も患っていたとされ、権力は徐々にヨシフ・スターリン（1879〜1953）に移っていった。1924年1月21日にレーニンが53歳で死去したのち、権力闘争に勝ったスターリンは、ソヴィエト社会主義共和国連邦（USSR）を支配する。

**豆知識**

1. ロバート・J・サーヴィスが書いたレーニンの伝記によると、晩年のレーニンは激しい痛みに苦しみ、自殺用の毒薬を二度にわたって要求したという。結局、いずれのときも考え直した。
2. レーニンの遺体は防腐処理が施され、現在もモスクワの「赤の広場」にある霊廟に展示されている。しかし、現在のロシアの宗教指導者や、反共産主義の政治グループはこれに反対し、レーニンの遺体の埋葬を求めている。
3. ロシアの都市サンクトペテルブルクは、レーニンが1924年に亡くなったあと、レニングラードと改称されたが、ソ連の崩壊に伴い、1991年に住民投票によって再びサンクトペテルブルクという名に戻った。

# 301 伝道者・預言者 ｜ ガンディー

**世界の誰もが知るモーハンダース・K・ガンディー（1869〜1948）は、何世紀にも及んだイギリスの支配からインドを解放する運動の中で重要な役割を果たし、伝統的なヒンドゥー教の信条と、インドの人々が抱く独立への願いを結びつけた。ガンディーは、抵抗運動ではあくまでも非暴力を貫き、ボイコット、ハンガーストライキ、静かな行進を行った。この非暴力主義で、マーティン・ルーサー・キング・ジュニア（1929〜1968）をはじめとする数々の改革者の英雄となり、彼らの思想に影響を及ぼした。**

✦

ガンディーはインド西部で生まれ、18歳のときにロンドンへ渡り、法律を学んだ。学位取得後、多数のインド人がいたイギリス領南アフリカで弁護士の職に就いた。住んでいた都市ダーバンで、ガンディーはインド人に対する人種差別を初めて目の当たりにした。この体験から、イギリスに対して不信感を抱くようになり、政治活動に携わるようになった。そして南アフリカのインド人共同体のリーダーとなり、インド人から投票権や市民としてのさまざまな権利を奪う法案に抵抗した。

1915年にインドに帰国したガンディーは、インド独立派の政党である国民会議派に加わり、1920年に党の指導者に指名された。その後数年で、インド独立運動の中心人物として広く知られるようになった。ガンディーは菜食主義で、酒もコーヒーも飲まず、36歳以降は自らに性行為を禁じた。このように質素な生活を送ったことから、自分のことは顧みずインド人の権利をひたすら擁護する人と認識されるようになった。第二次世界大戦中、ナチス・ドイツとの戦いでイギリスの力が弱まると、インドでは独立運動の勢力が増し、「クイット・インディア運動」（「インドを出ていけ」の意）が行われた。この運動ではインド人の活動家たちが大量に逮捕された。1945年、イギリスでは植民地の独立を進めようとするクレメント・アトリー（1883〜1967）が首相に選ばれ、アトリーは1947年、イギリスのインド支配の終了を認めた。イギリスがインドの独立を認めた法律では、主にヒンドゥー教徒のインドと、主にイスラム教徒のパキスタンというふたつの国に分離された。この二国は、時を経ず戦争を始めた。

インドが独立した年、ガンディーはパキスタンとの融和的な立場をとったことから、一部のヒンドゥー教徒たちの怒りを買った。そして1948年、ヒンドゥー教の過激派に暗殺された。

豆知識

1. ガンディーは、南アフリカからインドへ帰国したあと、「偉大な魂」を意味する「マハトマ」という敬称を与えられた。また、彼は親しみを込めた「バープー」という愛称でも呼ばれた。
2. ガンディーは南アフリカに住んでいたとき、インド人が白人と共に働けることを証明しようと、イギリス軍に入隊し、1906年のズールー族との戦いでは医療部隊の隊員だった。
3. ガンディーは、13歳のときに結婚した妻カストゥルバ（1869〜1944）との間に四人の子供をもうけた。夫婦は共に、第二次世界大戦中にイギリス側に投獄され、カストゥルバは1944年に獄死した。

# 302 指導者 ウィンストン・チャーチル

**BBC(英国放送協会)は2002年、「史上最も偉大なイギリス人」を選ぶという投票を国中で行った。激しい争いだった —— 二位の座をめぐって。**

✦

誰が一位になるかは、ほぼ疑いの余地がなかった。イギリスの一番苦しい時代を指揮し、ナチス・ドイツを打ち負かした首相ウィンストン・チャーチル(1874〜1965)が、予想どおり、トップだった。チャーチルは、イギリス貴族の父親と、アメリカ人の富豪令嬢の母親の間に、イングランドのオックスフォード近くのブレナム宮殿で生まれ、サンドハースト王立陸軍士官学校を卒業した。南アフリカのボーア戦争(1899〜1902年)に従軍し、その他いくつかの戦いでは、従軍記者としてイギリスの新聞に記事を書いた。

チャーチルは1900年に保守党候補としてイギリス総選挙に出馬して当選し、政界入りを果たした。1904年に自由党に移り、1924年には再び保守党へ戻った(党を変えたことについて、「寝返りは誰にでもできるが、もう一度寝返って戻るには、頭がいる」と、彼は冗談を言ったことがある)。

政界に入り、チャーチルは二度の逆風を受けた。まず1915年、第一次世界大戦中の「ガリポリの戦い」でイギリスが敗退した責任を追及された。1925年には金本位制の復活による大失敗を非難された。その結果、チャーチルは1930年代をとおして、評判が芳しくなく、彼はこの時期を「荒野」の時代と呼んだ。

閣僚を外れた時代のチャーチルは、ナチス・ドイツの脅威を強く警告していた。1939年に戦争が始まると、チャーチルは戦時内閣に入閣し、海軍の担当となった。そして1940年5月、挙国一致内閣の首相に選ばれた。議会での初めての首相演説で、チャーチルは果敢な態度と意志の強さを示し、この姿勢はその後5年の任期をとおして知れわたることとなった。「私には、血と、労苦と、涙と、汗のほかに提供できるものはない」と述べたのだ。

英雄視されたにもかかわらず、チャーチルは1945年、労働党の党首クレメント・アトリー(1883〜1967)に首相の座を奪われた。その後は保守党の党首を続け、1951〜1955年に首相として二期目を務め、1953年にはエリザベス二世(1926〜)に騎士の称号を与えられた。そして、90歳のときにロンドンで死去した。

**豆知識**

1. チャーチルは、戦争の回顧録で1953年にノーベル文学賞を受賞した。この回顧録は数冊にわたるもので、1948〜1954年の間に出版された。
2. 最も偉大なイギリス人を選ぶBBCの投票で二位になったのは、19世紀の技術者イザムバード・キングダム・ブルネル(1806〜1859)である。
3. 共産主義の東ヨーロッパと民主主義の西ヨーロッパを分断する冷戦を表現する「鉄のカーテン」という言葉は、チャーチルが、1946年にアメリカのミズーリ州フルトンでの演説で初めて使ったものである。

# 303 哲学者・思想家 | マルティン・ハイデガー

**ドイツの哲学者マルティン・ハイデガー(1889〜1976)の業績については、死後40年以上経った今も、議論されている。ハイデガーの支持者も批判者も、実存主義や宗教、言語に関する彼の著作が、世界の哲学に確かな軌跡を残したということについて異論はない。しかし、ハイデガーはカギ十字の腕章を着け、大学の講義では学生にナチス式敬礼をし、1936年ごろまで、講義の終わりに「ハイル・ヒトラー」(ヒトラー万歳)と唱えていた。ハイデガーのナチスとのつながりは、多くの人々の目に、彼が好ましくない人物と映る要因になっている。**

✦

ハイデガーはドイツ南西部で生まれ、カトリックの家庭で育った。最初は神学に興味を持ち、短期間、聖職者としての訓練を受けた。しかし、やがて哲学に興味を持つようになり、1919年にカトリック教会を去り、1923年に初めて、ドイツの大学で哲学を教えて給料を得るようになった。ハイデガーの代表作のほとんどは、1920〜1930年代に出版された。一作目の『存在と時間』(1927年)は、ヨーロッパの哲学における画期的な著作だ。

ハイデガーは、1930年代初頭までは政治への関心を示さなかったが、ヒトラーが1933年に権力を掌握すると、ナチスの運動に賛同し、ナチ党に入党した。そのころ、勤務する大学の学長に選出されており、ヒトラーへの傾倒で有名になった演説で学生にこう呼びかけた。「理論や『思索』を自らの存在の規則としてはいけない。総統(ヒトラー)そのものが、彼のみが、ドイツの現実であり法である。今日も、そして未来もだ」

ハイデガーは、1930年代の終わりには個人的にヒトラーに幻滅を感じるようになっていたが、第二次世界大戦が終わるまでナチスの党員であり続けた。戦後、ハイデガーは学校で教えることを禁じられたが、元恋人のユダヤ人哲学者ハンナ・アーレント(1906〜1975)の尽力もあり、再び教壇に立てるようになった。アーレントは、ハイデガーが純粋すぎるあまりにナチズムの邪悪さを理解できなかったのだと考えた。ハイデガー自身も、その後はナチス時代のことをけっして語ろうとせず、唯一彼がナチスに関して口を開いたのは、ドイツの雑誌のインタビューに応じたときで、この記事は彼の死後に発表された。ハイデガーは、戦後、精力的に講義と執筆を続け、フランスの哲学に大きな影響を及ぼしたと評価された。ハイデガーは難解な文章でも知られ、あるアメリカの批評家はハイデガーの著作を「ナンセンスと陳腐さが合わさった、趣味の悪いもの」であると評した。

豆知識

1. ハイデガーは、第一次世界大戦が始まった1914年にドイツ陸軍に入隊したが、体調を悪くし、二か月後に除隊した。戦争の終わりに再び召集され、ドイツが敗戦する前の1918年の一時期、西部戦線で戦った。
2. ハイデガーの教え子の多くは、第二次世界大戦中にアメリカに亡命した。中でも有名なのは、イデオロギーの対立するふたりで、アメリカの新保守主義の代表的な人物となったレオ・シュトラウス(1899〜1973)と、1960〜1970年代に多くの急進左翼に影響を与えたヘルベルト・マルクーゼ(1898〜1979)である。
3. ハイデガーは、55歳だった1944年夏、大学から「不要」との判断を受け、ライン川近くにナチス陸軍の塹壕(ざんごう)を掘る手伝いを命じられた。

# 304 革新者 エルヴィン・シュレーディンガー

**エルヴィン・シュレーディンガー（1887〜1961）は、優れた物理学者で、ノーベル賞受賞者で、アルベルト・アインシュタイン（1879〜1955）の親しい友人だった。しかし、どうやら猫は好きではなかったようだ。**

✦

オーストリアの科学者シュレーディンガーが、理論物理学以外で一番よく知られているのは、「シュレーディンガーの猫」という言葉かもしれない。「シュレーディンガーの猫」とは、彼が考案した思考実験である。この思考実験は、かわいそうな一匹の猫の生死を観察するもので、量子力学における重要な問題点を指摘している。「シュレーディンガーの猫」は比喩としてもよく使われるようになり、アメリカではサイエンス・フィクションやテレビ番組、アニメの中にも登場する。シュレーディンガーはオーストリアのウィーンで生まれ、1910年に物理学の博士号を取得し、1927年にベルリンの有名大学の教授に任命された。1933年にノーベル物理学賞を受賞したが、同年、ナチスに反抗しドイツを逃れざるを得なくなった。戦争中のほとんどの時期をアイルランドで過ごしたのち、1956年にオーストリアに帰国し、73歳でその生涯を終えるまで祖国オーストリアで過ごした。

「シュレーディンガーの猫」という思考実験は、彼が1935年にアインシュタインと共に考案したもので、原子核の研究における問題点を突いている。多くの物理学者たちは、素粒子の位置、または運動の方向を確定するのは可能だが、両方は確定できないという考えだった。粒子は、人間が観測するその瞬間まで複数の位置を占める状態、つまり「重なり合った状態」だというのが定説だった。「シュレーディンガーの猫」は、この理論に疑問を呈するものだ。この実験では、まず、猫を金属製の箱の中に閉じ込める。猫のそばには致死性の毒の入った小瓶を置き、この小瓶が壊れると、猫はとたんに死ぬ。小瓶には装置がつながっていて、装置内の素粒子の運動いかんによって、いつ小瓶を壊すとも、壊さないとも限らない仕組みになっている。箱の外の観察者には、毒が放出されたのかどうか、猫が生きているか死んでいるかは見えない。

「シュレーディンガーの猫」の最も重要な点は、箱が閉まっている限り「不確定性」が存在しているということだ（観察している人間にとっての不確定性である。猫にとってではない）。小瓶は壊れているのだろうか、壊れていないのだろうか？　猫は生きているのだろうか、死んでいるのだろうか？　科学者が粒子の研究をするとき、実際に観測するまで粒子の位置が分からないのと同じで、箱が開けられるまで猫はふたつの「重なり合った状態」、つまり生と死というふたつの状態にあることになる。しかし、この結論もどこかおかしい。常識的に考えて、猫は生きているか死んでいるかのどちらかでしかあり得ず、その両方というはずはないからだ。

「シュレーディンガーの猫」は、なおも解決されない物理学の問題を表している。素粒子レベルにおける「重なり合った状態」は、例えば猫などの物体の、目に見える相違に当てはめられるのか、そうだとすればどのように当てはめられるのか。これについての答えはない——ニャンとも難しい問題である。

**豆知識**

1. シュレーディンガーは、第一次世界大戦中にオーストリア＝ハンガリー陸軍で砲兵将校を務めた。
2. 月面の影の部分のクレーターには、「シュレーディンガー」という名が付けられている。

# 305 悪人 | マ・バーカー

**ケイト・「マ」・バーカー（1873〜1935）は、アメリカ中西部で銀行強盗を繰り返した、悪党一家の女家長だ。大恐慌の時代、オクラホマ州からシカゴに至る範囲で数々の銀行強盗や殺人が発生し、マ・バーカーと息子たちはその容疑で追われた。マ・バーカーは世の敵だと叫ばれ、国中で彼女の大捜索が行われた。彼女らはついにフロリダ州で追い詰められ、FBI（連邦捜査局）に射殺された。**

◆

マ・バーカー（「マ」は「母ちゃん」の意）ことケイト・クラークは、ミズーリ州で生まれ、1890年代にジョージ・バーカーという男性と結婚した。ふたりは、ハーマン、ロイド、アーサー（1899〜1939）、フレッド（1902〜1935）という四人の息子をもうけたが、結局この四人全員とも犯罪者になった。息子たちは、1910年代の一部と1920年代に、銀行強盗や自動車の盗難などの犯罪で刑務所を出たり入ったりしていた。長男のハーマンは、1927年に自殺した。

一家の犯罪は、1931年を境にさらに大胆になっていった。同年に息子のフレッドが、獄中で知り合った強盗アルヴィン・「クリーピー」・カーピス（1907〜1979、「クリーピー」は「気味の悪い」の意）と手を組み、「バーカー・カーピス・ギャング」を結成したのだ。ギャング団は以後４年にわたり、やりたい放題に犯罪を繰り返していった。

マ・バーカーがこのギャング団でどのような立ち位置にあったのかは、長く議論がなされてきた。当時の報道では、彼女が親分であるようにいわれることが多かった。当時は犯罪が増加し世間に大きな不安が広がっていた時代で、マ・バーカーは、ジョン・デリンジャー（1903〜1934）やウィリー・サットン（1901〜1980）などの有名な犯罪者たちと並び、大恐慌時代における法と秩序の崩壊を象徴する存在になった。

バーカー一家のギャング団は何人かの警官を殺害し、また、身代金目的でミネソタ州の富豪の誘拐事件を起こしていた。マ・バーカーとフレッド・バーカーは、ついにフロリダ州の借家にいるところを見つかり、そこで銃撃戦が繰り広げられ、射殺された。死亡時のマ・バーカーは62歳で、短機関銃を抱きかかえていたとされる。しかし、FBIの対応については批判もあり、重大な犯罪者を仕留めたという手柄を示すために、FBIがギャング団におけるマ・バーカーの重要性を誇張したのではないかという人々もいる。

### 豆知識

1. マ・バーカーの息子のアーサーは、アルカトラズ島の連邦刑務所から脱獄を試みて殺された。バーカー一家の共犯者のアルヴィン・カーピスは、アルカトラズ島の刑務所で26年間服役したが、これは、悪名高いこの刑務所の収監者として最長である。カーピスは1969年に出所した。
2. マ・バーカーは、ディズニーのアニメ『わんぱくダック夢冒険』に登場するギャング一家「ビーグル・ボーイズ」のビーグル・ママのモデルである。このギャング一家は、主人公のスクルージ・マクダックの財産を狙っている。
3. 1960年、アメリカのＢ級映画『Ma Barker's Killer Brood』（仮題：マ・バーカーの殺人一家）が公開された。主演はルリーン・タトル（1907〜1986）だが、タトルは同年の映画『サイコ』での端役のほうがよく知られている。『血まみれギャングママ』（1970年）では、アカデミー賞受賞者のシェリー・ウィンタース（1920〜2006）がマ・バーカーを演じた。

# 306 文筆家・芸術家 ｜ ヴァージニア・ウルフ

**ヴァージニア・ウルフ（1882～1941）は、長編・短編小説の中で、時間と意識の流れを表現する新しい方法を取り入れ、斬新な作品を生み出した。ウルフが先駆的に使ったこの技法は、続く作家たちに多大な影響を及ぼした。**

✦

ウルフの長編小説には、『ダロウェイ夫人』（1925年）、『灯台へ』（1927年）、『オーランドー』（1928年）などがある。また、一冊分の長さのある評論『自分だけの部屋』（1929年）も代表作である。この評論では、女性作家に向けてこう助言したことが有名だ。「女性が小説を書こうというのであれば、お金と、自分だけの部屋がなくてはならない」

ヴァージニア・ウルフは、アデリン・ヴァージニア・スティーヴンの名で、ロンドンの著名な一家に生まれた。父親のレズリー・スティーヴン卿（1832～1904）は著述家で、アルプス山脈のスイスの山々を登頂する登山家でもあった。彼女は、両親が文学者たちと活発に交流するのを間近で見ながら育った。その中には、アメリカから移住していた小説家ヘンリー・ジェイムズ（1843～1916）もいた。

1904年に父親が亡くなると、彼女はロンドンのブルームズベリー地区へ引っ越し、「ブルームズベリー・グループ」という知識人のクラブに加わり、中心的なメンバーとなった。著述家や詩人、社会科学者などで構成されるこのグループは、進歩的な政治や、モダニズム文学を趣旨とした。彼女は1912年、グループの仲間だったレナード・ウルフ（1880～1969）と結婚した。

その5年後、ヴァージニア・ウルフは夫と共同で出版社ホガース・プレスを設立し、自分の小説の多くをこの出版社から発表した。ウルフは小説の中で時間の不連続性をとらえようと試みており、作中の人物は、過去と現在を同時に体験したりもする。登場人物の「意識の流れ」に沿って物語が進んでいき、人物の体験する雑多な感情や観察が映し出されていく。

ウルフは、何度かうつ状態を経験していたが、第二次世界大戦中にナチス・ドイツによる空襲で自宅が破壊されると、精神的に大打撃を受けた。そして、59歳のときに入水自殺を遂げた。

豆知識

1. ウルフ夫婦は、当初、自宅の地下で手刷りの印刷機を使ってホガース・プレスの出版物を印刷していた。手刷り印刷は1932年まで続いた。
2. ホガース・プレスは、1920～1930年代に、有名な精神分析学者ジークムント・フロイト（1856～1939）の全集の英訳を初めて出版した。ウルフが実際にフロイトに会ったのは1939年になってからで、彼女はフロイトを「体が縮み混乱した、非常に高齢の男」と表現した。
3. ウルフの名は、劇作家エドワード・オールビー（1928～2016）により、印象深い形で使われた。トニー賞を受賞した戯曲『ヴァージニア・ウルフなんかこわくない』（1962年）という題名だ。オールビーは、ニューヨーク市のレストランのトイレの鏡にこの言葉が落書きされているのを見つけて以来、頭から離れず、この言葉が作品のクライマックスの場面の着想になったという。

# 307 反逆者・改革者 ｜ レオン・トロツキー

**1940年8月20日、メキシコシティの静かな住宅街でのこと、共産主義のリーダー、レオン・トロツキー（1879～1940）の住む家を、暗殺者が訪れ、怪しまれることなく護衛の前を通り過ぎ、トロツキーの頭にピッケルを振り下ろした。その後の26時間、懸命の救命措置がとられたものの、トロツキーは死んだ。**

◆

1929年以来ソヴィエト連邦から亡命していたトロツキーの暗殺は、ソ連の独裁者ヨシフ・スターリン（1879～1953）が命じたものだった。これで、スターリンが最も恐れる敵のひとりが消えた。トロツキーは熱心な共産主義者で、スターリンと同じくロシア革命を戦ったが、のちにスターリンの残酷なやり方を非難し、共産党内の反スターリン派のリーダーとなった。

トロツキーは、ロシア帝国のウクライナの小さな村で生まれ、農場で育った。学生時代にマルクス主義に触れ、革命活動に関わり1898年から2年間投獄された。1902年にロシアを離れてロンドンへ渡り、皇帝を退位させようと計画するほかの共産主義のリーダーたちと合流した。その後ロシアへ戻って1905年の革命に加わったが、革命は失敗し、トロツキーは逮捕され、国外追放処分となった。その後の12年間、ヨーロッパとアメリカ合衆国を旅して、ロシアの抵抗勢力内の亀裂を埋め、共産主義への支持を固めようとした。

1917年のロシア革命時、トロツキーはニューヨーク市に住んでいた。同年5月にロシアに帰国し、レーニン（1870～1924）に次ぐ指導者となった。トロツキーは、第一次世界大戦からのロシアの撤退交渉や、反共産主義派との内戦での勝利、そして1922年のソヴィエト社会主義共和国連邦の正式な樹立において、重要な役割を果たした。

レーニンの死後、ソ連の指導者の地位をめぐる権力闘争が始まった。理論上はトロツキーがレーニンの後継者だったが、トロツキーはすぐにスターリンに立場を奪われ、亡命に追いやられた。亡命中のトロツキーは、顎ひげをトレードマークに世界中で知られ、反スターリンの象徴となった。トロツキーは共産主義を否定することはなく、ソ連のような激しい政治的暴力なしでも共産主義を行うことは可能だと主張した。1930年代にソ連で大粛清が行われた際、トロツキーは不在のまま死刑を宣告された —— この死刑宣告で、西側諸国のトロツキーへの見方が改善した。暗殺されたときのトロツキーは60歳だった。

**豆知識**

1. トロツキーの物語は映画になっており、『暗殺者のメロディ』(1972年)ではリチャード・バートン(1925～1984)が、そして『フリーダ』(2002年)ではジェフリー・ラッシュ(1951～)がトロツキーを演じた。
2. イギリスの作家ジョージ・オーウェル(1903～1950)の『動物農場』(1945年)は、政治に対する風刺として非常に有名な作品で、ロシア革命とその余波を寓話風に描いたものである。この作中では、スノーボール(トロツキーがモデル)とナポレオン(スターリンがモデル)という二頭のブタが、牧場の動物たちを率いて牧場主を倒すが、二頭のブタはすぐに、牧場の統治方法について争い始める。スノーボールは結局、牧場から追い出され、ナポレオンは独裁体制を敷くが、その統治は結局、牧場主の統治と同じくらい悪いものだった、という筋である。
3. トロツキーの殺害に使われたピッケルは、1940年にメキシコの警察署から消えた。65年後、ある警察官の娘が、父親がこのピッケルを記念に盗んだことを明かした。

# 308 伝道者・預言者 | イライジャ・モハメッド

**イライジャ・モハメッド（1897～1975）は、出生時の名はイライジャ・プールで、アメリカ・ジョージア州サンダーズビルの綿花の農園で生まれた。13人きょうだいのひとりで、親は元奴隷だった。大人になったイライジャ・モハメッドは、「ネーション・オブ・イスラム」という宗教の指導者として有名になった。この宗教は、黒人としての誇りと経済的自立という教えを広め、20世紀に何千人ものアフリカ系アメリカ人の信者を獲得した。**

✦

キリスト教バプテスト派の家庭で育ったイライジャ・プールは、9歳で学校をやめて、製材所、綿花の農園、鉄道線路の建設現場で働いた。やがて、アメリカの最南部から北部の工業地帯へと移動する黒人たちに加わり、ミシガン州デトロイトにあるゼネラルモーターズの工場で働き始めた。1930年、大恐慌の中で職を失ったイライジャ・プールは、ウァリ・ファラッド（「ウォレス・ファード」とも）という絹のセールスマンに出会った。ファラッドは自らをアッラーだと主張し、デトロイトでネーション・オブ・イスラムという宗教を設立したと言った。イライジャ・プールはやがてこの宗教に改宗し、「奴隷としての名」を捨ててイスラム名のイライジャ・モハメッドを使い始めた。1934年にファラッドが謎の失踪を遂げると、モハメッドがネーション・オブ・イスラムの指導者となり、本部をシカゴへ移した。

イライジャ・モハメッドが示したネーション・オブ・イスラムの教義が、主流のイスラム教と共通するのは一部のみだ。ネーション・オブ・イスラムの信者は、多くのイスラム教徒と同じく、薬物、酒、豚肉を避けるよう教えられている。一方、主流のイスラム教とは異なり、イライジャ・モハメッドの教えでは、白人はヤクブという狂った科学者によって創造された「生まれながらの悪魔」であり、「ずる賢い技術」（「tricknology」、trick と technology の混成語）によって権力を掌握したという。

イライジャ・モハメッドは、第二次世界大戦中に徴兵登録を拒否したことから投獄され、獄中で新たに多くの信者を獲得した。ネーション・オブ・イスラムは1950年代に成長を続け、やがてマルコムX（1925～1965）という若い改宗者がモハメッドの右腕となった（マルコムXはのちにネーション・オブ・イスラムを捨てて主流のイスラム教に改宗し、その翌年、銃で撃たれて殺された。モハメッドは銃撃への関与を疑われたが、実際には暗殺事件には関わっていなかった）。ネーション・オブ・イスラムによると、モハメッドの死去の時点で、この宗教はアメリカ国内に数十か所の寺院を持ち、信者は何千人にも増加しているとのことだった。

**豆知識**

1. ネーション・オブ・イスラムの有名な信者として、プロボクサーのモハメッド・アリ（1942～2016、改宗前はカシアス・クレイ）がおり、彼は改宗したことを公表した。
2. イライジャ・モハメッドの信者たちは、彼の名の前に「オナラブル」（honorable、名誉ある）という敬称をつけて呼んだ。彼の死後もこの慣習は続き、ネーション・オブ・イスラムの黒人指導者にはこの敬称が使われた。
3. ネーション・オブ・イスラムは、経済的自立を目指して、自前のパン屋や食料品店、銀行を作り、『モハメッド・スピークス』という新聞を創刊した。

# 309 指導者 ヨシフ・スターリン

**ヨシフ・スターリン(1879〜1953)は、1922〜1953年の間、ソヴィエト連邦を支配した、史上最も残忍な独裁者のひとりである。共産主義の理想郷を作るという名目で、スターリンの統治中に最大2000万人が殺害されたともいわれる。**

◆

それでも現在のロシアでは、スターリンはソ連の工業を近代化し、軍事大国へと成長させ、第二次世界大戦ではアドルフ・ヒトラー(1889〜1945)に対抗し国を勝利へ導いた好ましい人物と考える人も多い。2003年の世論調査によると、ロシアの三分の一以上の人々が、スターリンは害を与えた以上に利益をもたらしたとしている。

スターリンは、ロシア帝国時代のグルジア(現ジョージア)で、ヨシフ・ヴィサリオノヴィチ・ジュガシヴィリの名で生まれた。両親は靴職人と元農奴だった。スターリンという有名な通称を使うようになったのは、のちに政治運動に携わって革命を目指してからだ。スターリンはウラジーミル・レーニン(1870〜1924)の仲間であり、革命の資金調達のために銀行強盗の計画に関わった。1917年のロシア革命の勃発後、スターリンは共産党の機関紙『プラウダ』の編集者に指名された。そしてレーニンの死後、後継者争いに勝利してソ連の指導者となり、一番の政敵レオン・トロツキー(1879〜1940)を亡命へと追いやった。

スターリンはソ連を工業大国にしようとし、西側諸国に追いつくべく、一連の五か年計画を実行した。この計画は大きな害を招いた。スターリン政権が、私有の農場を取り上げて集団農場にしたことが飢饉につながり、何百万もの人々が死亡することになったのだ。しかし、ソ連の経済力は大きく向上した。政治的にスターリンは、1930年代、反対派を見せしめとして次々と裁判にかけて死刑にし、絶対的な権力を手中に収めた。この大粛清では最大100万人が銃殺刑になった可能性がある。また、スターリンは「個人崇拝」を広め、国民がスターリンをソ連の愛国主義の化身と考えるよう促した。

1939年、スターリンはヒトラーとの間で不可侵条約を締結した。しかし2年後、ヒトラーはこの条約を破りソ連に侵攻した。第二次世界大戦は、ソ連軍に大きな打撃を与えた —— 死者の数は、その他の連合国の死者の数をはるかに上回っていた。スターリンは第二次世界大戦後、ソ連の赤軍によって解放された東欧地域に、共産主義政府の樹立を推し進めた。また、冷戦の初期段階におけるソ連の政策を定めた。そして1953年、74歳で死去した。

豆知識

1. 2007年、スターリンの大粛清の犠牲者を追悼する慰霊碑がモスクワに建てられ、式典が開かれた。
2. 歴史の皮肉な展開ともいえるが、ソ連の共産主義版ノーベル平和賞は「スターリン平和賞」と名付けられた。受賞者には、アメリカの俳優ポール・ロブスン(1898〜1976)、チリの詩人パブロ・ネルーダ(1904〜1973)、ドイツの劇作家ベルトルト・ブレヒト(1898〜1956)などがいる。スターリンの死後、この賞の名は改称された。
3. スターリンの後継者のニキータ・フルシチョフ(1894〜1971)は、1956年の有名な演説でスターリンに対する「個人崇拝」を批判した。この演説はソ連の歴史上の重要な転機となり、かつて恐れられた独裁者スターリンへの批判の扉が開かれ、ソ連で「非スターリン化」が始まった。

# 310 哲学者・思想家 ｜ ジャン＝ポール・サルトル

**実存主義の創始者のひとりであるジャン＝ポール・サルトル（1905～1980）は、その小説や映画、政治活動、恋愛、挑発的な哲学により、西ヨーロッパで話題を沸騰させる有名人になった。1964年にはノーベル文学賞に選ばれたが、真の作家とはそういった名誉から離れたところにいるべきとして賞を辞退した。**

✦

サルトルはパリで生まれ、パリで哲学の博士号を取得し、生涯連れ添うことになるシモーヌ・ド・ボーヴォワール（1908～1986）と知り合った。ドイツで２年間学び、その後フランスへ戻ると、多大な影響力を与えた実存主義小説『嘔吐（おうと）』を書いた。

第二次世界大戦中、サルトルはフランス陸軍に召集され、ドイツ軍に捕らえられ、ナチスの捕虜収容所に九か月間いたが、身体の障害を理由に解放された（彼は片目に障害があった）。その後の戦時中は、地下出版の雑誌に寄稿し、ナチスのフランス占領に抵抗する知識人のグループを組織した。また、このころは共産主義を支持し、1943年に画期的な実存主義の哲学書『存在と無』を出版した。

実存主義は、フリードリヒ・ニーチェ（1844～1900）をはじめとするサルトル以前のヨーロッパの哲学者の影響で起こった思想運動で、プラトン（前427頃～前347）以後のほぼすべての古典的な西洋哲学を否定するものとなった。実存主義という名は、「実存は本質に先立つ」という有名なモットーに由来している。簡単に言うと、実存主義とは、人間は自らがその人生と存在を作るのであって、人間の本質を決定づける形而上的な形や宗教的な形はないという考えだ。

第二次世界大戦後、サルトルとアルベール・カミュ（1913～1960）は、フランスを代表するふたりの実存主義者となった。サルトルは、物議をかもす政治的立場をとったことや、ボーヴォワールとの関係が有名だったことも手伝い、フランス文化の中心人物となり、セーヌ左岸のカフェに集まる知識人の典型となった。

私生活では、サルトルは自分を慕う何人もの若い女性たちと関係を持った ―― 同時に四、五人の愛人を持つこともあった。そして、自分の恋愛関係をボーヴォワールへの率直な手紙にしたためた（彼はボーヴォワールに一対一の関係こそ約束しなかったものの、「透明性」を約束していた）。それでもふたりは、サルトルが74歳で肺の感染症で亡くなるまで、ずっと連れ添った。

**豆知識**

1. サルトルの全著作は、1948年にカトリック教会の禁書となった。
2. よく引用されるサルトルの言葉のひとつに、戯曲『出口なし』（1944年）の「地獄とは他人のことだ」がある。
3. サルトルは、ノーベル賞を受賞する前にスウェーデンのノーベル委員会に手紙を書き、自分を候補者として提案しないよう依頼したが、この手紙は読まれなかった。

# 311 革新者 ハワード・カーター

**1922年11月26日の午後、ティータイムの少し前のこと、エジプトの発掘現場にいたイギリスの考古学調査隊が、砂に深く埋もれていた石の壁に行きつき、その壁を突き破った。開口部からは、3000年以上誰にも触れられなかった埋葬場の熱気があふれ出てきた。調査隊員のひとりが、隊長の考古学者ハワード・カーター（1874〜1939）に、何か見えるか、と訊いた。暗闇にろうそくの光を照らしながら、見えるぞ、とカーターは答えた。「見えるとも、素晴らしいものがね」**

✦

ツタンカーメンの墓の発見は、史上類を見ないほど世を騒然とさせた考古学の大発見だった。この墓からは膨大な金（きん）や副葬品が見つかり、カーターは国際的に有名になった。また、この発見によって古代史への関心が高まり、多くの考古学者たちが触発され、長く失われた秘宝を見つけようと動き出した。さらに、カーターの発掘調査隊の関係者が相次いで死んだことから、ミイラの呪いという有名な恐ろしい伝説も生まれた。

カーターは画家の息子に生まれ、イギリスのノーフォークのスワファムで育った。17歳のときに初めてエジプトの発掘調査に助手として参加し、20代のときにエジプトに移り、永住した（エジプトは名目上は独立国だったが、第二次世界大戦以前は実質的にイギリスの保護国であった）。カーターはエジプト政府の下で働いたが、1905年に辞職しフリーの考古学者となった。

その当時、カーターはすでに何人かのファラオの墓を発見していたが、いずれも古代の盗掘で荒らされており、完全に元の状態が保たれた墓は見つかっていなかった。カーターはエジプト政府の職を去ったのちに、原形をとどめた王墓を見つけたいという資産家ジョージ・ハーバート（1866〜1923）の資金提供を受けた。カーターは1915〜1922年の間、古代エジプトの首都テーベ近くにある、王墓が集まる「王家の谷」の発掘調査を続けた。1922年になるころには断念する寸前だったが、ようやくその年の11月、ひとつの墓の片隅に、どこかへと続く石段を見つけた。隊員たちがこの石段の上に積もる膨大な量の砂を取り除くと、そこには別の墓に通じる入り口があった。

この墓の発見後、ツタンカーメンが安眠の場に足を踏み入れた男たちに呪いをかけたという伝説が広まった。発掘調査の主要な資金提供者だったハーバートが、この墓が開けられた数か月後に死亡したのだ。その数か月後には、現場を訪れたアメリカの鉄道業界の富豪も死亡した。

しかし、カーターは呪いにはかからなかったらしく、その後の1920年代は、大発見によって得た名声の恩恵を受けて過ごした。そして1939年に64歳でこの世を去った。

**豆知識**

1. カーターは、ツタンカーメンの墓を発見した翌年にアメリカ合衆国を訪れ、イェール大学から名誉学位を授与された。
2. ツタンカーメンの有名な黄金マスクは約11キログラムあり、純金でできている。この金だけでも、現在の価値で50万ドル近くに相当する。
3. 1970年代、エジプト政府の資金提供で、ツタンカーメンの遺物の世界巡回展が行われた。アメリカでは七つの都市で展示された。

# 312 悪人 ラッキー・ルチアーノ

**無数のマフィア映画のモデルとなったラッキー・ルチアーノ（1897〜1962）は、シチリア島生まれのギャングで、1920〜1930年代のニューヨーク市最強のマフィア幹部だった。邪魔者を次々と消してマフィアの階層のトップに上りつめ、イタリア人マフィアとユダヤ人マフィアの間には穏便な関係を作った。違法の帝国を築き、アメリカ国内屈指の金持ちになった。**

✦

ルチアーノは内密ながら第二次世界大戦において重要な役割を果たしてもいる。彼は獄中からマフィアのつながりを使い、マンハッタンの埠頭における組合労働者の秩序を維持させ、連合国による1943年のシチリア上陸計画にも協力した。戦争遂行に貢献したルチアーノは、1946年にアメリカ合衆国には二度と戻らないという条件で、刑務所から釈放された。

ルチアーノは、出生時の名はサルヴァトーレ・ルチアーナで、硫黄鉱山で働く父親のもとにシチリア島で生まれた（彼は後年、姓も名も変えた）。一家はニューヨーク市に移住し、ルチアーノは公立学校に通い、のちに重要なマフィア仲間となるマイヤー・ランスキー（1902〜1983）やバグジー・シーゲル（1906〜1947）と知り合った。ルチアーノよりも年上のマフィアたちは、シチリア島出身でない者となかなか手を組もうとしなかったが、ルチアーノ、ランスキー、シーゲルらは、もうけになるのに人種で分かれるなど我慢がならなかった。

そして三人は、1920年代の終わりごろから、シチリア島出身の古い世代のマフィアを順次殺害していった。ルチアーノは1932年までに、高利貸し屋、麻薬の密売者、組合労働者たちで構成される巨大な犯罪組織の支配者となっていた。

実際、アメリカ人にとっての典型的なマフィアのイメージは、ルチアーノが作ったものだ。彼は組織犯罪の世界を「ガンビーノ」、「ルッケーゼ」、「コロンボ」、「ジェノヴェーゼ」、「ボナンノ」という「五大ファミリー」に再編し、暗黒街の抗争の解決をはかる「コミッション」（合議の場）を作った。また、ギャングはきちんと身なりを整えるべきだとして、フェドーラ（フェルト製の中折れ帽）と地味なスーツをマフィアの服装として定着させた。ルチアーノは、恐慌の真っ只中にありながら何百万ドルもの大金を稼ぎ出し、マンハッタンの最高級ホテルであるウォルドルフ＝アストリアホテルに住み、ナイトクラブのショーガールたちをはべらせた。

しかしながら、裏社会における彼の支配は長くは続かなかった。ニューヨーク郡検察官のトマス・E・デューイ（1902〜1971）が、1936年にルチアーノを90件の恐喝と「組織売春」で起訴し、有罪へと導いた。ルチアーノは釈放後にイタリアに追放されたが、その後も、ヘロインの密輸などマフィアの活動を続けた。故郷としていたアメリカには二度と戻ることを許されず、彼はイタリアで64歳のときに死んだ。

**豆知識**

1. ルチアーノのマフィアのファミリーは、ニューヨーク市の組織犯罪社会の五大ファミリーのひとつである「ジェノヴェーゼ」一家として知られている。
2. ルチアーノは1998年、『タイム』誌が選ぶ「20世紀の最も重要な100人」のひとりとなった。
3. ルチアーノは、1973年の映画『コーザ・ノストラ』の題材となり、ジャン・マリア・ヴォロンテ（1933〜1994）がルチアーノを演じた。また、『モブスターズ ―― 青春の群像』（1991年）ではクリスチャン・スレーター（1969〜）が、『バグジー』（1991年）ではビル・グレアム（1931〜1991）が、『奴らに深き眠りを』（1997年）ではアンディ・ガルシア（1956〜）がルチアーノを演じた。『ゴッドファーザー』（1972年）の登場人物マイケル・コルレオーネも、部分的にルチアーノをモデルとして描かれている。

# 313 文筆家・芸術家 ヴァルター・グロピウス

**影響力のあるドイツの建築の学校「バウハウス」の創立者、ヴァルター・グロピウス(1883〜1969)は、20世紀において最高レベルの評価を受けたいくつもの建築物を設計した。ニューヨーク市のパン・アメリカン航空の本社ビル(パンナムビル)や、ギリシャのアテネのアメリカ大使館のほか、ナチスがドイツを占領したのちの1934年にグロピウスの亡命先となったマサチューセッツ州にも、いくつかの建物を設計した。**

✦

グロピウスは、ドイツで多数の建築家にバウハウス式の建築を教え、のちにアメリカではハーバード大学でも教えた。バウハウス式は、すっきりとしたデザインで、派手な装飾を施さず、実用性と機能性を重視する様式である。グロピウスは、ル・コルビュジエ(1887〜1965)と並び、モダニズム建築における巨匠と見なされている。モダニズム建築とは、デザインを簡素化し、建築は「形よりもまずは機能」だとする主義である。

建築家の息子に生まれたグロピウスは、ミュンヘンとベルリンの工科大学で学び、1910年から独立して建築事業を始めた。初期の大規模な事業のひとつとして、1913年に建設した靴型工場がある。1915年、作曲家グスタフ・マーラー(1860〜1911)の未亡人であるアルマと結婚し、第一次世界大戦ではドイツ陸軍に従軍した。ドイツが敗戦し、家へ戻ったグロピウスは、先鋭の設計者や建築家たちと共同し、1919年、バウハウス(「建築の家」の意)という学校を設立した。この校名は、初代学長となったグロピウスが名付けた。バウハウス学校では、ヨーロッパの古典的な芸術の特徴である華美な装飾を否定した。これは、戦争でドイツの大崩壊を招いた軍国主義的な政治の否定を象徴するものでもあった。

グロピウスは1934年にアドルフ・ヒトラー(1889〜1945)の支配するドイツから逃れ、マサチューセッツ州ボストンの近郊の町リンカーンに移住し、自宅を設計した。この家はニューイングランドの伝統的な建築スタイルと、最新の工業的な素材を取り混ぜたもので、アメリカのモダニズムの先駆けとなった。また、マンハッタンのミッドタウンに1963年に完成したパンナムビル(現メットライフビル)の設計も手がけた。グランドセントラル駅のすぐそばにそびえ立つ、物議をかもした超高層ビルだ。グロピウスは、86歳のときにボストンで死去した。しかし、ガラスと鋼鉄を使い、デザイン性を最小限に留めたグロピウスの建築スタイルは、現在も世界中の建築物に多大な影響を及ぼしている。

### 豆知識

1. グロピウスは1928年にバウハウスの学長を退任し、のちにルートヴィヒ・ミース・ファン・デル・ローエ(1886〜1969)が学長を務めた。ファン・デル・ローエは、アメリカではニューヨーク市のシーグラムビルや、首都ワシントンの公立図書館などを設計した。
2. バウハウス学校は、建築と美術の両方を教える学校だった。この学校がベルリンにあった時代、グロピウスの同僚には、ロシアの抽象画家ワシリー・カンディンスキー(1866〜1944)がいた。カンディンスキーは表現主義の絵画の中心人物である。
3. グロピウスの妻アルマ・マーラー(1879〜1964)は、グロピウスとの離婚後に小説家のフランツ・ヴェルフェル(1890〜1945)と再婚した。芸術界の三人の重要人物と結婚生活を送ったアルマの生涯は、2001年の映画『Bride of the Wind』(仮題:風の花嫁)の題材となった。この映画ではドイツの俳優シモン・ヴァーホーヴェン(1972〜)がグロピウスを演じた。

# 314 反逆者・改革者 | クラウス・フォン・シュタウフェンベルク

**ナチスに抵抗した英雄、クラウス・フォン・シュタウフェンベルク(1907～1944)は、1944年にアドルフ・ヒトラー(1889～1945)の暗殺計画に加担し、あと少しで殺害を成功させるところだった。ドイツの独裁者ヒトラーを死に至らしめる爆弾をしかけるところまではできたが、ほんの少しだけ及ばなかった —— これが成功していたら、第二次世界大戦を終結させ、ホロコーストを短期間のうちに終わらせ、ソヴィエト連邦の東欧への侵攻を防ぐことができていたかもしれない。**

✦

ハンサムでカリスマ性のあるフォン・シュタウフェンベルクは、貴族の御曹司として、ドイツ南部の敬虔なローマ・カトリックの軍人一家に生まれた。のちに陸軍の参謀総長にまで昇進し、ヒトラーとはしょっちゅう顔を合わせていた。フォン・シュタウフェンベルクは熱心なドイツ愛国主義者だったが、第二次世界大戦が勃発すると、すぐにナチスとヒトラーに幻滅を感じるようになった。特に、ユダヤ人迫害とソ連の戦争捕虜に対する非道な扱いを見るにつけ、ヒトラーの行動を止めねばならないと確信した。1942年、ヒトラーをどのように翻意させるのかと友人に訊かれ、フォン・シュタウフェンベルクは答えた。「殺せばいい」

ヒトラーの暗殺計画は、何人かの高位の将校までもが加担し、最終的に何百人もの兵士が関わるものとなった。フォン・シュタウフェンベルクは、書類かばんに入った爆弾を東プロイセンのブンカー(ヒトラーの軍指揮所)に運び入れる役を買って出た。爆弾が起爆する直前にブンカーを出て、その後はほかの仲間たちと共に政府の支配権を握り、連合国側と和平交渉をする手はずだった。しかし、フォン・シュタウフェンベルクは爆弾の仕組みをよく理解しておらず、二個用意していた爆弾のうち、起爆の設定をして書類かばんに入れたのは一個だけだった。それでも、フォン・シュタウフェンベルクがこの書類かばんを置いて部屋を出たあとに、ある将校が、地図をよく見ようとしてかばんを動かしていなかったなら、この計画は成功していたかもしれない。結局この爆弾は爆発し、部屋にいた四人が死んだが、ヒトラーは死ななかった。その夜、フォン・シュタウフェンベルクは捕らえられ、銃殺隊に処刑された。暗殺計画の仲間の多くも似たような運命をたどり、ゲシュタポによる長い拷問を受けた末に処刑された者も少なくなかった。第二次世界大戦において、ドイツで最も多くの軍人と民間人が犠牲になったのは最後の10か月間だった。フォン・シュタウフェンベルクらによる1944年7月20日の暗殺計画が成功していたなら、この犠牲は避けられていたかもしれない。暗殺計画の加担者たちは、この失敗の記憶をぬぐい去ることができなかった。何十年かが経過し、計画に関わったある人物は、新聞の取材にこう答えている。「シュタウフェンベルクは適任ではなかった —— けれども、ほかに度胸のある男はいなかった」

**豆知識**

1. 彼と暗殺計画の仲間を追悼する記念館が、1980年に西ドイツ政府によってベンドラーブロックに作られた。
2. 俳優のトム・クルーズ(1962～)は、7月20日の暗殺事件を描いた2008年の映画『ワルキューレ』でフォン・シュタウフェンベルクを演じた。この映画はドイツで撮影された。フォン・シュタウフェンベルクの孫であるフィリップ・フォン・シュルテス(1973～)は、この映画にドイツ軍将校として登場している。
3. この暗殺計画に関わった最後の生存者、フィリップ・フォン・ベーゼラーガー(1917～2008)は、ドイツで90歳で亡くなった。

# 315 伝道者・預言者 ドロシー・デイ

**アメリカの左翼活動家ドロシー・デイ（1897〜1980）は、強い理念のもと、餓（う）えに苦しむ人々や社会的弱者のために戦った。デイは、大恐慌時とその後の時期において、社会改革と平和主義の強力な発信源となった『カトリック・ワーカー』紙を仲間と共に創刊した。生前、その極端な政治理念からFBI（連邦捜査局）に監視されたが、デイは多くのカトリック信者に英雄と見なされ、2000年には聖人の候補として正式に申請された。**

✦

デイはニューヨーク市のブルックリンで生まれ、幼少期には何度も引っ越しを経験した。1906年はサンフランシスコに住んでおり、同年に起きた大地震を経験したが助かった。両親は信仰に熱心ではなく、デイ自身も、30歳ごろまではさほど熱心ではなかった。まだ若かった大学時代、社会主義的な政治に強い関心を抱くようになり、1916年に退学し、急進的な新聞『コール』の記者となった。

1920年代には、ニューヨーク市の急進的な政治団体に関与するようになった。自由奔放でボヘミアニズム的な生活をし、複数の恋人と共に住み、違法な人工妊娠中絶をした —— デイはのちに、この中絶を後悔していると言った。

デイは再び妊娠し、1927年に宗教への覚醒を経験してカトリックに改宗した。その後は生涯にわたり、敬虔で保守的なカトリック信者を貫き、人工妊娠中絶に反対するカトリック教会の立場を熱心に支持した。一方で政治的な理想も持ち続け、1933年５月、自らのふたつの信念を結びつけて、ピーター・モーリン（1877〜1949）と共同で『カトリック・ワーカー』紙を創刊した。ふたりは左翼的なカトリック信者による社会改革運動を推し進めたいと考えており、この新聞のほかにも、ホームレスのためのシェルターや、診療所、ホスピスを創設した。

デイは急進的な左派で反戦主義者だったことから、カトリック信者の間でも物議をかもした。第二次世界大戦中は徴兵制に反対し、ベトナム戦争時は熱心に反戦運動を行った。デイの死去時の『ニューヨーク・タイムズ』紙の追悼記事によると、デイは政治活動家のアビー・ホフマン（1936〜1989）に「最初のヒッピー」と呼ばれたこともあった。

デイは83歳で死去したのち、ニューヨーク市の大司教で枢機卿のジョン・オコナー（1920〜2000）により、聖人の候補者として申請された。

**豆知識**

1. デイの生涯は1996年の映画『天使の旅立ち』で描かれ、女優のモイラ・ケリー（1968〜）がデイを演じた。
2. 『カトリック・ワーカー』紙は、現在も月刊で発行を続けており、定価は今でも１セントだ。
3. デイは生涯のほとんど、戦争と社会の不公正への抗議のために、納税、投票、国旗への敬礼を拒否した。

# 316 指導者 | フランクリン・D・ローズヴェルト

**アメリカ合衆国大統領として先例のない四選を果たしたフランクリン・D・ローズヴェルト(1882〜1945)は、大恐慌時代、第二次世界大戦、そして社会と経済の大変革の時期をとおしてアメリカを指揮した。**

✦

元大統領セオドア・ローズヴェルト(1858〜1919)の遠縁に当たるフランクリン・ローズヴェルトは、ニューヨーク州ハイドパークの裕福な地区で生まれた。ハーバード大学で学び、ウォール街で勤務し、1905年にローズヴェルト一族のひとりであるエレノア・ローズヴェルト(1884〜1962)と結婚した。元大統領のセオドア・ローズヴェルトは共和党員だったが、フランクリン・ローズヴェルトは民主党員として政界入りし、1920年の大統領選挙では民主党から副大統領候補として出馬した。このときは選出されなかったものの、1928年にニューヨーク州知事に選ばれた。当時、アメリカ最大の州であるニューヨーク州の知事を務めるということは、大統領への足がかりであると考えられていた。

株式市場が暴落し、アメリカに未曽有の大恐慌が引き起こされたあとの1932年の大統領選挙で、ローズヴェルトは、不況を深刻化させた責任を問われていた共和党の現職ハーバート・フーヴァー(1874〜1964)を難なく負かして当選した。

ローズヴェルト大統領は、大恐慌への対策として、ニューディール政策と呼ばれる一連の経済政策を打ち出した。道路、橋、ダムの建設などの公共事業に何十億ドルもの資金を投じて人々を再び雇用し、また、労働者と高齢者を保護する社会福祉政策を実行した。こういった政策により、連邦政府が市場経済に対して果たす役割が大幅に増加する結果となった。ローズヴェルト大統領は、第二次世界大戦中は国内の経済を戦時体制に転換させ、イギリス首相のウィンストン・チャーチル(1874〜1965)と共に戦後の世界の土台を築いた。

ローズヴェルト大統領は、四期目という記録的な再選を果たしてまもない1945年の4月、脳出血により息を引き取った。62歳だった。

**豆知識**

1. ローズヴェルト大統領は、任期の最後の5年間にファラという名のスコティッシュテリアを飼っていた(この名はローズヴェルト大統領の先祖に由来している)。1997年に首都ワシントンに完成したローズヴェルト大統領の記念公園には、この犬の銅像もある。
2. ローズヴェルト大統領は三人の副大統領と共に仕事をした。ジョン・ナンス・ガーナー副大統領(1868〜1967)は、のちにローズヴェルト大統領と対立し、1940年の大統領選挙ではローズヴェルトに対抗して候補者指名を争った。ヘンリー・A・ウォレス副大統領(1888〜1965)は、1944年の大統領選挙では外交政策の相違からローズヴェルトの副大統領候補から外された。ハリー・S・トルーマン副大統領(1884〜1972)は、ローズヴェルト大統領の死後に大統領に昇格した。
3. ローズヴェルト大統領は、閣僚に初めて女性を指名した。労働長官のフランシス・パーキンズ(1882〜1965)である。

# 317 哲学者・思想家 | シモーヌ・ド・ボーヴォワール

**作家で論客のシモーヌ・ド・ボーヴォワール（1908〜1986）は、20世紀で最も著名なフェミニスト哲学者のひとりで、画期的な作品『第二の性』（1949年）を記した。また、生涯連れ添ったジャン＝ポール・サルトル（1905〜1980）と共に、真に国際的に知られる有名人となった数少ない近代哲学者でもある。**

◆

ボーヴォワールは、フランス最高峰の大学であるソルボンヌ大学の哲学科を最年少で卒業した。サルトルとはソルボンヌ大学で知り合った。ふたりは1929年からつき合い始め、サルトルが1980年にこの世を去るまで、恋愛においても、政治的にも、知的活動においても、ずっとパートナーだった。ボーヴォワールは、最初の小説を1943年に出版した。続いて、哲学の論考を何作か発表し、1949年に最もよく知られる代表作『第二の性』を出版した。この作品は1953年にアメリカで英訳出版され、大ベストセラーになった。

『第二の性』は、歴史的な考察であり、哲学的な考察でもある。ボーヴォワールはこの本で、男性と社会全般に抑圧された女性の歴史を説明した。女性は女という定義に制約されており、それによって機会を奪われ、可能性を人為的に制限されていると述べた。「人は女に生まれるのではない、女になるのだ。[中略] 文明全体が、男と去勢者の中間物、つまり女と呼ばれるものを作りあげるのである」（「第二の性」を原文で読み直す会訳『第二の性』[新潮社] より）

『第二の性』は、刊行以来、グロリア・スタイネム（1934〜）やベティ・フリーダン（1921〜2006）などの代表的なフェミニズム運動の活動家たちによって、フェミニズムの先駆的な書籍として称賛されてきた。ボーヴォワールの死後、スタイネムはこう語っている。「現在の国際的なフェミニズム運動を触発したのは誰か、ひとりの人物を挙げるとすれば、それはまさにシモーヌ・ド・ボーヴォワールだ」

ボーヴォワールは、生涯にわたり多数の著作を記し、左翼的な運動を支援する政治活動家として運動を続けた。1958〜1972年の間には全四巻の自伝を記した。一方、サルトルとの関係は、フランス社会で話題が尽きない恋愛関係だった。ふたりは結婚はせず、ほかの何人もの相手と関係を持った（サルトルは「私たちの間にあるのは不可欠な愛だ。しかし、偶発的な恋愛を経験することも、お互いにとって良いことだ」と記している）。ボーヴォワールとサルトルは、他者との情事を詳しく記した手紙を何百通もやりとりした。それでもふたりはずっと、お互いに着想を与え合い、どんな秘密も話し合える仲だった。ボーヴォワールは78歳で亡くなり、サルトルの隣に埋葬された。

**豆知識**

1. ボーヴォワールは、ソルボンヌ大学に在学中に学友から「レ・カストール」(「ビーバー」の意)というあだ名を付けられた。これは彼女が勤勉だったことによる。
2. ボーヴォワールは1954年、学術界を風刺した小説『レ・マンダラン』が評価され、フランスの文学賞「ゴンクール賞」を受賞した。これはピューリッツァー賞に相当する権威ある文学賞である。
3. ボーヴォワールは1971年、フランスで人工妊娠中絶を合法化する運動に加わり、国内のほかの有名な女性たちと共に、違法な妊娠中絶をしたことを認める文書に署名した。人工妊娠中絶は、フランスでは1974年に合法化された。

# 318 革新者 | エドウィン・ハッブル

**自己顕示欲の強さで知られた科学者エドウィン・ハッブル（1889〜1953）は、同僚たちから敬遠され、腹立たしく思われた。しかし、ハッブルの発見の数々と、そのまぎれもなく天才的な能力により、宇宙に関する我々の理解は根底から覆されることになった。宇宙は、それまで考えられていたよりもはるかに大きいこと ── そして、想像を超える速度で膨張していることが、ハッブルによって証明されたのだ。**

実際、ハッブルの仕事は、宇宙の始まりに関する現在の定説の「ビッグバン理論」への道を開くこととなった。ハッブルの残した功績は、映画の世界にも表れている ──「遠い昔　はるかかなたの銀河系で……」という映画『スター・ウォーズ』の描写が事実であることを証明したのは、ハッブルなのだ。

ハッブルはミズーリ州で生まれ、高校時代は州の競技会で一位になるほどの運動能力を持ち、1910年にシカゴ大学を卒業した。また名誉あるローズ奨学生に選ばれてオックスフォード大学で学び、その後は生涯にわたってわざとイギリス英語の発音で話し、同僚を苛立たせた。

第一次世界大戦中にはアメリカ陸軍に短期間入隊し、のちにロサンゼルス近くのウィルソン山天文台の職員に採用された。この天文台には当時最大の望遠鏡が装備されており、ハッブルは、星雲という謎の天体を詳しく観察することができた。1919年当時、大部分の天文学者や物理学者は、宇宙には天の川銀河以外の銀河は存在せず、星雲は天の川銀河内のガスの集まりであると考えていた。しかしハッブルは、これらの星雲（銀河系外星雲）は我々の銀河から何百光年も離れたところにある、ほかの銀河そのものであるということを証明した。またハッブルは銀河の「赤方偏移」という現象を観測し、それらの銀河がものすごい速さで地球とは逆方向に動いていることを見いだした。つまり、宇宙全体がしかも速度を増しながら膨張しているということだ。天の川銀河の外に巨大な宇宙が広がっていることを発見したハッブルは、有名人としてもてはやされ、チャーリー・チャップリン（1889〜1977）などのハリウッド・スターにも敬意を表され、『タイム』誌の表紙も飾った。またアルベルト・アインシュタイン（1879〜1955）は、自分の説が間違っていたことがハッブルによって証明されたと認め彼を称えた（アインシュタインはのちに、宇宙は静的であるとした自分の説を「人生最大の誤り」と述べた）。

ハッブルは第二次世界大戦時に再び軍に戻り、バズーカ砲の弾道など兵器を改良するメリーランド州のユニットを率いた。しかし戦争後に健康を損ない、63歳で死去した。

## 豆知識

1. ハッブルは大学時代、シカゴのボクシングのプロモーターに、ヘビー級チャンピオンのジャック・ジョンソン（1878〜1946）との対戦を持ちかけられたが、賢明にも辞退した。
2. ハッブルが住んでいたカリフォルニア州サンマリノの家は、1976年に国定歴史建造物に指定された。
3. NASA（アメリカ航空宇宙局）は1990年、ハッブルを称えて名付けられた人工衛星「ハッブル宇宙望遠鏡」を打ち上げた。この衛星は、それまでになく鮮明に宇宙の細部をとらえるカラー写真をいくつも撮影した。2013年ごろに使用終了の予定だったが、現在もまだ活動している。

# 319 悪人 ｜ アルベルト・シュペーア

**アルベルト・シュペーア（1905～1981）の軌跡については、現在も大きな議論となっている。ナチス政権の高官だったシュペーアは、ドイツの戦争遂行に重要な役割を果たした人物で、アドルフ・ヒトラー（1889～1945）とは個人的に一番親しい仲だった。第二次世界大戦後、シュペーアは奴隷労働を用いた罪を問われ、20年の懲役刑となった —— 死刑はかろうじて免れた。**

✦

しかしシュペーアは、ナチスの元リーダーとしては珍しく、ニュルンベルク裁判で罪を認め、後悔の念を示し、罪を償おうとした。そして、戦争が終わるまでホロコーストのことは知らなかったと主張した。1969年に著書『第三帝国の神殿にて』（“Erinnerungen” 品田豊治訳 中央公論新社 2001年）を出版すると、その収益の多くをユダヤの慈善事業に寄付した。

やがて多くのドイツ国民は、シュペーアは根本的に良識がありながら、悪の体制に飲み込まれてしまった「善いドイツ人」の典型例だと考えるようになった。一方で、シュペーアの示した後悔の念は身勝手で偽善的だと批判する人々もいた。いずれにせよ、シュペーアのケースは、ナチス全体の罪に対して個人に責任を問うことの難しさを如実に示すものとなった。

シュペーアは建築家としての教育を受け、ヒトラーとは1930年にナチ党の集会で知り合い、その翌年、26歳のときにナチ党に入党した。シュペーアはヒトラーの後援を受け、1930年代に国内一の建築家になった。シュペーアのよく知られる設計のひとつに、1933年にナチ党大会が開かれた、ニュルンベルクの立派なパレード会場がある（この設計は、映画『スター・ウォーズ エピソード4 —— 新たなる希望』の最終シーンのセットの着想につながった）。

第二次世界大戦が勃発すると、シュペーアは1942年に軍需相に指名され、事実上ドイツの経済を握る人物となった。そして天才的な能力を発揮して組織をまとめ、連合国側による激しい爆撃が続く中、ドイツの工場を稼働させた。シュペーアがホロコーストのことを知っていたかどうかについては、現在も議論が続いている。彼はヨーロッパ系ユダヤ人の大虐殺が協議された1943年の会議に参加していた可能性がある。シュペーア本人は、ドイツの電車を時刻どおりに動かしはしたが、何百万人もの囚人を死へと運んでいたことはまったく知らなかったという主張を変えなかった。シュペーアは戦犯として20年の刑期を終えたのち、ナチス時代についての著作を二冊出版した。戦争中にはロンドンを破壊するべく兵器を作って政治のキャリアを築いたシュペーアだったが、そのロンドンへも訪問した。そして76歳のときに、年下の愛人と共にいたロンドンのホテルで死去した。

**豆知識**

1. シュペーアが設計した建築物の大部分は、戦争中または戦後に壊された。
2. シュペーアの息子で、同じ名のアルベルト・シュペーア（1934～2017）は、ドイツのフランクフルトの建築家で、都市設計家だった。彼は2008年の北京オリンピックの際に、大通りを設計した。
3. 20世紀の終わりに、シュペーアが7万5000人のユダヤ人をベルリンから移送する計画を個人的に承認したという証拠が見つかった。この文書は、ヨーロッパ系ユダヤ人の大虐殺を知らなかったというシュペーアの再三の主張に矛盾するものだった。

# 320 文筆家・芸術家 | ディエゴ・リベラ

**ディエゴ・リベラ（1886〜1957）は、20世紀のメキシコを代表する著名な芸術家で、歴史をテーマに、色鮮やかで緻密な大壁画を描いた。また、共産主義の思想と、画家フリーダ・カーロ（1907〜1954）との間で繰り返された結婚と離婚の騒動も有名だ。**

✦

リベラは、メキシコ中央部のグアナフアトで生まれ、奨学金を得てメキシコシティとヨーロッパで美術を学んだ。1909年に絵画を学ぶためにパリへ渡り、以後の14年間をフランスとスペインで過ごした。また、イタリアも訪問し、ルネサンス期のフレスコ画に出合ったことが、壁画に関心を持つきっかけとなった。リベラは1921年にメキシコに帰国し、1922年に最初の主要な壁画をメキシコシティで制作した。そして同年、メキシコ共産党に入党した。リベラの壁画への情熱は、政治的な思想に大きく関連していた。美術館や一部の上流の人たちを対象とする施設を経ずに、屋外の大規模な芸術作品を通じて民衆に直接訴えかけることを狙っていたのだ。またリベラは、壁画の制作を支援するメキシコ政府の事業から資金を受けた。この政府事業は、1930年代におけるメキシコ壁画運動の画家たちを支援した。

リベラは、最初の妻と離婚後、1929年に画家のカーロと再婚した。ふたりは互いに不倫を繰り返し、10年後に離婚したが、1940年に復縁した。リベラもカーロも強い左翼的政治思想の持ち主で、ソヴィエト連邦に追放されたリーダーのレオン・トロツキー（1879〜1940）のメキシコ亡命が許可されるよう支援した。リベラの壁画の多くには、壮大な歴史的テーマや社会的テーマが盛り込まれていた。例えば有名な作品に、1932〜1933年にアメリカのデトロイトで制作した、産業の現場の様子を描いた一連の壁画がある。その大半は、ミシガン州ディアボーンのフォード社の工場がモデルになっている。リベラは共産主義を標榜していたが、ロックフェラー家のためにも作品を制作し、また、サンフランシスコの証券取引所の壁画も描いた。

リベラはメキシコの壁画家たちに多大な影響を及ぼし、ライバルのダビッド・アルファロ・シケイロス（1896〜1974）やホセ・クレメンテ・オロスコ（1883〜1949）にもその影響は及んだ。また、メキシコ政府の壁画事業は、アメリカのニューディール政策において国内の芸術家を支援した公共事業促進局（WPA）の手本になった。リベラの影響は、公共事業促進局の資金提供で制作された公共の芸術作品の多くに感じ取れる。

リベラは、メキシコシティで70歳のときにその生涯を終えた。

**豆知識**

1. リベラには双子の兄弟のホセ・カルロスがいたが、子供のときに亡くなった。
2. 20世紀初頭のパリには、世界中から芸術家が集まっていた。リベラは、おしゃれなセーヌ左岸のモンパルナス地区で、モダニストの画家ピエト・モンドリアン（1872〜1944）の隣家に住んでいた。
3. リベラの妻のフリーダ・カーロを描いた伝記映画で、アカデミー賞受賞作の『フリーダ』（2002年）では、アルフレッド・モリーナ（1953〜）がリベラを演じた。

# 321 反逆者・改革者 ｜ ホー・チ・ミン

**ホー・チ・ミン（1890～1969）は、ベトナムの民族主義勢力の指導者として、まずフランスを、次にアメリカ合衆国を撃退し、ベトナムの独立を確かなものとした。現在、ベトナムの建国の父として尊敬されている。**

✦

「ホー・チ・ミン」というのは30代のときに使うようになった通称で、彼はグエン・シン・クンの名でベトナム中央部の村に生まれた。父親はフランス植民地政府における村の下級官吏だった。ベトナムで学業を終えたホー・チ・ミンは、職を求めてフランスへ渡り、また、アメリカ、イギリス、ソヴィエト連邦も訪れた。ホー・チ・ミンが革命と共産主義の政治思想に引き込まれるようになったのは、パリ在住時のことだった。ホー・チ・ミンは、祖国ベトナムを解放する最善の道はマルクス主義だと確信するようになり1920年にフランス共産党に入党した。

第二次世界大戦が勃発すると、ホー・チ・ミンは、フランスが対ドイツ戦に全力を注ぐために植民地を放棄することを期待した。ところが、日本もベトナムに進駐し、ベトナムはフランスと日本という三者間の争いに巻き込まれることになった。

ベトナムは第二次世界大戦の終戦直後に独立を宣言し、ホー・チ・ミンが国家主席に指名されたが、フランスはすぐさま旧植民地を奪還するべく動いた。1946～1954年に苛酷な戦争が続いたのち、フランスはベトナムを放棄せざるを得なくなった。ただし和平協定では、ベトナムはホー・チ・ミンを指導者とする共産主義の北ベトナムと、西側諸国と足並みをそろえた南ベトナムに分断された。この不安定な協定は1959年に崩壊し、再び戦争の勃発を招いた。このときはアメリカが南ベトナム側につき軍事介入した。アメリカの政策立案者らはこの戦争を冷戦の一環と見なし、共産主義の北ベトナムの拡大を阻止しようとした。しかしベトナム人にとっては、外国の影響力を一掃し国家を統一する愛国主義的な戦争だった。

1960年代までにホー・チ・ミンは日常的な政務を退いていたが、国家統一の英雄かつ象徴的な指導者と見なされた。そして、1969年に死去した。ベトナムから最後のアメリカ部隊が撤退する6年前だった。

**豆知識**

1. ホー・チ・ミンは20代の初めにアメリカに渡り、ボストンのパーカー・ハウス・ホテルでパン職人として働いたという。このホテルでは、のちにマルコムX（1925～1965）も給仕の助手として働いている。
2. 南ベトナムの首都サイゴンは、1975年に共産主義側が勝利したのちにホーチミン市と改称された。
3. ベトナムは、1980年代に共産主義的な経済システムを解体し始め、民間投資を奨励するようになった。現在、ベトナムは原油、織物、靴の主要な輸出国で、最大の輸出先はアメリカである。アメリカとベトナムは、1995年に国交を正常化した。

# 322 伝道者・預言者 ｜ ディートリヒ・ボンヘッファー

**第二次世界大戦が連合国側の勝利に終わる直前の一か月、追い詰められたナチスは、ドイツ国内で最後に一度、政治的な敵の粛清に当たった。この粛清の犠牲者に、39歳のキリスト教ルター派の聖職者がいた。1945年4月9日の夜が明けるころ、彼はフロッセンビュルク強制収容所で、拷問の末に絞首刑にされた。**

✦

この若手の牧師は、ディートリヒ・ボンヘッファー（1906〜1945）だった。戦後、彼は第三帝国に果敢に抵抗した、数少ないドイツ人聖職者のひとりとして称えられる。

ボンヘッファーは、現在のポーランドのヴロツワフで、ドイツの有力な一家に生まれた。第一次世界大戦時は参戦する年齢ではなかったが、戦争による破壊を目の当たりにし、また兄ウォルターの死に大きな衝撃を受けた。1927年に博士号を取得し、スペイン、イギリス、アメリカを訪れた。プロテスタントの神学に関する著作を出版し始めると、好評を得て、1931年にドイツに帰国後、正式に牧師に叙任された。ボンヘッファーがベルリンに住んでいた1933年、ナチスが政権を掌握し、ドイツのプロテスタント（福音主義教会）とカトリック教会を強制的に政府の支配下に置いた。アドルフ・ヒトラー（1889〜1945）の圧力を受け、ドイツのプロテスタントは「帝国教会」となった。ボンヘッファーは同年、キリスト教はナチズムと相容れないと主張し、仲間と共に反対運動を開始し、告白教会と牧師養成所の設立へとつなげた。また、ナチスの宣伝によって広がる反ユダヤ主義にも異議を唱えた。

1930年代、ゲシュタポがボンヘッファーの牧師養成所を閉鎖した。開戦が近づくころ、ボンヘッファーは一時的にアメリカへ逃れたが、すぐにドイツに帰国してヒトラーへの抵抗運動に加わり、こう宣言した。「私には戦後のドイツでキリスト教徒としての生活を回復する権利はない、この試練の時期を仲間と共有しない限りは」

ボンヘッファーは1943年、ユダヤ人をドイツから逃がそうとしているところを見つかり、捕らえられた。彼は1944年7月20日のヒトラー暗殺未遂事件の際には収容所に収容されていたが、この陰謀に加担していた。ボンヘッファーは、ほかの加担者たちと同じく、フロッセンビュルク強制収容所で残虐な方法で処刑された。そのわずか14日後、連合国側が強制収容所を解放した —— そして、一か月も経たないうちに戦争は終結した。

**豆知識**

1. ボンヘッファーの兄弟のクラウスと、義理の兄弟ふたりを含め、ボンヘッファーの近親の合計四人がヒトラー暗殺未遂事件に関与し、処刑された。
2. 平和主義的な神学者だったボンヘッファーは、ヒトラーの暗殺計画に加わるかどうか悩んだ。1943年の著書『Ethics』（仮題：倫理）で、計画に加担する決断に至った考えをこう説明している。「ゆえにキリスト教徒はジレンマに陥る。悪に襲われたときには、直接的な行動で抵抗せねばならない。それよりほかに選択肢はない。行動を起こさないということは、単に悪を許すことになる」
3. ボンヘッファーは、キリスト教の近代の殉教者として称えられ、ロンドンのウェストミンスター寺院に彼の銅像が建てられた。

# 323 指導者 | エバ・ペロン

**エバ・ペロン（1919〜1952）は、アルゼンチンにおける1946〜1952年のファーストレディで、国内の貧困層や労働者層に圧倒的な人気を誇った。美貌とカリスマ性を持ち、元映画俳優でもあったエバは、他に類を見ないほど国民から絶大な愛情を寄せられ、1952年、正式に「国民の精神的指導者」という称号を与えられた。この称号を授与されたのは、エバ・ペロンが最初で唯一の人物だ。**

✦

しかしエバ・ペロンはその年、がんにより33歳で亡くなり、短い人生の幕を閉じた。彼女の葬儀の日、国中が深い悲しみに包まれた。

エビータと呼ばれて親しまれたエバは、婚外子がまだ後ろ指をさされていた時代に、結婚していない男女の間に生まれた。父親はエバが赤ん坊のときに母親を捨て、エバは故郷の町フニンの最貧地区で育った。エバは15歳のとき、映画俳優を目指してブエノスアイレスに移った。以後、モデルとして働き、何本かの映画に出演し、人気の連続ラジオドラマの声優も務めた。1944年、地震の犠牲者への寄付金集めのイベントで、アルゼンチン陸軍の将校で政治家のフアン・ペロン（1895〜1974）と知り合った。ふたりは翌年結婚した。

フアン・ペロンが1946年の大統領選挙に出馬すると、エバ・ペロンはラジオや集会で選挙運動を繰り広げた。エバは聴衆と感情的な結びつきを築くことができ、特に貧しい人々と心を通わせたことから、夫フアンの選挙運動に有利な力となった。一方で、フアンもエバも危険なポピュリスト扇動家だとして批判する人々もいた。

フアン・ペロンは首尾よく当選を果たし、まだ30歳にもならないエバ・ペロンは、世界中に知られる女性のひとりとなった。その後の6年間、夫に代わって外国を訪問し、国内ではペロン党を主導した。1952年の選挙に夫が再選を狙って出馬した際には、自らも副大統領候補として出馬しようとしたが、軍に阻止された。エバは国内の女性参政権運動を推し進めて成功し、1952年の選挙は、女性が初めて投票できる選挙となった。

しかし選挙後二か月も経たないうちに、エバ・ペロンは子宮頸がんで亡くなった。夫のフアン・ペロンは、1955年に失脚させられるまで大統領を務めた。

**豆知識**

1. エバ・ペロンの生涯を描いた、ティム・ライス（1944〜）とアンドリュー・ロイド・ウェバー（1948〜）の制作によるミュージカル『エビータ』は、1978年に大ヒットとなった。1996年の映画版では、歌手のマドンナ（1958〜）がエビータを演じた。
2. 『タイム』誌によると、ブエノスアイレスで開かれたエバ・ペロンの葬儀には約70万人が詰めかけた。群衆の中で、16人が押しつぶされて亡くなった。
3. 『ニューヨーク・タイムズ』紙は2000年、エバ・ペロンはがんの宣告を受けておらず、何らかの「女性特有の問題」だと信じたまま亡くなったと報じた。

# 324 哲学者・思想家 | フランツ・ファノン

**暴力とは、浄化の力である。**
**── フランツ・ファノン**

✦

1954年、フランスの支配下にあった北アフリカのアルジェリアで反乱軍が蜂起した。フランス政府は以後8年にわたり、イスラム教徒が大半を占めるアルジェリアの鎮静に苦慮するが、その間に、何十万人ものアルジェリア人が拷問に遭ったり、強制退去させられたり、死亡したりした。このアルジェリア革命で重要な役割を果たした人物に、フランツ・ファノン(1925〜1961)がいた。彼は物静かで細身の医師で、第二次世界大戦時には軍人だった。ファノンはフランス領西インド諸島マルティニークの生まれで、アルジェリアには1953年に移って病院での職務に就いたが、すぐに代表的な革命思想家として活動するようになった。ファノンの激しい筆致の著作は、世界中の反植民地運動を呼び起こす力となり、称賛されるようになった。

アルジェリアの独立戦争の初期段階では、ファノンはアルジェリア側への共感を表明することはなく、どちら側かに関わりなく負傷者の治療に当たっていた。やがて彼は、フランスによる拷問の犠牲者から聞き取り調査を行うようになった。これを基にして記した著作が、『地に呪われたる者』(“The Wretched of the Earth” 鈴木道彦・浦野衣子訳 みすず書房 2015年)である。1957年には、ファノンはアルジェリア民族解放戦線(FLN)の支持者として知られるようになっており、同年にフランス政府はファノンをアルジェリアから退去させた。以後、ファノンは1950年代末にかけてアフリカ中を訪問しアルジェリア独立への支持を呼びかけ、アルジェリア民族解放戦線の機関紙『エル・ムジャヒド』に頻繁に寄稿した。

『地に呪われたる者』は、1961年に出版されるやいなや、フランスで禁書となった。この本は暴力をあからさまに肯定していることから、現在も物議をかもすことが多い。ファノンは、植民地の圧政に抵抗する暴力は、他国の支配により成すすべなく苦しめられてきた現地の人たちの心の健康を取り戻す手段になるとした。「[暴力とは]現地の人々の劣等感と絶望感を取り払い、無活動状態から立ち上がらせるものである。暴力によって大胆不敵になり、自尊心が取り戻される」と記している。

『地に呪われたる者』は、「チェ・ゲバラ」の呼び名で知られる革命家エルネスト・ゲバラ(1928〜1967)をはじめとする第三世界の革命家や、西側諸国の急進派にも支持された。ファノンは、36歳のときに白血病で亡くなった。アルジェリアが独立を勝ち取る前年だった。

**豆知識**

1. ファノンは、第二次世界大戦時に自由フランス軍に志願して負傷したことから、勇敢なフランスの軍人に与えられるクロワ・ド・ゲール勲章を受章した。しかし、黒人の血を引くファノンは、フランスがナチス・ドイツからパリを奪還した際に除隊されている。フランス当局が、白人のみの部隊によってパリ解放が実現したと見せようとしたためだ。
2. ファノンはアメリカへ渡り、病院で白血病の治療を受けたが、その甲斐なくメリーランド州ベセスダで息を引き取った。ファノンの遺体はアルジェリアに戻され、英雄として埋葬された。
3. イタリアの映画監督ジッロ・ポンテコルヴォ(1919〜2006)による『アルジェの戦い』(1966年)では、アルジェリア革命の初期段階が描かれている。この映画はアルジェリア政府の資金援助を受けて製作され、リリース時にはフランスで上映が禁止された。アメリカ国内では上映されたが、残虐的なシーンがカットされた。

# 325 革新者 ヴェルナー・ハイゼンベルク

**第二次世界大戦が勃発すると、ナチスの独裁者アドルフ・ヒトラー（1889〜1945）は、ドイツを確実に勝利に導こうと、国内の最も優れた科学者たちに原子爆弾の製造を命じた。その後に繰り広げられる原爆の開発競争では、ドイツには連合国側よりも多くの利点があった。ウランが入手しやすく、先端の科学設備が整っている上に、2年以上も早くから研究が進められていたのだ。**

✦

そして何より、ナチス・ドイツにはヴェルナー・ハイゼンベルク（1901〜1976）という人材がいた。頭脳明晰な37歳の物理学者で、ナチスの原爆開発プロジェクト「ウランクラブ」のリーダーに選ばれた人物だ。20世紀随一の優れた科学者のひとりと見なされていたハイゼンベルクは、26歳のときにドイツ最年少の物理学教授となり、31歳のときにノーベル賞を受賞した。

優位にあったはずのナチスだが、原爆の完成に近づくことはなかった。以来、歴史家たちは興味深い可能性を指摘している —— ハイゼンベルクはわざと開発に失敗したのではないか？ だとすれば、傲慢さで知られたハイゼンベルクが、世界をナチスの征服から単独で救ったということなのか？

ハイゼンベルクはバイエルンで生まれた。高校を最優秀の成績で卒業し、独学で微分積分を学び、奨学金を受けてデンマークに渡るとニールス・ボーア（1885〜1962）の指導の下で物理学を学んだ。1930年代、多くの科学者がナチス・ドイツから亡命する中、ハイゼンベルクはヨーロッパとアメリカで講義を行った。ハイゼンベルク自身も、ユダヤ人物理学者が導き出した理論を教えたことからナチスに非難された。

一部の証拠によると、ハイゼンベルクは、ドイツの原爆製造プロジェクトを意図的に遅らせた可能性がある。彼は後年、恩師のボーアと1941年にコペンハーゲンで会合した際に原爆製造に関する倫理的な不安を伝えたと主張している（この主張を完全に否定する歴史家もいる）。ハイゼンベルクは1942年、原爆の製造は現実的ではないことをナチス当局に納得させた。

第二次世界大戦後、ハイゼンベルクは連合国側に捕らえられ、イギリスの田舎の家で六か月間の尋問を受けた。解放後にドイツへ戻り、74歳のときに死去した。

### 豆知識

1. ハイゼンベルクは、1924年に初めてアルベルト・アインシュタイン（1879〜1955）に会った。ハイゼンベルクよりも年上の物理学者アインシュタインは、当時23歳だったハイゼンベルクに感銘を受け、1928年にノーベル賞候補に推薦した。
2. アメリカ合衆国はナチスの原爆製造プロジェクトに危機感を抱いており、1944年にはハイゼンベルクを誘拐、または殺害する計画が立てられた。実行役に選ばれたのは、プロ野球チームのボストン・レッドソックスの元捕手で、CIA（中央情報局）の前身である戦略事務局にスパイとして採用されたモリス・「モー」・バーグ（1902〜1972）だった。バーグは、ハイゼンベルクが講義を行うことになっていたスイスに送られ、弾丸を込めた拳銃を講堂に持ち込むことに成功したが、ハイゼンベルクが原爆プロジェクトについてひとつも触れなかったことから、間際で殺害を中止した。
3. 1941年のハイゼンベルクとボーアの会合は、イギリスの劇作家マイケル・フレイン（1933〜）による戯曲『コペンハーゲン』の題材となり、2000年にトニー賞の演劇作品賞を受賞した。

# 326 悪人 ｜ キム・フィルビー

**冷戦期の悪名高いスパイのひとり、キム・フィルビー（1912～1988）は、イギリスの諜報機関の幹部で、20年にわたって極秘にKGB（ソヴィエト連邦国家保安委員会）に仕えていた。フィルビーによる裏切りが発覚すると、イギリス中が衝撃を受け、ソ連では大勝利だと派手に宣伝された。そして、数々のスパイ小説が生まれることとなった ―― 中でもジョン・ル・カレ（1931～）による小説は有名だが、彼自身もイギリスの元スパイである。**

◆

ハロルド・A・R・フィルビーは、イギリス領インドの行政官の息子として、インドで生まれた。イギリスの名門の私立中等教育学校で教育を受け、ケンブリッジ大学へ進学し、大学時代に共産主義のシンパとなった。フィルビーは、その他数人のケンブリッジ大学の学生と共にソ連の諜報機関に採用され、結束の固いグループを形成した。この一団は、のちに「ケンブリッジ・スパイ・リング」と呼ばれた。

フィルビーら若きケンブリッジのスパイたちは、長期にわたる大胆な任務を与えられた。イギリスの諜報機関の一員となり、幹部にまで上りつめ、モスクワへ情報提供するというものだ。フィルビーはスペイン内戦の間、イギリスの新聞の記者を務め、第二次世界大戦の勃発後にイギリスの諜報機関に入った。フィルビーはこの間ずっと、ソ連の管理者たちに情報を提供し続けた。

しかし1950年代、ケンブリッジの仲間のスパイのうちふたりの正体が暴かれると、フィルビーの運命の風向きが変わった。フィルビーは、このふたりが捕まる前に危険を知らせることができ、ふたりはソ連に逃亡した。しかし、フィルビーはこのふたりと親しいことが知られていたため、ソ連のスパイ一団の「第三の男」ではないかと疑われ、徹底的な尋問を受けた（実際には、この一団には五人のスパイがいて、最後のひとりは1970年代まで公にならなかった）。結局、フィルビーは疑いが晴れ、以後もイギリスの諜報機関で非公式に働き続けた。

ついに1963年、ソ連のスパイであることが暴かれると、フィルビーはソ連に亡命し、生涯をそこで過ごすこととなった。そして、モスクワで76歳のときに死去した。

**豆知識**

1. フィルビーは、子供のときにキムというあだ名を付けられた。イギリスの小説家ラドヤード・キップリング（1865～1936）の小説の主人公に由来するものだ。
2. 第二次世界大戦中のイギリス諜報機関におけるフィルビーの部下には、グレアム・グリーン（1904～1991）とマルコム・マゲリッジ（1903～1990）がいた。ふたりとも、のちにイギリスの著名な作家となった。フィルビーは亡命後もグリーンと連絡を取り続けた。
3. フィルビーは、1990年にソ連の切手の肖像に使われ、称えられた。

# 327 文筆家・芸術家 | テネシー・ウィリアムズ

**アメリカの劇作家テネシー・ウィリアムズ（1911〜1983）は、戯曲の主題として、南部のか弱い女性や、彼女たちが切に夢見る社会的成功に着眼した。ウィリアムズの戯曲の多くはアメリカで上演される標準的な作品となり、代表的なものに『ガラスの動物園』（1944年）、『欲望という名の電車』（1947年）、『熱いトタン屋根の猫』（1955年）などがある。ウィリアムズは二度ピューリッツァー賞を受賞したほか、作品の何点かは評判の高い映画にもなり、感慨深く抒情的な彼の創作が国内に幅広く発信された。**

✦

ウィリアムズは、トマス・ラニアー・ウィリアムズ三世の名でミシシッピ州で生まれ、混沌とした幼少期を過ごした。両親共に、ウィリアムズの戯曲の多くに着想を与えたが、神経質な母親は特に彼の作品に影響を及ぼした。ウィリアムズは1929年にミズーリ大学に入学し、南部の訛（なま）りがあることから「テネシー」というあだ名を付けられた。この変わったあだ名は目立つと思い、28歳のときに法的な名前として採用した。同年にニューオーリンズに移り、同性愛者であることを公にし、劇作家として創作を開始した。

戯曲『Battle of Angels』（仮題：天使の戦い）は、1940年に初演された。第二次世界大戦中、ウィリアムズは西部へ移り、ハリウッドのMGMスタジオで働いた。その間に執筆の腕を磨き、『ガラスの動物園』の脚本に取りかかった。

1945年に『ガラスの動物園』がブロードウェイで初演されると、ウィリアムズは代表的な劇作家としての地位を確立した。この戯曲の主人公は、ウィリアムズの母親をモデルとした年配の女性アマンダ・ウィングフィールドである。アマンダには息子と娘がおり、一家はミズーリ州セントルイスで、閉塞した狭いアパートに暮らし、そこには娘が思い入れを持って集めるガラス細工の動物がいくつも置かれている。アマンダは社会的にまともな地位を得ようと必死で、明らかに落ちぶれた一家であるにもかかわらず、内気な娘と結婚してくれる「紳士的な訪問者」を望んでいる。『欲望という名の電車』はさらに大きな成功を収め、1951年にはマーロン・ブランド（1924〜2004）主演の映画にもなった。この戯曲には、ウィリアムズの創作した最も印象深い人物であるブランチ・デュボアが登場する。デュボアも南部の貧しい美女で、デュボアとスタンリーの衝突が戯曲の中心となっている。

ウィリアムズのキャリアは、自身の薬物と酒の問題が深刻化し、1950年代以降は陰りを見せた。ウィリアムズは1983年、ニューヨーク市のホテルでプラスチックボトルの蓋を誤って喉に詰まらせ、窒息死した。

**豆知識**

1. ウィリアムズは二度ピューリッツァー賞を受賞した。一度目は『欲望という名の電車』（1948年）、二度目は『熱いトタン屋根の猫』（1955年）が評価されたことによる。
2. 1972年にウィリアムズの回顧録が出版された際、ちょっとした騒動が起きた。マンハッタンで行われた書籍のサイン会に大勢の人々が詰めかけ、この出来事は「五番街書店大暴動」（the Great Fifth Avenue Bookstore Riot）と呼ばれた。
3. ウィリアムズの肖像は1994年の切手に使われた。

# 328 反逆者・改革者 | チェ・ゲバラ

**何百万枚ものTシャツにプリントされる肖像となった南アメリカの革命家、エルネスト・「チェ」・ゲバラ（1928〜1967）は、20世紀における左翼の抵抗の象徴として最も顔の知られるひとりとなった。元は医師の教育を受けたゲバラだったが、キューバとコンゴの革命を戦い、ボリビアの反政府ゲリラを主導する中で殺害された。**

✦

ゲバラがジャングルで殺害されて以来、チェ・ゲバラ（「チェ」はスペイン語のくだけた呼びかけの言葉）にまつわる伝説は膨れ上がるばかりだ。彼は現在も、ラテンアメリカの一部の左派に崇拝されている。一方で、ゲバラは見当違いの理想家であり、何百人もの政治的な処刑と人権侵害に関わったとして批判する人々もいる。

アルゼンチンの裕福な家に生まれたゲバラは、医学生時代にオートバイで南アメリカを旅し、大陸中に蔓延する貧困を目の当たりにしたことから政治に目覚めた。南アメリカの多くの人々と同様にゲバラも、南アメリカの苦境はアメリカ合衆国が経済的な覇権を握っているせいだと考え、それを解決するのが共産主義だと信じた。

ゲバラはキューバの革命家フィデル・カストロ（1926〜2016）の初期の支援者であり、1956年にカストロの反政府ゲリラに加わった。カストロがアメリカの支援を受けた独裁者フルヘンシオ・バティスタ（1901〜1973）を追放させると、ゲバラは新しい革命政府の高官となり、国際的に有名になった。また1959年、裁判を経ずに何百人もの政治犯を処刑する命令を自ら下した―― これはゲバラ自身が遂げることになる最期を暗示するものでもあった。

1960年代、ゲバラの求めで、カストロ政権は世界の開発途上の地域にも革命を広めようとした。ゲバラはコンゴへ渡って革命の指導を試みたが、失敗に終わり、キューバへ戻った。次はボリビアへ渡り、軍事政権を相手に革命を目論んだ。

しかし、ボリビア軍はCIA（アメリカ中央情報局）の支援を受けてゲバラへの抵抗態勢を整え、1967年にゲバラのゲリラ部隊を追い詰めた。ゲバラはボリビア軍に捕らえられ、戦闘で死亡したように見せかける形で狙撃された。ゲバラは理想を追求した革命の殉死者として称えられ、現在もキューバと南アメリカの一部で英雄と見なされている。彼の肖像は、世界各地で人気のファッション・アイテムに取り入れられている。

**豆知識**

1. ゲバラの最期の言葉は、「撃て、臆病者め、ただの男を殺すだけのことだ」だったという。
2. ゲバラの回想録に基づいた映画『モーターサイクル・ダイアリーズ』は、2004年に公開され、メキシコの俳優ガエル・ガルシア・ベルナル（1978〜）が若きゲリラ指導者ゲバラを演じた。
3. ゲバラの処刑後、彼の埋葬場所はボリビア政府によって秘密にされていたが、1990年代に明らかにされると遺体は1997年にキューバへ移され、改めて埋葬された。

# 329 伝道者・預言者 ハイレ・セラシエ

**エチオピアの最後の皇帝、ハイレ・セラシエ（1892〜1975）は、ヨーロッパの植民地主義への抵抗のシンボルであり、尊敬される指導者として世界に知られた。しかし、ジャマイカでセラシエを崇拝する一部の人々にとっては、そんな表現ではとうてい足りない。セラシエは、神の化身だった。**

✦

セラシエの影響によって生まれた宗教的な集団「ラスタファリアン」のいきさつは、宗教史でもほかにはほぼ例のない独特なものかもしれない。敬虔なエチオピア正教会の信者だったセラシエは、自分は神の力など有していないと否定した。それでも、セラシエの存命中、彼を崇拝する「ラスタファリ運動」と呼ばれる思想運動が拡大していき、彼の死後何十年も経過した現在も、その影響力は強く残っている。

セラシエはエチオピアの村で生まれ、1916年のクーデター後にエチオピアの実権を掌握し、1930年に正式に皇帝に即位した。伝説によると、古代から続くエチオピアの王朝の血筋は3000年前にまでさかのぼり、旧約聖書のシバの女王とソロモン王につながるという。エチオピアはヨーロッパ勢の征服を受けなかったアフリカの数少ない国のひとつであり、エチオピアの225代皇帝のセラシエは、治世中、この独立を維持するべく奮闘した。

エチオピアが独立を維持したことから、皇帝セラシエは、自立の精神の手本を求めてルーツであるアフリカに目を向けていた北アメリカの黒人に英雄視された。アメリカ合衆国で活動したジャマイカ生まれの黒人民族主義運動家、マーカス・ガーベイ（1887〜1940）もセラシエを尊敬したひとりで、彼はセラシエを黒人解放と自立のシンボルとして支持した。

1936年、世界中の新聞のヘッドラインを飾る戦争が繰り広げられ、エチオピアはイタリアのベニート・ムッソリーニ（1883〜1945）率いるファシストの政府に征服された。セラシエはエチオピアから亡命せざるを得なくなったが、祖国エチオピアの権利を雄弁に擁護したことで有名になった（「今日は我々の問題だ。明日は君たちの問題になる」と、彼は国際連盟に向けて警告した）。第二次世界大戦中、セラシエは亡命先のロンドンにいる間に抵抗勢力を膳立て、1941年にエチオピアが解放されると帰国した。そのころまでには、ジャマイカにおけるセラシエの信奉者たちは、セラシエは黒人の救世主でイエス・キリストの再来だと崇拝するようになっていた。彼らは、セラシエのアムハラ語名であるラスタファリにちなみ、自分たちは「ラスタファリアン」であるとした。セラシエ自身は、ラスタファリアンにも、外国を訪問するたびに受ける崇敬にも、わけが分からず戸惑うばかりだった。そして、セラシエはラスタファリアンの信仰を強く否定し、ラスタファリアニズムはエチオピアで定着することはなかった。

**豆知識**

1. セラシエは、ソロモン王の子孫とされることから「ユダ族の征服する獅子」(Conquering Lion of the Tribe of Judah)という公式の称号を使い、三つの宮殿を持ち豪奢な環境で生活した。彼の取り巻きには、訓練を受けた犬、チーター、玉座を警護するライオンの群れまでもがいた。
2. 亡命先から戻った23年後の1964年、セラシエはエチオピアの奴隷制を廃止した。
3. セラシエは、ひどい干ばつの中にあった1974年に陸軍将校らに退位させられ、これでエチオピアの帝政は終了した。

# 330 指導者 ｜ ハリー・トルーマン

**無名に近いミズーリ州の政治家だったハリー・S・トルーマン（1884～1972）は、1945年4月12日、大統領のフランクリン・D・ローズヴェルト（1882～1945）の死去に伴い、思いがけず大統領に昇格した。トルーマンはその日の午後、ホワイトハウスで大統領の就任を宣言した ── そしてすぐに、どの歴代大統領も直面したことないほどの難題に次々と苦闘することとなった。**

✦

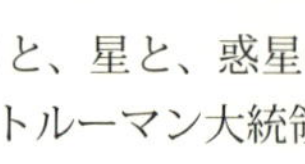

「月と、星と、惑星のすべてが自分の身に落ちてきたかのようだった」と、トルーマン大統領はのちに、第二次世界大戦のさなかに一国の全責任を突如引き継いだショックを語っている。

トルーマンが政権に就いたとき、ドイツは敗退の間際で、ヨーロッパの各地は無残に崩壊していた。しかし日本はなおも戦っており、日本の指導者らは太平洋でさらに進撃を続ける意志を示していた。

トルーマン大統領は、それまで対外政策の経験がほぼ皆無だった。連邦議会の議員時代に彼が知られたのは、軍需企業の不正の調査においてだった。しかし、「トルーマン・ドクトリン」として知られる彼の政策で、その後の約40年のアメリカの外交政策が導かれることとなった。

トルーマン大統領は、ヨーロッパでの政策として、ヨーロッパ諸国の壊滅した経済を再建するための大規模な支援「マーシャル・プラン」に力を注いだ。この経済支援計画は、敗戦国に対する和解の印としてドイツも対象となった。太平洋戦域では、原子爆弾を日本に投下する許可を出した ── 大統領に就任するまで、存在すら知らなかった爆弾である。こうして1945年に二発の原爆が落とされ、何十万人もの日本の民間人が亡くなり、その後戦争は終結した。内政での功績としては1948年、アフリカ系アメリカ人を軍の中で分断せずに統合する大統領令を出した。同年、彼は再選を果たした。トルーマン大統領の二期目は、主に朝鮮戦争の対応に追われた。彼は共産主義の拡大に抵抗するという約束を守り、1950年、大韓民国にアメリカ合衆国軍を派遣し、共産主義の北朝鮮が大韓民国に侵略するのを阻止しようとした。当初は順調だった戦況は、２年後には泥沼化し、アメリカ国内でも戦争の評判は最悪になった。1953年の任期の終了時、トルーマン大統領の支持率は史上最低にまで落ちていた。

トルーマン大統領は、退任してから約20年後に88歳でこの世を去った。

**豆知識**

1. トルーマン大統領は、８年という任期制限がなかった時代の最後の大統領だった。任期制限が定められたアメリカ合衆国憲法修正第二十二条は1951年に批准され、ドワイト・D・アイゼンハワー大統領（1890～1969）のときから有効となった。
2. 任期終了後のトルーマンは、ほぼ一文無しだった。彼の財政状況がきっかけで、大統領の退任後に年金を与える法案が連邦議会で可決された。現在、その年額は約20万ドルである。
3. トルーマン大統領は、ほぼ４年にわたり副大統領のいないまま政権をとった。再選した1948年の選挙の出馬時は、アルバン・バークリー（1877～1956）を副大統領候補とし、当選後はバークリーと共に職務を遂行した。

# 331 哲学者・思想家 ｜ ハンナ・アーレント

**ジャーナリストで、評論も記した政治哲学者のハンナ・アーレント（1906～1975）が最もよく知られているのは、20世紀の世界につきまとった疑問を考察したことだ。すなわち、「人間に潜在する悪とは、どのように説明がつくのか？」。**

✦

アーレントは、ナチスの戦争犯罪に関する評論や書籍を記し、幅広い読者を獲得した。著作の中でアーレントは、民族浄化の大量虐殺や残虐な行為は、一部の人々の狂気が引き起こしたものという見方を強く否定した。実際、ナチスや共産主義の大半の指導者たちは、見たところ至って普通の人間だと述べた。そうではなく、ドイツやソヴィエト連邦の内部の社会的な勢力によって、世論が無批判に大勢の意見に追随するようになったことに問題があるとした。

アーレントは、ドイツのハノーファーでユダヤ人の両親のもとに生まれた。ハイデルベルク大学で哲学を専攻し、22歳のときに博士号を取得した。そしてドイツで哲学を教え、研究を続けた。友人にはマルティン・ハイデガー（1889～1976）がおり、彼とは短い間、恋愛関係にあった。1933年にアドルフ・ヒトラー（1889～1945）が政権を掌握すると、アーレントはドイツを逃れてパリへ亡命し、そこで6年間、親を失ったユダヤ人の子供たちをパレスチナへ移送する慈善組織で働いた。第二次世界大戦の初期、1940年にナチスがフランスに侵攻すると、アーレントは再び亡命を余儀なくされた。彼女はニューヨーク市へ移住し、その後の生涯のほとんどをそこで過ごした。アーレントは1951年、最初の代表作『全体主義の起源』を出版した。続いて、1958年に『活動的生』（“Vita activa”　森一郎訳　みすず書房　2015年）、1962年に『革命について』、1968年に『暗い時代の人間性について』（“Von der Menschlichkeit in finsteren Zeiten”　仲正昌樹訳　情況出版　2002年）を出版した。

しかし、アーレントの最も有名な著作は、1963年の『エルサレムのアイヒマン —— 悪の陳腐さについての報告』（“Eichmann in Jerusalem: A Report on the Banality of Evil”　大久保和郎訳　みすず書房　2017年）だろう。これは、アーレントがナチスの戦犯アドルフ・アイヒマン（1906～1962）の裁判記録を『ニューヨーカー』誌に連載したのちに本にまとめたものだ。この本では、裁判でおとなしくみじめな様子をさらしたアイヒマンが、果たしてどのようにホロコーストの指導的立場となり、何百万人もの殺害に導くことができたのかについて考察している。悪と暴力について深く切り込んだ論考で有名になったアーレントは、コーネル大学、シカゴ大学などで教職を得た。1959年には女性として初めてプリンストン大学の正式な教授に任命された。アーレントは、69歳のときにニューヨークの自宅のアパートで亡くなった。

**豆知識**

1. アーレントは哲学書のほかにも、1958年にラーヘル・ファルンハーゲン（1771～1833）の伝記を書いている。ファルンハーゲンはナポレオン時代のドイツの知識人で、ヨーロッパの学術的なサロンの中心人物である。
2. アーレントは1941年にアメリカに移住し、1951年にアメリカ市民権を取得した。
3. アイヒマンは、1962年に「人道に対する罪」で有罪となり、イスラエルで絞首刑になった。逮捕時はブエノスアイレスのメルセデス・ベンツの工場で働いていた。イスラエルでは通常の罪状での死刑制度は存在せず、アイヒマンはこれまでにイスラエルで処刑された唯一の人物だ。

# 332 革新者 | クルト・ゲーデル

**1940〜1950年代、ニュージャージー州プリンストンの住民は、ふたりの変わった風貌の男が、この田園風景の広がる大学町を歩いているところをよく見かけたものだった。ふたりはたいていドイツ語で会話にのめり込んでいたが、その身なりはまったく対照的だった。年配のほうの男はだらしのない服装で、靴下すらめったにはいておらず、突き出た腹にはベルトを着けていることも稀だった。若いほうの男は、フェルトの中折れ帽をかぶり、やせ細った体にぴったり合うように仕立てた白いリネンのスーツを身に着けていた。**

✦

年配の男は、世界一有名な科学者アルベルト・アインシュタイン（1879〜1955）。連れの男は、エキセントリックな数学者クルト・ゲーデル（1906〜1978）だ。ゲーデルは、数学の論理的な基礎となる重大な定理を証明した学者である。彼の功績は一般の知名度は低いものの、その重要性は、親友アインシュタインの功績に匹敵するものだったともいえるかもしれない。

ゲーデルは、現在のチェコ共和国の都市ブルノで生まれ、ウィーン大学で学んだ。ウィーンでは、芸術家や哲学者、科学者たちが集まる活況なカフェ文化に加わり、ナイトクラブのダンサーだったアデル・ポルケルト（1899〜1981）と知り合った。ゲーデルの家族は反対したが、ふたりは1938年に結婚した。オーストリアは、1938年にナチス・ドイツに併合された。ゲーデルがヒトラーの軍に徴兵される恐れがあったことから、夫婦は1939年、シベリア鉄道に乗ってロシアを横断し、そこから船で太平洋を渡り、アメリカ合衆国へと亡命した。

ゲーデルの最もよく知られた業績は「不完全性定理」である。この定理は、正式ないずれの数学理論にも、証明も反証もできない命題が存在することを証明したものだ。この定理は、数学の法則の完全性を論理的に証明しようとしていた多くの論理学者の希望を打ち砕くものだった。アインシュタインが1955年に亡くなると、ゲーデルは大打撃を受け、次第に不安定で被害妄想的になっていった。自宅の冷蔵庫とラジエーターから毒が発生していると思い込み、何度も引っ越しを繰り返した。また、自分の食べ物に毒が混入されるのではないかと恐れ、バターとベビーフードと通じ薬しか口にしなくなった。

1977年、妻アデルが病に陥ったことから、ゲーデルを世話する人がいなくなった。食事をとろうとしなかったゲーデルは1978年1月、プリンストンの病院で飢餓のため息を引き取った。死去時のゲーデルの体重は約29.5キロだった。死亡診断書に記された死因は「パーソナリティ障害による飢餓と栄養失調」だった。

**豆知識**

1. 伝記作家レベッカ・ゴールドスタイン（1950〜）の著述によると、ゲーデルは質問ばかりする子供だったことから、家族は彼に「なんで君」というあだ名を付けた。
2. ゲーデルは、アインシュタインの勧めで1948年4月、アメリカ合衆国の市民権を申請した。市民権取得の試験に向けて勉強しているとき、合衆国憲法には論理上の欠陥があり、独裁者が権力を掌握することが可能だと確信した。ゲーデルはこの論理の欠陥について、試験を監督したニュージャージー州トレントンの審査官に不満を言った —— が、市民権は得られた。
3. ゲーデルの気に入りの映画は、『白雪姫』（1937年）だったとされる。彼は、「寓話のみが、世界のあるべき姿と、意味があるかのごとくの世界を示している」と述べた。

# 333 悪人 | バイロン・デ・ラ・ベックウィズ

**バイロン・デ・ラ・ベックウィズ（1920～2001）は、アメリカ連合国（南北戦争の南部）の国旗のピンを着け、自信ありげに裁判に出廷した。「クー・クラックス・クラン」（KKK・白人至上主義団体）のメンバーであるベックウィズは、公民権運動家のメドガー・エヴァース（1925～1963）を殺害した容疑で、以前にも二度、ミシシッピ州の法廷で裁判を受けていた。二度とも、白人ばかりの陪審団は、彼に有罪の評決を下そうとはしなかった。**

◆

マーティン・ルーサー・キング・ジュニア（1929～1968）は、こう言ったことがある。「道徳的な世界の弧は長いが、その弧は正義に向かって曲がっている」この見解は、ベックウィズの事案にまさにぴったり当てはまるものだったかもしれない。白人至上主義者で、肥料の商人だったベックウィズは、正義の裁きを回避し続けたが、30年以上が経過してようやく、過去の犯罪が彼を追い詰めたのだ。1994年の裁判の日の朝、八人の黒人と四人の白人から構成される陪審団が法廷へ戻ると、ベックウィズは有罪宣告を受け、終身刑を言い渡された。これをもって、公民権運動時代から最後まで未解決のままだった事件のひとつが終結し、南部においてもアメリカ全体においても、時代の変化を実感させる象徴的な出来事となった。

「裁判が終わったとき、全身の毛穴が開ききって、すべての不安が消え去りました。陪審が『有罪！』と言ったとき、私は生まれ変わったんです」判決後、エヴァースの未亡人のマイリー・エヴァース（1933～）は『ニューヨーク・タイムズ』紙の取材にこう答えた。

ベックウィズはカリフォルニア州で生まれ、子供のときにミシシッピ州へ移った。第二次世界大戦では海兵隊に入隊し、退役後にクー・クラックス・クランのメンバーとなった。黒人、移民、ローマ・カトリック信者の公民権に反対するクー・クラックス・クランは、1950～1960年代のアメリカ最南部で強い影響力を維持しており、その支配力は地元の多くの政治家や警察に及んでいた。エヴァースは第二次世界大戦の元軍人で、全米黒人地位向上協会（NAACP）のミシシッピ州支部の支部長だった。彼は1962年にミシシッピ大学の黒人差別撤廃運動に関わったことから、幾度も殺害の脅迫を受けていた。そして1963年６月12日、全米黒人地位向上協会の会議から帰宅途中、ベックウィズに背後から狙撃銃で銃撃された。

凶器の銃にはベックウィズの指紋が残っており、彼の容疑を示す証拠は十分にあった。ベックウィズは事件から二週間以内に逮捕された。しかし二名の警官が、ベックウィズは事件当時は約145キロ離れた場所にいたと証言し、二度開かれた裁判はいずれも陪審の評決不能として終わった（その後何年も経て、ベックウィズの支援者が陪審員を買収していた可能性が浮上した）。1994年にベックウィズが訴追されると、何人かの証人が、ベックウィズが殺害に関わったことを自慢しているのを聞いたと証言した。そして６時間の評議ののちベックウィズに有罪判決が下された。ベックウィズは上訴したが取り下げられ、80歳のときに獄中死した。

豆知識

1. エヴァースの殺害は、ボブ・ディランの歌『しがない歩兵』（1963年）の着想となった。
2. ベックウィズを有罪に導いたミシシッピ州の検察官ボビー・デロータ（1954～）は、のちに裁判官となった。デロータ自身も2009年、収賄容疑で裁判にかけられている。
3. エヴァースの未亡人のマイリーは、1995～1998年に全米黒人地位向上協会の会長を務めた。

# 334 文筆家・芸術家 ｜ エリザベス・ビショップ

**エリザベス・ビショップ（1911～1979）は、生涯で90編ほどの詩を発表し、ひとつの作品に何年もかけて推敲（すいこう）を重ねたことで知られる。完成させた作品数としては比較的少ないものの、20世紀のアメリカの詩作に大きな影響を及ぼした詩人だ。ピューリッツァー賞の受賞者でもあり、1949年にはアメリカ合衆国の桂冠詩人となった。**

✦

ビショップは、作品の完成度の高さと、複雑さと、その裏打ちされた卓越性により、ほかの詩人たちの間で特に人気が高かった。詩人のジョン・アッシュベリー（1927～2017）は、ビショップは「作家の中の作家の中の作家だ」と、冗談めかして言った。

マサチューセッツ州で生まれたビショップは、父親と早くに死に別れ、母親は精神科病院に収容されたことから、孤独な幼少期を過ごし、主に祖父母とおばに育てられた。1930年にニューヨーク州のヴァッサー大学に入学し、そこで詩人のマリリン・ムーア（1887～1972）と知り合い、ムーアからは多大な影響を受けることとなった。大学を修了後、ビショップは医学校に進学するつもりだったが、ムーアの説得を受けて予定を変え、旅に出て詩作に励むことにした。そして1946年、大手出版社ホートン・ミフリンの主催する全国文芸賞の詩部門で受賞を果たし、その翌年、最初の詩集『North and South』（仮題：北と南）が出版された。

ビショップの詩は、簡潔な言葉遣いと、皮肉を交えたユーモア、私的でない題材、そして丁寧な自然の描写が特徴だ。同時代の多くの詩人とは異なり、自分のことは語らず、木々や魚、家などに目を向けた。『At the Fishhouses』（仮題：漁場の小屋にて）では、波止場近くに現れたアザラシの様子を描いている。

**消えたと思えば　ぽっと現れる**
**ほぼ同じところに　あらま、という態（てい）で**
**しくじったとでもいいたげに**

1951年、ビショップは奨励金を獲得してブラジルへ渡り、その後の18年のほとんどをそこで過ごした。ブラジルの建築家ロタ・デ・マセド・ソアレス（1910～1967）と恋愛関係になり、ポルトガル語を習い、ブラジルの詩人の詩集を編集した。

ビショップは、生涯の大半は父親から受け継いだ遺産で生活していたが、1970年にアメリカへ戻り、ハーバード大学で教鞭をとった。ビショップの最後の詩集『Geography III』（仮題：地理三課）は、1976年に出版された。その３年後、68歳のときにボストンで亡くなった。

**豆知識**

1. ビショップは５歳を最後に、母親のガートルードと会うことはなかった。ビショップは散文『In the Village』（仮題：村にて）で、母親が精神に破綻をきたしたエピソードと、カナダのノバスコシア州ダートマスの精神科病院に収容されたことを回想している。
2. ビショップのブラジル滞在は数か月のみの予定だったが、カシューナッツを食べて深刻なアレルギー症状を起こしたことから、帰国の予定が遅れた。彼女は療養中にソアレスに出会い、そのままブラジルに残ることにした。
3. ビショップの墓標の言葉は、彼女の詩『The Bight』（仮題：湾）から選ばれた。「ごたごたなことはすべて続く／大変ながらも快活に」

# 335 反逆者・改革者 | セサール・チャベス

**セサール・チャベス(1927〜1993)は、アメリカ合衆国で農業労働者の労働組合を組織し、公民権運動を展開した人物である。大規模なハンガーストライキや不買運動を展開し、1960〜1970年代の移民の農業労働者たちが置かれた苦境を広く世に知らしめた。チャベスが設立した全米農業労働者組合(UFW)は、農場主たちに賃金の引き上げを認めさせ、メキシコ系アメリカ人が大半を占める農業労働者が危険な殺虫剤にさらされないよう措置をとらせた。**

✦

チャベスはアリゾナ州で生まれ、10代のときに農園で働き始めた。第二次世界大戦後にアメリカ海軍に入り、1948年に家に戻ると、住民組織化に携わるようになった。1950年代はカリフォルニア州で有権者登録を促す活動を推進し、1962年には全米農業労働者組合の前身となる全国農業労働者協会(NFWA)を共同で設立した。

チャベスの全米農業労働者組合の運動は、南部で公民権運動が展開されていた時期に当たっており、経済的な運動であると同じく社会運動でもあった。チャベスは、賃金の引き上げと安全性の改善を訴えるだけではなく、何十年も農園や果樹園の管理者たちに不当に扱われてきたチカーノ(メキシコ系アメリカ人)の農業労働者に、基本的な尊厳を回復させようとした。

チャベスの活動として最も有名なブドウの不買運動は、1965年に始まった。チャベスは、農園主が労働組合を認可するまでカリフォルニア産のブドウを買わないよう消費者に訴えかけ、政治家のロバート・F・ケネディ(1925〜1968)など、有力者から支持を得た。農園主らは不買運動による痛手を受け、1970年に初めて一部の農園主が労働組合の契約に署名した。

しかし1980年代の初頭までに、多くの農園主は全米農業労働者組合を回避する方法を見つけ、同組合でのチャベスの独裁に近い指導が批判されるようになっていた。同組合の知名度は上がったものの、カリフォルニア州のすべての農業労働者をまとめることはできなかった。現在も、大半の農業労働者は組合に加入していない。それでも、チャベスは1993年に66歳で死去して以後、メキシコ系アメリカ人たちに公民権運動の英雄として尊敬されている。チャベスの誕生日の3月31日は、いくつかの州では現在も祝日となっている。

豆知識

1. 『ロサンゼルス・タイムズ』紙は1995年、FBI(連邦捜査局)の捜査官らがチャベスに関し1434ページの資料をまとめていたことを報じた。チャベスを「破壊分子」と危険視してのことだったらしい。
2. チャベスがスローガンとして使った「私たちはできる」(Yes, we can)は、2008年の大統領選挙のときに、民主党候補のバラク・オバマ(1961〜)が採用した。
3. チャベスは38校の学校を転々とし、中学2年生以降は学校に通わなかったとされる。

# 336 伝道者・預言者 | L・ロン・ハバード

**サイエントロジー教会の創立者であるL・ロン・ハバード（1911〜1986）は、ネブラスカ州ティルデンで生まれ、アメリカ西部のいくつかの町で育った。1930年代にジョージ・ワシントン大学を退学後、サイエンス・フィクション小説や大衆小説を書く中堅作家となった。**

◆

第二次世界大戦中、ハバードはアメリカ海軍に従軍し、1950年、心の健康を改善するセルフヘルプの手引きだという『ダイアネティックス —— 心の健康のための現代科学』（“Dianetics” トランスレーションズユニット訳　Bridge Publications, Inc　2007年）を出版した。この本は、精神医学の専門家たちからはインチキだとはねつけられたが、科学的に聞こえる用語や助言がふんだんに含まれており、売り上げは上々だった。

同書の成功を活かし、ハバードは1954年に「サイエントロジー」という組織を創設した。この組織は、当初は有料のカウンセリングサービスとして活動しており、場合によっては、心の健康の「オーディティング」（訳注：カウンセリングの一種）として1時間当たり何百ドルもの料金をとっていた。ハバードは、この活動や本の売り上げから何百万ドルもの収入を得ることとなった。

しかし、精神医学界からは広く批判を受け、脱税の疑いで捜査対象にもなったハバードは、サイエントロジーは宗教であると主張した（宗教の場合は税が免除される）。ハバードは1967年、サイエントロジーが何か国にもわたって多数のケースで捜査対象となるのを避けるために、牛の運搬用のフェリーを改造した「アポロ」と名付けた船に乗り込み、国際水域に住むと宣言した。ハバードは海上で何年かを過ごし、1975年にアメリカ合衆国に戻った。その3年後、ハバードの組織に強制捜査が入り、三人目の妻メアリー・スー・ハバード（1931〜2002）が、法執行機関に盗聴器を仕かけようとした罪で収監された。ハバードは、晩年はカリフォルニア州サンルイスオビスポ近くの、人里離れた牧場でひっそりと生活した。

ハバードに対する評価は、現在も両極端に分かれる。ハバードはイカサマであり、彼を信じる人たちを騙して利益を得たと批判する人も多い。しかし、70万人を超えるサイエントロジーの信者 —— その中にはハリウッド・スターも少なくない —— にとっては、ハバードは精神的指導者であり、彼の著作が人生を変えてくれたと考えている。

**豆知識**

1. サイエントロジー教会の神学では、神や死後の世界は存在しない。ハバードは、個々それぞれに「セイタン」という不滅の魂が宿っていると教えた。しかし、銀河連合の「ジヌー」という悪の独裁者が、約7500万年前に地球に水素爆弾を落とし、セイタンが傷つけられたため、傷ついた魂を修復するために「ダイアネティックス」が必要なのだとされる。
2. ヨーロッパの多くの地域では、サイエントロジー教会はカルトであると認識されている。特にドイツでは、イスラム原理主義と匹敵するほど深刻な国家への脅威だと見なされている。
3. ハバードは、さまざまなペンネームで著作を記した。ペンネームには、ウィンチェスター・レミントン・コルト、ルネ・ラファイエットなどがある。

# 337 指導者 | コンラート・アデナウアー

**コンラート・アデナウアー（1876〜1967）は、第二次世界大戦後の西ドイツの初代首相である。14年間首相を務め、国の経済再建と、恐ろしいホロコースト後のドイツの国際社会における評判の回復に努め、その取り組みは全般に高く評価された。**

◆

しかしアデナウアーは、国を戦争の悪夢から脱出させようと急ぐあまり、一部のナチス政権の関係者に罪を償わせることなく、また、ヒトラー時代の罪に国民が正面から向き合うことを妨げたとして批判も受けた。

アデナウアーはドイツのケルンで生まれ、1917年にケルンの市長に選ばれた。1933年、市の建物にナチスの党旗を掲げることを拒否したのちに、市長の地位を追われ、身を隠さねばならなくなった。彼は二度逮捕され、数年を隠れて過ごした。

第二次世界大戦後、アメリカ軍はアデナウアーをケルン市長に再び就任させた。ナチズムに染まらなかった数少ないドイツの政治家のひとりだったアデナウアーは、戦後に新たな政治政党「キリスト教民主同盟」の設立に携わり、1946年に党首に任命された。ドイツが東西に分断されたのち、キリスト教民主同盟は1949年の西ドイツ初の選挙に勝利し、73歳のアデナウアーが首相に就任した。

アデナウアー首相は任期中に、西ドイツを北大西洋条約機構（NATO）に加入させ、イスラエルに対してホロコーストの賠償金を支払う協定を結び、軍の再建を行った。また、ソヴィエト連邦と交渉し、戦争捕虜としてなおもロシアに残っていたドイツ人の解放を実現させた。

物議をかもしたこととして、アデナウアー首相は何千人もの元ナチスのメンバーを復職させ、その多くを政府の高位に就かせたということがある。1958年までに、事実上すべてのドイツの戦犯は恩赦を受け、刑務所から釈放された。

アデナウアー首相は1963年に退任し、その４年後に亡くなった。アデナウアーが死去するころには、ドイツの若い世代は、彼を保守主義の象徴と認識するようになり、戦争におけるドイツの罪をより真摯に受け止めるべきだと訴えるようになっていた。

豆知識

1. アデナウアーは、アメリカのハリー・S・トルーマン大統領（1884〜1972）を尊敬しており、1964年のインタビューで、トルーマン大統領の回想録をいつもコーヒーテーブルに置いていると語った。
2. 『タイム』誌は1953年、アデナウアーは「フン［ドイツ人に対する軽蔑の語］とナチスの忌まわしい地を道徳的に正しい地に戻した」指導者であるとして、「今年の人」に選んだ。
3. アデナウアーは、ヒトラー暗殺計画に関わったと疑われて1944年にゲシュタポに逮捕された。しかし、アデナウアーを暗殺計画に結びつける証拠は何もなく、彼は数か月後に釈放された。

# 338 哲学者・思想家 | アイザイア・バーリン

**1957年、当時のイギリス首相は、アイザイア・バーリン(1909〜1997)を騎士団勲章の候補に選んだ際に、この表彰でバーリンの一番秀でた能力である「おしゃべり」を評価せねばならないと冗談を言った。哲学者で、著述家で、外交官だったバーリンは、20世紀のイギリスで最も活発に行動した知識人だったかもしれない。彼は、驚くほど幅広い分野について、実に多くの著述や講義を行った。**

✦

しかし、バーリンの一番有名な業績は、共産主義を手厳しく批判したことだろう。ロシアに生まれたバーリンは、著作の中で、理想郷を目指す思考回路を痛烈に批判し、この思考回路が、完璧な社会を築くためにはどのような犯罪も正当化されるとロシアの多くの人々に思い込ませたとした。バーリンが共産主義に強い関心を抱いたのは、彼自身の家族の苦しい過去がきっかけだった。バーリンは、当時ロシア帝国の支配下にあったラトビアの都市で、木材商人の息子として生まれた。1917年にロシアで共産主義の革命が起こると、バーリンたちは亡命を余儀なくされた。一家は1921年にイングランドへ移り、バーリンはオックスフォード大学で教育を受けた。以後生涯にわたり、オックスフォード大学とは何らかの形で関わり続けるが、1932年には同大学で最初の教職に就いた。第二次世界大戦中、バーリンはアメリカ合衆国へ派遣され、のちにモスクワのイギリス大使館に派遣された。ソヴィエト連邦での在任中にロシア人の著述家や反体制派との交友を持つと、バーリンの共産主義への嫌悪は確かなものとなった。

1959年に発表した論文『二つの自由概念』に記されたバーリンの政治哲学は、人間の社会を改変して理想郷を目指そうとする政治運動を非難するものだった。その一例が共産主義だ。この論文で、バーリンは「消極的自由」と「積極的自由」という概念を提示した。消極的自由とは、「何かから逃れる自由」である。例としては、アメリカ合衆国の権利章典で保障されているように、自らを有罪に導く不利な供述をしなくてもよいという自由が挙げられる。積極的自由とは、何らかの権利が保障されるものである。例えば投票の自由や生計を立てる自由などだ。バーリンの考えでは、積極的自由には全体主義のリスクが伴う。なぜかといえば、積極的自由の実現には、政府による行動と、おそらくは強制が必要だからだ。バーリンは、積極的自由を求める理想郷的な取り組みは、「文字通り致命的な結果になる可能性がある」と記した。取り組みの支持者たちが、理想的な結果のためにはどんなに圧政的な手段でも正当化されると信じるようになるからだ。バーリンは、理想郷を目指す主義ではなく、中道の自由主義を支持した。各人の違いを認め、全員が支持するとは限らない理想郷的思考に市民を強制することのない主義である。バーリンは、心臓発作のため88歳のときにオックスフォードで死去した。

**豆知識**

1. バーリンはキャリアの初期に、イギリスの『ガーディアン』紙に応募した。同紙の編集者は、文章力が十分でないとしてバーリンを採用しなかった。
2. 第二次世界大戦中、バーリンはアメリカの首都ワシントンのイギリス大使館に駐在し、毎週、ウィンストン・チャーチル首相(1874〜1965)に宛ててアメリカのニュースをまとめた報告書を送った。
3. バーリンは生涯にわたってオックスフォード大学に関わったが、同校以外にも、アメリカのハーバード大学、プリンストン大学、ブリンマー・カレッジ、シカゴ大学で教えた。

# 339 革新者 | アラン・チューリング

**1945年、数学者のアラン・チューリング(1912〜1954)は、第二次世界大戦で連合国の勝利に貢献した英雄のひとりとして、イギリス政府に表彰された。しかしそれから10年も経たないうちに、その同じイギリス政府に、同性愛者だったことから逮捕・起訴され、屈辱的な扱いを受け、自殺に追い込まれた。**

✦

イングランドのマンチェスターの自宅で自殺を遂げたチューリングは、同性愛者の人権運動の中で初期の殉死者となった。彼の自殺により、世界初のコンピュータの考案と開発に携わり、また、ドイツ軍の暗号を解読した素晴らしい頭脳が、この世から失われることになった。

チューリングはロンドンで生まれ、イングランドの一流の寄宿学校で教育を受け、そこに在学中に自分が同性愛者であることを自覚した。その後、ケンブリッジ大学のキングス・カレッジに進学して数学を学び、1934年に卒業した。チューリングの最初の主要な論文『On Computable Numbers』(仮題:計算可能数について)は1936年、彼がまだ24歳のときに発表された。チューリングはこの論文で、どのようなタスクも処理できる「万能のマシン」の概念を提示した。当時、チューリングは純粋に理論としてこの概念を示したにすぎなかったが、やがてこれがコンピュータサイエンスの基礎を成すものとなった。

1939年9月4日、イギリスがドイツに宣戦布告した翌日、チューリングは極秘の軍施設であるブレッチリー・パークの任務に就いた。その後5年をかけて、ブレッチリー・パークの数学者のチームは、ナチスの暗号機「エニグマ」の暗号を解読する方法を考え出した。この発見により、連合国はドイツ軍の通信文を読むことができ、戦場できわめて有利になった。

第二次世界大戦後、チューリングはコンピュータの研究を続け、稼働するコンピュータとしては初期のひとつであるマンチェスター・マーク・ワンの開発に携わった。また、コンピュータで行う世界初のチェスのプログラムを書いた――プログラムを実行できるコンピュータそのものがまだなかったときのことだ。チューリングが「淫らな行為」(gross indecency)の罪で逮捕されたのは、1952年のことだった。収監は免れたが、性欲を抑えると考えられていた女性ホルモンの投与など、同性愛を「治す」医療を強制された。チューリングは41歳のとき、青酸化合物のついたリンゴを食べたのちに亡くなった。自殺だとされたものの、母親をはじめ、事故ではないのか、それとも自殺に見せかけた殺人ではないのかと考える人もいた。

イギリス政府は、チューリングに対する扱いについて2009年に正式に謝罪した。

**豆知識**

1. コンピュータの技術革新に貢献した人物に授与される国際的な賞、A・M・チューリング賞は、1966年にチューリングを称えて名付けられたものである。
2. チューリングは、長距離走を趣味としていた。フルマラソンで2時間46分3秒を記録したことがあり、1948年のオリンピックでイギリス代表に選ばれる寸前だった。
3. ブレッチリー・パークの暗号解読施設「ステーションX」は、第二次世界大戦後、何十年も国家機密として秘匿された。イギリス政府は1970年代にやっとその存在を公にした――これにより、同施設で働いた科学者たちはようやく、戦争時の貢献を認められることとなった。

# 340 悪人 ｜ E・ハワード・ハント

**ウォーターゲート事件の中心人物のひとりであるE・ハワード・ハント（1918〜2007）は、ホワイトハウスの工作員で、失敗に終わった1972年の民主党本部への侵入を計画した人物だ。侵入者らが逮捕され、彼らがハントと結びついていることが発覚すると、その後に一連の出来事が起こり、ついに1974年、大統領のリチャード・M・ニクソン（1913〜1994）が辞任するに至った。**

✦

ハントの友人で、保守主義の著述家ウィリアム・F・バックリー（1925〜2008）は、ハントは「ニクソンを辞任に導いた、ほかのどの人間よりも責任がある人物」だとした。

エヴェレット・ハワード・ハントは、ニューヨーク州西部で生まれ、ブラウン大学で教育を受けた。第二次世界大戦中は海軍に入り、のちにCIA（中央情報局）の前身である戦略諜報局に勤めた。大戦後も同局で働き、1954年、国民が選挙で選んだグアテマラ政府を転覆させようとするCIA主導の作戦に関与した。

またハントは、1940年代から数々のペンネームを使ってスパイ小説を出版した。初期の数作は好評で、短編は『コスモポリタン』誌や『ニューヨーカー』誌にも掲載された。

ハントは熱心な反共産主義者で、キューバに侵攻しカストロ政権の転覆を試みた1961年の「ピッグス湾事件」の計画に関わった。政権転覆が失敗に終わると、ハントはCIAの主力から外され、キューバの政権交代に関して強硬策をとらないジョン・F・ケネディ大統領（1917〜1963）に失望するようになった。ハントは1970年にCIAを辞職した。

その翌年、ハントはニクソン政権に「セキュリティ・コンサルタント」として採用され、日当100ドルでニクソンの政敵に対するスパイ活動を行った。1972年の大統領選挙を間近に控え、ハントは五人の男を雇い、ウォーターゲート・ビルに侵入させて、民主党本部の電話に盗聴器を設置させようとした。侵入者らが逮捕されたとき、その五人のうちのひとりは、ハントの名の記された住所録を持っていた。ハントは、この不法侵入事件に関わった罪で33か月服役した。出所後も引き続きスパイ小説を書き続け、ウォーターゲート事件での自らの行動を弁護し、ピッグス湾事件が失敗したことだけが心残りだと述べた。

**豆知識**

1. ハントは、さまざまなペンネームを使って80編以上の小説を出版した。彼のペンネームには、ゴードン・デイヴィス、ジョン・バクスター、デイヴィッド・セント・ジョンなどがある。
2. ウォーターゲート事件での不法侵入の実行犯、フランク・スタージス（1924〜1993）は、過去に反カストロの工作員だった。ハントの小説のうち好評だった作品のひとつである1949年の『Bimini Run』（仮題：ビミニ・ラン）の主人公には、スタージスとほぼ同じ名が付けられている。
3. ハントは、ケネディ暗殺とのつながりを示す証拠がないにもかかわらず、この暗殺についての多くの陰謀説に結びつけられている。ハントは1985年、ケネディ暗殺への関与をほのめかしたとしてタブロイド紙を訴えた。陪審団はハントの訴えを認めなかった。

# 341 文筆家・芸術家 ナギーブ・マフフーズ

**1994年のこと、カイロでカフェへ向かおうとしていた82歳の男性に、ふたりのイスラム教過激主義者が刃物をふりかざして襲いかかった。のちに警察は、この殺人未遂がエジプトのテロ組織「ジハード団」に関連していることを突き止めた。襲撃された小説家のナギーブ・マフフーズ(1911〜2006)は、首を切りつけられて重傷を負ったが、命は助かった。**

◆

事件当時は高齢で弱くなっていたが、マフフーズは、アラブ世界を代表する著名な小説家で知識人であり、1988年にノーベル文学賞を受賞した。思想はリベラルで、宗教と距離を置く世俗主義者であり、言論の自由を擁護し、率直に発言する人物であった――彼のこの姿勢が、襲撃のターゲットになった原因だった。

マフフーズはカイロで生まれ、厳格なイスラム教徒の両親に育てられた。カイロ大学で哲学を学んだが、熱心な信仰からは徐々に離れていった。1939年、最初の小説で古代エジプトを舞台とした『Mockery of the Fates』(仮題:運命の嘲り)を出版した。マフフーズは、古代エジプトの歴史から作品の着想を得ることが多かった。

第二次世界大戦後、マフフーズの作品の舞台は近代エジプトの労働者階級へと変わっていった。「カイロ三部作」と呼ばれる1956年の『張り出し窓の街』(塙治夫訳　国書刊行会　2011年)、1957年の『欲望の裏通り』(塙治夫訳　国書刊行会　2012年)、1957年の『夜明け』(塙治夫訳　国書刊行会　2012年)は、あるエジプトの一家の物語で、最後はエジプトの王政が転覆された1952年の革命に至る。1959年に出版された『Children of Gebelawi』(仮題:ゲベラウィの子供たち)は、宗教界の権威から激しい非難を受けた。神を冒瀆しているというこの本の内容が、1994年の殺人未遂の犯行動機として挙げられた。マフフーズはイスラム過激派の批判者であり、アラブ圏の知識人の中では、1978年のエジプトとイスラエル間の平和への合意を支持した数少ないひとりであった。これがもとで、マフフーズの著書はアラブ世界で禁書になった。マフフーズはノーベル賞を受賞してまもない1989年、小説家のサルマン・ラシュディ(1947〜)を擁護したことでさらに大きな波紋を呼んだ。ラシュディは、小説『悪魔の詩』(五十嵐一訳　新泉社　1990年)でイスラム教を侮辱したとして、イスラム世界で強い非難を浴びており、イランの最高指導者は、イスラム法に基づく発令「ファトワー」によりラシュディに死刑を宣告していた。マフフーズは、1994年の襲撃で深刻な後遺症が残り、利き手でうまく鉛筆を持つことができなくなった。そして、カイロで94歳のときに亡くなった。

**豆知識**

1. マフフーズはいくつもの政府の職で働き、小説から得られる少ない収入を補っていた。1960〜1970年代には映画の検閲を行うエジプト政府の職に就いており、このことで彼を批判する人々もいる。
2. マフフーズは初期の作品に満足せず、1930年代に約50の短編を破棄した。それでも、短編集13冊と脚本30編、小説33編を出版した。
3. マフフーズは、生涯のうちエジプトを三度しか出たことがなく、ノーベル賞の受賞時もストックホルムでの授賞式に出なかった。式には娘たちが代理で出席した。

# 342 反逆者・改革者 ｜ ヒューイ・ニュートン

**アメリカのブラックパンサー党の指導者、ヒューイ・P・ニュートン（1942～1989）を批判する人々にとってみれば、彼は街の悪党で、過激派で、人殺しだった。ニュートンはカリフォルニア州で警官を銃撃して2年を刑務所で過ごし、1987年に再び銃関連の罪で刑務所へ送られ、最後は薬物の売人に殺害された。**

✦

しかしニュートンを尊敬する人々にとって、彼とブラックパンサー党は、白人の暴力行為からアメリカの黒人社会を守った存在であり、アフリカ系アメリカ人の自立の象徴だった。多くの人々にとってニュートンは、1960年代後半にアメリカで巻き起こった黒人民族主義運動の中で「ブラック・パワー」と人種的誇りの精神を体現した人物だった。

ヒューイ・ニュートンはルイジアナ州で生まれ、元州知事のヒューイ・ロング（1893～1935）にちなんで名付けられた。一家はニュートンが子供のときにカリフォルニア州オークランドに移った。少年時代のニュートンは頻繁に問題を起こし、14歳のときに初めて、銃関連の罪で逮捕された。ニュートンによると、高校卒業時にはまともに読み書きができなかったという。

読み書きを学ぼうと決心したニュートンは、まずプラトンの『国家』を読んだ。ニュートンはこの本について、五回繰り返し読んだころにやっと少しだけ意味が分かってきたと回想している。また、この本を読んだことが人生の転機となり、政治的な関心を持つようになったという。ニュートンは、サンフランシスコ湾岸地域の急進的な黒人社会に引き寄せられ、1966年にボビー・シール（1936～）と共にブラックパンサー党を結成した。ニュートンは組織の「防衛大臣」に指名された。党員たちは、警察の暴力行為への戦いと称し、武装してスラム街のパトロールを行ったが、貧しい人々に無料で朝食や医療を提供する活動も行い、やがて全国で何千人もの党員を獲得するに至った。ニュートンは1967年、警官のジョン・フレイを殺害した容疑で逮捕されたが、1970年に判決が覆され、釈放された。ブラックパンサー党の党員数は、ニュートン不在の間に大幅に減少した。ニュートンは1974年に再び逮捕されたが、娼婦の殺害容疑で起訴される前にキューバへと逃亡した（1977年に帰国し、無罪となった）。

1970年代の終わりには、ブラックパンサー党はほぼ解散状態となっていた。ニュートンは大学院に入学し、ブラックパンサー党に関する論文を書いて博士号を取得した。最後の10年はヘロインとコカインの依存症と戦い、1989年、オークランドの薬物の売人に銃殺された。

**豆知識**

1. 映画監督のスパイク・リー（1957～）は2001年、ニュートンの生涯を描いたノンフィクション映画『A Huey P. Newton Story』（仮題：ヒューイ・P・ニュートンの物語）を製作し、ロジャー・グーンヴァー・スミス（1959～）がニュートンを演じた。
2. ニュートンと共にブラックパンサー党を創設したボビー・シールは、年老いても闘争を続けると誓っていたが、年齢とともにかなり穏やかになった。フィラデルフィア州のテンプル大学で地域コミュニティの調整役として働き、以前、有名人としてベン＆ジェリーズアイスクリームのポスターの写真にもなった。
3. ニュートンは何年も薬物の依存症と戦い、1984年に治療施設へ入った。治療費はコメディアンのリチャード・プライヤー（1940～2005）が支払い、ニュートンはしばらくの間薬物を断つことができたが、のちに薬物の摂取器具の所持で逮捕された。

# 343 伝道者・預言者 | マハリシ・マヘーシュ・ヨーギー

**1968年、ビートルズの名声は絶頂に達していた。アルバム『サージェント・ペパーズ・ロンリー・ハーツ・クラブ・バンド』(1967年)が全世界で空前の大ヒットを博していた時期だ。しかしその年の春、ビートルズの四人は、新たなアルバムを作るのではなく、インドの山奥の僧院にこもって超越瞑想を学ぶと宣言し、世界を仰天させた。**

◆

四人を指導したインドのグル(ヒンドゥー教の尊師)は、マハリシ・マヘーシュ・ヨーギー(1917~2008)だった。彼は超越瞑想の普及運動を展開し、50年にわたり世界中を訪れて超越瞑想の効果を宣伝したことでよく知られる。マヘーシュは精神的指導者であり、有名人であり、そして批判者にとっては「押し売り屋」でもあったが、彼は一時期、世界一有名な神秘主義者のひとりだった。ビートルズとの関わりが追い風となり、そうそうたる顔ぶれのミュージシャンや芸術家、政治家などがマヘーシュを信奉するようになった。ロックグループ「ザ・ビーチ・ボーイズ」のボーカルのマイク・ラヴ(1941~)や、映画監督のデヴィッド・リンチ(1946~)などもその一部だ。

マヘーシュは物理学の学位を取得し、のちにヒンドゥー教の尊師に仕える秘書となった。1953年に尊師が死去すると、マヘーシュはヒマラヤ山中へ移り、自らの瞑想法を生み出し、アシュラム(ヒンドゥー教の僧院)を設立した。1955年からマヘーシュが広め始めた超越瞑想の手法は、静かに瞑想しマントラ(真言)を唱えることで、ストレスをなくし、健康状態を改善し、精神的な充足を達成しようとするものだ。マヘーシュはいつも白い衣と花輪を身に着け、オランダで91歳で死去するまでこの運動のリーダーであり、主なスポークスマンであった。

ビートルズはヒマラヤの僧院に二か月ほど滞在し、その間、のちに『ザ・ビートルズ』(別名「ホワイト・アルバム」)に収録される多くの歌を書いた。しかし、ジョン・レノン(1940~1980)はマヘーシュに失望するようになり、ビートルズのマヘーシュへの傾倒は数か月で終わった。

**豆知識**

1. 1968年のビートルズの歌『セクシー・セディー』は、ジョン・レノンが尊師マハリシ・マヘーシュ・ヨーギーに幻滅したあとで書いた皮肉的な作品で、元は「マハリシ」という題が付けられていた。
2. アメリカ合衆国でマヘーシュの信者として最もよく知られたのは、ハーバード大学で教育を受けた物理学者ジョン・ハゲリン(1954~)であった。ハゲリンは、超越瞑想を通じて国内外の問題を解決するという公約で、大統領選挙に三度出馬した。
3. 2001年、アイオワ州フェアフィールド郊外に、「マヘーシュ・ヴェディック・シティ」という町が建設された。尊師マヘーシュの教えに基づき、町のすべての建物が東向きに建てられ、サンスクリット語が町の推奨言語であり、町内全域では有機食品以外は禁止されている。

# 344 指導者 ｜ ゴルダ・メイア

**西側諸国で初の女性指導者となったゴルダ・メイア（1898〜1978）は、1969〜1974年にイスラエルの首相を務めた。メイア首相の在任中はイスラエルの困難な時期に当たり、1972年にはミュンヘンオリンピックでイスラエル人アスリートの殺害事件があり、また1973年には第四次中東戦争（ヨム・キプール戦争）が起こった。**

✦

メイアは、味方にも敵にも、毅然とした現実的な態度と、皮肉を交えたユーモアと、シオニズムへの強い情熱で知られた。彼女のシオニズムへの信念は、ユダヤ人の祖国の建国と、その危うい独立の立場を保護しようと生涯にわたって心血を注いだことに表れている。

メイアは、旧ロシア帝国領のウクライナで生まれ、1906年、貧困と反ユダヤ主義から逃れるべくアメリカ合衆国に移った。一家はウィスコンシン州ミルウォーキーに住まいを定め、メイアは英語を学び、食料品店を営む両親を手伝った。高校時代にはシオニストの青年組織に入り、1921年にパレスチナへ移った。

パレスチナへ移住後、メイアは集団農場で何年か生活し、労働審議会の秘書官となった。また、さまざまなシオニズム運動のための資金集めを率先して行い、ヨーロッパやアメリカを訪問してユダヤ人移住者のための資金を募った。第二次世界大戦が終結しホロコーストが終わると、ユダヤ人国家の建設を求める勢力がさらに増し、イスラエルは1948年に独立を宣言した。メイアは、イスラエル独立宣言に署名した25人のひとりとなり、新しく建国されたイスラエルで初めてのパスポートの発行を受けた。

メイアは1956〜1966年に外務大臣を務めた。そしてマパイ党の秘書となり、1969年、任期中に死去した首相レヴィ・エシュコル（1895〜1969）に代わって首相に就任した。

在任中のメイア首相は、主にアラブ近隣諸国との対立と、パレスチナのテロ組織「黒い九月」によるミュンヘンオリンピックでのイスラエル人アスリート殺害事件の対応に追われた。第四次中東戦争でのメイア首相の対応は、イスラエルがアラブ側から奇襲されたことから批判を受けたものの、イスラエルはエジプトとシリアの連合軍を三週間のうちに撃退した。

第四次中東戦争の翌年、戦争に関するメイアの対応が疑問視される中、メイアは首相を辞任した。その 4 年後、80歳のときにこの世を去った。

**豆知識**

1. メイアは、ソヴィエト連邦で初のイスラエル大使を務めた。
2. メイアの生涯を描いた戯曲『ゴルダ』は、1977年にブロードウェイで初演され、アン・バンクロフト（1931〜2005）がメイアを演じた。
3. スティーヴン・スピルバーグ（1946〜）監督による2005年の映画『ミュンヘン』では、リン・コーヘンがメイアを演じた。同映画は、ミュンヘンオリンピック事件に対するイスラエルの報復作戦を描いた作品である。

# 345 哲学者・思想家 ミシェル・フーコー

**フランスのミシェル・フーコー（1926〜1984）は、自分は哲学者ではなく歴史家だと言った。しかし、監獄と狂気、セクシュアリティをテーマとしたフーコーの著作や講義は、哲学に革命を促し、そして、ポストモダンの作家や歴史家、理論家の発想に影響を及ぼした。**

◆

実のところ、刈り上げた頭に黒い服装でおなじみだったフーコーは、ヨーロッパにおいてもアメリカにおいても学術界の有名人で、死後に『ニューヨーク・レビュー・オブ・ブックス』誌上で「世界一有名な知識人」として称えられた。

フーコーはフランス中央部のポワティエで生まれ、パリの高等師範学校で哲学を学んだ。思春期は長い間、深刻なうつ状態を過ごし、仲間は寄りつかず、短刀で別の生徒を刺し殺そうとしたことがあるとされる。大学時代にフリードリヒ・ニーチェ（1844〜1900）の作品に出会ったことが、フーコーの思想に多大な影響を与えた。

1961年に出版されたフーコーの博士論文『狂気の歴史』（“Histoire de la folie à l'âge classique” 田村俶訳　新潮社　1975年）は、フランスの学術界にセンセーションを巻き起こし、さらにベストセラーとして人気を博した。この本では、フーコーが学者として生涯にわたり追究したテーマの多くが提示された。中でも、「社会の権力」と「狂気と犯罪性」の間にある関係はその最たるものだ。

『狂気の歴史』と、続いて出版された『監獄の誕生』（“Surveiller et punir, naissance de la prison” 田村俶訳　新潮社　1977年）などの著作の中でフーコーが主張したのは、精神の病とは、社会の意に添わない者を監禁し、処罰するために作り上げられたものだということだ。特に、精神の病を「治す」と称した対応を、身体的な監禁よりも暴虐的だとして反対した。

フーコーの私生活はときに不安定で、彼の最期は悲劇的だった。1970年代、フーコーは年に一度サンフランシスコを訪問し、哲学の講義を教え、同性愛者の集まる浴場で乱交していた。そのような中でHIV（ヒト免疫不全ウイルス）に感染したと思われ、彼はエイズの流行の中、著名人として初の死者のひとりとなった。57歳だった。

現在も、フーコーは学術界で非常に影響力の大きな——そして物議もかもす——人物として語られる。フーコーの主張は大げさであり、歴史の時代区分は不正確だとして批判する人々もいる。一方でフーコーは、権力について、そして権力がいかに行使されたかについて、新しく重要な視点で考察したとして支持も受けている。

豆知識

1. フーコーは、1950年代初頭の3年間、共産党員だったが、ヨシフ・スターリン（1879〜1953）への嫌悪から党を脱退し、のちに共産主義に強く反対するようになった。
2. フーコーは、フランス国内やアメリカ・カリフォルニア大学バークレー校のほかに、スウェーデン、ポーランド、チュニジア、ドイツでも教えた。
3. フーコーは生前に三巻の『性の歴史』を書いた。四巻目は完成間際だったが、フーコーの遺言に従い、出版されないことになっている。

# 346 革新者 ｜ ライナス・ポーリング

**子供時代のライナス・ポーリング（1901〜1994）は、毎週末のようにオレゴン州オスウェゴの祖父母の家に遊びに行っていた。ポーリングの後年の回想によると、そんなある週末のこと、祖父母の家の近くの森で、閉鎖された製錬所を見つけた。そこには硝酸や塩酸や、そのほかにも何らかの化学薬品の入った瓶があったという。**

◆

13歳のポーリングは大喜びし、薬品の瓶を台車に載せて家へ持ち帰った。「あの化学薬品を手に入れたのは、本当に素晴らしいことだった」と、彼はのちに記している。ポーリング少年は持ち帰った薬品を使って初めての実験を行い、将来、アメリカの科学界の伝説に名高い優秀な学者になるのだ。化学者ポーリングは、大学で教鞭をとり、反戦運動家としても活動し、単独でノーベル賞を二度受賞した唯一の人物である。一度目は、1954年にノーベル化学賞を受賞した。二度目は1962年、第二次世界大戦後に行った核兵器への反対運動が評価され、ノーベル平和賞を受賞した。ポーリングはカリフォルニア工科大学で博士号を取得し、その後数十年にわたり同校で教鞭をとった。研究者としての初期には、主に化学結合（分子をつなぎ合わせる力）を研究した。また、核酸の研究も行い、DNAの発見にはジェームズ・D・ワトソン（1928〜）とフランシス・クリック（1916〜2004）にほんの一足だけ先を越された。

1950年以降は、より多くの時間を政治運動に割くようになり、核兵器への抗議運動に何度も参加した。ポーリングは反米主義者として非難され、連邦議会上院の小委員会に召喚されると、共産主義者ではないことを宣言するよう強制された。それでもアメリカ政府は1952年、ポーリングへのパスポート発行を拒否した。

さらにその後は、ビタミンCはがんなどの深刻な病を治癒できることを証明しようと精力を傾けた。そして1970年に『ライナス・ポーリングのビタミンCとかぜ、インフルエンザ』（“Vitamin C and the Common Cold” 村田晃訳 共立出版 1977年）を、1986年には『ポーリング博士のビタミンC健康法』（“How to Live Longer and Feel Better” 村田晃訳 平凡社 1995年）を出版した。この二作は医学界からは否定されたものの、目新しい概念を知った一般の人々は、ポーリングを健康食品の専門家と見なし、評判になった。ポーリングの主張したビタミンCの効能は証明されなかったが、彼自身には効き目があったようだ。ポーリングはカリフォルニア州ビッグサーに所有する牧場で、93年という十分に長い人生を終えた。

**豆知識**

1. ポーリングは、高校で必修科目のアメリカ史を履修することを拒んで退学した。ポーリングが進学先として選んだオレゴン農業大学は、当時は高校卒業資格がなくても入学できた。ポーリングが通った高校は、1962年にようやく彼を認め、名誉学位を授与した。ポーリングが二度目のノーベル賞を受賞したあとのことだ。
2. ポーリングは読書好きな子供だったことから、9歳のとき、父親は『ポートランド・オレゴニアン』紙に手紙を書き、息子に本を推薦してくれるよう頼んだ。手紙には、「聖書とダーウィンの『種の起源』は薦めないでください。すでに読んでしまいました」と書かれていた。
3. 第二次世界大戦中、ポーリングは自らの所属するカリフォルニア工科大学の研究所を軍事の研究に提供した。彼は、潜水艦の酸素レベルを監視する計測器や、負傷兵のための人工血漿、海軍のための新しい爆薬を開発した。この爆弾は、彼の名にちなんで「ライナサイト」(linusite) と呼ばれた。

# 347 悪人 ジョン・ゴッティ

**ジョン・ゴッティ（1940～2002）は近年一番よく知られたマフィアのひとりで、高級なスーツを身に着け、髪をきれいに整え、イニシャル入りの靴下をはいていたことから、「ダッパー・ドン」（粋な首領）との異名をとった。ニューヨークの「ガンビーノ」一家のボスとなり、高利貸し、自動車窃盗、ヘロインの密輸などを行う裏社会の巨大な帝国を支配した。ゴッティが1992年に起訴され終身刑になったことは組織犯罪との戦いで政府が大勝利を収めたことを意味した。**

✦

ゴッティは、多くの点で典型的なマフィアではなかった。目立たないように行動した昔のギャングとは異なり、注目を浴びるのが好きだった。また、ゴッティ以前のマフィアは薬物の密輸を嫌がる傾向があったが、ゴッティは容認した。しかし、ある一点だけはマフィアの伝統をちゃんと受け継いだ。暴力だ。ゴッティは暗黒街で起きた13件の殺人で有罪になり、そのほかにも何十人もの殺害を指示した可能性がある。また、近所の住民が失踪した事件の首謀者だとも考えられている。失踪した人物は、1980年にゴッティの12歳の息子フランクを事故で誤って死亡させていた。

ゴッティはニューヨーク市のブロンクスで生まれ、のちにブルックリンに移り、そこで地元のストリートギャングになった。1960年代の初めごろ、ニューヨークのマフィアの五大グループのひとつであるガンビーノ一家の構成員になり、1970年代終盤から1980年代初頭のある時点で幹部になった。ゴッティはガンビーノ一家のボスであるポール・カステラーノ（1915～1985）をマンハッタンのステーキ店の外で殺害させ、1985年に一家の支配者になった。

ボスとなったゴッティは、合計300人の「腕を認められた」構成員を支配した。このギャング団は何億ドルもの金を稼ぎ出し、その一部はゴッティの懐に入った（しかし納税に対応するために、ゴッティはクィーンズの配管工事用品のセールスマンを装った）。

ゴッティは、連邦裁判での二度の起訴で無罪になり、「テフロン・ドン」（傷のつかないドン）とのあだ名が付いたが、手下のサミー・「ザ・ブル」・グラヴァーノ（1945～）の寝返りに遭って失脚することとなった。グラヴァーノは、殺人に関わった罪の減刑を受ける代わりに、ゴッティの犯罪を裏づける証言をする司法取引をしたのだ。ゴッティは終身刑を言い渡され、61歳のときに獄中で死んだ。息子のジョン・A・ゴッティ（1964～）が後を継いでガンビーノ一家のボスになったが、この息子も1999年に刑務所に入った。

豆知識

1. ゴッティは大のギャンブル好きで、一度のサイコロゲームの賭けで６万ドルも負けたことがあるといわれる。
2. ゴッティを有罪判決に導く証言をした手下のグラヴァーノは、連邦政府の証人保護プログラムに守られ、アリゾナ州に移った。しかし彼は再び犯罪の世界に戻り、2002年にアリゾナ州フェニックスで、エクスタシーを売る集団を指揮したことから投獄された。
3. 1970年代初頭にゴッティの弁護士を務めたのはロイ・M・コーン（1927～1986）であった。コーンは1950年代に上院議員ジョセフ・マッカーシー（1908～1957）の主任顧問を務めていたことから、国内ですでに有名な人物だった。

# 348 文筆家・芸術家 ｜ ジョン・レノン

**ベビーブーム世代の文化の象徴であるジョン・レノン（1940～1980）は、ビートルズでリズムギターを弾き、ポール・マッカートニー（1942～）と共に作詞・作曲をし、人々の記憶に克明に刻まれる、20世紀最大の影響力を持つヒット曲を多数生み出した。後半生には平和運動家としても有名になり、ベトナム戦争への怒りと平和な世界への希望を表現したレノンの歌は、1960～1970年代に国際的に展開された反戦運動を活気づけるものとなった。**

✦

レノンは、ビートルズのほかの三人と同じく、イングランドのリヴァプールで生まれた。1957年、母親に初めてのギターを買ってもらい、同年にコンサートで15歳のマッカートニーに出会った。こうして、ふたりの長く複雑な交友が始まった。

ビートルズはレコード会社との契約を実現しようと奮闘し、1962年、最初のヒット曲となるシングル『ラヴ・ミー・ドゥ』をリリースした。アメリカの音楽のリズムとブルースに影響を受けたこのレコードは大ヒットし、1963年にはイギリス中に「ビートルマニア」による熱狂が広がっていた。ビートルズは1964年初頭、ニューヨークのジョン・F・ケネディ国際空港に堂々と上陸を果たしたのち、アメリカのヒットチャートでトップを記録した。

レノンとマッカートニーは、ビートルズの大半のヒット曲の制作者として共同名義になっていたが、実際には別々に作詞・作曲をすることが多かった。マッカートニーとの共同名義によるレノンの作品で有名なものには、『ヘルプ！』（1965年）、『愛こそはすべて』（1967年）、『カム・トゥゲザー』（1969年）などがある。

ビートルズは、個人的な対立や財政的なもめごとの中で1970年に解散した。レノンは1971年、妻のオノ・ヨーコ（1933～）と共にニューヨーク市に移り、生涯をそこで過ごした。レノンの反戦歌『平和を我等に』（1969年）と、理想の世界を歌い上げた『イマジン』（1971年）は、ほとんど政治をテーマとすることのなかったビートルズの作風から脱却したもので、二曲とも反戦運動の賛歌となった。1980年、アルバム『ダブル・ファンタジー』のリリース直後、レノンは住まいのアパート前の道で、狂信的なファンのマーク・デイヴィッド・チャップマン（1955～）に銃撃されて亡くなった。40歳だった。

**豆知識**

1. レノンの生涯を描いたブロードウェイのミュージカル『レノン』は、2005年に開演されたが、49回目の公演をもって終了した。
2. 2007年、ビートルズの記念品を扱うイングランドのワージングのオークションで、レノンの髪の毛の束が４万8000ドルで落札された。1966年の日本公演でレノンが着けていたサングラスのフレームは150万ドルで落札された。
3. レノンを殺害したチャップマンは20年から終身という無期限の刑となり、ニューヨーク州のアッティカ刑務所に収監された。2008年の時点で、州の仮釈放委員会は、チャップマンによる五度の仮釈放の申請を却下した。

# 349 反逆者・改革者 | デズモンド・ツツ

**南アフリカ共和国のアパルトヘイト（人種隔離政策）に反対した中心的な人物で、聖公会の大主教のデズモンド・ツツ（1931〜）は、1970〜1980年代に人種差別的な南アフリカ政府に対する非暴力の抵抗運動を繰り広げ、その名を馳せた。ツツによる活動が功を奏したこともあり、南アフリカは1991年にようやくアパルトヘイトを撤廃し、1994年には初めて複数人種による民主的な選挙が行われた。**

✦

聖公会の牧師であるツツは、アパルトヘイトと戦ったことから、世界で尊敬される代表的な人権擁護者として知られるようになった。1984年にノーベル平和賞を受賞し、南アフリカの真実和解委員会の委員長を務め、現在も、アフリカと世界の政治で影響力のある存在である。

ツツは南アフリカのトランスヴァール地域で生まれ、高校の教師を務め、1958年に伝道活動を始めた。当時、政府の人種政策の法律上、黒人は大部分の職業に就くことができなかった。ツツは牧師として正式に叙任されたのちにイングランドで学び、1967年に南アフリカへ帰国した。

白人の信者が大半を占める教会の黒人牧師だったツツは、アパルトヘイトへの抵抗運動で独特な立場となった。ネルソン・マンデラ（1918〜2013）をはじめとするその他の反アパルトヘイト運動の指導者とは異なり、ツツは刑務所に入ったことはなく、暴力を認めなかった。ツツの戦略は、南アフリカ政府への財政支援をやめるよう世界に呼びかけることだった。こうして、アパルトヘイトを推進する政府に厳しい経済的圧力をかけたのだ。

ツツは1976年にレソトの主教に昇格し、1986年にケープタウンの大主教となった――黒人として初めて、南アフリカの聖公会の指導者になったのである。

1991年にアパルトヘイトが廃止されたのち、ツツはアパルトヘイト時代の人権侵害を調査する真実和解委員会の委員長に指名された。1996年に大主教を退き、がんの診断を受けたことから南アフリカを離れてアメリカで治療を受け、病を克服した。そして2000年、デズモンド・ツツ平和基金を設立した。この団体は、社会的弱者に代わって現状を訴え、社会正義の実現を目指している。

**豆知識**

1. ツツは2004年、ニューヨークのオフブロードウェイ（ブロードウェイの小劇場）の戯曲『Honor Bound to Defend Freedom』（仮題：自由を守るための道義）に出演した。ツツはアメリカの外交政策に批判的であり、この劇では、アメリカのグアンタナモ湾収容キャンプにテロの容疑者を収容することに関し、法的な正当性に疑問を抱いている判事の役を演じた。
2. ツツは多民族の南アフリカを表すために「レインボー・ネーション」（虹の国）という言葉を作った。そして、国民はツツに「ザ・アーチ」（the Arch）というあだ名を付けた。ツツは正式に「名誉大主教」（archbishop emeritus）の称号を有している。
3. ツツは学術界の地位にも就いた。アメリカのアトランタのエモリー大学の客員教授や、南アフリカのベルビルのウェスタンケープ大学の総長などである。

# 350 伝道者・預言者 ｜ ダライ・ラマ十四世

**1935年、中国の西部でラモ・ドゥンドゥプという名の赤ん坊が生まれた。七人きょうだいの五番目だったラモは、生まれてからの３年間、人里離れた丘の上の農村で過ごした。両親はジャガイモを栽培していた。**

✦

そのころ、何百キロも離れた南の土地で、チベット仏教の僧侶たちがラサの宮殿に集まり、チベット高原に古代より続く国の新しい指導者を探し始めようとしていた。先代の指導者トゥプテン・ギャツォ（1876〜1933）が、38年の統治後に死去しており、「ダライ・ラマ」の地位が空位となっていた。伝承によると、チベットの指導者は単なる普通の人間ではなく、1391年に生まれた高僧の生まれ変わりである。トゥプテンは十三代目の転生だった。十四代目はチベットのどこかにいると、僧侶たちは信じていた――その人物を、見つけ出す必要があった。

さまざまな兆候に従っていくと、僧侶たちはジャガイモを栽培する一家の戸口にたどり着き、その家の幼い子供が新たなダライ・ラマであることを宣言した。こうして、小作農の子供ラモの道のりが始まった。彼は、20世紀の名だたる精神的指導者、そして政治的指導者へとなっていくのだ。幼いラモは村からチベットの首都へと連れられ、仏教を学び、チベットの指導者となるべく教育を受けた。1950年、15歳のときに正式にダライ・ラマの地位に就き、ダライ・ラマ十四世となった。そのわずか一か月後、中国軍がチベットに侵攻した。中国共産党の指導者たちは、チベットは歴史的に中国の一部だと認識しており、若きダライ・ラマ十四世を迷信による時代錯誤な人物だとして否定した。当初、ダライ・ラマ十四世は中国との調和に努め、中国の要求を飲みつつチベット仏教の独特な文化を維持した。しかし、1959年に中国軍に対してチベット軍が蜂起し、これが失敗に終わったことから、インドへの亡命を余儀なくされた。現在もインドで暮らしている。

以来、ダライ・ラマ十四世は、中国にとっては常に厄介の種となった。彼は世界中を訪問し、チベットの自治権を回復する運動への支持を訴えている。その活動が評価され、1989年にノーベル平和賞を受賞し、2007年にアメリカ連邦議会から議会名誉黄金勲章を授与された。また、2008年３月のチベット騒乱後には、中国によるチベットの弾圧を非難した。

**豆知識**

1. 中国では、ダライ・ラマ十四世の評価はかなり否定的である。中国の多くの国民は、ダライ・ラマ十四世は危険な分離主義者で、西側の主要諸国の道具であると見ており、対中国の兵力強化のために1960年代にアメリカのCIA（中央情報局）から資金提供を受けたと指摘している。
2. 中国政府は2007年、ダライ・ラマ十四世の死後の後継者は共産党当局が認可した者でなければならないと宣言した。多くのチベット人はこの命令を拒否しており、ダライ・ラマ十四世の死後には衝突が起こる可能性が高い。
3. ダライ・ラマ十四世は、元の宗教国家としてのチベットでほぼ全権を託されていたが、現在は完全な独立の回復は望まず、文化的な自治権のみを求めると述べている。

# 351 指導者 | アウグスト・ピノチェト

**チリの軍事政権の独裁者、アウグスト・ピノチェト(1915〜2006)は、1970〜1980年代に冷酷無情な統治をしたことから、全世界で圧政のシンボルとなった。ピノチェトの政権下では、何千人もの政敵が「消息不明」になり、数えきれないほどの人々が拷問を受け、投獄され、または亡命に追いやられた。**

✦

それでも、ピノチェトは統治中の大部分で、西側諸国の政府から暗に支持されていた――アメリカもそうである。ピノチェトは熱烈な反共主義だったことから、自由選挙で選ばれたチリの社会主義政権をピノチェトが1973年に転覆したときには、アメリカ政府は歓迎した。

チリ国内でも、ピノチェトの支配については否定的な見方だけではない。ピノチェトによる人権侵害は幅広く非難されているが、彼の独裁政権下で経済成長が実現し、チリは南アメリカ有数の豊かな国になったとして支持する人々も現在に至るまで存在する。2006年にピノチェトが死去した際には、多くの支持者が悲しみに包まれた。

ピノチェトは、1936年に陸軍士官学校を卒業した。陸軍では着々と階級を上げていき、1968年に陸軍大将となった。その2年後、社会主義者のサルバドール・アジェンデ(1908〜1973)がチリの大統領に選出された。アジェンデ大統領はすぐに次々と左翼的な経済改革を推し進めた。アジェンデ大統領は、近くクーデターがあるとの噂を懸念し、1973年8月、ピノチェトを信頼できる将校と見込んで、陸軍総司令官に昇進させた。しかしそれから一か月も経たないうちに、ピノチェトと仲間の軍指導者たちがアジェンデ大統領を退陣させた。

ピノチェト大統領の独裁政権下で「消息不明」になったのは、約3000人と推定されている。中には夜間に自宅から拉致され、以後どうなったか分からないという人々もいた。また、ピノチェト大統領は一連の右翼的な経済改革を行った。労働組合の活動を制限し、国有産業を民営化し、所得税を減額した。ピノチェト大統領によれば、「チリの奇跡」と呼ばれる1980年代のチリの経済成長は、こういった改革の成果である。1988年、ピノチェト大統領は任期の延長を問う国民投票を指示した。自分の独裁が支持されるものと予測していたが、驚いたことに、軍事政権への反対票が過半数を占めた。ピノチェトは1990年代もチリの政界で影響力を持ち続けたが、1998年、イングランド訪問中に殺人罪で逮捕された。最終的にチリに帰国したが、この逮捕を受けてピノチェトの反対派は勢いを増し、人権侵害の罪による彼の起訴を求めた。ピノチェトは殺人罪と誘拐罪で自宅軟禁となり、そのまま死去した。

豆知識

1. 2004年、ピノチェト大統領は任期中にアメリカなど他国の銀行口座に約2800万ドルを隠していたことが、捜査により発覚した――これで、彼の清廉なイメージは崩れた。ピノチェトの妻と五人の子供たちは、この金に関連する公金横領の容疑で2007年に逮捕されている。
2. ピノチェトの政敵でチリからアメリカへ亡命したオルランド・レテリエル(1932〜1976)は、首都ワシントンで自動車爆弾により暗殺された。1993年、チリの将官が殺人罪で有罪となった。
3. 2006年、ピノチェト政権下で政治犯として収監されたミシェル・バチェレ(1951〜)が、チリ大統領に選出された。元独裁者ピノチェトの死亡時、バチェレは葬儀への出席を拒否した。

# 352 哲学者・思想家 ｜ ジャック・デリダ

**フランス領アルジェリア生まれのジャック・デリダ（1930〜2004）は、第二次世界大戦後にパリへ移り、戦後のフランス哲学の復興期に教育を受けた。デリダが最もよく知られているのは、「脱構築」という、著述を分析する手法を創始したことである。この手法はすぐに、アメリカ合衆国とヨーロッパの文学、歴史、政治科学の分野で幅広く用いられるようになった。**

✦

デリダは、記されている言葉が文字通りの意味であることはごく稀であると考え、著述というものには隠された意味や偏見、矛盾がふんだんにあるとした。支持者が詰めかける講義の中で、デリダは、書物や論文などの著述を「脱構築」するということは、交錯する隠れた意味を解きほぐしていくことであると教えた。

デリダは1956年にパリの高等師範学校を卒業し、短期間アメリカで学ぶと、1964年に影響力あるふたつの論考を発表し、ヨーロッパを代表する哲学者の地位を確立した。また、1967年には三つの著作『エクリチュールと差異』（“L'écriture et la différence”　合田正人・谷口博史訳　法政大学出版局　2013年）、『声と現象』（“ La Voix et le Phénomène”　林好雄訳　ちくま学芸文庫　2005年）、『グラマトロジーについて』（“De la grammatologie”　足立和浩訳　現代思潮新社　2012年）を出版し、「脱構築」という言葉を初めて使った。

学者としての初期には、こだわりのある性格（写真撮影を拒み、講義は理解不能なことも多かった）と、洗練された身なりで知られていた。戦後の多くのフランス知識人とは違って、デリダはある程度の年齢になるまで政治には関わらず、フランス共産党には入らなかった。

デリダの影響は特にアメリカで大きく、フェミニスト理論家や、ポストコロニアルおよびポストモダンの理論家を自称する多くの人々に受け入れられた。支持者にとって、脱構築は、古い著述に新たな意味を見いだすと同時に、伝統的な概念に内在する人種差別的および性差別的な前提を明るみに出す手法としてきわめて有益だった。しかし批判者にとっては、伝統ある哲学や政治の著述を文字による隠喩と解釈してしまうとして、当時も、そして今も物議をかもすものである。デリダは晩年には柔らかくなり、より多くのインタビューに応じ、写真撮影も許した。大西洋の両側で人気があった彼は、アメリカのジョンズ・ホプキンズ大学、イェール大学、ニューヨーク州立大学バッファロー校、カリフォルニア大学アーバイン校でも教えた。デリダは、すい臓がんによりパリで74歳のときにこの世を去った。

**豆知識**

1. 第二次世界大戦の初期、1940年にナチス・ドイツがフランスに侵攻してから樹立されたヴィシー傀儡（かいらい）政権は、ユダヤ人を差別する法律をいくつも可決した。その中で、公立校のユダヤ人の生徒数が制限されたため、ユダヤ系のデリダは12歳のときに退学させられた。
2. デリダは1970年代には世界中で有名になっていたが、博士号を取得したのは1980年で、50歳のときだった。
3. デリダの弁護士は1991年、デリダがドイツの哲学者マルティン・ハイデガー（1889〜1976）のナチスとの関係を擁護するかのような談話が記された本の出版を差し止めた。デリダは、翻訳上生じた誤解だという立場をとったが、これを検閲行為だとして批判する人々もいた。

# 353 革新者 ジョナス・ソーク

**1955年4月12日まで、ポリオは非常に恐ろしい病だった。主に乳児が感染するポリオウイルスは、致死率は約5パーセントで、死を免れても四肢に重度の麻痺が残った。史上最悪の大流行が起こった1952年には、アメリカ国内で3000人の子供が亡くなり、5万5000人が障害を抱えることとなった。**

✦

しかしその日、ニューヨーク市生まれの医師ジョナス・ソーク（1914～1995）がポリオワクチンの開発に成功したと、世界中の新聞が第一面で報じた。このワクチンの効果は絶大で、1969年には、ポリオウイルスによる死者はアメリカ国内で一例も報告されなくなっていた。これは公衆衛生において成し遂げられた、医学史上稀に見る偉業だった。

ソークはブロンクスに住む貧しい移民の一家に生まれた。父親のダニエルは衣料製造の労働者で、ソークは公立学校に通った。1939年に医学の学位を取得し、第二次世界大戦中はアメリカ軍のためにインフルエンザワクチンの開発を行った。戦後はポリオの研究を開始し、ピッツバーグ大学の研究チームを指揮した。ソークは熱心で妥協を許さない性格で知られ、多くの科学者たちが挑むワクチン開発競争の中、1954年にワクチン開発を完了させた。開発の成功を公表する前の1年間は、臨床試験が行われていた。

ソークは国民的英雄としてただちに称賛されたが、科学界での彼の立場は複雑だった。ソークは他者の成果までも自分の功績にしているとして、批判する人々がいたのだ。特に、ポリオ研究者のジョン・エンダーズ（1897～1985）による成果は、ソークのポリオワクチンに欠かせないものであった。このことが一因ともなり、ソークはアメリカの科学界で完全に認められることはなかった。医学界で除け者にされたソークは、ソーク研究所を創設してこれに対抗した。「自分が創立者でなかったら、この研究所のメンバーにはなれなかっただろう」と、彼は冗談を言っている。

ソークは以後も医学の研究を続けた。80歳で死去したときは、ソーク研究所でエイズワクチンの開発に取り組んでいた。

**豆知識**

1. ソークは最初の妻と離婚後、1970年にフランソワーズ・ジロー（1921～）と再婚した。画家のパブロ・ピカソ（1881～1973）の元愛人としてすでに有名だった女性である。
2. ポリオワクチンの開発が急務であった表れとして、ソークは1954年に『タイム』誌の表紙を飾っており、そこには「今年こそ？」の見出しがついていた。
3. ソークは自らの仕事に自信を持っており、1952年に自分と三人の息子に開発中のワクチンを接種した。科学的な研究で効果が実証される3年前のことだ。

# 354 悪人 | ユナボマー

**アメリカで1978〜1995年にいくつもの郵便爆弾を送りつけた犯人、「ユナボマー」の捜索には、500人以上ものFBI（連邦捜査局）捜査員が投入され、17年以上が費やされた。しかし結局、ユナボマーのことを当局に知らせたのは実弟だった。こうして、FBI史上、類を見ないほど興味深く、また苛立たしくもあった捜査は終了した。**

✦

ユナボマーは、セオドア・カジンスキー（1942〜）という名であった。優秀だが問題のある数学者で、モンタナ州の森の小屋でひとり暮らしをしていた。カジンスキーは、コンピュータなど現代の科学技術の産物への抵抗から、大学教授や航空会社の幹部などに宛てて爆弾を送った。カジンスキーはシカゴで生まれ、15歳で高校を卒業し、1958年にハーバード大学に入学した。数学の学士号を得て卒業後、ミシガン大学で博士号を取得し、天才的な新進数学者として称賛された。カリフォルニア大学バークレー校で２年間教えたが、突然、退職した。彼はモンタナ州リンカーン近くの森の中に小屋を建て、1971年にそこへ移った。

以後20年にわたり、カジンスキーは十数個の爆弾を、科学分野の教授、航空会社、コンピュータ会社の職員などに送りつけた。その中で、コンピュータ店の経営者と、広告業界の幹部と、木材業界の陳情団体の担当者という三名の死者が出た。そのほかにも、指を失くした人や、後遺症に苦しむ被害者が出た。爆弾は手製の部品でできており、FBIが出どころを突き止めることは不可能だった。またカジンスキーは、遠方の都市までバスで移動して爆弾を郵送しており、捜査はさらに攪乱されていた。

1995年、カジンスキーは当局に長文の犯行声明を送り、これを主要紙に掲載しなければ爆弾による殺人を続けると主張した。このいわゆる「ユナボマー・マニフェスト」は、現代の科学技術に関して延々と非難を綴った文章で、同年９月に『ニューヨーク・タイムズ』紙と『ワシントン・ポスト』紙に掲載された。ユナボマーの要求に屈することに対しては議論もあったが、当局は、この声明文を読んでユナボマーの文体を認識する人がいるかもしれないと期待した。

果たして、その人物は存在した。カジンスキーの弟で、ニューヨークのソーシャルワーカーのデイヴィッド（1949〜）が、1996年にFBIに通報した。そして兄のカジンスキーは、爆弾の材料を保有する住まいの小屋で、1996年４月３日に逮捕された。1998年、死刑を回避するために罪を認め、現在、終身刑で服役中である。

**豆知識**

1. カジンスキーは現在、コロラド州フローレンスにある最も厳重な連邦刑務所に収監されており、2001年９月11日のアメリカ同時多発テロに関与したザカリアム・ムサウイ（1968〜）や、オクラホマシティ連邦政府ビル爆破事件の共犯者テリー・ニコルズ（1955〜）、元KGB（ソ連国家保安委員会）スパイのロバート・ハンセン（1944〜）と同じ棟にいる。
2. カジンスキーの被害者のひとりで、イェール大学のコンピュータサイエンスの教授であるデイヴィッド・ゲランター（1955〜）は、1997年、この体験を記した書籍『Drawing Life: Surviving the Unabomber』（仮題：助かった命 ―― ユナボマーからの生還）を出版した。彼は、『ロサンゼルス・タイムズ』紙のコラムを執筆していたこともある。
3. ユナボマーの住んでいた小屋は、2008年にFBIの100周年記念の一環として、首都ワシントンにある博物館「ニュージアム」で展示された。カジンスキーは、この展示に反対する旨の手紙を連邦控訴裁判所に送ったが、博物館はこの要求に応じなかった。

# 355 文筆家・芸術家　スーザン・ソンタグ

**20世紀後半のアメリカの知識人として、重要なひとりに数えられるスーザン・ソンタグ（1933〜2004）は、戯曲、長編小説、短編小説、評論を執筆した。多数の著作の中で、ポップカルチャーとハイカルチャーの両世界の橋渡しを試み、いずれの世界でも著名になった。**

✦

ソンタグはニューヨークのマンハッタンに生まれ、シカゴ大学を卒業した。17歳のとき、同大学で社会学を教えていたフィリップ・リーフ（1922〜2006）と結婚し、唯一の子供をもうけた。のちに一家でボストンへ移住し、ソンタグはハーバード大学で文学と哲学を学んだ。

リーフとソンタグは1958年に離婚した。ソンタグはその後ニューヨークへ戻り、教鞭をとるかたわら、『パルチザン・レビュー』誌、『コメンタリー』誌、『ニューヨーク・レビュー・オブ・ブックス』誌など、当時は小規模だったアメリカ国内の評論誌に寄稿した。ソンタグが名声を得ることになった評論『キャンプについてのノート』（“Notes on “Camp””　『反解釈』収録　ちくま学芸文庫　1996年）は、1964年に『パルチザン・レビュー』誌上で発表された。

ニューヨークの知識人の間で大きな反響を呼んだ『キャンプについてのノート』は、ハイカルチャーに対するローカルチャー、つまり「キャンプ」と呼ばれるカルチャーを擁護する内容だ。キャンプとは、不真面目な芸術であり、ときに意図的に悪趣味な表現をとったり、同性愛男性の行動に関連づけられたりすることの多い様式だが、ソンタグはキャンプの「世界をとらえる滑稽な視点」を称賛し、「キャンプの本質とは、真面目さからの脱却である」と述べた。ポップカルチャーをハイカルチャーに近づけ、ハイカルチャーをポップカルチャーに近づけようというのが、ソンタグが評論の中で繰り返し取り上げる主題であった。

ソンタグは長編小説も三編書いた。1976年の『死の装具』（“Death Kit”　斎藤数衛訳　早川書房　1970年）、1992年の『火山に恋して』（“The Volcano Lover”　富山太佳夫訳　みすず書房　2001年）、2000年の『イン・アメリカ』（“In America”　木幡和枝訳　河出書房新社　2016年）である。『イン・アメリカ』は全米図書賞を受賞した。1986年に出版された短編小説『いま生きること』（“The Way We Live Now”　青山南訳　『すばる』2002年８月号掲載）は、エイズの蔓延を題材とする小説の傑作のひとつと考えられている。政治的見解を積極的に表明したソンタグは、ベトナム戦争には反対の立場をとり、1990年代のボスニア内戦に関しては西側諸国の介入を支持し、2001年９月11日に発生したアメリカ同時多発テロ後のアメリカの外交政策を批判した。ソンタグは最後の評論で、イラク戦争時にアメリカ側のアブグレイブ刑務所で起こった捕虜虐待を批判した。ソンタグはニューヨークで71歳のときに亡くなった。

## 豆知識

1. ソンタグは、稀な血液のがんで死去したが、それ以前に二度がんを克服している。1970年代の自らの乳がんの闘病体験を基に、1978年に『隠喩としての病い』（“Illness as Metaphor”　富山太佳夫訳　みすず書房　1982年）を記した。
2. ソンタグは1993年、内戦で混乱を極めるサラエボで、戯曲『ゴドーを待ちながら』の演出を行い、国際的に注目を浴びた。この作品は、ゴドーという名の男がやってくるのを待つという筋の不条理演劇である。ソンタグがこの作品を選んだのは、1990年代半ばのボスニア内戦で、サラエボが西側諸国の介入を待ち望んでいることを間接的に表現したものであると考えられた。

# 356 反逆者・改革者 ミハイル・ゴルバチョフ

**ソヴィエト連邦の最後の最高指導者となったミハイル・ゴルバチョフ(1931〜)は、瀕死の経済の立て直しをはかるとともに、軍事力に頼った外交政策や圧政的な市民社会を改め、国を救おうとした。だが、共産主義大国のソ連は、ゴルバチョフが進めようとした改革についていけなかった。混乱をきたしたソ連は、1991年のクリスマスに正式に解体された。**

✦

ゴルバチョフはロシア南西部で生まれ、青年期に集団農場で働き、1952年に共産党に入った。党内で各所の書記として働いたのちに、1980年に上級機関である政治局の局員となった。

最高指導者レオニード・ブレジネフ(1906〜1982)が死去すると、ソ連の政治は不安定で流動的な時期に入った。続くふたりの最高指導者、ユーリ・アンドロポフ(1914〜1984)とコンスタンティン・チェルネンコ(1911〜1985)は、就任後2年も経たずに死去した。より若い指導者を求め、共産党の上層部は1985年にゴルバチョフを書記長に選んだ。

ゴルバチョフ書記長は就任直後、外交においても内政においてもきわめて大きな問題に直面した。アフガニスタンでの戦争でソ連軍は行き詰まっており、国内経済は停滞し、東欧諸国では独立の動きが高まってソ連の覇権が脅かされていた。ロナルド・レーガン大統領(1911〜2004)政権下のアメリカは、ソ連の勢力に対抗して、より強硬な政策を推し進めていた。

これに対し、ゴルバチョフ書記長はふたつの改革案を提唱した。ペレストロイカ(「再構築」)とグラスノスチ(「情報公開」)である。ゴルバチョフ書記長は、経済を自由化し、個人の企業を合法化し、政治的言論の統制を緩和することにより、ソ連の近代化を進めようとした。また、アフガニスタンから軍を撤退させ、レーガン大統領との間で軍縮条約を締結した。1989年に東欧諸国に革命の波が起こると、ゴルバチョフはその潮流を阻止しようとはしなかった。

しかしソ連内では、ペレストロイカとグラスノスチにより、食糧難や、分離主義者による暴力行為や、幅広い混乱が生じていた。ゴルバチョフは1991年のクーデターで軟禁され、すぐに政権に戻ったが、その後の彼の権力は大幅に弱まった。もはやソ連の崩壊は避けられず、ゴルバチョフは1991年12月25日をもって、官邸のクレムリン宮殿に掲げられた鎌と槌の国旗を降ろした。ゴルバチョフは以後もロシアの政界で活動を続け、1996年にはロシア大統領選挙に出馬した。以後、国際的な政治家として世界各国を訪問し、ピザハットの宣伝にも出たほか、政治改革のための基金を設立した。

**豆知識**

1. アメリカでは親しみを込めて「ゴルビー」と呼ばれるゴルバチョフは、額の母斑が特徴的である。ポートワイン色のこの母斑は、比較的よくある医学的異常によるものである。
2. ゴルバチョフは2003年、ロシアの作曲家セルゲイ・プロコフィエフ(1891〜1953)による楽曲『ピーターと狼』のCDでナレーションを行い、グラミー賞の最優秀子供向け朗読アルバム賞を受賞した。
3. ゴルバチョフは、妻のライサ・マクシーモヴナ・チタレンコ(1932〜1999)とモスクワ大学在学中に知り合い、1953年に結婚した。

# 357 伝道者・預言者 | マザー・テレサ

**マザー・テレサ(1910〜1997)の名で世界に知られる修道女は、アグネス・ゴンジャ・ボヤジュの名で、現在のマケドニアで生まれた。テレサは、インドのコルカタで病に苦しむ人々や瀕死の人々に自らの人生を捧げ、20世紀を代表する宗教界の著名人となった。テレサの影響力は何百万もの人々に及び、世論調査では何度も世界一尊敬される女性に選ばれた。**

✦

テレサはアルバニア系で、その出生名はアルバニア語で「バラのつぼみ」を意味する。彼女は12歳のときにローマ・カトリック教会の伝道者になる決意をした。18歳のときにアイルランドの修道会に入り、ダブリンに行って英語を学んだ。そしてインドのコルカタに船で渡り、その後の17年間、学校で歴史と地理を教えた。

テレサの人生の転機は1946年9月、電車で約640キロの道のりを移動しているときに訪れた。道中、テレサのもとにイエス・キリストが現れ、教師を辞めてコルカタのスラム街で病人や貧しい人々を助けなさいと告げたと、彼女はのちに回想している。テレサは1950年、ローマ教皇の許可を得て、神に与えられた新たな使命を遂行するために「神の愛の宣教者会」を設立した。この会は急速に成長していき、1957年には62人だった同会の修道女は、1992年には約4000人に増加していた。テレサは1979年にノーベル平和賞を受賞した。

しかし、テレサは人工妊娠中絶や避妊に反対するという保守的な見解から批判も受けた。カトリックの教えに基づき、テレサは離婚の合法化の是非を問う1995年のアイルランドの国民投票に際して反対運動を行った。晩年、テレサの評価を、ジャーナリストのクリストファー・ヒッチェンズ(1949〜2011)がさらに疑問視した。ヒッチェンズは1995年の著作『The Missionary Position』(仮題:宣教師の立場)で、テレサの修道会の財政には謎が多いことを詳述した。その後の調査により、テレサの修道会には何百万ドルもの寄付金が集まったにもかかわらず、インドの一部の患者には皮下注射針が使いまわされていたことが明らかになった。それでも、テレサの死後まもなく、ローマ教皇ヨハネ・パウロ二世(1920〜2005)はテレサを聖人の候補に指名し、彼女は2016年に聖人に認められた。

## 豆知識

1. テレサはノーベル賞受賞時のオスロでの講演で、人工妊娠中絶に対する非難に多くの時間を割き、中絶について「今日の平和を壊す最大のものです……なぜならこれは直接的な戦争であり、直接的な殺害であり —— まさに母親そのものによる直接的な殺人だからです」と言った。
2. テレサは、インドがイギリスから独立したのちの1948年にインドの国籍を取得した。
3. ローマ教皇庁の基準では、テレサが聖人に認められるには、死後に二度の奇跡を起こさねばならない。一度目の奇跡とされる出来事は1998年に起こっており、あるインドの女性が、テレサに祈りを捧げたのちに悪性腫瘍が治ったと主張した(しかしその女性の医師は、腫瘍は悪性ではなく、通常の治療によって治ったと言っている)。

# 358 指導者 | マーガレット・サッチャー

**「鉄の女」と呼ばれたマーガレット・サッチャー(1925〜2013)は、女性として初めてイギリスの首相に就任し、20世紀終盤の保守的な政治を象徴する存在となった。当時のアメリカ合衆国大統領ロナルド・レーガン(1911〜2004)とイデオロギーを共にしたサッチャーは、ソヴィエト連邦に対して強硬な姿勢をとり、イギリスの国営の産業を民営化し、同国の経済的な方向性に関して労働組合と長期にわたり争った。**

✦

サッチャーは、リンカンシャー州グランサムの中流階級の家に生まれ、父親は食料品店を営んでいた。サッチャーはオックスフォード大学で化学の学位を取得し、その後短期間、プラスチックを製造する企業に勤めた。1951年、実業家で、第二次世界大戦中は砲兵だったデニス・サッチャー(1915〜2003)と結婚した。夫婦の間には子供がふたり生まれた。

サッチャーは1950年、保守党の議員候補としてイギリス総選挙に出馬した。最初の二度の出馬では大差で落選したが、1959年についに当選を果たし、保守党内ですばやく地位を上げていった。1975年に党首となると、1979年の総選挙で首相に就任する可能性が浮上した。

1979年の総選挙は、高インフレ、高利率、高失業率という情勢下で行われた。サッチャーは、国内のこの苦境は労働党による社会主義的な政策に起因するとして、減税や起業の促進、労働組合の弱体化などを通じてイギリスの経済システムの全面改革を行うことを公約に掲げた。

首相に就任したサッチャーは、妥協を許さず、ときに強引な姿勢で指揮することが知られた。しかし1983年の総選挙では圧倒的な大差をつけて再選し、1987年にも危なげなく当選を果たした。経済改革のほかには、1982年にアルゼンチンとの短期間の戦争に勝利し、南大西洋の小さなイギリス領であるフォークランド諸島の領有権を奪還した。

サッチャー首相は、リーダーシップの方法とヨーロッパに関する政策の相違から党内での支持が低迷し、1990年、退陣に至った。1997年には労働党が議会の過半数を占めたが、サッチャーによる改革の多くは維持された。サッチャーは、世論調査で20世紀のイギリスで最も尊敬される指導者の上位に選ばれている。

**豆知識**

1. サッチャー首相の11年と209日という在任期間は、1812〜1827年に首相を務めた第二代リヴァプール伯爵(1770〜1828)以来の長期である。
2. エリザベス二世(1926〜)は、個人的にはサッチャーと冷えた関係にあったといわれる。しかしサッチャーの首相退任後、エリザベス二世はサッチャーを貴族院議員に認めた。
3. サッチャーの息子マークは、2004年に南アフリカで逮捕され、原油で富むアフリカの赤道ギニア共和国の政府転覆のクーデターに資金提供をした罪状で起訴された。彼は罪を認めて執行猶予となり、イギリスへ戻った。

# 359 哲学者・思想家 ｜ ジョン・ロールズ

**自分がまだ生まれていない赤ん坊であると想像してみてほしい。億万長者に生まれるのか、貧乏人に生まれるのかは分からない。この場合、どのような社会に生まれたいだろうか？　自分の運命が分からないとき、どのような規則や法律に基づいて世界が動いてほしいと思うだろうか？**

✦

アメリカの哲学者ジョン・ロールズ（1921～2002）は、大好評を博した1971年の著書『正義論』で、この状況を「無知のヴェール」と呼んだ。そして、無知のヴェールの下にいる状況で求める社会とは、公平性を実現し、最も恵まれない人々を助けるべくあらゆる手を尽くす社会だと述べた。実際にロールズは、この無知のヴェールの概念を基に、マイノリティや恵まれない人々の権利を保護する政策を擁護した。例えば、無知のヴェールの下では、ある人が身体的な障害を持って生まれるかどうかは分からないのだから、ロールズの論理で言えば、政府が障害を持つ人々を助けるのは理にかなっており、郵便局に車椅子用のスロープを設置するなどの対応をすべきである。『正義論』は、出版と同時に、功利主義に鋭く対抗した画期的な著作として称賛された。ジェレミー・ベンサム（1748～1832）の提唱した功利主義は、社会は個人を犠牲にしてでも市民全体の幸福を最大化するべきだとしている。功利主義者は、例えば車椅子用のスロープを作るコストは利点を上回っていると主張するかもしれない。一部の人々のみが使うスロープ設置のために、すべての人々がより高い税金を払うという不利益を被るためだ。

『正義論』の出版後、ロールズはアメリカの代表的な政治哲学者と認識されるようになった。ロールズの主要な対抗相手は、ロールズと同じくハーバード大学の教授で、保守的傾向の自由主義者ロバート・ノージック（1938～2002）だった。ノージックはロールズの著作を長々と批判し、公平性に関して政府の役割を重視しすぎであると主張した。それでも、ロールズは政治的な左派を中心に多くの人々の英雄であった。続いて1993年に出版された『Political Liberalism』（仮題：政治的リベラリズム）は、前著への批判の多くに向き合った著作である。

ロールズが81歳で亡くなる少し前のこと、当時の大統領ビル・クリントン（1946～）は、このようにロールズへの賛辞を述べた。「ジョン・ロールズは、最も恵まれた人々が最も恵まれない人々を助ける社会は、道徳的のみならず論理的であると主張し、ほぼひとりの力で政治哲学と倫理学の分野を復活させた」

**豆知識**

1. ロールズは細部に気を配る著述家で、『正義論』の索引を自ら作ったといわれる。
2. 誰もが貧しく生まれたり、障害を持って生まれたり、あるいはマイノリティに生まれたりする可能性があるという「運命の無作為」の概念は、ロールズの哲学の主要なテーマである。ロールズのふたりの兄弟が早世したことが、彼の思想を形成する重大な出来事となったと指摘する評論家もいる。兄弟ふたりとも、ロールズから感染した病で亡くなった。ひとり目はジフテリアで、もうひとりは肺炎だった。
3. 『正義論』は20万部以上も売れた。これは学術的な哲学書としては驚異的な数で、同書は1972年に全米図書賞の候補となった。

# 360 革新者 | バーバラ・マクリントック

**アメリカの遺伝学者で植物学者のバーバラ・マクリントック(1902〜1992)は、トウモロコシの研究を何十年も続ける中で遺伝子と遺伝に関して多くの基本的な性質を解明した。その先駆的な業績が評価されマクリントックは1983年にノーベル生理学・医学賞を受賞した。**

✦

マクリントックは、20世紀最大ともいえる科学の革命に貢献する仕事を成し遂げた。彼女が1919年にニューヨーク州イサカのコーネル大学で学部生として遺伝学を学び始めた当時、遺伝学はまだほとんど解明されていない分野だった。しかし彼女が亡くなるころには、人体の遺伝子の全体構成を解明しようとするヒトゲノム計画が始まっていた。

マクリントックはコネチカット州ハートフォードで生まれ、女性に大学教育は不適切だとする母親の反対にもかかわらず、1919年にコーネル大学に入学した。マクリントックの話によると、当時のコーネル大学には学士課程の学生が受講できる遺伝学の授業はひとつしかなかったが、ある教授がマクリントックの可能性に気づき、遺伝学の上級コースの受講を許可してくれたという。彼女は1927年に博士号を取得した。

マクリントックの最も有名な功績 —— ノーベル賞の受賞に至った功績 —— は、1940年代終盤に、動く遺伝子(トランスポゾン)を発見したことだ。彼女はトウモロコシの研究を行う中で、種の形質は必ずしも、メンデルの遺伝学に従って完全に予測どおりに受け継がれるわけではないことを見いだした。そして、遺伝物質のひも —— のちにDNAとして認識されるもの —— の中で、部分的な転移が起こって、トウモロコシの色やその他の形質を変化させているという理論を導いた。マクリントックの発見は、当初は大半の遺伝学者に否定されたものの、1960年代の終わりには受け入れられるようになっていた。そして1970年にアメリカ国家科学賞を受賞した。これは、その後10年ほどしてノーベル賞を受賞する前触れであった。

男性が大部分を占める遺伝学という分野で、マクリントックはほかにも画期的な功績をいくつも残した。アメリカ遺伝学会で初の女性会長となり、マッカーサー基金の助成金を得た当時の数少ない女性のひとりともなり(1981年)、米国科学アカデミーの会員に選ばれたわずか三人目の女性であった。マクリントックはニューヨーク州ロングアイランドで90歳のときに死去した。

**豆知識**

1. 『ニューヨーク・タイムズ』紙の追悼記事によると、マクリントックは1986年まで電話を持っておらず、友人や関係者とは手紙でやりとりすることを好んだという。まさに適切ながら、マクリントックは2005年のアメリカ合衆国郵便公社の記念切手の肖像に使われた。
2. マクリントックはブルックリンのエラスムス高校に通った。のちにコメディ・グループ「三ばか大将」のリーダーとなるモー・ハワード(1897〜1975)と同じ学校である。
3. マクリントックの1983年のノーベル賞受賞は、アメリカ人女性として初めてのもので、科学分野で単独で受賞した女性としてはわずか三人目だった。マリ・キュリー(1867〜1934)は1911年にノーベル化学賞を受賞し、ドロシー・C・ホジキン(1910〜1994)は1964年、同じくノーベル化学賞を受賞している。

# 361 悪人 ラドヴァン・カラジッチ

**ヨーロッパの最重要指名手配者として追われていた男、ラドヴァン・カラジッチ(1945〜)は、2008年にセルビアの市バスの車内で逮捕された。ボスニア国内のセルビア人の指導者だったカラジッチは、1990年代半ばにバルカン半島で起こった内戦時、ボスニアの何千人ものイスラム教徒の虐殺を指揮したとされている。逮捕されるまで10年以上も正義の裁きを回避したが、現在、戦争犯罪とジェノサイド(大量虐殺)の罪でハーグの国際戦犯法廷での審理が進行中だ(訳注:2016年3月に禁固40年の有罪判決となっている)。**

✦

検察によると、カラジッチはボスニア内戦でサラエボの砲撃を命令し、何千人もの民間人を死に至らしめた。また彼は、1995年にスレブレニツァで起きた、8000人以上の非武装のイスラム教の男性や少年の虐殺を指揮したとされる。これは第二次世界大戦以降のヨーロッパで最悪の大量殺戮である。

カラジッチは旧ユーゴスラヴィアで生まれ、パラノイアを専門とする精神科医として訓練を受けた。ニューヨーク市のコロンビア大学でも1年間学び、1970〜1980年代にユーゴスラヴィアの精神科病院で働いた。また、小説家で詩人でもあり、何冊か詩集を出版した。

カラジッチは1980年代にセルビア人民族主義者として政界入りし、1990年代初頭にユーゴスラヴィアが解体された際、ボスニア国内のセルビア人の指導者に選ばれた。隣国のセルビアの支援を受け、ボスニア国内のクロアチア人とイスラム教徒に対して「民族浄化」を進め、スレブレニツァの虐殺に至った。デイトン合意で内戦が終結したのち、カラジッチは戦犯として告発され、身を隠した。彼はセルビアの首都ベオグラードへ移り、ドラガン・ダヴィッド・ダビックという偽名を使い、顎ひげを長くたっぷりと伸ばした。また、代替医療と「量子エネルギー療法」の専門家として開業し、セルビアの『ヘルシー・ライフ』誌に寄稿していた。国際的な捜索が続けられる中、カラジッチは12年間も見つからずにいた。オーストリアに行ってサッカーの試合の観戦までしたが、誰にも気づかれなかったといわれる。

2008年7月21日にカラジッチが逮捕されると、彼を英雄と見なす多くのセルビア人がこれに抗議した。それでも、数日後にカラジッチはハーグへと移送された。

**豆知識**

1. 2003年にスレブレニツァの虐殺の記念碑が建設され、アメリカ合衆国元大統領のビル・クリントン(1946〜)が開設に立ち会った。
2. カラジッチの収監後、戦犯としてまだ逮捕されていないセルビア人の最重要指名手配者として、カラジッチの軍の元司令官ラトコ・ムラディッチ(1942〜)が残り、アメリカ政府はムラディッチの逮捕につながる情報に500万ドルの賞金をかけていた。ムラディッチは2011年に逮捕され、2017年に終身刑が言い渡された。
3. カラジッチは何冊かの詩集を出していたが、身を隠していた間、一冊の小説の原稿を秘密裏にセルビアの出版社に持ち込んだ。この小説は2004年に出版された。

# 362 文筆家・芸術家 | ギュンター・グラス

**60年あまり、小説家のギュンター・グラス（1927～2015）はあることを隠していた。ドイツの名高い作家で、ノーベル文学賞の受賞者であるグラスは、戦後のドイツを手厳しく描いた暗い物語で知られるようになった。そして、ドイツの人々が第二次世界大戦の罪を完全に認めていないとしきりに批判していることも有名だった。**

✦

そのため、グラスがヒトラーの武装親衛隊にいたことを2006年に明かすと、ドイツのメディアは大騒ぎとなった。グラスに批判的な人々は、戦後のドイツの道徳的な権威を気取っていた彼をとんでもない偽善者だとした。一方でグラスを擁護する人々は、ヒトラーのエリート部隊に強制的に入隊させられたときのグラスは17歳であり、この事実を明かしたからといって、グラスの生涯にわたる文学の業績が損なわれるものではないと主張した。

グラスは、ドイツ語を話す住民が大半を占めるバルト海沿岸の都市ダンツィヒ（現ポーランドのグダニスク）で生まれた。ダンツィヒは1939年、ナチスの指導者アドルフ・ヒトラー（1889～1945）がポーランドに侵攻したときにドイツに併合された。10代だったグラスが1944年に武装親衛隊に入隊させられたのは、ダンツィヒでのことだ。

グラスは回想録の中で、戦時中に武装親衛隊にいたのは短期間であり、役割は重要なものではなかったと述べた。彼は1945年春にアメリカ軍との戦闘を目にしているが、実際に兵器を使うことはなかった。グラスはアメリカ軍に捕らえられ、捕虜収容所に入れられている。

戦時のダンツィヒは、グラスの最初の小説でおそらく最も影響力の大きな作品である『ブリキの太鼓』（1959年）の舞台となっている。暗いユーモアを含んだこの作品は、ダンツィヒに住む主人公のオスカル・マツェラートが、３歳のときに自らの成長を止めることに決めるという物語だ。第二次世界大戦前、戦中、戦後にわたる期間が描写され、芸術の道徳的な力や、ドイツの戦争の罪、そして戦争で失われた子供時代というテーマが盛り込まれている。特に強く心を打つ場面として、戦後の「玉ねぎ酒場」という店でのシーンがある。泣くことのできないドイツの人々が、玉ねぎの皮をむきながら涙を流し、悲しみを発散させるというものだ。

グラスの代表作にはそのほかに、1961年の『猫と鼠』（“Katz und Maus”　高本研一訳　集英社文庫　1977年）、1963年の『犬の年』（“Hundejahre”　中野孝次訳　集英社　1969年）、2002年の『蟹の横歩き』（“Im Krebsgang”　池内紀訳　集英社　2003年）などがある。また、グラスはドイツの左派の政治にも熱心で、1990年の東西ドイツ統一の際には、ドイツ人がまだ完全に戦争の罪を受け入れていないとして反対の立場をとった。グラスの政治的な立場は、2006年にグラスへの非難を強める要因となり、ナチス時代の罪を受け入れていないと得意げに他者を批判しておきながら、自らの過去を隠していたとして反感を買った。

**豆知識**

1. 『ブリキの太鼓』は、アメリカの小説家ジョン・アーヴィング（1942～）の1989年の小説『オウエンのために祈りを』（“A Prayer for Owen Meany”　中野圭二訳　新潮文庫　2006年）の着想となった。主人公のイニシャルであるO.M.は、グラスの作品の主人公オスカル・マツェラート（Oskar Matzerath）からとったオマージュである。
2. グラスは美術学校で教育を受けており、著作の表紙を自ら描いた。
3. グラスは西ドイツの1969年の選挙で、左翼の政治家ヴィリー・ブラント（1913～1992）の演説を書いた。ブラントは首相に選ばれ、その２年後、東西ドイツの和解に貢献したとしてノーベル平和賞を受賞している。

# 363 反逆者・改革者 ｜ ヴァーツラフ・ハヴェル

**共産主義体制の崩壊後に初のチェコスロヴァキア大統領となり、劇作家でもあり、反体制派を指揮したヴァーツラフ・ハヴェル（1936〜2011）は、1989年に非暴力の革命で古い体制が打倒されると、民衆の総意で国の指導者に選ばれた。共産主義者たちが去っていく中、歓喜に包まれた民衆は、プラハの通りで「ハヴェルを城へ」という合言葉を唱えた —— 体制との長年の戦いの中で、ハヴェルがいかに絶大な人気を得たかがうかがえる。**

✦

その後の13年間、ハヴェル大統領は世界の政治において際立って珍しい指導者になった。愛煙家でロックンロール好きで、仕事でもジーンズを履き、ローリング・ストーンズを自邸に招き、ロシアのクレムリン宮殿にいたずら電話をかけるなどの行動をとった。

しかし、ハヴェルは共産主義に抵抗したことで世界的に尊敬され、国に自由をもたらすために個人的な苦難を経たという意味で、南アフリカの反アパルトヘイトの指導者ネルソン・マンデラ（1918〜2013）と同列に語られることも多い。

ハヴェルはプラハの裕福な家庭に生まれた。1948年に共産党がチェコスロヴァキアの権力を掌握すると、ハヴェルの家族は全財産を没収された。一家は正式にブルジョワと認定されたことから、ハヴェルは勉学をやめねばならなかった。代わりに彼は戯曲に関心を寄せ、タバコの煙の漂うカフェや、プラハの地下で活動するボヘミアニズム的で知的な劇場に引きつけられていった。1976年、チェコスロヴァキア政府はロックバンド「プラスチック・ピープル・オブ・ザ・ユニバース」のメンバーを反体制的だとして逮捕した。ハヴェルはこのバンドを擁護し、「憲章77」として知られる違法な運動を発起した。この勢力が、のちに1989年の革命を主導するものとなる。ハヴェルは1979〜1983年の間を刑務所で過ごした。彼は何度か投獄されたが、この期間はそのうちの最長期間である。保釈後のハヴェルは戯曲を書き、地下で活動を続けた。英雄視されたハヴェルだったが、1993年にチェコスロヴァキアがチェコ共和国とスロヴァキア共和国に解体されることを防げなかった。大統領のハヴェルはこれには反対の立場だった。しかし、外交政策の最大の目標だった、チェコ共和国のNATO（北大西洋条約機構）加盟とEU（欧州連合）加盟には成功した。ハヴェルは2003年に大統領を退任し、再び戯曲や随筆を書くようになった。

**豆知識**

1. ハヴェルは大統領を退任後、18年ぶりに新しい戯曲『旅立ち』を書いた。この戯曲は権力の喪失に向き合う退任後の国家元首の物語で、2008年６月にプラハで初演された。
2. ハヴェルの最初の妻オルガ（1933〜1996）は1996年に死去した。ハヴェルはその翌年に女優ダグマル・ヴェスクルノヴァ（1953〜）と再婚し、非難を浴びた。彼女は、トップレスのヴァンパイアを演じたことでチェコ共和国内で知られていた。
3. ハヴェルは、大統領に就任後も戯曲の感覚を持ち続けた。まず最初の行動のひとつとして、映画『アマデウス』（1984年）の衣装デザイナーを雇い、プラハ城の護衛の制服を、共産主義時代に使われていたカーキ色の制服から、赤と白と青の制服に変えた。

# 364 伝道者・預言者 ｜ ジェリー・ファルエル

**アメリカ牧師、ジェリー・ファルエル（1933～2007）は、同性愛者と、ポルノ製作者と、「テレタビーズ」（イギリスの子供向け番組）を毛嫌いした。ファルエルは、保守的で信仰に熱心な投票者層を強大な味方に獲得し、1970～1980年のアメリカの政治に変化をもたらした。バージニア州リンチバーグの本部で活動を開始し、やがて国内随一の影響力を持つ聖職者のひとりとなり、本やテレビ放送、そして1971年に自身が創立したキリスト教の大学などに及ぶ帝国を築いた。**

✦

そんな中、ファルエルは文化の上で評価が両極端に分かれる人物ともなった。「不寛容をもたらす人物」だとして批判する人々もいる一方、何百万人もの福音派プロテスタントからは、道徳的な指導者として称賛された。

ファルエルは、ミズーリ州の聖書大学を卒業後に故郷のリンチバーグへ戻り、1956年にトーマスロードバプテスト教会を設立した。この教会は当初、廃業した瓶詰工場で集会を開いていた。ファルエルはこの教会を出発点として、全国でその名を広めていくこととなった。

教会の信者を増やすために、ファルエルは「オールドタイム・ゴスペル・アワー」と称して自らの説教をラジオやテレビで放送し始めた。これは絶大な成功を収め、教会の会員数は飛躍的に増加した。ファルエルは当初、聖職者は政治に関わるべきでないという立場をとっており、多くの牧師とは異なり公民権運動には加わらなかった。しかし、政治的論争を避ける彼の姿勢は1970年代に変わった。「ロー対ウェイド事件」の最高裁判所の判決で人工妊娠中絶が合法化され、また、社会が同性愛者やポルノ、寛容な道徳的価値観を受け入れるようになってきたとファルエルは認識し、危機感を覚えたのだ。

ファルエルは、聖書を「守る」ことをしない候補者には投票するなと信者に語りかけた。ファルエルはこのような挑戦的な言明をしたことから、宗教の寛容性や政教分離というアメリカの伝統的な価値観を汚すとして批判する人々もいた。またファルエルは、BBC（英国放送協会）の子供向けテレビ番組「テレタビーズ」を攻撃したことで嘲笑された（ファルエルは、番組内のキャラクター「ティンキーウィンキー」は、体が紫色でハンドバッグを持っていることから、隠れた同性愛者だと主張した）。ファルエルは死去する6年前に、アメリカ合衆国は人工妊娠中絶と同性愛者の権利を認めたことで、2001年9月11日の同時多発テロを自ら招いたのだと主張し、さらなる物議をかもした。ファルエルは、のちにこれを謝罪している。

**豆知識**

1. ファルエルが1956年にトーマスロードバプテスト教会を設立した当時、会員は35人だった。ファルエルが死去するころには、会員は2万2000人にまで増加していた。
2. ファルエルはさまざまな集団に対して反感を抱いていたが、ユダヤ人の集団もそのうちであり、「反キリスト」とはおそらく実際に生存しているユダヤ人男性だろうと主張後、特に敵視するようになった。
3. ファルエルは1983年、ポルノ製作者のラリー・フリント（1942～）を告訴した。フリントがポルノ雑誌『ハスラー』誌上に、ファルエルが屋外トイレで母親と近親相姦関係を持ったと風刺する広告を掲載したことによる訴えであった。最高裁判所は1988年、フリントの主張を認め、この広告は言論の自由に守られるとする画期的な判決を下した。この裁判例は1996年に映画『ラリー・フリント』で描かれ、リチャード・ポール（1940～1998）がファルエルを演じた。

# 365 指導者 ベーナズィール・ブットー

**暗殺される前のベーナズィール・ブットー（1953〜2007）は、パキスタンで誰もが知る政治家で、軍事政権の続いたパキスタンにおける民主主義の象徴でもあった。ブットーは首相を二期務めたが、二度とも軍により解任させられ暗殺時には三度目の当選を目指しているところだった。**

✦

ブットーは暗殺される直前に記者のインタビューに応じ、妨害に遭い、私生活で悲劇に見舞われたにもかかわらず政界で活動を続ける動機を説明した。その中で、彼女の民主主義の運動は「パキスタンの心と魂の戦いです……また、その他のイスラム世界全体と、全世界のための戦いでもあります」と言った。

ブットーは、パキスタン元首相のズルフィカール・アリー・ブットー（1928〜1979）の娘であった。ブットーはハーバード大学とオックスフォード大学で教育を受けたが、1977年に父親が軍事クーデターにより失脚すると、パキスタンに戻った。父親はその２年後、絞首刑に処された。これはブットーの生き方を左右する重要な出来事となり、彼女は政界に進出する信念を抱くようになった。1988年、父親の失脚後に行われた初めての自由選挙のときに、ブットーは首相に選出された。わずか35歳にしてイスラム諸国初の女性指導者となったのだ。ブットー首相は汚職の罪で軍により解任させられ、政権は２年足らずで終了した。彼女は1993年にも首相に選出されたが、３年後に再び解任させられた。ブットーを批判する人たちは、彼女の首相二期目に、タリバンがパキスタンの支持を受けてアフガニスタンを支配するようになったと指摘している。汚職を告発され、ブットーと夫のアースィフ・アリー・ザルダーリー（1955〜）は国外へ逃れた。1999〜2007年の間、ブットーはロンドンとドバイに住み、パキスタンに帰国すれば逮捕されるという状況であった。ブットーは汚職は政敵による作り事だと主張した。

ブットーは2007年、1999年にクーデターで政権を握った軍指導者のパルヴェーズ・ムシャラフ（1943〜）に挑むべく帰国すると宣言した。空港に降り立つと、ブットーは熱狂する群衆に出迎えられた――そして、爆弾による暗殺未遂に遭った。このときブットーは助かったが、100人以上の死者が出た。その二か月後、アルカイダとつながっているとされるテロリストに暗殺された。ブットーの夫が政党を後継し、2008年にパキスタンの大統領に就任した。

**豆知識**

1. パキスタン国内で、ブットーの夫（元大統領）は「ミスター10パーセント」というあだ名を付けられた。一家が受け取ったとされるリベートにちなんだものだ。
2. ブットーの暗殺後二か月以内に、スコットランドヤード（ロンドン警視庁）は、ブットーの直接の死因は、当初伝えられていたように銃撃による負傷ではなく、乗っていた車のサンルーフに頭をぶつけたことによるものと断定した。
3. スイスの法廷は2003年、1000万ドルの資金洗浄の罪でブットーと夫に有罪判決を下し、罰金刑と執行猶予つき六か月の禁固刑とした。ブットーの死去時、この件は上訴中だった。

おめでとう!

# Congratulations!

1日1ページ、365日の教養の長い旅もこれで終わりだ。根気よく最後まで読みきってくれてありがとう。毎日読み続けたことはとても素晴らしかった。

この本によって興味が広がり、もっと知りたいこと、調べてみたいことが増えていたらとても嬉しい。

そしてこの本を読み終わってからも、より多くの素晴らしい作品に触れ、自分の頭で考え、好奇心を刺激することをやめないでほしい。きっとそれこそが、自分の人生を豊かにするためにできる最も簡単なことのはずだ。

## あ行



## か行

## さ行

## た行



## な行



## は行

## ま行



## や行



## ら行

## わ行

### 指導者



### 哲学者・思想家

### 革新者



### 悪人



### 文筆家・芸術家

## 反逆者・改革者



## 伝道者・預言者

ページ数 クレジット

| ページ数 | クレジット |
|---|---|
| 11 | 提供：DeA Picture Library／アフロ |
| 12 | 写真：Universal Images Group／アフロ |
| 14 | 写真：アフロ |
| 16 | 写真：Science Photo Library／アフロ |
| 17 | 写真：Bridgeman Images／アフロ |
| 18 | 提供：DeA Picture Library／アフロ |
| 23 | 写真：akg-images／アフロ |
| 27 | 写真：Mary Evans Picture Library／アフロ |
| 31 | 写真：Universal Images Group／アフロ |
| 33 | 写真：GRANGER.COM／アフロ |
| 35 | 写真：Universal Images Group／アフロ |
| 36 | 提供：DeA Picture Library／アフロ |
| 38 | 写真：アフロ |
| 41 | 提供：DeA Picture Library／アフロ |
| 43 | 写真：Alamy／アフロ |
| 48 | 写真：SIME／アフロ |
| 49 | 写真：Universal Images Group／アフロ |
| 52 | 写真：Mary Evans Picture Library／アフロ |
| 54 | 提供：ALBUM／アフロ |
| 57 | 写真：Alamy／アフロ |
| 58 | 写真：Alamy／アフロ |
| 59 | 提供：Mondadori／アフロ |
| 61 | 写真：GRANGER.COM／アフロ |
| 63 | 写真：Steve Vidler／アフロ |
| 64 | 写真：アフロ |
| 65 | 写真：Mary Evans Picture Library／アフロ |
| 66 | 写真：アフロ |
| 69 | 提供：ALBUM／アフロ |
| 70 | 提供：DeA Picture Library／アフロ |
| 74 | 写真：GRANGER.COM／アフロ |
| 76 | 写真：アフロ |
| 79 | 写真：Science Photo Library／アフロ |
| 81 | 写真：Mary Evans Picture Library／アフロ |
| 84 | 写真：Universal Images Group／アフロ |
| 87 | 写真：アフロ |
| 91 | 写真：アフロ |
| 99 | 写真：GRANGER.COM／アフロ |
| 101 | 写真：Mary Evans Picture Library／アフロ |
| 103 | 写真：Alamy／アフロ |
| 108 | 写真：GRANGER.COM／アフロ |
| 109 | 写真：Universal Images Group／アフロ |
| 110 | 写真：Universal Images Group／アフロ |
| 112 | 写真：GRANGER.COM／アフロ |
| 114 | 写真：The Bridgeman Art Library／アフロ |
| 115 | 写真：akg-images／アフロ |
| 116 | 写真：GRANGER.COM／アフロ |
| 121 | 写真：Mary Evans Picture Library／アフロ |
| 122 | 写真：Universal Images Group／アフロ |
| 126 | 写真：Universal Images Group／アフロ |
| 131 | 写真：アフロ |
| 133 | 写真：GRANGER.COM／アフロ |
| 134 | 写真：Universal Images Group／アフロ |
| 137 | 提供：Bridgeman Images／アフロ |
| 140 | 提供：Bridgeman Images／アフロ |
| 144 | 提供：robertharding／アフロ |
| 153 | 写真：GRANGER.COM／アフロ |
| 154 | 写真：Universal Images Group／アフロ |
| 156 | 写真：アフロ |
| 158 | 写真：GRANGER.COM／アフロ |
| 159 | 写真：GRANGER.COM／アフロ |
| 161 | 写真：GRANGER.COM／アフロ |
| 162 | 写真：GRANGER.COM／アフロ |
| 164 | 写真：GRANGER.COM／アフロ |
| 165 | 写真：GRANGER.COM／アフロ |
| 167 | 写真：GRANGER.COM／アフロ |
| 168 | 提供：Bridgeman Images／アフロ |
| 175 | 写真：Universal Images Group／アフロ |
| 178 | 提供：GRANGER.COM／アフロ |
| 179 | 提供：Super Stock／アフロ |
| 185 | 写真：Universal Images Group／アフロ |
| 187 | 写真：Universal Images Group／アフロ |
| 188 | 写真：Bridgeman Images／アフロ |
| 192 | 写真：GRANGER.COM／アフロ |
| 196 | 写真：Universal Images Group／アフロ |
| 198 | 写真：アフロ |
| 199 | 写真：GRANGER.COM／アフロ |
| 202 | 写真：アフロ |
| 203 | 写真：Universal Images Group／アフロ |
| 205 | 写真：Universal Images Group／アフロ |
| 207 | 提供：ALBUM／アフロ |
| 208 | 写真：アフロ |
| 211 | 写真：Universal Images Group／アフロ |
| 214 | 写真：GRANGER.COM／アフロ |
| 216 | 写真：Universal Images Group／アフロ |

223　写真：Mary Evans Picture Library／アフロ
228　写真：Picture Alliance／アフロ
229　写真：Mary Evans Picture Library／アフロ
241　写真：GRANGER.COM／アフロ
252　写真：Universal Images Group／アフロ
260　写真：GRANGER.COM／アフロ
261　写真：Science Source／アフロ
262　写真：Mary Evans Picture Library／アフロ
264　写真：Everett Collection／アフロ
266　写真：Mary Evans Picture Library／アフロ
274　写真：GRANGER.COM／アフロ
278　写真：picture alliance／アフロ
280　写真：アフロ
282　写真：Roger-Viollet／アフロ
284　写真：CCI／アフロ
290　写真：Everett Collection／アフロ
295　写真：GRANGER.COM／アフロ
306　写真：アフロ
307　写真：TopFoto／アフロ
311　写真：Bridgeman Images／アフロ
312　写真：Heritage Image／アフロ
314　写真：TopFoto／アフロ
316　写真：Ullstein bild／アフロ
321　写真：Alamy／アフロ
322　写真：akg-images／アフロ
327　写真：akg-images／アフロ
329　写真：Everett Collection／アフロ
332　写真：TopFoto／アフロ
334　写真：akg-images／アフロ
341　写真：GRANGER.COM／アフロ
342　写真：Shutterstock／アフロ
349　写真：AP／アフロ
353　写真：ロイター／アフロ
354　写真：TOPFOTO／アフロ
355　写真：ロイター／アフロ
356　写真：Abaca／アフロ
359　写真：Super Stock／アフロ
361　写真：akg-images／アフロ
363　写真：Index Fototeca／アフロ
364　写真：Mary Evans Picture Library／アフロ
366　写真：AP／アフロ
369　写真：ロイター／アフロ

**Courtesy of the Library of Congress**

148　LC-USZ62-61365
180　LC-USZC4-2542
182　LC-USZ62-124397
200　LC-USZ62-87246
217　LC-DIG-pga-02908
234　LC-DIG-npcc-19612
238　LC-USZ62-14976
243　LC-DIG-ppmsca-08351
245　LC-USZ62-7334
246　LC-USZ62-47039
247　LC-USZ62-5877
248　LC-USZ62-3854
256　LC-USZ62-5513
257　LC-USZ62-124560
268　LC-USZ62-104276
277　LC-DIG-ppmsca-07757
283　LC-DIG-ggbain-25495
287　LC-DIG-ggbain-30124
289　LC-DIG-ggbain-06493
296　LC-J601-302
300　LC-USZ62-96275
303　LC-USZ62-60242
308　LC-USW33-01909-C
336　LC-USZ62-117122
350　LC-DIG-ppmsc-03265

**表紙カバー**

Photo/Corbis Historical/Getty Images

# 1日1ページ、読むだけで身につく世界の教養365　人物編

2019年4月16日　第1刷発行

**著者**
デイヴィッド・S・キダー＆ノア・D・オッペンハイム

**訳者**
パリジェン聖絵

**装丁**
石間淳

**本文デザイン**
稲永明日香

**本文組版**
株式会社キャップス

**編集**
野本有莉

**発行者**
山本周嗣

**発行所**
株式会社文響社
〒105-0001　東京都港区虎ノ門2丁目2-5　共同通信会館9F
ホームページ　http://bunkyosha.com
お問い合わせ　info@bunkyosha.com

**印刷・製本**
中央精版印刷株式会社


ISBNコード：978-4-86651-125-2　Printed in Japan
この本に関するご意見・ご感想をお寄せいただく場合は、
郵送またはメール（info@bunkyosha.com）にてお送りください。

※本書に記載されているURLは本書の刊行当時に正しいものとなります。
※本文中の聖書の訳文は、全て日本聖書協会『聖書　新共同訳』より引用。
※文学作品など邦訳が出版されていない作品に関しては、原題の直後に仮の邦題をつけて（仮題）と表記した。